石化集团

15 万吨催化裂化装置

100 万吨延迟焦化及配套工程建设现场

30 万吨延迟焦化及加氢联合装置

150 万吨重油深加工装置

淄博年鉴

ZIBO YEARBOOK

2007

（总第二十一卷）

淄 博 市 人 民 政 府　主办
淄博市地方史志办公室　　编

齊魯書社

淄博市市志编纂委员会

名誉主任	刘慧晏
主　　任	周清利
第一副主任	饶明忠
副 主 任	刘　峰　黄诗泉　李胜利　于秀栋　郑广庆 赵新法　丛锡钢　王修德　李民兴
委　　员	李　峰　张洪亮　周元军　曹庆文　王振升 刘玉玺　胡希德　高晓峰　马国舟　侯希杰 吴兆金　孙衍喜　杨培玉　李贡平　郭能勇

《淄博年鉴》(2007)编审人员

主　　审	饶明忠
副 主 审	郑广庆
主　　编	李民兴
执行主编	郭能勇
副 主 编	安永善　徐　杰　王　娟
编　　辑	王　娟　张耀江　赵建国　孟　明　吴建利 徐先法(特邀)
编　　务	王世伟　郭延志　王　峰　范立学　杨建明 徐本联　纪　瑗　张爱云
图录征集	孙传礼

编辑说明

一、《淄博年鉴》是由淄博市人民政府主办、淄博市地方史志办公室承编的大型综合性地方年鉴，是市内重要的史册类官方文献。本卷年鉴是第二十一卷本，集中反映了2006年度全市人民在市委、市政府的领导下，在社会主义物质文明、政治文明和精神文明建设中所取得的巨大成就；记载了全市各领域、各部门、各行业、各区县的基本情况及年度内发生的重大事件；汇集了全市经济和社会发展的基本资料和重要信息。本卷年鉴力求全面体现淄博的地方特色，突出反映全市在经济建设和社会发展中取得的新经验、新成就；努力为各级党政机关了解市情、实施科学决策，为各行各业及有关单位查询资料、获取信息，为社会各界人士及中外投资者认识淄博、熟悉淄博提供翔实的资料。

二、本年鉴共设31个部类，即：特载、市情调研、要论、大事记、淄博概况、政党 政务、地方军事、法制、工业、农业、交通 邮电、城建环保、商品流通、外经外贸、招商引资、经济园区建设、民营经济、旅游、综合管理与监督、财政 税务、银行 保险 证券、科学、教育、文化、新闻出版 广播电视、卫生 体育、社会、人物、区县概况、业绩采风、附录。同时设置了索引。

三、本年鉴采用分类编辑法，以部类为单元，部类下立分目，分目下立条目，并以条目作为基本表达方式；一般分3个层次，个别部类延伸到4个层次。为便于查阅，条目标题均采用黑体字并加【 】表示。

四、本年鉴除重点反映全市的基本情况、基础数据、重大事件外，还增加了彩色图片、黑白图片和统计表等内容，加大了年鉴的信息量并力求图文并茂，生动形象。

五、本卷年鉴中有关全市国民经济和社会发展的主要数据均以淄博市统计局公布的统计资料为准。个别数据由于统计口径和来源不同存在差异。

六、本卷年鉴由市直各部门、各区县以及有关企事业单位提供初稿，并经撰稿单位领导审阅；淄博市地方史志办公室负责总纂；市政府负责同志审定。

七、本卷年鉴的组稿、撰稿及编纂工作得到各级领导的关怀以及各部门、各区县、有关企事业单位的大力协助和支持。在此，谨向所有关心、支持和直接参与《淄博年鉴》编纂工作的同志表示诚挚的谢意。

八、本卷年鉴在编纂过程中虽经多次审核和校对，仍难免有差错和疏漏之处，欢迎广大读者批评指正。

编　者

2007年6月

目　　录

特　　载

市情调研

要　　论

大 事 记

淄博概况

·淄博市妇女联合会·

·淄博市工商业联合会·

地方军事

淄博军分区

武警淄博市支队

人民防空

法 制

政法与综合治理

公安

检察

审判

电子信息产业

陶瓷工业

纺织工业

丝绸工业

轻工业

农 业

综述

防治高致病性禽流感

种植业

齐鲁化学工业区

其他经济园区

民营经济

旅 游

综合管理与监督

发展和改革

劳动和社会保障

物价

统计

审计

财政　税务

地方税务

银行 保险 证券

银行

保险

证券

科 学

科技

科协

社会科学

地震监测

文化市场

文艺创作

新闻出版　广播电视

综述

报刊

出版发行

广播电视

卫生　体育

卫生

体育

社　会

人口和计划生育

民政

侨务

民族　宗教

残联

老龄工作

人　物

区县概况

张店区

淄川区

博山区

周村区

临淄区

桓台县

高青县

沂源县

业绩采风

附　录

索　引

Table of Contents

Agriculture

Transportation, Posts and Telecommunications

City Construction and Environmental Protection

Commodity Circulation

Foreign Economy and Trade

Absorption of Foreign Investment

Construction of Economic Zones

Individually—run Enterprises

Tourism

Comprehensive Management and Supervision

Finance and Taxation

Banking, Insurance and Securities

Science

Education

Culture

News and Publication, Radio and Television Broadcast

Health and Sports

Society

Characters

Summaries of the Districts and the Counties

Outstanding Achievements Reports

Appendixes

Index

(Translated by Liang Rong-Jiang)

彩图目录

淄博市政区图

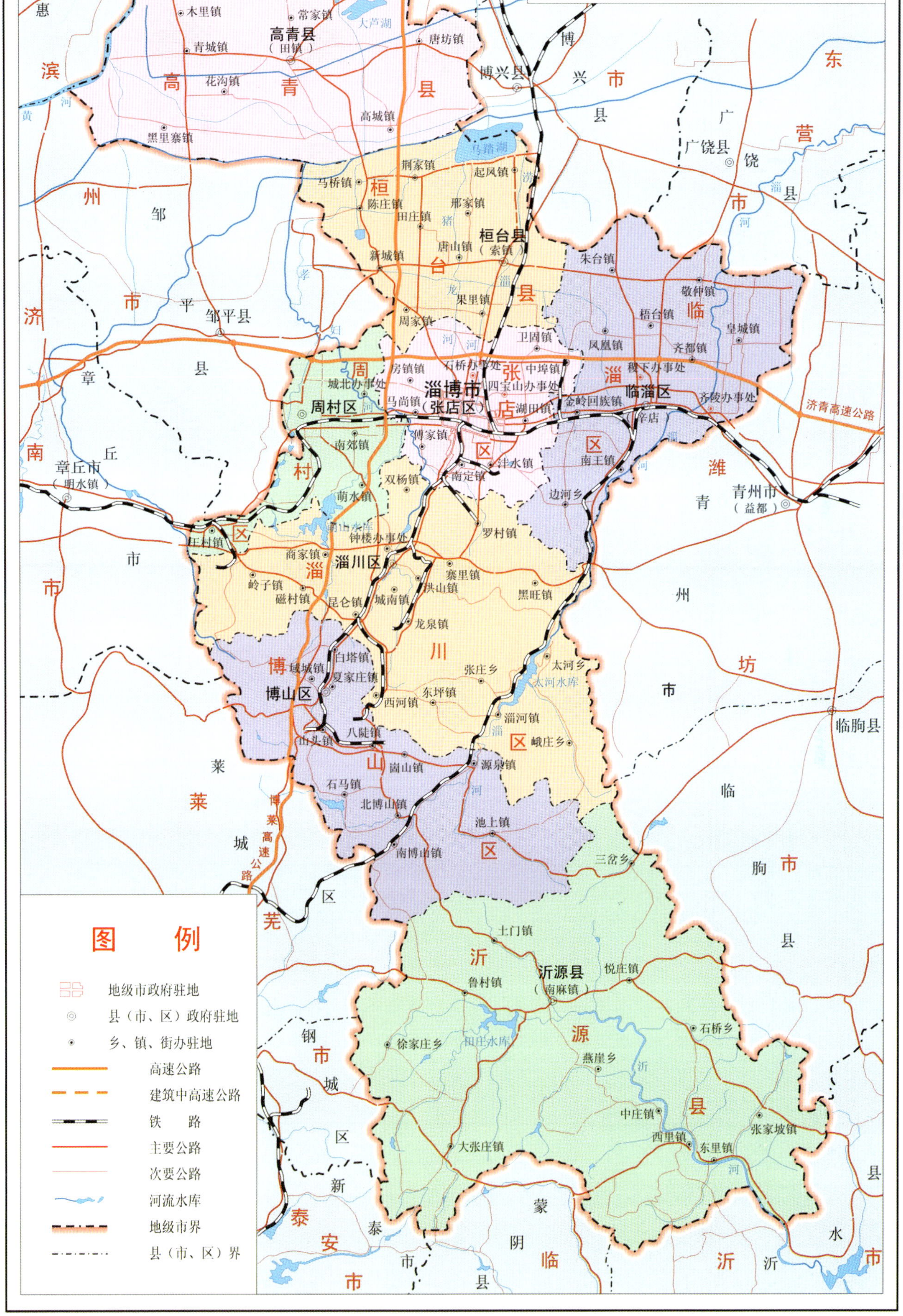

淄博市勘察测绘研究院编绘　　　行政区划资料截止2006年5月

领导人

2006年5月18～19日，全国人大常委会副委员长、九三学社中央主席韩启德到淄博市考察调研 （摄影　马颜铖）

2006年10月19日，建设部部长汪光焘视察淄博市城建工作 （摄影　刘秀丽）

在淄博

2006年4月5日，中共山东省委书记、省人大常委会主任张高丽视察潘庄医疗卫生工作 （摄影　穆雷）

2006年3月24日，中共山东省委副书记、省长韩寓群到义乌小商品城视察 （摄影　景广平）

热烈祝贺中国共产党淄博市

2007年3月28日上午，中国共产党淄博市第十次代表大会在淄博人民会堂隆重开幕（摄影　穆雷）

刘慧晏同志代表中共淄博市第九届委员会向大会作报告　（摄影　景广平）

第十次代表大会胜利召开

中共淄博市第十届委员会常务委员合影 （摄影　于博）

市委书记刘慧晏参加桓台代表团讨论 （摄影　穆雷）

淄 博 市

副市长、市公安局局长岳华东（左二）到武警支队检查指导工作

2006年，全市公安机关深入开展队伍正规化建设年、基层基础建设年和信息化应用推进年活动。加强社会治安防控体系建设，省厅先后在淄博召开全省治安防控体系建设现场会和内部治安保卫工作现场会，推广淄博的经验。推进“三基”工程建设，充实一线警力274名，建立社区（农村）警务室843个。严格道路交通管理，改善道路交通秩序，交通事故四项指标全面下降。加大消防安全监督检查力度，首次实现火灾事故全年零死亡。年内，全市公安机关有44个集体和132名个人荣立一、二、三等功，103个集体和537名个人受到市级以上表彰，其中39个集体和87名个人受到省级以上表彰。10名赴海地维和警察防暴队员分别受到联合国和省、市党委、政府及上级公安机关的表彰奖励。

地址：淄博市张店区人民西路4号
电话：（0533）2189207 2189275
邮编：255039

市公安局政委、常务副局长桑培伦（右二）陪同省公安厅副厅长于长安（右一）进行调研

市公安局副局长于洪德（右一）和其他党委成员一起参观110宣传展览

公 安 局

副省长李玉妹视察淄博公安交通管理工作

赴海地维和警察防暴队队员凯旋

新式特警装甲防暴车亮相淄博街头

淄博市

淄博市规划局是市政府规划管理行政主管部门。局机关下设办公室、人事科、财务科、规划科、建筑管理科、监督监察科、技术科、村镇规划管理科8个科室；设一处、二处2个直属机构；派出机构有淄川、博山、周村、临淄4个分局。

淄博市规划局以“科学规划，依法管理，热情服务”为宗旨，坚持“要想有地位，必须有作为”的指导思想，与时俱进，开拓创新，扎实工作，热情服务，圆满完成了

党委书记、局长　徐建祥

两院院士、著名城市规划专家吴良镛到淄博指导新区规划建设

淄博市规划局办公楼

规划局

日常规划编制与管理及市委、市政府交办的各项重大任务。近年来，该局以新城区建设和老城区改造为重点，统筹兼顾，全面推进。组织开展了《淄博市城市总体规划》修编工作，组织编制了张店老城区改造控制性详细规划，编制完成了《淄博市住房建设规划》和张店区中小学布点规划，组织编制了淄博新城区发展规划和核心区城市设计，编制完成了张博路、张博路附线、张辛路、张桓路、张周路、柳泉路北段、胶王路淄博段、309国道淄博段等8条区间道路专项规划。城市规划工作取得了长足的发展，为科学指导城市建设、促进经济社会发展做出了突出贡献。

淄博市规划局先后被建设部表彰为全国建设系统“四五”普法依法治理先进单位；被省文明委表彰为省级文明单位；被省建设厅表彰为全省建设系统先进集体、全省城市规划工作先进集体、全省建设系统“三五”依法行政先进单位；被市委、市政府表彰为全市创建文明城市工作先进单位；被市委表彰为全市先进基层党组织；自1995年以来，连续11年被市委、市政府表彰为政绩考核先进单位。

地址：淄博市张店区人民西路36号
电话：3170770　邮编：255037

组织业务培训

深入现场踏勘

宣传规划法规

淄博市体育中心规划效果图

淄 博 市

市领导视察公路重点工程建设

靓丽的城市风景线

公交线路开通仪式

交　通　局

淄博市交通局是市政府主管全市公路和水路交通行业及城市客运的工作部门。内设办公室、组织人事科、政策法规科、财务审计科、规划基建科、运输安全科、宣传教育科；有市公路局、运管处、交通规划设计院、淄博交运公司、公共汽车公司等12个局属企事业单位。负有交通基础设施建设市场管理、公路路政管理、道路运输市场管理、交通规费征收管理、交通稽查、交通战备等职能。全系统干部职工12000人。

2006年，全市公路重点工程竣工通车里程64.38公里，年内累计完成投资14亿元。国、省道干线公路好路率完成86.7%，比省厅计划提高2.4%。全市新改建农村公路586.8公里，投资4.54亿元。截至2006年底，全市公路通车总里程已达9695.7公里，平均公路密度达到每百平方公里161.6公里，位居全省前列。“十五”以来，全市路网结构不断优化，公路整体通行能力进一步提高，极大地提升了作为鲁中地区交通枢纽的地位。全市营业性车辆发展到5.4万辆，运输能力明显增强。完成公路客运量1.96亿人、旅客周转量42.52亿人公里，分别比上年增长6.57%、11.30%；完成货运量5864万吨、货物周转量37.35亿吨公里，分别增长9.51%、18.11%。全市行政村通油路率、通客车率分别达到96.8%和99.4%，超额实现了村村通油路和村村通客车的目标。文明行业创建工作成绩斐然，全市交通系统在2006年整体创建为省级文明交通行业，市交通局机关被省文明委表彰为“省级文明机关”。

沂源新建山区农村公路

309国道张周段

淄博市人民

省人防办主任张兆启视察淄博人防工作

纪念《中华人民共和国人民防空法》颁布十周年宣传活动现场

市人防办坚持以"三个代表"重要思想为指导，以新时期军事战略方针为统揽，与时俱进，奋发进取，人防组织指挥、通信警报、工程建设、行政执法、宣传教育、平战结合、招商引资等项重点工作均跨入全国先进行列。颁布实施《淄博市人民防空工程建设管理条例》，走出了依法建设人防的新路子，编制了新一轮人防建设规划，将人防地下空间开发纳入城市化进程，及时搞好人防配套工程建设，建成了市人防地下指挥所，启动了市级机关人防疏散基地建设。人防法制建设日趋完善，结合民用建筑修建防空地下室工作纳入程序化、法制化轨道，深入开展全市人防执法检查活动，加大人防监察和人防规费征收力度，人防工程总量和政策性收费稳步增加。坚持"谁投资、谁受益"的社会化投资新形式，广泛发动和依靠社会力量进行人防工程建设，全市人防工程呈现出良好的发展势头。着眼于新时期军事斗争准备，形成了市、区、街道三级防空袭方案体系，构建了设备先进、高效灵敏的市人防指挥中心。修建了适应战时要求的市地下人防指挥所，启动了市级首脑机关疏散基地建设。在全省率先实现了全市范围内警报器联动、固定指挥与移动指挥联控、室外警报网络与广播电视系统联网，连续八年成功举行了防空警报试鸣活动，城区警报音响实现了无缝覆盖。市人防办在第四次、第五次全国人民防空会议上连续被授予全国人防工作先进单位称号。2006年在全省年度人防工作目标责任制考核中获得总分第一名，荣获一等奖。

新建成的市人防指挥所

移动警报车队整装待发

防空办公室

济南军区和省、市领导出席淄博市首次兵员动员和防空演练活动

演练现场之一

演练现场之二

演练现场之三

首次防空袭演练救援现场

关注民生 服务大众

实行价格公示，促进阳光行政。为促进阳光行政，提高公民自我价格维权意识，淄博市全面推行了价格和收费公示制度，并实行了政策上网工程，开展了走进“政风行风热线”和“价格服务进万家”活动。据不完全统计，到2006年底，在全市107个乡镇、3509个行政村设立公示牌4904块，发放宣传手册等“明白纸”10万余份，部门和相关收费单位的公示率亦达到99%以上。同时，为建立涉农收费公示制度的长效机制，全市已普遍在乡镇和部分社区建立了基层价格监督站，在行政村聘请了价格义务监督员。（图为价格监督进社区现场会）

“十五”以来，全市各级物价部门坚持以科学发展观统领物价工作，关注民生，服务大众，积极推动经济发展，着力促进社会和谐，通过规范价格秩序、清费治乱减负、深化价格改革、搞好价格服务、推行收费公示制度和加强基层价格监督网络建设等一系列措施，依法履行价格管理职能，为保持市场物价稳定，促进经济发展，安定人民生活，构建和谐淄博做出了积极贡献。据统计，2001～2006年6年间，全市人均国民生产总值（GDP）累计增长125.9%，城市居民人年均可支配收入累计增长110.2%，农民人年均纯收入累计增长75.9%，居民消费价格总水平（CPI）累计仅上涨3.5%，呈现出少有的经济高增长、物价低通胀的良好发展格局，价格调控工作取得了显著成效。

价格投诉举报电话：12358　2775094

淄博市物价局网址：http://www.zbwj.gov.cn

淄博价格鉴证网网址：http://www.zbjgrz.gov.cn

清费治乱减负，优化发展环境。“十五”以来，全市先后开展了涉企、涉农、涉房等专项清理整顿工作，并实行了收费年审制度，先后取消和降低收费项目991项收费项目（标准），年可减轻企业和群众负担3亿多元，其中2006年取消了实行多年的区与区之间打固定电话按长途收费的政策，取消了拍照通知单费、煤气表更新维护费标准等，年可减轻企业和群众负担1.2亿元。（图为市物价局工作人员在进行收费年审工作）

加强价格监管，稳定市场物价。“十五”以来，全市各级物价部门贯彻实行“双控线”政策，加强市场价格监测、完善价格监测预警体系、科学把握价格结构性调整力度、着力规范市场价格行为、适时实行价格干预，维护了市场物价的基本稳定。为掌握第一手价格调控决策资料，全市各级物价部门每年定期对粮食、化肥、钢材、运价、医疗收费等211种关系国计民生的商品和服务价格进行监测和分析报告。（图为物价工作人员深入现场采价）

推动发展 促进和谐

——淄博市“十五”以来价格工作掠影

◀实行价格听证，深化价格改革。“十五”以来，为推动经济又好又快健康协调发展，淄博市加快了供水、供电、供热等资源性价格改革步伐，为建设节约型、环境友好型社会做出了积极贡献，如2005年在全省率先实现了直供区城乡用电同网同价政策，年可减轻农民负担8000多万元，促进了城乡经济的协调发展。为把握好价格结构性调整的出台力度、时机，稳定市场物价，维护弱势群体利益，以价格决策的民主化、公开化促进价格决策的科学化、规范化，全市各级物价部门广泛推行了价格决策的成本监审、专家论证、集体审核、公开听证制度。（图为价格听证会现场）

▶开展价格监督检查，维护企业群众利益。“十五”以来，全市各级价格监督检查机构，着力建设完善以“12358”为平台、以现代化通讯手段为依托的价格投诉举报查处网络，相继开展了对与人民生活关系密切的重要商品、服务价格和行政事业性收费、市场价格行为的监督检查，坚决打击各种乱涨价乱收费行为，起到了为经济发展保驾护航的积极作用。据统计，2001～2006年，全市共查处价格违法案件2863起，实施经济制裁总额达5966万元；受理群众价格投诉举报3312起，立案查处1679起，实施经济制裁563万元，其中退还消费者335万元。（图为物价检查人员深入基层进行价格检查）

◀开展价格鉴证，搞好价格服务。自2002年9月1日《山东省涉案物品价格鉴证条例》颁布实施以来，全市各级物价部门相继成立了价格鉴证机构并开展了价格鉴证工作，为涉案刑事、行政、经济、民事案件的审结提供了大量客观、公平的价格鉴证报告，促进了司法公正，促进了行政效率的提高，促进了价格纠纷的解决，维护了群众尤其是弱势群体的合法权益。据不完全统计，2002～2006年，全市价格鉴证机构共受理各类涉案财物价格鉴定业务6.87万件，标的总额17.5亿元。（图为车损价格鉴证现场）

淄 博 市

淄博市市长刘慧晏接过二十二届省运会旗帜

2006年，淄博市体育局以参赛二十一届省运会为中心任务，上下一心，团结协作，开创了体育工作的新局面。

竞训工作：1200余人组成的淄博体育代表团参加了山东省第二十一届运动会21个大项的比赛，共获得金牌193.75枚、银牌92.5枚、铜牌109.5枚，奖牌总数334.75枚，团体总分4200.75分，金牌总数、团体总分均列全省第四位。有3人1次破1项山东省最高纪录，1人1次平1项省最高纪录，圆满完成了市委、市政府确定的"保第四，金牌、总分均创历史最好水平"的参赛任务。同时荣获体育道德风尚奖。

群众体育工作：2006年健身气功推广普及工作取得新进展，重点抓了健身气功活动在农村的普及推广，全民健身农村"五个一工程"实现新突破，农民健身工程全面启动；体育特色区县争创工作卓有成效，张店

市领导迎接凯旋归来的淄博体育代表团

体育局领导迎接凯旋归来的体育健儿

市领导慰问省运会淄博代表团部分成员

体育场奠基仪式

体 育 局

在第二十一届省运会上，淄博体育健儿的英姿风采

区、淄川区、周村区分别荣获省级健身秧歌、健身球、健身气功特色区县；群众体育基础性工作扎实有序，农村体育调研工作进展顺利；成功地举办了第六届全民健身节。

体育产业：2006 年完成体育彩票发行 1.32 亿元，市场占有率全省排名第二，全年筹集体彩公益金 924 万元。

年内，新体育中心体育场开工建设。该体育场规模为 4.5 万座体育场及标准田径练习场，占地面积约 19.5 公顷，建筑面积 6.1 万平方米，是 2009 年全国第十一届运动会分赛场之一；2006 年 9 月 22 日，淄博市申办第二十二届省运会工作取得圆满成功；在多哈第十五届亚运会上，淄博籍运动员杜丽以决赛 103.4 环、总成绩 501.4 环的优异成绩获得女子十米气步枪个人金牌，并与队友一起夺得女子十米气步枪团体冠军；组队参加第八届全国救生锦标赛，以团体总分 21 分的好成绩跻身前 16 强；积极组织参加山东省首届老年人运动会，并荣获 “体育道德风尚奖” 和 “优秀组织奖”。

淄博市第六届全民健身节隆重开幕

奥运冠军杜丽在第十五届亚运会上又创佳绩

淄博市城市管理行政执法局

党组书记、局长　温义

淄博市城市管理行政执法局是政府序列工作部门，依据《淄博市城市管理相对集中行政处罚暂行条例》，相对集中行使市容、规划、园林绿化、市政、工商、环保、公安交通等方面的全部或部分行政处罚权。该局行政编制30人，内设办公室、组织人事科、法制科、执法科、监察科、信息调度科六个科室。受国资委委托，2006年该局开始承接淄博市空间户外广告运营工作。市执法局下设市城市管理行政执法支队，副县级规格，以市执法局的名义行使城市管理行政处罚权。同时，淄博市成立公安局城市管理警察支队，属公安局直属机构，副县级建制，主要职责是依法履行侦查和查处综合执法中发生的刑事犯罪案件和治安案件、调处执法中的治安纠纷、积极参与行政执法专项行动的职能。

市城管执法局按照“抓班子、带队伍、强素质、树形象、求突破、创一流”的指导思想和“提高城管执法水平、优化城市发展环境”的工作目标，脚踏实地，锐意进取，为淄博市城市建设工作做出了突出贡献。2006年一手抓执法业务、一手抓队伍管理，实现了城管执法工作新跨越。三年来，市执法局先后被表彰为全市创建文明城市工作先进单位、全市人大、政协建议、提案办理工作先进单位、全省法制工作先进单位、全省“四五”普法工作先进单位、全省文明服务规范管理先进单位、全省城管执法规范化管理先进单位等多项荣誉称号。2006年，局长温义被表彰为全国城市管理十佳先进工作者标兵。

中、高考前夕，执法人员在考点周围进行噪音监测

执法人员查封违规施工噪音扰民的施工工地

执法人员对违规建设项目进行调查取证

文明、威武的城管执法人员

淄博市劳动和社会保障局

党委书记、局长　赵荣生

在市委、市政府的正确领导下，2006年，淄博市劳动保障事业继续保持又好又快发展势头。省劳动保障厅下达的各项目标任务提前一个月全面超额完成，连续4年实现当年新增就业大于失业，城镇登记失业率保持在3%以内；社会保险政策进一步完善，覆盖范围持续扩大，基金累计结余有了较大增长，社会保险保障能力和水平显著提高；3年培养技师3260人，超额完成三年三千新技师培养目标；劳动关系保持和谐稳定。社会保险网上申报缴费、被征地农民基本生活保障、劳动仲裁院建设、国有破产企业退休人员参加医疗保险、高风险企业参加社会保险等工作有所突破；通过政策调研，在社会保险方面自主开展了为职工群众办好事实事8件，惠及职工5万余人。10月份，围绕贯彻党的十六届六中全会精神和庆祝市劳动保障局建局55周年，组织编纂了《淄博市劳动保障工作辉煌55年》一书，举办了“劳动保障之歌”文艺晚会，召开了3个座谈会，扩大了劳动保障工作的影响，增强了干部职工的凝聚力。

市委书记刘慧晏视察市劳动和社会保障局

市委常委、副市长周连华(中)视察市人力资源市场

省劳动保障厅厅长矫学柏和淄博市市长周清利为淄博市劳动仲裁院揭牌

淄博新区失地农民养老金发放仪式

淄博市旅游局

党委书记、局长　常传喜

淄博市旅游局是主管全市旅游业的市政府工作部门，内设办公室、规划调研科、市场开发科、质量规范与管理科、教育培训科5个职能科室，下属市旅游质量监督管理所、淄博宾馆2个局属事业单位。近年来，淄博市旅游局以科学发展观为指导，贯彻落实市委、市政府关于旅游业发展的一系列工作部署，围绕建设区域性人文名城和打造山东乃至全国重要国内游客旅游目的地和国际游客停留地的目标，坚持高点定位、强化特色和大项目带动，突出发展旅游特色经济，促进旅游业跨越式发展。

“十五”期间，旅游总收入实现年均增长23.6%，2005年达到63.6亿元，相当于全市GDP的4.5%。2006年，淄博市旅游发展实现又好又快增长，呈现出速度加快、效益提高、后劲增强的良好态势，全年接待国内旅游者1096.75万人，同比增长18.1%；入境旅游者5.2万人，同比增长15.6 %；旅游创汇1169.7万美元，同比增长19.1%；旅游总收入77.34亿元，同比增长20.1%；国内游客人数和旅游总收入指标分别居全省第8位、第6位。市政府成立了由市长任主任、5位相关副市长任副主任的市旅游业发展协调促进委员会，形成了政府主导旅游发展的领导机制和工作机制。因景植绿、因景修路、因景治污等工作扎实推进，一批重点旅游项目建成开放，旅游整体环境逐步优化，旅游吸引力明显增强。进一步推进市区（县）联动、政企结合、市场运作的宣传促销机制，策划举办了齐文化旅游节、旱码头文化旅游节等一批旅游节庆活动，促进国内外旅游快速增长。旅游基础设施不断完善，产业体系逐步健全。截至2006年底，全市开发建成重点旅游景区40处，其中AAAA级3家，AAA级11家，AA级6家；星级旅游饭店33家，其中五星级1家，四星级5家，三星级20家，二星级7家；有旅行社110家，其中国际旅行社3家。

蒲松龄纪念馆

原山石海

东周殉马坑

淄博市残疾人联合会

远南运动会火炬传递

市残联四届四次主席团会议

2006年，淄博市残疾人联合会按照“突出一个重点，实施三大工程，强化四项建设，抓好六件实事”的工作思路，求真务实，埋头苦干，各项工作取得了新进展。

基层残疾人组织建设。在全市残联系统开展“基层残疾人组织建设年”活动。108个乡镇（街道）、222个社区完善了残疾人组织，选聘专职残疾人干事109名。全市基层残疾人组织得到进一步完善。

农村贫困残疾人安居工程。农村贫困残疾人安居工程被列为2006年市政府为民办十二件实事之一，全年完成500户农村贫困残疾人危房改造任务，得到了广大残疾人和社会各界好评。

聋儿接受语言训练

康复工作。完成白内障手术3000余例，语训聋儿87名，安装普及型大小腿假肢37例；为36名聋儿配戴了助听器，为40名低视力患者配发助视器，提供各类用器用具1000余件；3000多名贫困残疾人得到康复救助。

就业工作。举办就业招聘会12次，培训残疾人3000多人次，为800多名残疾人解决就业问题；举办全市第一届残疾人职业技能竞赛，并组团参加全省第三届残疾人技能竞赛，夺得团体总分第一名。

文体活动。举办淄博市首届残疾人特殊奥林匹克运动会；组团参加山东省七届残疾人运动会；承接“远南运动会火炬中国传递暨中国残奥励志万里行活动”。

第二次全国残疾人抽样调查工作。圆满完成淄川区、高青县、沂源县残疾人抽样调查工作，上报结果一次达标。

残疾人参加职业技能培训

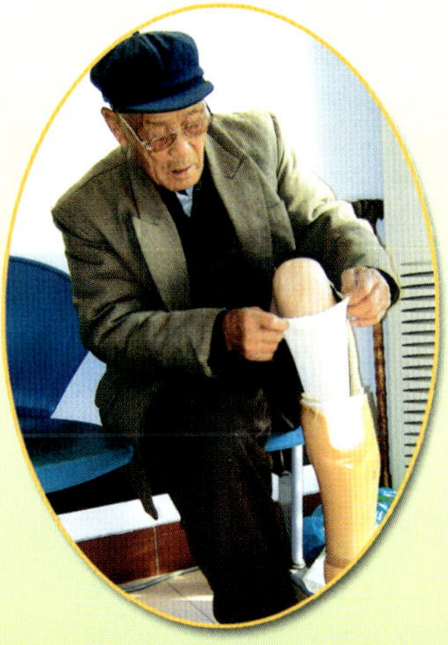
为肢残人免费安装假肢

全市首届残疾人职业技能竞赛

淄博市气象局

召开重大天气新闻发布会接受记者采访

2006年，淄博市气象局紧紧围绕经济社会发展全面开展气象工作，气象在防灾减灾中发挥了突出作用。全年共发布气象灾害预警信号91次；开展人工防雹作业62次，累计有效防护面积7127平方公里，基本消除了冰雹威胁；进行增雨作业28次，累计影响面积5300平方公里，增加降水2400万立方米。在全市范围内建成了53个4要素区域天气自动气象站。全市共创全国气象测报集体优质2个，优秀测报员6个，百班40个。组织开展雷电灾害防御工作，全年检测易燃易爆、危化场所及重要企事单位335家，备案新建建筑物防雷工程235项。大力开展“12121”天气预报声讯电话、手机气象短信和网络气象等服务项目。2006年市政府出台《关于加快气象事业发展的意见》，明确了加快气象事业发展的目标和任务，为建设具有全国先进水平的气象现代化体系，提高全市气象服务和防灾减灾能力奠定了良好基础。到2006年底，市政府已连续6年致函省气象局建议表彰市气象局；市气象局连续10年气象业务质量达一级并获全省气象部门业务明星单位称号；连续2年获科技服务明星单位称号，在2006年度全省气象部门综合目标管理考核中名列第三。

夜间开展火箭人工增雨作业

开展高炮人工增雨作业

气象日向社会开放，宣传气象知识

2006年全市建成53个加密自动气象站。（图为新建成的四宝山自动气象站）

淄博市房产管理局

全市房产管理工作会议

近年来，淄博市房产管理局在市委、市政府的正确领导下，坚持以“三个代表”重要思想为指导，牢固树立和落实科学发展观，努力推动淄博市住宅与房地产业健康持续发展，各项工作又迈上新台阶。一是进一步规范产权产籍管理，实现房产交易、权属登记网络化、信息化，2006年全市共发放房产证6.85万本，发证面积达1186万平方米。二是积极推进安康居住工程，完成了75.90万平方米经济适用住房建设计划，解决了社会弱势群体的住房问题。三是房地产市场进一步规范，继续保持健康、快速发展态势。2006年房地产市场交易面积达1022万平方米，交易额124亿元，同比增长2.87%和15.8%。四是物业管理水平进一步提高，市场化、法制化、规范化物业管理体制逐步建立。全市已有物业管理项目459个，管理面积达2161万平方米，其中有6个国家级优秀物业项目，15个省级物业优秀项目。五是房屋拆迁依法得到加强，基本保持规范、依法、稳定局面，为城市建设和社会稳定做出了积极贡献。2006年1月，淄博市房产管理局被国家建设部评为全国房改和房地产业管理先进单位，淄博市房产管理工作步入全国先进行列。

省人大常委会、省建设厅在淄博市房产管理局召开《山东省城市房屋拆迁管理条例》（新修订）征求意见座谈会

淄博市房产管理局与中国人民银行淄博分行联合下发《淄博市商品房预售款监管实施办法》

淄博市住房状况调查工作全面展开。图为调查员在入户调查

淄博市园林管理局

园林织锦

狐园新绿

近年来，淄博市园林管理局积极贯彻落实市委、市政府提出的环境立市战略，围绕创建国家园林城市、打造绿色城市的目标，增绿量、建精品，大力实施规划建绿。1997～2000年，绿地年增长200万平方米以上；2001～2004年，年均新增绿地600万平方米；2005年后，以年均400万平方米的速度递增。目前，全市建成区绿化覆盖率已达39.5%，绿地率达33.5%，人均公共绿地面积达14.2平方米。

全面贯彻实施建设文化大市战略，大力开展园林文化活动，先后组织承办了第一届全省风景名胜区工作会议、山东省第二届赏石展、中国第四届赏石展，山东省第四届菊花展、全国风景园林学会园林植物专业会第八届学术年会。2001年，淄博市顺利通过省级园林城市验收，被省政府命名为省级园林城市，2005年顺利实现了国家园林城市的目标。

1997～2005年，市园林管理局连续9年被市政府表彰为完成城市绿化目标先进单位；2000年，被建设部表彰为全国风景名胜区管理工作先进单位，被市委、市政府表彰为全市创建文明城市先进单位；2001年，被省人事厅、建设厅表彰为全省城市绿化先进集体，被省建设厅表彰为全省风景名胜区管理工作先进单位；2002年，被市政府表彰为创建省级园林城市突出贡献单位；2003年，被省建设厅表彰为省建设系统诚信服务示范单位，市园林局党总支获得全市先进基层党组织荣誉称号；2005年被市委、市政府命名为“市级文明单位”；2006年被市政府表彰为创建国家园林城市先进单位。

城市中的绿洲

夜阑珊

乐在其中

淄博高新技术创业服务中心

宋健

创业中心全景图

全国人大常委会副委员长韩启德视察创业中心

淄博高新技术创业服务中心1993年经山东省科委批准成立，隶属于淄博高新技术产业开发区管理委员会，是为初创科技企业提供综合服务的公益性科技事业服务机构。2002年被科技部认定为国家高新技术创业服务中心；2003年被山东省科技厅评为“实施火炬计划”先进单位；2006年被推选为全国高新区协会创业中心专业委员会副主任委员单位。创业中心始终以促进科技成果转化、扶持中小科技企业成长、培养科技企业家为己任，以“博学、创新、宽容、奉献”为创业文化，以“亲情服务、星级管理”为宗旨，努力营造适应中小科技企业创新创业的优良环境。

高科技创业园是淄博高新区管委会投资建设的创业中心的重要孵化基地。园区占地5.04公顷，建筑面积8.7万平方米，是一处创业者理想的科研生产场所，园区建有A、B、C、D、E五个楼座（5个功能区），能满足各类科技项目和企业科研、生产的需要。正在建设中的高科技产业园是高新区管委会规划建设的又一重要的科技企业孵化基地，园区一期工程占地260亩，建筑面积12万平方米，分生产区、商务办公区、后勤服务区3个功能区。其定位于：孵化企业产业化发展的平台，科技企业规模化生产的基地。

创业中心将一直致力于通过为入驻孵化企业提供全方位、多层次热情周到的服务和支持，营造一个易于企业生存、成长和发展的局部优化环境，降低企业创业成本，源源不断地向社会输送优秀企业管理人才和成熟的高科技企业。

创业中心孵化企业——淄博艾克维昂水处理设备公司中外科技人员试制新产品

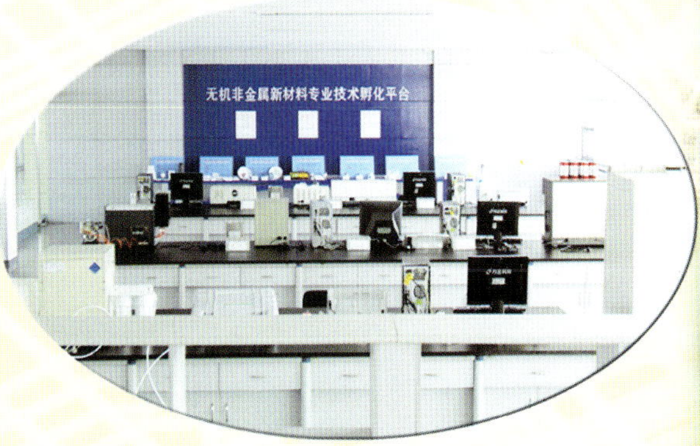

创业中心无机非金属新材料专业技术孵化平台

高科技创业园

淄博市国土资源执法监察队

领导班子集体对土地利用动态遥感监测图进行研究分析

淄博市国土资源执法监察队成立于2003年10月，为副县级全额事业单位，隶属于淄博市国土资源局，承担着全市土地、矿产资源、测绘三大方面的执法监察工作。成立以来，在市委、市政府及市国土资源局党委的领导下，按照党中央、国务院和省委、省政府的决策部署，紧紧围绕全市工作大局，团结一致，扎实工作，全面开展了国土资源日常查处和动态巡回检查工作，深入开展土地市场秩序治理整顿、开发区（园区）清理整顿、矿产资源管理秩序治理整顿、集中处理农村土地征用信访突出问题及群体性事件，依法惩戒各种破坏、浪费资源的行为，打击国土资源领域的违法犯罪，矿产资源管理秩序得到进一步规范，实现了全市土地市场秩序的根本好转，维护了社会稳定，促进了全市经济社会的可持续发展。三年来，该队先后获得淄博市职工职业道德建设十佳单位、振兴淄博劳动奖状等荣誉，有多名同志被评为山东省国土资源卫士、国土资源信访先进工作者，队长刘世新被授予全省国土资源系统先进个人、淄博市首届十大优秀行政执法人员、淄博市劳动模范、振兴淄博劳动奖章等荣誉称号。

讨论研究国土资源违法案件案情

市国土资源局党委书记、局长田锡富对执法队成立三年来取得的成绩给予高度评价

认真解答群众疑难问题

执法监察人员查封非法采砂设备

联合执法，拆除违法占地建筑

淄博市建筑管理处

处长　谢绪军

淄博市建筑管理处隶属于市建设委员会，是受市建委委托，依法管理全市建筑业和建筑市场的副县级全额预算事业单位。

主要职能：负责制定全市建筑业发展规划和中长期计划；负责建筑市场的准入和清出，查处违法违规工程和行为；负责全市建设工程招标投标管理，监督建设施工合同的签订与履行，发布招标信息；负责全市建筑施工、装饰装修企业的资质审查和工程质量管理；负责全市建筑施工安全生产、文明工地、防护用品、施工机械的监督检查和管理；负责全市建筑业企业职工教育培训、职业技能鉴定、项目经理的考核认证；负责全市建筑业企业养老保障金的征收与管理；负责全市清理拖欠工程款与农民工工资工作。现有11个科室，编制57人，实有人数63人。其中具有高级技术职称者16人、中级20人、初级14人。

2006年度主要荣誉：被省人事厅、省建设厅、省建筑工程管理局联合表彰为全省建筑工程管理工作先进集体；被省建设厅表彰为山东省建设系统思想政治工作先进单位、“三五”依法行政先进单位、全省建设系统招标投标工作先进单位；获得全省建筑安全监督管理先进单位、清理拖欠工程款工作先进集体、建设系统安康杯竞赛优秀组织奖，全市创建文明城市先进单位、创建卫生城市先进单位、建设行政执法责任制先进集体、党建工作先进集体、行风建设先进单位等荣誉称号。

全市建筑业暨房地产综合开发管理工作会议

淄博市建筑管理处政风行风建设座谈会

淄博仲裁委员会建筑系统仲裁调解中心揭牌

淄博市劳动教养管理所

党委书记、所长　孙即发

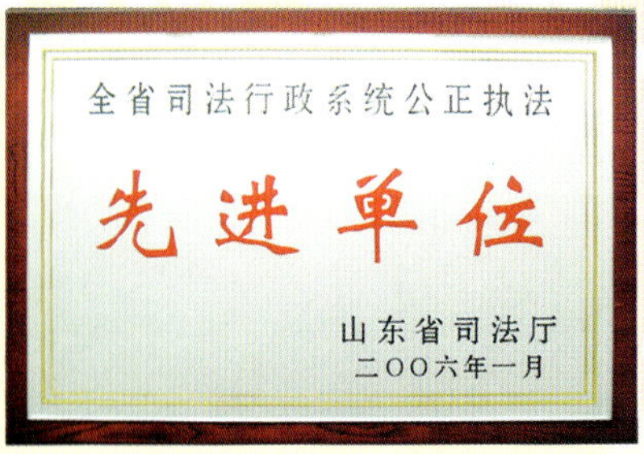

2006年，淄博市劳教所在市司法局党委的正确领导下，认真贯彻党的“教育、感化、挽救”的劳教工作方针，以创建“平安淄博”、构建和谐社会为契机，以维护场所安全稳定为主线，以深化教育、创办劳动教养特色为载体，以提高教育挽救质量为目的，加强党的建设和警察队伍建设，开展了岗位练兵活动和社会主义法治理念教育活动，队伍素质明显提高；场所秩序持续安全稳定，连续八年未发生劳教人员“脱逃”事故；认真落实三种管理模式，开展了劳教人员教育矫治质量评价试点工作；不断创新人性化管理制度，成立了劳教人员文艺社，开展了即将解教人员对在教人员进行帮教活动，实行了警察与劳教人员书面交流活动、家属预约会见制度等，以劳教人员班组为单位定期进行“守纪律、促改造”宣誓教育活动，增强了教育的针对性和实效性，提高了挽救质量；大力加强基础设施建设，新建劳教人员教学习艺楼，使场所面貌有了根本的改观，全面提升了部级现代化文明劳教所的质量，各项工作都取得了新的进展。2006年先后被省司法厅授予全省司法行政系统公正执法先进单位，并荣记集体二等功；被市委、市政府评为市级文明单位，，被市委评为先进基层党组织，被评为全市政法系统公正执法先进单位；被淄博市总工会评为全市工会工作先进单位，被省劳教局评为全省劳教工作先进单位，被市人事局、市司法局评为全市司法行政系统先进单位。1995～2006年，连续十二年在年度工作考核中被淄博市委政法委确定为优秀等次。

淄博市劳教所2006年劳教人员及亲属座谈会

劳教所干警及劳教人员学习消防安全知识

现代化文明劳教所办公区一角

淄博人民公园管理处

公园全貌

公园东广场

淄博人民公园于2002年起实施全面改造，2004年进行了补充完善，2005年对动物园进行了搬迁和改造，有着四十多年历史的人民公园焕发出新的生机和活力。

改造后的公园占地面积22.6万平方米，其中绿地18万平方米，湖区3.7万平方米，草坪16万平方米。园内各种植物157种，稀有名贵树木30余种，其中乔灌木6800株，地被植物7100平方米。公园设东、南、北三个小型广场，建有童趣园、水趣园、翁趣园、禽趣岛、连心岛、茗香岛、音乐喷泉等多个景区。

淄博人民公园获得了2003年度中国人居环境范例奖、首届中国威海国际人居节优秀作品奖、山东省文明公园等荣誉称号。全面开放以来，平均每年接待游客300余万人次，接待各级领导、外国友人视察参观60余次。公园的生态功能、社会功能和文明功能得到充分发挥，环境效益、社会效益和经济效益进一步显现。

公园北湖

亲水平台

南广场

音乐喷泉

淄博市齐城农业高新技术开发区

市、区领导在管委会主任魏修国陪同下视察淄博市齐城农业高新技术开发区

现代化农业产业化龙头企业竣工投产

淄博市齐城农业高新技术开发区是经淄博市委、市政府批准，于2001年设立的综合性农业科技示范园区，由中国农科院专家组规划设计，2002年10月被省科技厅、财政厅批准为“省级农业科技示范园区”。设有农业高新技术示范园、农产品加工园、生物工程示范园、农产品仓储物流园四个功能区。园区成立以来先后投资3000多万元，不断优化配套完善基础设施，提高了园区承载能力，为项目建设搭建了良好发展平台。

园区坚持“农业园区工业化、园区企业龙头化”发展思路，多渠道、多层次引进投资规模大、带动能力强、科技含量高的农业科技项目，取得良好的经济、社会和生态效益。已引进农业高科技项目52个，累计完成投资21亿元，直接受益农民达到5万户，累计增加农民收入达12亿元以上。现拥有3家省高新技术企业，4家省级农业产业化重点龙头企业，7家市级农业产业化重点龙头企业，4个“山东省著名商标”，1个“中国名牌”。培育形成了7个新型产业拉动链：以淄博齐美斯食品有限公司、淄博民信食品有限公司等为龙头的畜禽屠宰深加工产业链；以淄博巧媳妇食品有限公司、淄博维克食品有限公司为龙头的蔬菜深加工产业链；以山东兔巴哥食品有限公司为龙头的乳制品深加工产业链；以淄博维生种苗有限公司、淄博亿百合食用菌发展有限公司为龙头的优质种苗孵化产业链；以山东奥德隆集团、淄博众得利农业科技开发公司为龙头的农产品物流配送产业链；以桓公台生态家园、汇琳苑为龙头的绿色生态观光休闲产业链；以齐都药业科技园为龙头的生物科技开发链。

兔巴哥食品有限公司现代化乳制品生产线

淄博维生种苗有限公司现代化育苗中心

首席绿色生态园——桓公台生态家园宴会大厅

淄博市齐城农业高新区管理培训中心

周村经济开发区

山东凤阳集团30万吨精密薄板项目竣工剪彩

齐鲁华信实业有限公司新型分子筛项目开工奠基

周村经济开发区是1992年经山东省人民政府批准设立的省级经济开发区，位于淄博市周村城区北部，济青高速公路横贯东西（设上下路口），东距滨博高速公路淄博新区上路口10公里，南距309国道、胶济电气化铁路5公里，西距济南国际机场50公里，东距青岛港290公里。开发区拥有日供水10万吨的引黄专线、日供水10万吨的供水专线和配套排水管线，有日处理10万吨的污水处理厂1座，有2万门程控电话容量和宽带数据通讯，有10千伏工业用电专线和双回路供电站2座，拥有年供电5亿度、供汽1600万GJ的热电厂2座，实现了“七通一平”。目前开发区已形成纺织服装、金属制品、专用机械设备制造为主的产业发展格局，日本三菱重工、西铁城集团、香港信辉集团等一批跨国公司和世界知名企业相继入驻，兰雁、凤阳、维尔、宏信、华信、玉兔等一批国内知名企业也先后在开发区安家落户。开发区与清华大学、华中科技大学、山东理工大学等高等院校建立了产学研基地和项目孵化转化基地，科技开发能力和技术改造水平进一步增强。经济快速发展，社会和谐稳定。周村经济开发区真诚欢迎有识之士前来投资创业，共谋发展。

电话：0533—6536019 传真：0533—6536018
网址：http://kfq.zhoucun.cn

三菱淄博重工恒星造纸机械有限公司生产车间

西铁城（淄博）精密机械有限公司生产车间

张店区城市管理行政执法局

全市城管执法大（中）队长培训现场

张店区城市管理行政执法局于2004年2月1日正式挂牌成立。依据淄博市人民政府第39号令《淄博市城市管理行政处罚权试行办法》，主要行使市容环境卫生、城市规划、园林绿化、市政设施全部行政处罚权和环境保护、工商、公安交通的部分行政处罚权。

该局成立以来，在区委、区政府的正确领导下，本着综合执法、全面治理、逐步推进的工作思路，开展了一系列的专项治理活动，取得明显成效，受到了各级领导的好评和群众的赞扬。全局上下顽强拼搏，任劳任怨，先后荣获淄博市文明示范窗口、淄博市城市管理行政执法优胜单位、山东省青年文明号等荣誉。2006年，在区委、区政府工作考核中被评为先进单位，该局确立实施的《广告治理工程示范街项目》获得区年度创新和优秀工作成果奖；在全市城管执法系统年度执法综合考评中获得第一；被市局评为全市城管执法规范管理先进集体，被省建设厅表彰为全省城管执法规范化管理先进单位。

现场执法

督察人员在现场检查执法登记记录

威武雄姿

执法人员在广告拆除现场对广告进行测量

规范化管理现场会

临淄区人民法院

党组书记 院长 王旭

伴随着临淄区和谐发展的主旋律，临淄区人民法院在创新中谋发展，在发展中创和谐。全省优秀法院、全省法院队伍建设先进集体、全省法院执行工作先进集体、全国法院思想宣传先进集体等诸多殊荣，凝聚着临淄法院人勤奋的工作和斐然的业绩。

——以维护稳定、促进发展、保障民生为己任，以和谐司法为指导，全面开展审判工作。年7000余案件的审理与执行，彰显了临淄法院人对正义的诠释和对法律的忠诚。

——以社会主义法治理念教育等活动为载体，大力加强队伍建设。一支素质高、能力强、形象好的法官队伍，实现连续十三年“零违纪”。

——围绕“公正与效率”和创建“公信法院”的目标要求，大胆进行审判方式、审判管理、审判组织等改革，不断创新多元化纠纷解决机制，以改革激活发展动力，以创新引领审判工作，取得显著效果。

——坚持“公正司法、一心为民”，不断创新为民服务机制。构建便民诉讼网络，建立特困群体案件执行救助机制，加大司法救助力度，开展“法官进社区”实践活动等诸多为民服务的新举措，给老百姓送去了法治的关怀与温暖。

——加大投入强化硬件和软件建设，建立和完善综合信息、执行案件信息、数字监控、电子档案评查等系统，实现审判管理网络化、行政管理智能化、人事管理数字化，信息化建设走在全省法院的前列。

——按照“设置规模化、建设标准化、审判规范化、管理制度化、装备现代化”的目标，打造“五化法庭”品牌，增强法庭司法能力，使法庭凸现维护基层稳定、服务新农村建设的重要作用。

人民陪审员参与庭审

法官街头普法

加强执行工作 实现群众利益

司法服务贴近百姓

临淄区农业局

省委副书记、省长韩寓群视察大棚蔬菜生产

农业部副部长尹成杰视察秸秆反应堆蔬菜大棚

现代化育苗中心

临淄区农业局坚持以“三农”工作为总抓手，围绕农业规模化、标准化、产业化，依托“优质专用小麦良种推广补贴”“测土配方施肥”“蔬菜设施水肥一体化”“农业科技入户示范工程”“农村户用沼气池”等部级和“出口农产品绿卡行动计划”“绿色蔬菜基地建设”“30万亩优质粮食丰产工程”“出口番茄良好农业操作规范”等省、市级农业科技项目的实施，扎实推进新农村建设和现代农业发展。农业标准化生产基地发展到15万亩，省、市级农业产业化重点龙头企业发展到9家，农民专业合作经济组织达到43家，农民户均从产业化经营中增收1500元。“巧媳妇牌”酱油荣获“中国名牌”产品称号，“翠竹牌”西红柿、西葫芦、甜椒、辣椒、茄子和“绿竹牌”芦笋、“太公湖牌” 西瓜、“康浪河牌”玉米、“齐寿牌”小麦粉等被认证为绿色食品，绿色食品品牌达到13个。被农业部评为全国测土配方施肥先进单位。

大棚微滴灌溉

西红柿大棚种植

临淄区交通局

团结务实的临淄区交通局领导班子

凤凰路跨高速公路立交桥竣工剪彩

临淄区交通局以服务经济建设为已任，以服务人民、奉献社会为宗旨，以创建文明行业为动力，以提高党的执政能力、构建社会主义和谐社会、建设节约型社会、建设社会主义新农村、建设创新型行业为目标，开拓创新、求真务实，紧紧围绕路政管理、运政管理、客运市场管理、交通稽查、汽修行业管理、货运配载、行政审批和驾驶员培训管理等各项工作，高起点、高标准、高质量、严要求，取得可喜成绩。

2006年，建设了凤凰路跨济青高速公路立交桥、崖傅淄河大桥、愚公山路乌河桥、兴边路乌河桥和102省道改线一期工程等一系列精品工程，全区、乡、村路通车总里程达644.4公里，道路档次日新月异，综合竞争力明显增强。开展多部门联合执法，治理超限超载，整顿城区客运交通秩序、驾驶员培训市场秩序和汽修市场秩序，取得了实效。建设3处乡镇客运汽车站，推动城乡客运一体化建设进程。狠抓行风建设，推行政务公开，实施“阳光工程”，树立了交通新形象。三个文明建设取得全面丰收。获得省级表彰2次，市级表彰18次，区级表彰30余次，新华社新闻信息中心主办的《交通参考》、大众日报社主办的《现代交通报》、淄博日报等主流媒体多次对该局工作实绩进行过专版、专刊、专题和头条报道。

新通车的凤凰路跨高速公路立交桥

淄川区人民法院

2006年11月，王建东院长在最高人民法院、联合国计划开发署联合举办的“完善法律统一适用机制国际研讨会”上作专题发言

2006年以来，淄川区人民法院以“公正司法、一心为民”为指导方针，按照“政治建院、审判立院、人才兴院、以制治院、改革强院”的发展思路，认真落实科学发展观，努力建设学习型、科技型、创新型、服务型、文化型、权威型法院，抓审判促发展，抓改革保公正，抓队伍树形象，充分发挥审判执行职能作用，努力实现“公正与效率”工作主题，与时俱进，争先创优，各项工作取得新进展，有力地推动了“和谐社会”建设。2006年以来，该院共获得各项集体荣誉60余项，80余人次先后荣获上级党委和上级法院的表彰奖励。2006年，该院被省高院荣记集体二等功，并先后被授予全国法院网络宣传工作先进单位、全省法院思想宣传工作先进单位、全省人民陪审员工作先进集体、全市政法系统公正执法先进单位、省级文明机关、市级文明单位等多项荣誉称号。2007年1月，被山东省委、省政府表彰为全省人民满意政法单位，在淄博市惟一获此殊荣；2007年3月，因整体工作突出被淄川区委、区政府荣记集体三等功；2007年7月，被最高人民法院、司法部联合表彰为全国法院指导人民调解工作先进集体。

2006年3月，该院首创的智能化量刑系统在北京通过专家组鉴定

2006年10月，该院与区总工会联合开展社会化“暖流行动”，保护农民工合法权益

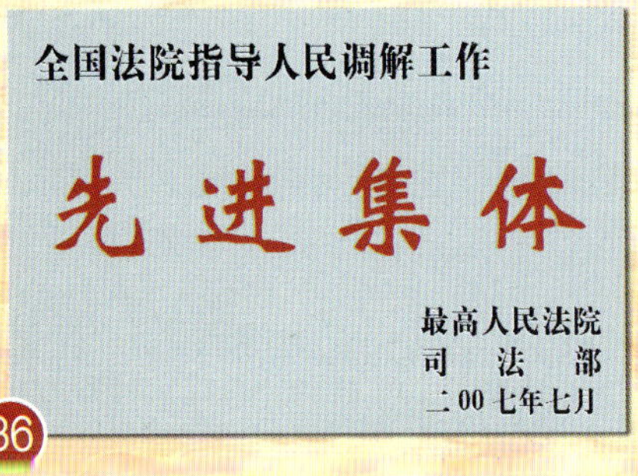

蓬勃发展的淄川教育体育

党委书记、局长　赵　永

近年来，淄川区大力实施科教兴区战略，坚持教育优先发展，深入实施素质教育，加快教育信息化、现代化建设，努力构建城乡教育一体化发展的新格局，各类教育健康、持续、快速发展。

加强教育体育基础设施建设。近4年来投入4.27亿元，完成建筑面积达28.7万平方米的40余项教育体育重点工程，办学条件和育人环境全面改善；教育现代化建设步伐加快，全区建成镇域网19个、校园网108个，装配微机9800台，实现中小学“校校通”“班班通”，基本普及信息技术教育，被命名为全市教育初步现代化区；积极稳妥地推进农村中小学布局调整，共撤并农村中小学及教学点67处，完成异地新建学校5处，改扩建学校18处，城乡学校办学差距逐步缩小；大力实施素质教育，教育教学质量稳步提升，高考成绩连续6年位居全市前列，教育教学质量步入良性循环的发展轨道；竞技体育实现历史性跨越，淄川区在市十四届运动会上一举囊括4项第一，在2006年省二十一届运动会上单独组队代表全市参赛获得44.25枚金牌，位居全省各区县前列。淄川区输送的运动员黄晓彤在十运会上获得200米蝶泳金牌，在东亚运动会上获得200米蝶泳铜牌。

淄川区先后荣获全国群众体育工作先进单位、全国学校艺术教育先进单位、全省教育工作示范区、全省实验教学普及区、全市高考先进区等称号，先后3次被市政府授予“振兴淄博体育突出贡献奖”，区教体局被省精神文明建设委员会授予省级文明单位。

淄川区委书记阎西国视察教育体育工作

职业教育办学经验在全国、省市推广。图为淄川二职专学生在实训基地实习

淄川区委副书记、区长刘东军视察教育体育工作

国家体育总局领导视察淄川区“教体结合”工作

优美的校园环境

桓台县教育体育局

党委书记、局长　崔亦伦

市委常委、县委书记、县人大常委会主任陈勇视察教育体育工作

县委副书记、县长王可杰到基层学校调研教育体育工作

县教体局局长崔亦伦深入学校课堂听课

近年来，在各级党委政府的正确领导及社会各界的关心支持下，全县教育系统广大干部职工坚持“办人民满意教育”的宗旨，按照分类管理、分类施教的模式，坚持德育为首、贯穿始终，大力实施素质教育，让“幼儿教育的孩子玩得好，小学生学得全，初中生学得精，高中生学得优，职业教育学生学得专”，桓台教育事业得到健康快速发展。启动了桓台二中新校建设，加快了桓台实验学校后续工程的完善；农村中小学布局调整工程全面完成，实现了城乡教育资源共享，促进了全县教育均衡发展；继续推行大龄教师提前离岗制度和择优录用教师制度，进一步优化了全县教师队伍的年龄结构和学科结构；大力实施精细化管理工程、校园文化建设工程、特色学校创建工程，提升了学校的管理水平和办学层次。2007年率先在全市各区县免除了义务教育段所有学生的学杂费，保障全县教育工作的健康快速发展。进一步加快教育示范县的创建工作，7月顺利通过省检查团的验收。桓台县教育中心建设完成，7月被省教育厅命名为“山东省示范性县级教师培训机构”。教育教学质量得到全面提高，2007年高考取得辉煌成绩，9人升入北大、清华等名校，1人升入香港大学，升入北大、清华等名校的总人数位居全市第一。

桓台二中新校于2007年4月动工兴建，图为学校科技楼效果图。

沂源县国税局

2006年，沂源县国税局着眼于全县财政大局，牢固树立经济税收观，以“和谐兴局，团结拚搏，争创一流，再铸辉煌”为治局方针，以税负调查分析为主线，以“预防职务犯罪年”为契机，夯实基础，开拓创新，单项工作亮点纷呈，整体工作逐步跨入全市先进行列。连续18年保持了“省级文明单位”荣誉称号，被省局评为文明建设先进局，档案管理被评为省特级机关档案室，领导班子被市局评为先进领导班子，税负分析被省局评为先进单位、被市局评为第一名，单位行风评议连续6年名列全县第一。

工作中，立足于“工业立县”“富民兴源”发展大局，认真履行组织收入和调控经济的神圣职责，实现了税收入库数量与质量同步提高；坚持依法治税，税收执法水平得到进一步提高；以信息化技术为支撑，以税收管理员制度为核心，充分发挥户籍管理、发票监控、纳税评估的基础保障作用，扎实做好综合征管软件V2.0推行工作，提高了税收征管质量和效率；以“征管质量和数据质量”分析为重点，信息化建设取得突破性进展；全面开展税负调查分析，深入查摆了税收管理中存在的薄弱环节，打造了13项税收管理长效机制，为今后搞好该项工作指明了方向。认真落实县委提出的打造“务实开放廉明”机关品牌的要求，创出了6个工作亮点，实现了2个理论创新和3个工作创新。切实加强思想政治工作，不断创新队伍管理机制，干部队伍素质和岗位技能明显提高，队伍活力明显增强；加强行风建设和精神文明建设，向全县人民交上了一份合格的答卷。

党组书记、局长　于亦刚

帮助帮扶对象徐家庄乡西南峪村实现自来水户户通

团结和谐的领导班子

高青县油区工

高青县油区工作管理委员会主任　王永民

设施齐全、服务优良的三星级宾馆——高青迎宾馆

高青县油区工作管理委员会是代表县委、县政府协调处理油地关系、发展地方经济的职能部门。下辖8个职能处室，拥有控股和参股企业12家，固定资产总额10亿元，职工5000余人。初步形成了集油气联合开发、石油化工、造纸印刷、热电能源、玻纤制品、精细化工、陶瓷材料和餐饮服务为一体的综合性企业集团。

多年来，该委积极致力于全国模范油区创建活动，加强油区基础管理，按照“服务油田，共同发展”的指导思想，努力做好油田开发建设中的超前服务、跟踪服务和善后服务工作，为油田开发建设创造了良好的环境，油地关系融洽和谐，油区治安状况稳定，高青油区成为胜利油田增储上产的重点油区之一。该委立足油区资源优势，深入实施油区经济带动战略，大力发展自身产业，膨胀壮大油区经济总量，实现了油区产业从无到有、从小到大、由弱变强的历史性转变，带动了地方经济的发展。2006年，该系统实现销售收入18.5亿元，实现利税

年炼化能力100万吨的高青宏远石化公司装置区

山东青苑纸业有限公司的产品畅销全国，其中文化纸成为《国务院公报》《半月谈》杂志印刷专用纸

作管理委员会

市委书记刘慧晏视察山东丽村生物科技有限公司

2.32亿元，成为县域经济发展的重要支柱之一。

该委连续6年被市委宣传部、市政研会评为思想政治工作优秀企业，油区工委连续15年保持省级文明单位、全省油区工作先进集体荣誉称号。2006年，油区工委被省委、省政府授予“平安山东”建设先进单位。

职工文体活动丰富多彩

环境优美的山东丽村热电有限公司鸟瞰

山东耀微玻璃纤维有限公司大门

蒲松龄纪念馆

蒲松龄故居——聊斋正房

2006年，蒲松龄纪念馆本着保护、开发、利用和关键在发展的原则，各项工作成效显著。

对外宣传和接待工作。该馆坚持以“优质的服务、优良的秩序、优雅的环境”的“创三优”服务理念来体现高素质，实现高效益。全年接待中外游客10万余人次。作为省级爱国主义教育基地，免费接待中小学生6000余人次。

筹划聊斋文化艺术巡回展。为了挖掘弘扬优秀地域传统文化，服务于全市经济强市和文化大市建设，由该馆承办的大型聊斋文化艺术展将在全国各大城市巡展，并走出国门，使其成为宣传淄博市形象和聊斋文化的精品文化工程。

拟定纪念馆陈列改造方案。2006年蒲松龄故居被国务院公布为国家级重点文物保护单位。为适应当前形势和观众的需求，纪念馆计划逐步改造完善馆舍的主题陈列和辅助陈列。经过广泛论证，集思广益，已完成了内容和形式设计方案，待条件成熟时择机实施工程改造。

《蒲松龄研究》季刊编辑工作。《蒲松龄研究》季刊正常刊发，并增加邮局发行，扩大了发行渠道。进一步加强与会员的联系，及时向会员传递聊斋学研究的信息动态。

加强文物安全工作。针对该馆建筑多为草房，又地处偏远乡村，每天接待众多游客，在安全保卫方面存在着种种隐患的现实，纪念馆健全领导机制，建立了消防、安全档案和制度，责任到人，工作到位。并利用远红外等现代科技手段，增强了安全防范意识。确保了全年安全无事故。

聊斋正房室内景

蒲松龄故居南大门

蒲松龄故里——蒲家庄大街

五音戏名扬北京城
《云翠仙》情醉上海滩

文化部部长孙家正亲切接见吕凤琴等演员

省文化厅和市有关领导观看《云翠仙》演出后登台接见演员

在全国第二个“文化遗产日”前夕，淄博市五音戏剧院经典传统剧目《王小赶脚》受文化部邀请，赴京参加中国非物质文化遗产稀有剧种展演。这是山东省惟一一个应邀参演的剧目。五音戏于2006年被批准为国家级首批非物质文化遗产，在保护传承方面，淄博市五音戏剧院作了大量深入细致的工作。此次进京演出的《王小赶脚》由国家一级演员、省定非物质文化遗产项目（五音戏）传承人吕凤琴和优秀青年演员秦剑萍担纲主演。演出获得极大成功，在北京引起强烈反响。国务委员华建敏、文化部部长孙家正观看演出，并对吕凤琴等人的精彩演出给予高度评价。

2006年10月31日，五音戏《云翠仙》作为第八届中国上海国际艺术节正式参演剧目，在上海逸夫舞台隆重上演。《云翠仙》是淄博五音戏剧院倾力打造的大型通俗轻喜剧聊斋戏。剧中的“云翠仙”由国家一级演员吕凤琴饰演，她以纯熟悦耳的唱腔、饱含感情的表演，栩栩如生地塑造了狐狸仙子这一艺术形象，把凄美的聊斋故事完美地展现在上海观众面前。《云翠仙》的成功演出，让大上海的观众及日本、美国、加拿大、法国等国家的观众领略了来自鲁中的戏曲神韵。上海戏剧界的专家纷纷盛赞五音“奇葩”，《文汇报》等多家媒体高密度报道了演出盛况。“云翠仙”的扮演者吕凤琴荣获上海白玉兰戏剧表演艺术主角提名奖。

《云翠仙》剧照

《王小赶脚》剧照

国家一级演员、五音戏传承人　吕凤琴

淄博市福利彩票销售管理中心

市委书记刘慧晏视察福彩中心

副市长刘有先在福彩中心视察指导工作

规范化建设后的福彩投注站焕然一新

近年来，淄博市福彩中心秉承“公平、公开、公正”的宗旨，发扬“以诚信为本、以责任为重、以奉献为荣”的工作作风，认真落实科学发展观，狠抓队伍建设，规范管理，诚信经营，大力开拓福利彩票发行市场，积极为国家和淄博市募集福彩公益金，注重优化提升“扶老、助残、救孤、济困”的福彩品牌形象，福彩发行连创新高。2004年，市福彩中心荣获全国电脑福利彩票发行管理先进单位称号，进入全国50强行列；2005年福彩销售突破4亿元，省民政厅为此专门向淄博市政府发来贺电，市福彩中心被省人事厅、省民政厅记集体二等功一次、市福彩中心主任刘兆生记个人二等功一次。淄博市民政局被省民政厅授予福利彩票发行组织工作奖一等奖，市福彩中心被授予销售总量奖一等奖、销售进步奖一等奖、人均销量奖二等奖，取得经济效益、社会效益双丰收。自2000年5月1日至2007年5月1日，全市共销售福利彩票13.96亿元，为国家募集福彩公益金4.89亿元，其中淄博市募集福彩公益金1.67亿元。7年来，淄博福彩秉承“扶老、助残、救孤、济困”的发行原则，致力于全市的社会福利和社会保障事业，共投放公益金1.12亿元，为淄博市经济社会发展做出了积极贡献。

中福在线视频彩票——体验世界最新科技　感受国际视频游戏

"福彩心连心　助困送温暖"活动救助现场

福彩希望小学的孩子们"今儿个真高兴！"

临淄区人民医院

院长、党委书记　于有德

2006年，为临淄区人民医院建院70周年。年内，医院坚持“科技兴院”战略，始终把发展科技工作做为第一要务来抓，顺利开展了体外循环心脏直视手术、原位肝移植手术、心脏介入手术、心脏冠状动脉搭桥手术等新技术，填补了区内多项医学空白。

医院始终坚持“病人至上，服务至善，把麻烦留给自己，把方便送给病人”的服务理念，不断提高医疗质量和服务水平，得到社会和广大患者的充分肯定和赞誉。2006年，医院投资120余万元，对门诊楼和院内环境进行改造，使医院布局更加科学合理，就诊流程更加便捷；投资2000余万元，购置了包括大型C臂机、人工心肺机、体外循环机、乳腺钼靶X光机等在内的万元以上设备66件。目前，医院拥有万元以上大型精密仪器490余件，总值达1.4亿元，居淄博市公立医院之首。为回报社会对医院工作的支持与帮助，2006年共完成白内障免费复明手术316例，2007年医院将继续进行“白内障复明工程”，并推出为全区贫困家庭先天性心脏病患儿免费手术计划，真正做到让全区人民受益。

2006年，医院先后荣获山东省消费者满意单位、淄博市文明单位、淄博市医德医风示范医院、淄博市卫生系统廉政建设文明单位、淄博市先进基层党组织等荣誉称号。

淄博市

团结务实、干事创业的第一医院领导班子

组织党员干部参观井冈山革命博物馆，接受革命传统教育

宋晓东院长与职能科室签定廉洁自律承诺书

在全市率先实行“一卡通”服务，方便了群众就医

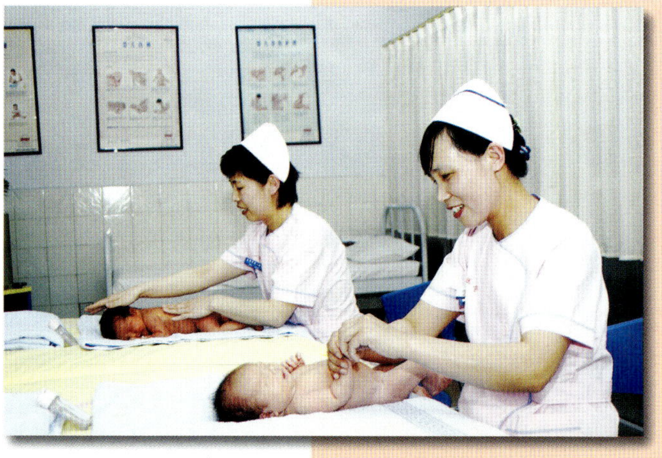

妇产科在全市率先开展的新生儿抚触和新生儿游泳等服务项目深受广大婴幼儿家长欢迎。

第一医院

市科技局组织专家对第一医院科研课题进行鉴定

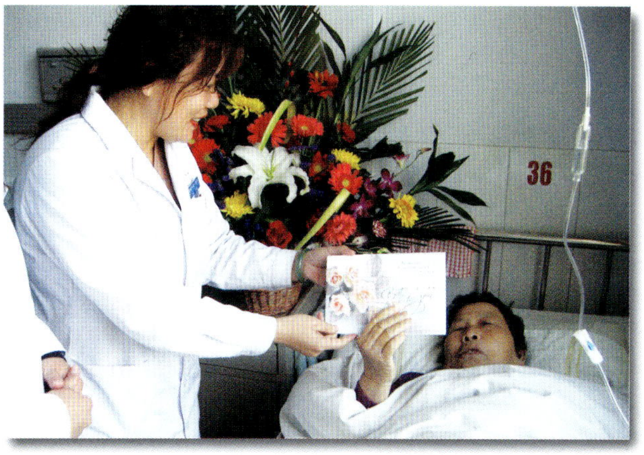

社会服务部为住院患者送生日贺卡

社会服务部为出院患者举行健康之友座谈会

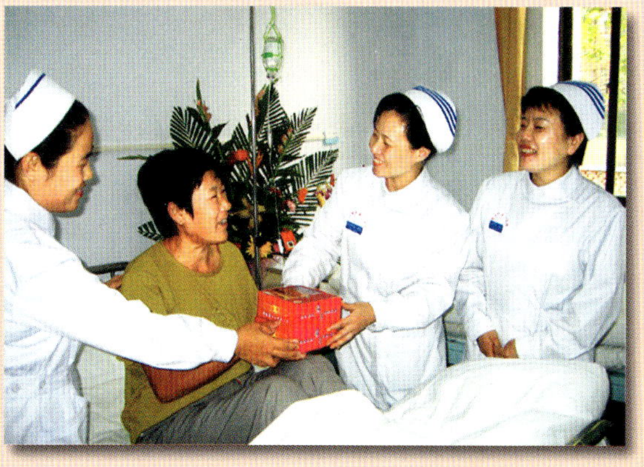

社会服务部在中秋节慰问住院患者

淄博市第一医院始建于1948年秋，是淄博市成立最早的大型综合医院。目前，该院占地面积14.44万平方米，建筑面积10.16万平方米，在职职工1084人，卫生专业技术人员824人，其中高级职称205人，中级职称379人，有9名医疗专业人员被评为全市首批名医，4个科室被评为淄博市首批名科。年均诊疗人数40余万人次，出院病人2万余人次。医院秉承“以病人为中心，以提高医疗质量为核心”的办院理念，着力实施“质量立院、人才强院、服务兴院、文化塑院”战略，近年来，医院先后获得山东省文明医院、山东省职业道德先进医院、山东省卫生系统先进集体、全市卫生系统十五科教兴医先进集体、淄博市三星级医院等荣誉称号，并成为全市首家全省医德医风示范医院、全省十佳诚信卫生医疗单位。

注重强化内涵建设，牢固树立安全意识，建立和健全了医疗质量管理院科两级质量管理体系。实施医疗质量责任追究制；在全市率先开展了星级护理服务，创建了各有特色的12个护理服务品牌；医院还成立了社会服务部，将关注延续到出院后病人，受到社会各界的广泛好评。为方便病人，该院在全市率先推出“一卡通”服务，挂号、划价、取药，一卡在手即可通行全院，大大方便了病人就诊。该院牢固树立公立医院的公益服务意识，积极开展惠民医疗服务活动，确定了惠民服务对象；推出了惠民病房，实行二免十一减优惠政策；推出惠民社区，实行三免十减优惠政策。在落实医疗服务收费公示制度、推行“病人入院三日内实施手术”等举措的基础上，对41种疾病实行单病种限价收费，最大限度地减轻了病人负担。医院为支持新农村建设，先后与沂源鲁村和石桥乡卫生院签订了《帮扶协议》，加大对两所卫生院的扶持力度，积极落实360工程，对卫生院学员进行免费培训，促进了农村卫生工作的发展。

该院完善反腐纠风体系，全面推行廉政建设“六个一”工程。建立内部约束机制，实行投诉奖励制、抗菌药物用量警示制，形成了有效的行业自律机制，树立了文明医院的良好形象。

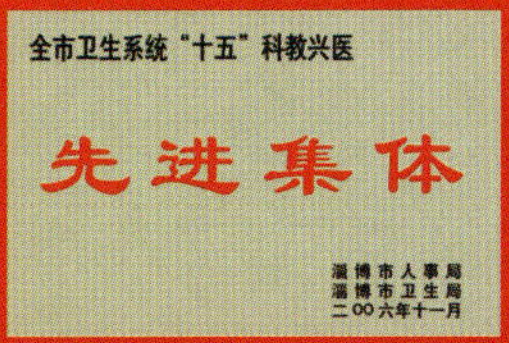

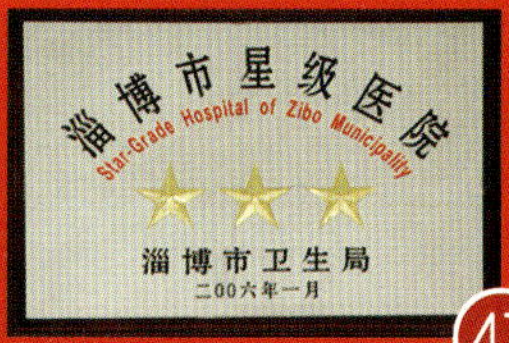

山东鲁宝冶金股份有限公司

董事长、总经理　王勉山

山东鲁宝冶金股份有限公司坐落在有“天下第一村”之称的淄博市周村区，地处省级经济开发区——周村经济开发区，北邻济青高速公路，南依胶济铁路和309国道，交通、通讯便利，地理条件优越。鲁宝公司始建于1977年，1996年经山东省人民政府批准成为规范化股份制企业，拥有自营进出口权，通过ISO9002国际质量体系认证。公司下设淄博市周村社会福利弹簧板厂、淄博精密钢管厂、淄博不锈钢材加工厂、淄博轧钢厂、鲁宝加油站、鲁宝宾馆及劳动服务公司。现有总资产8600万元，员工281人，其中高中级技术人员86名，占地面积8.6万平方米。2006年实现销售收入2.6亿元。“鲁宝”牌产品远销国际、国内20多个省市和地区，深受用户青睐。

地址：山东省淄博市周村区丝绸路168号
电话：0533-6182868　6182856　6182633　6181471
传真：0533-6180411
邮编：255300
网址：http://www.lubaosd.com
E-mail：lubao@lubaosd.com

不锈钢冷轧钢带

冷拔油、汽缸钢管

高频焊方管、矩型管

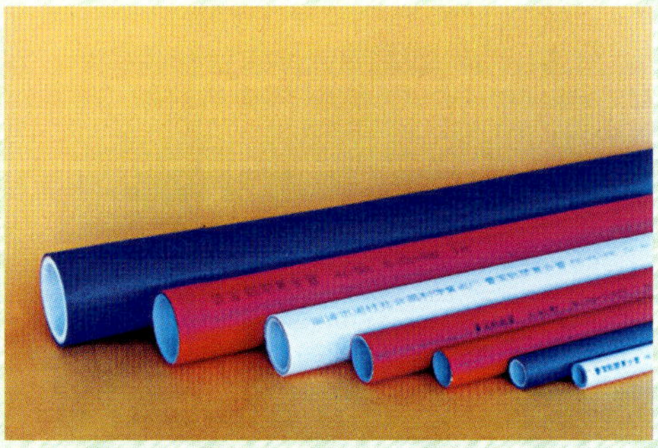

铝塑复合管

特　　载

坚持以科学发展观统领全局 为建设殷实小康构建和谐淄博而努力奋斗

——在中国共产党淄博市第十次代表大会上的报告

（2007 年 3 月 28 日）

刘慧晏

同志们：

现在，我代表中国共产党淄博市第九届委员会向大会作报告，请审议。

这次大会，是我市社会主义现代化建设进入新的发展阶段召开的一次重要会议。会议的主要任务是：高举邓小平理论和“三个代表”重要思想伟大旗帜，以科学发展观为指导，回顾总结市第九次党代会以来的工作，研究部署今后五年的奋斗目标和工作任务，选举产生中共淄博市第十届委员会和中共淄博市纪律检查委员会，选举淄博市出席中国共产党山东省第九次代表大会代表，动员全市广大党员干部群众，解放思想，开拓创新，团结奋进，为建设殷实小康、构建和谐淄博而努力奋斗！

一、市第九次党代会以来的工作回顾

市第九次党代会以来，全市各级党组织团结带领广大党员干部群众，高举邓小平理论和“三个代表”重要思想伟大旗帜，认真贯彻落实党的十六大和十六届三中、四中、五中、六中全会精神，贯彻落实省委“一二三四五六”的发展目标和工作思路，坚持以科学发展观统领全局，积极推进经济建设、政治建设、文化建设、社会建设，大力加强党的建设，圆满完成了市第九次党代会提出的目标任务，社会主义现代化建设取得了新的成就。

过去的四年，是综合实力大幅提升、城市竞争力显著增强的四年。全市上下紧紧抓住发展第一要务不放松，认真贯彻执行国家宏观调控政策，推动国民经济平稳较快发展。2006 年，全市地区生产总值达到 1645.16 亿元，是 2002 年的 1.85 倍，人均达到 4648 美元；境内财政总收入达到 200.53 亿元，地方财政总收入达到 80.70 亿元，分别是 2002 年的 2.44 倍、2.43 倍；全市金融机构存款余额达到 1228.77 亿元，是 2002 年的 1.82 倍。固定资产投资结构进一步优化，一批重点项目建成投产。区县域经济发展强劲，各区县在全国、全省的位次不断前移，临淄区综合实力跃居全省三十强首位，8 个镇跨入全国千强镇行列。我市综合实力升至全国百强城市第 47 位，被评为中国投资环境五十优城市。

过去的四年，是经济增长方式不断转变、基本实现老工业城市转型的四年。我们坚持以科学发展观为指导，坚定不移地走新型工业化道路，结构调整、自主创新、节能降耗、环境保护都取得明显进展。工业整体规模和水平大幅度提升，2006 年，规模以上工业企业达到 2501 户，是 2002 年的 2.22 倍；实现销售收入 3441.38 亿元、利润 193.20 亿元，分别是 2002 年的 3.35 倍、5.26 倍；高新技术产业产值突破千亿元大关，占规模以上工业总产值的比重达到 29.10%，比 2002 年提高 7.84 个百分点；拥有中国名牌 22 个、中国驰名商标 14 件。服务业加速发展，社会消费品零售总额达到 499.81 亿元，文化、旅游、物流、金融、信息等现代服务业初具规模。农业综合生产能力稳步提高，产业化、标准化、基地化建设取得新成绩。狠抓节能降耗和环境保护，扭转了前几年单位能耗上升、主要污染物排放总量增长的状况，空气质量有较大改善。2006 年，化学需氧量、二氧化硫排放量比 2002 年分别削减 22.24%、6.40%。

过去的四年，是城市化进程加快、城乡面貌发生显著变化的四年。按照“中心凸显、十字展开、组团发展”的思路，支持中心城区做大做强，协调发展五个组团城区，稳步推进新区建设，大力加强小城镇建设，中心引领、组群协和的特色优势日渐强化。建成区面积扩大到 229.53 平方公里，城区人口增加到 179.48 万人。完成了一大批水、电、路、气、暖、通讯等基础设施工程和环境保护工程，城市功能显著增强，城市形象进一步改善。突出加强城市绿化，城市建成区绿化率提高到 39.75%，创建为国家园林城市。按照“城乡一体、统筹发展”的思路，务实稳健地推进社会主义新农村建设。认真落实各项支农惠农政策，加大“三农”投入，实施“十百千万工程”和“联手共建行动”，新农村建设取得阶段性成果。

过去的四年，是改革开放向纵深推进、发展活力进一步增强的四年。继续深化企业改革，全市大中型企业基本建立起现代企业制度，市内上市公司股权分置改革全面完成。国有资产战略性调整基本到位。非公有制经济占国民经济比重达到59.06%。扎实推进农村税费改革，全部免除农业税，取消“三提五统”。财税、金融、投资、流通体制改革稳步推进，社会保障、医疗卫生、科技教育、文化体制改革进展顺利，行政管理体制改革迈出新步伐。对外开放水平进一步提高，外向型经济较快增长。四年实际利用外商直接投资12.70亿美元，出口总值69.86亿美元，年均分别增长18.15%、35.23%。

过去的四年，是广大群众得到更多实惠、生活水平明显提高的四年。实施积极的就业政策，努力增加群众收入，不断完善社会保障。2006年，城市居民人均可支配收入达到13794元，农民人均纯收入达到5641元，分别是2002年的1.76倍、1.55倍；城乡居民人均储蓄存款达到17346元，是2002年的1.73倍；城市居民每百户拥有汽车9.33辆、电脑54台、移动电话152部，分别是2002年的13.93倍、3.18倍、3.30倍。四年累计新增就业再就业42.95万人，转移农村劳动力31.73万人，城镇登记失业率下降到2.74%。城镇养老保险覆盖率达到95.10%，城市低保和农村低保覆盖率均为100%，试点区县新型农村合作医疗农民参合率达到89.81%。社会救助活动广泛开展，农村扶贫工作扎实有效。

过去的四年，是城乡更加文明进步、社会更加和谐稳定的四年。社会主义精神文明建设进一步加强，理论学习教育、思想道德建设和群众性精神文明创建活动扎实推进，市民素质和城市文明程度有新提高。上年，我市创建为首批省级文明城市。基础教育巩固提高，高中段教育普及率达到91.43%，高等院校发展到12所，普通高校和高等职业学校在校生达到10.52万人。成功战胜“非典”“禽流感”等重大疫情，基本建立起疾病预防控制体系和突发公共卫生事件医疗救治体系，初步建立起食品、药品安全监督体系。文化事业繁荣发展、文化产业初具规模。科技、体育、人口和计划生育、新闻出版、广播电视等社会事业取得显著成绩。广泛开展普法教育，积极推进依法治市，法制建设迈出新步伐，深入开展平安淄博建设，正确处理新形势下的人民内部矛盾，深化社会治安综合治理，严厉打击刑事犯罪和“法轮功”等邪教组织，保持了全市社会政治稳定和治安大局持续稳定。人大、政协职能得到充分发挥，民主政治建设不断加强。党管武装、人民团体、统一战线、民族宗教等工作都取得了新的成绩。

过去的四年，是党的先进性建设全面加强、执政能力和领导水平不断提高的四年。切实加强邓小平理论、“三个代表”重要思想、科学发展观的学习教育，广大党员干部的思想政治素质进一步提高。深入开展保持共产党员先进性教育活动，各级普遍建立起保持先进性的长效机制。全国党员先进性教育群众满意度测评试点在我市进行，群众满意率达到99.5%。继续深化干部人事制度改革，全面完成区县、乡镇党委换届，扎实推进“强基工程”，各级领导班子建设、干部队伍建设和基层组织建设进一步加强。建立完善党管人才工作机制，干部教育培训、农村现代远程教育扎实有效。深入开展党风廉政建设和反腐败斗争，党群干群关系进一步密切。

同志们，这些成绩的取得，是党中央和省委正确领导的结果；是在历届市委工作的基础上，全市广大党员干部群众团结奋斗的结果；是各民主党派、工商联、各人民团体、各界人士共同努力的结果；是全市老同志和驻淄部队、武警官兵大力支持的结果。几年来，我们从老工业城市转型的特殊时期一步一步走过来，经受了一次又一次考验，战胜了一个又一个困难。今天的大好局面来之不易！在我市改革发展的进程中，洒下了同志们辛勤的汗水，留下了大家坚实的脚印。在此，我代表中共淄博市第九届委员会，向所有为淄博现代化建设做出贡献的同志们、朋友们，表示衷心的感谢和崇高的敬意！

回顾四年来的工作，我们对科学发展、和谐发展有了更加深刻的认识和理解，积累了许多宝贵的经验。我们深深体会到：

——必须始终坚持与党中央和省委保持高度一致，走符合淄博实际的发展路子。我们坚定不移地贯彻执行党的路线、方针、政策和省委的工作部署，努力吃透市情，虚心学习先进，创新发展思路，做好结合文章。特别是提出和实施环境立市战略，确立建设经济强市、文化大市、绿色城市和“两提前、一率先”的目标任务，进一步丰富完善了我市改革发展的总体思路，全市经济社会发展既保持了连续性，又增强了前瞻性，体现了与时俱进的时代特征。

——必须始终坚持以科学发展观统领全局，推动经济社会全面协调可持续发展。我们坚定不移地把科学发展观贯穿于经济社会发展的全过程，落实到工作的方方面面。在任何时候、任何情况下，都咬住科学发展不放松，抓住一切机遇加快发展。在发展中，坚持经济建设、社会进步、改善民生相统一，坚持经济增长、节能降耗、环境保护相统一，坚持速度、质量、效益、后劲相统一，取得了经济社会又好又快发展的阶段性成果。

——必须始终坚持改革创新，着力解决影响经济社会发展的深层次矛盾和关键问题。我们坚定不移地把改革创新作为经济社会发展的主动力，着力消除体制障碍，破解发展难题。通过实施工业“双百”工程、流通“三〇”工程、碧水蓝天行动计划、循环经济综合试点等重大举措，推进国有企业战略重组、农村税费改革、行政管理体制改革等重大改革措施，有效解决了老工业城市的体制性、机制性、结构性矛盾，盘活了工作全局。

——必须始终坚持以人为本，不断激发全社会创造活力。我们坚定不移地把群众利益放在首位，把充分就业、增加收入、完善保障作为经济社会发展的优先目标，坚持不懈地为人民群众办实事、谋利益、增福祉。尊重群众的首创精神，营造良好的创业氛围。坚持实干不争论，苦干不张扬，一心一意谋发展，凝神聚力干事业。

——必须始终坚持加强和改善党的领导，切实提高执政能力。我们坚定不移地推进党的建设新的伟大工程，坚持科学执政、民主执政、依法执政，不断加强党对经济社会重大事务的领导。各级党组织总揽全局、协调各方，充分发挥领导核心、战斗堡垒作用。广大党员保持先进性，充分发挥先锋模范作用。党的建设为改革发展提供了坚强的政治组织保证。

在充分肯定成绩的同时，我们还必须正视存在的问题和不足。主要是：经济结构性矛盾仍然比较突出，经济增长方式仍然比较粗放，资源环境约束趋紧；社会事业发展相对滞后，就业压力依然较大，部分群众生产生活还有困难；民主法制建设、精神文明建设还存在薄弱环节，和谐社会建设面临许多新情况、新问题；干部作风和机关效能还不尽如人意，党风廉政建设有待进一步加强，等等。对存在的这些问题和不足，我们一定高度重视，以对党和人民的事业高度负责的精神，采取更加有力的措施，切实加以解决。

二、今后五年的目标任务

今后五年，是我市社会主义现代化建设极为关键的时期。我们淄博是一座依托资源优势发展起来的老工业城市，近现代工业的发展已经超过一百年。经过近十几年的艰苦努力，我市基本实现了老工业城市转型。这是淄博发展史上的一次重大历史转折。在新的发展阶段，我们要更加自觉地以科学发展观为指导，按照党中央全面建设小康社会、构建社会主义和谐社会的重大战略部署，从淄博实际出发，努力建设一个综合实力更强、群众生活宽裕、生态环境怡人的殷实小康，构建一个经济协调发展、社会文明进步、人民安居乐业的和谐淄博，把我市社会主义现代化建设事业不断推向前进！

建设殷实小康，构建和谐淄博，是我市全面贯彻落实科学发展观的重大步骤和生动实践；是适应新形势、新任务要求，抢抓发展机遇的战略选择；是推进经济强市、文化大市、绿色城市建设，实现"两提前、一率先"奋斗目标的必然结果。科学发展观是党中央从新世纪、新阶段我国经济社会发展全局出发提出的重大战略思想，是指导发展的世界观和方法论的集中体现，是推进中国特色社会主义事业必须坚持的根本指针。在新的发展阶段，我们应当积极探索，率先实践，以建设殷实小康、构建和谐淄博的实际行动，走出一条以人为本、生态优良、又好又快的科学发展之路、和谐发展之路。这一时期，我们既面临着工业化、城市化、经济国际化加速推进的重大发展机遇；又面临着经济体制进一步转轨、经济增长方式进一步转变、社会结构进一步转型、资源环境约束加剧的严峻挑战。我们必须准确把握经济社会发展的阶段性特征和规律，切实增强机遇意识、忧患意识、责任意识，抢抓发展新机遇，增创发展新优势。经过多年改革发展，特别是通过实施环境立市战略，全面推进经济强市、文化大市、绿色城市建设和"两提前、一率先"进程，我市综合实力显著增强，体制机制进一步理顺，发展环境明显改善，又好又快发展的要素条件进一步形成。全市人民思想统一，群情振奋，发展热情空前高涨。我们要因势利导，乘势而上，团结带领全市人民，不失时机地建设殷实小康、构建和谐淄博，奋力攀登社会主义现代化建设的新高峰！

今后五年全市工作的总体要求是：高举邓小平理论和"三个代表"重要思想伟大旗帜，以科学发展观统领经济社会发展全局，在更高起点上实施科教兴市、结构优化、经济国际化、城市化和环境立市战略，突出结构调整、节能降耗和环境保护，更加注重自主创新和转变经济增长方式，更加注重深化改革和提高对外开放水平，更加注重城乡统筹和区县域经济发展，更加注重社会进步和改善民生，进一步加快经济强市、文化大市、绿色城市建设和"两提前、一率先"步伐，全面加强党的建设，为建设殷实小康、构建和谐淄博而努力奋斗。

今后五年全市经济社会发展的主要预期性目标是：到2011年，地区生产总值达到2900亿元，年均增长12%，人均达到9000美元；农民人均纯收入达到9000元，城市居民人均可支配收入达到20000元，年均分别增长10%。主要约束性目标是：万元地区生产总值综合能耗累计下降22%以上，化学需氧量、二氧化硫排放量分别削减16%以上、29%以上。

——建设殷实小康，就是以发展为基础，以富民惠民为目标，扎实推进全面小康社会建设进程。要确保全市到2010年完成全面小康社会的各项指标，市域总体上建成全面小康社会；要确保群众收入稳定增长，家庭财产普遍增加，社会保障更加健全，大多数城乡家庭生活殷实、保障无忧。在此基础上，经过不懈努力，逐步实现县县小康、镇镇小康，村村小康，群众生活更加富足，社会保障更加有力，为提前基本实现现代化奠定良好基础。

——构建和谐淄博，就是按照科学发展观的要求，协调推进经济建设、政治建设、文化建设、社会建设。要努力追求经济发展中一、二、三次产业间和产业内部结构的和谐，经济发展和社会事业发展的和谐，城镇建设与乡村建设的和谐，人的活动与自然生态的和谐，使我市进一步形成科学发展、和谐发展的良好局面。

实现建设殷实小康、构建和谐淄博的奋斗目标，必须切实提高贯彻落实科学发展观的能力。科学发展是基础，共享和谐是目标。要深刻理解和把握科学发展观的丰富内涵，切实提高社会生产力发展水平和发展的协调性，在科学发展的基础上，加快殷实小康、和谐淄博建设进程。要突出结构调整、节能降耗和环境保护，坚持把结构调整作为经济社会发展的主线，把节能降耗作为经济社会发展的关键，把环境保护作为经济社会发展的"命门"，紧紧抓住改革发展的主要矛盾，重点突破，带动全局。要更加注重自主创新和转变经济增长方式，坚持不懈地转变发展理念，创新发展模式，提高发展质量，推动经济社会进一步转入全面协调可持续发展轨道。要更加注重深化改革和提高对外开放水平，坚持抓改革破除体制障碍，抓创新破解发展难题，抓开放拓展发展空间，不断增强经济社会发展的动力和活力。要更加注重城乡统筹和区县域经济发展，坚持以工促农，以城带乡，城乡互动，推动全市经济社会健康协调发展。要更加注重社会进步和改善民生，坚持以人为本、富民优先，始终把群众利益放在首位，最大限度地使改革发展成果惠及广大人民群众，充分调动方方面面的积极性，进一步形成改革发展的强大合力。各级要进一步健全完善落实科学发展观的思想保证、体制保证、制度保证，使科学发展观真正成为我市经济社会发展的强大思想理论武器。

建设殷实小康，构建和谐淄博，是我市社会主义现代化建设承前启后、继往开来的重大历史使命。我们坚信，只要全市人民同心同德，团结实干，就一定能够实现建设殷实小康、构建和谐淄博的奋斗目标，谱写我市社会主义现代化建设的新篇章！

三、努力推动国民经济又好又快发展

建设殷实小康，构建和谐淄博，最根本的是坚持科学发展不动摇，大力发展先进生产力。要牢牢把握又好又快发展主题，切实转变经济增长方式，着力提高经济发展质量和水平，不断夯实殷实小康、和谐淄博建设的物质基础。

(一)全面推动结构优化升级，加快构筑新型产业体系。产业发展是淄博发展的根本。在基本实现老工业城市转型的基础上，我们要适时把经济发展的着力点放到现代农业、先进制造业、现代服务业上，进一步抓住宏观调控的机遇，加大结构调整力度，奋力推进淄博向现代化工业城市迈进。要坚持走新型工业化道路，建设先进制造业基地。集中培育新材料、石油化工等支柱产业，大力发展生物医药、机电一体化等高新技术产业，建设高水平的国家新材料产业化基地、国家生物医药产业化基地和全国重要的石油化工基地。积极运用先进技术、信息化手段和现代管理理念，改造提升纺织、建材、冶金等传统产业，发展壮大一批拥有自主知识产权、核心竞争力强的大企业、大集团，培育一批在国内外市场有影响的知名品牌，规划建设一批市场前景好、科技含量高、符合国家产业政策的重点项目。坚决限制淘汰落后生产能力。进一步优化产业布局，强化各类园区建设，重点扶持淄博高新区、齐鲁化工区、东岳国际氟硅材料工业园做大做强。要坚持市场化、社会化、产业化方向，构筑现代服务业经济体系。突出发展物流、信息、金融、商务等面向生产的服务业，推动二、三产业衔接融合，以先进制造业拓展现代服务业，以现代服务业提升先进制造业。大力发展连锁经营、电子商务等现代经营业态，改造提升商贸、餐饮等传统服务业，积极发展文化、旅游、社区服务等面向民生的服务业，有效拉动消费和启动内需。今后五年，服务业占国民经济的比重要每年提高一个百分点以上，文化、旅游、物流、信息等要逐步发展成为国民经济新的支柱产业。要进一步强化农业基础地位，大力发展现代农业。继续深化农业结构调整，稳定粮食生产，培育壮大畜牧、林果、蔬菜三大优势产业。加强农业科技推广，组织实施"金农工程"，全面推行标准化生产、产业化经营、市场化运作，使设施农业、标准农业、生态农业成为淄博农业的鲜明特色。

（二）加强自主创新能力建设，大力提升核心竞争力。在资源约束趋紧、科技竞争加剧的形势下，自主创新具有特别重要的意义。我们必须不断提高自主创新能力，加快实现经济发展由资源依赖向科技支撑、投资拉动向创新驱动的转变，使"淄博制造"与"淄博创造"相互支撑、比翼齐飞。推进自主创新，科技是重点，企业是主体，政府是主导，人才是关键。要加快科技进步步伐，坚持走以应用开发为特色的自主创新之路，以引进消化吸收再创新为主渠道，带动原始创新和集成创新，抓好一批重大科技专项和关键技术攻关，集中力量在应用领域实现重点突破，力争拥有更多的自主知识产权和自有品牌。要加快建设以企业为主体、市场为导向、产学研相结合的技术创新体系，全面推进大中型企业建立研发中心，积极鼓励中小企业建立技术依托，支持企业与高等院校、科研院所建立技术联盟，培育更多的高新技术企业和创新型企业。要进一步完善政策，加大科技投入，发展创业风险投资，加强孵化载体建设，不断提高科技服务水平。要深入实施科教兴市战略，深化科技体制改革，加快培养一批科技创新的领军人物和中青年科技专家，培养一批创新团队和较高水平的研发机构，培养一支具有现代经营管理理念、国际化视野和富有创新精神的企业家队伍。面向国内外引才、引智，把更多的优秀人才吸引到淄博来创业，把更多的技术成果引进到淄博来转化，使淄博成为科技创新、人才创业的"热土"。

（三）优化生态环境，努力促进可持续发展。淄博的发展，不仅要经济繁荣，更要环境优美。环境质量的改善，将更好地释放我市各行各业的发展潜力，将使我市的各种比较优势更加彰显。必须切实统一思想认识，以不添"新账"、多还"旧账"为原则，实行最严格的环境保护措施，促进生态环境持续好转，使淄博的水更清、地更绿、天更蓝、气更爽。要切实加强污染防治，重点抓好大气净化和水污染治理，抓好孝妇河、猪龙河等重点流域和张店东部化工区、南部建材区等重点区域的污染整治，抓好重污染企业的搬迁改造。全面实行污染物排放总量控制和排放许可制度，进一步完善环保基础设施，确保主要污染物达标排放。严格执行环境影响评价制度，坚决杜绝新上污染项目。进一步加大执法力度，对各类环境违法行为依法顶格处罚，决不让污染者钻空子、得便宜！环境保护与节能降耗密不可分。对于我市而言，节能降耗的要求特别紧迫，任务特别艰巨。必须把节能降耗摆上突出位置。下大气力抓实抓好。要以节能、节水、节地、节材为重点，强化资源管理，优化资源配置，提高资源使用效率和土地集约利用水平。大力发展循环经济，全面推行清洁生产，努力形成低消耗、低排放和高效率的节约型增长方式。着眼于国际、国内先进标准，尽快健全完善地方强制性节能降耗法规，加强执法监察，确保节能降耗目标早日实现。作为老工矿区，还要高度重视生态修复，大搞植树造林、荒山绿化，加强重点区域综合治理，促进生态良性发展。

（四）坚持统筹城乡发展，全面推进社会主义新农村建设。淄博是组团发展的城市，工农互助、城乡互带的优势明显。我们要坚定不移地走"城乡一体、统筹发展"的路子，力争成为全国、全省新农村建设的排头兵。要统筹城乡发展规划，坚持城乡规划"一张图"，科学调整镇村布局，突出发展中心镇和城镇组团，引导小而散的村庄适当合并，促进农村工业向园区集中、人口向城镇集中、居住向社区集中，形成一批富有实力的中心镇和特色鲜明的农村社区。要统筹城乡产业发展，大力发展现代农业，加快发展农村二、三产业，积极鼓励一镇一业、一村一品，促进农村经济稳定增长。要统筹城乡劳动就业和社会保障，建立全市统一的人力资源市场和公平竞争的就业制度，加强农民技能培训，建立农村劳动力向城镇转移和非农就业的畅通渠道，增加农民非农收入；逐步衔接城乡社会保障体系，建立完善新型农村基本养老、新型农村合作医疗、最低生活保障、被征地农民生活保障、"五保户"集中供养等保障制度。要统筹城乡基础设施建设，加快城市基础设施向农村延伸，着力建设覆盖城乡的水、电、路、气、信息、环保等网络，逐步实现城乡基础设施共建共享；在完善提高村村通油路、通客车、通自来水、通有线电视的基础上，逐步实现村村骨干街道硬化、垃圾集中收集处理，村村建设标准化卫生室和文体活动场所。要统筹城乡社会事业发展和精神文明建设，加快发展农村科技、教育、文化、卫生、体育事业，加强农村民主政治建设，提高农民素质，培育新型农民。要进一步深化农村综合改革，完善农村基本经营制度，发展壮大集体经济。要建立财政支农资金稳定增长机制，扩大公共财政对农村的覆盖范围。社会主义新农村建设是一项长期任务，既要积极推进，又不能急于求成，更不能搞形式主义。要遵循客观规律，尊重农民意愿，发挥农民主体作用，一步一个脚印地把新农村建设推向深入。

（五）加快城市现代化建设，进一步提高城市化水平。我们的城市正处在一个重要的发展阶段。根据形势发展的要求和人民群众的愿望，要在城市发展定位、发展理念、发展重点、发展布局上，进行新的完善提高。在发展定位上，要发挥鲁中区位优势，有机融入省会都市圈和半岛城市群建设，做好"圈"、"群"的衔接过渡，拓展发展空间，把我市建设成为特色突出、功能完善、适宜人居的现代化区域中心城市。在发展理念上，要突出以人为本，既注重城市景观建设，使我们的城市进一步靓起来，又注重老城区改造，切实改善大多数普通市民的生活环境和居住条件。在发展重点上，要积极稳健地推进新城区建设，进一步做大、做强、做美、做畅中心城区，协调发展组团城区和中心镇，重在完善提升城市功能上下功夫，切实增强城市的承载力、辐射力。在发展布局上，要切实优化城市功能分区，促进产业发展、城市建设、生态建设和谐一致，防止"污染围城"。要按照上述工作思路，突出工作重点，强化工作措施。要进一步修订完善城市发展规划，并一以贯之地抓好落实。加快基础设施建设，重点抓好城市路网、供水供气和环境保护等设施的升级改造，建设体育中心等重点公共设施。优先发展城市公共交通，努力形成方便快捷的交通体系。加快数字城市建设，提高城市信息化水平。着力建设便民绿地、环城绿化带和城区间绿色走廊，进一步搞好城市绿化，争创国家生态园林城市。实施骨干河道综合治理，推行综合用水，加快城市水系建设。改革理顺城市管理体制，强化城市综合执法，完善社会管理功能，切实提高城市管理水平。

（六）进一步推进改革开放，加快发展区县域经济。推进又好又快发展制度创新是根本。要努力消除一切影响科学发展的体制机制弊端，更好地发挥市场配置资源的基础性作用。要进一步推进国有资产战略性重组，加强国有资产监督管理。继续深化企业改革，规范完善公司治理结构，促进企业健全完善现代企业制度。加大政策支持力度，推进企业上市。加强服务引导，促进非公有制经济健康发展。深化投资、财税、金融体制改革，加快发展要素市场，特别是资本、人才、产权交易市场和各类市场中介组织，加快建设现代市场体系。继续深化行政管理体制改革，强化政府公共服务和社会管理职能，进一步减少和规范行政审批事项，加快政府管理方式转变。积极稳妥地推进事业单位分类改革。对外开放要向更高层次推进。要坚持利用外资规模与质量并重，引导外资投向高新技术产业、现代农业、现代服务业、基础设施等领域，全面提高利用外资水平。加快转变外贸增长方式，优化出口商品结构，着力提高对外贸易的质量和效益。积极扩大进口先进技术装备和短缺资源、能源，努力缓解我市技术、资本、人才、资源等要素制约。不失时机地加快"走出去"步伐，支持有条件的企业开展境外投资和跨国经营。

区县域经济是我市国民经济的重要支撑。区县域兴则淄博兴，区县域强则淄博强。要加强对区县域经济发展的管理和引导，注重发挥比较优势，进一步形成特色鲜明、优势互补、协调联动、错位发展的格局。强区县要瞄准更高目标，进一步做大做强；其他区县要增强赶超意识，进一步加快发展；各区县在全国、全省的位次都力争实现前移。进一步加大对高青、沂源的扶持力度，不断提升两县综合实力。大力发展经济强乡镇，争取更多的乡镇跨入全国千强镇行列。加强对偏远山区、黄河滩区和库区的扶贫工作，促进共同发展、共同富裕。

推动国民经济持续健康协调发展，对于全面建设小康社会、构建社会主义和谐社会具有决定性意识。只要我们牢牢把握又好又快发展主题，坚持科学发展、和谐发展，就一定能够完成经济建设的各项任务，开创我市社会主义现代化建设的新局面！

四、扎实推进社会主义和谐社会建设

构建社会主义和谐社会是党中央提出的重大战略思想，也是建设殷实小康、构建和谐淄博的重要内容和可靠保证。要按照民主法制、公平正义、诚信友爱、充满活力、安定有序、人与自然和谐相处的总要求，以促进人的全面发展为目标，从解决人民群众最关心、最直接、最现实的利益问题入手，不断把和谐社会建设推向深入。

（一）加强劳动就业和社会保障，切实改善群众生活。就业和保障是殷实小康、和谐淄博的基础。要把实现充分就业、增加群众收入、提高保障能力作为经济社会发展的优先目标，使广大人民群众共享改革发展成果。劳动就业要以新增劳动力和"4050"人员为重点，加强就业指导服务和技能培训，确保人人享有就业机会。进一步健全再就业援助制度，政府要为困难群体提供更多的就业岗位，切实解决困难家庭"零就业"问题，让每一个家庭都有稳定的经济来源。社会保障要以确保发放、扩大覆盖为重点，扎实稳步推进。尽快开展以大病统筹为主的城镇居民医疗保险制度试点，将城镇医疗保险向未成年人和没有工作的居民延伸，让所有城镇居民都逐步享有基本医疗保障。新型农村合作医疗保险要在实现全覆盖的基础上，进一步规范提高。积极推进农村养老保险制度试点，逐步建立起政府主导的新型农村基本养老保险制度。进一步做好非公有制企业和城镇灵活就业人员参加社会养老保险工作，稳步提高城镇居民养老保险水平。继续完善城镇职工失业、工伤、生育保险制度，完善城镇和农村最低生活保障制度，建立完善被征地农民基本生活保障制度。要广泛开展社会救助活动，积极发展社会福利和慈善事业，及时帮助群众解决生产生活困难。

（二）加快发展社会事业，推动社会繁荣进步。社会事业与群众生活息息相关。要加大公共财政投入力度，不断增强公共产品和公共服务供给能力，促进社会事业协调发展。要优先发展教育事业，调整优化城乡中小学布局，均衡基础教育资源，在农村并逐步在城市免除义务教育阶段学杂费，进一步提高基础教育水平；巩固提高高中段教育，整合优质教育资源，不断提高办学质量；发挥工业城市优势，着力建设高水平的职业教育；积极支持高等教育发展，充分发挥高校对地方经济社会发展的促进作用。要加快文化事业发展，加大对公益性文化事业的投入，建设一批先进适用的文化设施和青少年文化场所，逐步形成完备的公共文化服务体系；繁荣哲学社会科学，加强齐文化研究，加快新闻出版、广播影视、文学艺术发展。要大力发展医疗卫生事业，坚持公共医疗卫生的公益性质，完善城乡公共医疗服务体系和公共卫生体系，保障人民群众公平享有基本卫生保健；加强医疗质量管理和医德医风建设，强化医疗价格和药品价格监管，有效缓解群众看病难、看病贵问题；加快疾病预防控制和突发公共卫生事件医疗救治体系建设，加强食品、药品监管，保障人民群众健康安全。进一步加大科技普及力度，弘扬科学精神，提高全社会科学素质。稳定人口低生育水平，提高出生人口素质，改善人口结构。以协办第11届全运会和承办第22届省运会为契机，加快体育事业发展。加强民兵预备役和国防建设，增强军政军民团结。

（三）着力建设和谐文化，夯实社会和谐的思想道德基础。文化是民族的根系、城市的灵魂。要牢牢把握先进文化的前进方向，以社会主义核心价值体系为根本，以建设文明淄博、创建文明城市为主线，进一步提高公民素质和城市现代文明程度。要加强思想道德建设，坚持马克思主义在意识形态领域的指导地位，深入开展以"八荣八耻"为主要内容的社会主义荣辱观教育，认真贯彻《公民道德建设实施纲要》，突出加强青少年思想道德建设，全面提高市民思想道德水平。要牢牢把握正确的舆论导向，加强新闻舆论阵地建设，强化对互联网等新兴媒体的应用和管理，营造积极健康的思想舆论氛围。要大力推进以和谐创建为主题的精神文明建设，广泛开展群众性精神文明创建活动，力争早日跨入全国文明城市行列。当前，我们正处在经济发展、社会转型的重要时期。要按照根植历史、体现现实、引领未来的原则，以诚信、务实、开放、创新等为主要内容，进一步提炼概括新时期淄博城市精神，凝聚和激励全市人民，形成文明进步、昂扬向上的城市精神风貌。

（四）深化平安淄博建设，全力维护社会稳定。和谐稳定是改革发展的前提。要深入研究新形势下人民内部矛盾的特点和规律，健全完善利益协调机制、诉求表达机制、矛盾调处机制、权益保障机制，统筹协调各方面利益关系，妥善处理社会矛盾。继续坚持领导干部下访和公开接访制度，完善信访工作网络，认真做好矛盾纠纷预警预防工作，及时把矛盾化解在基层、解决在萌芽状态。着力解决群众反映强烈的"热点"问题，坚决纠正损害群众利益的行为。坚持打防结合、预防为主、专群结合、依靠群众的方针，进一步完善社会治安防控体系，深化社会治安综合治理，依法严厉打击严重刑事犯罪，着力整治突出治安问题，确保社会治安大局稳定。严密防范、坚决打击境内外各种敌对势力的渗透破坏活动，加强和深化与"法轮功"等邪教组织的斗争。建立健全应急管理体制，妥善解决突发性事件。严格落实安全生产责任制，强化安全生产许可监管，坚决防止重特大事故发生。

（五）坚持依法治市，全面推进民主政治建设。发展社会主义民主政治是构建社会主义和谐社会的重要内容。要坚持党的领导、人民当家做主和依法治市的有机统一，加强民主法制建设，巩固和发展安定团结的政治局面。坚持和完善人民代表大会制度、中国共产党领导的多党合作和政治协商制度，支持人大依法行使国家权力和履行职责，支持政协充分发挥政治协商、民主监督和参政议政职能。加强同民主党派、工商联和无党派人士的团结合作，全面贯彻党的民族、宗教、侨务政策，加强对台工作，加强对工会、共青团、妇联等人民团体的领导，从各个层面保障公民依法、有序的政治参与。不断深化“三个体系”建设，坚持和完善重大决策征求意见、民主听证、社会公示和民主评议等制度，推进决策科学化、民主化。深化政务公开、厂务公开、村务公开和社区事务公开，保证人民依法直接行使民主权利。坚持司法为民、公正司法，维护社会公平正义。深入开展普法教育，提高广大党员干部特别是领导干部的法律素质，增强全社会法制观念和依法办事的自觉性。在新形势下，要特别重视和加强社会管理，深入研究社会管理规律，创新社会管理体制，提高社会管理水平，逐步形成党委领导、政府负责、社会协同、公众参与的社会管理格局。

构建社会主义和谐社会是社会主义现代化建设的重大战略任务。只要我们立足当前、着眼长远，积极探索、勇于实践，有重点、分步骤的持续推进，就一定能够把我市社会主义和谐社会建设不断提高到新的水平！

五、全面加强和改进党的建设

建设殷实小康，构建和谐淄博，党的领导是关键。要坚持以党的先进性建设为主线，以党的执政能力建设为重点，全面推进党的建设新的伟大工程，为建设殷实小康、构建和谐淄博提供坚强的政治组织保证。

（一）切实加强思想政治建设，进一步用党的最新理论成果武装党员干部。思想上的与时俱进是我们党保持先进性的前提。要深入开展邓小平理论、“三个代表”重要思想、科学发展观的学习教育，不断增强贯彻落实党的基本理论、基本路线、基本纲领的坚定性和自觉性，始终在思想上、政治上与党中央保持高度一致。坚持把科学发展观、构建社会主义和谐社会等重大战略思想，作为思想理论建设的突出重点，列入各级党员干部培训规划，作为各级党委理论学习中心组和党员干部学习的重要内容，始终用马克思主义中国化的最新理论成果指导实践、推动工作。大力弘扬理论联系实际的学风，努力把科学发展观的要求转化为谋划发展的正确思路、促进发展的政策措施，切实提高贯彻落实科学发展观的实际能力。坚持不懈地推动思想解放，坚决破除一切背离科学发展观的思想，坚决纠正一切偏离科学发展观要求的行为，使各级领导干部始终保持与时俱进的理论品质和奋发有为的精神状态。理论学习要与现代科技、金融、法律等专业知识学习结合起来，不断提高党员干部综合素质。

（二）切实加强领导班子和干部队伍建设，进一步提高执政能力和领导水平。建设一支高素质的干部队伍，形成朝气蓬勃、奋发有为的领导层，是社会主义现代化建设的根本大计。要适应换届后领导班子配备改革的新形势，健全完善地方党委新的领导体制、工作机制和运行方式。切实强化党代表大会、全委会对经济社会发展全局性、战略性重大问题的决策职能，积极探索党代表大会闭会期间发挥党代表作用的方式和途径。进一步明确全委会、常委会议事范围，健全完善议事规则，规范决策程序，改进决策方法，提高班子的议事决策水平。研究探索常委会分工负责制的制度规定，形成职责具体、分工明确、配合密切、运转高效的工作运行机制。进一步深化干部人事制度改革，严格执行领导干部任期、交流、回避等有关规定，建立健全体现科学发展观要求的综合考核评价体系。坚持正确的用人导向，切实选拔任用那些政治坚定、能力突出、作风过硬、群众信任、善于领导科学发展的干部。大力培养选拔优秀年轻干部，合理使用各年龄层次的干部，重视培养妇女干部、少数民族干部和党外干部。积极推进后备干部队伍建设。认真做好老干部工作。切实加强党管人才工作，进一步落实人才政策，建立健全选才、聚才、用才机制。各级领导班子和领导干部要有求贤若渴的爱才之心、不拘一格的用才之道、虚怀若谷的容才之量，既干出一番事业，又培养出大批人才，使我们的事业始终充满朝气、蓬勃发展。

（三）切实加强党的基层组织和党员队伍建设，进一步夯实党的执政基础。党的基层组织是党的全部工作和战斗力的基础。要深入实施“强基工程”，创新基层党组织设置、工作方式和活动内容，完善保持先进性的长效机制，不断增强基层党组织的凝聚力和战斗力。农村党建要紧紧围绕社会主义新农村建设，以深化“三级联创”活动为抓手，不断加强乡、村两级领导班子和党员干部队伍建设。街道社区党建要以服务群众、建设和谐社区为重点，健全新型社区管理和服务体制，构建资源共享、优势互补、共驻共建的党建工作新格局。国有企业党建要适应建立现代企业制度的要求，着力抓好政治核心作用的发挥。加大在非公有制企业、新经济组织和新社会组织中建立党组织的工作力度，不断拓展党建工作的范围和领域。全面推进机关和学校、科研院所等事业单位党建工作。进一步做好发展党员工作，注意在生产、工作第一线和知识分子、青年、妇女中发展党员，积极稳妥地在其他社会阶层先进分子中发展党员。继续推进党员“亲情式”管理，充分激发党员队伍活力。广大共产党员要胸怀远大理想，立足本职工作，充分发挥先锋模范作用，在建设殷实小康、构建和谐淄博的实践中，奋发有为，建功立业。

（四）切实加强党员干部队伍作风建设，进一步形成和谐融洽的党群干群关系。作风建设是新时期党的建设十分重要的内容。要按照胡锦涛总书记倡导的“八个方面良好风气”和强化忧患意识、公仆意识、节俭意识的要求，认真解决我市党员干部队伍作风建设中存在的突出问题，促进党风政风进一步好转。重点在三个方面取得明显成效。一是亲民爱民安民。要自觉践行党的宗旨，树立正确的政绩观，始终把群众需要作为第一信号，把群众利益作为第一追求，把群众满意作为第一标准，殚精竭虑地为群众办实事、谋利益、增福祉。坚持深入基层、深入群众，倾听群众呼声，关心群众疾苦，做群众的贴心人。每个党员领导干部都要永远做平民干部、亲民干部。二是认真专业务实。要以认真负责的工作态度、专业精湛的工作技能、求真务实的工作作风，高水平地履行岗位职责。始终树立强烈的事业心、责任感，把全部精力和心思用到学习上、工作上，不图虚名，不务虚功，扑下身子，踏踏实实做人做事。每个党员领导干部都要努力成为学习的表率、实干的表率。三是清正廉洁自律。要以带头践行社会主义核心价值理念为重点，切实加强党员干部思想道德建设。各级党员干部要讲操守、重品行，培养健康的生活情趣，保持高尚的精神追求。发扬艰苦奋斗的优良传统，生活朴素，勤俭节约。始终严于律己，言行一致，表里如一。每个党员领导干部都要争做高尚道德情操的典范、艰苦奋斗的典范。

深入开展反腐败斗争是党的建设的重要任务。要坚持标本兼治、综合治理、惩防并举、注重预防的方针，把反腐倡廉工作自觉融入经济建设、政治建设、文化建设、社会建设和党的建设之中，建立健全教育、制度、监督并重的惩治和预防腐败体系，坚定不移地把党风廉政建设和反腐败斗争推向深入。要加强党风党纪教育，引导广大党员干部筑牢反腐倡廉的思想道德防线。认真落实领导干部廉洁自律的各项规定和党风廉政建设责任制，进一步规范各级领导干部的从政行为。继续保持查办案件的工作力度，坚决以党纪国法惩处腐败分子。对重点行业、重点领域进行专项治理，切实纠正损害群众利益的不正之风。各级党委要以更坚决的态度、更有力的措施、更扎实的工作，抓好党风廉政建设和反腐败斗争，使我们党的事业永远立于不败之地。

同志们，以这次党代会为起点，我们开启了建设殷实小康、构建和谐淄博的新征程。我们的事业任重而道远，我们的任务光荣而艰巨。我们要更加紧密地团结在以胡锦涛同志为总书记的党中央周围，高举邓小平理论和"三个代表"重要思想伟大旗帜，全面落实科学发展观，在省委的正确领导下，紧紧依靠和带领全市人民，万众一心，奋发图强，共同开创我市社会主义现代化建设新局面！

政府工作报告

——在淄博市第十二届人民代表大会第五次会议上

（2007 年 3 月 20 日）

周清利

各位代表：

现在，我代表市人民政府，向大会作政府工作报告，请予审议，并请各位政协委员和其他列席会议的同志提出意见。

2006 年工作回顾和 2007 年工作目标

2006 年是实施"十一五"规划的第一年。在省委、省政府和市委的正确领导下，全市各级政府团结带领广大人民群众，高举邓小平理论和"三个代表"重要思想伟大旗帜，深入贯彻党的十六大和十六届三中、四中、五中、六中全会精神，以科学发展观统领全局，认真落实国家宏观调控政策，团结奋进，务实创新，全市经济呈现出健康发展的态势，和谐社会建设扎实推进，实现了"十一五"规划的良好开局。全市完成生产总值 1645.16 亿元，比上年增长 15.8%，其中一、二、三产业增加值分别增长 4.5%、15.8%和 17.5%。境内财政总收入 200.53 亿元，增长 24.87%，其中地方财政收入 80.7 亿元，增长 25.84%。财政总支出 101.05 亿元，增长 25.43%。完成社会消费品零售总额 499.81 亿元，增长 16%。居民消费价格总水平上涨 1.1%。年末全市金融机构存款余额 1 228.77 亿元，贷款余额 849.6 亿元，分别比年初增长 12.32%和 15.27%。城乡居民储蓄存款余额达到 725.3 亿元，比年初增长 14.78%。城市居民人均可支配收入达到 13794 元，农民人均纯收入达到 5 641 元，分别增长 14.6%和 12.5%。回顾过去一年的工作，有以下几个特点：

深入推进结构调整，转变经济增长方式步伐加快。坚决贯彻中央宏观调控政策，严把土地、信贷两个闸门和市场准入门槛，严格控制高耗能、高污染、低效益行业盲目扩张，经济发展中的不健康不稳定因素得到有效抑制，投资结构进一步优化。继续抓好"双百工程"，百强企业的带动作用进一步增强。自主创新能力不断提高，新增省级工程技术（研究）中心 36 家、高新技术企业 53 家；东岳"全氟离子交换膜工程技术研究"等一批国家、省重大科技专项顺利推进，高新技术产业产值突破千亿元大关，占规模以上工业总产值的比重达到 29.1%。实施名牌带动战略实现新突破，新增中国名牌 11 个、中国驰名商标 5 件、国家免检产品 56 件，新增数均居全省第一。全面落实节能目标责任制，加快推进重点行业循环经济试点，节能降耗工作取得明显成效。大力繁荣发展服务业，服务业增加值占 GDP 的比重提高到 30.6%。

加强"三农"工作，新农村建设扎实推进。坚持"城乡一体、统筹发展"，农村经济进一步发展，粮食总产创 6 年来最高水平，新认定无公害蔬菜和绿色食品基地 67.3 万亩、市级农业产业化龙头企业 62 家。大力发展农村二、三产业，继续实施"阳光培训工程"，转移农村劳动力 7 万人。加大公共财政对"三农"的支持力度，财政性支农资金达到 19.05 亿元，增长 27.08%。改造农村公路 586.8 公里，治理病险水库 30 座，解决了 502 个村 40 万人的饮水问题，农村自来水普及率达到 89%，新建农村户用沼气池 1 万个。基本完成了农村中小学布局调整，新型农村合作医疗覆盖人口扩大到 210 万人，完成了 400 处村卫生室改造。建成并投入使用 49 个农村社区综合服务中心。农村药品"两网"建设扎实推进。全面启动新一轮村镇规划修编，完成村镇建设投资 52 亿元。区县域经济发展呈现新亮点，4 个区县受到省委、省政府重奖或表彰。突破高青、沂源取得新成效。

深入推进改革开放，经济发展活力进一步增强。深化企业产权制度改革，对华光陶瓷实施重大资产重组，全面完成了上市公司股权分置改革，鲁阳股份成功上市。农村综合改革稳步推进，国库集中支付改革全面展开，国有粮食购销企业改革全面完成。大力发展非公有制经济，民营经济增加值占 GDP 的比重达到 59.1%。全年共引进外来投资 153.7 亿元，其中实际利用外资 3.7 亿美元，增长 22.3%。利用外资水平不断提高，服务业和农业利用外资实现较快增长，外资并购和股权转让成为利用外资的新亮点。对外贸易和经济技术合作迈出新步伐，完成进出口总额 37.6 亿美元，增长 19.9%，其中出口 25.09 亿美元，增长 24.4%，新批境外投资企业 10 家。成功举办了陶博会、新材料技术论坛等系列展会活动。积极参与区域经济合作，对口支援西藏昂仁和菏泽东明工作取得新成效。

进一步完善城市功能，城市现代化建设步伐加快。新一轮城市总体规划修编工作进展顺利。积极稳妥地推进新城区建设，完成了总长 31 公里的新城区骨干道路和配套管网建设，一批重点项目开始启动。加快老城区改造步伐，新建、改建中心城区雨污分流管线 31.8 公里。济青高速南线、昌国路立交工程加快建设，惠青黄河公路大桥建成试运行，滨博高速博山出口立交、张博路路面改造、仲临路改建等竣工通车。巩固发展国家园林城市创建成果，完成造林面积 10.3 万亩，完成城市绿化投资5亿元，新建园林绿地460公顷，建设、完善绿色通道145公里，建成高标准农田林网6万亩。治理水土流失面积65平方公里，生态恢复面积200平方公里。基本关停了四宝山地区矿山开采企业，生态修复开始启动。大力推进碧水蓝天行动计划，新建、改建、扩建城市污水处理厂8处，完善配套管线86公里，市垃圾焚烧发电厂项目建设加快。实施了19.2公里的孝妇河综合治理示范工程，沂河水质达到功能区要求，小清河流域主要水体水质明显好转。东部化工区化工异味的控制效果越来越好。全年化学需氧量、二氧化硫排放量分别下降5.3%和4.28%，空气质量优于二级以上天数达到310天。加大城市重点地段、重点部位的环境综合整治，市容市貌进一步改观。

加快发展各项社会事业，和谐淄博建设成效明显。深入开展群众性精神文明创建活动，大力加强社会主义荣辱观教育，不断巩固省级文明城市创建成果，文明淄博建设取得新进展。高度重视民生改善，为民所办实事基本顺利完成。新增城镇就业11万人，城镇登记失业率下降到2.75%。进一步完善社会保障体系，全年“五大保险”新增参保人数40.16万人次。提高了城市低保标准，全面实施农村低保制度。实施安康居住工程，经济适用房竣工面积35.2万平方米。解决拖欠农民工工资1160万元。确立了建设创新型城市的目标，加快科技创新服务平台建设和科技成果转化步伐，专利申请量和授权量分别增长49.49%和50.59%。促进教育均衡发展，近2万名家庭贫困学生享受到了“两免一补”。淄博师专、淄博职业学院、淄博科技职业学院新校区建成招生，各级各类教育质量进一步提高。深化疾病预防控制和卫生监督体制改革，积极推进医疗救助试点工作，开展惠民医疗和单病种限价收费，扩大社区卫生覆盖面，缓解了人民群众“看病难、看病贵”问题。食品药品监管工作扎实推进。文化产业发展步伐加快，文化基础设施建设和文化遗产保护工作取得新成果。全年人口自然增长率为2.9‰，稳定了低生育水平。我市体育健儿在第21届省运会上取得好成绩，第22届省运会申办成功。加强安全生产标准化建设，安全生产形势持续好转。信访总量下降，社会秩序良好。加强了“严打”整治斗争和治安防控体系建设，刑事、治安案件下降，平安淄博建设成效显著。军政军民团结更加巩固。民族宗教、外事、侨务、广播电视、新闻出版、防震减灾、审计、统计、人防、气象、史志、档案、妇女儿童、老龄、残疾人、民兵预备役等各项事业取得新进展。

加快转变政府职能，服务型政府建设取得新成效。深化行政管理体制改革，积极推进政府管理创新，更加注重运用经济、法律等手段调控经济运行，社会管理和公共服务得到加强。扎实推进依法行政，进一步提高行政审批服务效能，规范行政处罚自由裁量权，加强了对行政执法行为的监督。围绕“三个体系”建设，健全完善经济社会发展目标管理考核办法，加大了重点工作的督查落实力度。加强政府系统廉政建设，认真治理商业贿赂，努力从源头上预防腐败的发生。各级政府自觉接受同级人民代表大会及其常委会的监督，加强同人民政协的联系，认真办理人大代表建议和政协委员提案，有效推动了各项工作的开展。

各位代表！过去的一年，全市经济社会发展取得的成绩来之不易，这是全市上下全面落实科学发展观，认真贯彻执行中央宏观调控政策和省、市委一系列重大决策部署的结果；是中共淄博市委正确判断形势、科学民主决策，市人大、市政协和社会各界有效监督、大力支持的结果；是全市人民团结拼搏，勇于开拓，创新实干的结果。在此，我代表市人民政府，向全市工人、农民、知识分子和干部，向驻淄部队、武警官兵、政法干警和中央、省驻淄单位，向各民主党派、工商联、群众团体和各族各界人士，向所有关心支持淄博发展的同志们、朋友们和海内外友好人士，表示衷心的感谢！

同时，也要清醒地看到，我市经济社会发展还面临一些困难和问题，政府工作中也存在着一些不足之处。主要是：作为老工业城市，创新发展模式、加快转变经济增长方式的任务非常艰巨；结构调整任重道远，节能降耗和环境保护压力很大，服务业在经济总量中的比重仍然偏低；促进农民持续增收的难度加大；对外开放面临一些新的挑战。同时，政府管理创新还不能很好地适应经济社会发展的需要，依法行政水平和政府执行力有待进一步提高。对此，我们一定高度重视，采取有力措施加以解决。

2007年是全面贯彻落实科学发展观、积极构建社会主义和谐社会的重要一年，也是巩固宏观调控成果、保持良好发展势头的关键一年，省、市委将换届，党的十七大将胜利召开，做好各方面工作意义十分重大。政府工作总的指导思想是：坚持以邓小平理论和“三个代表”重要思想为指导，深入贯彻党的十六大和十六届三中、四中、五中、六中全会精神，以科学发展观统领全局，全面落实中央宏观调控政策和省市委一系列重大决策部署，围绕建设经济强市、文化大市、绿色城市和“两提前、一率先”目标，突出结构调整和经济增长方式转变，更加注重深化改革、扩大开放，更加注重节能降耗、自主创新、环境保护，更加注重经济社会协调发展和解决民生问题，努力促进经济又好又快发展，加快构建社会主义和谐社会，以优异成绩迎接党的十七大胜利召开。经济社会发展的主要预期目标建议为：全市生产总值增长12%，地方财政收入增长16%，社会消费品零售总额增长15%，全社会固定资产投资增长18%，外贸出口总额增长15%，实际利用外商直接投资增长10%，城市居民人均可支配收入增长10%，农民人均纯收入增长10%，城镇登记失业率控制在3.5%以内，居民消费价格总水平涨幅控制在3%以内。主要约束性目标建议为：万元生产总值综合能耗降低5%，化学需氧量和二氧化硫排放量分别减少4.5%和8%，人口自然增长率控制在5.3‰以内。

努力推动国民经济又好又快发展

做好今年经济工作，必须始终牢牢把握又好又快发展这一主题，把着力点放到调整优化经济结构和转变经济增长方式上来，努力实现发展速度与结构、质量、效益、后劲相统一，推动经济发展切实转入科学发展轨道。重点做好以下七个方面的工作：

（一）务实推进社会主义新农村建设。全面贯彻工业反哺农业、城市支持农村和多予少取放活的方针，实实在在为农民办实事、办好事，让广大农民得到更多实惠。加快发展现代农业。把建设现代农业作为新农村建设的首要任务，加快转变农业增长方式，促进农村经济全面发展和农民持续增收。强化和落实耕地保护责任，认真落实粮食生产各项扶持政策，稳定粮食生产。坚持用现代产业体系提升农业。重点抓好百万亩优质粮食产业化基地建设，发展壮大畜牧、蔬菜、林果三大主导产业。高度重视农产品质量安全，加快农产品质量标准和检测体系建设，扩大农业标准化生产规模，大力发展生态农业；建立完善初级农产品检测监管和畜禽疫病防治体系，扶持农产品品牌建设；加快农业技术推广体系建设，积极推广农业先进实用技术和新品种，搞好农业综合开发，提高农业综合生产能力和综合效益；加快病险水库除险加固和骨干河道治理，搞好水源工程建设，发展玉米联合收获、小麦保护性耕作机械，启动实施“金农工程”，推进农业水利化、机械化、信息化进程。大力发展农业产业化经营，集中培植壮大一批成长性好、带动能力强的农业产业化龙头企业；加快新型农村社会化服务体系建设，大力实施"千村百乡农村市场"工程，积极培育农村合作经济组织和经纪人队伍。继续开展绿色证书、"阳光工程"等多种形式的培训，全面提高农村劳动者素质，力争培训2万人，转移就业1.7万人以上。进一步加大对"三农"的投入。建立健全财政支农资金稳定增长机制。围绕"路水电气医学"，切实加强农村基础设施建设，加快农村社会事业发展。巩固村村通油路成果，加强农村道路养护管理，推动部分有条件的村搞好村内主要道路硬化。基本实现村村通自来水，确保人民群众饮水安全。扶持发展1万个户用沼气池，促进农村生态建设。加大扶贫开发力度，改善"三区"农民生产生活条件。积极推动城乡用电同网同价。全部免除农村义务教育阶段学生杂费，落实农村义务教育经费保障新机制，解决好农村中小学布局调整后相关设施配套等问题。全面推行新型农村合作医疗制度，继续抓好400处村卫生室和部分乡镇卫生院的规范化改造。在乡镇驻地和有条件的中心村建设一批农村社区综合服务中心。搞好镇村规划建设管理。全面完成全市乡镇和三县中心村及有条件村庄规划调整编制工作，重点搞好10个有产业依托、区位优势明显的乡镇(办)的规划控制与建设管理。实施以生态环境建设为重点的农村环境整治，在有条件的镇、村推行垃圾"户集、村收、镇运、区县处理"模式，积极推进生态乡镇、生态村建设。深化农村综合改革。深入推进乡镇机构、农村义务教育和县乡财政管理体制改革。巩固、完善、加强各项支农惠农政策，认真探索农村税费改革后化解乡村债务、壮大集体经济的新措施。继续稳定和完善农村土地承包关系，引导和规范土地承包经营权合理流转，依法规范征地程序并提高补偿标准，加强农业综合执法，切实维护农民合法权益。进一步完善农村最低生活保障和失地农民养老保障制度。做好国家对大中型水库后期扶持政策的落实工作。积极推进农村金融产品和服务创新，鼓励信贷资金投向农业和农村。发展壮大区县域经济。坚持"抓两头带中间"的工作思路，全面落实省、市加快区县域经济发展的政策措施，引导发展区域特色经济。全力扶持高青、沂源发展。完善区县域经济发展考评体系和经济强乡镇考核办法，形成促进区县域经济又好又快发展的激励机制。

(二)坚持不懈推进工业结构调整。牢牢抓住结构调整这条主线，用好国家宏观调控机遇，坚持"调高、调强"的原则，加快工业转型升级步伐。着力优化投资结构。保持有效投入的稳定增长，努力以优质增量带动存量资产盘活优化。综合运用节能、环保、安全、技术、土地、价格等政策杠杆，引导投资重点向高新技术和先进制造业倾斜，向以先进适用技术嫁接改造传统产业倾斜。继续组织实施工业"双百工程"，把紧环保和节能降耗两个关口，按照相关产业部类的国际国内先进节能降耗和环保标准，分类指导，扶优汰劣。切实抓好大项目建设，集中力量抓好东岳40万吨有机硅、中材金晶池窑拉丝、科勒卫生洁具等一批重点项目。全力支持驻淄中央、省属大企业发展，继续加大对高成长型企业的扶持力度，积极支持企业与国内外大企业集团开展战略合作，促进优势中小企业做大做强。着力提高自主创新能力。有效整合科技资源，加快建设以企业为主体、市场为导向、产学研相结合的自主创新体系。鼓励企业组建企业技术中心、工程技术研究中心、重点实验室等研发机构，支持现有国家和省级技术研发中心提高研发能力，争创全省百强技术中心。加快国家新材料基地、国家生物医药产业基地、东岳国际氟硅材料产业园建设发展。加快科技创新服务平台建设，壮大科技型中小企业创新发展专项基金规模，发展创业风险投资，构建鼓励技术创新的政策体系。深入实施知识产权战略、技术标准战略，完善品牌扶持政策，引导企业由重视品牌争创向更加重视品牌运营转变，千方百计扩大名牌产品的规模和市场占有率，提高附加值，把名牌做大做强。着力优化产业布局。产业布局事关经济社会可持续发展，事关城市建设和生态保护，必须高度重视，防止"污染围城"。认真组织实施经济园区环境影响评估，按照"布局集中、用地集约、产业集聚"的原则，充分发挥12个省级以上经济园区(开发区)的载体功能，综合运用经济、法律等有效手段，促进各类项目、企业向园区集中。切实搞好园区内土地资源的优化配置和集约利用，提高投资强度；进一步加强园区行业，企业间的配套协作，有效拉长产业链条，培育区域特色主导产业，培植一批优势产品集群。大力发展循环经济，加快工业生态园区建设，全面推行清洁生产，努力实现园区废物零排放。遵循产业梯次转移规律，引导支持受资源、能源等基础生产要素制约，难以在我市实现更好发展的传统产业，有序地向生产要素比较优势明显的中西部地区或境外转移。坚决限制淘汰落后生产能力。严禁新上国家明令禁止和限制类项目和产品，按照省统一部署和要求，加快淘汰落后工艺技术、装备和产品。今年重点关停单条10万吨/年以下的立窑水泥生产线，淘汰中低档釉面砖过剩产能，淘汰高耗能机电设备及产品、低效锅炉和集中供热区域内的工业小锅炉，坚决关闭浪费资源、污染环境和不具备安全生产条件的小冶金、小化工、小造纸企业。坚持淘汰落后与改造升级相结合，努力用先进的技术工艺盘活存量。

(三)大力繁荣发展服务业。坚持市场化、社会化和产业化方向，不断壮大服务业发展规模，提升发展质量和层次。加强规划引导和政策支持。高水平编制完善"十一五"服务业发展规划，形成清晰的产业格局和空间布局，引领服务业科学发展、集约发展，可持续发展。建立促进服务业发展的综合协调机制，设立服务业发展引导资金，推动服务业用水用电用气价格与工业并轨，集中扶持发展一批具备基础优势、发展潜力大、带动力强的服务业项目。加快推进流通现代化。严格执行城市商业网点布局规划，切实防止盲目投资和低水平重复建设。大力发展连锁经营等新型流通业态，进一步丰富提升商业聚集区、特色商业街以及骨干传统批发市场的内涵与功能，支持中国陶瓷科技城、义乌小商品城、沃尔玛超市、阿波罗大酒店等流通重点项目建设。进一步健全完善政策措施，加大扶持力度，打造一批实力雄厚、特色鲜明、影响力强的著名服务业品牌，努力实现会展经济的新突破。加快建设公共物流信息平台，培育大型物流集团，分层次推进综合物流园区、物流产业带以及机电泵类、化工塑料、建材、沙发等物流配送中心建设。重视发展旅游业。以建设全省乃至全国重要的国内游客目的地和国际游客停留地为目标，加大优势旅游资源的开发力度，策划用好齐文化和足球起源地品牌，激活周村古商业街。进一步健全旅游服务体系，搞好特色旅游商品开发促销。深入推进因景植绿、因景修路、因景治污工程，规范旅游标识，完善景区功能，提高旅游接待整体水平。积极培育文化产业。适应居民消费升级需要，合理配置文化资源，培育发展文化产业集团及各类文化产品交易市场和艺术品展示、收藏、拍卖市场，加快形成以广播影视、出版发行、休闲娱乐、艺术品和演艺业为主的文化产业集群。大力鼓励发展创意产业，促进文博业特别是民间文博业健康发展。稳步推进文化事业单位改革，形成多元化投资机制，增强文化产业发展活力。不断完善现代服务体系。大力发展社区服务业，积极拓展家政服务、托老托幼、医疗保健等服务领域。大力发展信息产业,加快数字城市建设。引导房地产业健康有序发展。支持信用担保以及咨询、公证、会计、评估等中介服务业规范发展。

(四)加强节能降耗、环境保护和集约用地工作。把节约能源资源、保护环境和集约用地作为调整经济结构、转变经济增长方式的重要突破口,采取有力措施,推动资源节约型、环境友好型社会建设取得更加明显的成效。突出抓好节能降耗工作。建立健全节能降耗指标体系、目标责任体系,参照国内国际先进水平和标准,分类制定地方强制性重点产品的能耗标准,完善能源计量和统计制度,严格落实目标责任制。建立固定资产投资项目节能降耗评估审查制度,严把新上项目市场准入、节能降耗门槛。抓好电力、建材、冶金、化工等高耗能行业和148家重点耗能企业的节能降耗工作,加大先进适用节能降耗技术和装备的开发、推广力度。全面执行建筑节能65%的强制性标准,加强交通运输和商业、民用节能,抓好农业农村节能,扎实推进节约型机关建设。实行鼓励与约束并举的用能政策,综合运用财政、价格、税收等手段,调节企业和社会节能降耗行为。进一步完善节能降耗法规,加强节能降耗执法监察工作。强化水资源管理,大力发展节水型经济,突出搞好水资源综合利用,严格执行工业生产用水定额标准,实行合理定量、分类计价、超用加价、累进计价的用水管理制度。大力发展循环经济。编制实施2007—2010年发展循环经济专项规划,在化工、纺织,机械、建材、冶金等行业,大力推广资源循环利用,鼓励和支持资源协作。突出抓好煤矸石、粉煤灰、赤泥、废水的综合利用,积极协调和帮助企业做好资源综合利用企业(项目)认定工作。支持齐鲁、山铝、淄矿等企业搞好循环经济试点,充分发挥示范带动作用。推进土地节约集约利用。坚持实行最严格的土地管理制度,严格执行土地利用总体规划和年度计划,认真落实耕地保有量和基本农田保护责任制,坚决制止违法占地行为,优先保证国家产业政策鼓励发展的重点项目用地,优先保证经济社会发展薄弱环节项目用地,努力实现土地利用由粗放型向集约型转变。严格土地供应标准,从投资强度、建筑容积率,绿地率等方面,严把建设项目用地准入关、监督关和验收关,切实提高土地集约利用水平。依法处置闲置土地,搞好地下空间开发利用,用好土地开发整理、用地置换、用地流转等政策,积极盘活存量建设用地。充分运用市场机制抑制多占、滥占和浪费土地现象,对经营性用地和工业用地全面推行招标拍卖挂牌出让制度。切实加大环境保护工作力度。淄博有着丰厚的历史文化积淀,有着厚实的存量产业基础,有着难得的区位积聚优势。环境质量的改善,将使淄博的经济社会发展潜力更好更快地得以释放;环境质量的恶化,将极大地制约淄博的经济社会发展。环境质量问题备受市民关注。各级要切实统一思想,把环境保护作为全市经济社会发展的“命门”对待,不折不扣地完成碧水蓝天行动计划各项目标任务,严格执行环境影响评价制度,坚决杜绝新上污染项目!重点抓好以大气净化、水污染防治、生态恢复为主要内容的环保工作。各主管部门要认真务实地拿出化工异味二氧化硫、机动车排气、烟尘粉尘扬尘污染的专业化综合整治措施。继续抓好猪龙河、孝妇河、齐鲁石化排海管线以及张店东部化工区等重点流域、区域的污染整治,确保主要污染物达标排放。抓好重污染企业的搬迁改造,争取实现张钢、淄博焦化煤气厂搬迁改造升级。搞好污水管网配套建设,抓好12座污水处理厂新、改、扩建工程,全面抓好除磷脱氮改造及含酚废水处理,确保高新区罗斜污水处理厂、临淄齐城污水处理厂按期投入运行,光大水务(淄博)有限公司南北污水处理厂改造完成并正常运营,双杨、王村等乡镇和工业集中区全部建设污水处理设施,力争城镇污水处理率达到80%、城市回用水利用率达到30%。确保市垃圾焚烧发电项目按期投入运营,规划建设淄川、博山、临淄、高青生活垃圾无害化处理设施。加强水土流失治理,加快水土保持、生态恢复工程建设。抓好淄河及沂河源头等重要生态功能保护区建设,切实做好饮用水源地保护工作。加快以四宝山地区为重点的环城绿化和生态恢复,关闭重要风景名胜区、自然保护区、城市规划区以及铁路、重要公路沿线可视范围内的露天采矿点,使毁损的山体恢复治理率达到70%。完善环评监督制度,促使企业严格落实环保要求。深入实施农村小康环保行动计划,加强农业面源污染防治,实现城乡环保一体化。进一步加大环保执法力度,健全完善环保执法的长效工作机制,对各类环境违法行为要依法顶格处罚!

(五)进一步深化改革提高对外开放水平。继续深化企业改革,按照建立现代企业制度的要求,切实完善公司治理结构。大力引导、支持、发展非公有制经济。加大政策支持力度,深化与境内外证券机构的合作,推进企业上市进程,力争5家以上企业实现上市。落实好国家有关财税、价格、收入分配制度改革和事业单位改革等各项改革政策措施。

进一步提高利用外资质量。建立和完善新形势下招商引资工作的推动机制,坚定不移地抓好招商引资工作。积极引进高新技术产业和传统产业升级改造项目,先进制造业、现代服务业和城市基础设施建设项目,通过招商引资促进产业结构调整,促进科技进步,促进节能降耗,促进环境保护。继续以港、台、日、韩、欧、美等国家和地区为重点,积极开展产业招商、专业招商和专题招商,抓好股权招商和境外上市,用好外资、外贸、外经“三外”结合的招商方式。高水平策划好园区招商,努力推动淄川汽车专题招商等项目取得实效。坚持内资外资并举,以珠三角、长三角、京津地区和国有大型企业集团为重点,积极寻求合资合作的结合点,扩大和提升境内招商引资规模和层次。继续办好陶博会和新材料技术论坛。加快转变外贸增长方式。认真分析研究国家外贸政策调整对我市外贸工作带来的影响,进一步优化出口产品结构,落实出口退税政策,支持机电、高新技术产品和自主品牌、自主知识产权产品扩大出口,提高出口产品技术含量和附加值。大力推进加工贸易转型升级。加大对非洲、南美、中东、印度,独联体、大洋洲等新兴市场的开拓力度,进一步拓宽出口空间。重视利用国家大力支持进口的金融政策,增加我市急需的先进技术、关键设备进口。进一步扩大对外经济技术交流与合作。用足用好国家、省有关鼓励企业“走出去”的政策措施,鼓励我市建材、纺织、轻工等具有比较优势的传统产业“走出去”,建立生产销售基地或资源基地。大力发展劳务输出和境外工程承包。继续做好对口支援工作,积极参与山东半岛城市群、省会城市群以及环渤海经济圈等区域经济合作。

(六)以人为本完善城市功能。着眼居住质量的提高,强化城市的规划、建设、管理,提高城市的现代化水平。加强规划控制和引导。进一步完善科学、民主、透明、规范的城市规划决策程序。科学编制新一轮城市总体规划,细化各区县城市规划,增强规划的严肃性,促进城市建设、产业布局与生态建设相和谐,促进中心城区与各组团间融合互动发展,扩大基础设施共享。切实搞好城市设计,更好地体现人文内涵和城市个性,着力塑造和谐统一、特色彰显、宜于人居的城市风貌。加快中心城区建设步伐。严格执行新城区城市规划,积极、稳健推进新城区开发,重点抓好体育中心、运动员公寓、新客运中心等公建设施建设。以完善公共服务、提升城市功能和改善居民生活条件为重点,加快老城区改造步伐。实施昌国路拓宽改造等城区道路工程。全力抓好昌国路立交桥建设，带动中心城区南部建设管理水平的提高。坚持公交优先，进一步完善城市公共交通规划，加强公交设施建设，努力为城市居民提供经济、便捷、舒适的公交服务。继续实施中心城区排水管网改造，努力实现雨污分流管网总体配套。进一步加强基础设施建设。全力抓好济青高速南线沂源段等重点项目建设；组织实施一批道路改造工程，进一步畅通区间交通。积极支持胶济铁路客运专线建设。配套完善引黄供水工程，适时规划建设“引太入张”城市供水工程。加快淄河、孝妇河、涝淄河、猪龙河等骨干河道的综合治理，推进城市水系构建。搞好马踏湖等湿地保护与建设。切实加强市政公用事业建设，不断提高城市服务功能。抓好城乡环境绿化，积极开展争创国家级生态园林城市工作，突出抓好四宝山生态恢复、萌山水库生态工程和济青高速南线，胶王路等绿色通道以及昌国路立交桥绿化等重点工程，植造一批适于市民休憩的社区绿园。提高城市建设管理水平。加大旧小区改造力度，增加经济适用住房供给，切实改善中低收入家庭居住环境。以城中村和城乡结合部整治为重点，继续抓好城乡环境综合整治工作，开展户外广告专项整治活动。进一步理顺城市建设管理体制，学习借鉴先进城市建设管理经验，加快建设城市管理长效机制。积极探索和完善社区管理的新模式，不断提高社区管理服务水平。发挥建筑业传统优势，努力做大做强做优建筑业。

（七）积极做好财税金融工作。主动把握、认真分析国家财税、金融改革趋向及对我市的影响，努力为经济和社会发展创造良好的财税、金融环境。加强财源建设。牢固树立发展增收的意识，综合运用财税杠杆，发挥政策集成效应，支持高新技术产业、节能环保产业、先进制造业、现代服务业发展，支持企业加大自主创新、品牌建设投入，大力培植财源。加强税源动态监控，搞好社会综合治税，不断提高税收占地方财政收入的比重。加强非税收入征管，搞好国有资产运营监管，确保国有资产保值增值。加快建设公共财政。充分发挥公共财政在促进科学发展、统筹发展方面的功能作用，扩大公共财政覆盖范围。加大对新农村建设、就业、社会保障以及环保和城市基础设施建设的投入，为转变经济增长方式与和谐社会建设提供更加坚实的保障。提高财政管理精细化水平，推动政府收支分类改革，进一步深化和完善部门预算，扩大政府采购的规模和领域。规范政府投资行为，加强对政府投资项目的监管，确保财政资金使用安全、规范、有效。积极支持金融产业。大力优化金融生态环境，积极推动政银企合作，千方百计保持信贷投放的稳定性和连续性。坚持银行、保险、证券、信贷四业并举，不断壮大金融产业规模。抓住外资机构扩大经营人民币业务的机遇，积极吸引外资金融机构来我市布点或与我市企业开展更加深入的金融合作。支持地方金融机构加快改革和发展，提高其支持经济发展和抗御金融风险的能力。

关注民生构建和谐淄博

高度重视民生问题，从解决人民群众最关心、最直接、最现实的利益问题入手，以扩大就业、提高社会保障能力、改善人民生活质量为重点，扎实推进和谐淄博建设。

（一）千方百计扩大就业。大力发展劳动密集型产业、服务业、非公有制经济和中小企业，积极开发城市社区公益性岗位，多渠道、多形式增加就业。全面落实项目开发、税费减免、小额担保贷款等扶持政策，鼓励支持下岗失业人员自谋职业、自主创业。大力实施就业再就业培训、创业培训和农村劳动力转移就业培训工程，帮助就业困难人员、长期失业人员和零就业家庭人员就业再就业，统筹做好高校毕业生、失地农民、复员转业军人等群体的就业工作。力争实现城镇新增就业9万人，新增农村劳动力输出6万人。大力推进和谐劳动关系建设，全面实行劳动合同制度和集体协商制度，规范裁员行为，严格执行和适当提高最低工资标准。重视和解决农民工工资拖欠问题，加强劳动保护，预防和妥善处理各类劳动争议案件，维护劳动者合法权益。

（二）努力提高社会保障能力。以确保发放、扩大覆盖为重点，健全、完善社会保险、社会救助、社会福利、慈善事业相衔接的覆盖城乡居民的社会保障体系。重点做好外资、私营等非公有制企业和城镇灵活就业人员的参保工作，使企业养老保险逐步覆盖城镇所有从业人员，并逐步做实个人账户，积极推进新型农村社会养老保险制度建设。加大社会保险基金征缴力度，加强社保基金管理，确保基金安全。完善城镇职工基本医疗保险和失业、工伤、生育保险制度，探索建立以大病统筹为主的城镇居民医疗保险，逐步建立健全覆盖城镇居民的医疗保障体系。加强收入分配调节，完善城乡居民最低生活保障制度，逐步提高低保标准，把低保范围扩大到符合条件的所有群体，切实做到应保尽保。完善农村五保集中供养制度，加快农村敬老院建设改造，确保五保集中供养率达到70%以上。加大住房公积金制度实施力度，不断扩大覆盖面。进一步完善廉租住房制度，积极推进经济适用房“暗补改明补”改革，逐步改善城镇低收入家庭住房条件。鼓励社会各界积极参与慈善事业和社会救助活动，支持发展残疾人事业、老龄事业和红十字事业。

（三）更加重视各项社会事业发展。统筹经济社会协调发展，促进社会全面进步。坚持优先发展教育事业。更加注重教育的普惠性，巩固提高义务教育，全面实施素质教育，大力发展职业技术教育，提高高等教育质量。全面落实以县为主的农村义务教育管理体制和“两免一补”政策，全部免除农村义务教育阶段学生杂费，加大对家庭贫困学生的资助力度。强化政府公共教育服务职能，切实增加教育投入。合理配置教育资源，推动公共教育资源向农村和教育落后地区倾斜，促进教育公平。实施城市中小学布局调整，切实解决城区部分学生入学难、班额过大问题。创新教学方法，下决心解决小学、初中生在校时间过长、课业负担过重等突出问题，促进素质教育发展。规范教育收费项目和标准，坚决制止教育乱收费。着眼于解决看病难看病贵问题，切实提高医疗卫生服务水平。坚持公共医疗卫生的公益性质，不断增加公共卫生投入，完善城乡医疗服务体系和公共卫生体系，保证人民群众公平享有基本卫生保健。全面推行新型农村合作医疗制度，力争覆盖率达到100%，参合率达到85%以上。加强农村卫生三级网络建设，构建以社区卫生服务为基础的新型城市医疗卫生服务体系。加强公共疾病预防控制体系和突发性公共卫生事件救治体系建设，提高应急救治能力。大力实施“三名”战略，提高医疗卫生服务整体水平。强化食品、药品、餐饮卫生和医疗市场监管，保证人民群众饮食、用药、就医和生命健康安全。加强医疗质量管理和医德医风建设，规范医疗服务秩序，控制医药费过快增长，构建健康和谐的医患关系。大力开展爱国卫生运动，充实国家卫生城市品牌内涵。加强人口和计划生育工作，稳定低生育水平，重视出生人口性别比问题，提高人口素质。加快发展文化体育事业。以丰富人民群众精神文化生活为目标，突出抓好城乡基层文化建设。繁荣文艺创作和生产，搞好文物保护与开发，加强网络文化建设和管理，做好文化遗产申报工作。推进体制改革、机制创新，加快文体事业与文体产业发展。广泛开展全民健身运动，提高竞技体育水平，扎实做好协办11届全运会和承办22届省运会的各项筹备工作。进一步提高档案信息化水平。大力加强精神文明建设。以培养社会主义核心价值观为根本,深入开展"八荣八耻"社会主义荣辱观教育,努力形成知荣辱、讲正气、促和谐的社会风尚。以文明淄博建设为载体,广泛开展群众性和谐创建活动,扎实推进和谐村镇、和谐社区、和谐家庭、和谐企业建设。进一步做好气象、防震减灾等工作。做好民族宗教、外事、对台和侨务工作。切实做好国防教育、国防动员和人民防空工作,加强民兵预备役建设,广泛开展双拥共建活动。

(四)全力维护社会稳定。认真落实领导干部维护稳定责任制,正确处理新形势下的人民内部矛盾。完善领导机关、领导干部接待和联系群众制度,健全社会利益表达、协调、引导和基本利益保障机制,满足不同群体的合理利益诉求。坚持工作重心下移,完善信访工作网络,落实领导干部下访和公开接访制度,畅通群众利益反映诉求渠道。加强县乡矛盾调解中心建设,健全矛盾纠纷排查调处工作机制,综合发挥人民调解、司法调解、行政调解的作用,认真解决土地承包、土地征用、房屋拆迁、企业改制等涉及群众切身利益的重点问题,有效化解各种社会矛盾。强化社会治安综合治理,加强基层基础工作,筑牢社会稳定第一道防线。深入开展严打整治斗争,严厉打击各类违法犯罪活动,努力保持社会稳定。认真实施"五五"普法规划和"四五"依法治市规划。切实加强安全生产工作,严格落实安全生产责任制,强化企业主体责任,深入开展专项整治,加强安全生产监管,坚决防止重特大事故的发生。

积极为群众办实事。年内集中力量办好与人民群众生产生活密切相关的12件实事:(1)全部免除农村义务教育阶段29万名学生杂费,继续救助经济困难家庭2万余名学生上学;(2)实现农村大病统筹合作医疗制度全面覆盖,城市社区卫生服务人口覆盖率达到80%以上,全面完成村卫生室规范化改造;(3)实施药品安全放心工程,新增、调整社区药店160家;(4)解决20万群众饮水安全问题,基本完成"村村通自来水";(5)实施"蔬菜绿色消费",基地面积扩大到24万亩,专卖点达到30处;(6)促进农村生态家园建设,建设沼气池1万个;(7)建设农村便民市场,新建各类农家店650个、社区综合服务中心60个;(8)积极筹集资金解决全市国有破产企业退休人员参加医疗保险问题;(9)实施农村劳动力转移"阳光培训",培训2万人,转移就业1.7万人;(10)全面完成农村中小学现代远程教育,建成工程点474处;(11)免费为30万名育龄妇女进行妇科病普查;(12)落实城市公交优先发展政策,中心城区新增公交车辆60台。

深入推进政府自身建设和管理创新

落实科学发展观、构建和谐社会的重大任务,对政府工作提出了新的更高的要求。各级政府必须与时俱进,大力弘扬胡锦涛总书记提出的八个方面的良好风气,深入推进自身建设和管理创新,加快形成行为规范、运转协调、公正透明、廉洁高效的行政管理体制,努力开创政府工作的新局面。

坚持科学行政,更加全面地履行政府职能。各级政府公务员,特别是领导干部,要坚持用科学发展观武装头脑、指导工作,把科学发展的要求转化为谋划发展的正确思路、促进发展的政策措施和指导发展的实际能力,不断提高政府工作的科学化水平。转变政府职能,更大程度地发挥市场在资源配置中的基础性作用,在强化经济调节和市场监管的同时,更加重视加强政府的社会管理和公共服务职能,把精力更多地放到推进社会发展和解决民生问题上来。按照权责一致的原则,进一步理顺各级政府及其部门之间的事权关系,建立健全长效管理机制,从源头上解决职能交叉、多头管理等问题。建立完善重大问题集体决策、专家咨询、社会公示和社会听证制度,促进行政决策的科学化、民主化、规范化,使决策更加符合淄博实际,符合群众根本利益。改进管理方式,综合运用经济、法律和行政手段调控经济运行,促进社会发展。加快发展电子政务,降低行政成本,提高管理效能。

坚持依法行政,增强政府执行力和公信力。落实依法行政"四五"规划,严格按照法定权限和程序行使职权、履行职责。深化行政执法体制改革,扩大综合执法范围,进一步规范行使行政处罚自由裁量权,防止"权力寻租"。强化行政复议、行政应诉和规范性文件备案工作,及时纠正违法和不当的行政行为。加快建立行政问责制度,加强行政问责与行政监察、审计监督的有机结合,有责必问,有错必究,确保政令畅通,提高政府执行力。大力推行政务公开,完善政府公报、政府网站、新闻发言人、政务信息公开窗口和公开电话等渠道,重点推进公权力大、公益性强、公众关联度高的政府部门信息公开,保障群众的知情权、参与权和监督权。完善建设工程招投标、经营性土地出让、产权交易和政府采购制度,促进政府工作与责任挂钩、与利益脱钩。继续改革行政审批制度,精简审批事项,简化审批程序,加强行政审批流程管理,规范许可行为;完善集中办理制度,推进市级行政部门审批事项整建制进入市行政服务中心,对相对独立的部门服务大厅实行分中心管理;进一步完善行政许可服务体系,推进乡镇(街道)便民服务中心建设,为社会提供更加公正透明、便捷高效的服务。各级政府要自觉接受同级人民代表大会及其常务委员会的工作监督和法律监督,支持人民政协履行政治协商、民主监督和参政议政职能,认真办理人大代表议案、建议和政协委员提案。加强诚信政府建设,所有政府决策和承诺,都要做到言必信,行必果,增强政府公信力。

坚持勤政为民,大力弘扬求真务实的工作作风。牢固树立科学发展观和正确政绩观,坚持为民、务实、清廉,强化宗旨意识、责任意识、全局意识,把实现好、维护好、发展好人民群众的根本利益作为一切工作的出发点和落脚点。坚持实事求是的思想路线,集中更多的时间和精力,多做深入实际的调查研究,多解决影响改革发展稳定的突出问题,多办为广大人民群众排忧解难的实事。弘扬认真、专业,务实的政风,严谨细致地抓好各项工作。继续改进文风会风,严格控制各类检查、评比和达标活动。规范公务接待,勤俭办事。建立健全决策目标、执行责任、监督考核三个体系,推进政府工作落实。

努力学习,从严治政,建设高素质的公务员队伍。加快建设学习型政府,完善行之有效的学习制度,引导广大公务员特别是领导干部,更加自觉地学习政治理论,学习现代经济、科技、社会管理、法律知识以及相关领域的专业知识,不断提高驾驭市场经济的能力、推进自主创新的能力、管理社会的能力和依法办事的能力。把提高行政效能作为公务员队伍建设的重要任务,围绕解决人浮于事、推诿扯皮、态度生硬等突出问题,健全首问负责、服务承诺、限时办结、超时默认等制度,强化行政监察和效能考核,广泛开展群众性行风评议活动,更好地为发展服务、为群众服务、为基层服务。加强廉政建设和反腐败工作,深入开展商业贿赂专项治理,严肃查处违纪违法案件,坚决纠正部门和行业不正之风。落实廉政建设责任制,建立教育、制度、监督并重的预防和惩治腐败体系,努力从源头上预防和治理腐败。要培养健康的生活情趣,牢记"两个务必",始终保持谦虚谨慎、艰苦奋斗的作风,努力建设一支政治坚定、业务精通、清正廉洁、作风优良的公务员队伍。

各位代表！面对新的形势和任务，我们充满信心，也深感责任重大。我们一定竭尽心智，恪尽职守，锐意进取，奋发有为，努力把政府工作做得更好。让我们紧密团结在以胡锦涛同志为总书记的党中央周围，高举邓小平理论和“三个代表”重要思想伟大旗帜，坚持以科学发展观为指导，在中共淄博市委的坚强领导下，团结奋进，务实创新，加快建设经济强市、文化大市、绿色城市，以优异的发展业绩迎接党的十七大胜利召开！

2006 年淄博市
国民经济和社会发展统计公报

淄博市统计局

（2007 年 2 月 15 日）

2006 年是我市顺利实现“十一五”规划良好开局，经济社会取得新发展的一年。在市委，市政府的正确领导下，全市人民紧紧围绕建设“经济强市、文化大市、绿色城市”和“两提前、一率先”的奋斗目标，全面贯彻落实科学发展观，努力构建和谐淄博，经济保持平稳较快发展，各项改革全面深化，结构调整绩效显著，经济活力明显增强，社会事业全面进步，城乡居民生活水平继续提高，经济社会实现了又好又快发展。

一、综　合

国民经济综合实力进一步增强。在国家宏观调控政策影响下，2006 年，我市地区生产总值（GDP）的增幅逐季回落，但全年经济增长速度仍保持了较高的水平。初步核算，2006 年全市地区生产总值实现 1645.16 亿元，按可比价格计算，增长 15.8%。其中，第一产业增加值 62.72 亿元，增长 4.5%；第二产业增加值 1079.06 亿元，增长 15.8%；第三产业增加值 503.38 亿元，增长 17.5%。三次产业构成比由上年的 4.19∶66.80∶29.01 调整为 3.81∶65.59∶30.60。

企业景气指数再攀新高。2006 年全市企业景气指数平均为 153.93，比上年提高 8.2 点，再创新高。国民经济八大行业中，工业、建筑业、批零贸易、房地产等主要行业企业景气状况都明显好于上年。其中，工业企业景气指数为 157.47，比上年提高 8.46 点；批零贸易业景气指数为 165.24，比上年提高 26.46 点；房地产业景气指数为 153.01，比上年提高 4.3 点。企业家信心进一步增强，全年企业家信心指数平均为 148.87，比上年提高 6.4 点。

企业改制进展顺利，非公有制经济蓬勃发展。全市积极妥善处理改革、发展、稳定的关系，上市公司股权分置改革全面完成，华光股份资产重组取得成功，国有企业重组改制和对外合作又有新的进展。继续把发展壮大民营经济作为经济工作的重点。2006 年全市非公有制经济完成增加值 971.64 亿元，比上年增长 17.3%，非公有制经济增加值占 GDP 的比重达 59.1%，比上年提高 1.9 个百分点。个体私营经济进一步发展壮大。截至年底，全市个体工商业户发展到 75464 户，增长 1.72%，注册资本金 18 亿元，增长 5.88%；私营企业 23916 户，增长 11.65%，注册资本金 359 亿元，增长 23.79%。

名牌战略取得显著成绩。2006 年全市有 11 个产品获“中国名牌”，新增数量位居全省首位。中国名牌产品总量累计达到 22 个，跃居全省第二位；有 136 个产品获“山东名牌产品”称号；29 个产品获“国家免检产品”称号。“淄博制造”品牌效应初显，名牌发展战略已成为拉动淄博经济发展的重要引擎。

招商引资进一步巩固和发展。全市继续加大招商引资工作力度，改进招商引资方式，全年实际到位外来投资 153.7 亿元，超额完成了年初制定的目标任务。

当前，我市经济和社会发展中仍然存在一些不容忽视的矛盾和问题，突出表现在：作为老工业城市，创新发展模式、加快转变经济增长方式的任务非常艰巨；结构调整任重道远，节能降耗和环境保护压力很大；促进农民增收、改善农村基础设施仍有较大难度；提升对外开放水平面临不少新的挑战和压力。

二、农　业

农业生产形势稳定良好。2006 年，我市各级党委、政府认真贯彻落实中央扶持农业生产的重要指示，继续积极落实国家惠农政策，农业生产形势持续好转，实现了粮食增产、农业增效、农民增收。全年完成农业总产值 116.02 亿元，按可比价格计算，比上年增长 1.8%。全年粮食生产再次实现“面积、单产、总产”三增，连续四年实现丰产丰收，总产量达到 143.51 万吨，比上年增长 9.1%。其中：夏粮总产 64.53 万吨，比上年增加 5.25 万吨，增长 8.9%；秋粮总产 78.99 万吨，比上年增加 6.69 万吨，增长 9.3%。经济作物中，棉花产量 1.84 万吨，油料产量 1.38 万吨，蔬菜产量 192.37 万吨。

畜牧业生产平稳发展。全市积极调整畜牧业结构，重点抓好规模基地建设和特色养殖。全年畜牧业总产值完成 29.45 亿元，肉类总产量 15.12 万吨，禽蛋产量 9.79 万吨，奶类产量 9.18 万吨。水产养殖业稳定发展。全年水产养殖面积 6882 公顷，渔业总产值完成 1.98 亿元。林业生产继续发展。全年完成林业产值 5.26 亿元，人工造林面积 0.35 万公顷，成林抚育面积 6.12 万公顷。

农业生产条件改善。全市农业机械总动力达到 308.01 万千瓦，比上年增长 1.7%，全年农用化肥使用量 37.89 万吨，农村用电量 50.22 亿千瓦时，地膜覆盖面积 2.85 万公顷。

二、工　业

工业生产快速发展，主要产品产量较快增长。2006 年，全市工业生产在改革调整优化升级中实现新发展，规模以上工业企业比上年新增 367 家，达到 2501 家，累计完成工业总产值 3558 亿元，增长 28.47%；实现工业增加值 1009.57 亿元，增长24.83%。分经济类型看，国有及国有控股经济完成增加值310.23亿元，增长12.22%；集体经济完成73.74亿元，增长18.33%；股份制企业完成443.94亿元，增长32.4%；股份合作制企业完成17.93亿元，增长23.38%；外商及港澳台商投资企业完成116.76亿元，增长28.03%；其他经济完成78.51亿元，增长46.56%。分轻重工业看，轻工业增加值完成180.69亿元，增长16.59%；重工业增加值完成828.88亿元，增长26.87%。产销衔接基本平衡。规模以上工业产品销售率达98.31%，同比提高0.18个百分点。除布、化纤等个别产品受市场影响产量下降外，化肥、化学原料药、钢材、生铁、水泥等主要工业产品产量均保持了20%以上的增速。其中，生铁产量增长22.98%，氧化铝产量增长11.02%，纱产量增长11.75%，中成药产量增长7.87%，汽车产量增长9.67%，发电量增长4.53%。

全市主要工业产品产量：

	2006年	比上年±%
原煤	1543.68万吨	9.95
发电量	88.19亿千瓦时	4.53
化学纤维	20.35万吨	－48.18
纱	15.88万吨	11.75
布	100756.86万米	－2.72
彩色电视机	64.85万台	11.82
白酒	30023千升	26.67
合成氨	13.81万吨	12.51
化肥	45.00万吨	27.26
农药	2.14万吨	14.80
硫酸	119.71万吨	47.69
乙烯	83.88万吨	1.65
化学原料药	3.92万吨	31.16
水泥	2133.22万吨	24.78
日用陶瓷	86630.89万件	17.59
钢材	90.27万吨	35.95
氧化铝	139.63万吨	11.02
原油加工量	1210.55万吨	9.57
汽车	28603辆	9.67
平板玻璃	1601万重量箱	0.56

工业经济效益稳步提高。2006年，全市规模以上工业企业实现产品销售收入3441.38亿元，比上年增长28.85%；利税340.61亿元，增长24.74%，其中利润193.20亿元，增长25.12%。地方工业效益增长较快。全年规模以上地方工业企业实现产品销售收入2517亿元，增长35.23%；利税258.52亿元，增长35.20%，其中利润总额154.35亿元，增长35.69%。规模以上地方工业产品销售收入、利税、利润增幅分别高出全市平均水平6.38、10.46和10.57个百分点。

四、固定资产投资和建筑业

投资市场稳定发展，投资结构进一步优化。2006年，全市认真贯彻落实国家宏观调控政策，做好固定资产投资项目清理工作，投资增幅回落并趋于稳定。全市规模以上固定资产投资完成615.1亿元，投资增速由一季度增长60%逐步回落到前三季度的10.1%，到年末，全市规模以上投资增幅为18.1%，比上年回落19.7个百分点，投资保持了适度较快增长。在国家宏观调控措施的引导下，全市房地产投资增幅明显回落。全年房地产开发投资共完成96.82亿元，增幅由一季度的144.2%回落至全年的29%，实现了较为合理稳定的增长。全市二、三产业投资均保持合理增长。其中，二产投资367.8亿元，增长9.7%；三产投资243.73亿元，增长34.5%，三产投资比重达39.62%，比上年提高了7个百分点。高新技术项目投资力度加大。全市高新技术产业投资额达57.5亿元，占规模以上投资的比重比上年提高1.2个百分点。企业节能降耗和环保投资力度不断加大。2006年，山东铝业股份有限公司氧化铝节能改造项目完成投资1.84亿元，齐鲁石化公司等10家企业污水处理项目累计完成投资3.4亿元。

住宅建设投入继续保持较高增长。全年房地产企业住宅投资达71.02亿元，增长39.0%；竣工住宅面积190.88万平方米，增长18.5%；商品房销售额72.86亿元，增长83.7%。

建筑业持续稳定发展。2006年全市有资质的建筑企业完成产值260.9亿元，比上年增长20.4%。

五、公路运输和邮电

交通运输能力提高，公路基础设施建设进一步加强。全年公路货运量达5864万吨，比上年增长9.51%，货运周转量373540万吨公里，比上年增长18.11%；公路客运量19567万人，旅客周转量425105万人公里，分别增长6.57%和11.3%。公路营运条件不断改善，年末全市公路通车里程9695.7公里，其中国道218.3公里，省道852.2公里。全市公路密度达166.3公里/百平方公里，居全省第二位。

民用汽车拥有量增加。年末全市民用汽车拥有量达85.84万辆，比上年增加5.36万辆；其中私人拥有汽车78.61万辆，比上年增加5.91万辆。

邮电通信业蓬勃发展。2006年，全市邮政业务总量达3.35亿元，比上年增长16.3%。邮政业务市场稳步拓展。年内新建邮政网点5处，自有网点151处；年内全市建成规范“三农服务站”740处，上报“万村千乡”工程农资店100处。数据通信业蓬勃发展，通信能力不断提高。年内完成了宽带城域网骨干改造、无线市话扩容和室内覆盖工程，SDH传输网络扩容和农话环扩容、ADSL扩容、首期NGN等重点工程项目建设。继续进行了宽带接入层和小灵通网络优化工程。政务信息化进展顺利，年内完成了市、区县两级电子政务网建设；企业信息化、农村信息化全面铺开；社区信息化，家庭信息化和“平安淄博”电子眼工程稳步推进。

六、内外贸易和旅游

消费品市场繁荣活跃。全年实现社会消费品零售总额499.8亿元，增长16%，增幅比上年提高0.1个百分点。消费市场的主要特点：一是城市消费品市场发展快于农村。全年城市消费品市场实现零售额400.2亿元，增长16.4%，对社会消费品零售总额增长的贡献率为81.8%；县及县以下农村消费品市场实现零售额99.7亿元，增长14.4%，低于城市消费品市场增幅2个百分点；二是各行业零售额均保持增长，住宿和餐饮业业绩喜人。2006年住宿和餐饮业实现零售额76.9亿元，增长17.3%，增幅较上年同期提高4个百分点，批发和零售业增长16.3%；三是个体私营经济零售额所占比重稳步攀升。全年个体私营经济零售额增长13.8%，占全市零售总额的比重达69.2%，比上年提高1.3个百分点；四是限额以上批发零售企业表现突出。2006年限额以上批发零售企业实现零售额153.2亿元，增长27.3%。与消费升级密切相关的汽车、建筑及装潢材料、体育娱乐等类商品分别增长43.7%、67.3%和62.9%。

对外经贸较快增长。全年实现进出口总值37.60亿美元,比上年增长19.9%。其中出口总值25.09亿美元,增长24.4%。从出口企业的经济类型看,国有企业出口下降,三资企业出口增长26.4%,占全市出口总额的比重达到53%。非国有企业出口的高速增长成为拉动全市出口增长的主要因素。一般贸易出口高速增长,大大高于加工贸易出口增幅。全年一般贸易出口额158401万美元,占全市出口总额的比重达63.1%,增速达36.2%,增速高于加工贸易出口28.3个百分点。从市场构成看,2006年我市六大出口市场为美国、欧盟、东南亚、韩国、日本和中近东,其出口额占全市出口总额的71.8%。从行业出口情况看,各重点行业出口均实现增长,其中纺织品出口增长14.5%、服装出口增长36.9%、机电产品出口增长36.5%、石油化工产品出口增长38.6%、建材行业出口增长15.7%。

利用外资和对外投资双向推进。2006年,全市共审批外资项目113个,外商直接投资实际到位3.7亿美元,增长22.3%。全年新批准境外投资项目10个,协议投资1.22亿美元。全年完成对外工程及劳务合作营业额4366万美元,增长61.7%。

旅游业蓬勃发展。2006年我市旅游工作围绕"1275"的总体发展目标,以抓项目建设、市场开拓、标准化管理等为重点,旅游人数和项目建设取得了突破性发展。全年旅游人数首次突破千万人大关,共接待国内游客1096.75万人,比上年增长18.1%;实现国内旅游收入76.43亿元,比上年增长20.2%。全年50多个在建旅游项目及配套服务设施共完成投资5亿元,桓公台生态园、世纪名都生态园、翠林园等一批高档次服务设施建成使用,香港冠都集团五星级酒店、齐鲁休闲文化广场、欢乐世界主题公园、五星级万豪大酒店等一批投资过亿元的旅游类项目正规划建设。旅游服务配套设施的增强,使全市旅游接待服务水平和档次大大提升。年末全市共有星级宾馆33家,其中五星级1家,四星级5家;旅行社106家;拥有A级旅游景区20处,其中4A级3处、3A级11处、2A级6处。

七、财政、金融、保险

财税实力进一步增强。2006年,全市共完成国、地税收入170.68亿元,其中国税完成119.12亿元,增长18.7%;地税突破50亿元,达51.56亿元,增长26.87%。境内财政收入突破200亿元,达200.5亿元;地方财政收入突破80亿元,达80.7亿元,增长25.84%。全市两税收人占GDP的比重为10.37%,地方财政收入占GDP的比重为4.9%,分别比上年增长0.53个和0.43个百分点。

金融存贷款稳定增长,信贷结构进一步优化。全市金融机构认真落实稳健的货币政策,着力改善金融服务,合理运筹信贷资金,为全市经济社会的和谐发展提供了有力支持。年末全市金融机构各项存款余额达1228.77亿元,比年初增加134.81亿元。其中,城乡居民储蓄存款余额达725.30亿元,比年初增加93.44亿元;企业存款余额260.27亿元,比年初增加12.19亿元。各项贷款余额达849.60亿元,比年初增加112,56亿元。其中,企业流动资金贷款和农业信贷支持进一步加大,2006年全市金融机构投放的用于工业企业流动资金的人民币短期贷款较年初增加20.86亿元,农业贷款增加25.57亿元,两项贷款增加额占全部短期贷款新增额的61.7%。农业贷款和短期工业贷款的增加,对推动农业农村经济快速发展以及缓解企业流动资金紧张状况发挥了积极作用。

保险行业健康有序发展。2006年,全市累计实现保费收入25.5亿元,增长6.88%;支付赔款和保险金10.64亿元,增长46.82%。其中,全市财产险业务共实现保费收入8.05亿元,占全部保费收入的31.57%,增长10.36%;全市人身险实现保费收入17.45亿元,占全部保费收入的68.43%,增长5.35%。

八、城市建设、环境保护和节能降耗

城市功能提升,生态环境明显改善。2006年,全市继续大力实施城市化战略和"环境立市"战略,城市基础设施日趋完善,综合服务功能进一步增强,城市综合环境明显改善。全市新增污水处理能力5.5万吨/日,新增燃气使用人口2万人,新建、扩建城市道路面积232万平方米,完成了新城区6条道路和10座桥梁的建设。全年共安排城建资金1.21亿元用于对中心城区排水管网实行雨污分流改造,新建改造雨污管网26530米。城市生活垃圾处理厂建设项目进展顺利,主体工程基本完工,投入使用后可日处理生活垃圾1000吨,服务于张店、周村、桓台和高新区。新建和改建了一批城市污水处理项目。桓台污水处理厂新建工程、周村污水处理厂改造工程均完工投产;高新区和沂源污水处理项目工程正在进行。城市园林绿化水平进一步提高。2006年全市共开工建设重点绿化工程30项,新建园林绿地460公顷,新增城市公共绿地面积165公顷。城市绿化覆盖率达到39.5%,绿地率达到33.5%,人均公共绿地达到6.7平方米。小城镇建设不断完善,村镇建设投资实现较快增长。2006年全市村镇建设完成投资51.5亿元,中心镇的龙头带动作用进一步增强。20个中心镇完成投资35亿元,占全部乡镇总投资的68%。

环保力度加大,成效明显。2006年,全市深入实施碧水蓝天行动计划,环保工作突出重点,整体推进,取得明显成效。水污染治理实现新突破,主要水体水环境质量呈现好转趋势。2006年全市COD排放总量下降5.3%。其中,境内沂河水质已达到功能区划要求;污染最严重的猪龙河张店区出境断面COD已降到50mg/L以下,入小清河处出境断面COD已连续6个月稳定在150mg/L左右。大气污染治理取得新成效。全年我市二氧化硫排放量下降4.28%,空气质量优于二级以上天数达到310天,为近十年来最优。张店东部化工区,临淄区梧台、朱台、敬仲、齐都,桓台县果里,张店区良乡等重点区域化工异味整治力度进一步加大,共取缔污染企业255家。年内还对88家燃煤炉窑实施了清洁燃烧技术或天然气替代改造,拆除、关停落后燃煤炉窑256条,拆除废弃烟囱300多条。

节能降耗工作取得突破性进展。成立了市政府节能办公室和执法大队,先后制订出台了《淄博市资源综合利用管理办法》等10余件法规规章及配套文件,起草了《淄博市节约能源条例》等5件地方法规和文件。自2006年上半年我市能耗指标出现向下的"拐点"以来,能源消耗保持了良好的下降势头。2006年,全市148家重点用能工业企业按节能单位产品能耗计算,实际节能量达到56万吨标准煤,完成节能目标任务的116%。上述企业29项单位产品能耗指标中,有25项指标同比下降,节能降耗工作成效显著。

九、科技、教育、文化、卫生、体育

科技综合实力显著提升。全市科技战线进一步优化配置科技资源,大力推进自主创新和科技进步,高新技术产业进一步发展壮大。全市新增高新技术企业53家,总数达到353家,居全省第三位,其中国家重点高新技术企业达到29家。

高新技术企业数量迅速增加,对加快我市高新技术产业发展起到了积极的推动作用。2006年,全市规模以上工业高新技术产业产值首次突破千亿元,达到1035.38亿元,比上年增长31.45%;高新技术产业产值占全市规模以上工业总产值的比重达到29.1%,比全省平均水平高2.91个百分点,比上年提高2.05个百分点。创新型城市建设步伐进一步加快,市级财政对科技的投入超过1亿元,实现了历史性突破。科技创新能力显著提高,企业研发平台建设加快。2006年全市新增省级工程技术研究中心27家,省级以上工程技术研究中心和企业技术中心达到100家,其中国家级5家。与此同时,淄博民营科技创业园、齐鲁石化国际工业园、新华国际工业园和淄博高新区高科技产业园等产业园区的建设日臻完善,为创业项目由科技孵化向产业转化提供了必要的发展空间。新材料技术论坛系列活动再获成功,期间共签订技术合作项目502项,涉及新材料、新药及生物技术、电子信息、光机电一体化、资源节约、节能降耗、环境保护、农业高新技术等十几个领域,对我市加快转变经济增长方式、优化产业产品结构、走新型工业化道路起到了积极作用。知识产权保护和科技成果转化工作成效显著。2006年,全市申请国内专利2788件,同比增长49.49%,居全省第四位;专利授权1018件,同比增长50.59%;万人发明专利授权量达到0.3047件,居全省第三位。全年完成重要科技成果147项,其中达到国际领先或国际先进水平的26项,填补国内空白、达到国内领先或国内先进水平的121项。

教育事业蓬勃发展。2006年,全市各级各类教育在巩固、深化、提高中健康发展,教育教学质量显著提升。基础教育进一步巩固。年内有4所学校通过省级规范化学校验收,使我市省级规范化学校达到137处,占全市中小学的17.9%,列全省第二位。高等教育实现新发展。年内山东丝绸纺织职业学院正式建立,中国中央美术学院继续教育学院山东分院在淄博成立,为我市高等教育发展起到了积极的推动作用。截至目前,我市高等院校发展到12所,大专以上在校生达到10.52万人。教育质量显著提高。2006年我市高考文理本科一批上线总数达到2831人,比上年增加611人。本科一批文理科上线率居全省第四位,艺体高考本科上线万人比由上年的全省第二位跃居全省第一位。全市共有13名考生高考成绩进入全省前100名;有38名考生分别被清华大学、北京大学录取,录取人数居全省第二位,万人比列全省第一。全省文、理科高考状元双双落户淄博。

广播电视事业健康发展。广播电视工作紧紧围绕市委、市政府的中心工作,坚持正确的舆论导向,营造了良好的社会舆论环境。有线数字电视推广顺利。全年有线电视用户达到32万户,发展双向数字电视用户2.5万户,城区整体转换率超过95%;基本完成"村村通"数字电视工作。调频广播覆盖沂源、高青,实现了淄博全境广播调频、调幅信号无缝覆盖。

文化建设取得好成绩。专业艺术创作和群众文化发展良好。年内《云翠仙》《齐韶乐舞》《王渔洋查案》《俺爹俺娘》《旱码头》等一批歌舞、戏剧、电视剧的拍摄或演播,对宣传淄博起到了积极作用;群众文化活动丰富多彩,有100多支民间剧团参与了全市民间剧团调演活动,6个民间剧团被省文化厅命名为"山东省优秀庄户剧团",有效带动了基层文化活动的深入开展。文化基础设施建设取得重要突破。市图书馆新馆筹建工作进展顺利,已完成了方案设计及公示、招标等工作。文化产业招商成果喜人。在山东省首届文化产业博览会上,我市有26个项目签约,总招商金额44亿元,占全省融资总额的20.3%。其中,璀璨中华文化影视园、博山陶瓷大观园国际商贸城、临淄足球博物馆扩建、淄博西部旅游文化景区4个大项目融资总额24亿元。文化市场繁荣有序。年内全市共进行文化检查9694余人次,检查网吧经营场所3606家(次),检查音像制品经营单位2063家,查缴非法音像制品11万余张(盒),共立案调查254起,有效保证了文化市场的健康发展。

医疗卫生服务体系建设步伐加快,各项卫生重点工作进展顺利。目前,全市已有临淄、桓台、张店(含高新区)、周村、博山五区县列为省级新型农村合作医疗试点单位,另有淄川、高青、沂源三区县的25个乡镇列为市级新型农村合作医疗试点乡镇,覆盖人口210.24万人,参合农民188.81万人,参合率达89.81%。共有209.72万人次享受合作医疗补助,最高补助金额达到2万元。农村卫生服务体系建设得到进一步突出和加强。2006年全市对列入全省"360"工程的16处卫生院在业务用房、医疗设备、技术骨干培训等方面进行了重点建设。市、区县、乡村三级共投资1922万元,如期完成了400处规范化村卫生室的改造建设任务。社区卫生服务示范区建设工作进展良好。目前,全市社区卫生服务机构已发展到112个,覆盖城区人口103.36万人,城市社区卫生服务人口覆盖率达84.71%。群众"看病难,看病贵"问题得到初步缓解。截至目前,全市共设立惠民门诊124个,惠民病床142张,共减免医药费用200余万元。据不完全统计,自单病种限价制度实行以来,累计为患者节约医药费600余万元。

竞技体育成绩显著,群众体育深入发展。在第21届省运会上,我市金牌总数,总分和奖牌总数均列第四位,为历届最好成绩。以实施《淄博市全民体育健身条例》为重点,大力开展全民健身活动,先后举办了全民健身科普知识巡回讲座,开展了健身气功推广普及工作,继续深入实施了农村体育"五个一工程"等一系列活动,有效活跃了市民文体生活。

十、物价与人民生活

城乡居民收入继续增加,人民生活质量进一步提高。据抽样调查,2006年全市城市居民人均可支配收入13794元,比上年增长14.6%;人均生活消费支出9545元,增长15.6%;农民人均纯收入5641元,增长12.5%;农民人均生活消费支出3752元,增长14.1%。

居民家庭耐用消费品拥有量有所增加。年末每百户居民家庭耐用消费品拥有量如下:

城市居民家庭(每百户)		农村居民家庭(每百户)	
成套家具	91套	彩色电视机	109台
组合音响	32套	家用电冰箱	55台
彩色电视机	115台	洗衣机	75台
家用电冰箱	96台	移动电话	108部
洗衣机	97台	影碟机	60台
影碟机	71台	大型家具	292件
移动电话	152部	组合音响	29套
空调器	93台	空调器	23台

年末全市在岗职工人数57.03万人;在岗职工工资总额113亿元,比上年增长15.52%;全年在岗职工平均工资19800元,比上年增长15.35%。

市场物价走势平稳。2006年全市居民消费价格指数为101.1%,上涨1.1个百分点。其中,食品类、居住类和娱乐教育文化用品及服务类价格分别上涨3.2、4.4和0.1个百分点。

2006年各类价格指数(%)如下：

1. 居民消费价格	101.1
#食品类	103.2
烟酒及用品	102.0
衣着类	95.6
家用设备及维修类	101.5
医疗保健和个人用品	100.6
交通和通讯工具类	98.4
娱乐教育文化用品及服务	100.1
居住类	104.4
2. 原材料、燃料、动力购进价格	107.01
3. 工业品出厂价格	102.96

十一、劳动保障与人口

劳动和社会保障工作取得新进展。就业规模继续扩大，统筹城乡就业工作稳步推开。2006年全市城镇新增就业再就业10.9万人，其中失业人员再就业4.4万人，困难群体再就业7332人，分别完成省计划的121.5%、130.6%和133.3%。新增农村劳动力输出6.9万人，完成省计划的116%。年末全市实有登记失业人员2.5万人，城镇登记失业率为2.75%，比上年末下降0.25个百分点。全市城镇养老、医疗、失业社会保险制度改革进一步深化，社会保障体系进一步完善。全市累计参保人数达315.6万人次，其中2006年新增参保40.16万人次。全年城镇养老、医疗、失业保险的参保人数分别达68.5万人、77.76万人、42.21万人，与上年末相比，分别增长12.5%、20.8%和1.7%；农村养老保险参保人数达38.33万人，比上年增加4.83万人。城乡低保和社会福利工作得到加强。2006年全市共保障低保对象6.5万人，发放保障金6741万元。其中，保障城市低保对象3.6万人，农村低保对象2.9万人。敬老院改造工作和社会福利基础设施建设稳步开展。按照全市敬老院建设规划，2006年全市继续开展乡镇敬老院改造工作，第二期35处敬老院改造工作结束，新增床位1427个；市儿童福利院建设项目被列入首批"蓝天计划"省部级福彩公益金资助项目；福利企业发展良好，全市205家福利企业，共安置残疾职工6000人，实现利税2.4亿元。

人口增长继续得到有效控制。年人口出生率为8.81‰，死亡率为5.92‰，人口自然增长率为2.90‰。年末全市总户数为137.70万户，户籍总人口为418.13万人，比上年增加1.36万人，增长0.33%；市辖区户籍人口达276.53万人，增加0.88万人。到2006年末，全市常住总人口为445.90万人。

注：1. 本公报中部分数据为快报数或初步统计数。
2. 地区生产总值和一、二、三产业增加值的绝对数为现价，增长速度按可比价计算。
3. 金融部分数据统计范围仅为人民币口径，不包括外币。

本部类编　辑：徐先法
副主编：徐　杰
校　对：安永善
范立学

·集邮小常识·

邮票的来历

很久以前，人们邮寄信件，一般都由收者支付邮费，金额根据邮程远近而定。相传1840年，在英国一个偏僻的乡村里，有一位名叫艾丽丝·布朗的姑娘收到一封远方来信。她看了看信封，便对送信人说："对不起，我没钱收信，请退回吧。"于是，送信人与这位姑娘发生了争执。这时，一位绅士罗兰·希尔散步过来，见此情景，为姑娘代付了邮费。姑娘对绅士说："我家里很穷，付不起邮费。哥哥出远门做工时，我们事先约好，如果他平安无事，就在信封上画个圆圈。刚才我已经看到了信封上标记，就不必付钱取信了。"

事后，罗兰·希尔向政府建议：由寄信人购买一张凭据贴在信封上，以示邮资已付。英国政府很快采纳了他的建议。1840年5月6日，由罗兰·希尔设计的世界上第一枚邮资凭据即邮票在英国诞生，并迅速被各国邮政机构广泛采用。

邮票的种类

邮票按其形式及使用方式可分为：普通邮票、纪念邮票、特种邮票、"文"字邮票、编号邮票、快信邮票、挂号邮票、欠资邮票、航空邮票、军事邮票、包裹邮票、公事邮票、储金邮票等。

目前，我国使用的邮票种类有普通邮票、纪念邮票、特种邮票、"文"字邮票、编号邮票五种。

(市集邮协会　供稿)

市 情 调 研

关于加快淄博市信息化建设和信息产业发展的调研报告

中共淄博市委研究室　淄博市信息产业局

（2006 年 10 月 20 日）

信息化是带动工业化、实现现代化的关键环节，信息化水平已成为一个地区现代化水平和综合实力的重要标志之一。当前，我市正处在经济社会发展的关键时期，为了进一步提升我市信息化水平和加快信息产业发展，近期，市委研究室、市信息产业局组成联合调研组，分赴省外无锡、杭州、上海三市和省内东营、青岛、聊城、济南四市进行了考察学习，并对我市的基础条件进行分析，形成了加快我市信息化建设和信息产业发展的一些初步想法。现将有关情况汇报如下：

一、先进城市的成功经验

我们学习考察的这些城市，普遍坚持政府主导，从本地实际出发，自觉运用市场机制，遵循发展规律，灵活运用法律、经济以及必要的行政手段，推进全社会信息化建设和信息产业发展，都在较短时间取得巨大成绩，其中的一些共性做法，值得我们很好地学习借鉴。

（一）坚持从实际出发，高标准、高水平地编制信息化和信息产业发展规划。这些城市的信息化建设和信息产业发展规划的普遍特点是标准高、水平高，目标明确，重点突出又不失全面客观，前瞻性强又不乏操作性，都和本地国民经济和社会发展总体规划、城市基础设施建设等专业规划有机衔接。同时，以规划为龙头，配套完善政策法规、支撑体系、工作机制等，形成一整套完善顺畅的信息化和信息产业发展格局，在实践运用中取得良好效果。如上海市先后制定上海市“十五”“十一五”国民经济和社会信息化规划和《上海信息化持续发展行动纲要》，确定到 2007 年，初步构建起“数字城市”基本框架；2010 年，信息化成为上海基本实现现代化和“世界城市”建设的重要标志。杭州市出台《杭州市经济和社会信息化发展规划纲要》，围绕“一大产业（信息产业），两种资源（信息资源和网络资源），三网融合（电信网、有线电视网和计算机通信网），四个创新（观念、机制、技术、人才创新），五大应用（政府、产业、企业、社会和家庭五大领域的应用）”，建设“天堂硅谷”“数字杭州”，力争到 2010 年，杭州经济和社会信息化接近发达国家大中城市水平，成为国际性的信息化城市之一。青岛市出台《信息化建设规划》和《信息产业发展规划》，确定紧紧围绕“数字青岛”“数字奥运”两大目标，重点发展信息家电、通信产品、计算机及网络产品、新型元器件、软件业和集成电路业、信息技术应用推广等六大重点。

（二）坚持从项目入手，整合全社会信息资源。这些城市每年都筛选组织实施一批重点信息化建设项目，先易后难，逐步推进，促进了资源整合和共享。杭州、无锡、青岛等市根据国家要求，在全国率先实施企业基础信息共享项目，在工商、地税、国税、质监等部门间实现了跨网互通，建立了信息共享平台，形成信息交换与共享机制，确保监管数据的一致性和准确性。同时，通过企业基础信息共享平台，还可进行数据比对，堵塞税源漏洞，增加财政收入。如济南市第一年就实现增收 8000 多万元。杭州市大力发展“市民卡”项目，初步实现了社保、医保、民政、公安、公积金五大系统的数据整合和统一支付结算，预计年内可发行 100 万张。上海的“公交卡”项目初步实现了与无锡、苏州、杭州等城市间的互联通用，实现了同城效应，累计发卡达到 1000 万张。这些城市通过从项目入手，有效地整合了全社会的信息资源，初步建立起覆盖面广、数据标准一致的空间地理、宏观经济、人口、法人四大数据库，为政府经济分析和调控监管提供了有力保障。

（三）坚持从建立健全政策法规入手，完善保障体系。这些城市高度重视信息化保障体系建设，狠抓法规和标准、规划、投资、安全等重要节点，形成涵盖全面、比较健全的政府扶持、政策保障、资金融通、社会中介等服务体系，保障了信息化建设的快速推进。上海、无锡、杭州、青岛等市都出台了以政府令形式发布的《信息化条例》或《信息化管理办法》，对信息化建设的主管部门、信息化规划、信息网络基础设施建设、信息资源开发利用、信息工程建设、信息技术推广应用、信息安全保障等方面都作了严格界定。青岛市出台《青岛市人民政府关于建设数字青岛加快城市信息化发展的实施意见》《青岛市 IC 卡应用发展规划》，制定一系列优惠政策，积极鼓励各方面投资信息化建设。在大力吸纳社会资金参与信息化建设的同时，这些城市还普遍设立政府信息化发展专项资金，上海市每年新增信息化专项资金 1 亿元，无锡市每年拿出 2000 万元专项用于信息化建设，青岛市今年筹集 3000 万元，也设立了信息化专项资金。

（四）坚持从体制入手，大力优化管理体制和运行机制。这些城市普遍成立信息化领导机构，设立信息化工作领导小组和信息产业局，其下属区县普遍设立信息化专门机构，较好地解决了管理缺位的问题。同时，进一步明确信息化行政主管部门职能和权限，使管理部门的工作精力集中聚焦到制定有关信息化建设规划、法规和项目管理、资金管理等职责上面，在集中管理使用信息化资金，归口审批信息化建设项目等方面，基本形成了以政府为主导、职能部门为核心、办事机构为纽带的领导、管理和协调架构。如上海市组建信息化建设委员会，下设政府决策咨询、保障卡中心、计算机中心、病毒防范技术中心、互联网交换中心及政府投资控股的基础设施建设公司，对全社会信息化资源进行统一管理，一口对上、一口对下，避免低水平重复建设，有效推动了工作落实。

（五）坚持从产业升级入手，做大做强信息产业。这些城市都把信息产业发展作为实现产业升级，提升城市综合竞争力的支柱和主导产业来发展，信息产业在这些城市发展十分迅速，有的已经发展成为国民经济的支柱产业之一。如青岛市紧紧抓住半岛制造业基地建设的契机，全面实施"信息强市"战略，主动承接国际特别是日韩 IT 高端产业转移，着力培育壮大以信息家电业、通信产业、计算机及网络产品、新型元器件、集成电路业、行业应用软件业和行业应用电子产业等为方向的产业群，2005 年信息产业实现销售收入 1800 亿元。杭州市坚持人才资本密集型发展战略，实行信息技术、信息内容和信息服务三业并举，着力培育具有核心竞争力的国际化企业，使信息产业成为知识密集、集约化、高效益的新经济部门。目前已在集成电路设计、芯片制造、封装测试、单晶硅、半导体器件及相关配套材料等形成了比较完整的产业链。2005 年，信息产业实现销售收入 1015 亿元，软件出口额达 2.64 亿美元。在信息产业发展上，这些城市还普遍把招商引资作为重要手段，出台优惠政策和扶植措施，着力引进国内外知名企业和世界 500 强企业，在较短时期内实现了信息产业的大发展。如杭州、无锡两市信息产业中，90％的企业都是招商引资的成果，这是非常值得我们借鉴的。

二、我市信息化建设及信息产业发展的基础条件和突出问题

经过近年来的发展，我市信息化进程全面加快，信息产业也得到长足发展，从总体来看，已经具备又好又快发展的良好基础。

（一）信息基础设施建设不断完善。我市信息基础设施建设一直适度超前于经济社会发展。目前，全市已建成在国内处于领先水平的基础传输网和多种业务网，电话网已全部覆盖到乡镇村。基础传输网实现光纤数字化、高速宽带化，共建成电信骨干光纤传输网络近 2 万皮长公里。截至目前，全市固定电话用户达到 98 万户，移动电话用户总数已超过 124 万户，互联网开户达 25.9 万户，无线市话（小灵通）网络拥有用户 30 万户。有线电视网络光缆总长度达到 33650 芯长公里，电缆总长度达到 43560 公里，光节点达到 4000 多个。信息基础设施规模、人均水平等指标，均居全省前列。

（二）信息化应用具有较高水平。近几年来，我市坚持以信息资源开发为核心，以电子政务、企业信息化和电子商务为重点，广泛推广应用信息技术，促进了经济建设和社会事业的发展，取得了良好的经济效益和社会效益。目前，政务信息系统已实现了市、县、乡（镇）三级联网；农业经济信息管理网、科技系统网、教育网已经运行；国税、地税系统实现了电子报税；统计系统具备了承担大型数据处理和统计数据库的能力，实现统计信息传输电子化；公安、组织、人事、劳动、保险信息系统实现了三级联网，特别是公安系统开展了人口管理、犯罪信息查询、涉外管理等业务，建立了全国领先的公安三、四级信息网络，建成了国内一流的信息中心。其他如财政、交通、气象信息等系统也实现了纵向的信息数据共享和联结贯通。

（三）信息化改造传统产业取得一定成效。注重运用信息技术改造传统产业，推进了产业、产品的优化升级，提高了企业经济效益和竞争力。在工业领域，以制造业为信息化试点，逐步建立了企业、行业、区域三位一体的示范体系，计算机辅助设计、制造等新技术得到广泛应用，提高了生产、研发能力，缩短了产品制造周期；新华医药、瑞阳制药等企业利用 ERP 系统，成本控制大幅降低，管理效益实现同步提升。在商贸流通领域，以大型商业企业、物流企业等为依托，积极应用信息网络技术实现企业群体组织的集约化经营。据统计，我市大中型企业通过信息化改造，70％的企业降低了成本（如采购成本、加班成本等），65％的企业缩短了生产周期和作业时间，64％的企业扩大了产品销售收入，67％的企业提高了流动资金周转率。在农业领域，着力实施农业信息化工程，初步建成了市、县、乡三级农业信息网络体系。通过搭建农产品电子商务平台，采取科技服务和致富信息普及到村等措施，为农民致富架起了信息金桥。

（四）信息产业综合实力不断增强。2005 年末，全市限额以上电子信息产品制造企业实现销售收入 28 亿元，成为全省电子材料和元器件生产基地。二极管生产能力已达 50 亿只，其中居国际领先水平的片式器件占 50％。石英晶体元器件产能达 2 亿只，在国内居深圳、烟台之后，列第三位。电力电子模块产品拥有发明专利，技术水平国内领先。拥有国内最大、技术水平国内领先的石英晶体企业，一批居国内领先水平的产品相继研发成功并投产，全部晶体产能已达 260 万吨。涌现出一批具有相当竞争实力的软、硬件电力电子企业。全市电力电子企业已达 20 家。其中，电力自动化监控，IGBT、IPM 电力电子模块，开关磁阻电机调速系统处于国内技术领军地位；晨鸿公司的真空开关管壳产能居国内首位。软件业呈现快速发展的良好势头，软件企业已发展到 50 家，软件开发人员近 600 人，经"双软认定"的软件企业 4 家，软件产品企业 6 家，2005 年实现销售收入 2 亿元。信息服务业粗具规模。电信营业总收入达 21 亿元，数字电视用户发展到 5.5 万户。电子商务进展顺利，全市上网企业达到 2 万家，我市商务流通领域的品牌网站"商赢网"入驻企业达 20 万家，成为华东地区功能最全、实用性最强的大型电子商务平台。齐赛电子信息市场规模不断扩大，在鲁中地区具有较强辐射力。

近几年来，我市信息化和信息产业有了很大发展，取得了显著成绩。但是，与经济社会发展的要求、与先进城市相比，还有较大的差距，并且面临着较多困难和问题。一是信息化应用"纵强横弱"的现象比较突出。我市在信息化应用上，各行业纵向自成体系，但横向尚未联合，信息资源难以互联共享，存在低水平重复和"信息孤岛"现象，影响了社会信息化水平的整体提高。二是信息化管理体制和运行机制尚未完全理顺。工作机制、体制不够完善，条块分割，各自为政，导致重复投资、分散建设现象仍然存在。三是扶持力度不足。总的看，我市对信息化建设认识还不到位，没有真正摆在工作的突出位置来抓。在规划布局、优惠政策、服务支撑体系建设等方面存在一定缺失。四是对经济发展的支撑作用有待于进一步加强。一方面信息产业总体规模偏小，对经济社会发展的引领

作用不突出。另一方面，运用信息技术改造传统产业步伐比较缓慢，应用范围有待于进一步扩展，应用深度仍需挖掘。五是信息产业实力偏弱。信息产业核心竞争力不够强，自主创新能力比较弱，规模膨胀速度慢，本地产品配套能力差。据统计，电子信息产业总体规模在全省列第五位，限额以上电子企业平均销售收入不足6000万元。

三、对我市信息化建设及信息产业发展的初步设想和几点建议

通过到先进地区的考察学习，我们总的感到我市的信息化建设和信息产业发展速度较慢，但基础并不落后，只要我们认识到位，措施到位，完全可以发挥后发优势，在较短时期内达到或接近先进城市的水平。今后一个时期，我市信息产业和信息化建设总的想法是：以科学发展观为统领，围绕建设“经济强市、文化大市、绿色城市”的总体目标，把加快国民经济和社会信息化作为站在新起点、实现新发展的战略措施，以提升城市综合竞争力为目标，以信息资源开发利用为核心，以技术、体制和管理创新为动力，优先发展信息产业，优化完善信息基础设施，深度开发和有效利用信息资源，深入推进信息技术在经济社会各领域的应用，充分发挥信息化对经济社会发展的服务和带动作用，不断推进经济和社会全面协调可持续发展。

工作中，应坚持以下原则：1. 统筹协调与重点突破相结合。既要在经济社会各领域广泛应用信息技术，又要着眼需求，讲究实效，有重点、分步骤推进。2. 资源共享与深化应用相结合。充分发挥信息资源在资源配置中的基础性和战略性作用，促进信息资源的共享、整合和利用。3. 政府主导与市场运作相结合。充分发挥政府在统筹规划、宏观调控、政策导向、组织推进等方面的作用，调动各方面参与信息化建设的积极性，按照市场规律推进信息化建设。4. 自主发展与借势借力相结合。主动承接全球新一轮结构调整和产业转移，广泛参与省会城市群经济圈、半岛制造业基地建设，主动接受济南、青岛等国家级信息产业基地辐射，加大招商引资力度，积极参与产业分工协作，加快信息产业发展。

通过几年努力，力争到2010年，基本把我市建成为产业发达、设施先进、资源丰富、服务便捷、管理高效的区域性信息中心城市，初步实现国民经济和社会信息化。

——建成体系完备、特色突出的信息产业链网。信息制造业销售收入达到120亿元以上，软件业和系统集成销售收入达到50亿元以上，信息服务业营业收入超过100亿元，全市信息产业增加值占GDP的比重达到5%左右，成为全省重要的信息产业基地之一。

——信息基础设施规模和技术水平达到国内先进水平。固定电话普及率40%，移动电话普及率70%，数字电视普及率70%，互联网用户普及率15%，城市居民家庭电脑普及率70%，区域信息传输和服务能力进一步增强。

——信息技术改造提升传统产业取得明显成效。信息技术在工业、商业、农业等领域得到广泛应用，传统产业综合竞争力显著提升；基本建立完善的电子商务运行服务和保障体系，规模以上工业企业电子商务交易规模达到其商务交易总额的30%以上，初步建成区域性电子商务和现代物流中心城市。

——基本建成电子政务体系框架。建成政务信息资源目录体系和交换体系，宏观经济信息、法人信息、人口信息和空间地理信息四大城市公共基础数据库基本建立，政务信息资源的公益性服务能力明显增强，90%以上的市直部门采用信息化手段实现市场监管和公共服务。

——信息技术在社会各领域得到广泛深入的应用，城市管理和社会服务水平明显提高。市政管理、城市交通、环境监控、行政执法等城市管理职能得到高效整合，农村综合信息服务体系基本建立，社区服务、社会保障、医疗卫生、教育科技文化等社会事业信息化工程基本建设完成。

在具体工作中，突出抓好四个重点：

（一）切实加强领导。一是组织召开有区县负责人参加的信息化领导小组全体成员扩大会议，进一步提高思想认识，明确工作重点，形成发展合力，并在2007年适时召开全市信息化工作会议。二是进一步完善信息化管理体制与运行机制。强化市及区县信息化工作领导小组的职能，尽快落实市信息产业局职能和人员编制，有条件的区县应当尽快组建信息化建设行政主管部门；条件暂不成熟的，可挂靠在区县经贸局或发展改革局，形成“一个领导小组决策，一个职能部门归口管理，各部门各司其职，全社会共同参与”的工作格局和“统一领导、协调一致”的管理体制。三是设立高层次的专家委员会，统一对全市信息产业和信息化项目进行战略性研究，确保管理科学有效。

（二）努力加快信息化建设进程。总的想法是：以“数字淄博”建设为目标，以信息资源整合和开发利用为核心，以政府项目建设为龙头，把信息化与现代服务业发展、先进制造业基地建设、城市统筹发展和文化大市建设紧密结合起来，构筑适应全市经济社会发展的现代信息服务体系。突出抓好三大重点工作：一是加快企业信息化进程。利用信息技术改造传统产业，突出计算机智能控制、辅助制造、企业ERP系统和电子商务四大重点，优化企业在设计研发、生产、管理和购售等方面流程，提高企业创新能力和经营管理能力。发挥政府引导、企业主导的作用，以“商赢网”等基础条件较好的电子商务平台为支撑，扶持包括农产品在内的产品或行业开展电子商务应用，推行网上企业信用和CA认证系统，强化网上企业信誉，鼓励开展网上订货和网上交易，推动电子商务健康发展，增强企业竞争力。二是大力发展公共服务信息化。围绕创建“数字淄博”，积极开发城市土地管理、规划、建设、环境、交通、能源供应信息系统，提高城市管理信息化水平；加快教育、文化、卫生、旅游、劳动和社会保障的信息化，提高城市服务信息化水平；加强IC卡的管理与发行，适时推动城市“一卡通”，扩大刷卡消费和支付范围，提高城市人民生活信息化水平；合理整合各类服务资源，推进以便捷购物、家政信息、交通旅游、就学就业、文化娱乐、健康咨询等为主的社区服务信息系统，提高城市信息化水平。三是全力推进政务信息化。加强党政机关内部办公系统的应用，力争实现全市党政机关本系统、本行业之间公文无纸化传输；建立具有地方特色、使用便捷的电子政务网络平台，实现纵横政务部门之间的互联互通和信息共享，努力实现政府和服务对象之间的互动交流，实施网上行政审批，形成“一站式”政府服务格局；加强便民服务系统的推广应用，充分发挥以淄博政府门户网站为核心的市、区县政务网站的作用，推进网上信息发布、政务公开、信息咨询、网上意见征集等应用的开展。

（三）进一步做大做强信息产业。总的想法是：实施双轮驱动，既要立足区域特色和比较优势，强化产业链体系建设，拉长产业链，做大做强现有产业和企业；又要主动承接全球信息产业新一轮结构调整和产业转移，加大招商引资力度，积极吸引国内外战略投资者，迅速膨胀我市信息产业规模实力。突出抓好三大重点。一是强化电子材料、元器件基地建设。依托清华、山大等高校，重点发展片式元器件、传感器、集成电路、环保电源、电力电子器件、线缆等元器件和石英晶体、电子陶瓷等高端电子材料。到“十一五”末，产品年销售收入达到70亿元，培植4个过十亿元的企业。二是规划建设仪器仪表产业园区。依托天津大学、浙江大学、山东理工大学等高校资源，优先发展传感器、模具设计加工、电路设计等配套产品，与市高新技术产业开发区共同规划建设淄博市仪器仪表产业园区。重点发展开关磁阻电机控制系统、医疗电子仪器、石化分析仪器、环保监测仪器、网络测试仪器及各类信息终端产品。力争到“十一五”末，产品年销售收入达到50亿元，培植2个过十亿元的产业。三是采取有力措施鼓励软件、计算机信息系统集成产业发展。发挥山东理工大学的优势，充分利用济南市软件公共开发测试平台及软件出口平台，逐步形成以大学为中心的软件外包基地；通过各种途径，加强与国内外大型软件企业的合作，发展工厂化管理的软件企业；大力发展嵌入式软件、应用软件、管理软件及游戏软件产品。积极推进动漫业，以“齐文化”和“蒲文化”的深厚底蕴为基础，不断挖掘动漫素材，开发相关题材的动漫产品，扶持动漫基地建设，形成具有淄博特色的动漫中心。软件业产品年销售收入由现在的2亿元增至“十一五”末的20亿元。系统集成业重点发展电子政务、农业信息服务、金融信息化、企业信息化及社区信息化系统集成。系统集成年销售收入由现在的4亿元增至“十一五”末的20亿元。在具体工作中，建议筛选确定一批信息产业发展项目和重点扶持企业。像抓工业“双百工程”一样，每年确定一批前景好、潜力大、技术含量高的产业发展项目，先易后难，迅速启动，集中进行扶持，促其尽快做大做强。

（四）建立健全信息化建设和信息产业发展服务体系。一是高标准编制信息化和信息产业发展规划及各专项规划，尽快出台我市《关于加快信息产业发展的意见》。二是设立信息化建设和信息产业发展专项资金。信息化建设资金首先要整合目前由财政支付的、分散在各部门用于信息化建设的资金，集中管理，集中使用，防止出现低水平重复建设。根据财政状况和信息产业发展项目建设情况，适时补充，建立起与信息产业快速发展相适应的产业发展专项资金。三是尽快出台信息化建设的相关法规、规章。拟定《淄博市信息化条例》等法规、规章，争取尽快纳入人大地方立法计划，把信息化建设纳入法制化、规范化轨道。

淄博市城市居民关注的十大社会热点问题调查

中共淄博市委党校　中共淄博市委政研室

（2006年2月23日）

市民对社会问题的关注程度是反映民意走向的重要指标，是衡量社会发展状况的“晴雨表”，开展对这一问题的研究，有助于党委、政府的正确决策及和谐社会的构建。近期，以市委党校为主，我们组成联合调查组，采取分层随机抽样方式，对这一问题进行了调研。共调查390人，有效校本358人。调查样本构成情况如下所示：性别（男，51.4%；女，48.6%）；年龄（25岁以下29.1%；26～35岁31.6%；36～45岁24.6%；46～55岁10.6%；56岁以上4.1%）；月收入状况（500元以下9.4%；500～1000元50.0%；1000～2000元33.1%；2000元以上7.5%）；职业（工人21.3%；商业工作者5.9%；党政机关处级以上干部1.7%；党政机关普通工作人员9.5%；个体劳动者8.7%；专业技术人员5.9%；学生7.6%；企事业单位管理人员17.1%；服务性行业工作人员5.6%；离退休人员5.0%；下岗或失业10.4%；其他1.3%）。淄博市民对整体社会状况评价较好。近年来我市社会稳定，治安状况良好，经济持续高速增长，人民生活水平逐步提高，住房条件、交通条件不断得到改善，市民对整体社会状况给予了较好的评价。通过调查我们对淄博市民关注的社会问题进行了排序（见下表），并作简要分析，现将有关情况汇报如下：

淄博市民对所列社会问题关注程度的排序

社会问题	百分比	排序
环境污染	74.3	1
收入差距过大	72.6	2
腐败	66.5	3
假冒伪劣产品	47.8	4
社会治安	45.5	5

续表

社会问题	百分比	排序
教育乱收费	43.0	6
住房	39.7	7
社会道德风尚	32.4	8
就业与再就业	29.6	9
公共卫生与医疗	27.7	10
社会保障	27.1	11
违法乱纪	25.4	12
物价上涨	22.3	13
不健康出版物	19.8	14
个人发展机会	17.9	15
交通问题	11.5	16
外来人口管理	6.1	17
城市建设	5.3	18

第一，环境污染问题。环境污染问题被列为市民关注的社会问题之首（74.3%），而且被认为是对生存环境影响最大的问题。这一结果反映出随着我市社会经济的快速稳定发展，城乡人民的生活水平有了较大提高，更加注重自己的生存环境。“十五”以来，淄博市经济迅速发展，能源原材料与加工工业的比例由2000年的54.6∶45.4调整到2005年的45∶55，产业结构得到了明显改善，但总的来讲，竞争力仍然需要进一步加强，服务业、高科技行业发展滞后，产业结构仍然偏重。产业重化而且经济增长方式粗放使污染物的排放超过了

环境自净能力,加重了环境污染的程度。据资料显示,2005年淄博区域内耗煤达2300万吨,二氧化硫排放居于全省各城市前列。针对这种情况,市委、市政府提出了建设"经济强市、文化大市、绿色城市"的发展战略,采取了一系列治理污染和改善环境的重大举措,并且取得明显成效,如大气质量二级以上天数已经连续几年超过300天,但由于产业规模、排放总量仍在进一步扩大,生态环境建设工作仍需进一步加强。建议今后应当采取一系列更加强有力的措施,对排污严重的企业进行限期整改;对部分治理污染能力较弱的中小企业收取排污费,由政府投资进行污水处理;对于部分资源消耗型的排污严重的企业,采取鼓励转移、调整、产业升级等措施,尽快改善环境质量。

第二,收入差距过大问题。收入差距过大被列为市民关注的第二个重大社会问题(72.6%),而且是对市民情绪影响最大、最敏感的问题。收入差距过大问题不仅在一定程度上影响市民的自我阶层评价、生活态度、生活信心,而且严重地影响其社会认知、社会态度和社会情绪,妨碍社会稳定和和谐社会的构建,是一个不容忽视的问题。市民对收入差距问题关注程度如此之高,原因是多方面的。一是客观上存在的收入差距。现在人民生活总体上达到小康水平,但这种小康还是低水平的、不全面的、发展不平衡的小康,主要表现在城乡之间、地区之间以及不同行业和各社会阶层之间的贫富差距较大。二是文化根源。中国传统文化中"不患寡而患不均"的认识根深蒂固。三是舆论误导。某些专家脱离我国农村人口占绝大多数的二元社会结构现实,套用一元社会结构的经济发达国家衡量贫富差别的"基尼系数",得出我国"基尼系数"为0.46,已经超过西方发达国家,超过"国际公认"的危险临界点的结论,致使收入差距过大问题成为人们从众性的社会心理认同,成为近年来备受公众关注并严重影响市民情绪的一个问题。其实,据统计资料显示,2004年我国城镇内部基尼系数为0.32,农村内部基尼系数为0.36,距离0.4的警戒线还有一定距离。四是我们的各项社会保障制度不够健全。针对这种现状,我们建议,首先应进行正确的舆论引导,化解市民情绪,应该明确我们现在的差距是在共同富裕基础上的差距,这与过去共同贫穷时的差距,有本质上的区别。其次,建议政府有关部门通过与市民对话等形式,让市民正确理解社会上关于"收入差距过大"的评价,通过宣传真正把市民的心态引导到求发展、求富裕、建设和谐社会的路子上来,进一步让市民明确只有在发展中,才能不断解决前进道路上存在的各种问题。第三,需要采取各种配套措施完善税收体制(分层纳税,向高收入群体征收高收入税等)、完善社会保障和社会救济体系(向低收入群体提供一定的社会保障和社会救济),向竞争能力低下的劳动力群体提供就业指导和技能培训等。

第三,腐败问题。腐败问题被列为市民关注的第三个重大社会问题(66.5%)。近年来各级进一步加大反腐败斗争的力度,对潜在的腐化分子起到了一定的威慑作用,腐败程度有所遏制。对于政府反腐败的决心和已取得的成绩,老百姓给予了肯定,但并不完全满意。在调查问卷中,在回答"近年中央加大了反腐败力度,你认为效果如何"的专题时,只有7.5%的市民认为效果明显,腐败现象得到了遏制;有51.9%的市民认为有一些效果,腐败现象得到了一定的遏制;有29.1%的市民认为效果并不明显,甚至还有11.5%的市民认为根本没有效果,腐败现象依然很严重,这充分说明反腐败仍然是长期而艰巨的任务。如何加强对权力的法制监督、新闻舆论监督、民主监督应是反腐败工作的重点。

第四,假冒伪劣商品问题。假冒伪劣商品问题被列为市民关注的第四个重大社会问题(47.8%)。假冒伪劣商品不仅使消费者的经济利益受损,还会给消费者的人身安全、生命安全带来威胁,必然会受到市民的关注。一方面,为有效打击假冒伪劣商品,工商等执法部门要大力查处制假售假行为,对于情节特别恶劣、对人民的生命财产形成巨大威胁的,应移交司法机关严惩;另一方面,教育引导消费者提高法律意识,积极运用法律工具来维护自己的利益。

第五,社会治安问题。社会治安问题被列为市民关注的第五个重大社会问题(45.5%)。社会治安被认为是近年来改善幅度较大的问题,各级党委、政府在"平安淄博"建设过程中做了大量卓有成效的工作,得到市民的普遍认可。这一问题之所以继续得到市民的高度关注,是因为目前的社会治安状况虽有较大程度改善,但与建设"和谐社会"的目标仍有较大差距,抢劫、盗窃、诈骗等各类刑事案件时有发生,市民普遍安全感较差。社会治安综合治理工作今后应当常抓不懈。

第六,教育乱收费问题。教育乱收费问题被列为市民关注的第六个重大社会问题(43.0%)。"十五"时期,各级对教育乱收费问题进行了不懈治理,取得一定成效,但部分学校巧立名目乱收费的现象时有发生,有的学校搞一校两制,拿出好的师资条件办校中校,也有的学校办各种名目的试验班、特长班,变相要求学生家长多交学费和各种杂费,实际上这些所谓的私立校中校和各种名目的试验班、特长班,利用的还是国家资产,本来花的就是纳税人的钱。彻底改变这种现状,必须加强源头治理,从根本上明确学校的体制,明晰产权。对于九年制义务教育,必须按照国家有关规定落实,有效防止少年儿童辍学现象发生,办人民满意的教育。

第七,住房问题。住房问题被列为市民关注的第七个重大社会问题(39.7%)。"十五"时期,淄博市经济发展迅速,城市化进程加快,城市规模迅速扩大,城市人口不断增长。一方面原有城市居民随着收入水平的提高希望改善住房条件,新增城市居民需要购买住房,居民对住房的需求量呈上升趋势;另一方面,自2003年下半年以来,房价在持续上涨,适合中低收入者购买的经济适用房较少,廉租房更是不能满足需要,客观上影响了居民住房条件的改善。因此,应当从政策上鼓励房地产开发商多开发适合中低收入者购买的经济适用房,增加城市廉租房的数量,使更多的中低收入者和城市新增人口能够买得起或租得起住房,从而普遍改善城市居民的住房条件。

第八,社会道德风尚问题。社会道德风尚问题被列为市民关注的第八个重大社会问题(32.4%)。改革开放以来,群众物质文化生活水平得到极大提高,科学文化素质得到提升,淄博市的高等教育也已经由精英教育进入了大众教育阶段。特别是"十五"时期,随着淄博市建设文化大市战略的确立,在经济迅速发展的同时,精神文明建设也取得巨大成就,这也是群众认为成效感比较明显的一个方面,但是必须清醒地看到随着外来文化的进入,形形色色的拜金主义、享乐主义、极端个人主义、封建迷信腐蚀了一部分人的灵魂,也出现了一些不和谐现象,所以社会道德风尚问题得到市民的普遍关注。对有关部门来讲,应当及时创新教育理念,与时俱进地用人们能够接受的形式和方法,加强和改进思想宣传教育工作,用科学的理论和高尚的思想道德观念来影响人和塑造人,使社会道德环境得到不断优化。

第九,就业与再就业问题。就业与再就业问题被列为市民关注的第九个重大社会问题(29.6%)。随着市场化进程的推进,农民工进城数量逐年增多,青壮年劳动力供给持续增加，劳动力市场供给呈逐年上升趋势。同时由于经济转轨、体制改革、企业改制等多种原因，产生了一定数量的下岗失业人员，各级党委、政府大力实施再就业工程，目前已经得到了较好的解决，但还有部分人员尤其是40～50岁人员，由于年龄和技能等结构性矛盾，实施再就业比较困难。彻底解决这个问题，一方面应继续推动经济又好又快发展，提供更多的就业机会；另一方面在加强劳动力技能培训的同时，引导下岗失业人员转变择业观念，解决部分人"小事不想做，大事做不成"的惰性心态，努力提高自身技能，积极争取再就业。政府要进一步拓展就业渠道，广开就业门路，对下岗失业人员给予政策扶持，进一步完善社会保障制度，确保下岗失业者的正常生活。

第十，公共卫生与医疗问题。公共卫生与医疗问题被列为市民关注的第十个重大社会问题（27.7%）。经过调查发现，目前医疗体制等方面存在一系列问题：一是部分医院过于强调经济效益，医疗服务价格较高，有的市民小病不敢进医院，而是采取不治疗或自己从药店买药吃的办法解决。二是医院药价虚高，众多药品的零售价在生产成本3倍以上，个别存在吃回扣现象。三是医生给病人做手术收取红包，这一现象加重了患者家庭的负担，败坏了社会风气。四是部分企业为降低成本，不为员工缴纳医疗保险等社会保障基金，致使部分市民因病致贫。针对这些情况，应当采取一系列措施进行治理：一是要改革医院管理体制，把医生对患者检查的项目和费用与个人收入脱钩，而把对患者的治愈率和患者的满意率作为考核目标。二是要实行医药分家的办法，把虚高的药价降下来。三是加强医风医德建设，把医风医德建设作为对医院的领导班子考核的重要指标。四是积极推行城镇职工基本医疗保险制度，提高对城市居民的医疗水平，保障人民群众的身心健康。

调研组成员：市委党校　岳顺之　王彦勇
市委政研室　李建民　荆　钊

本部类编　辑：王　娟
副主编：安永善
校　对：杨建明
孟　明

·集邮小常识·

中国第一枚邮票

当英国进行邮政改革并发行第一张邮票时，中国清政府的邮政仍采用历时几千年的古老方式，即官方文件靠邮驿传递，民间特别是商业信函，由民办的民信局传递。

1861年，担任海关总税务司的英国人罗伯特·赫德向清政府建议，创办现代邮政。1866年，清政府在海关税务司内设立了邮务办事处，兼办邮政，当时并没有发行邮票。1876年，天津海关税务司德璀琳发布邮递公告，在公告中规定了邮件重量，采取了预付现金或在"邮资登记簿"上登记后按月结账的办法。这种使用银两支付邮资的方法很不方便，此时外国已有使用邮票的先例，国内仿效是很自然的事。于是，上海海关造册处便开始设计邮票。第一套邮票曾设计过多种形式，如"龙凤戏珠""六和宝塔"等，最后选定的图案是"大龙"图案。

"大龙"邮票图案正中为一条腾飞的中国式团龙，衬以云彩水浪，有人称之为"神龙戏珠"图，邮资用一两银子的百分之一，即1分银作为单位。"大龙"邮票一套三枚。面值分别为1分银（绿色）、3分银（红色）和5分银（黄色）。

该套邮票发行时，并没有"大龙"票之称。只是因为和以后发行的另一套以龙作为图案的邮票相比，票幅大一些，故称之为"大龙"，另一套只好屈称为"小龙"。

"大龙"邮票一共发行过三期。

第一期，1878年发行，纸质薄而透明，一般称之为"薄纸大龙"。

第二期，1882年发行，1分银和3分银的邮票纸质较厚，5分银邮票用纸极薄。这一期邮票的主要特点是两枚邮票之间距离较大，故称为"阔边大龙"。

第三期，1883年发行，纸质较厚不透明，称作"厚纸大龙"。

此时的邮政仍属于海关邮政，直到1896年才成立了国家邮政。

（市集邮协会　供稿）

要　　论

加强和改善宏观调控　努力促进经济又好又快发展

市发展和改革委员会主任　丛锡钢

2007年，是全面贯彻落实科学发展观、积极构建和谐社会的重要一年，也是巩固宏观调控成果、保持经济社会又好又快发展的关键一年。做好2007年的各项工作，对于加快全市经济转入科学发展轨道、走上和谐发展之路至关重要。要着重抓好以下几项工作：

一、着力优化投资结构，努力保持投资平稳适度增长

一是加快投资结构调整。坚持区别对待、有保有压，严把土地、信贷闸门和市场准入门槛，引导投资向自主创新、节能降耗、环境保护倾斜，向高新技术、重大装备、先进制造业倾斜，向农业农村、现代服务业、社会事业倾斜。二是全力抓好重点项目建设。建立健全支持重点项目建设的工作机制和严格的责任制，使土地、环境、资金等要素向重点项目倾斜，集中保证符合国家产业政策的在建、拟建项目建设。继续组织实施工业“双百工程”。切实抓好东岳磺酸树脂和有机硅等重点项目建设。继续支持高成长型企业发展，加强与国内外大企业的战略性合作。三是加强重点项目策划储备工作。围绕主导产业、特色产业、重点园区和重点产业链延伸，深化与高等院校、科研院所的合作，集中策划储备一批有利于结构调整和节能降耗、环境保护及科技含量高的项目，有针对性地引导投资方向，做好重点项目建设接续工作。

二、突出抓好自主创新、节能降耗、集约用地和环境保护，着力转变经济增长方式

一是积极推进科技创新和高新技术产业发展。加快推进创新能力基础设施建设，积极鼓励骨干企业建立各类省级以上研发中心，加大科技成果转化及产业化力度。突出抓好国家新材料基地、国家生物医药产业基地、东岳氟硅材料产业园的建设和发展。积极规划建设电机、泵业、高技术陶瓷等特色产业基地。继续坚持信息化带动工业化，加快培育具有老工业城市特色的信息产业。二是加快淘汰和限制落后产能。突出抓好建材、冶金行业淘汰、限制、改造落后产能工作。加快立法，严格执法。坚决关闭小冶金、小化工、小造纸等浪费资源、污染环境和不具备安全生产条件的小企业。三是下大气力推进节能降耗和资源综合利用。集中抓好电力、建材、冶金、化工等高耗能行业和148家重点耗能企业的节能工作。全面执行建筑节能65%的强制性标准，加强交通运输和商业、民用节能。继续搞好矿山秩序整顿。坚决实行最严格的土地管理制度，切实提高土地集约利用水平。积极搞好全市水资源优化配置和综合利用规划的编制工作。编制实施2007～2010年发展循环经济专项规划，积极搞好循环经济试点。四是加大环境保护力度。继续实施“碧水蓝天行动计划”。抓好猪龙河、孝妇河、淄河、涝淄河、支脉河、齐鲁石化排海管线及张店东部化工区等重点流域、区域的污染整治。抓好12座污水处理厂的新建、扩建、改建工程。组织实施张店东部化工区新一轮污染治理再提高工程。规划建设淄川、博山、临淄、高青垃圾无害化处理设施。

三、着力抓好经济结构调整，努力保持经济社会健康协调发展

一是集中力量抓好开发区的规划建设。在城市规划定点、建设用地审批、财政金融扶持、招商引资指导等方面向开发区倾斜，高起点编制和完善开发区发展规划，高标准建设园区基础设施，引导开发区快速规范健康发展。二是着力优化产业布局。按照“布局集中、用地集约、产业集聚”的原则，以构建“中心凸显、十字展开、组团发展”的现代化城市框架为目标，以城市规划定点和项目审核为手段，以防止“污染围城”为切入点，逐步形成特色鲜明、优势突出、布局合理、分工明确的产业布局新格局。三是引导区县域经济又好又快发展。继续坚持分类指导原则，对经济强区县全面落实省里的支持政策；对高青、沂源两个欠发达县，进一步完善扶持政策、延长支持期限、抓好工作落实；对其他区县适时研究制定促进发展的政策措施。

四、繁荣发展服务业，积极引导扩大消费

一是落实好各项扶持政策。认真贯彻落实促进服务业发展的各项政策，在市场准入、土地供应、财政税收、融资担保等方面为服务业发展创造更加宽松的环境。切实加大对服务业的投入，积极引导更多的社会资金投向服务业。二是加强服务业重点领域和重大项目建设。认真组织实施《淄博市"十一五"服务业发展规划纲要》。加快大型专业批发市场的升级改造，大力发展现代物流业。加快发展文化旅游业，实施文化旅游先导工程。加快发展家政服务、托老托幼、医疗保健、信息咨询、法律援助等社区服务项目。继续加快交通运输、金融保险、信息服务等服务业发展。组织开展争创全市服务业企业50强活动。*三是积极引导扩大消费*。落实好增加居民收入的各项政策，规范收入分配秩序，提高低收入者收入水平。积极培育消费热点，发展有利于身心健康的旅游、健身、休闲等消费。积极扩大农村消费。切实加强食品、药品监管，整顿规范市场秩序，保护消费者权益，改善消费环境。

五、扎实推进社会主义新农村建设，促进农业增效、农村发展、农民增收

一是大力发展现代农业。坚持用现代发展理念引领农业，用现代科学技术改造农业，用现代物质条件装备农业，用现代产业体系提升农业。加快建立现代农业的基本框架，建立结构优化、布局合理的产业体系，生产规范、监督有力的农产品安全体系，机制灵活、运转高效的产业化经营体系，创新能力强、成果转化快的农业科技支持体系，节能高效、环境友好的生态保护体系，保障有力、行之有效的农业支持保护体系。稳定粮食播种面积，发展壮大畜牧、蔬菜、林果等支柱产业。积极推进农业产业化经营，着力培育一批竞争力、带动力强的龙头企业和企业集群示范基地。*二是努力拓宽农民增收渠道*。继续开展农村劳动力转移"阳光培训"，积极畅通农村劳动力转移渠道。大力发展农村二、三产业，依法规范农村生产资料经营秩序。继续加大对农民的直接补贴力度，切实加大扶贫开发力度。*三是加强农业和农村基础设施建设*。进一步完善大中型水库除险加固工程，基本完成小型水库应急除险加固任务。继续搞好小流域综合治理，着手实施新一轮农业节水灌溉工程。继续实施村村通自来水和农村安全饮水工程，解决好20万人的饮水安全问题，基本实现村村通自来水目标。适时开工建设引黄供水相关配套工程。新建1.5万个农村户用沼气池。*四是搞好村镇规划建设*。全面完成全市乡镇和三县中心村及其他有条件村庄的规划调整编制工作，促进产业向园区集中、人口向城镇集中、居住向社区和中心村集中。以村内道路硬化、清理粪堆、清理垃圾堆，推行"户集、村收、镇运、区县处理"垃圾收处模式，加大农村环境整治力度。

六、认真解决好关系群众利益的突出问题，努力构建和谐社会

一是努力扩大城乡就业，完善社会保障体系。落实好就业再就业的各项优惠政策，力争实现城镇新增就业9万人，城镇登记失业率控制在3.5%以内。加强就业指导和服务，建立就业援助制度和社会保障资金筹措机制。积极扩大社会保障覆盖面，尽快使养老保险、医疗保险、工伤保险覆盖到各种所有制企业。基本解决国有破产企业退休人员的医疗保险问题，尽快启动城市居民医疗保障试点工作。完善城乡居民最低生活保障制度，切实做到应保尽保。继续做好对弱势群体和低收入群体的帮扶救济工作，完善农村五保供养、特困户救助、灾民救助等制度，健全社会救助体系。高度重视和切实解决好拖欠农民工工资问题。进一步完善廉租房制度，加大经济适用房建设力度。*二是大力发展各项社会事业，提高公共服务水平*。全部免除农村义务教育阶段学杂费，继续救助农村家庭困难学生上学。对城市享受低保政策家庭的义务教育阶段学生实行"两免一补"。全面完成农村中小学布局调整和农村中小学现代远程教育工程，启动城区中小学布局调整。实施食品、药品安全放心工程，加强农村食品、药品监管网络建设。完善公共卫生和医疗服务体系。加快推进新型农村合作医疗和农村三级医疗卫生服务网络，全面完成全市村级卫生室的规范化改造。大力发展城市社区卫生服务。积极推进疾病预防控制体系和突发公共卫生事件救治体系建设。繁荣文化事业，加快文化产业发展改革步伐。做好承办11届全运会和22届省运会的各项筹备工作。全方位、多战略、重战术地稳定低生育水平。*三是加强平安淄博建设*。强化社会治安综合治理，严厉打击各类刑事犯罪活动。积极解决群众反映的突出问题，有效化解社会矛盾和纠纷。建立健全社会应急管理体制机制，预防和依法妥善处置群体性事件。全面落实安全生产责任制，坚决防止重特大事故的发生。继续围绕社会发展的其他领域，特别是群众关心的切身利益问题，力求统筹安排、关注民生，为人民群众办好事、办实事。

建立以节水为核心的水价形成机制
促进资源节约型和环境友好型社会建设

市物价局局长　宋建设

淄博市充分运用价格杠杆，积极深化水价改革，对全面推进资源节约型和环境友好型社会建设，实现经济社会的全面协调和可持续发展起到了积极作用。

一、淄博市水资源概况和现行城市供水价格水平

淄博市位于鲁中山区泰沂山脉的北麓，是一个山地、丘陵、平原、河谷诸地貌齐全的地区，大气降水是地表水和地下水的主要补给源。全市平均降水量650.6毫米，折合资源量38.63亿立方米；水资源可利用总量仅为13.39亿立方米，其中地表水3.43亿立方米，地下水9.96亿立方米；人均水资源占有量为345立方米，为全省人均占有量的73%，全国人均占有量的13%，是全国50个严重缺水城市之一。淄博又是山东省重工业和化工工业基地，城市用水供求矛盾非常突出。据山东省物价局2006年2月最新统计，全省平均水价为每立方米2.942元，淄博市平均水价为3.417元，比全省水平高出16.14%。

二、淄博市近年来在水价改革中的具体做法

（一）实行枯水期水价政策，缓解城市用水供求矛盾

1998年秋季开始，北方地区遭遇连续两年的持续干旱。淄博市借鉴省内外城市的经验和教训，运用价格杠杆和水行政职能双向调节手段，市政府批准出台枯水期水价政策。规定当主要水源地地下水位下降到海拔0米以下时，即向社会宣布进入枯水期，实行警戒水位水价。在枯水期期间，采取限采地下水、压缩用水计划和提高自来水水价"三结合"的办法。当地下水位回升到海拔0米以上时，水价和水资源费以及用水计划都恢复执行原规定，并向社会宣布解除枯水期。政策出台后，社会反响平稳，有效地缓解了当时城市用水供求矛盾。

（二）理顺水资源费与自来水综合水价的比价关系，逐步提高水资源费的征收标准

自1986年起，淄博市开始对企业自备水井和自来水公司管网供水征收水资源费，后经1987年、1993年、2004年又分别进行三次调整。由于水资源费调整配套措施到位，1994年淄博市水资源费的征收总额在全国城市中率先突破亿元大关，2004年全市征收水资源费1.25亿元，连续11年征收总额过亿元。

（三）提高污水处理费征收标准，鼓励企业和社会自建污水处理设施

2000年以前，淄博市由于对水污染治理工作认识不足，高耗水、高污染的工业结构调整缓慢。根据市委、市政府确定的"环保立市"战略，通过四次调整，污水处理已经基本上达到成本完全覆盖。同时，淄博市出台了相应的政策，鼓励企业和社会自建污水处理设施。

（四）贯彻开源与节流并重方针，在促进节流的同时，从价格政策上鼓励开源

淄博市政府投资近8亿元建设引黄供水工程，2001年9月开始投入正式运行。按照"取之于引黄、用之于引黄"和鼓励自来水公司尽量多用黄河水的原则，淄博市建立起一套科学合理的引黄差价价内调剂办法。引黄工程运行四年多来，累计完成供水近3亿立方米，由于少用黄河水，自来水公司已上交市财政引黄差价8000万元。正是由于建立了引黄差价价内调剂制度，虽然国家在2005年调整了黄河下游引黄渠首的供水价格，但淄博市自来水终端销售价格并没有随之提高，全部依靠财政收缴的引黄差价在价内调剂解决。

（五）贯彻以人为本的思想，自来水综合水价调整兼顾社会弱势群体利益。

为确保水价改革的顺利进行，每次城市综合水价调整，都严格按照《中华人民共和国价格法》的规定，召开由社会各界人士参加的价格调整听证会，并通过新闻媒体加强对改革情况的宣传和引导。每次提价都充分考虑社会弱势群体利益，并给予一定的政策优惠。

三、水价改革取得显著成效

（一）提高了全社会节水意识，节水成效显著

淄博市采取行政、法律、经济和技术等手段，大力开展城市节水工作。特别是通过运用价格杠杆，建立起一套比较科学合理的水价管理体系和形成机制。在提高自来水综合水价的同时，也大大提高了生产经营单位和城市居民的节水意识。

（二）调动了企业水污染治理的积极性

2005年，山东东大化学工业有限公司投资3000多万元进行污水处理设施建设，采用新技术，解决了氯醇环氧丙烷生产发展的瓶颈问题。整个工程计划投资1.2亿元，节约用水140万立方米，产生直接经济效益2000万元。中铝山东公司先后投资近4000万元，完成生活污水回用处理、反渗透水处理系统浓水回用、蒸汽冷凝水回用等污水处理和节水利用项目。年取水量由2000年的2243万立方米减少到1571万立方米，每年节约用水成本1000多万元。

（三）促进了污水处理工程的产权转让

为解决长期以来影响污水处理良性发展的体制性问题，全面提高污水处理水平，淄博市在淄博环保污水处理公司的市场化运作方面进行积极探索，与中国光大国际有限公司签订协议，以TOT的方式转让其全部产权，中国光大国际有限公司出资2.24亿元取得25年特许经营权。

四、进一步深化水价改革的思路

（一）加强用水计划管理，实行超计划累进加价政策

根据省政府规定，淄博市确定自2006年起实行超计划累进加价政策。首先按照以下原则重新核定用户用水计划：

1. 用户实际用水量超过所购买用水指标的（通过缴纳开口、开户费等形式购买的用水指标），以用户前3年实际用水量的平均值作为用水计划；2. 用户实际用水量达不到所购买用水指标的，以用户2004年的实际用水量作为用水指标；3. 新建、改建或扩建生产经营项目，按照有关规定从严核定用水计划。

除居民生活用水以外的其他各类用水，以水行政部门下达的年度用水计划为基数，基数以内的用水执行规定的综合水价，超过部分在规定综合水价基础上，实行累进加价政策，多超重罚。其中，生产经营单位超计划用水不足20%的部分，按照规定标准的2倍征收；超过用水计划20%以上不足30%的，按照规定标准的4倍征收；超计划30%以上不足40%的，按照规定标准的6倍征收；超计划40%以上的，按照规定标准的8倍征收。实行用水超计划累进加价政策后，多收的加价收入作为财政性资金进行管理。

（二）结合城市配套费改革，为实行阶梯式计量水价打好基础

根据国家和省关于归并城市基础设施配套费，取消城市基础设施配套中各类开口费、开户费、增容费的规定，淄博市在城市基础设施配套费改革中，明确规定对新建住宅，自来水公司必须配套到一户一表，并达到抄表、收费到户。对已经建成的住宅楼，市政府责成有关部门采取措施，争取2～3年内实施计量系统改造，全部实现抄表到户。市物价、财政、水利部门已着手研究制定自来水一户一表具体改造方案，计划采取"两头抬"的办法解决。即：需要进行一户一表改造的居民个人承担一部分，依靠水价改革解决一部分。通过对自来水管网进行一户一表改造，从根本上解决现在老住宅楼收费乱、收费难、收费高、市民意见大的问题。

实现城乡教育一体化　促进教育均衡发展

市教育局局长　张洪亮

1985年，淄博市根据自己组群式城市的特点，提出实施“城乡一体化战略”。从1992年起，淄博市与中央教育科学研究所一起承担全国教育科学“八五”规划国家教委重点课题《淄博市城乡一体化教育发展研究》，并于“十五”初提出“城乡教育一体化”构想，将重心落实在促进城乡教育均衡发展上。综观全市城乡教育的发展，城乡教育一体化的目标初步实现，教育的均衡发展成为趋势，让农村的孩子接受和城里孩子同等的教育正在成为现实。

一、从实施城乡中小学布局调整入手，优化教育资源

长期形成的城乡二元结构的现实，体现在教育上，就是城乡教育上存在的明显的差距。加快农村基础教育的发展，缩小城乡教育之间的巨大差距，是促进教育均衡发展的必然要求，也是教育发展中的重点、难点。

2004年，市政府从全市经济社会和教育发展实际出发，结合农村中小学校布局现状，制定了《淄博市农村中小学布局调整规划（2004～2006）》。自2004年开始，全市各级政府和各部门按照全市农村中小学布局调整的总体部署，集中财力、物力向农村教育倾斜。三年来，全市共完成投资34176.3万元，农村中小学改扩建112处，撤并382处（含教学点），新建11处，新增校舍面积374009.5平方米。农村小学（含教学点及九年一贯制学校）由2003年的663处减少到300处，农村中学（含教学点）由2003年的115处减少到96处。通过实施农村中小学布局调整，办学规模效益进一步提高，有限的教育人、财、物得到有效整合，教师队伍结构得到优化，农村教育信息化水平和农村中小学教育教研水平得到了提高。

随着淄博市城市机械人口的急剧增加，各类居民小区内按国家政策要求应配套建设的学校相对滞后。部分城区中小学班额过大，在一定程度上造成上学难的问题，也影响了教育质量的提高。为此，在基本完成农村中小学布局调整的基础上，开始着手实施城区中小学布局调整。

二、实施“四大工程”，促进农村中小学内涵发展

*一是实施农村教师素质提高工程。*长期以来，农村中小学普遍存在着师资力量薄弱的现象，如不改变这一现状，要实现城乡教育的均衡发展就是空谈。为此，市教育局以农村中小学布局调整为契机，采取多种措施，优化农村教师队伍结构，着手实施淄博市农村教师素质提高工程。到2010年，全市45岁（1965年1月1日后出生）以下的农村小学教师要达到专科学历、初中教师要达到本科学历。设立农村教师培训专项经费，对农村教师实行全免费培训。计划利用3年时间，培训农村骨干教师5000人，农村教师全员培训15000人。*二是实施农村中小学和特殊教育学校教学仪器配备建设工程。*全市教育技术装备达到原部颁一类标准学校共311所，占全市学校总数的54.1%，共投入装备经费6654万元。但是，按照教育部新颁标准，全市仪器设备缺口达五分之四，全市教育技术设备总值缺口10192万元。自2007年起，全市将用4年左右时间，按照教育部教基[2006]16号文件规定的中小学教学仪器配备标准，遵循“总体规划、分步实施、资金共担、统一配置、项目管理”的实施原则，完成全市农村中小学教学仪器和特殊教育学校的配备达标任务，确保农村中小学和特殊教育学校全部达到规范化办学标准，以满足新课程改革和教育发展的需要。*三是积极推进农村中小学现代远程教育工程。*全市农村中小学现代远程教育工程覆盖全部农村中小学和农村中小学生，2007年工程完成后，将进一步完善农村中小学教育信息化装备水平，全市农村所有小学都将具备教学光盘播放设备、成套教学光盘和卫星教学收视点，农村初中都将具备计算机教室，实现天网、地网教学资源的贯通。*四是实施农村中小学管理提升达标工程。*加强对农村中小学管理体制的探索和研究，建立健全各种制度，包括对低龄儿童寄宿制学校的保育管理和日常生活管理制度、寄宿制学校的教学管理和安全管理制度、寄宿制学校校园环境与设施管理制度等。各级教育主管部门和学校会同有关部门加大管理力度，改善学校的周边环境，特别是治安秩序。加强对提供饮食服务人员的管理，保障学生饮食安全。对接送学生上学的校车加强管理，出台统一的校车管理规范，对校车的运营资质、车况进行经常化的检查、整顿，做到统一管理、统一调配，消除安全隐患。

三、加大对弱势群体救助帮扶力度，保障学生的受教育权利

第一，坚持不懈地抓好“控辍”工作。受思想观念、家庭经济状况、大中专毕业生就业分配难等多方面因素的影响，某些农村特别是偏远农村中小学存在学生辍学现象。为改变这一状况，市教育局从制度建设入手，多管齐下，多措并举，使辍学问题得到有效控制。一是实施收费公开卡、贫困生减免学杂费等制度，并严格按照省规定控制教辅材，切实减轻学生的经济负担。二是积极开展教育教学改革实验，禁止学校、班级、学科以考试成绩排列学生名次，严格控制学生在校时间和作业量，提高学生学习兴趣。三是实行学籍电子档案、基础教育工作年度通报等制度，建立完善学生入学保障机制。四是大力强化各级政府和教育行政部门的“控辍”责任，将义务教育段辍学率作为全市基础教育工作督查的重点内容，严格督查，严格奖惩。2006年全市小学在校生辍学率为0，比2005年下降0.4个百分点；普通初中在校生辍学率为0.99%，下降0.62个百分点。

第二，不断加大义务教育段帮困助学力度。高度重视特殊教育，将市特殊教育中心建设列入2006年为民办的12件实事之一。围绕解决进城务工人员子女接受义务教育的问题，市政府出台专门制定的实施意见，指定接收学校，保障了进城务工人员子女的合法权益。全面推行贫困生救助制度。层层设立教育助学专项资金，对家庭经济困难学生实行“两免

一补”,杂费、书本费和作业本费执行“一费制”标准。2005年起,市政府每年筹措救助资金1000万元,各区县也相应设立专项资金。2006年,全市对2.34万名农村及城区家庭贫困学生全部实行“两免一补”,对近千名特殊教育学生实行了“三免一补”,高新区、张店区对2.68万人次农村义务教育段学生实行了免杂费教育。按照市政府《关于实施农村义务教育经费保障机制改革的通知》要求,从2007年春季开学起,对农村地区(含镇)义务教育段公办学校学生、承担政府委托办学任务的农村地区义务教育段民办学校学生、特殊教育学生免除杂费。免杂费标准及范围按省市政府的有关规定执行。2007年,全市共有301002人享受免杂费教育,占义务教育段学生总数的73.14%;免杂费资金安排计划为7706万元,其中省、市、区县承担资金分别为2883万元、2153万元、2670万元。

第三,积极抓好高校贫困生国家助学贷款工作。2006年,通过与市财政局协调,落实国家助学贷款政府贴息与风险补偿资金近50万元,帮助贫困大学生顺利完成学业,筹措、发放救助资金163万元,救助新入学贫困大学生830人。

第四,在学前教育段进行有益尝试。2004年10月,临淄区辛店街道办在全省率先实行“教育券”制度,此举得到了国家、省有关部门和社会的广泛关注,并给予高度评价。

四、加强城乡学校的标准化、规范化、现代化建设,缩小城乡教育差距

一是加强教育信息化建设。2003年12月,淄博教育网建成并投入运行,淄博市所有区县都已建成自己的局域网,初步实现了市、区县、学校的互联互通。全市普通中小学计算机装机台数达57027台。其中,学生用机33720台,生机比为13:1;教师用机23307台,教师与用机比为1.6:1;建成校园网619个,占全市学校总数的80.1%;实现宽带上网的677个,占全市学校总数的88.38%。二是加强教育条件装备工作。全市共建成中小学实验室及功能用房4271间,总面积367236平方米;配备理科教学仪器设备价值3152万元;建成图书馆528个,图书1453万册;体艺室1230个,体艺器材设备价值2912万元。三是提高学校管理水平。全市部分学校积极引进ISO9000教育质量管理国际认证体系的先进理念和模式,建立学校自我完善和持续改进的机制,强化精细化管理,学校管理水平不断提高。全市普通中小学中建成省级规范化学校137所,占全市中小学总数的17.89%,高出全省平均水平12个百分点,列全省第二位;市级规范化学校416所,占全市中小学总数的54.3%。全市涌现出临淄实验中学、张店实验中学、沂源历山中学等一批办学理念先进、管理规范、教育教学质量高的示范性学校。

本部类编　辑:孟　明
副主编:安永善
校　对:王　峰
赵建国

·集邮小常识·

普通邮票

普通邮票是邮票中最主要的类别,面值种类齐全,常适用于各类邮件,发售期较长,图样设计严肃,如人像、徽记、建筑、风景等,常为表现图象特征的图样。一般每套枚数较多,票幅较小,刷色也单调,发行数量大,同一设计常多次制版印刷而产生出不同版别。世界各国的早期票,绝大多数属普通邮票,尤其是各国发行的第一套邮票,如英国的“黑便士”邮票、我国的“大龙”邮票等。我国清代的普通邮票多以龙、鲤鱼、飞雁等为图,北洋军阀统治时期多以帆船、农耕、“宫门”等为主,国民党统治时期以孙中山像和烈士像为主,新中国则以天安门、风景、建筑、革命圣地、人物形象等为主。普通邮票是传统集邮和邮政史集邮的主要内容,又是进行版式研究的主要对象。

小全张

小全张有两种含义:广义指所有为集邮而设计的面值较小的全张邮票,具有纪念和宣传目的,边纸上印有相同图案和文字,售价高于面值;狭义指具全套邮票的品种,而不包括小型张、小开张。世界最早的小全张是卢森堡于1906年发行的。我国解放区最早的是1947年东北区的《五卅廿二周年纪念》,新中国于1958年5月首次发行“人民英雄纪念碑”小全张。

小型张

小型张是专指没有同主题、同图样或同面值一般邮票全张的品种,以及全套并不印在一张的品种,包括五种类型:专门设计作为纪念或特种邮票,并无同题的一般全张;图样相同,但面值不同于一般全张;虽然同题,但图样不同于一般全张;图样及面值,虽都相同于一般的全张,但全套各枚分别印在各张上,每张一枚或若干枚;利用与纪念内容无关的其他邮票图样在边纸印上纪念文字。

(市集邮协会　供稿)

大　事　记

淄博市十大新闻

一、淄博市制定“十一五”发展规划，“十一五”开局良好

2006年2月19日，淄博市十二届人大四次会议通过了《〈淄博市国民经济和社会发展第十一个五年规划纲要〉的决议》，确定淄博市“十一五”期间的重点工作：统筹城乡发展，建设社会主义新农村；推动产业结构升级，转变经济增长方式；促进改革开放，增强经济社会发展活力；提高城市现代化水平，促进区域经济协调发展；提高人民生活水平，建设和谐淄博。据全市经济工作会议透露，作为“十一五”的开局年，预计全市2006年生产总值增长15%以上，境内财政总收入和地方财政收入分别增长24.5%和25%。规模以上工业实现销售收入、利税、利润分别增长31%、30%、29%，全市经济呈现出又好又快发展态势，“十一五”开局良好。

二、淄博市跨入“国家园林城市”行列，通过“中国优秀旅游城市”复核

4月15日，建设部正式授予淄博市“国家园林城市”称号。截至2006年初，淄博市建成区绿地覆盖面积达6429公顷，绿化覆盖率达38.5%，绿地率达32.5%，公共绿地面积达1328平方米，人均公共绿地10.3平方米。11月，淄博市通过了“中国优秀旅游城市”复核。

三、淄博市临淄区综合效益居山东省30强首位，全市有8个乡镇跻身全国千强镇

6月7日，全省县域经济现场会公布，在2005年度综合测评中，淄博市临淄区经济社会发展综合评价指数的绝对值和增幅均以较大优势位居全省30经济强区县第一位。10月，淄博市8个乡镇进入全国小城镇综合发展水平千强镇。全市区县域经济得到长足发展。

四、淄博市社会事业发展亮点频现，2006年高考、数字电视、体育成绩突出

6月，全市高考文理科一批上线人数在2005年实现翻番的基础上又有大幅增加，本科一批上线人数增幅等多项指标高于全省平均水平。全省文、理科状元均落户淄博市。10月，省政府常务会议正式确定由淄博市承办22届省运会。淄博市在21届省运会上取得了193.75枚金牌、4200分的优异成绩，金牌、总分均名列全省第四。12月，淄博市通过了国家广电总局有线电视数字化试点验收，成为全国首个通过双向数字电视整体转换验收的城市。

五、猪龙河等一批环境治理项目开工或完成，淄博市实施碧水蓝天行动计划取得明显成效

7月13日，猪龙河综合整治攻坚战打响；同日，高新区日处理10万吨污水项目上马。全市全年开工的8座污水处理厂新扩改工程，有6座投入运行，新增污水处理能力20万吨/日。实施了68家工业点源水污染治理再提高工程。完成了齐鲁石化热电厂等8家电厂的烟气脱硫工程。对88家燃煤炉窑实施了清洁燃烧技术或天然气替代改造，拆除、关停落后燃煤炉窑256条，拆除废弃烟囱300多条，关停取缔污染严重的土小企业656家。这些环境综合整治重点项目的开工或完成，将使淄博市实施的碧水蓝天计划取得明显成效。

六、淄博市10名警察圆满完成赴海地执行联合国维和任务，为祖国和家乡争得了荣誉

8月，淄博市赴海地执行维和任务的10名警察圆满完成维和任务并顺利归国。在8个月生与死、血与火的考验面前，淄博市10名警察出色完成了各项维和任务，为推进海地的民主进程做出了贡献，得到了联合国总部及海地任务区其他国家维和人员的充分肯定，全体队员被授予联合国和平勋章。

七、一批“中国驰名商标”“中国名牌”等不断落户淄博市，实施品牌建设工程叫响了“淄博品牌”

6月，淄博市“中国驰名商标”榜又添三员新丁，全市“中国驰名商标”达12件，居山东省第二。“山东省著名商标”131件，居全省第一。9月，“新华医疗牌”“山川牌”“玉兔牌”等11个产品荣获2006年“中国名牌”称号。“中国名牌”总数达22个，居全省第二。12月，淄博市5家老字号企业获得国家商务部授予的“中华老字号”称号。品牌建设工程的实施，叫响了“淄博品牌”，增强了企业的竞争力。

八、新材料论坛、陶博会等重大节会的成功举办，扩大了淄博的对外影响

9月，2006中国(淄博)新材料技术论坛暨国际科技成果招商洽谈会、第三届中国(周村)旱码头旅游文化节暨国际牛仔服装节、第三届国际齐文化旅游节相继成功举办；10月，2006中国(淄博)国际陶瓷博览会·世界陶瓷采购大会隆重举行。一系列重大节会活动的成功举办，巩固了淄博市陶瓷、建材、化工等传统产业的优势，打造了淄博的旅游文化品牌，提升了淄博的城市形象，搭建起了淄博市与外界联系的桥梁，扩大了淄博市在全国乃至世界的知名度和影响。

九、淄博市深入贯彻十六届六中全会精神，全力推进和

谐社会建设

11月3日，淄博市九届十一次全委会通过了《关于深入贯彻落实党的十六届六中全会精神加快社会主义和谐社会建设的意见》，提出了建设和谐淄博的指导思想和目标任务，要求全市各级党组织认真学习传达十六届六中全会精神，全面落实科学发展观，坚持统筹兼顾、协调发展，扎实推进新农村建设、区县域经济发展、自主创新节能降耗环境保护、深化改革扩大开放等各项重点工作，推动城乡区域发展相协调、人与自然相和谐、经济发展与对外开放相促进。要把构建和谐社会与推动当前工作结合起来，着眼长远，立足当前，切实为“十一五”开好头、起好步。

十、淄博市见义勇为工作屡获殊荣

11月8日，淄博市被中华见义勇为基金会授予“全国十大见义勇为好司机优秀城市奖”，山东大众出租车有限公司被授予“全国见义勇为好司机单位奖”。11月20日，淄博市见义勇为基金会又被中宣部、中央政法委、公安部、中华见义勇为基金会联合表彰为全国见义勇为工作先进单位。

（淄博市新闻工作者协会 淄博市新闻学会）

1～12月大事

1 月

1日 淄博市城市居民最低生活保障标准由月人均190元提高到220元。

5日 《淄博日报》讯：在国家统计局发布的2005全国综合实力百强城市排名中，淄博市列第四十七位，位次比2005年前进1位。在国家统计局发布的2005中国投资（硬）环境50优城市中，淄博市也榜上有名。

9日 《淄博日报》讯：淄博市审计局第六次获得全国审计机关先进集体荣誉称号，成为全国唯一实现“六连冠”的地市级审计机关。

10日 省内首家按五星级标准设计建设的影院——淄博全球通电影城开业。

11～13日 宁夏回族自治区石嘴山市考察团到淄博市参观考察。

17日 省委书记、省人大常委会主任张高丽在参加省十届人大四次会议淄博代表团的分组审议时要求，淄博要在落实科学发展观、构建和谐社会、党的先进性建设三个方面走在全省前列。

21日 副省长王军民一行到淄博市走访慰问老党员、贫困户、困难企业和困难职工。

22日 总投资1.2亿美元的山东泉信不锈钢有限公司年产18万吨不锈钢项目投产。

26日 淄博市首批185名交通协管员在张店区城区路段上岗。

29日～2月4日 春节黄金周期间，淄博市接待游客38.5万人，同比增长4.3%；旅游收入1.66亿元，同比增长5.1%；接待海外游客1750人，同比增长9.6%。

2 月

9日 博山区被中国机械工业联合会授予中国泵业名城称号。

12日 淄博市在中心城区举行盛大焰火晚会。中央电视台新闻频道对全国8个城市的元宵文化活动进行了直播，淄博市被排在直播城市首位。

△ 《淄博日报》讯：淄博市被公安部、科技部授予科技强警建设示范城市称号。

14～17日 中国人民政治协商会议第九届淄博市委员会第四次会议在淄博人民会堂召开。（详见市政协有关条目）

15～19日 淄博市第十二届人民代表大会第四次会议在淄博人民会堂召开。（详见市人大常委会有关条目）

18日 张店区科苑办事处潘庄社区荣获中国十佳小康村称号。

19日 全市对外开放暨招商引资工作大会召开。市委书记、市人大常委会主任张建国主持会议，市委副书记、市长刘慧晏总结2005年对外经贸和招商引资工作，对2006年工作作出安排部署。大会主会场设在淄博人民会堂，各区县、高新区设分会场。

25日 山东省民俗学会2006年学术年会在淄博市召开。省政协副主席、省民俗学会名誉主席王修智到会并讲话。

3 月

2日 山东丝绸纺织职业学院成立。

6～11日 市委书记、市人大常委会主任张建国率淄博市党政考察团赴浙江省嘉兴、绍兴、义乌、杭州4市考察学习社会主义新农村建设经验做法。

7日 《淄博日报》讯：淄博籍运动员张鑫在新加坡举行的第七届亚洲游泳锦标赛女子400米混合泳比赛中获得

冠军。

7～11日 由中国象棋协会和周村区政府主办的第五届“嘉周杯”中国象棋特级大师赛在周村宾馆举行。

9～10日 省人大常委会副主任曹学成一行到淄博市进行立法调研。

13日 《淄博日报》讯：全国绿化委员会、国家林业局作出《关于开展向孙建博同志学习的决定》。

15日 淄博市获山东省“百城万店无假货”活动先进市称号。淄博市获省级示范街、示范店的街道和商家数量居全省各市首位。

16日 淄博市首批公推公选的乡长和办事处主任各1名在临淄区产生。

20日 山东华成集团自主开发的“2BEC80水环真空泵”通过省级技术鉴定。该产品为世界最大规格真空泵，填补了国际空白。

21～22日 全省刑事侦查工作会议在淄博市召开。

23日 省委常委、组织部部长、省委先进性教育活动领导小组副组长、办公室主任刘伟，到淄博市考察先进性教育活动。

23～24日 省委副书记、省长韩寓群到淄博市调研，并主持召开由淄博、东营、潍坊、莱芜、滨州5市和省政府有关部门负责人参加的经济工作座谈会。

△ 武警山东总队总队长戴肃军到市武警支队检查指导工作。

29日 最高人民法院副院长苏泽林在省委常委、政法委书记阎启俊的陪同下到淄博市调研。

4 月

3～16日 市委书记、市人大常委会主任张建国率市友好经贸考察团赴德国、意大利和法国进行招商和友好访问。访问期间，共签订项目投资合同2个、投资额5000多万美元；签订合作协议7个，总额近1亿美元；签订投资意向13个。

4日 中国建设银行山东省分行与东岳集团战略合作暨授信方案签约仪式在世纪大酒店举行。省建行承诺对东岳集团授信60亿元用于离子膜项目产业化和配套项目建设所需巨额资金。

5日 省委书记、省人大常委会主任张高丽到淄博市视察工作。

6～10日 淄博市组团参加在陕西省西安市举行的第十届中国东西部合作与投资贸易洽谈会，与国内外客商签订合作协议、合同项目41个，项目总投资19.96亿元。

7日 市政府下发通报，依法对高青宏远沥青有限公司等11家超标排污企业作出停产、限产和限期治理处罚决定。

10日 广西壮族自治区贺州市党政考察团到淄博市考察。

12日 由济南、青岛、淄博、潍坊、滨州5市和省政府有关部门负责人参加的全省安全生产工作调度会议在淄博市召开。副省长王仁元主持会议并讲话。

15日 淄博市被建设部正式授予国家园林城市称号。

16～18日 2006年春季山东省糖酒商品交易会在淄博市召开。来自全国19个省、市、自治区的企业参加了现场交易，参会客商逾4万人次。

19日 庆祝市政协成立50周年大会在淄博人民会堂召开。省政协主席孙淑义，市委书记、市人大常委会主任张建国出席会议并讲话。

19～20日 副省长李玉妹带领省政府办公厅、省民政厅等部门负责人到淄博市就社会救助体系建设进行调研。

20～21日 省政协副主席乔延春到淄博市视察。

23日 市委召开常委扩大会议，传达学习中共中央政治局常委、中央纪委书记吴官正视察山东时的重要讲话以及省委常委扩大会议精神，研究部署具体的贯彻落实意见和措施。

27日 市委副书记岳长志率淄博市足球起源地代表团于当地时间27日参加在德国汉堡举行的“魅力足球展”。

5 月

4日 由中央电视台国际电视总公司和山东影视中心联合投资拍摄的电视连续剧《旱码头》在周村区开机。省政协副主席王修智、市委书记张建国为开机揭镜。

9日 淄博市召开“慈心一日捐”活动动员大会，动员社会各界踊跃参加慈善募捐。

11日 市委召开常委扩大会议，传达学习省委常委扩大会议精神，进一步学习贯彻邓小平理论和“三个代表”重要思想，全面落实科学发展观，努力开创全市各项工作新局面。

12日 副省长贾万志率省政府有关部门负责人到淄博市视察农业和农村工作。

14日 副省长才利民视察济青高速公路南线沂源段工程。

15日 省委副书记、济南市委书记姜大明到淄博市就加快省会城市群经济圈发展情况进行调研。

18～19日　全国人大常委会副委员长、九三学社中央主席韩启德率领九三学社中央赴山东调研团，就“关于实施自主创新战略面临的问题及对策”到淄博市考察调研。

19日　全长1695米、被誉为“淄博第一长隧道”的济青高速南线沂源隧道实现贯通。

26日　山东理工大学举行建校50周年校庆。赵志浩、时立军、王军民、王志民、张瑞凤、李殿魁、张建国等出席庆祝大会。

28～29日　法国卢瓦尔河大区代表团到淄博市访问。

28～29日　新党主席郁慕明率台湾赴山东经贸考察团到淄博市参观考察。

29日　占地19.47公顷、建筑面积6.1万平方米、规模为4.5万座的淄博市体育中心体育场奠基。

6　月

1日　省委书记、省人大常委会主任张高丽到沂源县考察经济社会发展情况，充分肯定淄博市举全市之力支持沂源加快发展的决策部署。

2日　临淄区金刚煤矿南井发生矿车坠井事故，造成1人当场死亡、1人在医院抢救过程中死亡，5人受伤。5日，市安全生产委员会决定对金刚煤矿南井实施关闭，收回证照，临淄区煤矿全部停产整顿。

4日　省委副书记高新亭、副省长王仁元带领全省县域经济现场会考察团到桓台县考察。

7日　在2005年度综合测评中，临淄区经济社会发展综合评价指数的绝对值和增幅均以较大优势位居全省经济30强区县第一位。

7～8日　聊城市考察团到淄博市就经济发展、城市建设、文化旅游开发进行参观考察。

8～10日　以北京大学原党委书记王德炳为副团长的全国政协视察团，在省政协副主席周鸿兴的陪同下对淄博市医疗体制改革情况进行调研。

13日　《淄博日报》讯：国家审计署副审计长于效明到淄博市考察指导审计工作。

16～18日　淄博市在2006山东(国际)文化产业博览会上签约项目22个，招商总额44亿元，占全省融资总额的20.3%。

21～23日　俄罗斯布拉茨克市政府友好代表团到淄博市进行友好访问。23日，淄博市与布拉茨克市签订建立友好城市关系意向书。

24日　劳动和社会保障部副部长王东进到淄博市进行工作调研。

△　全省高考录取分数线发布，市试验中学的韦薇和淄博七中的李明分别夺得山东省高考文、理科状元。

25日　副省长才利民到淄博市视察城建工作。

28日　全市庆祝中国共产党成立85周年暨保持共产党员先进性教育活动总结表彰大会在淄博人民会堂召开。会议回顾了中国共产党建党85周年的光辉历程，全面总结了淄博市历时一年半的保持共产党员先进性教育活动。

7　月

3日　市委召开常委扩大会议，传达学习省委理论学习中心组读书会精神，研究贯彻落实的具体意见和措施。

4～5日　副省长张昭福带领有关部门负责人到淄博市视察防汛和夏粮收购工作。

4～12日　市委理论学习中心组读书会召开。

6～7日　鞍山市党政考察团到淄博市参观考察。

9日　以总书记伊斯梅尔·阿拉维为团长的摩洛哥进步与社会主义党干部考察团到淄博市考察访问。

18～27日　省政协理论学习中心组读书会暨住鲁全国政协委员学习班在淄博市举行。

20～21日　省委常委、政法委书记阎启俊到淄博市就政府工作进行调研。

21～23日　在淄博市参加省政协理论学习中心组读书会暨住鲁全国政协委员学习班的成员，到淄博市部分区县视察经济社会发展情况。省政协主席孙淑义，副主席王修智、谢玉堂、林书香、周鸿兴、乔延春、王宗廉、齐乃贵、苗淑菊、王志民等参加视察。

27日　省政协副主席王修智到桓台县调研。

29日　临淄区举行“站在新起点实现新发展”战略研讨会。省委副书记高新亭代表省委发来贺信，省检察院检察长国家森、省政协副主席王志民出席会议。

31日　《淄博日报》讯：淄博籍选手田学光在越南举行的第六届世界青年跆拳道锦标赛上获得男子78公斤级金牌。

8　月

5日　中国石油和化学工业协会会长李勇武到东岳集团视察。

△　中华中医药学会第六届炮制学术会议在淄博市召开。依托于山东鼎立中药材科技有限公司的山东省中药炮制工程技术研究中心同时宣布成立。

7～11　市委副书记岳长志率淄博临淄足球起源地代表团赴亚足联访问。

17～18日　山东省东部地区新农村建设座谈会议在临淄区召开。省委副书记高新亭主持会议并作重要讲话。

19日　中国生态学学会第二届中药资源生态专业委员会学术会议在淄博市召开。会议同时宣布依托于山东鼎立中药材科技有限公司的山东省中药材规范化种植工程技术研究中心成立。

21日　市委召开常委扩大会议，学习贯彻中央、省委关于经济工作的决策部署，力促经济社会平稳较快协调发展。

22日　淄博市十二届人大常委会第二十六次会议审议批准《淄博市依法治市第四个五年规划》。

23日　中共中央政治局常委李长春，中共中央政治局委员、中宣部部长刘云山，国务委员陈至立等领导到第十五届北京国际广播电影电视设备展览会淄博展区，观看了淄博数字电视展示。李长春就淄博做好电视数字化转换和推广工作做出指示。

25～28日　省人大常委会副主任时立军率省人大常委会视察组到淄博市对贯彻实施节能法、节能条例及资源节约情况进行视察、执法检查。

29日　黑龙江省七台河市政府代表团到淄博市考察。

9　月

2日　全国政协副主席张克辉及台湾彰化高级商校校友会赴鲁参访团到淄博市参观考察。

△　由淄博万杰医院、美国安德森癌症治疗中心、哈佛大学附属麻省总医院质子治疗中心联合举办的中美放射治疗及质子治疗进展研讨会在万杰大酒店举行。

5日　第三届中国（周村）旱码头旅游文化节暨周村国际牛仔服装节开幕。全国人大常委会委员、全国人大农业与农村委员会副主任委员李春亭，省政协副主席王志民，中国棉纺织行业协会会长、中国色织行业协会会长徐文英等出席开幕式。

6日　2006中国（淄博）新材料技术论坛暨国际科技成果招商洽谈会开幕。李春亭、张玉台、邬贺铨、王军民等领导和来自俄罗斯、美国等国家和中国台湾的嘉宾出席开幕式。

△　淄博市的“新华医疗牌”医用消毒灭菌设备等11个产品获2006年“中国名牌”产品称号。淄博市新增“中国名牌”数量首次居全省第一位；“中国名牌”总数达22个，位居全省第二位。

9日　桓台县玉米机收率达到86%，成为“全国玉米收获机械化第一县”。

12～16日　第三届国际齐文化旅游节在临淄区举行。中共中央对外联络部副部长张志军，省市领导王修智、曹学成、张昭福、张建国等出席开幕式。

13～14日　宁夏回族自治区中卫市党政考察团到淄博市参观考察。

14日　江苏省连云港市党政代表团到淄博市参观考察。

17日　全国工商系统基层建设和人才工作会议淄博现场会召开。国家工商总局副局长刘玉亭听取市工商局的工作汇报，并考察了四宝山和湖田工商所。

18日　文化部副部长周和平到淄博市视察文博工作。

19～20日　辽宁省辽阳市党政考察团到淄博参观考察。

26日　中国泵业（淄博·博山）发展论坛暨经贸洽谈会、2006博山美食节开幕。开幕式上，博山区被中国饭店协会命名为中国鲁菜名城。

10　月

1～7日　“十一”黄金周期间全市共接待旅游者140.22万人，实现旅游总收入9.15亿元，同比分别增长23%和15%。

10日　淄博市获山东省第二十二届运动会主办权。

12日　市委召开常委扩大会议，传达学习中共十六届六中全会精神，研究部署贯彻落实的意见和措施。

15日　第二十一届省运会比赛项目在烟台市全部结束，淄博市列总成绩第四名，与上届持平。

17日　《淄博日报》讯：由省政协副主席谢玉堂带队的视察组就淄博市历史文化名镇、名村、名建筑的保护、开发工作进行视察。

△　由中国人民银行济南分行、市政府联合主办的2006淄博市银企合作促进会签约金额达185.9亿元。其中：签订贷款协议金额117.7亿元，签订贷款意向金额68.2亿元。

17～19日　全国人大常委会原副委员长曹志到淄博市

参观考察。

19日　建设部部长汪光焘在山东省副省长才利民陪同下到淄博市视察城市建设工作。

19～20日　2006中国(淄博)对外经济贸易洽谈会在淄博饭店举行。洽谈会期间,共达成投资合作项目187个。其中:外资项目94个,投资总额13.2亿美元,外资额7亿美元;内资项目93个,总投资85.3亿元,外来投资额74.5亿元。

20日　2006中国(淄博)国际陶瓷博览会·世界陶瓷采购大会在中国陶瓷科技城举行。省人大常委会副主任莫振奎、副省长才利民、省政协副主席谢玉堂等出席开幕式。

26日　《淄博日报》讯:淄博市的淄川区双杨镇等8个镇进入国家统计局公布的全国小城镇综合发展水平千强镇名单。

26～27日　省第三产业发展促进会理论研讨会在淄博市召开。

27日　以市长河村和登为团长的日本周南市代表团到淄博市访问。

28日　山东省第三届"四进社区"文艺展演暨全省"文化进社区"经验交流会在淄博市举行。省委常委、宣传部部长焉荣竹等领导出席并观看演出。

△　由淄博特西尔公司与德国亥姆霍兹国家研究中心联合会及中德合作厂家共同投资建设的生物质清洁燃料项目举行开工奠基仪式。该项目为再生资源领域的示范项目,一期投资3000万欧元。

29日　淄博市举行首次信息化条件下战时兵员动员和城市防空演练及防空警报试鸣。

30～31日　内蒙古自治区赤峰市党政考察团到淄博市参观考察。

11　月

1日　省委副书记、省长韩寓群率省政府有关部门负责人到淄博市视察小清河流域水污染治理情况。

2日　柬埔寨王国首相洪森在中国驻柬埔寨大使张金凤陪同下到淄博市访问。

2～4日　全国政协常委张国祥率全国政协委员考察团到淄博市就"不同类型戏曲院团改革发展运作模式"进行专题调研。

3日　中共淄博市九届十一次全委会议在张店举行。全委会传达学习了中共十六届六中全会和省八届十三次全委会精神;听取和讨论了张建国受市委委托作的工作报告;审议和通过了《中共淄博市委关于深入贯彻落实党的十六届六中全会精神加快社会主义和谐社会建设的意见》。

3～4日　新疆维吾尔自治区克孜勒苏柯尔克孜自治州党政考察团到淄博市参观考察。

7日　山东金岭矿业股份有限公司股票"＊ST金岭"在深圳证交所发行。

8日　淄博市被中华见义勇为基金会授予"全国十大见义勇为好司机优秀城市奖"。

11日　鲁泰纺织有限公司100支纯棉色织面料通过国家质检总局专家组的现场审查,成为全省第一家获得出口免验的纺织品企业。

11～13日　广东省茂名市党政代表团到淄博市参观考察。

22～24日　由萨克森州经济部负责人瓦格纳为团长的德国纺织代表团到淄博市访问。

27日　中共淄博市九届十二次全委会议在张店区举行。会议审议通过《关于召开中国共产党淄博市第十次代表大会的决议》。

29日　省委书记、省人大常委会主任张高丽到淄博市视察指导工作。

30日　山东鲁阳股份有限公司A股股票在深圳证券交易所挂牌上市。

12　月

2日　在卡塔尔首都多哈举行的第十五届亚运会女子10米气步枪比赛中,淄博籍运动员杜丽以501.4环的成绩夺得金牌,并与队友合作获得该项目的团体冠军。

△　山东省首次重大食品安全事故应急演习演练在淄川区举行。副省长张昭福出席活动并对此次活动给予高度评价。

5日　副省长贾万志到淄博市视察抗旱和冬季麦田管理工作。

13日　临淄区被确定为全省唯一的国家"两网"(农村药品监督网络和供应网络)建设示范区。

14～17日　全国政协原副主席王文元在省政协副主席周鸿兴的陪同下到淄博市视察。

15日　副省长王军民率省政府有关部门负责人到新华医疗器械工业园视察。

△　以中国癌症基金会理事长、原卫生部副部长彭玉为组长的国务院城市社区卫生工作督导检查组,对淄博市城市社区卫生工作进行督导检查。

19 日　淄博市的山东周村烧饼有限公司等 5 家企业获商务部授予的“中华老字号”牌匾和证书。

20 日　《淄博日报》讯：由国家统计局等单位举办的第一届中国投资环境百佳城市评选活动揭晓，淄博市获投资环境百佳城市称号。

21 日　省政协副主席林书香到淄博市就贯彻落实全省政协工作会议精神进行检查指导。

22 日　淄博市有线电视数字化试点通过了国家广电总局组织的验收，成为全国首个通过双向数字电视整体转换验收的城市。

27 日　山东省首个新型干法水泥纯低温余热发电项目在淄矿集团东华水泥公司一次并网发电成功。

28 日　市委召开常委扩大会议，传达学习中共中央和省委重要指示精神，进一步推进党风廉政建设和反腐倡廉工作。

29 日　全市经济工作会议在淄博人民会堂召开。会议传达学习省委书记张高丽和省长韩寓群在全省经济工作会议上的讲话，研究部署 2007 年经济发展任务。

30 日　副省长李玉妹到淄博市视察公安交通管理工作。

本部类编　辑：赵建国
副主编：安永善
校　对：张耀江
吴建利

·集邮小常识·

小　本　票

为了方便人们购买、保存、携带和随时使用而将单一面值或多种面值邮票印刷成连票装订成小册子形式出售，称之为小本票，亦叫邮票小册。使用时按邮资撕下一枚，或数枚即可，其内邮票有一边无齿，或二、三边无齿，并配有封面、封底，常单独制版印刷。世界上最早的小本票是卢森堡于 1895 年发行的，我国最早的是 1917 年中华邮政发行的“中华邮政邮票册”，内装有“北京老版帆船”邮票；解放区最早的是 1946 年东北邮电管理总局发行的第一版毛泽东像小本票；新中国最早的是 1980 年发行的童话《咕咚》小本票。

票　中　票

票中票是为纪念首次发行的邮票或为有关集邮活动而发行的邮票，有的采用以前发行的邮票作为图案。1940 年，墨西哥发行世界上最早的票中票——《世界第一枚邮票发行 100 周年》邮票，图案是“黑便士”邮票；我国首次发行票中票，则是中华邮政于 1948 年 3 月发行的《邮政纪念日邮票展览》邮票，票面右为《光复纪念》邮票，左为《邮政总局成立五十周年纪念》邮票；新中国第一套票中票是 1983 年为纪念全国邮展发行的两枚。到目前，世界上已有百余个国家和地区发行了数百种票中票。如 1949 年，匈牙利发行了以世界最早的苏维埃邮票为主图的票中票；1952 年，巴基斯坦发行了以印度首次发行的圆形邮票为主图的票中票；瑞士、巴西、奥地利、芬兰、秘鲁等国，均发行过为纪念本国第一枚邮票 100 年的邮票，图案均采用本国首次发行的邮票。1990 年是世界第一枚邮票诞生 150 周年，又有许多国家发行了以“黑便士”邮票为主图的票中票。收集票中票，可以看到一些不易见到的世界上的早期名贵珍邮，也可以了解这些国家发行邮票的历史。

（市集邮协会　供稿）

淄 博 概 况

地理　历史

【位置面积】 淄博市位于北纬35°55′20″～37°17′14″，东经117°32′15″～118°31′00″之间，地处鲁中，南依沂蒙山区，北临华北平原，东接潍坊，西与省会济南接壤。市域形态南北狭长，南北最大纵距151公里，东西最大横距87公里。地理位置适中，交通发达，是沟通中原地区和山东半岛的咽喉要道，是山东省重要的交通枢纽城市。全市总面积5938平方公里，占山东省总面积的3.77%。其中，市区面积2961平方公里。

（尤国凡）

【自然条件】 1. 地质。地处华北地台鲁西台北斜鲁中隆断区的北缘，为一向斜构造，称"淄博向斜"。构造特征是褶皱平缓舒展而不甚发育，除较高一级的"淄博向斜"外，其他系与"淄博向斜"相伴生的次级小型褶皱；区内断层构造较为发育，尤以张性正断层为甚，纵横切割。岩浆岩石分布面广，并具有多期活动的特点。主要有金岭闪长岩杂岩体、昆仑辉长岩体等。2. 地形。地势南高北低，南部及东西两翼山峦起伏跌宕，中部低陷向北倾伏，南北落差千余米。以胶济铁路为界，以南大部分为山区、丘陵，岩溶地貌发达；以北大部分为山前冲积平原和黄泛平原，土地平坦肥沃。北部有黄河、小清河流经，发源于淄博的河流有沂河、淄河、孝妇河等。全市山区、丘陵、平原面积分别占全市总面积的42%、29.9%和28.1%。3. 气候。地处暖温带，年平均降水量为627.4毫米，属半湿润半干旱的大陆性气候。全市年平均气温12.3℃～13.1℃，年平均日照时数为2542.6小时～2832.6小时，年平均无霜期180天～220天。

（尤国凡　年　间）

【自然资源】 1. 土地资源。全市土地总面积5938平方公里。其中，土壤面积5174平方公里，土地利用率78.47%。全市农业用地4161平方公里，非农业用地827平方公里，未利用土地95平方公里。在农业用地中，耕地面积2018平方公里，林地面积1523平方公里，果园面积62平方公里。在总土地面积中，山丘、涝洼、平原、荒滩、水面，各占45.2%、13.8%、33.2%、6.7%、1.1%；在土壤面积中，主要有棕壤、褐土、砂姜黑土、潮土、盐土，分别占13.6%、62.5%、7.5%、16.2%、0.2%。2. 生物资源。全市生物资源种类繁多。据不完全统计，共有生物615科、3753种。其中，微生物151科、618种；植物156科、1645种；动物308科、1490种。极具价值的种类有食用菌30多种，农作物品种218种，木本植物421种，药材植物778种，饲草植物415种，水生动植物102种，畜禽86个品种，野生动物有240多个品种，病虫及天敌资源2165种。3. 水资源。水资源有地表水和地下水。大气降水是水资源的主要补给源。全市年均降水量为627.4毫米，折合资源量31.36亿立方米，水资源补给总量14.11亿立方米。地下水9.96亿立方米。4. 矿产资源。淄博市矿产资源丰富，种类繁多。已发现矿产53种，已探明储量和开发利用的有22种。在已探明储量的矿产中，主要有煤、铁、铝矾土、耐火粘土、石灰岩、陶瓷土、重晶石、石类等矿藏和铝、钴、金、银等多种稀有贵重金属，还有大量的赤泥、煤矸石、粉煤灰等再生资源。许多矿种储量大、分布广、品位高，在全省占有重要位置。其中，铝矾土占全省的90%，耐火粘土储量占全省的45.9%，铁矿富矿储量占全省的25%，化工石灰岩、陶瓷土是省内主要产地。5. 能源资源。淄博市有丰富的石油和天然气资源。高青油田东西长约6.2公里，南北长约9.3公里，面积58平方公里，共发现7套含油层系，含油断块14个，面积10.5平方公里，储量1469万吨。金家油田面积110平方公里，5个含油层总厚度10米～28米，固定含油面积22.7平方公里，埋深200米～1100米，储量3171万吨。另外，还有高青县的花沟气田等。

（尤国凡）

【历史沿革】 1945年8月成立淄博特区，设专员公署，隶属鲁中行政区，此为淄博成为政区名称之始。9月撤销。1946年1月二次成立，7月又撤销。1948年3月淄博全境解放，8月再次成立淄博特区，隶属鲁中南行政区。1949年7月成立淄博工矿特区。1950年5月成立淄博专区。1953年改为淄博工矿特区。1955年3月改为淄博市。1959年1月淄博市与惠民专区合并组建淄博专区，淄博市改为专区辖市。1961年1月淄博市与惠民专区分设，恢复为省辖市。市级机关由博山区迁到张店区。

（年　间）

政区　人口　民族

【行政区划】 是年，淄川区的双沟镇和杨寨镇合并为双杨镇，黄家铺镇改为钟楼街道办事处。城南镇的东山、西山、南苏、北苏、白庙、双泉、山张，商家镇的长远、冯家、东商、东岔、王家、大邢、郝家，共14个村划归钟楼街道办事处管辖。截至年底，全市共设74个镇、8个乡、24个街道办事处。

（市民政局）

【人口】 至年底，全市总人口4181260人，比2005年增加13564人。其中，男性2102819人，女性2078441人，人口性别比为101.17。全年人口净迁入2078人，机械增长率0.5‰。全年出生36793人，人口出生率为8.81‰；死亡24693人，死亡率为5.92‰；人口自然增长12100人，人口自然增长率为 2.90‰。

附：

2006 年全市人口自然变动一览表

单位：人

单位	年末总人口	出生情况		死亡情况		自然增长	
		人数	出生率（‰）	人数	死亡率（‰）	人数	增长率（‰）
全市	4181260	36793	8.81	24693	5.92	12100	2.90
淄川区	672915	6058	9.00	4544	6.75	1514	2.25
张店区	709527	6354	8.99	2844	4.02	3510	4.97
博山区	464579	3421	7.35	3366	7.23	55	0.12
临淄区	599397	5522	9.23	3416	5.71	2106	3.52
周村区	318917	2626	8.27	1488	4.69	1138	3.58
桓台县	494731	4281	8.67	3389	6.87	892	1.81
高青县	363439	3524	9.71	2409	6.64	1115	3.07
沂源县	557755	5007	8.99	3237	5.81	1770	3.18

注：张店区数字含淄博高新技术产业开发区。

【民族】 淄博市属少数民族散、杂居地区，有回族、满族、蒙古族、朝鲜族等 44 个少数民族。是年，少数民族共 25923 人，占全市总人口的 0.63%。其中，回族 18522 人，占全市少数民族人口的 71.45%。千人以上的少数民族有蒙古族 2790 人，满族 2012 人。百人以上的少数民族有朝鲜族 413 人，苗族 404 人，彝族 388 人，壮族 175 人，维吾尔族 165 人，藏族 159 人，佤族 159 人，布依族 124 人。其余的 33 个少数民族人数均在百人以下。未识别民族成份者 5 人。少数民族城市人口与农村人口比例各为 50%。全市有 1 个民族镇，即临淄区金岭回族镇，为全省 4 个民族镇之一。全市有 10 个民族村（居），其中 9 个回族村（居）、1 个蒙古族村，分别为：临淄区金岭回族镇的金南居委会、金岭一村、金岭四村，齐陵街道办事处的刘营蒙古族村（全省唯一的蒙古族村）；张店区马尚镇的马尚回民新村；周村区永安街道办事处的灯塔居委会；沂源县东里镇的东村，西里镇的柳枝峪村、辛庄村、大刘庄村。

（胡艳霞）

组织机构

市级领导班子

中国共产党淄博市委员会

书　　记　张建国

副 书 记　刘慧晏

周清利

岳长志

刘池水

魏绍水（12 月离任）

常　　委　张建国

刘慧晏

周清利

岳长志

刘池水

魏绍水（12 月离任）

陈家金

吴翠云（女，3 月离任）

韩世幸

侯法生

崔洪刚（12 月离任）

王顶岐

周连华（12 月任职）

赵启全（12 月任职）

刘星泰（12 月任职）

特邀顾问　王学刚

王行宏

秘 书 长　侯法生

副秘书长　张亚平

张照青

张新华（7 月离任）

李先坤

孙树仁

徐培栋（1 月离任）

李保海

刘　峰

巴新福

周京明

张爱民

魏坤隆（7 月任职）

陈保会（7 月任职）

淄博市人民代表大会常务委员会

主　　任　张建国

副 主 任　周继烈（2 月离任）

常志钧

翟纯生（2 月离任）

关玛莉（女）

岳经一

聂振钰

李思玉

郭仁友（2 月离任）

薛安胜

曹在堂（2 月任职）

常大鹏（2 月任职）

党组书记　张建国
　周继烈(2月离任)
　常志钧(2月任职)
党组副书记　常志钧(2月离任)
　岳经一(2月任职)
秘书长　李奎封
副秘书长　王向东
　黄诗泉
　刘传忠
　梅学峻(女,5月任职)
　崔广生(5月任职)
　程嗣福(5月任职)
　逯平之

淄博市人民政府

市长　刘慧晏
副市长　周清利
　王顶岐(12月任职)
　周连华(12月任职)
　宋锡坤
　吴明君
　韩家华
　岳华东
　刘有先
　段立武(女)
　饶明忠
特邀顾问　王尔孝
　郑　峰
市长助理　任鹏雁
　曹在堂(1月离任)
　宋红兴
　张兆宏
　庄　鸣
　郭利民
　邹光平
　常大鹏(1月离任)
党组书记　刘慧晏
党组副书记　周清利
　宋锡坤
　吴明君
秘书长　张兆宏
副秘书长　李胜利
　王旭泽(4月任职)
　高晓峰(4月离任)
　王　博(4月离任)
　盛慧文
　沈滋毅
　王新平(6月任职)
　张崇俊
　张鲁辛
　张玉武(6月离任)
　薛福民
　张志超
　李　洋
　刘新胜
　周献珍
　赵水清
　郑广庆(8月任职)

中国人民政治协商会议淄博市委员会

主席　冯梦令
副主席　郭玉兰(女,2月离任)
　王延山
　王同和
　王立庆(2月离任)
　李栋基
　荣　玮
　王法亮
　高峰岭(2月任职)
　张建祥(2月任职)
党组书记　冯梦令
党组副书记　郭玉兰(女,2月离任)
　王同和(2月任职)
秘书长　赵钦国
副秘书长　孙代明
　刘文彬(5月离任)
　牛先清(5月离任)
　李务习(兼)
　常承村(兼)
　王庆生
　王荣康(7月任职)
　王怀宾(7月任职)
　于秀栋(7月任职)

中国共产党淄博市纪律检查委员会

书记　刘池水(12月离任)
　赵启全(12月任职)
常务副书记　李永新
副书记　孙兴贵
　高素贞(女)
常委　刘池水(12月离任)
　赵启全(12月任职)
　李永新
　孙兴贵
　高素贞(女)
　徐道光
　孙振海
　陈凤勤
　张维政
　薛　南(女)
秘书长　张维政

市委工作机构

办公厅

主任　张新华(7月离任)
　刘　峰(7月任职)
副主任　魏坤隆(7月离任)
　陈保会(7月离任)
　明子春(7月任职)
　王玉春(7月任职)
　孙晓东(7月任职)

机要局

局长　陈保会

保密委员会办公室(市政府保密局)

主任(局长)　孙　辉

副主任(副局长)　李慎勇

组织部

部　　长　王顶岐(12月离任)
　　　　　刘星泰(12月任职)
常务副部长　曹家才
副 部 长　车　立
　　　　　王亚黎
　　　　　刘卫忠(2月去世)
　　　　　张守华
　　　　　段名钰

组织员办公室

主　　任　车　立(兼任)
副 主 任　陈思林
　　　　　阎炳义(9月离任)

宣传部

部　　长　岳长志(兼任)
常务副部长　王莲君(女,7月离任)
副 部 长　赵新法(兼任)
　　　　　李　敏(女,7月离任)
　　　　　李贡平
　　　　　张洪兴(7月任职)
　　　　　刘长江
　　　　　朱建伟(7月任职)

对外宣传办公室(市政府新闻办公室)

主　　任　朱建伟(7月离任)
　　　　　阚金智(8月任职)

精神文明建设委员会办公室

主　　任　李　敏(女,兼任,7月离任)
副 主 任　李树博
　　　　　阚金智(8月离任)
　　　　　王东宏(8月任职)

统一战线工作部

部　　长　王同和
常务副部长　常承村
副 部 长　于精忠(兼任,满)
　　　　　侯希杰(兼任)
　　　　　林永春
　　　　　王呈祥

政法委员会

书　　记　陈家金
常务副书记　邹斯金(7月离任)
　　　　　陈维刚(7月任职)
副 书 记　王恩明(兼任)
　　　　　刘维远
　　　　　王锡良

社会治安综合治理委员会办公室(与政法委合署)

主　　任　陈维刚
副 主 任　郑素琴(女)
　　　　　贾　刚

政策研究室

主　　任　张亚平(兼任)
副 主 任　张承友
　　　　　孙玉昌
　　　　　刘　平

台湾工作办公室(市政府台湾事务办公室)

主　　任　韩祥亮
副 主 任　张建博
　　　　　王树贤

市直机关工作委员会

书　　记　刘　峰(7月离任)
　　　　　张照青(7月任职)
副 书 记　吕成法
　　　　　李文清
　　　　　许　敏

市政府工作部门

办公厅

主　　任　李胜利
副 主 任　郑广庆(8月离任)
　　　　　孙中华
　　　　　石志全
党组书记　张兆宏
党组副书记　李胜利

发展和改革委员会

主　　任　庄　鸣
副 主 任　朱文平
　　　　　张宇信
　　　　　杨延华
　　　　　姜延海
　　　　　袁　晖
　　　　　吴宗杰(挂职)
　　　　　于道琪(8月任职)
党组书记　庄　鸣(12月离任)
　　　　　丛锡钢(12月任职)
党组副书记　朱文平

经济贸易委员会(与市委经济贸易工作委员会一个机构两个牌子)

主　　任　曹在堂(2月离任)
　　　　　高晓峰(5月任职)
副 主 任　王新平(6月离任)
　　　　　马小平
　　　　　李延永(兼任)
　　　　　韩大力(兼任)
　　　　　魏玉蛟(8月离任)
　　　　　房宽惠(9月离任)
　　　　　李　平(挂职)
　　　　　刘秉敏(8月任职)
工委书记　曹在堂(3月离任)
　　　　　高晓峰(3月任职)
工委副书记　黄钧祥

教育局

局　　长　张洪亮
副 局 长　张景春
　　　　　魏艳菊(女,5月离任)
　　　　　牛瑞洲
　　　　　尹玉法(8月任职)
党委书记　张洪亮
党委副书记　刘英学

科学技术局

局　　长　周元军
副 局 长　王纯国
　　　　　牛圣银

周献忠
穆若英(女)
毕红卫(女)
党组书记　周元军
党委书记　周元军(9月变更)

知识产权局
局　长　牛圣银(兼任)
副局长　曹修琦
胡庆乙

公安局
局　长　岳华东
政　委　刘新云(1月离任)
桑培伦(7月任职)
常务副局长　桑培伦(8月任职)
副局长　于洪德
桑培伦(8月离任)
周立华
顾国星
许文安
倪　强
柳　奇
党委书记　岳华东
党委副书记　刘新云(1月离任)
桑培伦(7月任职)
于洪德

监察局(与市纪委机关合署办公)
局　长　李永新
副局长　徐道光
孙振海
陈凤勤
薛　南(女)

民政局
局　长　赵希成
副局长　张登莲(女)
郑建业
成亮文
邓红双(女)
党委书记　赵希成

司法局
局　长　王正全
副局长　马　骏(8月离任)
梅永富
周黎明
吐逊江·加马力(挂职,4月任职,9月离任)
党委书记　王正全

财政局
局　长　郭利民
副局长　王修德
卜德兰
王昌晖(女)
任书升(8月任职)
党组书记　郭利民

国有资产管理办公室
主　任　卜德兰(兼任)

人事局
局　长　张守华
副局长　丁乃河
王延柯
孙　戈
刘福军(6月离任)
赵林超(8月任职)
党组书记　张守华
党组副书记　丁乃河

机构编制委员会办公室(与人事局合署办公)
主　任　张守华(兼任)
副主任　孙　戈(兼任)
王忠华

劳动和社会保障局
局　长　赵荣生
副局长　王克强(8月离任)
韩发磊
路盛芝
朱拥军(8月任职)
党委书记　赵荣生
党委副书记　韩发磊(7月任职)

国土资源局
局　长　田锡富
副局长　王同顺
宋长清
孙　恒
马　红(女)
曲国庆(挂职)
党委书记　田锡富
党委副书记　王同顺

建设委员会
主　任　张可君
副主任　谢贤云(8月离任)
赵衍杰(8月任职)
宋　娟(女,8月任职)
沙向东(8月任职)
周　军(8月任职)
党委书记　张可君
党委副书记　赵衍杰(7月任职)
陈新魁(7月任职)

交通局
局　长　王永新
副局长　刘东军(6月离任)
牛少成
任迎远
高天长
王建华(8月任职)
党委书记　王永新
党委副书记　刘东军(5月离任)
牛少成(7月任职)

农业局
局　长　王子林
副局长　于根亭
王本富
张洪范(5月任职)
杨明永(8月任职)
李洪锴(8月任职)

党委书记　王子林

水利与渔业局

局　　长　赵有梅
副 局 长　张善忠(5月任职)
　　　　　马家军(回)
　　　　　张连波
　　　　　王允刚
　　　　　苗其山
党委书记　赵有梅

林业局

局　　长　申文良
副 局 长　鹿子林
　　　　　于学祥
　　　　　周安颇(兼任)
　　　　　孙建波(兼任)
　　　　　国建忠
党委书记　申文良

对外贸易经济合作局

局　　长　王旭泽(5月离任)
　　　　　王　博(5月任职)
副 局 长　丁晓军
　　　　　薛忠新
　　　　　刘大力
党委书记　王旭泽(3月离任)
　　　　　王　博(3月任职)

文化局

局　　长　刘心德
副 局 长　赵淑慧(女)
　　　　　王立宪
　　　　　李玉福
　　　　　宓传庆
党委书记　刘心德

卫生局

局　　长　赵亦成(9月离任)
　　　　　李　敏(女,9月任职)
副 局 长　周象玦
　　　　　王立春
　　　　　王大伟(1月离任)
　　　　　齐昌成
党委书记　赵亦成(7月离任)
　　　　　李　敏(女,7月任职)
党委副书记　周象玦

人口和计划生育委员会

主　　任　孙家友
副 主 任　范玉美(女)
　　　　　李忠孝
　　　　　王洪明
　　　　　段迎春(女)
党组书记　孙家友

审计局

局　　长　王振升
副 局 长　王增福
　　　　　成锡钶
　　　　　杜贞耐
　　　　　刘玉泽(女)
党组书记　王振升
党组副书记　王增福
　　　　　成锡钶

环境保护局

局　　长　邹光平
副 局 长　宋道敏
　　　　　刘文芳(女)
　　　　　李彦全(6月离任)
　　　　　谢锡峰
　　　　　张书萍
党组书记　邹光平
党组副书记　宋道敏

民族宗教事务局

局　　长　于精忠(满)
副 局 长　王爱军(女,回)
　　　　　高旭清
　　　　　张文堂(8月任职)
党组书记　于精忠

体育局

局　　长　王敦浦
副 局 长　翟慎政
　　　　　钱景水
　　　　　高义波
党组书记　王敦浦
党组副书记　翟慎政

统计局

局　　长　刘玉玺
副 局 长　王维华(5月离任)
　　　　　康振东
　　　　　盛明三
　　　　　邱承江(8月任职)
党组书记　刘玉玺
党组副书记　王维华(3月离任)

规划局

局　　长　常大鹏(2月离任)
　　　　　徐建祥(5月任职)
副 局 长　郭乃焕
　　　　　杨继明
　　　　　杜春雷
　　　　　王　瑛
　　　　　南自立(8月任职)
党委书记　常大鹏(3月离任)
　　　　　徐建祥(3月任职)
党委副书记　郭乃焕
　　　　　王春林

旅游局

局　　长　常传喜
副 局 长　张继业
　　　　　成希峰
　　　　　乔聚文
　　　　　李庆国(8月任职)
党组书记　常传喜

市政府外事办公室

主　　任　初建波(5月离任)
　　　　　王先义(5月任职)
副 主 任　魏向群
　　　　　王建忠

傅　军
党组书记　初建波(4月离任)
王先义(5月任职)

市政府侨务办公室(市归国华侨联合会与其合署)
主　　任　王先义(5月离任)
王明智(5月任职)
副 主 任　尹　智
郝　芳(女)
党组书记　王先义(5月离任)
王明智(5月任职)
党组副书记　傅励昆(兼任)

市政府法制办公室
主　　任　李　洋
副 主 任　徐和平
黄宗光
任良成
周继轲
党组书记　李　洋

市经济体制改革办公室
主　　任　胡希德
副 主 任　杨少军
邵世文
党组书记　胡希德

市人民防空办公室
主　　任　周祖兴
副 主 任　王桂佑
刘薛生
鞠锦芳
朱洪亮(8月离任)
党组书记　周祖兴

安全生产监督管理局
局　　长　杜希玉
副 局 长　路跃成
王刚云
高学光
马　力
党组书记　杜希玉
党组副书记　路跃成

城市管理行政执法局
局　　长　温　义
副 局 长　董振忠
徐同海
傅凤才
党组书记　温　义
党组副书记　董振忠

淄博市中级人民法院

院　　长　林春明(12月离任)
代理院长　刘亚宁(12月任职)
副 院 长　苏　勇(12月离任)
姜乐亭
孙星光(7月离任)
于晓东
陶志民(7月任职)
党组书记　林春明(12月离任)
刘亚宁(12月任职)
党组副书记　苏　勇(12月离任)

淄博市人民检察院

检 察 长　马爱国
副检察长　陆康懿
靳承家
孙昆峰
刘明利(挂职,4月离任)
刘洪海
毛　军(女,7月任职)
党组书记　马爱国
党组副书记　陆康懿

人民团体

淄博市总工会
主　　席　薛安胜
副 主 席　阚兆国
翟乃超(5月离任)
葛泓泉
刘　蓬(女)
党组书记　薛安胜
党组副书记　阚兆国

共青团淄博市委员会
书　　记　苏　星
副 书 记　杜海圣
边江风(女)
许艳萍(女)
徐俊国(援藏)
党组书记　苏　星

淄博市妇女联合会
主　　席　尚秋云(女)
副 主 席　阎佳敏(女)
于康梅(女)
卞　军(女)
党组书记　尚秋云(女)

淄博市科学技术协会
主　　席　杨金宝(3月离任)
王维华(3月任职)
副 主 席　郑贵良
袁盛刚
于明磊
张新义(不驻会)
徐丙垠(不驻会)
侯　健(不驻会)
朱德明(不驻会)
许尚峰(不驻会)
党组书记　杨金宝(3月离任)
王维华(3月任职)

淄博市文学艺术界联合会
主　　席　宗俊海
副 主 席　姜　岩
李　波(不驻会)
王金铃(不驻会)
刘统爱(不驻会)
唐秀玲(女,不驻会)
赵长刚(不驻会)

巩武威(不驻会)
党组书记 王莲君(女,兼任,7月离任)
张洪兴(兼任,7月任职)
党组副书记 宗俊海

淄博市社会科学联合会

主席 杨培玉
副主席 王建新(7月任职)
李斌
赵刚
王学真(不驻会)
孙学海(不驻会)
张承友(不驻会)
白元廷(不驻会)
张士友(回,不驻会)
王亮方(不驻会)
党组书记 李贡平(兼任)
党组副书记 杨培玉

淄博市归国华侨联合会(政府侨办与其合署)

主席 傅励昆
副主席 魏光利
黄钟煦(不驻会)
王昌晖(女,不驻会)

淄博市工商业联合会

会长 李栋基
副会长 侯希杰
陈辉
谭希平
王锡章
巩庆华(不驻会)
周建昌(不驻会)
刘石祯(不驻会)
王春桂(不驻会)
孙龙平(不驻会)
王勉山(不驻会)
孙中如(不驻会)
张京贵(不驻会)
李俊笃(不驻会)
党组书记 侯希杰
秘书长 高峻

淄博市残疾人联合会

理事长 翟乃利
副理事长 赵文省
贾化禄
党组书记 翟乃利

淄博市红十字会

会长 段立武(女,兼任,4月任职)
常务副会长 魏艳菊(女,5月任职)
党组书记 魏艳菊(女,9月任职)

淄博市慈善总会

会长 刘有先(兼任,4月任职)

市人大、政协、纪委工作机构

市人大工作机构

办公厅

主任 黄诗泉
副主任 孙启昆
程嗣福
郭传清
朱洪亮(7月任职)
孙国强

人事代表工作室

主任 李汝池
副主任 尹永浩(5月离任)
谭启梅(女)
王永勤(7月任职)

研究室

主任 崔广生
副主任 杨志军
苏祥贵

法制委员会

主任委员 岳经一(兼)
副主任委员 尹德甲
王向东
王文玲(兼,1月任职)

法制工作委员会

主任 王文玲
副主任 于克勤
尹达(7月任职)

内务司法委员会

主任委员 郭仁友(兼,1月离任)
李思玉(兼,1月任职)
副主任委员 何鲁忠
张以坤
邹斯金(1月任职)

内务司法委员会工作室

主任 何鲁忠
副主任 曹传庆
陈福菱(女)

财政经济委员会

主任委员 翟纯生(兼,1月离任)
曹在堂(兼,1月任职)
副主任委员 侯瑞铜(兼,1月任职)

财政经济委员会工作室

主任 侯瑞铜
副主任 王化福
姜华(女)

农业与农村委员会

主任委员 李思玉(兼)
副主任委员 李光泉
胡厚业
张新华(1月任职)
刘传忠(7月任职)

农业与农村委员会工作室

主任 李光泉(7月离任)
刘传忠(7月任职)
副主任 吴宗乐
陈长升

城乡建设环境保护委员会

主任委员 常志钧(兼,1月离任)
常大鹏(兼,1月任职)
副主任委员 梅学峻(女,兼)
焦仁方

城乡建设环境保护委员会工作室

主　　任　梅学峻(女,兼)
副 主 任　王志勇

教育科学文化卫生人口委员会

主任委员　关玛莉(女,兼)
副主任委员　刘传忠(7月离任)
　　李增泉
　　赵亦成(10月任职)

教育科学文化卫生人口委员会工作室

主　　任　刘传忠(7月离任)
　　赵亦成(7月任职)
副 主 任　孙维庆
　　李　静(女,7月任职)

民族侨务外事委员会

主任委员　聂振钰(兼)
副主任委员　司志峰
　　张怀汉(2月去世)

民族侨务外事委员会工作室

主　　任　司志峰
副 主 任　王秀光(女)

市政协工作机构

办公厅

主　　任　刘文彬(兼,5月离任)
　　于秀栋(兼,7月任职)
副 主 任　王志凤(女,7月离任)
　　林　榕(7月离任)
　　李巧文(女,7月离任)

研究室

主　　任　王荣康
副 主 任　李永生
　　魏　波(7月任职)

提案委员会

主　　任　孙代明(兼)
副 主 任　卜德兰(兼)
　　车　立(兼)
　　李胜利(兼)
　　张新华(兼)
　　孟繁华(兼)
　　张学信

人口资源环境委员会

主　　任　俞淑凤(女,5月离任)
副 主 任　王昌铭(兼)
　　田锡富(兼)
　　毕作廷(兼)
　　范玉美(女,兼)
　　房宽惠(兼)
　　赵有梅(兼)
　　魏居瑞(兼)
　　崔建国(7月任职)

文史资料委员会

主　　任　李务习
副 主 任　王莲君(女,兼)
　　毕谦祥
　　刘继海(兼)
　　宋本善(兼)
　　赵加洋(兼)

经济科技委员会

主　　任　王庆生(7月任职)
副 主 任　马立山(兼)
　　王子林(兼)
　　朱文平(兼)
　　李　华(兼)
　　张润泽(兼)
　　周元军(兼)
　　阎象吉(兼)

文教卫体委员会

主　　任　陈新超
副 主 任　王少华(2月离任)
　　刘心德(兼)
　　张洪亮(兼)
　　孟鸿声(兼)
　　赵亦成(兼)
　　张　玉(女)

社会法制委员会

主　　任　牛先清(兼,5月离任)
副 主 任　于精忠(兼)
　　王正全(兼)
　　杨泉玉(兼)
　　李　洋(兼)
　　赵希成(兼)
　　翟乃超(兼)

台港澳侨和外事委员会

主　　任　林　榕(7月任职)
副 主 任　王旭泽(兼)
　　初建波(兼)
　　韩祥亮(兼)
　　傅励昆(兼)
　　谭舜立
　　姜闽英(女,7月任职)

委员活动工作室

主　　任　王志凤(女,7月任职)

市纪委工作机构

办公厅

主　　任　刘　涌(7月离任)
　　赵中华(7月任职)

综合监察室

主　　任　赵　琴(女)

研究室

主　　任　崔平生

干部管理室

主　　任　王建军

信访室(市国家行政机关工作人员违法违纪举报中心)

主　　任　陈传胜

案件审理室

主　　任　董曰强

党风廉政建设室

主　　任　朱永常

纠正部门和行业不正之风室(市纠正部门和行业不正之风办公室)

主　　任　丁莉莎(女)

执法监察室

主　　任　刘　涌(7月任职)

宣传教育室
主　　任　赵常华(女)
政策法规室
主　　任　岳国勤
纪检监察一室
主　　任　董　强
纪检监察二室
主　　任　吉　凯
经济环境和机关效能投诉中心
主　　任　徐道光
副 主 任　周心广
　　　　　贾宝成(7月任职)
机关党委
副 书 记　吴秀峰(女)

市委、市政府直属事业单位及经济组织

市委党史资料征集研究委员会
主　　任　于文新
副 主 任　孟海滨
　　　　　韩国华(7月任职)
市委党校
校　　长　张建国(兼任)
常务副校长　明子夫
副 校 长　刘继海
　　　　　刘昕剑
　　　　　张志忠
　　　　　孙学海
党委书记　明子夫
淄博日报社
社　　长　赵新法
总 编 辑　曹庆文
副总编辑　潘海涛
　　　　　鞠庆田
　　　　　张其林(7月任职)
党委书记　赵新法
党委副书记　曹庆文
　　　　　潘海涛(7月任职)
广播电视总台(局)
台(局)长　任鹏雁
副台(局)长　吴兆金
　　　　　王建新(8月离任)
　　　　　孙永绥
　　　　　王文海
　　　　　张贤利
党委书记　任鹏雁
党委副书记　吴兆金
新闻出版局(同时挂版权局牌子)
局　　长　孙衍喜
副 局 长　孟宪民(8月离任)
　　　　　司志兰(女)
党组书记　孙衍喜
煤炭工业管理局
局　　长　勾东升
副 局 长　丁冠一(回)
　　　　　王兴科
　　　　　董以琦
党组书记　勾东升
地震局
局　　长　张义堂
副 局 长　张志毅
　　　　　罗玉芹(女)
党组书记　张义堂
老龄工作委员会办公室
主　　任　吕宜民(5月任职)
副 主 任　刘光武
　　　　　吕传令
党组书记　吕宜民(3月任职)
淄博仲裁委员会办公室
主　　任　刘　强
副 主 任　张景民
　　　　　马　龙
党组书记　刘　强
党组副书记　张景民
山东省陶瓷公司
经　　理　阎佰平
副 经 理　李　雷
党委书记　阎佰平
物资集团总公司
总 经 理　刘绵昌
副总经理　房　信
　　　　　任应城
　　　　　许　博
党委书记　刘绵昌
商业集团总公司
总 经 理　王嗣忠
副总经理　张　波
　　　　　程　忠
　　　　　曹卫国
党委书记　王嗣忠
供销合作社联合社
主　　任　王慈水
监事会主任　宋少飞
副 主 任　伊永祥
　　　　　孙树田
监事会副主任　谭立斌
党委书记　王慈水
党委副书记　宋少飞
信息产业局(8月新成立)
局　　长　魏玉蛟(8月任职)
副 局 长　耿新伟(8月任职)
　　　　　马春安(8月任职)
党组书记　魏玉蛟(9月任职)
住房公积金管理中心(11月新成立)
主　　任　孙忠廷(11月任职)
副 主 任　巩庆民(11月任职)
　　　　　李　涛(11月任职)

部门管理或领导的单位

市委、市政府信访局
局　　长　孙树仁(兼任)
副 局 长　王志卿

于卫国(9月离任)
王爱玲(女)
王希森
宗可胜(7月任职)

档案馆(局)

馆(局)长　杜思勤
副馆(局)长　曹永霞(女)
沈凤英(女)

市委接待处

处　长　周京明(兼任,3月任职)
副处长　吕宜民(3月离任)
宋卫民
王汉国(7月任职)

市委老干部局

局　长　陈继华
副局长　王业俊
孙建国
徐文勇

市级机关干部休养所

所　长　王业俊(兼任)
副所长　刘　军(8月任职)

市政府研究室

主　任　张玉武(5月离任)
王新平(5月任职)
副主任　王　远
白元廷
田茂庚

地方史志办公室

主　任　李民兴
副主任　郭能勇
安永善
党组书记　李民兴

物价局

局　长　宋建设
副局长　孙启林
单连荣
赵淑温
路荣伟
党组书记　宋建设
党组副书记　孙启林

粮食局

局　长　张洪兴(8月离任)
王永胜(8月任职)
副局长　国先彧
于成武
孔凡利
朱卫东
党委书记　张洪兴(7月离任)
王永胜(7月任职)
党委副书记　国先彧

招商局

局　长　朱文平(兼任)
副局长　贾　刚
张建东
王玉周
党组书记　朱文平

经济协作办公室

主　任　傅泗胜
副主任　王向阳
党组书记　傅泗胜

公用事业管理局

局　长　张可君(兼任,8月离任)
谢贤云(8月任职)
副局长　陈新魁(8月离任)
聂曙光(8月任职)
党委书记　张可君(兼任)
党委副书记　谢贤云(7月任职)

贸易局

局　长　李延永
副局长　郭法礼(6月离任)
李庆洪
党组书记　李延永

中小企业局(乡镇企业管理局)

局　长　韩大力
副局长　孙　钰
孟繁远
李　勇
党组书记　韩大力
党组副书记　孙　钰

机械行业管理办公室

主　任　赵建设
党总支书记　赵建设

轻工行业管理办公室

主　任　岳志明
党总支书记　岳志明

纺织行业管理办公室

主　任　赵悦杰
党总支书记　赵悦杰

建材冶金行业管理办公室

主　任　穆立平(女)
党总支书记　穆立平(女)

化工行业管理办公室

主　任　陈国营
党总支书记　陈国营

房产管理局

局　长　耿衍飞
副局长　高林海
周茂双
党委书记　耿衍飞

引黄供水工程指挥部

指　挥　孙即顺
副指挥　张奎同(8月任职)

农业机械管理局

局　长　王家森
副局长　韩晓华
赵守明(8月离任)
齐英玉(8月任职)
党委书记　王家森
党委副书记　韩晓华

民主党派

中国国民党革命委员会淄博市委员会

主　　委　饶明忠(11月任职)
副主委　丁修海(11月任职)
王晓平(女,11月离任)
王怀宾(11月任职)
王建国(11月任职)
张庆盈(女,11月任职)
秘书长　王怀宾(兼,11月任职)

中国民主同盟淄博市委员会

主　　委　王延山(11月离任)
达建文(11月任职)
副主委　樊　萍(女,11月任职)
宋本善(11月离任)
林红霞(女,11月任职)
达建文(11月离任)
马志忠(11月任职)
秘书长　高　清(11月任职)

中国民主建国会淄博市委员会

主　　委　关玛莉(女,11月离任)
王法亮(11月任职)
副主委　李军生(11月任职)
王法亮(11月离任)
冯彦博(11月任职)
毕永民(11月离任)
林治国(11月任职)
王　军(11月任职)
秘书长　王　军(兼,11月任职)

中国民主促进会淄博市委员会

主　　委　荣　玮(11月任职)
副主委　许聿恒(11月离任)
姜尚敬(11月任职)
孟鸿声(11月任职)
孙晓萍(女,11月任职)
秘书长　李玉福(11月离任)
孟鸿声(兼,11月任职)

中国农工民主党淄博市委员会

主　　委　汤克仁(11月离任)
张京河(11月任职)
副主委　高晓霞(女,11月任职)
曹元成(11月任职)
李居富(11月任职)
张京河(11月离任)
郑　杰(11月任职)
秘书长　张振宝(11月任职)

九三学社淄博市委员会

主　　委　孟繁华(11月离任)
王济众(11月任职)
副主委　曹新忠(11月任职)
郭洪玉(11月任职)
王济众(11月离任)
孟　强(11月任职)
秘书长　孙奉孝

致公党淄博市委员会

主　　委　吴宗杰(11月任职)
副主委　刘玉泽(女,11月任职)
秘书长　丁　涛(11月任职)

张店区

区委

书　　记　黄希俭(12月离任)
王　咏(援藏,12月离任)
许建国(12月任职)
副书记　许建国(12月离任)
周　明
马国舟
韩昆山
杨爱群
刘丙伦
常　　委　黄希俭(12月离任)
许建国
王　咏
周　明
马国舟
韩昆山
杨爱群
刘丙伦
邵克武
孔令亮
陈　斌(7月离任)
傅曙光(女)
陈长鹏(7月任职)

区人大常委会

主　　任　黄希俭
副主任　王玉美(女)
徐国庆
崔庆祥
尹立文(2月离任)
魏爱英(女)
昃向远(2月离任)
杨全华
邹大梅
田宜格
孙玉红(女)

区政府

区　　长　许建国(12月离任)
副区长　杨爱群
孙廷国
董学武
王立军
赵红霞(女)
傅国普
赵　峰
司玉琳(挂职,4月任职,9月离任)
高　松(挂职)

区政协

主　　席　周成国
副主席　于周轩
许京水
王淑琴(女)
王建国
张庆盈(女)
刘俊梅(女)

区纪委

书　　记　周　明

淄川区

区委

书　　记　吴翠云(3月离任)
　　　　　王树槐(4月任职,12月离任)
　　　　　阎西国(12月任职)
副 书 记　王树槐(4月离任)
　　　　　刘东军(4月任职)
　　　　　石广博
　　　　　程光磊
　　　　　孙来斌
　　　　　刘文元(挂职,3月离任)
常　　委　吴翠云(3月离任)
　　　　　阎西国(12月任职)
　　　　　王树槐(12月离任)
　　　　　刘东军(4月任职)
　　　　　石广博
　　　　　程光磊
　　　　　孙来斌
　　　　　祁连山
　　　　　刘文元(挂职,3月离任)
　　　　　崔永军
　　　　　杜振波
　　　　　高　燕(女)
　　　　　唐厚勤
　　　　　阎炳义(9月任职)
　　　　　马长水
　　　　　张学峰
　　　　　高秀鹏(挂职,3月任职)

区人大常委会

主　　任　蒋宗海
副 主 任　张凤玲(女)
　　　　　张广庆
　　　　　韩克孝(2月离任)
　　　　　牛爱茹(女)
　　　　　李金孝
　　　　　王秉忠
　　　　　司衍会

区政府

区　　长　王树槐(4月离任)
　　　　　刘东军(4月任职)
副 区 长　孙来斌
　　　　　陈涟远
　　　　　侯　勇
　　　　　吴振青(女)
　　　　　林治国
　　　　　孙英涛
　　　　　李兰珉
　　　　　白相房(援藏)
　　　　　张尧标(挂职,3月离任)
　　　　　孙九鹏(挂职,3月任职)
　　　　　李　涌
　　　　　田贵山(挂职)
科技副区长　董树亭(山东农业大学干部)
　　　　　耿庆章(山东工业大学干部)

区政协

主　　席　李淑湘
副 主 席　王　曦(女)
　　　　　魏新东
　　　　　李作贵
　　　　　苏成宝
　　　　　唐凤德
　　　　　黄仁远(2月任职)

区纪委

书　　记　石广博

博山区

区委

书　　记　阎西国(12月离任)
　　　　　王树槐(12月任职)
副 书 记　李树民
　　　　　崔振德(1月离任)
　　　　　刘荣喜
　　　　　翟乃翠(女)
常　　委　阎西国(12月离任)
　　　　　王树槐(12月任职)
　　　　　李树民
　　　　　崔振德(1月离任)
　　　　　刘荣喜
　　　　　翟乃翠(女)
　　　　　李继唐
　　　　　徐　磊
　　　　　陈德诚
　　　　　韩克新
　　　　　刘书宝
　　　　　周玉奇

区人大常委会

主　　任　阎西国
副 主 任　宋元爱(女)
　　　　　肖金星
　　　　　曹在顺
　　　　　王文琪
　　　　　韩克忠
　　　　　吴立胜(2月离任)
　　　　　刘持太
　　　　　张荣孔
　　　　　张汝震

区政府

区　　长　李树民
副 区 长　刘荣喜
　　　　　黄汝丰
　　　　　王济众
　　　　　王长春(女)
　　　　　王　勇
　　　　　申维龙
　　　　　王守山
　　　　　赵玉刚(挂职)

区政协

主　　席　李祖晨(2月离任)
　　　　　崔振德(2月任职)

副　主　席　冯彦博
岳永禧
焦方乾
穆秋萍（女）
杨　博（女）
王希忠

区纪委

书　　记　翟乃翠（女）

周村区

区委

书　　记　陈　勇（12 月离任）
王树武（12 月任职）

副 书 记　丛锡钢
王明智（5 月离任）
宋振波
任传斗
康仲新
李枝叶（挂职，3 月离任）

常　　委　陈　勇（12 月离任）
王树武（12 月任职）
丛锡钢
王明智（5 月离任）
宋振波
任传斗
康仲新
李枝叶（挂职，3 月离任）
吕　伟
李家玉
常跃之
陈　茜（女）
葛树军
张爱花（挂职，3 月任职）

区人大常委会

主　　任　陈　勇

副　主　任　周克达
房爱英（女）
王大友
李军生
王远明
李国经
韩桓祥
贾延荣（2 月离任）
朱玉炜

区政府

区　　长　丛锡钢（12 月离任）

副　区　长　宋振波
韩俊勇
李作霖
王　健
解翠红（女）
尹　鹏
黄宝传（挂职，3 月离任）
徐天舒（挂职，3 月任职）
王好臣（挂职）

区政协

主　　席　张德业

副　主　席　刘学忠
王翔宇
曹元成
徐盛源
田树军
李玉清（女）

区纪委

书　　记　任传斗

临淄区

区委

书　　记　解维俊（12 月离任）
唐福泉（12 月任职）

副 书 记　唐福泉（12 月离任）
毕荣青（女）
田建民
胡博生
许子森

常　　委　解维俊（12 月离任）
唐福泉
毕荣青（女）
田建民
胡博生
许子森
孙继庆
王秀荣（女）
刘志同（7 月离任）
巩曰锋
王召槐
刘忠远
张　魁（挂职，3 月离任）
张留印（挂职，3 月任职）
王尊庆（7 月任职）

区人大常委会

主　　任　解维俊

副　主　任　刘同信
李建美（女）
王洪英（女）
王效斌
张振富
马运贵
姜国桥
路剑三
刘孝林
单台阶
王延珍

区政府

区　　长　唐福泉（12 月离任）

副　区　长　田建民
张京河
李胜联
乔昌明
孙海青（女）
傅　军
张士友

刘雪杉(挂职,3月离任)
李海滨(挂职,3月任职)
于先进(挂职)

区政协

主　　席　吴　军

副 主 席　于守身
柳文勇
王新荣
徐秋月(女)
于　海
武守南

区纪委

书　　记　胡博生

桓台县

县委

书　　记　王树武(12月离任)
陈　勇(12月任职)

副 书 记　徐建祥(4月离任)
初建波(4月任职)
王可杰
张善忠(3月离任)
张守君(女)
吕永前
夏爱忠(挂职,3月离任)

常　　委　王树武(12月离任)
陈　勇(12月任职)
徐建祥(4月离任)
初建波(4月任职)
王可杰
张善忠(3月离任)
张守君(女)
吕永前
夏爱忠(挂职,3月离任)
张　明
王树银
申佃军
刘春杰
邵明义
伊茂彦
许立平(挂职,3月任职)

县人大常委会

主　　任　王树武

副 主 任　任德盈
宋丰沼(3月离任)
邓永和
李庆元
韩家秀
荆象兰(2月离任)
国新德
孙荣梅(女)
王克海

县政府

县　　长　徐建祥(4月离任)
初建波(4月任职,12月离任)

副 县 长　王树银
孙元亮
刘春杰
高连义
蒲先农
马　靖(女)
荆树璞
孔　毅(挂职,3月离任)
邢志军(挂职,3月任职)
易维明(挂职)

县政协

主　　席　尹德喜

副 主 席　巩秀兰(女)
李向莲
曹永振
毕叔平(2月离任)
张连勋
裴培科

县纪委

书　　记　王可杰

高青县

县委

书　　记　张建祥(1月离任)
蒲绪章(1月任职,12月离任)
李灿玉(12月任职)

副 书 记　蒲绪章(1月离任)
徐培栋(1月任职)
杨洪涛
张洪范(3月离任)
侯全明

常　　委　张建祥(1月离任)
蒲绪章(12月离任)
李灿玉(12月任职)
徐培栋(1月任职)
杨洪涛
张洪范(3月离任)
侯全明
孙立国
吕瑞常
聂建军
张翠芬(女)
邢立国(7月离任)
王秀辉
孙俊斌(7月任职)

县人大常委会

主　　任　张建祥(1月离任)
蒲绪章(1月任职)

副 主 任　曹国孝
崔向胜
赵振亭
张　瑞
苗光学
尹在鲁(2月去世)
王江宁
高爱兰(女)

县政府

县　　长　蒲绪章(1月离任)
　　　　　徐培栋(2月任职)
副 县 长　杨洪涛
　　　　　刘云燕
　　　　　孙玉峰
　　　　　白明河
　　　　　崔新花(女)
　　　　　胡志峰
　　　　　于　军
　　　　　张成利(援藏)
　　　　　王相友(挂职)

县政协

主　　席　陈国华(女)
副 主 席　傅跃岭
　　　　　梁爱珍(女)
　　　　　张振棣
　　　　　曹建民(2月离任)
　　　　　李俊国
　　　　　吴志明
　　　　　孙洪兰(女,2月任职)

县纪委

书　　记　侯全明

沂源县

县委

书　　记　王世庆(12月离任)
　　　　　韩国祥(12月任职)
副 书 记　韩国祥(12月离任)
　　　　　王永胜(7月离任)
　　　　　徐和峰
　　　　　谭秀中
　　　　　张　龙(挂职,3月离任)
常　　委　王世庆(12月离任)
　　　　　韩国祥
　　　　　王永胜(7月离任)
　　　　　徐和峰
　　　　　谭秀中
　　　　　张　龙(挂职,3月离任)
　　　　　赵希忠
　　　　　孟丽莉(女)
　　　　　潘荣文
　　　　　陆汉明
　　　　　孙兆同
　　　　　刘传新
　　　　　陈炳坤(7月离任)
　　　　　吕　惠(7月任职)

县人大常委会

主　　任　王世庆
副 主 任　周仕来
　　　　　冯德昌
　　　　　尹玉法(7月离任)
　　　　　王兴民
　　　　　房思俊(2月离任)
　　　　　曹秀芹(女)
　　　　　冯延明(2月任职)

县政府

县　　长　韩国祥(12月离任)
副 县 长　王永胜(7月离任)
　　　　　赵希忠(7月任职)
　　　　　陈兆爱(女)
　　　　　李明涛
　　　　　朱庆雷
　　　　　翟惠博
　　　　　李庆彪
　　　　　马汇泉(挂职)
科技副县长　刘在明
　　　　　王福栋(挂职)

县政协

主　　席　周世莲(女)
副 主 席　朱道喜(2月离任)
　　　　　李增泰(2月离任)
　　　　　董玉贞(女)
　　　　　陈传禄
　　　　　朱万玲
　　　　　夏传富
　　　　　秦明兰(女,2月任职)
　　　　　张和慈(2月任职)

县纪委

书　　记　谭秀中

淄博高新技术产业开发区

中共淄博高新技术产业开发区工作委员会

书　　记　崔洪刚(兼,12月离任)
　　　　　庄　鸣(兼,12月任职)
常务副书记　刘少村
副 书 记　宋红兴
　　　　　潘公仁
　　　　　韩志强
　　　　　孙兆海
　　　　　李新胜

淄博高新技术产业开发区管委会

主　　任　崔洪刚(12月离任)
　　　　　庄　鸣(12月任职)
副 主 任　刘少村
　　　　　宋红兴
　　　　　潘公仁
　　　　　韩志强
　　　　　陈长明
　　　　　刘兆东
　　　　　陈　刚
　　　　　李新胜
　　　　　鹿奉俊(8月任职)
　　　　　张茂森(挂职,9月任职)
　　　　　魏修亭(挂职)

纪委(监察局)
书　　记　孙兆海
局　　长　郭　成

党委、管委会办公室
主　　任　侯希智

组织人事部(劳动和社会保障局)
部长(局长)　徐传利

经济发展局

局　　长　孙　刚

规划建设土地局

局　　长　赵衍杰(8月离任)
　　　　　张永泉(8月任职)

财政局

局　　长　孙兆科

审计局

局　　长　刘中兴

地方经济社会事业管理局

局　　长　花光常

开发区人民法院

院　　长　鹿奉俊(7月离任)
　　　　　孙星光(7月任职)

副 院 长　张秀君(女)
　　　　　张明洲

党组书记　鹿奉俊(7月离任)
　　　　　孙星光(7月任职)

开发区人民检察院

检 察 长　韦良怡

副检察长　纪善明(8月任职)
　　　　　马连生

党组书记　韦良怡

市公安局开发区分局

局　　长　伊若健

政　　委　王若谦

副 局 长　王保平
　　　　　张建华

党委书记　伊若健

淄博齐鲁化学工业区

中共淄博齐鲁化学工业区工作委员会

书　　记　解维俊(兼,12月离任)

副 书 记　唐福泉
　　　　　毕荣青(女)

淄博齐鲁化学工业区管理委员会

主　　任　唐福泉

副 主 任　毕荣青(女)

中国人民解放军淄博军分区

党委第一书记　张建国

书　　记　韩世幸

副 书 记　鞠洪仑

司 令 员　鞠洪仑

政治委员　韩世幸

副司令员　赵宁杰(10月离任)

副政治委员　武卫国
　　　　　侯希禄

参 谋 长　牟志斌

政治部主任　王建博

后勤部部长　荆树富

中国人民武装警察部队淄博市支队

支 队 长　张成让

第一政委　岳华东(兼)

政　　委　荣先锋

副支队长　赵学强

副 政 委　金修河(6月离任)
　　　　　张桂学(6月任职)

参 谋 长　庄人昌

政治处主任　张桂学(6月离任)
　　　　　欧阳向东(6月任职)

后勤处处长　袁　东

国务院部属、省属单位

中国石化集团齐鲁石油化工公司

经　　理　张瑞生

副 经 理　吴　耘
　　　　　翟丕沐
　　　　　刘博学

党委书记　席秀海

党委副书记　王洪亮
　　　　　刘长新

中国石油化工股份有限公司齐鲁分公司

经　　理　张瑞生(6月离任)
　　　　　王树德(6月任职)

副 经 理　张绍光(6月任职)
　　　　　孟祥德(6月任职)

中国石化齐鲁股份有限公司

董 事 长　张瑞生

副董事长　席秀海

经　　理　王浩水(7月离任)

副 经 理　宋力航(6月离任)

山东铝业公司

经　　理　王再云

副 经 理　徐玉柱
　　　　　于　健

党委书记　刘云鹏

党委副书记　尹雪春

中国铝业股份有限公司山东分公司

总 经 理　刘兴亮

副总经理　刘云鹏

山东铝业股份有限公司

董 事 长　刘兴亮

副董事长　刘庆科(3月离任)
　　　　　刘云鹏(3月任职)

总 经 理　金永静

副总经理　侯　健
　　　　　高贵超
　　　　　刘昌俊
　　　　　王克岳

淄博矿业集团有限责任公司

董 事 长　马厚亮

副董事长　蒋　杰(5月离任)

总 经 理　张寿利

副总经理　张传业
　　　　　张　文
　　　　　段绪兵
　　　　　赵清珠
　　　　　王　勇(5月离任)
　　　　　徐其端
　　　　　张若祥(5月任职)

党委书记　蒋　杰(5月离任)

马厚亮(5 月任职)
党委副书记　马厚亮(5 月离任)
张寿利(5 月任职)
张道伦

淄博市邮政局

局　　长　李明光
副 局 长　宋立华
陶　杰
许同博
李勇林
党委书记　李明光

中国网通(集团)有限公司淄博分公司

总 经 理　闫万刚
副总经理　李　涛
白廷发
刘　涛
韩金祥
党委书记　闫万刚

中国联通有限公司淄博分公司

总 经 理　陈　刚
副总经理　苏晓华
张继东
党委书记　陈　刚

山东移动通信公司淄博分公司

总 经 理　李建新
副总经理　秦志敏(女)
刘　鹏
孙晓燕(女)
党委书记　李建新

淄博市气象局

局　　长　贺业坤
副 局 长　王俊华
臧传花(女)
党组书记　贺业坤
党组副书记　刘春明

淄博供电公司

总 经 理　孙锁文
副总经理　丛　阳(10 月任职)
文鸣鑫
綦海昌(8 月挂职山东电力集团公司)
张　鑫
朱薪志(10 月任职)
党委书记　张玉兰(女)
党委副书记　丛　阳(10 月任职)

淄博市国家税务局

局　　长　张文泉
副 局 长　王衍明
戴继锋(挂职,12 月 31 日正式任职)
王　莉(女)
黄玉远
党组书记　张文泉

淄博市地方税务局

局　　长　于　波
副 局 长　张谦明
高庆功(12 月任职)
崔建国
衣建军
石光华
党组书记　于　波

淄博市工商行政管理局

局　　长　王传新
副 局 长　马立山
谭培泉
巩庆华
张传孝
栾召金
刘　路(女,挂职,10 月离任)
段雪珺(挂职,3 月任职)
党委书记　王传新(6 月任职)

淄博市质量技术监督局

局　　长　贾　峰(5 月任职)
副 局 长　贾　峰(5 月离任)
王建立(5 月离任)
赵　军
张　涛(10 月离任)
王　磊(10 月任职)
党组书记　贾　峰(5 月任职)
党组副书记　贾　峰(5 月离任)

国家安全局

局　　长　赵水清
党委书记　赵水清

中国人民银行淄博市中心支行(与国家外汇管理局淄博中心支局合署)

行　　长　贾广军
副 行 长　韩　伟(2 月离任)
罗亮森(2 月任职)
徐忠波
张维建
党委书记　贾广军
党委副书记　韩　伟(2 月离任)

中国银行业监督管理委员会淄博监管分局

局　　长　毕继繁(11 月离任)
张　强(11 月任职)
副 局 长　郝　军(10 月离任)
于树明(10 月任职)
陈保君(10 月离任)
姜立惠
党委书记　毕继繁(11 月离任)
张　强(11 月任职)
党委副书记　郝　军(10 月离任)
于树明(10 月任职)

中国工商银行淄博市分行

行　　长　李跃刚
副 行 长　韩庆德
王国友
王立亭
石志国
李新武
党委书记　李跃刚

中国农业银行淄博市分行

行　　长　尹德凯
副 行 长　宋作家

韩文英(1月任职)
臧汝舜
韩怀德
白　明(4月任职)
党委书记　尹德凯

中国建设银行淄博市分行
行　长　马天军
副行长　曹元吉
娄文杰(女)
张兆鹏
王超军
党委书记　马天军

中国农业发展银行淄博市分行
行　长　柴洪德
副行长　杨林虎(2月离任)
李　钢(3月任职)
杨庆岭(2月任职)
党委书记　柴洪德

中国银行淄博分行
行　长　李进生
副行长　周曙光
邓德旭
党委书记　李进生

交通银行淄博分行
行　长　辛　杰
副行长　巩庆勇
赵纪庆(1月离任)
陈允建(2月任职)
张　勇
党委书记　辛　杰
党委副书记　刘新亭

中国人民保险公司淄博分公司
总经理　李福胜
副总经理　赵德亭
张建国
冯延辉
党委书记　李福胜

中国人寿保险公司淄博分公司
总经理　王　杰
副总经理　王晓明
关明明
党委书记　王　杰

中国太平洋财产保险股份有限公司淄博中心支公司
总经理　项海涛(10月离任)
王　峰(10月任职)
副总经理　关庆杰
孙　俊
党委书记　项海涛(10月离任)
王　峰(10月任职)

中国太平洋人寿保险股份有限公司淄博中心支公司
总经理　陈昌诚
副总经理　高　军
陶颖倩(女)
党委书记　陈昌诚

中国平安保险股份有限公司淄博支公司(寿险)
总经理　韩玉斌(5月离任)
王建伟(5月任职)
副总经理　(缺职)
党组书记　韩玉斌(5月离任)
王建伟(5月任职)

中国平安保险股份有限公司淄博支公司(财险)
总经理　刘俊龙
副总经理　毕新宇(女)
高东明
党支部书记　刘俊龙

中华人民共和国淄博出入境检验检疫局
局　长　郭利军
副局长　王克刚
党组书记　郭利军

中华人民共和国淄博海关
关　长　远　林(9月离任)
邱　林(9月任职)
副关长　毛　峰
党组书记　远　林(9月离任)
邱　林(9月任职)

淄博市丝绸公司
经　理　焦连栋
副经理　曹永志(6月任职)
党委书记　焦连栋

淄博市烟草专卖局(公司)
局　长　傅体兴
总经理　傅体兴
副局长　王洪波
于纪纲
翟汉臣(11月任职)
副总经理　王洪波
耿玉喜(11月离任)
翟　义
党委书记　傅体兴
党委副书记　王洪波

淄博市黄河河务局
局　长　刘友文(3月离任)
李振玉(12月任职)
副局长　李振玉(12月离任)
邱广忠(3月离任)
赵建勇
冷继省(4月任职)
党组书记　刘友文(3月离任)
李振玉(12月任职)

淄博市药品监督管理局
局　长　王谋昌
副局长　王在方
王立民
林炳勇(挂职,8月离任)
吴世福(8月任职)
党委书记　王谋昌

(陈思林　杨新国　范新刚
周其文　熊　欣　整理)

经济和社会发展

【国民经济】 是年，全市上下坚持以科学发展观、构建和谐社会重大战略思想为指导，认真贯彻落实国家宏观调控政策，着力抓好新农村建设、自主创新、节能降耗、环境保护、服务业发展、区县域经济发展、和谐社会建设等重点工作，实现了"十一五"规划良好开局。全市完成生产总值1645.16亿元，增长15.8%。其中，一、二、三产业增加值分别增长4.5%、15.8%和17.5%。境内财政总收入200.53亿元，增长24.87%。其中，地方财政收入80.7亿元，增长25.84%。城市居民人均可支配收入达到13794元，增长14.6%；农民人均纯收入5641元，增长12.5%。

【农业和农村经济】 是年，扎实推进社会主义新农村建设，促进全市农村生产力的发展和农民增收。农村经济进一步发展，粮食总产143.5万吨，增长9.1%，创6年来最高水平。蔬菜、林果、畜牧产业稳步发展。新认定无公害蔬菜和绿色食品基地4.49万公顷、市级农业产业化龙头企业62家。农村基础设施普遍得到加强，改造建设农村公路586.8公里，治理病险水库30座，解决了502个村40万人的饮水问题，新建农村户用沼气池1万个。培训农村劳动力2万人，转移输出农村劳动力7万人。认真落实各项支农、惠农政策，财政性支农资金达到19.05亿元。

【工业经济】 是年，全市工业经济保持快速发展，运行质量持续提高，完成规模以上工业销售收入3441.38亿元、利税340.61亿元、利润193.2亿元，分别比2005年增长28.85%、24.74%和25.12%。自主创新能力不断提高，新增省级工程技术(研究)中心36家、高新技术企业53家；一批国家、省重大科技专项项目顺利推进，高新技术产业产值突破千亿元大关，达到1035.38亿元，占规模以上工业总产值比重达到29.1%；新增中国名牌11个、中国驰名商标5件。节能降耗取得明显成效，148家重点耗能企业的29项单位产品能耗指标中，有25项同比下降，COD、二氧化硫排放量分别下降5.3%和4.28%。

【服务业发展】 是年，把发展繁荣服务业作为调整经济结构和转变增长方式的突破口来抓，服务业发展步伐明显加快。全市实现服务业增加值503.38亿元，增长17.5%，占生产总值的比重同比上升1.59个百分点，达到30.6%。全市实现社会消费品零售总额499.81亿元，同比增长16%。旅游、现代物流等重点行业迅速发展，全年旅游人数首次突破千万人大关，共接待国内游客1096.75万人，实现国内旅游收入76.43亿元，同比增长20.2%。流通重点项目进展顺利，中国陶瓷科技城等一批重点项目相继建成开业。金融机构各项人民币存款余额1228.77亿元，比年初增长12.32%；各项人民币贷款余额849亿元，比年初增长15.27%。居民消费价格上涨1.1个百分点。

【固定资产投资】 是年，认真贯彻中央宏观调控政策，严把土地信贷闸门和市场准入门槛，下大气力调整优化投资结构，投资增幅明显回落。全市完成规模以上固定资产投资615.1亿元，增长18.1%，增幅比2005年回落19.7个百分点。其中，第二产业投资367.8亿元，增长9.7%；第三产业投资243.73亿元，增长34.5%。

【对外贸易和招商引资】 是年，全市实现外贸进出口总额37.6亿美元，增长19.9%。其中，外贸出口25.09亿美元，增长24.4%。引进各类外来投资153.9亿元。其中，实际利用外商直接投资3.7亿美元，增长22.3%。

【城乡建设】 是年，全面完成新城区"二纵四横"6条骨干道路及配套管网建设，体育中心、图书馆等工程开始启动。老城区部分重点区域和地段得到整治，中心城区排水管网建设进展顺利，猪龙河中心城区段雨污分流治理全面完成。新建园林绿地460公顷，建设完善绿色通道145公里。交通基础设施建设进展顺利，济青高速公路南线、昌国路立交桥工程加快建设，惠青黄河公路大桥建成试运行，滨博高速公路博山出口立交桥等一批道路工程竣工通车。

【区域经济】 坚持"抓两头、带中间"，促进区县域经济快速健康发展。4个区县受到省委、省政府重奖或表彰，县域经济综合实力明显增强。集中突破高青、沂源两个欠发达县，两县发展势头良好。园区经济成为促进区县域经济发展的重要载体，全市12个省级以上开发区被国家发改委公告核准，数量居全省第一位。

【和谐社会建设】 全面落实和谐淄博建设任务，各项社会事业全面发展。是年，城镇新增就业11万人，城镇登记失业率控制在2.75%。"五大保险"年内新增参保40.16万人次。农村中小学布局调整基本完成，近2万名农村家庭困难学生享受"两免一补"。完成25处乡镇卫生院和400个村卫生室的改造建设任务，新型农村合作医疗覆盖农村人口210万人，参合率达到89.81%。人口自然增长率控制在2.9‰。有线数字电视"村村通"工程基本完成，成功取得第22届省运会的承办权。

（王庆伟）

经济体制改革

【概况】 2006年，全市经济体制改革工作围绕市委、市政府的中心工作，大胆改革，开拓创新。企业改革以做大做强优势企业为重点，成功实施华光陶瓷的资产重组，"资产重组、股权分置改革、定向增发"三合一的重组方案，在证券市场上产生重要的影响。企业上市又结硕果，在全省率先完成股权分置改革的基础上，鲁阳股份成为全市第一家以IPO方式上市的公司。加大上市资源培植力度，建立上市后备资源50强资源库，与深圳证券交易所建立了企业上市的合作机制，企业上市步入程序化、规范化的轨道。非上市股份公司规范运作水平进一步提高，按照新的《中华人民共和国公司法》和《中华人民共和国证券法》，法人治理结构逐步完善，股权结构进一步优化，企业竞争力提升，投资者权益回报率提高。针对多层次资本市场的建立，继续探索原报价系统遗留问题的解决方式。

【成功实施华光陶瓷资产重组】 华光陶瓷股份有限公司于2004年、2005年连续两年出现巨额亏损，股票被特别处理，已失去持续经营能力。经过一年多的艰苦工作，由山东金岭铁矿对华光陶瓷进行重大资产重组，同时进行股权分置改革与

股权分置改革网上交流会　（市体改办　供稿）

定向增发。“三合一”的重组方案取得圆满成功，为资本市场绩差公司走出困境闯出了新路，得到中国证监会和国资委的充分肯定，被称为“华陶模式”。重组完成后，金岭铁矿成为上市公司第一大股东。9月20日，华光陶瓷股票复牌。11月8日，“ST华陶”变更为“ST金岭”，标志着华光陶瓷重组圆满完成。

【促进非上市股份公司规范运作】 2006年，新修订的《中华人民共和国公司法》和《中华人民共和国证券法》正式实施。市经济体制改革办公室对落实新《公司法》进行部署，就实施新《公司法》及公司章程修改、召开年度股东大会、财务审计、公告年度报告、信息披露等工作提出要求。是年，全市非上市股份公司进行年度审计的达到97家，召开股东大会的63家，公告并实施分红的42家，全市非上市股份公司均按新修订的《公司法》修改了公司章程。在推进国有资产重组、实现企业产权多元化方面继续做出努力。重点在改制程序、股权设置、法人治理结构等方面为企业提供咨询指导，并着力解决“二次产改”后部分企业暴露出来的问题，进一步巩固全市产权制度改革的成果。

【上市公司股权分置改革】 是年，认真贯彻落实国家、省加快上市公司股权分置改革工作的指示精神，全力推动淄博市上市公司股权分置改革工作。按照“不分难易、整体推进”的工作思路，推动上市公司股改工作全面展开。博汇纸业在全省率先完成股改。6月底，华光陶瓷股改方案获得通过，全市股改工作全面完成。在股权分置改革中，淄博市上市公司股改的平均对价为每10股送2.74股。上市公司股改工作走在全省前列，为全市股权分置改革后尽快实现新股发行创造了条件。

【培育企业上市后备资源】 2006年，及时跟踪上市后备资源企业，对上市后备资源库进行调整和充实，全市后备资源企业达到50家。8月2日，市政府与深圳证券交易所在淄博市联合召开加快淄博市中小企业上市进程座谈会，深交所有关领导、专家到会指导，并作专题报告。会上，淄博市与深交所签订“加快推进淄博市中小企业上市进程合作备忘录”。按照备忘录，深交所将与淄博市在推动企业上市方面建立长期的合作机制，并及时向淄博市反馈中小企业板有关政策及情况，全力协助指导淄博市上市后备资源培育和企业改制上市工作。会后，有3家公司与有关中介机构签订了上市改制辅导协议。截至年底，有8家企业进入境内上市工作程序，博泵科技的上市材料已报证监会审核。

市政府与深交所、山东证监局联合召开加快淄博市中小企业上市进程座谈会　（市体改办　供稿）

【企业上市工作】 2006年，上市融资工作取得新的成果。11月17日，中国证监会批准鲁阳公司以11元/股的价格发行2600万股A股，募集资金2.86亿元。鲁阳股份有限公司成为全省在股改完成后第一批实现上市的公司，股票上市首日开盘价23元，成为当时淄博市在证券市场上的第一高价股。截至年底，除齐鲁石化由中石化收购终止上市外，全市共拥有13家上市公司，上市公司股票数15只。

【上市公司资产质量】 2006年，按照中国证监会的要求，为解决上市公司中大股东占用上市公司资金的问题，市财政拿出3000万元现金和13宗土地，彻底解决了上市公司多年形成的1.56亿元大股东欠款问题，此举得到证券监管部门的充分肯定。扶持大成股份建设投产自备电厂，大幅度降低公司的生产成本；通过股权划转引进新的大股东，推动大成股份持续稳定发展。是年，淄博市上市公司质量都有明显提高，鲁泰纺织、山东药玻、鲁阳股份、新华医疗、博汇纸业、金晶科技等均在国内同行业中处于领先地位，在证券市场树立了良好的形象。

【积极稳妥处理原报价系统遗留问题】 为适应多层次资本市场的建立，对市内外原淄博证券自动报价系统摘牌的41家企业进行调查，掌握企业产权制度改革、公司基本情况、公司经营状况及规范运作状况，并建立“规范企业数据档案库”。积极抓好外地摘牌企业的股权回购，对龙口油泵、镇江钛白、镇大股份3家公司有关股权回购事宜与当地政府及企业进行协商，镇江钛白股份有限公司已经实施回购。为维护中小股东的投资权益，督促摘牌企业继续做好召开2005年度股东大会、披露年度报告和分红派息的工作。2006年，有13家公司召开年度股东大会。认真处理好股民提出的各种问题，积极关注股民的思想动态。全年共接待来访股民、债民120余人次，办理市内外股民及债民来信9封。积极探索原挂牌公司信息披露的新路子，督促摘牌公司按照新《中华人民共和国公司法》正常披露信息，便于股民及投资者通过网络了解公司情况。为强化摘牌公司的社会责任感，筹备建立“股份公司网”。年内，网站已经注册，筹备工作完成。

【天同证券委托理财的赔付工作】 2005年，天同证券委托理财出现重大问题。按照省政府关于做好赔付工作的部署，2006年年初，金额在10万元以下的个人理财已全额兑付。9月，按照国家四部委和省政府的要求，天同证券委托理财20

万元以上个人债权部分由国家中小投资者保护基金拨付清偿，淄博市配合省甄别确认工作小组对个人债权进行了现场甄别确认。市经济体制改革办公室与天同证券淄博总部制定了周密的工作方案，并与500余名债权人分别谈话，逐一落实，圆满完成确认工作。

【协调指导县域经济加快发展】 按照因地制宜、分类指导和“抓两头、带中间”的县域经济发展工作思路，落实好各项扶持政策和措施，使各区县加快县域经济发展的积极性和主动性得到充分发挥。全市4个经济强区县的经济板块都具有鲜明的特色，已成为发展县域经济的主力军，为淄博市率先在中部崛起发挥出巨大作用。临淄区在2005年全省30强综合测评中，经济社会发展综合评价指数和增幅居全省首位，另有3个区县的增幅排位也有较大前移。6月7日，在全省县域经济现场会上，临淄区受到表彰和重奖。

【发挥中介机构职能】 4月，围绕促进全市经济鉴证类中介机构健康发展，在全市经济鉴证类中介行业中，组织了“十佳集体”“十佳个人”评比表彰活动，对推动全市经济鉴证类中介机构的规范与发展起到推动作用。12月，为进一步在全市中介组织中倡导公平竞争、维护正常市场秩序和树立依法运作、诚信执业的行业风尚，40家经济鉴证类中介机构签订了自律公约和服务收费公约。公约中明确提出以反对无序竞争、压低收费来规范服务收费，以反对商业贿赂、促进廉洁自律来依法执业，以反对虚假承诺、瞒哄欺诈来促进公平竞争和诚信服务。

附：

淄博市上市公司基本情况表

<table>
<tr><th>序号</th><th>上市公司名称</th><th>上市地</th><th>上市时间</th><th>上市方式</th><th>总股本（万股）</th><th>实际流通股(万股)</th><th>已发行未上市社会公众股(万股)</th></tr>
<tr><td>1</td><td>大成股份</td><td>上海证券交易所</td><td>1995—12—06</td><td>A股</td><td>21373</td><td>14699</td><td>6674</td></tr>
<tr><td>2</td><td>金岭铁矿(华光陶瓷)</td><td>深圳证券交易所</td><td>1996—11—18</td><td>A股</td><td>32125</td><td>11946</td><td>20179</td></tr>
<tr><td>3</td><td>鲁信高新(四砂股份)</td><td>上海证券交易所</td><td>1996—12—25</td><td>A股</td><td>20228</td><td>8501</td><td>11727</td></tr>
<tr><td rowspan="2">4</td><td rowspan="2">新华制药</td><td>深圳证券交易所</td><td>1997—08—06</td><td>A股</td><td rowspan="2">45731</td><td>10280</td><td rowspan="2">20451</td></tr>
<tr><td>香港中央证券登记有限公司</td><td>1996—12—31</td><td>H股</td><td>15000</td></tr>
<tr><td>5</td><td>山东铝业</td><td>上海证券交易所</td><td>1999—06—30</td><td>A股</td><td>67200</td><td>19200</td><td>48000</td></tr>
<tr><td>6</td><td>万杰高科</td><td>上海证券交易所</td><td>2000—01—13</td><td>A股</td><td>53625</td><td>26414</td><td>27211</td></tr>
<tr><td rowspan="2">7</td><td>鲁泰A</td><td>深圳证券交易所</td><td>2000—12—25</td><td>A股</td><td rowspan="2">42243</td><td>14761</td><td rowspan="2">11258</td></tr>
<tr><td>鲁泰B</td><td>深圳证券交易所</td><td>2000—12—25</td><td>B股</td><td>16224</td></tr>
<tr><td>8</td><td>山东药玻</td><td>上海证券交易所</td><td>2002—06—03</td><td>A股</td><td>22250</td><td>15467</td><td>6783</td></tr>
<tr><td>9</td><td>金晶科技</td><td>上海证券交易所</td><td>2002—08—15</td><td>A股</td><td>22285</td><td>10469</td><td>11816</td></tr>
<tr><td>10</td><td>新华医疗</td><td>上海证券交易所</td><td>2002—09—27</td><td>A股</td><td>8582</td><td>5282</td><td>3300</td></tr>
<tr><td>11</td><td>博汇纸业</td><td>上海证券交易所</td><td>2004—05—24</td><td>A股</td><td>28080</td><td>17746</td><td>10334</td></tr>
<tr><td>12</td><td>瑞阳制药</td><td>新加坡证券交易所</td><td>2005—09—08</td><td>S股</td><td>随母公司上市</td><td></td><td></td></tr>
<tr><td>13</td><td>鲁阳股份</td><td>深圳证券交易所</td><td>2006—11—30</td><td>A股</td><td>10325</td><td>2080</td><td>8245</td></tr>
</table>

注：数据截至2006年底。瑞阳制药随母公司在境外上市，母公司总股本为33340万股。

（臧艳芬）

社会主义精神文明建设

【概况】 2006年，全市精神文明建设工作以创建文明城市、建设文明淄博为主线，以构建和谐社会为目标，贴近实际、贴近生活、贴近群众，继续实施城乡环境综合整治、创建服务品牌、城乡社区建设、市民素质教育四大工程。全市精神文明创建工作围绕中心，服务大局，重点突出，整体推进，呈现出积极、健康、向上的良好发展态势；以树立社会主义荣辱观为重点，广泛开展学习实践活动，思想道德建设取得新突破；围绕建设社会主义新农村，着力促进乡风文明、村容整洁，农村精神文明建设逐步加强；工作机制有效运转，创建文明城市积极稳步推进，保持常态发展；创建文明行业领域不断拓展，工作不断深化；未成年人思想道德建设措施有力、工作扎实；各项基层基础工作更加巩固，全市精神文明建设在新的起点上实现了新发展。

【城市精神文明建设】 1. 开展创建文明城市“回头看”活动。把解决影响创城的垃圾处理、污水处理、空气质量等10个问题作为工作重点，分解落实到27个部门和各区县、高新区。开展重点督查活动，下发督办通知单，督促有关单位限期进行整改。2. 推动“文明淄博”建设“十大行动”。深入开展营造环境、文明养成、繁荣文化、塑造品牌、科学普及、诚信友爱、容貌整洁、环境保护、奉献爱心、健康成长“十大行动”，推进“文明淄博”建设各项任务的落实。3. 强化各项创建活动。把精神文明创建工作与国家卫生城市、绿色城市、园林城市、生态市建设、碧水蓝天计划和新三年环境综合整治活动等创建工作结合起来，全市800多个文明单位积极参与，形成创建工作合力。4. 完成《淄博市"十一五"期间精神文明建设规划》的编制工作。在认真调查研究、反复征求社会各界意见和建议的基础上，制定《淄博市"十一五"期间精神文明建设规划》，对"十一五"期间全市精神文明建设工作进行全面规划部署。

【市民文明素质教育】 一是广泛组织开展社会主义荣辱观教育。召开机关工委、工商、交通、供电、执法等部门参加的协调

淄博市十佳文明市民田升俊在对学生进行传统教育
（信德鹏　摄）

会，对机关、学校、企业、农村和行业、社区开展践行社会主义荣辱观活动分别做出安排。印发践行"八荣八耻"建设文明淄博宣传画2万份。二是认真组织"公民道德宣传日"宣传实践活动。9月20日，组织开展"公民道德宣传日"活动，正式公布《市民公德100则》，组织社区义工启动仪式和"感动淄博十佳人物"的推荐评选等道德实践活动。三是学习型城市建设成效显著。以建设学习型机关、学习型企业、学习型社区、学习型家庭、学习型村镇、学习型行业为重点，建立了市、区、街道、社区四级学习网络。"优秀图书进社区、进乡村"和省级文明单位向社区捐赠图书、报刊等活动，促进了市民素质的提高。四是为未成年人健康成长创造良好环境。实施了未成年人"文化环保工程"。6月，协调有关部门，对全市网吧开展集中专项检查活动。对全市90家网吧进行拉网式检查，对存在问题的网吧限期整改，查处关闭一批黑网吧。对校园周边环境和未成年人用品及书刊市场进行整治。征集未成年人思想道德建设创新案例100余例，推进了教育方式创新。

【社区精神文明建设】 以构建温馨、和谐社区为载体，积极开展社区文化活动，努力构筑和谐社区人际关系，不断提升社会服务水平，优化社区居民生活环境。承办了山东省第三届"四进社区"文艺展演暨全省"文化进社区"经验交流会，16个节目参加展演，淄博市报送的节目分别获金、银、铜奖各1个，优秀奖3个。全市1个社区被评为全国文化先进社区，4个社区被评为全省文化先进社区。在全省"文化进社区"经验交流会上，淄博市作经验介绍，张店区作典型发言。成功举办淄博市第二届邻居节。组织开展"和谐社区文明互助感人故事"征文，好邻居、文明家庭、文明楼道评选，居民喜爱的十佳社区工作者评选，为城市贫困家庭发放救助金，电影进社区和社区义工服务活动等邻居节系列活动；举办淄博市暨张店区第二届

山东省第三届"四进社区"文艺展演
（信德鹏　摄）

邻居节文艺演出；编辑出版《社区奏响文明和谐的乐章——淄博市首届邻居节活动集锦》。按照"党政领导、部门牵头、社区组织、群众自愿、丰富内容、完善形式、渐成风气"的要求，全面依托社会志愿者组织，创造性地开展社区义工活动，提升社区精神文明建设水平。年内，全市共注册义工队(组)1000多个(含农村)，注册义工人员8000余人，城区社区义工队伍服务站29个，社区义工组织网络初步形成。深入开展创建绿色社区、温馨物业管理小区等活动，举办"十大温馨社区"评选。2006年，全市有市级以上绿色社区29家，其中省级绿色社区10家、国家级绿色社区1家。

【农村精神文明建设】 围绕建设社会主义新农村，着力促进乡风文明、村容整洁，农村精神文明建设逐步加强。认真组织开展全市农村精神文明建设调研活动，在全市农村广泛实施倡导树新风、素质培育、繁荣文化、容貌整治、文明创建五大行动。自2004年开展农村"三个一"创建活动以来，至2006年底，全市每个村已基本达到"三个一"要求，有力地推进了新农村建设。在全市组织开展城乡共建、村企共建、村村共建、文明村结对帮扶、文明单位与村结对帮扶等系列共建活动，实现联片共建，推动全市农村精神文明建设全面发展。以整治村容村貌、促进乡风文明为主要内容，广泛开展文明生态村、文明小康村、文明信用户等创建活动。深入开展农村道德评议活动，扎实开展十星级文明户、"五型光荣户"、文明家庭、学习型家庭和"好媳妇、好婆婆"等评选活动。组织开展"送年画、送春联、送温暖"活动，向农民群众送年画5万余份。

【创建文明行业活动】 在全市开展"共铸社会诚信、创建服务品牌"活动。继续抓好放心药店、放心粮油、放心市场等与老百姓生活密切相关的窗口行业优质服务品牌。加强"12345"行政投诉热线以及"110""148""12315"等市民服务热线建设，提高文明行业整体创建水平。组织开展行业系列创建活动。参与全省建设行业文明服务规范管理先进单位和文明服务标兵、全省交通行业文明建设工作先进单位和个人、全省通讯行业文明单位和文明窗口、全省工商系统规范化文明市场和文明经营区等系列评选活动。与市工商局、市民政局、市旅游局等单位联合开展私营企业"双百佳"、非企业民营组织诚信单位评选等活动，促进行业精神文明建设水平不断提升。2006年，淄博市被评为全省"百城万店无假货"活动先进城市，受表彰的示范街(店)数量居全省各市首位。　（信德鹏）

淄博市社会经济统计资料

说明:本资料根据2006年快报数字整理。资料中所有价值指标除注明不变价外,均按当年价格计算,指数按可比价格计算。“空格”表示该项数据不详,“—”表示无该项数据,“#”表示其中项。

行政区划及人口密度

地　区	乡镇(个)	#镇	街道办事处(个)	居委会(个)	村民委员会(个)	土地面积(平方公里)	人口密度(人/平方公里)
全　市	82	74	24	433	3104	5938	704.15
市辖区	48	44	22	375	1339	2856	968.25
淄川区	17	14	4	82	403	999	673.59
张店区	8	8	8	107	158	360	1970.91
博山区	11	11	2	120	209	682	681.20
临淄区	9	8	5	55	414	668	897.30
周村区	4	4	5	30	200	263	1212.61
桓台县	11	11	0	14	335	499	991.44
高青县	9	9	0	11	759	830	437.88
沂源县	13	9	0	14	626	1637	340.72

综　合

指　标　名　称	单位	2006年	比2005年增长(%)	指　标　名　称	单位	2006年	比2005年增长(%)
地区生产总值	亿元	1645.16	15.8	社会消费品零售总额	亿元	499.81	16.0
第一产业	亿元	62.72	4.5	人均社会消费品零售总额	元	11973	15.6
第二产业	亿元	1079.06	15.8	规模以上固定资产投资	亿元	615.10	18.1
第三产业	亿元	503.38	17.5	进出口总值	亿美元	37.60	19.9
地区生产总值构成	%	100	—	#出口总值	亿美元	25.09	24.4
第一产业	%	3.8	−0.4	进出口总值占GDP比重	%	17.83	0.1
第二产业	%	65.6	−1.2	出口总值占GDP比重	%	11.90	0.5
第三产业	%	30.6	1.6	外商直接投资	亿美元	3.70	22.3
人均地区生产总值	元	37039	14.7	城乡居民储蓄存款余额	亿元	725.30	14.8
非公有制增加值占GDP的比重	%	59.1	1.9	城乡居民人均可支配收入	元	13794	14.6
地方财政收入	亿元	80.70	25.8	农民人均纯收入	元	5641	12.5
地方财政收入占GDP比重	%	4.91	0.4	在岗职工平均工资	元	19800	15.4
人均地方财政收入	元	1933	25.4	居民消费价格指数	%	101.1	1.1

注:单位是%的增长栏为比2005年增减百分点。

农林牧渔业主要指标

指标名称	单位	2006年	比2005年增长(%)	指标名称	单位	2006年	比2005年增长(%)
一、种植业				家禽存养数	万只	1069.21	-38.9
粮食	万吨	143.51	9.1	三、渔业			
夏粮	万吨	64.53	8.9	水产品产量	万吨	2.80	2.8
秋粮	万吨	78.99	9.3	四、其他			
棉花	万吨	1.84	-8.3	农机总动力	万千瓦	308.01	1.7
油料	万吨	1.38	-3.3	#农用排灌动力	万千瓦	77.78	-9.3
蔬菜	万吨	192.37	—	化肥使用折纯量	万吨	10.94	-5.1
瓜、果类	万吨	74.17	—	农村用电量	亿千瓦时	50.22	14.1
#水果	万吨	55.06	5.0	有效灌溉面积	万公顷	12.69	0.2
二、畜牧业				五、农林牧渔业总产值	亿元	116.02	1.8
肉类总产量	万吨	15.12	-10.8	农业总产值	亿元	76.61	9.5
奶类产量	万吨	9.18	-9.7	林业总产值	亿元	5.26	-8.3
禽蛋产量	万吨	9.79	-32.8	牧业总产值	亿元	29.45	-9.0
牛年底存栏	万头	11.56	-44.1	渔业总产值	亿元	1.98	6.0
猪年底存栏	万头	43.20	-36.5	农林牧渔业服务业	亿元	2.72	-7.0
羊年底存栏	万只	35.58	-35.8				

企业景气状况

指标名称	企业家信心指数	企业景气指数	指标名称	企业家信心指数	企业景气指数
总体状况	149.96	155.8	住宿和餐馆业	135.71	128.57
按行业分			按登记注册类型分		
工业	153.87	161.19	国有企业	131.77	98.68
建筑业	150.58	146.88	集体企业	150.2	132.67
交通运输、仓储及邮电通信业	129.16	129.16	股份合作企业	165.31	145.31
批发和零售业	139.89	162.85	有限责任公司	149.92	161.08
房地产业	164.9	154.12	股份有限公司	154.85	176.47
社会服务业	140	110	私营企业	146.43	116.67
信息传输、计算机服务和软件业	158.93	159.7	外商及港、澳、台投资企业	128.59	167.58

注:景气指数为2006年四季度数据。

规模以上工业总产值、增加值

指标名称	单位	2006年	比2005年增长(%)	指标名称	单位	2006年	比2005年增长(%)
工业企业单位数	个	2501	17.20	#高新技术产业产值	亿元	1035.38	31.45
#亏损企业	个	166	-14.00	占规模以上工业产值的比重	%	29.10	2.05
#非公有制工业	个	2184	18.31	#非公有工业产值	亿元	1966.84	37.51
#轻工业	个	635	11.80	占规模以上工业产值的比重	%	55.28	5.21
重工业	个	1866	19.16	工业增加值	亿元	1009.57	24.83
工业总产值	亿元	3558.02	28.47	工业销售产值	亿元	3497.72	28.71
#新产品	亿元	148.45	30.26	#出口交货值	亿元	214.00	21.14

规模以上工业主要经济指标

单位：亿元

指 标 名 称	2006 年	比 2005 年增长(%)	指 标 名 称	2006 年	比 2005 年增长(%)
应收账款净额	171.46	24.64	＃销售税金及附加	27.68	28.44
产成品存货	117.01	14.62	管理费用	106.50	10.01
流动资产平均余额	1008.69	26.17	财务费用	39.55	20.10
固定资产净值平均余额	902.64	14.95	亏损企业亏损额	14.77	55.94
资产合计	2265.43	18.25	利税总额	340.61	24.74
负债合计	1318.22	19.32	＃利润	193.20	25.12
产品销售收入	3441.38	28.85	实缴税金总额	147.45	19.19
＃出口产品	197.07	22.58	应缴增值税	119.73	23.32
＃销往省外产品	625.24	23.15			

规模以上地方工业主要经济指标

单位：亿元

指 标 名 称	2006 年	比 2005 年增长(%)	指 标 名 称	2006 年	比 2005 年增长(%)
应收账款净额	150.45	25.77	＃销售税金及附加	13.35	48.04
产成品存货	98.38	14.70	管理费用	68.36	23.15
流动资产平均余额	804.61	28.30	财务费用	36.00	27.19
固定资产净值平均余额	591.97	18.97	亏损企业亏损额	7.51	14.77
资产合计	1672.16	21.27	利税总额	258.52	35.20
负债合计	1013.27	22.68	＃利润	154.35	35.69
产品销售收入	2516.63	35.23	实缴税金总额	89.37	32.40
＃出口产品	185.78	24.17	应缴增值税	90.82	32.69
＃销往省外产品	325.89	22.67			

主要工业产品产量

指 标 名 称	单位	2006 年	比 2005 年增长(%)	指 标 名 称	单位	2006 年	比 2005 年增长(%)
原煤	万吨	1543.68	9.95	水泥	万吨	2133.22	24.78
洗煤	万吨	29.35	－24.39	平板玻璃	万重量箱	1601.00	0.56
原油加工量	万吨	1210.55	9.57	汽车	万辆	2.86	9.67
发电量	亿千瓦时	188.19	4.53	日用陶瓷	万件	86630.89	17.59
生铁	万吨	514.22	22.98	彩色电视机	万台	64.85	11.82
钢	万吨	90.27	35.95	电饭锅	万个	27.00	－11.98
10 种有色金属	万吨	12.57	25.28	化学纤维	万吨	20.35	－48.18
纯碱	万吨	2.69	13.91	纱	万吨	15.88	11.75
烧碱	万吨	40.70	12.82	布	万米	100756.86	－2.72
乙烯	万吨	83.88	1.65	啤酒	万千升	10.55	17.86
化肥	万吨	45.00	27.26	白酒	万千升	3.00	26.67
化学农药	万吨	2.14	14.80	机制纸及纸板	万吨	152.34	6.16
塑料薄膜	万吨	7.13	54.98				

规模以上固定资产投资

指　标　名　称	单位	2006年	比2005年增长(%)	指　标　名　称	单位	2006年	比2005年增长(%)
规模以上固定资产投资	亿元	615.10	18.1	安装工程	亿元	46.94	34.7
按产业分				设备工器具购置	亿元	232.61	18.0
第一产业	亿元	3.57	－17.4	其他费用	亿元	53.75	2.2
第二产业	亿元	367.80	9.7	按隶属关系分			
第三产业	亿元	243.73	34.5	中央、省属	亿元	66.68	70.3
按建设性质分				市属	亿元	53.54	124.9
新建	亿元	172.96	19.3	区县属及以下	亿元	494.88	8.1
扩建	亿元	199.94	11.0	商品房销售面积	万平方米	345.55	70.0
改建	亿元	94.62	20.3	＃住宅	万平方米	321.34	68.7
按构成分				商品房销售额	亿元	72.86	83.7
建筑工程	亿元	281.80	19.2	＃住宅	亿元	64.61	80.4

社会消费品零售额

单位:亿元

指　标　名　称	2006年	比2005年增长(%)	指　标　名　称	2006年	比2005年增长(%)
社会消费品零售额	499.81	16.0	其他行业	15.59	3.8
一、按销售单位所在地分			三、按经济类型分		
市	400.15	16.4	国有及国有控股	64.79	22.0
县	40.75	14.1	集体经济	12.42	23.4
县以下	58.92	14.6	个体经济	280.78	11.4
二、按行业分			私营经济	64.87	25.7
＃批零贸易业	350.39	16.3	外商经济	0.37	17.7
＃规模以上	153.17	27.3	其他经济	76.59	20.1
餐饮业	71.38	17.2			

地方财政收支

单位:万元

指　标　名　称	2006年	比2005年增长(%)	指　标　名　称	2006年	比2005年增长(%)
地方财政收入	806969	25.84	农业支出	40100	16.40
增值税(25%部分)	139139	26.62	城市维护费	85489	21.70
营业税	127667	25.98	文体广播事业费	27436	21.78
其他各税	152988	30.48	教育事业费支出	190130	25.72
城市维护建设税	65105	13.28	科学支出	6701	－12.29
企业所得税	112054	33.57	科技三项费用	15393	51.25
耕地占用税	14260	－11.25	抚恤和社会福利救济费	25117	20.55
专项收入	47901	8.93	行政管理费	116703	21.14
其他各项收入	147855	33.96	公检法司支出	61358	21.27
＃行政性收费收入	55925	24.13	政策性补贴支出	4712	519.19
地方财政支出	1010541	25.43	专项及其他支出	386727	30.06
企业挖潜改造资金	50675	16.47			

进出口与利用外资

指标名称	单位	2006年	比2005年增长(%)	指标名称	单位	2006年	比2005年增长(%)
进出口总值	万美元	376029	19.9	加工贸易	万美元	91979	7.9
进口总值	万美元	125152	11.9	#国有企业	万美元	28010	-2.0
#一般贸易	万美元	74765	25.7	三资企业	万美元	133306	26.4
加工贸易	万美元	45855	1.5	其他企业	万美元	89561	32.8
#国有企业	万美元	23003	12.9	利用外资			
三资企业	万美元	51241	-7.8	批准项目个数	个	113	-41.5
其他企业	万美元	50908	42.2	合同利用外资	万美元	40754	-58.3
出口总值	万美元	250877	24.4	外商直接投资	万美元	36953	22.3
#一般贸易	万美元	158401	36.2				

运输邮电及旅游业

指标名称	单位	2006年	比2005年增长(%)	指标名称	单位	2006年	比2005年增长(%)
公路通车里程	公里	9695.7	—	外国人	万人	3.64	3.40
公路客运量	万人	19567	6.57	香港同胞	万人	0.45	40.00
公路货运量	万吨	5864	9.51	澳门同胞	万人	0.07	75.00
公路客运周转量	万人公里	425105	11.30	台湾同胞	万人	1.07	70.00
公路货运周转量	万吨公里	373540	18.11	国内游客	万人	1096.75	18.11
邮政业务总量	亿元	3.35	16.30	旅游总收入	亿元	77.34	20.10
电信业务总量	亿元	28.10	22.33	旅游外汇收入	万美元	1170	19.10
游客总人数	万人	1101.98	18.10	国内旅游收入	亿元	76.43	20.20
国际游客	万人	5.23	15.60				

国税税收收入

单位:万元

指标名称	2006年	比2005年增长(%)	指标名称	2006年	比2005年增长(%)
税收收入合计	1191212	18.70	保险	—	—
一、国内税收收入	1154617	18.40	3. 企业所得税	195137	25.86
1. 国内"两税"	881177	15.82	4. 涉外企业所得税	20873	31.37
国内增值税	776929	15.33	5. 个人储蓄利息所得税	21503	24.91
国内消费税	104248	19.60	6. 车辆购置税	35927	37.34
2. 营业税	—	—	二、海关代征	36595	28.84
#金融	—	—			

地税税收收入

单位:万元

指　标　名　称	2006年	比2005年增长(%)	指　标　名　称	2006年	比2005年增长(%)
各项收入合计	515589	26.87	房产和城市房地产税	21545	14.90
一、税收合计	477255	27.51	车船使用和牌照税	3300	37.10
营业税	159585	25.90	屠宰税	—	—
资源税	9211	63.55	烟叶税	478	—
土地使用税	32238	17.14	二、其他收入	38334	19.44
企业所得税	90975	22.76	教育费附加	27480	13.35
个人所得税	77736	55.63	地方教育费附加	8839	44.59
固定资产投资方向调节税	—	−100.00	文化事业建设费	260	13.54
城市维护建设税	65106	13.28	税务部门其他罚没收入	175	−37.72
印花税	8291	34.81	残疾人就业保障金收入	1580	28.56
土地增值税	8790	61.14			

金融机构存贷款

单位:亿元

指　标　名　称	2006年	比年初增长(%)	指　标　名　称	2006年	比年初增长(%)
金融机构存款余额	1228.77	12.32	#农副产品贷款	—	—
企业存款	260.27	4.91	建筑业贷款	10.85	83.68
活期存款	181.37	13.11	农业贷款	157.14	19.43
定期存款	78.90	−10.07	乡镇企业贷款	17.00	−23.09
财政存款	12.45	−11.46	三资企业贷款	7.73	11.50
机关团体存款	69.69	47.12	私营企业及个体贷款	10.48	15.05
居民储蓄存款	725.30	14.79	其他短期贷款	69.60	45.01
活期储蓄	230.51	21.52	#个人短期消费贷款	6.59	35.42
定期储蓄	494.79	11.90	中长期贷款	209.08	19.67
农业存款	32.56	2.39	基本建设贷款	66.47	24.77
委托存款	0.06	−86.23	技术改造贷款	11.64	−1.26
其他存款	128.44	6.70	其他中长期贷款	130.96	19.45
金融机构贷款余额	849.60	15.27	#个人中长期消费贷款	83.79	8.49
短期贷款	540.34	16.19	票据融资	99.10	3.15
#工业贷款	223.63	10.29	#贴现	99.10	3.15
商业贷款	43.90	13.64	各项垫款	1.08	−11.98

注:本表数据口径为人民币存贷款。

城市居民生活

指标名称	单位	2006年	比2005年增长(%)	指标名称	单位	2006年	比2005年增长(%)
平均每户家庭人口数	人	2.77	0.7	娱乐教育文化服务支出	元	1725.24	55.6
每一就业者负担系数(含本人)	个	1.79	-8.7	居住支出	元	1075.49	6.1
人均年可支配收入	元	13794.47	14.6	杂项商品和服务支出	元	334.59	27.8
人均年消费性支出	元	9545.05	15.6	人均年购房与建房支出	元	1736.95	534.5
食品支出	元	2783.56	6.9	人均年转移性支出	元	1660.44	20.5
衣着支出	元	1096.67	21.8	人均年社会保障支出	元	764.48	53.6
家庭设备、用品及服务支出	元	469.47	-12.5	人均年存入储蓄款	元	8871.44	12.0
医疗保健支出	元	808.59	3.2	人均年末手存现金	元	824.16	16.5
交通和通讯支出	元	1251.44	19.4	年末人均现住房使用面积	平方米	26.43	4.0

农村居民生活

指标名称	单位	2006年	比2005年增长(%)	指标名称	单位	2006年	比2005年增长(%)
平均每户常住人口数	人	3.32	-0.9	#食品	元	1298	13.2
每一就业者负担系数(含本人)	人	1.40	2.19	衣着	元	302	27.0
人均全年总收入	元	6718	9.80	住房	元	562	6.9
人均全年纯收入	元	5641	12.5	文教娱乐用品及服务	元	594	21.2
人均全年总支出	元	5030	12.2	人均购置生产性固定资产支出	元	57	40.00
人均生活消费支出	元	3752	14.1	人均年末生活用房面积	平方米	32.93	5.60

人口和劳动工资

指标名称	单位	2006年	比2005年增长(%)	指标名称	单位	2006年	比2005年增长(%)
年末总人口	万人	418.13	0.33	在岗职工工资总额	亿元	112.92	—
人口出生率	‰	8.81	-1.01	国有单位	亿元	69.55	—
人口死亡率	‰	5.92	-0.04	城镇集体	亿元	5.52	—
人口自然增长率	‰	2.90	-0.96	其他单位	亿元	37.85	—
在岗职工人数	万人	57.03	—	在岗职工平均工资	元	19800	15.35
国有单位	万人	26.65	—	国有单位	元	26097	17.40
城镇集体	万人	5.22	—	城镇集体	元	10581	14.79
其他单位	万人	25.16	—	其他单位	元	15042	12.97

注:人口出生率、死亡率及自然增长率增长栏为比2005年增减千分点。

价格指数

指标名称	以2005年为100	指标名称	以2005年为100
居民消费价格指数	101.1	居住	104.4
食品类	103.2	服务项目价格指数	102.1
#粮食	104.4	商品零售价格指数	99.9
烟酒及用品	102.0	工业品出厂价格指数	103.0
衣着类	95.6	#生活资料出厂价格指数	99.5
家庭设备用品及维修服务	101.5	原材料购进价格指数	107.0
医疗保健和个人用品	100.6	房屋销售价格指数	104.3
交通和通讯	98.4	房屋租赁价格指数	102.0
娱乐教育文化用品及服务	100.1	土地交易价格指数	104.8

教　育

指标名称	单位	2006年	2005年	指标名称	单位	2006年	2005年
普通高等学校数	所	10	9	招生数	人	81167	73391
教职工数	人	6249	5689	毕业生数	人	80454	82818
招生数	人	27468	21984	在校生数	人	270434	273497
毕业生数	人	14843	12326	小学学校数	所	413	526
在校生数	人	72477	59563	教职工数	人	17488	17375
中等专业学校数	所	6	6	招生数	人	47045	48048
教职工数	人	1418	985	毕业生数	人	50336	42561
招生数	人	9249	9180	在校生数	人	256763	258704
毕业生数	人	10334	9636	学龄儿童入学率	%	99.98	99.96
在校生数	人	27643	29732	小学毕业升学率	%	102.33	101.91
普通中学学校数	所	227	230	幼儿园数	所	841	902
教职工数	人	24332	24679				

科技　卫生

指标名称	单位	2006年	2005年	指标名称	单位	2006年	2005年
重要科技成果数	项	168	136	其他	项	11	3
#国际领先先进水平	项	26	26	医院及卫生院个数	所	152	156
国内领先先进水平	项	121	108	医院及卫生院病床数	张	14081	13494
省内领先先进水平	项	21	2	各类卫生技术人员	人	17628	17200
#农业	项	7	9	#医生	人	7761	7844
工业	项	92	83	护师、护士	人	5864	5572
医卫	项	37	41				

（市统计局）

本部类编　辑：王　娟
副主编：徐　杰
校　对：郭延志
张爱云

政党　政务

中国共产党淄博市委员会

·重要会议·

1月12日，全市宣传思想工作会议在鲁中宾馆召开。

1月17日，市委召开市直有关部门负责人会议，研究贯彻落实中央《建立健全教育、制度、监督并重的惩治和预防腐败体系实施纲要》的措施，部署市委《实施意见》的分工任务。

1月18日，全市组织工作会议在淄博人民会堂召开。

1月20日，全市政法工作会议在鲁中宾馆召开。

1月21日，市委召开常委扩大会议，传达学习省委书记张高丽在参加省十届人大四次会议淄博代表团分组审议时的重要讲话精神，研究确定贯彻落实意见和措施。

1月23日，全市反腐倡廉工作暨市纪委七次全会召开。

2月10日，市委举行民主协商会议。通报市委拟向市十二届人大四次会议、市政协九届四次会议推荐的候选人有关情况，听取意见和建议。

2月19日，市委、市政府召开对外开放暨招商引资工作大会。

2月25日，市委召开常委扩大会议，认真传达学习全省科学技术大会和全省农村工作会议精神，研究部署贯彻落实意见和措施。

3月13日，全市先进性教育活动工作会议在淄博人民会堂召开。要求善始善终地抓好先进性教育活动，努力把先进性教育活动建成群众满意工程。

3月27日，全市科学技术大会在淄博人民会堂召开。

3月29日，全市统战工作会议在张店召开。

4月23日，市委召开常委扩大会议，传达学习中共中央政治局常委、中央纪委书记吴官正视察山东时的重要讲话以及省委常委扩大会议精神，研究部署具体的贯彻落实意见和措施。

5月11日，市委召开常委扩大会议，传达学习省委常委扩大会议精神。会议要求，要进一步学习贯彻邓小平理论和“三个代表”重要思想，全面贯彻落实科学发展观，努力开创全市各项工作新局面。

6月8日，市委召开常委扩大会议，认真传达学习全省县域经济现场会议精神，研究贯彻落实意见和措施。

6月28日，全市庆祝中国共产党成立85周年暨保持共产党员先进性教育活动总结表彰大会在淄博人民会堂隆重召开。

6月30日，市委召开常委扩大会议，认真传达学习胡锦涛总书记在庆祝中国共产党成立85周年暨总结保持共产党员先进性教育活动大会上的重要讲话。

7月3日，市委召开常委扩大会议，传达学习省委理论学习中心组读书会精神，研究贯彻落实的具体意见和措施。

7月7～9日，市委、市政府召开全市区县域经济现场会，对加快全市区县域经济发展进行再动员。

7月11日，市委召开常委扩大会议，认真学习贯彻胡锦涛总书记关于寿光市开展保持共产党员先进性教育活动的重要批示，传达学习中共中央政治局常委、中央纪委书记吴官正在全国监察厅(局)长会议上的重要讲话和在山东省部分大型企业负责人座谈会上的重要讲话，研究贯彻落实意见。

7月4～12日，市委理论学习中心组读书会召开。就贯彻落实科学发展观，加快发展区县域经济、现代服务业等重点问题，作了进一步研究和部署。要求各级坚持以科学发展观统领全局，突出重点，抓住关键，扎实做好当前工作，大力繁荣发展服务业，切实加强党的执政能力和先进性建设，推动经济社会又好又快发展。

7月26日，全市民营经济经验交流会在淄博人民会堂召开。

7月28日，市委召开常委扩大会议，认真传达学习国务院通报全国经济形势电视电话会议精神，按照省委、省政府有关指示要求，深入分析当前经济形势，部署下半年经济工作。

8月15日，全市政协工作会议在淄博人民会堂召开。会议认真学习贯彻《中共中央关于加强人民政协工作的意见》和全省政协工作会议精神，总结交流全市政协工作经验，研究制定进一步加强政协工作的意见和措施。

8月17日，市委召开常委扩大会议，对深入学习《江泽民文选》作出全面部署。

8月21日，市委召开常委扩大会议，认真学习贯彻中央、省委关于经济工作的决策部署，深入分析经济形势，统一思想认识，研究工作措施，努力促进经济社会平稳较快协调发展。

9月29日，市委召开常委扩大会议，认真传达学习中共中央政治局委员、国务院副总理回良玉视察山东省时的重要讲话和全省领导干部会议精神，研究部署当前工作。

10月12日，市委召开常委扩大会议，传达学习党的十六届六中全会精神，研究部署贯彻落实的意见和措施。

11月3日，中共淄博市委九届十一次全委会议在张店举行。会议由市委常委主持。市委书记张建国作重要讲话。全委会认真传达学习党的十六届六中全会和省八届十三次全委会议精神；听取和讨论张建国受市委常委委托作的工作报告；审议通过《中共淄博市委关于深入贯彻落实党的十六届六中全会精神加快社会主义和谐社会建设的意见》。

11月27日，中共淄博市委九届十二次全委会议在张店举行。会议审议通过《关于召开中国共产党淄博市第十次代表大会的决议》。

12月22日，市委召开常委扩大会议，传达学习全省经济工作会议精神，研究贯彻落实意见和措施。要求各级必须以科学发展观统领全局，全面贯彻落实中央宏观调控政策，积极推进经济增长方式转变，着力解决事关民生的突出问题，抓实抓好新农村建设、结构调整、创新节能环保、改革开放、城市现代化建设、和谐社会建设六项重点工作，推动全市经济又好又快发展。

12月28日，市委召开常委扩大会议，讨论通过《中共淄博市委关于进一步加强领导干部廉洁自律的通知》。

12月29日，全市经济工作会议在淄博人民会堂召开。会议的主要任务是学习贯彻全省经济工作会议精神，总结2006年经济工作，研究部署2007年经济发展任务。市委书记、市人大常委会主任张建国，市委副书记、市长刘慧晏出席会议并作重要讲话。（田锴　胡昌军）

·重要决策和工作部署·

2月15日，市委、市政府印发《关于进一步做好2006年度招商引资工作的意见》。

2月27日，市委、市政府印发《关于2006年全市党风廉政建设和反腐败工作的实施意见》。

4月20日，市委、市政府印发《关于统筹城乡发展加快推进社会主义新农村建设的意见》，对全市新农村建设进行全面部署。

4月25日，市委、市政府印发《关于加快"十一五"旅游业发展的意见》。

7月5日，市委、市政府印发《关于实施科技规划纲要建设创新型城市的决定》。要求全市各级把自主创新作为未来发展的主导战略，把淄博建设成为创新型城市。

7月6日，市委印发《关于认真学习贯彻胡锦涛总书记在庆祝中国共产党成立85周年暨总结保持共产党员先进性教育活动大会上的重要讲话的通知》。

8月21日，市委印发《关于认真学习〈江泽民文选〉的决定》。

8月25日，市委印发《关于深化农村党的建设"三级联创"活动推进社会主义新农村建设的实施意见》。要求切实加强农村党的执政能力建设和先进性建设，努力推进社会主义新农村建设。

10月4日，市委下发《关于印发淄博市"十一五"期间社会主义精神文明建设规划》的通知。

10月16日，市委印发《关于认真学习贯彻十六届六中全会精神的通知》。

11月3日，市委印发《关于深入贯彻落实党的十六届六中全会精神加快社会主义和谐社会建设的意见》。明确提出当前和今后一个时期全市和谐社会建设的指导思想、主要目标任务和具体工作措施。

12月21日，市委、市政府印发《关于进一步加快开发区建设和发展的意见》。决定进一步加快全市开发区建设和发展，切实增强区域经济综合竞争实力。共7项25条。

12月21日，市委、市政府印发《关于进一步促进服务业加快发展的若干政策意见》。从市场准入、土地供应、财政税费、融资担保和其他政策等5个方面制定了28条优惠政策。

12月26日，市委、市政府印发《淄博市建设社会主义新农村"十一五"总体发展规划》，对"十一五"期间全市社会主义新农村建设进行全面部署。

12月26日，市委、市政府印发《淄博市区县域经济社会发展年度综合评价及考核奖励办法（试行）》的通知。对全市区县域经济社会发展年度综合评价考核的组织领导、考核范围、评价方法、奖励办法及考核纪律等作出明确规定。

（田锴）

·组织工作·

【全市组织工作会议】 1月18日，全市组织工作会议在鲁中宾馆召开。会议传达了全省组织部长会议精神和市委书记张建国在市委常委会听取全省组织部长会议精神汇报后的讲话。市委副书记魏绍水出席会议并讲话。市委常委、组织部长王顶岐作2005年全市组织工作总结，并就做好2006年全市组织工作进行部署。

【全市组织部长读书会】 8月15～17日，全市组织部长读书会在鲁中驾考中心召开。会议传达学习胡锦涛总书记在建党85周年暨总结保持共产党员先进性教育活动大会上的重要讲话，全省组织部长座谈会精神和全省市（县、区）党委换届业务工作培训会精神。市委常委、组织部部长王顶岐参加会议并讲话。与会人员交流学习体会，并就当前组织工作中的部分热点、重点问题进行了集中研讨。

【编辑出版《农村党建与建设社会主义新农村研究》】 是年，围绕推进社会主义新农村建设，市委组织部制定《"农村党建与建设社会主义新农村研究"课题研究工作方案》，专门抽调人员组成课题组，到区县、乡镇、街道、村居进行深入调研，形成一批有价值的调研报告，以此为基础编辑出版《农村党建与建设社会义新农村研究》一书。（李海霞）

【村级工作规范化建设】 结合村"两委"换届选举后出现的问题，市委组织部制定了《淄博市村级组织管理规定（试行）》和《淄博市村级工作流程图（试行）》《淄博市农村发展党员工作流程图（试行）》，以图谱的形式对全市农村村级事务管理工作、农村党内会议以及发展党员工作的程序进行规范，统一印发到全市每个村，推进全市村级工作的规范化建设。

【"一村一名大学生"工程】 按照省委组织部"一村一名大学生"的要求，年初对全市无大学生村情况进行调查摸底。4月，与市教育局、市民政局、市财政局、市人事局、市农业局、团市委联合下发《关于举办全市农村党员干部脱产大专班的实施意见》，并与中国农业大学、淄博职业学院联合举办全市农村党员干部脱产大专班。经过层层报名、推荐、考试、考察和体检选派出第一期100名学员，于9月在淄博职业学院开学，开始为期2年的脱产学习。（冯炳涛）

【村级组织活动场所建设】 按照市委确定的全市村级组织活动场所建设"三步走"的部署要求，年内共落实配套建设资金2811.7万元，市财政和市管党费列支专项资金718.2万元，建设村级组织活动场所。截至年底，全市村级组织活动场所已建成466处，正在新建、扩建216处；中央、省补助的197个村全部开工建设，其中高青县100个村的土建工程已全部完工。12月23～24日，省委组织部在周村召开全省村级组织活动场所建设工作现场会，总结推广淄博市的经验。

（高原）

【先进性教育活动】 上半年，在做好第一、第二批先进性教育活动巩固扩大成果的同时，以农村为重点，在4195个基层党组织、12万名党员中开展了第三批先进性教育活动。3月，淄博市作为全国唯一的地市级试点单位，先期进行群众满意度测评，党员群众对整个先进性教育活动的满意和基本满意率达到99.5%。6月29日，市委召开淄博市庆祝中国共产党成立85周年暨保持共产党员先进性教育活动总结表彰大会，对141个先进基层党组织、94名优秀共产党员、111名优秀党务工作者进行表彰；对全市保持共产党员先进性教育活动进行了总结。通过开展先进性教育活动，全市党员素质得到进一步提高，党的基层组织建设得到进一步加强，保持先进性的长效机制得到进一步健全和完善，党群干群关系得到进一步密切，促进了经济社会发展。

年内，全市有10个先进基层党组织、5名优秀共产党员、3名优秀党务工作者受到省委表彰；有1个先进基层党组织和1名优秀党务工作者受到中央表彰。

（蒋万海 张 苗）

【先进性长效机制建设】 年内，市委研究制定《关于贯彻落实中央、省委有关加强党的先进性长效机制建设文件精神的实施意见》《关于建立健全市委直属党委（党组、工委）抓基层党建工作责任制的意见》，就抓好党建工作的主要原则、目标要求、工作措施等作出明确规定，建立健全了市属党（工）委先进性长效机制建设工作台账。督促各级狠抓制度落实，确保各项制度真正发挥作用。 （高 原）

【市委党校主体班次培训情况】 按照年初市委审批的《2006年市委党校主体班次计划》，年内共举办县级领导干部培训班、市直部门科级干部培训班、乡镇（街道）区县直部门主要负责人培训班、新录用公务员初任培训班18期，总计培训1469人，市委党校培训呈饱和状态，培训规模创历史新高。

【中央党校和省委党校学员选调工作】 年内，按照省委组织部和省委党校的要求，先后选送116人到中央党校和省委党校及各相关培训院校参加学习培训。其中，有8名厅级领导干部分别参加国家部委和省委党校举办的各类班次，90名县级干部分别参加省委组织部、省委党校及省直部门举办的各类班次。选派5人参加了省委党校研究生班理论班的学习。

【新提拔县级干部培训班】 11月23～29日，在市委党校举办新提拔领导干部培训班，全市210名2006年新提拔的副县级领导干部和新进领导班子重用人员参加培训。

【选派第十一批援藏技术干部】 为继续做好对口支援西藏昂仁县工作，从市教育局、市卫生局、市建委及博山区、临淄区、桓台县选派6名专业技术干部赴昂仁县进行为期半年的专业技术服务。4月入藏，10月返回。

【选调生工作】 年内，共录用硕士选调生11名、本科选调生40名，其中公、检、法系统选调生18人。为保证公平公正，首次组织集中面试，并采用合成专业分值和考察量化打分等办法。

【事业单位招考应届大学毕业生工作】 年内，在市属事业单位招考录用应届大中专毕业生工作中，首次在全市范围内组织集中面试。从报考的3430人中，为12个市直部门所属34个事业单位招考录用大中专毕业生284人。

【举办首期面试考官资格培训班】 3月7～8日，与市人事局举办全市第一期面试考官资格培训班，共有160人取得面试考官资格证书。

【公务员招考工作】 年内，组织了淄博市2006年国家公务员和机关工作者招考录用工作。全市共有13959人报考，经过笔试、面试、政审、体检、公示等程序，最终录用245人。

（周宏伟）

【干部调整任免工作】 年内，共调整任免干部158人，其中提拔64人、重用19人。对29名试用期满干部进行了考察，为20名干部办理了提前离岗手续，为16名干部办理了退休手续。办理市直部门科级干部备案23批363人，乡镇党委书记任职备案7批24人。 （周其文 熊 欣）

【省委对市委领导班子进行换届考察】 省委组织部8月初召开换届工作座谈会，举办换届考察工作培训班，对淄博市委换届考察工作进行部署。8月上旬，市委组织部将省委组织部关于换届工作有关要求向市委领导作了汇报。省委考察组进驻淄博后，市委组织部认真做好协调配合服务工作。组织召开全市党员领导干部会议、党外领导干部会议、纪委系统领导干部会议和二次推荐会议，对市委领导班子及成员进行民意调查，对12名考察对象人选进行民意调查、民主测评、征求意见、实地考察和集体谈话，对考察对象进行书面公示，圆满完成考察工作任务。

【区县委领导班子换届考察】 根据省委《关于认真做好2007年市、县（市、区）党委换届工作的通知》精神，市委制定下发《关于认真做好2007年区县党委换届工作的通知》，对换届工作进行部署，制定区县党委换届考察工作方案和实施细则。市委组织部提前做好区县委副书记的工作安排，上半年结合市直部门领导班子调整，提拔交流部分区县委副书记到市直部门任职，组织召开全市区县、乡镇党委换届工作座谈会。9月下旬，完成了对区县委领导班子和领导干部换届考察工作。

（熊 欣）

【乡镇党委换届工作】 按照省、市委的统一部署，制定下发《关于认真做好乡镇党委换届工作的意见》，对乡镇党委换届工作进行指导和部署。按程序对区县委上报的82个乡镇党委领导班子换届方案进行审核、审批。按照职数规定全市共配备乡镇党委成员590人，比换届前减少了63人；乡镇党委班子成员大专以上文化程度的占98.1%，平均年龄为36.7岁，比换届前下降2.22岁；每个乡镇均配备2名副书记，副书记配备人数比换届前减少130人；每个乡镇党委班子中，兼任乡镇政府班子领导职务的均在2人以上，并配备1名以上女干部和30岁以下年轻干部，进一步优化了乡镇党委领导班子结构。 （高旭强 熊 欣 宋成富）

【干部人事制度改革】 市委组织部指导临淄区对边河乡乡长、辛店街道办事处主任2个职位进行公推公选，对整个工作过程进行分析、总结，为下一步在全市推广公推公选工作积累经验；与市纪委制定《关于对拟提拔重用干部实行廉政鉴定的实施办法》，扩大监督力度；在区县委换届考察工作中，对民意调查、二次推荐、实绩分析、延伸考察、集体面谈等环节的组织

形式进行了积极探索。　　（周其文　熊　欣）

【数字化干部人事档案管理系统】 2006年，市委组织部抽调专人参与省委组织部牵头的全省数字化干部人事档案管理系统调研和研发工作，编写了2万余字的《数字化干部人事档案系统需求规格说明书》。作为省委组织部数字化档案管理系统试点单位之一，自12月18日起开展干部档案数字化采集工作，扫描了529卷市管干部档案，为实现市管干部档案网上查借阅奠定基础。

【组织系统专网建设】 年内，市委组织部和各区县委组织部都成立领导小组，配备专职工作人员，认真抓好全市组织系统专网建设。市委组织部于7月、11月举办了两期由部内各科室负责人、各区县委组织部分管部长和专网工作人员参加的培训班，并与内部各科室和各区县委组织部签订《组织系统专网保密设施安全保密责任书》。在实现市委组织部同省委组织部中心节点联接的基础上，截至11月，淄博市组织系统专网最后一个三级节点顺利接入，全市五区三县组织部和高新区组织人事部与省、市委组织部全部实现互联，通过专网整合已有信息资源，逐步实现了干部信息管理、公文传输、党员干部统计、网络教育等功能。全市利用组织系统专网，传递电子邮件2000余件，市委组织部在全省组织系统专网上发布信息列全省用户排行第一名；全市发布信息列全省部门排行第二名。　　（李淑爱）

【团职军转干部安置】 会同市人事局组织召开全市军队转业干部工作会议。本着“工作需要、部队满意、军转干部本人满意”的原则，对2006年转业的44名团职军队转业干部和16名随调家属进行档案审查、妥善安置。根据有关规定，分别安排到市直部门、区县担任副县级、正（副）科级职务。

（范新刚　周其文）

【首个“泰山学者”工程岗位申报成功】 10月17日，山东东岳集团含氟新材料被山东省人民政府办公厅批准为“泰山学者”建设工程岗位。该岗位在全省科研机构、企业、事业单位及其他各种经济社会组织的重点学科、重大工程、支柱产业、高新技术领域中设置，每一学科、行业、领域原则上只设置一个。　　（许邦友）

【组织专家政治理论培训】 9月5～7日，组织部分有突出贡献的中青年专家（专业技术拔尖人才）、享受国务院特贴专家、具有博士学位或高级职称的专业技术人员以及高技能人才、农村实用人才代表等80余人在鲁中驾考中心进行政治理论培训。市委常委、组织部部长王顶岐在培训班上讲话。

（路玉田）

【组织完成2005年度评价考核工作】 共考核领导班子91个，县级干部868人（含提前离岗干部128人）。在对考核情况进行分析汇总的基础上，向市目标考核办提出考核等次建议。其中，提出优秀等次领导班子50个，适应等次领导班子41个。优秀等次领导干部137名，称职等次领导干部731名，无基本称职和不称职等次领导干部。同时，指导有关单位完成了委托考核工作。委托考核县级干部744名，提出建议优秀等次县级干部99名；称职等次县级干部643名，2人为不称职等次。

【举办“学用《干部任用条例》”征文活动】 年内，与淄博日报社在《淄博日报》联合开辟“学习贯彻《干部任用条例》”专栏，举办全市“学用《干部任用条例》”征文活动。共收到征文52篇，在《淄博日报》发表34篇。

【组织开展《干部任用条例》贯彻执行情况检查】 8月上旬，组成三个检查组，利用一周时间，对区县贯彻执行《干部任用条例》情况进行检查。检查重点为干部职数配备情况、提拔重用干部情况、干部档案和干部考察文书档案资料情况及检查整改情况等9项内容。检查结束后，针对检查中发现的突出问题，提出明确整改意见，逐一对区县进行反馈。

【“12380”专用举报电话受理】 年内，为营造风清气正的换届环境，进一步规范“12380”专用举报电话受理工作，实行立项督查制度。规范受理服务用语，录制开通电话呼入彩铃提示，开通传真举报受理，采取固定电话与小灵通并机的方式，将“12380”专用举报电话受理时间延长为全天24小时（含双休日），监督举报渠道进一步畅通。　　（战化水　王玉杰）

【企事业单位领导班子和领导干部2005年度政绩考核工作】 3月，组成7个考核组，共考核市委和市委组织部代市委管理的企事业单位领导班子153个，领导干部676名。53个领导班子、147名领导干部被评为优秀等次，3名领导干部被定为基本合格（基本称职）等次，1个领导班子定为基本适应等次，2个领导班子定为不适应等次。因环保因素，对1个单位实行了1票否决。根据考核结果，区分不同情况，对考核结果进行反馈。对定为不适应等次的2个领导班子进行组织调整。

【部分企事业单位领导干部的调整任免工作】 年内，对部分企事业单位领导班子进行调整充实。全年共调整企事业单位领导干部118名，其中提拔重用75名、平职交流12名、提前离岗20名、其他11名。对40名试用期满干部进行了考察。

【组织举办企事业单位高级人力资源管理人员培训班】 5～6月，选调学员54名，在上海复旦大学经济学院组织举办为期40天的企事业单位高级人力资源管理人员培训班。培训课程以人力资源管理为主，并开设中国当前经济形势和财政金融政策、企业文化与品牌管理、组织行为学、领导艺术与管理科学等讲座。　　（何恒斌）

【远程教育网络向城市社区延伸】 上半年，全部完成105个社区远程教育网络站点的建设任务。全市终端接收站点达到3263个，实现了远程教育网络由农村向城市社区的拓展和延伸。　　（于　清　苏学凯）

【首届课件评比活动】 11月11～12日，举办首届课件评比活动。各区县委组织部、高新区组织人事部选送了17部课件参加评比。共评出纪录（专题）片类和科技类各一等奖1名，二等奖2名，三等奖3名。淄川区的《一位农民和他二百个商标的故事》、桓台县的《淄麦12号大中穗小麦的种植管理技术》分别获得纪录（专题）片类和科技片类一等奖。

（齐成舸　孙雁丽　范　力）

【3部作品在第十届中国行业电视节目评比中获奖】 10月，在中国电视艺术家协会行业电视委员会举办的第十届中国行

业电视节目评比中，市委组织部制作的专题片《蒙山牛》《无土栽培富菜农》和《城东村的和谐路》分别获得一、二、三等奖。《蒙山牛》被选为2006年度中国百部优秀纪录片。

【5部作品在全省党员干部现代远程教育优秀课件评比中获奖】 4月26日，在省委组织部举办的全省党员干部现代远程教育优秀课件评比中，市委组织部制作的5部作品获奖。其中，《蒙山牛》获电视纪录片类一等奖，《养狐大王谈秘诀》获电视讲座类一等奖，《无土栽培富菜农》获农业科技推广特别贡献专项奖，《城东村的和谐路》获先进性教育活动专项奖二等奖，科技片《熊蜂授粉新技术》获农村实用技术类二等奖。

（孙雁丽　范　力）

·宣传工作·

【理论学习】 突出抓好以"三个代表"重要思想和科学发展观为重点的理论学习。及时制定下发《关于认真学习宣传贯彻党的十六届六中全会精神的安排意见》，对全市学习宣传活动作出具体安排。举办理论骨干培训班。抓好各级党委（党组）中心组和在职干部的理论学习，制定下发《关于市委中心组2006年理论学习的安排意见》《关于全市县级党委（党组）中心组2006年理论学习的安排意见》。中组部、中宣部联合调研组对淄博市党委中心组理论学习工作进行实地考察调研后给予高度评价，省委宣传部向全省推广淄博市的经验。认真组织对胡锦涛总书记"七一"讲话精神和《江泽民文选》的学习宣传，举办全面落实科学发展观、建设社会主义新农村和建设社会主义和谐社会等理论报告会。组织开展重大课题研究。围绕淄博市"十一五"经济社会发展，确定全市经济社会发展的30个重大理论调研课题，编辑出版《全市回顾"十五"辉煌成就，展望"十一五"美好前景征文专集》《淄博历史人物》《"十一五"科学发展研究》等。举办"齐鲁讲坛"淄博分坛讲座和社科普及周活动。印发《关于加强和改进讲师团工作的意见》。

【新闻宣传】 强化舆论调控和管理。加强对市属新闻单位舆论导向的动态管理和调控。坚持新闻例会、通气会、协调会制度。加强舆论管理的制度建设，建立健全新闻宣传通报协调制度、舆情报告制度、重大宣传任务协调调度制度、新闻发布会审核管理制度、新闻热点报告制度和新闻宣传奖励制度。健全中央、省级媒体采访管理机制，初步建立市、区县、乡镇三级管理体制。重大主题宣传形成声势。精心策划组织全市重要会议、重大活动的宣传。成功组织树立和落实科学发展观，构建和谐社会，建设社会主义新农村，提高自主创新能力，建设创新型城市，倡导社会主义荣辱观，发展县域经济，纪念红军长征胜利70周年，学习贯彻落实党的十六届六中全会精神，繁荣发展民营经济等主题宣传。圆满完成中央领导来淄视察、在淄召开的全省会议等重大活动的宣传。组织、安排市属各新闻单位，相继开辟"深化先进性教育活动建设群众满意工程""保持共产党员先进性建设社会主义新农村""实践'三个代表'重要思想保持共产党员先进性""牢记'八荣八耻'建设文明淄博""贯彻落实六中全会精神建设和谐淄博"等一系列有影响、有声势的专栏。加强对外宣传的组织调度和考核督查，设立"宣传淄博突出贡献奖"。全市累计在省以上媒体发稿12000多篇（条）。组织评选第五届十佳编辑记者、2005淄博新闻奖、2006年度淄博十大新闻。组织市属各新闻单位参加全省"三项学习教育活动"培训和向"胡同记者"张刚学习活动。

【文化建设】 组织编排聊斋戏《云翠仙》《有朋自远方来》等优秀剧目。《俺爹俺娘》《旱码头》《孟姜女》等一批反映淄博地域文化特色的影视剧已拍摄完成或正在拍摄。全市累计创作生产各文艺门类作品近万件，专业艺术表演超过500场。创作出版小说、诗歌等文学作品100余部，达1000多万字。开展"管理创新文化年"活动，组织征文、厂歌展播、企业报展评。在全省第二批企业文化建设示范单位评比中，全市6家企业受表彰，数量居全省各市首位。齐文化旅游节、旱码头旅游文化节和博山美食节等逐渐成为独具地方特色的文化品牌。群众性文化活动更加活跃。协调组织淄博市庆祝建党85周年文化广场展演、全市民间剧团调演等10余项全市重大文化活动。组织全市春节元宵节灯会、扮玩、文艺演出等系列群众文化活动，组织下乡服务团1000余支，参与人员3万多人次，组织农村民间业余文化团体"进城"演出近100场次。文化基础设施建设步伐加快。全市新建、改造和扩建文化基础设施项目达到50多个。博山区颜文姜祠、赵执信纪念馆扩建工程进展顺利。文化产业实现新发展。积极组织参与2006山东（国际）文化产业博览会，全市共签约项目22个，招商总额44亿元，占全省融资总额的20.3%。成功举办淄博市第三届公益文化项目推介会，落实合作项目近100个，合作金额超过1亿元。文化遗产保护工作取得重要突破。蹴鞠、五音戏、聊斋俚曲和孟姜女哭长城传说等被确认为第一批国家非物质文化遗产，博山区、临淄区被确定为省非物质文化遗产保护工作试点区（县）。蒲松龄故居等6处重要文物被国务院列入第六批全国重点文物保护单位。

【精神文明建设】 深入开展创建文明城市"回头看"活动。对创建文明城市工作进行全面总结，制定《关于深化文明城市创建　进一步推进"文明淄博"建设的意见》，探索建立"文明淄博"建设长效机制。组织开展社会主义荣辱观教育，深化市民素质教育。印制《践行"八荣八耻"建设文明淄博》宣传画2万份，发放到基层单位。组织开展市民文明行为5项实践活动等道德实践活动。加强学习型城市建设。加强未成年人思想道德建设，对市委提出的未成年人思想道德建设15件实事和部门承办的百件实事进行重点督查。深入开展群众性精神文明创建活动。承办山东省第三届"四进社区"文艺展演暨全省"文化进社区"经验交流会。成功举办淄博市第二届邻居节。开展社区义工活动和社区文化活动。在全市继续组织开展"共铸诚信、创建服务品牌"和创建"百城万店无假货"、私营企业"双百佳"活动。淄博市被评为全省创建"百城万店无假货"活动先进市，涌现出全国示范店1个、省级示范店3个、省级示范街3条，数量列山东省各市首位。加强农村精神文明建设。以"三个一"创建活动为载体，在全市农村广泛实施树新风、素质培育、繁荣文化、容貌整治、文明创建五大行动，全面推进农村精神文明建设。组织开展文明生态村、文明小康村、文明信用户等创建活动。

【思想道德建设】 突出抓好社会主义荣辱观教育活动。组织召开全市深入开展社会主义荣辱观教育，推动社会思想道德建设座谈会。组织启动全市青少年"知荣辱、树新风、促和谐"主题教育和道德实践活动，深入开展公民道德教育。组织开展"淄博市市民公德100则"实践活动。在全市集中推出市房产交易所、桓台县大庞村等11个思想政治工作创新先进典型，推出张店区科苑街道办事处、市劳动就业办公室等7个构建社会主义和谐社会的先进典型，组织市属新闻媒体进行集中宣传。开展2005“感动淄博”十佳人物评选活动。孙守年被评为“2005年度全国三农十佳人物”；东岳集团被确定为全省“提高自主创新能力”的先进典型，张店区科苑街道办事处被确定为全省“建设和谐山东”的先进典型。认真组织开展形势政策教育。精心组织纪念建党85周年、红军长征胜利70周年的宣传教育，广泛开展回顾“十五”辉煌成就展望“十一五”美好前景主题教育活动，组织全市“全面落实科学发展观、努力构建社会主义和谐社会”宣传教育活动。淄博市开展教育活动的做法被省委宣传部确定为全省三个典型之一，在《大众日报》等媒体予以介绍。组织开展全市首届思想政治工作创新奖暨思想政治工作先进单位、先进个人评选活动。在全省思想政治工作“百优”评选中，淄博市获奖数量列全省首位。

【对外宣传】 与中国国际广播电台、中央电视台中文国际频道、《大公报》《文汇报》等各大对外媒体和主流海外媒体建立密切的联系与合作。分别组织中国网络媒体采访团和香港新闻采访团来淄博作集中采访宣传，编发消息、专题200余条(篇)，图片500余幅。利用淄博举办新材料技术论坛和“陶博会”等大型经贸文化活动的有利时机，加强对外宣传力度，在对外媒体及网络媒体累计刊发各级各类对外宣传稿件2000余篇(条)。努力营造和谐的网上舆论环境。充分发挥“淄博大众网”“淄博时空”“淄博新闻网”和“鲁中网”等4家主要新闻网站的作用。在人民网首页“地方之窗”设立“中国淄博”专题。加大互联网舆情监视和评论引导工作力度，举办全市网上评论员培训班。不断完善政府新闻发布工作制度。建立新闻发布工作联系人制度、新闻发布工作信息报送制度和新闻发布会申报审批制度等，制定《淄博市突发事件新闻发布应急预案》《进一步改进和加强新闻发布制度的意见》。组织举办全市首届新闻发言人培训班。拍摄制作7集电视专题片《走遍中国——淄博专集》及电视专题片《沂蒙山中寻织女》和《孟姜女的新发现》，并在中央电视台中文国际频道播出。制作了中、英、日、韩4语种《中国淄博》画册。

【舆情信息调研】 加强舆情信息调研网络队伍建设，建立健全舆情信息考核奖励制度。积极组织开展宣传思想工作调研，组织完成全市“落实科学发展观、构建社会主义和谐社会建设、建设社会主义先进文化”专题调研和全市发展文化产业的调研以及省委宣传部委托的调研课题。加强对《山东宣传工作》《山东宣传信息》《决策参考》《今日信息》《淄博信息》的信息报送力度。年内，共编发淄博《宣传信息》90期。

（郭　昱）

·统战工作·

【民主党派、工商联换届工作】 认真协助市各民主党派、工商联搞好换届工作，制定换届工作方案。严格按照有关政策要求，做好民主测评、推荐、酝酿、协商、考察、沟通等环节工作，协助各民主党派市委组织召开换届代表大会，顺利进行了换届选举。

【“科学参政议政”活动】 组织开展“科学参政议政”活动，引导各民主党派、工商联牢固树立科学发展观，围绕经济结构调整、新农村建设、构建和谐社会等全市经济社会发展的重大问题以及人民群众关心的热点、焦点问题，深入调查研究，为淄博市的繁荣和发展建言献策。共召开各类座谈会、研讨会30余次，形成有价值的参政议政成果和理论文章183项(篇)。召开“科学参政议政”活动总结表彰会，对其中63项优秀成果进行表彰，结集出版《科学参政议政》一书。

【党外干部工作】 对年龄在45岁以下、原始学历本科以上或副高以上职称的无党派人士进行调查摸底，建立了243人的无党派代表人士人才库。对市区两级人大、政协党外人士安排和市区政府及其工作部门、司法机关领导班子中县处级以上党外干部安排情况，高等院校、人民团体、科研院所、国有企业领导班子中党外干部安排情况进行汇总统计。配合有关部门，加大对党外干部的培养选拔力度，全市有27名党外干部走上各级领导岗位。做好党外干部推荐工作，年内市委调整提拔了4名县级党外领导干部，司法、教育部门党外副职干部配备实现突破。

【教育培训工作】 认真做好党外代表人士和党外干部的教育培训工作，先后组织10人次参加了省、市各类干部轮训班和业务培训班。组织召开各界代表人士学习班、通报会、座谈会等20余次。以社会主义学院名义，首次组织举办为期一个月的全市科级党外干部培训主体班次，来自全市各区县、市直部门、市属高等院校的80名党外科级干部参加培训。

【服务经济建设】 认真总结开展服务非公有制经济活动的经验，组织开展活动专题调研，召开座谈会11次，汇集企业需求25项、建议25条。组织召开全市统战系统服务经济建设经验交流会。把招商引资作为服务经济建设的重要切入点，充分调动和发挥包括各民主党派在内的统一战线优势和力量，实现招商引资2302万元，连续第五年超额完成招商引资任务。加大结对扶贫力度，帮助高青县包袱礼村完成道路建设的前期准备工作。积极推进“民企帮村”活动，引导广大民营企业家在内的全市统战系统广大干部成员投身其中。

全市统战系统为经济建设服务经验交流会

（市委统战部　供稿）

【社会新阶层代表人士工作】 发挥社会新阶层党外知识分子联谊会作用。组织开展非公有制经济代表人士综合评价工作，对非公有制经济代表人士在照章纳税、产品质量、用工制度、参政议政等方面，进行深入细致的摸底调查。积极做好社会新阶层代表人士推荐工作，向省“光彩事业”促进会推荐2

名理事。淄博市有3名非公有制经济代表人士荣获“齐鲁光彩事业”奖章，市委统战部荣获“光彩事业”先进单位称号。

【民族宗教工作】 以促进民族经济发展和民族团结稳定为重点，协助和配合有关部门建立和完善民族工作长效机制。积极发挥作为民族工作领导小组成员单位的作用，认真参与和做好第六次民族团结进步宣传月活动，营造全市民族团结和谐的良好氛围。组织召开2次宗教工作联席会议、6次专题协调会议，整合各部门资源，形成工作合力。组织召开4次市各宗教团体负责人座谈会，加强对宗教界代表人士的思想政治工作，引导他们自觉抵御境外宗教势力的渗透，巩固和发展新时期的爱国统一战线。坚持每月调度各区县、各宗教团体工作情况，维护民族宗教界的和谐稳定。

【调研宣传信息工作】 年内，确定15项调研课题，抽调专门力量和业务骨干组成课题调研组，分别就服务民营企业发展、民主党派参政议政能力建设、服务新农村建设以及民族宗教工作等进行专题调研，形成70余项统战理论调研成果；组织开展多党合作宣传月活动，协调市电台、电视台进行集中专访，在《淄博日报》《淄博工作》刊发专题系列文章。全年在市级以上新闻媒体发稿70余篇。继续做好“淄博统一战线”网站宣传工作，共制作贴发宣传图片、稿件52件；努力提升统战信息工作水平，初步建立专职信息工作人员、重点信息员、信息员3个层次的统战信息队伍。全市统战系统共撰写信息1725条。认真做好信息上报、编发工作，建立统战信息上报专网，全年共上报信息510余条，被中央统战部采用7条，被省委统战部采用57条。编发《淄博统战信息》87期，信息750余条。在全省统战信息工作评比中，淄博市列全省各市第四名，获二等奖。（王　栋）

·对台工作·

【对台经济】 为做好对台经济工作，市委办公厅、市政府办公厅联合下发《关于切实做好台胞投诉协调及服务工作的通知》，成立全市台胞投诉协调工作领导小组，强化台胞投诉协调工作机制建设；突出淄台两地产业优势互补主题，举办淄台化工医药（农业）产业经贸洽谈会；组织有关部门单位赴南方台商集中地区开展招商活动；组织各区县、有关部门专业招商人员参加山东省第十二届鲁台经贸洽谈会；以台协会为平台和纽带，积极为现有台资企业提供法律法规和政策咨询服务。帮助淄博联昱纺织有限公司办理了2000万元的专项建设资金贷款。年内，全市新增台资项目18个，总投资额达1.65亿美元，合同利用台资额1.4亿美元，实际利用台资1.01亿美元。台资项目——淄博联昱纺织有限公司新建的热电厂投产运转；台湾中国制釉集团总投资3000万美元的高档釉料项目在高青县开工建设；汇泽房产、亚细亚陶瓷、海盛水产、国宏重工、中齐电力、银仕来纺织等一批台资龙头企业不断追加投资，台资企业发展势头良好。

【对台交往交流】 年内，全市共接待来淄参观考察、经贸洽谈、旅游探亲的台胞6118人，比2005年增长21%。先后接待到市内考察洽谈的丽宝集团投资考察团、台湾中小企业经贸考察团等12个岛内团组、290位台商。台湾新党主席郁慕明先后两次率团来淄进行经贸考察和交流，对进一步发展淄台两地的交流与合作产生积极影响。为方便来淄台胞就医，确定了淄博市台湾同胞定点医疗机构，并制定相应的医疗服务工作规范。

【对台宣传和涉台教育】 年内，通过多种媒体对台湾新党主席郁慕明两次来淄考察和台湾知名人士郑逢时被山东理工大学聘任为客座教授活动进行了报道，在岛内产生积极的影响。在张店城中小学举办“爱我中华”为主体的涉台教育活动，制作展示图片、剪报资料40余幅，并邀请退休老军人现场讲解；在市委党校开设涉台教育课，对参加各层次班学习的领导干部进行涉台教育，共9个班次，受众2000余人。

【台属工作】 年内，继续支持台属投资兴业，带头致富。投资额50万元以上的台属企业达10家，总投资1.2亿元，总资产1.98亿元，年上缴利税5191万元；定期走访慰问台属台胞，并注重做好宣传，扩大影响。临淄区领导和台办干部与百岁台胞王立庠先生共度中秋的感人场景，在中央电视台一套、四套节目播出。广大台属致富不忘贡献社会。台属企业天华集团捐资20万元用于村级公路改造建设；台属企业正华助剂有限公司积极组织临淄区医院有关专家到镇敬老院为孤寡老人免费查体；“六一”儿童节期间，台属郭国梁向沂源山区学校赠送校服、体育用品和现金，受到地方政府和群众的好评。（邵宁宁）

·政策研究工作·

【政务服务】 1. 参与市第十次党代会等全市重大会议、活动的筹备工作。圆满完成全市民营经济会议、全市农村工作会议、全省东部8市新农村建设座谈会、全市新农村建设（临淄）现场会议等会议和活动的有关服务任务；参与市委中心组读书会会议筹备和有关文稿的起草工作。坚持决策前抓调查研究，决策中抓文件起草，决策后抓督促反馈，实施后抓经验总结，形成了比较完善的政务服务工作机制。2. 综合文稿服务工作。起草领导讲话27篇，内容涉及工业、农业和农村工作、党建、组织、宣传、精神文明、群团等方面。组织撰写了20多篇领导署名文章、社论和评论。3. 主持起草一批重要文件。主要有市委、市政府《关于认真贯彻中央14号文件精神切实做好下半年经济工作的意见》《关于进一步完善党政领导班子和领导干部综合考核指标体系的意见》《关于统筹城乡发展加快推进社会主义新农村建设的意见》等。

【调查研究】 年内，突出强化调研职能，充实力量，严格把关，取得一批优秀调研成果。全年共出《决策参考》33期，市委领导签批11篇，在省以上报刊发表11篇。

围绕打造鲁中商都彰显城市魅力、加快全市信息化建设和信息产业发展、全市信用担保体系建设、尽快把中心城区建成“双百城市”的战略思考、当前社会热点问题的调查思考等调研报告，受到市委领导重视并进入决策。充分发挥全市调研龙头作用，组织开展3次全市性的重大调研活动。组织协调20余个部门开展全市若干重大问题调研，组织14个部门开展全市服务业调研，组织18个部门开展淄博市参与省会城市群经济圈建设的调研。完成《赴上海、云南学习文化旅游业发展的考察报告》《我市文化旅游业发展情况调研报告》《我市服务业发展的调研报告》等一批文稿，形成3个向省委汇报的总体报告。

【提高《淄博工作》办刊质量】 《淄博工作》编辑部适应新的形势和任务要求，充实力量，提升标准，切实提高办刊质量。全年编辑出版刊物13期(包括1期增刊),共计7.2万册。

【为新农村建设服务】 1. 围绕推动全市新农村建设,共撰写各类文稿70多篇、30多万字,编辑、审核有关文稿80多万字。主要包括:市委文件1个(市委、市政府《关于统筹城乡发展加快推进社会主义新农村建设的意见》),市委、市政府"两办"文件3个,市委农村工作领导小组文件6个,领导署名文章5篇,领导讲话和汇报材料10篇,调研文章7篇。在《淄博日报》发表系列评论员文章4篇,开辟"淄博新农村建设论坛",集中开展"全市新农村建设宣传月"活动。创办《淄博新农村》期刊。2. 筹备召开全市农村工作会议、新农村建设现场会;启动实施新农村建设"村级带头人培训工程";牵头组织实施"联手共建新农村行动",会同有关部门确定143个市级重点进行结对帮扶;协调落实新农村建设年度考核纳入全市目标管理体系等工作。3. 配合省新农村建设督查组、省委调研组在市内开展新农村建设督查调研工作;对贯彻落实全市农村工作会议精神和市委6号文件情况进行督查调研;组织开展"十百千万工程"和"联手共建新农村行动"专项督查。

(杨肖冰)

·保密工作·

【宣传教育】 年内,始终以县处级领导干部和重点涉密人员为重点,把保密宣传教育作为一项经常性工作来抓,先后制定《淄博市委保密委员会2006年工作要点》《2006年保密宣传教育工作意见》《关于纪念〈保密法〉实施十七周年,开展保密"宣传教育月"活动》等文件。7月27～28日,市委保密办(市保密局)和市国家安全局在市博物馆联合举办举办"反渗透反窃密防泄密"展览。2200多名县及县以上领导干部、驻淄团级以上军队干部、军工企业领导及涉密人员参观展览。6月下旬开始,结合组织播放警示教育片,在区县、大企业、高等院校和市直部门、军工企业举办保密形势教育63场,受教育领导干部、涉密人员和机关干部6200多名。充分利用各种宣传媒介,广泛开展群众性保密宣传教育。以"宣传月"和"宣传周"为契机,不断增强全社会的保密意识。把淄博保密网作为重要的宣传平台,突出法规知识宣传,并不断加大网站更新力度,促使广大干部群众知悉保密知识,提高保密意识。组织部分区县、大企业等,创作体现时代特色、立足自身实际、健康向上的文艺节目,制成DVD宣传光盘——《神圣使命记心间》,在全市媒体播放;不断完善以党校为主阵地的集中教育活动。市及各区县年内均在党校开设保密教育课,先后授课23次,受教育5000多人次;适应新形势,研究新问题。重点在商业秘密保护、手机保密、废旧公文资料监销、国有企业改制后密文密电管理和计算机及其网络管理等方面进行积极有效的探索;在省保密局《山东保密》发表文章5篇。《保密工作》第5期以《淄博市企业请保密局做培训》为题,介绍了淄博市帮助高科技企业做好商业秘密保护的做法。市保密局出刊《淄博保密工作》5期。

【保密检查】 年初,把党务专网和政务专网的保密技术检查列入工作要点,作为全年工作重点。4月就党政专网保密工作进行专题调研,以市委办公厅、市政府办公厅的名义下发《关于加强市电子政务专网保密安全管理的通知》,并对重点要害部门部位进行专项检查。针对保密检查中发现的问题,制定措施,明确重点,申请资金,配备技术含量高、实用性强的检查工具,组成联合检查组,对8个区县和130多个部门、单位进行认真细致地检查。对存在问题的单位下发反馈书并进行复查。11月21～25日,组织对区县年度保密工作进行检查和考核,检查采取听、看、查等方式,对照标准,逐项检查,发现问题,限期整改。12月对4个高校、2个大企业和25家市直部门进行年度检查考核,表彰了38个先进单位和47名先进工作者。切实加强计算机及网络管理工作,对150余家部门、单位进行了专项检查。8月,对全市互联网网站进行普查登记,并就进一步加强计算机信息系统保密管理,严防互联网泄密和全国"两会"期间开展互联网保密检查等工作,下发通知,明确要求,切实抓好工作落实。加大废旧公文资料监销力度,年内监销资料5吨,并组织人员不定期对废品收购站进行检查。

【重要保密工作】 1. 扎实做好党政专用通信网的一期工程改造。按照省里统一要求,积极组织线路施工,按期完成施工进度,基本实现保密通信工作的升级跨越。2. 扎实做好保密要害部门部位的管理工作。把要害部门部位作为保密管理工作的重中之重,坚持要害部门月报告工作制度。先后出台文件,就要害部门部位的保密检查和重点管理,提出了具体要求。坚持对定点复制单位的年审制度,在日常监督检查的同时,从人员、制度、设备、环境等方面进行检查年审,确保其安全保密。同时,还及时对市、区县主要领导办公室等重点部位进行了保密技术检测。3. 认真做好重大会议和活动期间的保密工作。对国家、省在市内召开的重要会议,组织的重大活动,市级"两会"、全委会活动期间的保密工作做到主动参与,积极配合有关部门对互联网站以及计算机信息系统、会议文件资料的管理和经贸洽谈、外商入住场所进行检查和清理整顿。4. 强化对国家统一考试的保密管理。做到了及早介入,主动服务、全程监督,并建立应急处理机制,实行"零报告"制度。考前严格按照要求查验,逐项落实,发现隐患及时督查整改。考中,派出人员认真搞好监督检查。全程参与全国司法考试保密管理工作。抓好节假日期间的保密工作。

【涉密人员管理】 1. 加强培训。通过集中培训、工作例会、专题研究、以干代训等方式,提高保密人员的素质。6月19～21日举办了电子公文和涉密人员培训班,100多人参加系统培训。2. 加强管理。就重点涉密人员管理问题,市委办公厅专门发出通知,提出严格选配,持证上岗,加强上岗、在岗、离岗3个环节的教育管理的要求,规定每年参加保密教育及业务知识培训不得少于1周时间。3. 建立健全机关管理制度。进一步提高依法行政、依法治密水平。市及区县保密部门及时帮助50多家企业、单位建立完善了保密工作制度。

(史密宣)

·离休干部管理工作·

【基本情况】 年底,全市共有离休干部5428人。其中,机关1737人,事业单位1378人,企业单位2313人;红军时期参加工作2人,抗日战争时期参加工作1191人,解放战争时期参加工作4235人;享受局级待遇2人,享受副局级待遇138人,享受县处级待遇330人,享受副县处级待遇1820人,享受科级及其他待遇3138人。

【落实政治待遇】 一是坚持情况通报制度。年内,两次召开老干部情况通报会。市委书记、市人大常委会主任张建国代表市委、市政府通报了全市经济和社会发展情况以及全市发展目标、规划，广泛征求老干部的意见和建议。二是坚持走访慰问制度。春节前夕，逐户走访慰问113名担任过市级领导职务的离退休干部和市直行政14级以上的老干部。对10户生活比较困难的离休干部遗属进行走访慰问。4月，对安置在外省市的20名离休干部逐一走访慰问。"七一"前夕，市委组织部、市委老干局走访慰问驻淄的4名老红军；10月，在中国工农红军长征胜利70周年到来之际，市委领导代表省委、省政府看望驻淄老红军。三是坚持形势教育制度。4月28日，邀请济南陆军学院教授杨运忠作《当前我国安全环境和台海局势》的形势报告，200多名老干部参加报告会。四是坚持参观考察制度。会同市委办公厅先后4次组织担任过副市级以上领导职务的离退休干部，到张店、淄川、桓台、高青等区县和市法制办、市行政服务中心参观考察经济社会发展、社会主义新农村建设和依法行政建设。

【基层组织建设】 按照中央组织部《关于进一步加强和改进离退休干部党支部建设工作的意见》，抓组织建设、教育培训、考核表彰"三项制度"建设，使其更加有利于老干部党员参加组织活动，更加有利于老干部党员接受党的教育，更加有利于老干部党员发挥作用。6月、11月，先后在五区三县召开离退休干部党建工作流动现场会。采取看、听、议相结合的方法，在33个基层党支部进行现场交流。充分发挥老干部党校的主阵地作用，加大对离退休干部党员培训教育。5月、11月，市委老干部党校举办了两期市直机关、事业单位副县级以上离退休干部党员培训班，培训老干部党员85人。按照《淄博市离退休干部党支部和离退休干部党员年度考核评比意见》，对离退休干部党建工作进行考核。

【落实生活待遇】 按照市委办公厅、市政府办公厅厅发〔2005〕41号文件规定，对区县、市属企业进行检查，对市属企业877名离休干部晋档及房贴差额增资进行了审核审批，为52名离休干部增资补助60万元，为破产企业的29名离休干部和特困企业的34名离休干部协调落实资金210万元、医保金30余万元。为确保市属差额、自收自支事业单位237名离休干部相关待遇逐步落实，在调查摸底的基础上，市老干局协调相关部门及时下发淄老干字［2006］38号文件，为事业单位离休干部待遇落实提供了政策保障。

【主题活动】 围绕纪念建党85周年主题，召开庆"七一"老干部党支部书记座谈会和庆"七一"老干部书画刻瓷展；围绕亲情服务主题，深化亲情服务活动；围绕"十一五"规划主题，在全市离退休干部中广泛开展"我为十一五建设做贡献"活动；围绕"我健康、我快乐"主题，于8月下旬举办"我健康、我快乐"——全市离退休干部风采大赛，11支代表队参加比赛。淄博市代表队获得优秀组织奖和团体二等奖；围绕阵地建设主题开展争创活动。有5家老干部活动中心被评为省级示范老干部活动中心，7家干休所被评为省级示范干休所，2家老年大学被命名为第三批省级老年大学示范校。市老年人大学积极拓展教学方式方法，在全省率先设立远程教育接收点。

【调研工作】 针对工作中存在的难点热点问题，采取逐级负责、重点突破的方法，深入基层调查研究，形成35篇调研报告，为领导决策、创新老干部工作奠定了良好基础。全年编发《老干部工作信息》36期，其中专刊11期，被中组部、省委老干部局及省、市各媒体采用60余篇(条)。创建淄博老干部工作信息网站，7月正式开通。全年处理老干部上访信件69封，接待老干部来访及咨询政策817人，均依据政策答复，使来访老干部满意而归。 (王昌锋)

·党史工作·

是年，按照中央和省统一部署，制定《淄博市2006～2010年党史工作规划》，市委办公厅予以转发。5月17日，召开全市党史工作会议，传达贯彻全省党史研究室主任会议精神，总结2005年度工作，安排部署2006年的工作任务。

2006年是党史研究出成果最多的一年。为撰写地方史第三卷作准备，分别出版了《淄博发展战略回顾》《领导干部谈历史经验》两书。《淄博发展战略回顾》总结回顾改革开放以来，市委市政府实施的城乡一体化、科教兴市、结构优化、发展第三产业、外向带动、城市化和环境立市等七大经济社会发展战略的实施过程和工作成效，对于制定实施"十一五"规划和进一步完善淄博的经济社会发展战略体系与提高战略实施水平，具有较高的参考价值和借鉴作用；26万字的《领导干部谈历史经验》，由23个市直部门的主要领导撰写，科学总结各个方面工作的历史经验，对总结党的执政经验，全面提高领导干部的素质和能力，具有重要作用。在撰写地方史第二卷的基础上，编写了《执政后的探索》一书，总结回顾建国后至改革开放前，党领导全市人民进行社会主义物质文明和精神文明建设，进行党的建设和政权建设的光辉历程与宝贵经验，对于进一步加强党的执政能力建设、落实科学发展观和构建和谐社会，把淄博建设成为经济强市、文化大市、绿色城市具有重要参考作用。该书17.5万字，于11月底出版发行；编辑了《赵志浩书记任期工作实录资料》。

在调查研究的基础上，市党史委制定《中共淄博地方组织历史旧址保护方案》，经市委同意，与市文物局协商，按法定程序将3处有原建筑的历史旧址公布为市级文物保护单位。启动在42处历史旧址设立标志碑工作。截至年底，除2处因城市改造，碑体尚未安放外，其余40处全部设立完毕。淄博市成为全国全省首家在全部党史旧址设立标志碑的地级城市。11月29日，中共淄博特委旧址标志碑揭幕仪式在博山举行。各区县委也分别举行了标志碑揭幕仪式。

年内，与市委政研室联合在市委机关刊物《淄博工作》开辟"光辉历程"专栏，每期两个版面，主要回顾宣传建国以来，全市在政治、经济、文化和各项社会事业建设中探索前进的不平凡历程，为各级组织进一步正确把握执政规律和经验，提高执政能力和水平服务。全年刊发专题文章12篇。与市委组织部联合，从6月开始将市党史委编辑出版的党史书籍、资料录入淄博市委组织网站。与团市委联合建立20个"淄博市关心下一代"教育基地。进一步充实和更新淄博党史网的内容。组织参加纪念建党85周年活动，撰写《重温光辉历程 加快淄博发展》在《淄博日报》《淄博工作》发表。参加省"纪念中国共产党成立85周年理论研讨会"，全市有3篇论文被省委党史研究室评为优秀论文。完成《中共山东年鉴》(淄博部分)的组稿及报送工作，完成《山东抗日战争大事记》(淄博部分)的审校工作，共增补19条，订正28条。 (尹庆峰)

·党校工作·

【争创全省一流党校】 自2003年以来开展的争创全省一流党校工作，使市委党校整体工作得到全面提升。年内，继先期获得全省党校系统教学、科研、后勤、信息化、业余教育等5个奖项后，又取得全省党校业务指导工作先进单位奖。至此，淄博市委党校成为全省党校系统全部获得6个奖项的4个市级党校之一，进入全省一流党校行列。

【干部培训】 年内开设主体班次19个、联合办班2期，共培训轮训干部2075人，超额完成市委下达的年度培训计划。课堂教学学员评估优良率达到98%以上。

【教学改革】 研究式教学成为新形势下的主体班次教学新模式。分层次、分系统和研究类班次占全年班次的60%以上。教学组工作不断完善，教学管一体化的效果得到进一步体现。制订出台《教学专题设置及评审办法(试行)》《教学组工作实施办法(试行)》《教学工作实绩量化计分办法》《学科建设要点》等4个文件，进一步规范教学工作的主要环节。年内新编辑出版的《党的最新理论成果读本》(上、下册)和《主体班次学员调研报告汇编》，使党的最新理论成果进入课堂。市委《淄博工作》出版1期学员调研报告特刊。在省、市组织的大规模培训干部工作检查中，市委党校的干部培训和教学工作得到充分肯定和高度评价。

【科研工作】 年内，共发表论文91篇，其中在省级以上刊物发表的占85%；获省、市奖励34项，其中二等奖以上占50%；新立各级各类课题16项，结题15项。科研外协和联合攻关的力度进一步加大，年内参与的新农村建设、构建和谐社会和淄博"十一五"发展等7个方面的研讨活动产生积极影响。在全省党校系统第二轮科研工作组织奖评选中，以位居前4的业绩进入先进行列，继续保持着全省一流状态。

【信息化工作】 年初，全省信息化工作暨表彰会在市委党校召开。10月，远程教学被中央党校表彰为全国党校系统远程教学网1999～2005年度B级站管理使用优秀奖，是全省2家获奖市级党校之一。

【业余函授教育工作】 年内，超额完成省委党校业余教育学院下达的招生工作任务，连续第5年被评为全省招生工作先进单位。在职研究生班新增法学理论专业，2006级招生规模居全省第三，参考率和录取率双列全省第一。业教学员注册率和毕业率分别保持在96%和99%以上。 (张立国)

·市直机关党的工作·

【思想建设】 春节以后，利用两个月的时间，在市直机关党员干部中集中开展了党章学习教育活动。及时下发党的十六届六中全会和市九届十一次全委会精神学习安排意见。举办辅导报告会、座谈会，组织党员干部认真学习胡锦涛"七一"讲话。邀请党建理论专家就理想信念问题和国际形势问题，为机关党员干部举办两场报告会。为机关党务干部订购下发360余套《江泽民文选》和《理论热点面对面》学习资料。购置录制各种教育片20余部，组织观看教育电教片达1.2万人次。

【组织建设】 根据市委统一安排，对第一、二批党员先进性教育活动单位的整改工作进行检查、督导。组织工委全体党员认真扎实地开展保持共产党员先进性教育活动。继续开展"创新与优秀工作成果"争创活动，市委、市政府对10项创新工作成果、38项优秀工作成果的相关单位及个人进行表彰。"七一"前夕，工委对市直18个先进机关党委、22个先进机关党总支、24个先进机关党支部、118名优秀共产党员、67名优秀党务工作者进行表彰。及时指导任届期满的21个基层党组织进行换届选举。调整充实党务干部64名，培训党务干部81名。举办入党积极分子培训班两期，培训入党积极分子142名；全年发展新党员129名。在市直机关广泛开展"扶贫扶技扶志"主题实践活动，市直机关725名党员领导干部、2096名机关党员走访慰问老党员1864名、困难党员975名，为老党员、困难党员捐助慰问金、慰问品折合人民币105.63万元；走访慰问农村老党员163人，农村"五保户"475户，发放救助金、慰问品折合人民币26.84万元。

【党风廉政建设】 制定《市直机关党风廉政建设宣传教育方案》《在市直机关党员领导干部中开展"勤政廉政、科学发展"教育活动实施方案》，组织市直机关党员干部观看《忏悔录》《居安思危》等警示教育电教片。按照《2006年市直机关党风廉政建设和反腐败工作实施意见》，配合有关部门开展商业贿赂专项治理和落实党员干部不准收送现金、有价证券和支付凭证等工作。做好市直有关部门党员领导干部民主生活会管理工作。研究制定加强市直机关党内监督的实施意见，进一步健全科级领导干部和重要岗位人员监督机制。年内，受理群众信访31件次，查处索贿受贿案件1起，党内处分违纪党员3名。

【精神文明建设】 通过在中心城区设立大型宣传牌、召开座谈会、深入基层调研督查等形式，广泛开展社会主义荣辱观教育。组织千余名机关干部参加清理城乡垃圾和白色污染活动。修订完善《市直机关文明单位和文明机关评比管理办法》，年内评比表彰市直机关级文明单位12个，评选推荐市级文明单位和文明机关14个。

【机关作风建设】 在市直100个行政职能部门和单位广泛开展争创人民群众满意机关(单位)、服务岗位和争做人民群众满意的公务员(工作人员)活动。组织对市直93个单位目标管理考核的社会评价工作，发放评价表3585份，收集336名社会各界代表反映的书面意见150余条，对93个单位的社会评价情况进行定量计分，对反映的问题进行督导整改。对机关工作人员执行"十不准"规定情况进行督查。配合市纪委和市委整改办开展行风评议和意见整改工作。组织"关爱家庭、远离邪教"主题演讲比赛。参加全市"崇尚科学、反对邪教"文艺会演。

【群团工作】 按照《淄博市市直机关劳动模范和先进工作者评选管理办法》的有关规定，落实"劳模"荣誉津贴和外出休养。在"慈心一日捐"活动中，市直95个单位万余名干部职工捐款205万元。在"扶贫济困万人行"活动中，市直机关93个部门对871户特困职工累计帮钱帮物150余万元，其中730户基本实现生活解困。深入开展"送温暖"活动，走访慰问离退休、长期生病住院、生活困难职工780余人，累计送去慰问金、慰问品10万多元。举办市直机关第六届职工运动会和第二届"全球通杯"全市机关乒乓球比赛。成立市直机关干部合唱团，举办市直机关庆祝建党85周年音乐会、市直机关"岗位学雷锋、服务做标兵"演讲比赛、"芳草摄影杯"庆"三八"巾帼风采展示大赛。开展市直机关第三届十大杰出青年评选活动。继续实施"春蕾计划"，35个单位的200多名干部职工捐款4万多元，资助山区贫困女童完成学业。 (王建斌)

·信访工作·

【概况】 是年，全市信访工作呈现出“三下降、两杜绝、一好转”的良好局面。市及区县党委、政府受理群众来访比2005年下降7.5%，其中，市委、市政府受理群众来访的起数和人数比2005年分别下降25.1%和10.1%，受理群众集体上访起数和人数比2005年分别下降9.2%和6.2%；群众到省上访比2005年下降40%；进京上访比2005年下降50%以上。信访秩序明显好转。国家信访局在2006年上半年及年底给省委、省政府的两次通报中，淄博市的信访工作受到表扬。中央、省联席会议及信访部门调研时，对淄博市的信访工作都给予高度评价。国家《人民信访》《信访指南》《工作简报》，省委《情况交流》以及《信访情况》《山东信息》《山东信访》等刊物以及中央和省、市新闻媒体，先后40多次对淄博市抓信访、保稳定的做法和经验进行报道。

【领导重视】 市委、市政府多次强调对信访工作要做到“三个舍得”“三个优先”。即：舍得拿人、舍得拿钱、舍得拿领导精力，信访情况优先汇报、信访工作优先研究、信访部门困难优先解决。市委、市政府主要领导和分管领导多次对信访工作作出重要批示，阅批大量人民来信，并带头开展下访活动，亲自出面协调和处理一些重要信访问题。

【制度建设】 年内，先后制定完善《领导包查重要案件》《领导干部下访》《领导公开接访》《律师参与涉法信访工作》《信访事项听证办法》《信访事项办理复查复核》《利用仲裁解决经济纠纷和劳务纠纷》《关于解决拖欠农民工工资问题的规定》《接访、办信、督查三项规程》《信访事项三级终结》等30多项信访工作新制度，理顺工作机制和体制，明确了各级各部门的责任。

【严格奖惩】 市委、市政府把信访工作列入各级领导班子和领导干部任期目标及年度政绩考核的重要内容，将工作绩效纳入决策目标、执行责任和考核监督三大体系，对信访工作政绩突出的区县、部门及“三无”乡镇（街办）由市委、市政府一年一表彰，同时对发生问题的单位实行“一票否决”。是年，对25家单位实行了“一票否决”。

【信访基层基础规范化建设年】 年内，组织开展“信访基层基础规范化建设年”活动，全市90%以上的问题在区县及基层得到及时发现和就地化解，81.5%的乡镇（街办）达到“三无”要求。一、完善基层信访工作网络。各级信访部门普遍增配领导职数，增加人员编制，增加业务经费、车辆和办公自动化设备；全市各乡镇、街道办事处全部配齐配强专职副科级信访助理和司法助理；全市各村居、社区都配备了专兼职信访调解人员。二、加强不安定因素排查调处工作。各级各部门都明确由分管领导和专兼职信访员负责不安定因素排查调处工作。坚持实行市里每月、区县每半月和乡镇每周定期排查调处矛盾纠纷制度，同时完善了工作报告、协调例会、督查督办等制度和措施。在各乡镇（街办）普遍建立党委、政府分管领导挂帅，信访、综治、司法、法庭、民政等多部门联合办公，一口对外的矛盾纠纷排查调解中心。在市直部门落实《关于市直部门分工办理、复查、复核信访事项的规定》，强化职能部门的责任主体和信访部门的“参谋、协调、落实”作用，形成齐抓共管共同做好工作的大信访格局。年内，在大规模排查调处活动和重要会议、重大节日期间，全市共排查各类矛盾纠纷1623起，有1513起得到妥善处理和解决，调处率达到93.2%。三、进一步畅通基层信访渠道。市信访局制作了150个《绿色邮政》桌签和大量《绿色邮政》宣传画，放置和张贴在全市各邮政局（所）。市及区县信访部门受理的“绿色邮政”来信占来信总数的51%以上。在市、区县和乡镇（街办）三级试行“阳光办信”制度，市及区县、乡镇（街办）三级实行“办信三见面”数量达到受理来信总量的83%以上。同时，市及各区县创造性地推行“信访代理制”“村级事务契约化管理”“便民反映诉求的移动政府”“设立村（居）稳定工作办公室”“村（居）信访联络员考核奖惩”“公众服务热线”“村居（社区）信访信箱”“信访便民卡”“民情恳谈”“民情日记”等办法，引导群众更多地通过网络、电话、书信以及其他更加便捷的方式反映诉求。全市受理群众来信3490件，比2005年上升17.2%。四、创造人性化的接访环境。市及区县两级信访部门在2005年投资100余万元的基础上，2006年追加投资140余万元，建成了全市信访信息系统，并实现了与中央和省信访部门的互联互通。各区县对群众来访接待场所进行升级改造，部分接待大厅和办公条件达到省内区县一流水平。五、依法规范信访秩序。制定《群体性上访事件应急预案》，对部门责任、信息控制、现场指挥、后勤保障等方面作出具体规定，形成步调一致的工作机制。

【宣传工作】 在《信访条例》颁布实施一周年之际，市委领导在《淄博日报》发表署名文章，市信访工作领导小组专题部署有关工作。通过举办宣传周、宣传日、开展送《信访条例》下乡巡回宣传及开展知识竞赛等形式，市及区县、乡镇三级联动，面向基层广大群众，开展声势浩大的宣传活动，增强群众依法信访的意识。期间，全市共制作宣传漫画等展板2100余块，展出宣传横幅3000余条，接受群众现场咨询3万余人，发放宣传资料20余万份。

【妥善处理信访问题】 开展“进京非正常上访问题集中解决月”活动。年内，中央和省、市联席会议办公室交办的非正常上访案件按上级要求上报率达到100%，结案率94.8%。理顺工作机制，制定下发《关于做好我市进京非正常上访劝返处置工作的实施意见》，强化依法处理和督查工作。从严落实责任制，建立并实行重点案件销号倒查、通报、市领导谈话、责任追究、重点管理等5项制度。将解决进京非正常上访问题作为对各级领导班子和领导干部政绩考核的一项重要内容，实行“一票否决”。（张　倩）

·接待工作·

是年，全市共接待各级领导及国内外来宾1285批7770人次。在中国（淄博）陶瓷博览会暨世界瓷砖采购大会等重大经济活动接待工作中，突出重点、突出特色、突出创新，抓管理、抓规范、抓提高。代市委、市政府草拟《关于进一步规范市级接待工作的意见》，完善《接待工作规程》，修订《内部定点接待宾馆计费价格实施意见》，规范签单制度；组织举办了淄博特色菜品展、全市职业技能竞赛、全市党委系统政务接待业务学习班；加强宾馆管理，全面推行竞争上岗，加快硬件改造步伐，突出抓好一线服务人员业务培训；协助做好筹建接待会议中心前期准备工作。（李建波）

淄博市人民代表大会常务委员会

【淄博市第十二届人民代表大会第四次会议】 会议于2月15～19日在张店举行。本届人民代表大会代表共409名，因事因病请假24名，出席会议的代表385名。会议听取并审议了市长刘慧晏所作的《政府工作报告》，审议了市计委主任庄鸣所作的《关于2005年国民经济和社会发展计划执行情况与2006年计划草案的报告》、市财政局局长郭利民所作的《关于2005年财政预算执行情况和2006年财政预算草案的报告》，听取并审议了市人大常委会副主任周继烈所作的《淄博市人大常委会工作报告》、市法院院长林春明所作的《淄博市中级人民法院工作报告》、市检察院检察长马爱国所作的《淄博市人民检察院工作报告》，并通过关于上述报告的决议。会议补选曹在堂、常大鹏为市人大常委会副主任。

【重要会议】 一、市十二届人大常委会第二十二次会议。会议于1月23日在张店举行，听取和审议了市政府关于代表建议、批评和意见办理情况的汇报，市人大常委会代表资格审查委员会关于补选代表代表资格的审查报告。听取了关于市十二届人大四次会议主席团和秘书长名单（草案）、关于市十二届人大四次会议列席人员范围决定（草案）的说明，有关人事任免报告；审议了市人大常委会工作报告、市十二届人大四次会议议程等有关文件草案。会议经过表决，通过了市十二届人大四次会议议程（草案）、市十二届人大四次会议主席团和秘书长名单（草案）、市十二届人大四次会议列席人员范围的决定、市人大常委会工作报告和人事任免事项。

二、市十二届人大常委会第二十三次会议。会议于3月30日在张店举行，听取审议了市人大法制委员会关于《淄博市国土绿化条例（草案）》审议结果的报告和相关的法规草案，人民法院、市人民检察院人事任免报告及相关的人事任免材料；审议了《淄博市人大常委会组成人员守则（修订草案）》和《淄博市人民代表大会常务委员会关于述职评议工作的办法（草案）》。表决通过了《淄博市国土绿化条例（草案）》（待省人大常委会批准后公布）《淄博市人大常委会组成人员守则（修订草案）》《淄博市人民代表大会常务委员会关于述职评议工作的办法（草案）》和人事任免事项。

三、市十二届人大常委会第二十四次会议。会议于5月16～17日在张店举行，听取和审议市人大教科文卫委员会关于"加强社区卫生服务建设"议案原案的审议报告；听取市政府关于《淄博市公路路政管理条例（草案）》的说明和市人大法制委关于《淄博市专利管理条例（草案）》审议结果的报告，审议相应的法规草案；听取评议市中级人民法院副院长苏勇、姜乐亭和市检察院副检察长孙昆峰、刘洪海的述职报告，对其工作进行询问，并进行了述职测评；听取并审议有关人事任免报告、供职报告及相应的人事任免材料。经过表决，通过《淄博市人大常委会关于"加强社区卫生服务建设"议案原案处理意见的决定》《淄博市专利管理条例》（待报请省人大常委会批准后公布）和人事任免事项。

四、市十二届人大常委会第二十五次会议。会议于6月28～29日在张店举行，听取审议了市政府关于2005年财政预算执行情况和其他财政收支情况的审议工作报告、市政府关于2005年财政决算的报告；听取了市人大财经委关于淄博市2005年财政决算的审查报告。常委会组成人员经过认真审议，提出了一些意见和建议，由市人大常委会办公厅汇总整理后，送市政府研究办理。会议听取审议了市政府关于《淄博市医疗机构药品管理办法（草案）》的议案，提出修改意见和建议，认为应进一步修改，再提请以后的常委会会议审议通过。会议还听取市人事局、市农业局、市人口和计划生育委员会、市安全生产监督管理局、市城市管理行政执法局等5部门主要负责人的述职报告并进行测评，常委会组成人员还就有关问题询问了两位部门负责人。会议还听取审议了市人大常委会主任会议关于补充任命市人大各专门委员会部分委员的报告和市人民检察院关于提请免去检察人员职务的报告。经过表决，通过了《淄博市人大常委会关于批准2005年市级财政决算的决议》和人事任免事项。

五、市十二届人大常委会第二十六次会议。会议于8月22日在张店举行，听取和审议市政府关于2006年上半年国民经济和社会发展计划执行情况的报告、市政府关于2006年上半年财政预算执行情况的报告、市政府关于"四五"普法依法治理基本情况和"五五"普法"四五"依法治市规划的汇报、市政府关于《人口与计划生育法》《山东省人口与计划生育条例》贯彻实施情况的汇报；会议听取审议市人大常委会主任会议关于任免部分机关工作人员的报告、市政府关于提请任免有关工作人员职务的议案和市中级人民法院、市人民检察院关于提请任免部分法官、检察官职务的报告。会议还听取审议部分拟任命人员的供职报告，审议有关决议、决定草案。经过表决，通过《淄博市人大常委会关于在全市公民中继续开展法制宣传教育活动的决议》《淄博市人大常委会关于批准〈淄博市依法治市第四个五年规划〉的决定》及人事任免事项。

六、市十二届人大常委会第二十七次会议。会议于10月26～27日在张店举行，听取和审议市人大常委会视察组关于"碧水蓝天行动计划"视察情况的报告；听取审议市政府关于《动物防疫法》贯彻实施情况的汇报；审议市政府关于《淄博市碧水蓝天行动计划》实施情况的汇报（书面）；听取审议市人大常委会代表资格审查委员会关于补选代表的代表资格的审查报告；听取审议市公安局（书面）、市财政局、市建委、市文化局主要负责人的述职报告，就有关问题向有关负责人进行询问，听取各组的评议意见并对述职人员的任职情况进行了测评；听取审议关于提请补选省人大代表的报告；审议市人大常委会关于提请任命工作人员职务的报告；听取审议市中级人民法院关于提请任免审判人员职务的报告。会议选举市人大常委会党组书记、副主任常志钧为山东省第十届人民代表大会代表；确认赵亦成为淄博市第十二届人民代表大会的代表资格有效；经过表决，通过有关人事任免事项。

七、市十二届人大常委会第二十八次会议。会议于12月26日在张店举行，听取审议市政府关于贯彻实施《中华人民共和国归侨侨眷权益保护法》情况的汇报、市政府《关于淄博市和巴西圣约瑟市建立友好城市关系的议案》《关于淄博市和意大利贝加莫省建立友好城市关系的议案》《关于授予姜显松、姜锡星淄博市荣誉市民称号的议案》《关于提请决定任命王顶岐、周连华职务的议案》及相关说明，听取审议市人大法制委员会关于《淄博市医疗机构药品管理办法（草案）》审议结果的报告，听取审议人事任免报告和相关的人事任免材料。会议还听取有关任免人员的发言。经过表决，通过《淄博市医疗机构药品管理办法》（待省人大常委会批准后公布）《淄博市人大常委会关于同意淄博市与巴西圣约瑟市建立友好城市关系的决定》《淄博市人大常委会关于同意淄博市与意大利贝加莫省建立友好城市关系的决定》《淄博市人大常委会关于同意授予姜显松、姜锡星先生“淄博市荣誉市民”称号的决定》《淄博市人大常委会关于召开淄博市第十二届人民代表大会第五次会议的决定》《淄博市人大常委会关于接受林春明辞去淄博市中级人民法院院长职务请求的决定》《淄博市人大常委会关于任命刘亚宁为淄博市中级人民法院代理院长的决定》及人事任免事项。

【重要决议、决定】 一、淄博市人民代表大会常务委员会关于淄博市第十二届人民代表大会第四次会议列席人员范围的决定。

二、淄博市人大常委会关于“加强社区卫生服务建设”议案原案处理意见的决定。

三、淄博市人大常委会关于批准2005年市级财政决算的决议。

四、淄博市人大常委会关于批准《淄博市依法治市第四个五年规划》的决定。

五、淄博市人大常委会关于在全市公民中继续开展法制宣传教育活动的决议。

六、淄博市人民代表大会常务委员会关于召开淄博市第十二届人民代表大会第五次会议的决定。

七、淄博市人大常委会关于同意淄博市和巴西圣约瑟市建立友好城市关系的决定。

八、淄博市人大常委会关于同意淄博市和意大利贝加莫省建立友好城市关系的决定。

九、淄博市人大常委会关于同意授予姜星松、姜锡星先生“淄博市荣誉市民”称号的决定。

十、淄博市人大常委会关于接受林春明辞去淄博市中级人民法院院长职务请求的决定。

十一、淄博市人大常委会关于任命刘亚宁为淄博市中级人民法院代理院长的决定。

【地方立法】 年内，经省人大常委会批准，市人大常委会先后颁布了《淄博市农业综合开发项目管理办法》《淄博市烟草专卖管理办法》《淄博市国土绿化条例》《淄博市专利管理条例》等4部地方性法规。

【法律监督】 年内，市人大常委会会议、主任会议、专门委员会会议先后听取审议市政府及有关部门关于《土地管理法》《动物防疫法》《归侨侨眷权益保护法》《人口与计划生育法》《残疾人保障法》等18部法律、法规贯彻执行情况的汇报，充分肯定成绩，提出了进一步加强执法的意见和建议。同时，采取视察、执法检查等多种形式，先后对《公务员法》《义务教育法》《淄博市黏土砖瓦生产用地管理规定》《淄博市雷电灾害防御管理办法》等14部法律、法规的贯彻实施情况进行监督，保证了各项工作在法制轨道上健康发展。常委会第二十六次会议听取审议市政府关于“四五”普法依法治理基本情况和“五五”普法“四五”依法治市规划的汇报，并作出《关于批准〈淄博市依法治市第四个五年规划〉的决定》和《关于在全市公民中继续开展法制宣传教育活动的决议》。

【工作监督】 市人大常委会先后听取审议市政府《关于2005年市级预算执行和其他财政收支情况的审计工作报告》《关于2005年财政决算的报告》《关于2006年上半年国民经济和社会发展计划执行情况的报告》《关于2006年上半年财政预算执行情况的报告》，作出《关于批准淄博市2005年市级财政决算的决议》。常委会会议、主任会议、专门委员会会议先后听取审议市政府及有关部门关于社会主义新农村建设情况、供销工作、防空袭应急准备情况、全民健身工作等20项工作汇报和市法院关于切实解决执行难工作情况、市检察院关于民事行政检察工作情况的汇报，督促“一府两院”及有关部门依法行政、公正司法。为支持和促进“一府两院”的工作，常委会组成人员、主任会议成员和有关专门委员会组成人员先后对全市发展循环经济建设资源节约型社会、公路重点工程建设、县域经济发展、消防工作、侨资企业发展、高等职业教育等工作进行视察和检查。10月，常委会对全市碧水蓝天行动计划实施情况进行视察，听取市、区县政府的汇报，现场察看水污染防治、大气污染防治、环保基础设施建设和运行等方面的情况，提出了进一步提高思想认识、加大执法力度、加强环保基础设施建设和运营工作力度等意见。市政府根据常委会意见制定整改措施，推动了碧水蓝天行动计划的顺利实施。常委会还以“关注碧水蓝天，聚焦生态淄博，保护饮用水”为主题和配合碧水蓝天行动计划实施情况的视察，牵头组织开展了两次“淄博环保世纪行”活动，把人大监督与舆论监督结合起来，取得较好效果。

【依法行使任免权】 年内，市人大常委会依法任命、决定任命、补充任命、批准任命国家机关工作人员95名，免去、决定免去、批准免去61名工作人员的职务。同时，继续坚持对拟任命人员进行法律知识考试和供职报告制度。先后对市建委、计生委、人事局、农业局、城市执法局、安监局、公安局、财政局、文化局等9个部门和法院、检察院4名副职人员进行了述职评议，38名拟任命人员参加了任前法律知识考试，11名拟任命人员在常委会会议上作了供职报告。

【信访工作】 全年共受理人民来信465件(次)，接待来访1131人(次)，并区别不同情况进行妥善处理，维护了公民的合法权益。

【代表工作】 一、议案办理工作。对代表在市十二届人大四次会议上提出的“关于加强社区卫生服务建设”的议案原案，常委会第二十四次会根据有关专门委员会的审议意见作出决定，将该议案转交市政府办理。市政府多次召开有关会议进行研究，出台《关于发展城市社区卫生服务的实施意见》和《淄博市城市社区卫生服务发展规划(2006～2010)》，使该议案得到了顺利办理。

二、办理代表建议、批评和意见。市十二届人大四次会议期间，代表共提出建议、批评和意见165件。闭会之后，常委会会同市政府召开代表建议办理工作会议，对办理工作提出具体要求。市人代会期间代表提出的建议、批评和意见，都在规定的时间内办理完毕并答复了代表。闭会期间代表提出的建议、批评和意见8件，常委会也及时转交有关部门，并抓紧催办，其中6件已办结并答复了代表，其他2件在办理之中。

三、代表述职评议工作。为了加强代表与原选举单位的联系，促进代表依法履行职责，充分发挥代表作用，常委会按照《淄博市人民代表大会代表述职工作办法(试行)》的要求，组织291名市人大代表向原选举单位进行述职，述职比例达到市人大代表总数的70%以上。

四、加强同代表的联系工作。为推动代表工作的制度化、规范化建设，进一步提升代表工作水平，常委会制定《关于加强和规范市人大代表活动的若干意见》。通过组织代表活动日、参加培训班、召开座谈会、参加旁听法庭庭审活动和开展视察、调查等形式，组织代表加强学习，提高素质，更好地执行代表职务。12月，召开全市人大工作暨表彰优秀市人大代表会议，总结交流换届以来全市人大代表工作、代表小组活动和代表依法履行职责的经验，表彰了50名优秀市人大代表。9月，组织住淄博市的省人大代表对全市社会主义新农村建设情况进行专题调研。12月，组织住淄博市的全国、省人大代表视察淄博市《义务教育法》实施情况及高等职业教育工作。常委会组成人员、各专门委员会和常委会各工作机构利用走访、寄送材料和信件、参加代表小组活动、召开座谈会等形式保持和代表的经常性联系。同时，对常委会组成人员联系代表分工进行了调整，全年共联系全国、省和市人大代表2000多人次。常委会坚持邀请代表列席市人大常委会会议制度，先后有35名市人大代表列席常委会会议。还通过给代表订阅报刊、寄发《公报》《人民与代表》等材料，为代表依法行使职权创造条件。

【公民旁听常委会会议】 继续实行公民旁听常委会会议制度，全年先后有10名公民旁听常委会会议。（傅 樱）

淄博市人民政府

·重要会议·

1月24日，市政府召开第四十六次常务会议。听取市计委《关于2005年国民经济和社会发展计划执行情况与2006年计划草案的报告》（汇报稿）及《关于2006年市政府为群众办实事初步安排意见》的汇报，听取市财政局《关于2005年财政预算执行情况和2006年财政预算草案的报告》（审议稿）的汇报，听取市招商局和市外经贸局关于全市对外开放暨招商引资工作大会筹备等有关情况的汇报，听取市卫生局关于全省新型农村合作医疗试点工作会议精神及贯彻意见的汇报，听取市公安局关于改善张店城区交通秩序的建议的汇报，听取市物价局关于有线数字电视维护费等有关情况的汇报，听取市法制办关于《淄博市医疗机构药品管理办法（草案）》（审议稿）和《淄博市医疗机构医疗器械管理办法》（审议稿）及说明的汇报。

2月7日，市政府召开第四十七次常务会议。听取市经贸委关于全市工业工作暨实施“名牌战略”“双百工程”表彰大会筹备情况的汇报，听取市计生委关于全省人口资源环境工作座谈会议暨全省人口计划生育工作会议精神和2005年省、市人口和计划生育工作考核及2006年工作安排情况的汇报。

2月25日，市政府召开第四十八次常务会议。听取市发改委关于2006年政府投资建设计划的汇报，听取市政府办公厅关于2006年市政府重点工作安排意见的汇报，听取市物价局关于城市基础设施配套费改革情况的汇报，听取市法制办关于2006年向市人大常委会提报的地方性法规项目和2006年政府规章制发项目、关于《淄博市行政机关规范性文件制定办法》（审议搞）、关于《淄博市中心城区户外广告管理办法》情况的汇报，听取市人事局关于全市2005年度消防安全工作先进集体和先进个人评选、关于全市减轻农民负担工作先进集体和先进个人评选情况的汇报。

3月22日，市政府召开第四十九次常务会议。听取市科技局关于全市科学技术大会筹备情况的汇报，听取市委研究室（市委农工办）关于全市农村工作会议筹备情况的汇报，听取市建委关于淄博垃圾焚烧电厂建设进展情况的汇报，听取市规划局关于中心城区雨、污分流工程规划方案情况的汇报，听取市司法局关于对司法所实行区县司法局直接管理情况的汇报，听取市人事局关于全市创建国家园林城市工作及2005年度花园式单位花园式小区评选、关于全市依法行政工作先进单位和先进个人评选、关于全市政务系统信息、调研工作先进单位和先进个人评选、关于全市森林防火工作先进集体和先进个人评选、关于全市民族团结进步模范集体和模范个人评选情况的汇报。

4月14日，市政府召开第五十次常务会议。听取市政府办公厅和市人事局关于市政府系统承办市“两会”期间建议、提案情况和关于全市人大代表建议、政协委员提案办理工作表彰大会筹备及先进单位和先进个人评选情况的汇报，听取市国土资源局关于土地利用总体规划修编前期工作中“四查清、四对照”情况的汇报，听取市安监局关于全市安全生产工作情况的汇报，听取市国税局关于开展税负调查分析情况的汇报，听取市统计局关于全市第二次农业普查情况和全市能源生产消费情况的汇报，听取市监察局关于评选表彰全市行风和机关效能建设先进单位情况的汇报，听取市人事局关于2006年度市政府行政奖励表彰计划项目审核及全市城乡环境综合整治工作先进单位和先进个人评选情况的汇报。

5月18日，市政府召开第五十一次常务会议。听取市建委关于召开全市创建国家园林城市总结表彰大会及创建国家生态园林城市情况的汇报，听取市水利与渔业局关于开展淄博市中心城区取用排水执法检查工作实施方案情况的汇报，听取市人事局关于全市发展循环经济先进集体和先进个人评选、关于全市碧水蓝天行动计划先进集体和先进个人评选、关于全市社会综合治税工作先进集体和先进个人评选情况的汇报，听取市残联关于举办淄博市首届残疾人特殊奥林匹克运动会情况的汇报。

6月14日，市政府召开第五十二次常务会议。听取市经贸委关于2006年度百项重点工业项目筛选及《淄博市百项重点工业项目管理考核办法》情况的汇报，听取市教育局关于全省职业教育工作会议暨加强和改进高校招生管理工作会议精神及起草市委、市政府《关于大力发展职业教育的决定》（讨论稿）及《淄博市职业教育“十一五”发展规划》（讨论稿）情况的汇报，听取市公安局关于对泰基化工有限公司等3家民用爆炸物品生产企业安全整顿复产前整改项目验收情况的汇报；听取市人事局关于提交市政府常务会议研究审议有关机构编制事项及关于全市支持高青、沂源先进单位和先进个人评选情况的汇报，听取市老龄办关于全省老龄工作会议精神和《淄博市老龄事业“十一五”发展规划》（征求意见稿）情况的汇报。

7月24日，市政府召开第五十三次常务会议。听取市环保局关于全省小清河流域水污染防治工作座谈会议精神及近期环保工作情况的汇报，听取市水利与渔业局关于开展淄博市中心城区取用排水执法检查情况的汇报，听取市政府办公厅关于《淄博市突发公共事件总体应急预案》（送审稿）情况的汇报，听取淄博军分区关于全省军分区（警备区）、人武部全面建设达标观摩会议精神及贯彻意见的汇报，听取市人事局关于全省引导和鼓励高校毕业生面向基层就业暨实施“三支一扶”计划电视会议精神及贯彻意见、关于全市土地利用现状更新调查工作先进单位和先进个人评选情况的汇报，听取市法制办《关于推行行政执法责任制工作的实施意见》（审议稿）、关于组建市政府法制咨询委员会和市政府法制研究中心、关于全省规范行政审批工作会议精神及贯彻意见、关于规范行政处罚自由裁量权工作情况的汇报，听取市劳动保障局关于调整城镇职工基本医疗保险统筹基金最高支付限额和大病救助最高支付限额、关于提高失业保险基金发放标准情况的汇报。

8月17日，市政府召开第五十四次常务会议。听取市发改委《关于进一步促进服务业加快发展的若干意见》（审议稿）、关于支援东明加快发展情况的汇报，听取市经贸委关于全省节能工作电视会议精神及贯彻意见和市统计局关于市及各区县能源消耗及能源统计工作情况的汇报，听取市环保局关于第八次全省环保大会及全省水和大气污染工作会议精神及贯彻意见的汇报，听取市水利与渔业局关于全省大中型水库移民后期扶持工作会议精神及全市大中型水库移民后期扶持工作情况和计划安排意见的汇报，听取市旅游局《关于进一步加快旅游业发展的若干意见》（审议稿）的汇报。

9月25日，市政府召开第五十五次常务会议。听取市劳动保障局关于全省企业养老保险工作会议精神及全市调整企业退休人员基本养老金水平、关于建国前参加工作老工人医疗待遇问题、关于解决农民工医疗保险问题、关于贯彻国务院《工伤保险条例》情况的汇报，听取市政府副秘书长盛慧文关于《淄博市住房公积金管理机构整改实施方案》的汇报，听取市财政局关于实行市级住宅取暖补贴办法的意见的汇报，听取市民政局关于全省退役士兵安置工作电视电话会议精神及贯彻意见的汇报，听取市人事局关于全国全省军转安置工作会议精神及贯彻意见的汇报，听取市司法局关于贯彻落实第十二次全省普法依法治理工作会议精神及《关于在全市公民中开展法制宣传教育的第五个五年规划》（送审稿）的汇报。

11月6日，市政府召开第五十六次常务会议。听取市人事局关于全省实施公务员法工作会议精神和淄博市贯彻意见及《淄博市实施〈中华人民共和国公务员法〉工作方案》（送审稿）、关于授予王雷等10名人民警察淄博维和卫士称号情况的汇报，听取市安监局关于对《淄博市安全生产目标管理考核奖惩办法（试行）》修订情况的汇报，听取市物价局关于淄博市征地地面附着物和青苗补偿标准情况汇报，听取市外办关于淄博市拟与意大利贝加莫省和巴西圣约瑟市建立友好城市关系及关于授予姜显松、姜锡星“淄博市荣誉市民”称号情况的汇报，听取市发改委关于《淄博市区县域经济社会发展年度综合评价及考核奖励办法》（汇报稿）、关于《淄博市经济强乡镇（办）年度综合评价及考核奖励办法》（汇报稿）、《关于进一步加快开发区建设和发展的意见》（汇报稿）、关于《淄博市建设社会主义新农村“十一五”总体发展规划》（汇报稿）情况的汇报，听取市地震局关于《淄博市防震减灾“十一五”规划》（送审稿）情况的汇报。

12月7日，市政府召开第五十七次常务会议。听取市人事局关于全市2001～2005年全市普法依法治理先进集体和先进个人评选情况的汇报，听取市体育局、市人事局关于表彰参加第二十一届省运会暨承办第十一届全运会和第二十二届省运会动员大会及表彰淄博市在第二十一届省运会上做出贡献的单位和个人情况的汇报，听取市环保局关于《淄博市环境保护“十一五”规划》情况的汇报，听取市残联关于《淄博市残疾人事业“十一五”发展规划》（送审稿）情况的汇报，听取市经贸委《关于进一步加强节能降耗工作的意见》（送审稿）、关于《淄博市节能降耗目标考核办法》（送审稿）、关于《淄博市重点用能企业节能管理办法》（送审稿）情况的汇报，听取市法制办关于《淄博市节能监察办法》（审议稿）、关于《淄博市依法行政第四个五年规划（2006～2010年）》、关于《淄博市物业管理办法》（审议稿）、关于《淄博市建筑市场管理若干规定》（审议稿）情况的汇报。

12月27日，市政府召开第五十八次常务会议。听取市审计局关于全市社会保险基金审计情况的汇报，听取市劳动保障局关于《淄博市社会保险基金监督管理暂行办法》情况的汇报，听取市法制办关于《淄博市科学技术奖励办法修正案（草案）》、关于《淄博市城市污水处理费征收使用管理办法》（审议稿）、关于《淄博市机动车排气污染防治管理办法》（审议稿）、关于《淄博市医药工作人员健康检查管理办法》（审议稿）情况的汇报，听取市农业局《关于加强农村实用人才队伍建设的意见》（送审稿）情况的汇报，听取市发改委关于《淄博市“十一五”服务业发展规划纲要》（送审稿）情况的汇报，听取市卫生局关于《淄博市城市社区卫生服务发展规划（2006～2010年）》情况的汇报。（岳端杰）

·重要决策和工作部署·

1月6日，市政府办公厅印发《关于提高城市居民最低生活保障标准的通知》。

1月7日，市政府办公厅印发《关于淄博市碧水蓝天行动计划2006年工作任务的通知》。

1月7日，市政府印发《淄博市2006年度安全生产工作要点的通知》。

1月10日，市政府办公厅印发《关于印发淄博市实施国家知识产权试点城市工作方案的通知》。

1月13日，市政府办公厅印发《关于印发淄博市食品安全监管信息管理办法的通知》。

1月13日，市政府办公厅印发《关于下达2006年度全市外经贸工作指标的通知》。

1月23日，市政府办公厅转发《山东省人民政府办公厅转发省监察厅等四部门关于违反新型农村合作医疗制度行政处分规定（试行）的通知的通知》。

1月24日，市政府印发《关于2005年度淄博市科学技术奖励的通报》。

1月25日，市政府印发《关于进一步加强就业再就业工作的通知》。

2月8日，市政府印发《关于进一步加强农村卫生工作的意见》。

2月14日，市政府印发《关于淄博市2006年度鼓励外经贸发展有关政策的通知》。

3月1日，市政府印发《关于2006年重点工作安排》的通知。

3月2日，市政府办公厅印发《关于加快推进地方矿山等高风险企业参加城镇企业职工社会保险的通知》。

3月3日，市政府印发《关于淄博市2006年国民经济和社会发展计划的通知》。

3月6日，市政府印发《淄博市国民经济和社会发展第十一个五年规划纲要的通知》。

3月6日，市政府印发《关于2006年全市旅游业发展重点工作安排的通知》。

3月24日，市政府印发《关于淄博市中长期科学和技术发展规划纲要（2006～2020年）的通知》。

4月24日，市政府办公厅印发《关于公布2006年流通重点工程项目的通知》。

5月31日，市政府印发《关于公布第一批市级非物质文化遗产名录的通知》。

6月5日，市政府印发《关于公布第三批市级重点文物保护单位的通知》。

6月6日，市政府办公厅印发《关于深化国土资源管理体制改革加强国土资源所建设的意见》。

6月8日，市政府印发《关于实施在地统计的通知》。

6月15日，市政府印发《关于做好建设节约型社会近期重点工作的通知》。

6月23日，市政府印发《关于2006年淄博市黄河防汛预案的通知》。

6月23日，市政府印发《关于收取城市基础设施配套费有关问题的通知》。

7月10日，市政府印发《关于淄博市老龄事业“十一五”发展规划的通知》。

7月13日，市政府印发《关于开展创建国家生态园林城市工作的意见》。

7月28日，市政府办公厅印发《关于进一步加强民用爆炸物品安全管理工作的通知》。

7月31日，市政府办公厅印发《关于调整城镇职工基本医疗保险统筹基金最高支付限额和大病救助最高支付限额的通知》。

8月10日，市政府办公厅《转发〈山东省人民政府办公厅加强固定资产投资调控从严控制新开工项目的通知〉的通知》。

8月15日，市政府印发《关于淄博市落实大中型水库移民后期扶持政策工作实施方案的通知》。

9月7日，市政府印发《关于进一步加强节能降耗工作的意见》。

9月13日，市政府办公厅印发《关于解决农民工医疗保障问题意见》。

9月23日，市政府印发《关于淄博市完善企业职工基本养老保险制度实施意见的通知》。

9月27日，市政府印发《关于印发淄博市住房公积金管理机构调整工作实施方案的通知》。

9月30日，市政府印发《关于进一步做好退役士兵接收安置工作的通知》。

10月30日，市政府印发《关于加强土地节约集约利用工作的通知》。

11月16日，市政府印发《关于加快气象事业发展的意见》。

11月16日，市政府印发《关于解决农民工问题的实施意见》。

11月16日，市政府印发《关于实施农村义务教育经费保障机制改革的通知》。

11月22日，市政府印发《关于淄博市防震减灾“十一五”规划的通知》。

12月8日，市政府印发《关于发展城市社区卫生服务的实施意见》。

12月21日，市政府印发《关于淄博市依法行政第四个五年规划(2006～2010年)的通知》。

12月21日，市政府办公厅印发《关于淄博市重点用能企业节能管理办法的通知》。

12月22日，市政府印发《关于淄博市环境保护“十一五”规划的通知》。

12月28日，市政府印发《关于2006年度淄博市科学技术奖励的决定》。

12月28日，市政府印发《关于淄博市残疾人事业“十一五”发展规划的通知》。

12月28日，市政府办公厅印发《关于淄博市社会保险基金监督管理暂行办法》的通知。

12月31日，市政府印发《关于淄博市“十一五”服务业发展规划纲要的通知》。

12月31日，市政府印发《关于进一步加强消防工作的意见》。

12月31日，市政府办公厅印发《关于进一步做好煤矿整顿关闭工作的通知》。 (李同凤)

·为人民群众所办12件实事·

一、扩大实施新型农村合作医疗制度，提高农村居民医疗保障水平。新型农村合作医疗已扩大到5区1县、25个乡镇，覆盖人口达到210.24万人，参合农民达188.81万人，参合率89.81%。共筹集新农合医疗基金8199万元，有181.73万人次享受合作医疗补助，补助金额5148万元。

二、实施村村通自来水工程，解决群众饮水安全问题。全市共投入资金1.43亿元，新建了176处工程，解决了502个村、40.15万农村群众的饮水安全问题。全市农村自来水普及率达到88.7%。

三、加快食品安全信用体系建设，保障食品安全。组织试点企业已达500余家，开展食品安全信用知识培训，指导帮助企业积极推行食品安全质量追溯制度和公开承诺制度；开展食品安全信用评价活动，加大对违法企业的监管力度；重点对蔬菜50个品种进行追踪检测。建成了淄博食品安全网和淄博市食品安全信息系统，市、区县共设31个网络终端。强化基层食品安全监管网络建设，全市84个乡镇、23个街道办事处均建立食品药品监管所，配备了137名专职监管助理员，聘请了1520名村信息员。

四、建设农村社区综合服务中心，为农村居民生产生活提供综合服务。全市已初步建成运营的服务中心达到53家。年内已验收49家，共投资2142万元，新增营业面积31800平方米，增设体育健身器材256台(套)，设立图书阅览室51个，卫生室或药店37个；辐射村庄212个，受益农民达49.5万人。

五、实施农村贫困残疾人安居工程，为无房特困户盖了新房。年内多渠道投入资金1018万元，全市统一标准，为500户农村贫困残疾人修建了住房，80个乡镇的829名残疾人受益。

六、培育“三绿工程”示范点，推动绿色生产和消费，提高居民副食品消费质量。年内采取多项措施，鼓励扶持企业实施绿色采购计划，积极营造绿色购物环境；加大市场监管制度建设，推动绿色市场认证工作。“三绿工程”达标企业41家通过验收，其中：绿色无公害食品配送中心3个、绿色批发市场1处、绿色超市10个、提升改造绿色超市3个、绿色专柜23个、三星级畜禽屠宰机械化加工企业1个。年内共建成绿色蔬菜基地11.8万亩、绿色蔬菜产品加工生产线3条、绿色蔬菜配送中心3处、绿色蔬菜专柜19处。

七、实施有线数字电视“村村通”工程，丰富广大农村群众精神文化生活。年内市广电总台(局)投资5000万元搭建起双向数据业务骨干网，投资1.8亿元完成全市广电主要干线、区县支干线网络建设和改造工程。对有线数字电视前段系统进行升级改造，实现城乡一体化的网络结构，提升农村网络的质量。全部完成直管乡镇自然村的工程建设。数字电视整体转换用户超过 33 万户，改造后的村用户重新收看率明显提高。

八、建设市特殊教育中心，改善提高特殊学生受教育条件。年内开展前期工作，先后办理了项目选址意见书、规划用地许可证、环境影响评估报告等，上报了解决用地指标请示，起草了招标意见书。

九、建设市老年公寓，开展社会养老示范，促进老年福利事业发展。年内开展前期工作，先后进行了项目可行性论证、立项、用地规划等，上报了解决用地指标请示。

十、强化城市社区卫生服务机构的公共卫生服务功能，为居民提供基层卫生保健服务。重点抓好张店区省级示范区建设，开展社区卫生服务网络建设和社区居民健康教育，进一步加强社区卫生服务内涵建设。全区已建成社区卫生服务机构 57 处，其中社区卫生服务中心 7 处，服务站 50 处，覆盖率达 87%以上。开展居民健康调查 20.7 万人，为 50 岁以上老人免费健康查体 9.1 万余人，建立居民健康档案 10.7 万份。

十一、出台管理办法，加强机动车排气污染防治，改善城市空气质量。加强机动车排气污染防治工作的法规和制度建设，印发了有关文件，《淄博市机动车排气污染管理办法》定稿。加强在用机动车排气污染监督管理，在全市实施机动车排气简易工况法检测制度。加大城市运营车辆油改气和双燃料改造力度。张店地区出租车双燃料改造已完成 80%；大型公交车辆改造双燃料车 120 辆投入运营，张店地区改造数量已近 40%。

十二、建设市垃圾焚烧发电厂和 4 个区县的城市生活垃圾无害化处理厂，切实搞好城市垃圾的污染防治。研究制定《淄博市城市生活垃圾处理费管理办法（草案）》。投资 2.5 亿元，建设中心城区生活垃圾焚烧发电厂，日处理 1000 吨，服务于张店、周村、高新区和桓台县，主体工程基本完成。建设淄川、博山、临淄、高青 4 个区县的城市生活垃圾无害化处理设施，已初步确定工程选址，拟定了建设方案。（王学典）

·市民投诉暨市民建议征集工作·

是年，突出“提高专业素质、推进服务创新”这一主题，以将市民投诉中心建成“市政府品牌服务窗口单位”为目标，促进市民投诉暨市民建议征集工作上水平。全年共接到市民投诉电话、短信 51611 件，市民建议 255 条，来信 176 件，电子邮件 1345 件，办理领导批示件 117 件，承办省政府门户网站来件 11 件，办结率分别达到 96%、94%、96%、97%、100%和 100%。

开拓创新，提升服务理念和服务质量。召开全市市民投诉暨市民建议征集工作会议，对两年来的工作进行总结交流，表彰了 34 个先进单位和 55 名先进个人；首次对优秀市民建议进行表彰。市民建议征集办公室从 2003 年底至 2006 年 3 月收到的 1000 多件市民建议中，筛选出 15 件优秀市民建议，评出二等奖 3 名，三等奖 5 名，鼓励奖 7 名；开通 20 家市长专线电话“12345”系统远程坐席，提高了服务质量和办事效率；承接了省政府门户网站来件办理工作，规范办理程序，保证办理质量。共承办省政府来件 11 件，办结率 100%。

把握规律，超前服务，为政府决策提供依据。市民投诉中心在迅速解决群众反映的急事、难事的同时，加强对市民来话的综合分析，开展短平快调研，及时反馈社情民意，为领导决策提供可靠的信息和依据。按照刘慧晏市长视察投诉中心时的要求，召集张店区、市城市执法局、市工商局、市规划局、市贸易局就城区占道经营问题进行调研，周清利副市长、宋锡坤副市长在调研报告上作了重要批示。冬季供暖前期，先后到市热电集团、市热力公司、市环保供热公司等 6 家供热企业调研，形成调研报告供市政府领导参阅。供暖期间，每日调度各供热企业相关情况，及时协调处理供热过程中出现的非正常事故，保证供热。针对银行发行的企业贷款卡年审难问题、共青团东路下水道长期堵塞问题、农民工工资久拖不发问题、宠物狗管理及疾病预防问题、下岗失业人员档案管理费减免问题的调研活动，以及开展网吧治理专项行动、出台农民工参加医疗保险规定、出台《淄博市餐饮垃圾管理规定》、规范整治开锁行业管理秩序等建议，受到市政府领导高度重视。年内，市民投诉中心通过《投诉动态》《呈阅件》《原件呈批》等，为市委、市政府领导提供信息 1200 余条，促进了群众关心问题的解决。

加大督查办理力度，为群众办实事。自 1 月开始，市民投诉中心对市民投诉工作网络单位实行领导批示件办理情况通报制度，每季度通报一次。对于涉及部门多、协调难的问题，联合主管部门召开协调会，现场办公，促使问题解决。针对部分小区不开通公交车、出租车异地营运、部分道路和路口交通堵塞等问题，与交通部门深入现场，解决问题；针对张店区部分小区适龄儿童上学报名难问题，多次与教育、建设、规划等部门沟通协商，制定解决方案，保证适龄儿童报名入学。张店区王舍小区康淄公司宿舍楼污水管道堵塞、福宁小区 29 号楼乱搭乱建、临淄区朱台镇占用土地建砖厂、机顶盒安装及数字电视推广难等问题均得到妥善处理。年内，市民投诉中心为群众办实事 1500 余件次，收到群众表扬电话、来信和锦旗共 1000 余件次。（梁海鹏）

·法制工作·

【政府立法】 组织起草审查地方性法规草案 2 部，审查完成市政府规章草案 6 部。制发《淄博市依法行政第四个五年规划（2006～2010）》；审查规范性文件 70 件，其中审查市委文件 6 件，审查市政府规范性文件 45 件；审查部门代政府起草的应急预案 19 件；办理市政府领导《关于对我市燃放烟花爆竹扰民问题》等批示件 18 件；组织召开政府立法征求意见座谈会、协调会 50 余次。

【政府法制监督协调工作】 推行行政执法责任制工作，组织

省政府法制办在淄博市召开规范行政处罚自由裁量权现场会（殷国鹏　摄）

各区县和市政府部门部分人员集中办公，对执法依据进行梳理，共梳理法律148部、行政法规268部、国务院部门规章416部、省地方性法规88部、省政府规章76部、市地方性法规49部、市政府规章43部；梳理行政处罚4956项、行政许可396项、行政强制230项、行政确认101项、行政裁决5项、行政给付20项、行政征收66项、其他类566项，深化了规范行政处罚自由裁量权工作。省政府法制办在淄博市召开“全省规范行政处罚自由裁量权工作现场会”，推广淄博的经验做法。新华社《国内动态清样》进行了专版报道，供有关领导干部参阅。组织63个行政执法单位对所负责实施的法律、法规和规章进行梳理、细化，涉及细化条款的法律、法规、规章共738部，将2231个带有处罚幅度的条款细化为7295个项；组织63个市级行政执法单位共建立各项制度392项；制作了市行政执法机关规范行政处罚自由裁量权标准汇编、制度汇编。组建乡镇法制工作室、便民服务中心和中心镇执法中队，组建率均达到80%。全市共建立乡镇法制工作室91个，建立乡镇便民服务中心78个，建立中心镇执法中队37个。

【行政复议应诉】 全市各级政府共依法受理行政复议461件，共办理行政应诉案件220件。其中，市行政复议办公室依法受理的151件，办理以市政府为被告的行政应诉案件22件；张店区受理行政复议案件10件，办理应诉案件12件；淄川区受理行政复议案件14件；临淄区受理行政复议案件18件，办理行政应诉案件5件；周村区受理行政复议案件12件，办理行政应诉案件6起；博山区受理行政复议案件38件；桓台县受理行政复议案件34件，办理行政应诉2起；沂源县受理行政复议案件26起，应诉案件9起；高青县受理行政复议案件4件。

市政府法制办设立行政复议听证室

（殷国鹏 摄）

【法制宣传培训】 共刊发信息或宣传文章240条次。其中，在《人民日报》《法制日报》《大众日报》等省级以上媒体刊登稿件55篇；在《淄博日报》等市级报纸刊登稿件39篇；在《淄博工作》等刊物刊登理论文章9篇；在电台、电视台播发稿件17条；组织了首届全市十大优秀行政执法人员评选活动；编写了《公共法律知识教程》，培训新增行政执法人员1920名，培训在岗行政执法人员8300余名。

【行政许可服务】 年内，市行政服务中心共接待群众咨询5000余人次，受理各类行政服务事项78650件，办结79043件，按期办结率达到100%，集中收费18228.1万元。张店区受理审批和服务事项26649件，淄川区受理65504件，博山区受理21365件，周村区受理4584件，临淄区受理25430件，桓台县受理68000件，沂源县受理24824件，高青县受理51945件，高新区受理10721件。按期办结率均达到100%。

（周洪光）

淄博市首届十大优秀行政执法人员颁奖晚会

（殷国鹏 摄）

·人事工作·

【《中华人民共和国公务员法》实施工作】 年内，加强对《公务员法》的学习、培训和宣传工作，成立公务员法实施工作领导小组及办公室，召开全市实施公务员法工作会议，印发了《淄博市实施〈中华人民共和国公务员法〉工作方案》等有关文件。

【公务员队伍建设】 年内，新录用公务员258人。组织119名2005年度新录用公务员参加了初任培训。在全市实施政府机关统一佩证上岗制度，市政府机关及部分具有行政执法职能的事业单位4704人实行佩证上岗，各区县15522人实行佩证上岗。对2005年度全市政府机关及事业单位科及科以下工作人员进行了年度工作考核。做好推荐表彰工作，完成推荐表彰项目25个，先进集体35个，先进个人80名。组织实施政府和部门联合表彰计划，共实施表彰项目46个，表彰先进集体1385个、先进个人2507名。

【继续开展“环境建设年”活动】 “十一五”人才工程进展顺利。年内，有3家单位获国家人事部批准成立博士后科研工作站；原有的5家博士后工作站累计进站博士30人。年末，全市博士后工作站总数达到8家，分站达到13家。印发《关于引导和鼓励高校毕业生面向基层就业的实施意见》，引导毕业生到基层就业；印发《关于组织开展高校毕业生到我市农村基层从事支教、支农、支医和扶贫工作的实施办法》，年内有15名“三支一扶”志愿者到乡镇基层上岗到位；通过引进和培养，全市新增副高级以上职称或硕士生以上高层次人才1249人，比2005年增加7%。加强高校毕业生就业实践基地建设，山东大学、中国海洋大学等10所高校与齐鲁石化、新华医药等9家重点用人单位合作建立18处高校毕业生就业实践基地。对首次评选出的38名有突出贡献的中青年专家进行表彰。年内，又有2人获得国务院特殊津贴，全市享受国务院特贴专家达到77名。

【职称评审工作】 公布2005年度中高级职称评审结果：高级资格通过978人，中级资格通过2797人；1528人通过2005

年度卫生系列副高级和中级职称评审。改革完善专业技术人员评价工作，将全市民营企业专业技术人员职称评审纳入正规化管理。

【国外引智工作】 将沂源县引进国外优质果品项目确定为重点引智项目，获得省外专局拨付的重点项目经费20万元。参加中国山东第四届海内外高端人才交流暨技术项目洽谈会，达成合作意向项目27个，聘请技术顾问2名。年内，共引进外国专家50人，引进外国专家项目50项。到淄博工作的德国专家克梅利尔博士获“齐鲁友谊奖”。

德国专家克梅利尔博士获“齐鲁友谊奖”
（刘 鹏 摄）

【深化行政管理体制改革】 完成了5个区的人民政府机构改革方案审批工作。指导临淄区起草乡镇机构改革的初步方案。对五区公安分局的内设机构、直属机构及公安派出所进行全面调整和整合。完成了《山东省事业单位机构编制管理规定》（省政府152号令）执行情况的督查工作，在全市安装了全国统一的“12310”举报电话。

【事业单位改革】 积极做好事业单位分类改革的有关准备工作，起草市委、市政府《关于推进事业单位改革的意见》及6个配套文件，其中《关于推进事业单位改革的意见》已送交市事业单位改革领导小组成员单位征求意见。推进事业单位人事制度改革，出台《淄博市市属事业单位公开招考工作人员暂行办法》；为市属事业单位面向社会公开招考大中专毕业生，录用284人。

【人才市场建设】 年内，全市各级人才市场共组织举办各类人才招聘会300余场；开展网上人才市场招聘活动，全年共有3800余家单位提供就业岗位14万个，进场人数18万人次。开展人事争议仲裁工作，受理办结争议仲裁案件7起。加强对人才市场监管，会同有关部门在全市范围内清理整顿人才市场，清理非法中介机构4家。

【毕业生就业】 年内，全市先后组织25次大中专毕业生就业推荐会及专场活动。建立了未就业大中专毕业生职业技能培训基地，培训未就业毕业生500余人。全市引进接收本科及本科以上毕业生3586人，其中博士研究生46人，硕士研究生228人。

人才招聘活动现场 （刘 鹏 摄）

【军转干部安置】 年内共安置军转干部434名，其中自主择业9名。切实保证转业干部的医疗保险、住房补贴、创业补助费等待遇的落实。做好企业军转干部解困和稳定工作，全年共为1093人发放解困资金1000余万元。

【工资福利工作】 全年共审核、审批工资6754人次，为152名退休人员办理了退休手续。

【人事考试工作】 开通淄博人事考试信息网，公务员考试首次实行网上报名。组织完成了7303人参加、21454个模块的2006年全国专业技术人员计算机应用能力考试工作。年内，组织各类人事考试28项，26563人次参加。 （刘 鹏）

·外事工作·

【外宾接待】 年内，全市接待到淄博考察访问、交流技术、洽谈贸易、合作办厂、招生留学、观光旅游、探亲访友等各类外宾，共计30多个国家（地区）、37629人。比较重要的团组有：柬埔寨王国洪森首相率领的柬埔寨王国代表团，法国卢瓦尔河大区代表团，摩洛哥进社党干部考察团，厄瓜多尔外长夫人率领的陶艺代表团，俄罗斯布拉茨克市政府代表团，美国伊利

俄罗斯友好合作城市布拉茨克市代表团到访
（市外办 供稿）

市教育考察团，日本山口县周南市政府代表团，韩国韩中亲善协会代表团，挪中友协暨挪威商学院代表团，韩国中国文化院代表团，法国拉罗什市政府经贸代表团，伊朗胡泽斯坦省政府代表团等。

柬埔寨首相洪森访问淄博　　　（市外办　供稿）

市领导会见韩国驻青岛总领事金善兴

（市外办　供稿）

【因公出国(境)】 全市年内因公出国(境)考察访问、学习培训、交流技术、参加会议、劳务输出等团组290批1461人次，出国团组和人数与去年相比分别增加49.5%和37%。市领导率团出访活动主要有：市委书记、市人大常委会主任张建国率团赴欧洲招商和进行友好访问；市委副书记、宣传部长岳长志率团赴马来西亚进行体育交流；市委副书记、市纪委书记刘池水率团赴美国和加拿大进行经贸考察及友好访问；市委副书记魏绍水率团赴澳大利亚、新西兰进行经贸考察，赴韩国进行友好访问；市政协主席冯梦令率团赴尼日利亚、南非进行友好访问及经贸考察；市委常委、高新区管委会主任崔洪刚率团赴美国、加拿大进行经贸招商，赴香港进行经贸考察，赴马来西亚进行经贸招商；市人大常委会副主任常志钧率团赴意大利、德国进行经贸考察；市人大常委会副主任岳经一率团赴德国、瑞典进行经贸考察；市人大常委会副主任聂振钰率团赴意大利、英国进行经贸考察；副市长韩家华率团赴美国招商及进行经贸考察；副市长刘有先率团赴马来西亚进行经贸考察；副市长段立武率团赴美国进行教育考察等。安装《山东省因公出国管理系统传输软件》后开通省政府电子专网，实现全市因公出国审批数据网上传输。

【友好城市】 年内，分别与美国休斯敦市、加拿大埃德蒙顿市、俄罗斯布拉茨克市建立友好合作城市关系，与美国圣贝纳蒂诺市、日本周南市交流与合作事宜取得阶段性进展。全年接待友好城市及友好协会来访团组16批192人次，出访友好城市5批次。与韩国广州市继续开展公务员和青少年交流，促成淄博市陶瓷原料出口到该市；协助博山区和仁川市中区正式建立友好区县关系。5月，法国拉罗什市经贸考察团到淄博进行经贸考察访问；法国卢瓦尔河大区政府代表团到淄博出席市中心体育场体育馆奠基仪式。6月，美国伊利市教育代表团到淄博交流访问，就教育、经贸、旅游等领域进行了探讨，伊利职业学院与淄博职业学院建立友好校际关系；是月，淄博市与俄罗斯布拉茨克市建成友好合作城市关系（意向），并与其达成青少年交流协议，促成山东理工大学与布拉茨克国立理工大学建立友好校际关系。9月，市青少年音乐家赴伊利市演出访问，此为淄博市音乐家首次走出国门演出。11月，法国拉罗什市艺术家戈维斯到淄博进行艺术交流。此外，通过市外办积极争取，日本周南地区日中友好协会捐资500万日元在淄川援建希望小学一所，韩国韩中投资委员会向周村区萌山小学捐款30万元人民币。

【涉外管理】 全年共办理对外邀请386批、575人次，接待重要外宾35批396人次，办理外国专家证113批次。加强了与淄博市有着密切交往关系的40多个国外驻华使馆和50多个国外驻华商会、大企业财团的联系。全市有聘请外国文教专家资格的单位28家，具有招收外国留学生资格的院校9家。新增2名外国友人为淄博市荣誉市民。组织承办了2006年淄博市人民政府国庆招待会。承担陶瓷博览会、新材料论坛等大型外事活动20多万字的材料翻译工作，以及参会外宾外商的邀请和大会主要活动的翻译工作，完成了来自20多个国家和地区的60多位驻外使节、外商的接待任务。按照省委办公厅《关于加强境外非政府组织在鲁活动及我省民间组织参加国际非政府组织活动管理工作的意见》，会同市公安、国家安全、民政部门加强境外非政府组织在淄活动及市内民间组织参加国际非政府组织活动管理工作；及时掌握涉外案件的特点和动向，全年无重大涉外案件发生。取得因私赴韩国签证代办权，全年共计办理赴韩因私签证96人次。

【张建国率团赴欧洲招商和友好访问】 4月3～16日，中共淄博市委书记、市人大常委会主任张建国率团到德国、意大利和法国进行招商和友好访问。代表团先后在德国举办两次经贸洽谈会，实地考察部分企业，拜会中国驻慕尼黑总领馆和重点城市工商会，并到山东省友好省区法国卢瓦尔河大区及淄博市友好城市意大利贝加莫省、法国拉罗什市进行友好访问，受到当地政府及工商界人士的高度重视和热烈欢迎。访问期间，共签订项目投资合同两个，投资额5000多万美元；签订合作协议7个，总额近1亿美元；签订投资意向13个。

4月3日，代表团抵达德国慕尼黑当天，登门拜访了巴伐利亚州经济部、工商会、经济联合会和中国驻慕尼黑总领馆。张建国与西门子公司副总裁进行深入会谈，就西门子在淄博高新区建设项目交换意见，达成合作协议。

在卡尔兹鲁厄市，代表团参观德国国家科技研究中心，与丁纽斯院长就在淄博高新区德国工业园建设1万吨生物油工业化示范装置项目进行进一步洽谈，举办合作项目签约仪式。项目总投资3000万美元。

在杜塞尔多夫市，代表团拜会北莱茵——奎斯特法伦州经济部和工商会，于4月5日举办中国淄博——德国杜塞尔多夫经贸洽谈会，达成一系列协议和意向。山川医用器材公司与德国弗森克公司就特种注射用流质针项目进行洽谈，外方决定以技术和现汇出资。德国SSB驱动技术有限公司拟投资500万欧元，在淄博高新区德国工业园独资设厂生产风能发电设备。淄博森德焊接材料公司与德国伯乐蒂芬公司就共同出资600万欧元建设特种焊丝项目达成了意向。

在汉诺威市，张建国与世界500强之一的凯莱建材有限公司副总裁托马斯，就在齐鲁化工区建设年产20万吨化工高档氧化钙项目进行洽谈，项目计划总投资2000万美元，外商明确表示把该项目落户淄博。

4月5日，代表团参观汉诺威市大众商用汽车制造公司。当得知该公司正在山东寻求投资生产货车和商务车合作伙伴时，张建国向对方详细介绍淄博市"十一五"汽车发展规划和产业优势，对方同意专程到淄博实地考察。代表团拜访德国下萨克森州经济部和工商会，于4月6日下午举办中国淄博——德国下萨克森州经贸洽谈会。

4月8日，代表团抵达意大利贝加莫省。贝加莫省经济实力在意大利120个省中排名第四位，其产业结构与淄博市极为相似。张建国与贝加莫省省长贝托尼等高级官员以及工商企业界进行密切交谈和广泛接触。双方一致同意尽快建立企业家交流峰会机制，推进两省市企业间的交流与合作。同时，确定尽早在对方设立办事机构和开展公务员交流，增进相互了解。贝加莫省部分企业家看好中国市场和淄博市的投资环境，表示将到淄博市访问，探讨在纺织、机械等领域的合作事宜。

4月11日，代表团抵达法国。大区议会主席奥克西特、副主席海拉瑞及圣纳泽尔市、南特市、拉罗什市、昂热市等政府高级官员和大区工商协会会长歌德拉及部分工商企业界人士，举行盛大欢迎宴会。奥克西特主席决定率大区政府经贸代表团到淄博市考察访问，洽谈具体投资事宜。

在友好城市拉罗什市，市长何纽与张建国进行友好会谈，张建国与何纽分别代表两市政府签署《两市国际合作协议》《青少年交流协议》。

在欧洲招商和访问期间，张建国先后接受意大利贝加莫省电视台、法国卢瓦尔河大区日报、法国拉罗什市电视台等多家新闻媒体的采访，介绍淄博市概况及良好的投资环境，提高了淄博市的国际知名度。

【2006年重要到访团组】

到访日期	到访团组	代表团团长	到访目的
1月17～24日	韩国广州市青少年交流团	姜旻秀	青少年交流，探讨今后文化、教育领域的合作
2月20日	韩国广州市花卉考察团	郑璟鹤	推动淄博市与韩国广州市花卉项目的合作
2月28日～3月1日	日本丸红公司考察团	藤要代理部长	探讨CDM项目合作事宜
3月1～2日	韩国驻青岛总领事代表团	辛亨根总领事	考察淄博市对韩经贸情况，增进双方友谊
3月21日	日本大阪商工会议所中国经济使节团	野村明雄会长	考察了解淄博市服装、建筑、机械制造、金融、贸易等行业发展现状，推动大阪经济界与淄博市的经贸合作
4月6日	挪中友协代表团	埃文斯莫会长	拜会淄博市友协，加深了解，促进友谊与合作
4月27日	伊朗胡泽斯坦省经贸团	苏里玛尼顾问	考察采购及经贸合作
4月27日	日本山口县交流协议团	津田隆课长	探讨淄博市与日本山口县友好交流与合作
4月27～28日	韩国京畿大学代表团	崔虎俊副校长	与淄博市各有关学校建立友好校际关系
5月23～25日	法国拉罗什市经贸代表团	莫尼卡·罗德副市长	考察淄博市经济产业情况，促进两市经贸领域交流与合作
5月29～30日	法国卢瓦尔河大区代表团	雅克·奥克希特主席	拜会淄博市领导，出席市体育中心体育场奠基仪式
6月17日	韩国韩中亲善协会代表团	赵淳副总理(前)	促进淄博市与韩国旅游观光、文化教育领域的合作
6月21～23日	俄罗斯布拉茨克市政府代表团	谢列布列尼可夫·谢尔盖·瓦西里耶维奇市长	全面考察淄博市经济社会情况，促进两市经贸、教育领域的交流与合作，探讨两市建立友好合作城市事宜
6月22～27日	美国伊利市教育代表团	布克斯比董事主席	探讨两市职业教育、中学教育、文化艺术方面的合作

续表

到访日期	到访团组	代表团团长	到访目的
7月9日	摩洛哥进社党干部考察团	伊斯梅尔·阿拉维总书记	考察了解淄博市经济社会发展情况，学习借鉴淄博市构建和谐社会，发展新农村的经验
7月25～29日	韩国广州市青少年交流团	姜旻秀	加强两市教育领域的交流与合作，开阔青少年眼界，增强对相互文化的了解和友谊
8月11～13日	挪威商学院代表团	埃文斯莫副教授	考察淄博市经济产业和历史文化，促进淄博市在北欧的宣传
9月13日	印度印中贸易中心	加娅首席代表	探讨淄博市与印度在经济、文化、教育等领域的交流与合作，促进双边经贸合作
10月19～20日	韩国驻青岛总领事代表团	金善兴总领事	考察淄博市对韩经贸情况，促进双方经贸、文教领域合作
10月20日	日本周南地区日中友好协会代表团	三浦信幸事务局长	考察在淄川区援助希望小学事宜，为周南市市长访问淄博做前期准备工作
10月20～21日	韩国中国文化院代表团	安炅郁院长	考察淄博市文化情况，促进淄博市与韩国在经贸、投资、文化领域的交流合作
10月23日～11月3日	法国拉罗什市艺术家团	皮埃尔·戈维斯	促进两市在文化、艺术、教育、旅游等领域的交流与合作
10月27～28日	日本周南市政府代表团	河村和登市长	深化淄博市与日本周南市经贸、捐资助学等事宜的交流与合作
11月2日	柬埔寨王国代表团	洪森首相	考察学习齐鲁石化乙烯项目
11月9日	俄罗斯布拉茨克市政府代表团	谢列布列尼可夫·谢尔盖·瓦西里耶维奇市长	探讨与淄博市探讨建立友好城市及开展相关合作事宜
11月17日	保中友联代表团	波波夫主席	促进双方交流，在经济、文化、科技等领域开展合作
11月20～21日	厄瓜多尔陶艺代表团	保利娜·德卡里翁外长夫人	了解陶瓷产业情况，促进双方在陶艺、陶瓷贸易等领域合作
12月5日	韩国韩中投资委员会	李年洙会长	探讨在周村区援建希望小学

（王　宁）

·经济技术联合与协作·

【经济技术协作】 年内，按照“政府推动、企业主动、优势互补、共同发展”的原则，市经协办重点组织市内有关区县、部门和企业同外地（市）开展多种形式的经济技术联合与协作，加强与省内外高等院校、科研单位的科技协作交流。4月6～10日，由市发展与改革委员会牵头组团参加了在西安举办的第十届中国东西部合作与投资贸易洽谈会，共达成合作意向、协议、合同项目41个，一批精细化工、新材料、能源、制造业项目在会上签约，签约总金额达到96亿元。截至年底，签约投资项目中已有16个竣工投产，商贸合同运行良好。4月18～22日，由市经协办牵头筹备，组织9家企业参加2006中国天津全国商品交易会暨投资洽谈会，共签订投资贸易合同5个，投资贸易额达1.56亿元。6月6～7日，市政府组团参加宁夏石嘴山市友好城市协作年会，与石嘴山市相关部门就两地在建陶、日用陶瓷等领域的合作事宜进行了磋商。6月28日至7月4日，市经协办组织相关部门参加新疆喀什第二届东亚商品交易会，与新疆及周边国家的参会客商进行多方接触，为加强同喀什及周边地区的贸易合作奠定了基础。

【区域合作】 重点参与环渤海地区经济联合市长（专员、盟长）联席会组织的各项区域协作活动。一是参加在天津召开的环渤海地区经济联合市长联席会第十二次市长会议。副市长饶明忠和市经协办负责人出席，32个成员地市共同签署《推进环渤海区域合作的天津倡议》。二是积极参与组建环渤海区域信息网，淄博市信息中心加入环渤海信息网络联合体，促进淄博市与环渤海区域信息资源的开发利用和交流共享。三是组织有关企业参与天津市滨海新区的开发建设。其中宏信资产经营集团从天津市争取到滨海新区响螺湾中心商务区建设用地1.47公顷（零地价）。

【对口支援】 加大对援藏工作的宣传力度,积极推介西藏,促进两地的经济文化交流。年内,淄博市赴西藏地区的考察团达到 99 个。8 月,淄博晚报捐助昂仁"希望小学"项目赴藏慰问考察团向 15 所小学捐助 48 万元,至年底,捐建的昂仁淄博希望小学已经竣工;9 月,市教育局组织教育系统慰问考察团赴藏考察,带去慰问金 20 万元。考察期间,张店区实验中学、临淄区稷下小学分别与昂仁县中学、昂仁淄博希望小学结为友好学校,向两所学校各捐赠 1 万元。积极支持援藏干部开展工作。在西藏工作的第四批援藏干部全年共完成招商引资项目 6 个,落实招商引资额 1.36 亿元,实际到位资金 6 570 万元,使山东兖州矿业集团、南京丰恩公司等大型国有企业落户昂仁县。第四批援藏干部认真落实市政府《对口支援西藏昂仁县实施方案》中规划的 12 个援藏项目,改善昂仁县的县城面貌和农牧区的基础设施。4 月,来自市卫生、教育、城建、国土、广播电视等部门的淄博第十一批 6 名援藏专业技术干部抵达昂仁县进行短期技术服务工作。援藏资金和物资实现大幅度增加。年内,全市投入援藏专项资金共计 960 万元,主要用于援藏重点工程项目的施工建设,保证了 12 项援藏重点工程的顺利竣工。在加强资金援助的同时,市委、市政府还确定援助昂仁县价值 500 万元的车辆、服装、陶瓷、药品等四大类物资,包括汽车 17 部,陶瓷 2 900 件,服装 12 000 件,药品 300 多种,9 月 21 日顺利运抵昂仁县。

对口支援三峡库区工作。6 月,组织张店区和临淄区参加山东省在忠县举行的山东省对口支援忠县工作座谈会,实地考察两个对口支援乡镇,就双方合作项目进行初步探讨。组织捐助重庆市忠县新生镇和任家镇 40 万元现金和一批计算机。

对口支援新疆工作。落实省政府办公厅《关于实施支援新疆农村贫困户危房改造工程的通知》精神,自 2005 年开始,市政府向喀什地区英吉沙县、叶城县连续三年每年捐款 60 万元人民币,帮助当地贫困户实施危房改造工程。2006 年度的 60 万元捐款,于 4 月 28 日送交新疆受援地区。

【三峡库区农村外迁移民管理】 一是加强三峡移民的后期帮扶工作。为使迁入淄博市的三峡移民能快速掌握迁入地的生产生活技能,缩短融入当地社会的进程,各级三峡移民管理部门按照市委、市政府的要求,积极开展多种形式的帮扶活动。是年,全市三峡移民的人均收入达 3 200 元,80%以上三峡移民的生活条件已接近或达到当地居民的水平,部分移民已经超过当地居民的生活水平。二是做好三峡移民后期扶持人口的核定登记工作。按照国家相关政策,三峡移民作为国家大中型水库移民后期扶持人口可继续享受国家从 2006 年 6 月 30 日开始为期 20 年的后期资金帮扶。按照市委、市政府的部署,从 8 月开始至年底,全市三峡移民后期扶持人口的核定登记工作顺利完成。三是做好三峡移民的稳定工作。年初,按照全省三峡移民稳定工作会议精神和市政府分管领导对全市三峡移民稳定工作的具体要求,市三峡移民安置办公室组织各安置区县进行了三峡移民信访情况、稳定情况及生产生活状况的调查,针对调查发现的问题,组织区县移民管理机构认真研究制定解决方案,将引发移民上访的土地、房屋维修、生产生活困难、拖欠工资、工伤、矛盾纠纷、超生落户等问题解决在基层。市三峡移民安置办公室选树了 3 名勤劳致富的三峡移民先进典型,在全市三峡移民中推广经验以鼓励移民劳动致富。四是认真做好三峡移民资金的管理及拨付工作。严格按照《全省三峡库区移民外迁安置资金审计工作方案》的要求安排使用三峡移民资金,做到"专款专用"。9 月,市审计部门对 2003 年至 2005 年期间全市三峡移民资金使用情况进行审计,审计结果表明:全市三峡库区移民外迁安置资金管理使用情况良好,措施得力,方案科学,符合国家相关政策规定。

（赵继国）

・史志工作・

【修志工作】 继续抓好《淄博市志(1986～2002)》编纂的各项工作。督促尚未报送初稿的承编单位尽快完成供稿任务。3 月和 10 月,市志编委会两次印发工作进展情况通报,对供稿进度、审稿、加工修改等情况进行全面通报,保证供稿的进度和修改加工的质量。11 月,市直各单位全面完成初稿报送。对所有上报的初稿全部完成第一遍审改,并对部分初稿进行二稿、三稿的审改。督促指导各承编单位对返回的稿件进行再加工、再完善。年内,有 57 家单位已完成修改任务,形成并报送可供总纂用稿标准的志稿;13 家单位正在对基本达到总纂用稿标准的志稿进行补充完善;23 家单位已报送修改稿;30 家单位正在对初稿进行加工修改。9 月,市志进入总纂阶段。至年末完成 10 余家单位志稿的总纂,形成征求意见稿。

区县志编修工作进展顺利。为确保各级各部门志书、年鉴的编纂质量及区县地情网站的健康运行,4 月,市志编委会印发《关于在地方史志工作中严把政治关、保密关、重大史实关的通知》,对相关问题提出明确要求,得到市保密委员会和省史志办的肯定。6 月、11 月和 12 月,淄博市区县志审查验收领导小组分别组织召开《张店区志》《淄川区志》和《桓台县志》志稿评审会。《临淄区志》基本完成评审后的修改工作。《沂源县志》志稿基本完成总纂。

加强对基层志编修的业务指导。年内,对《淄博市公安志》《淄博市博物馆志》等基层志的编修进行业务指导;对《原山林场志》《淄博市物价志》《淄博市科技志》《凤凰镇志》《辛店街道办事处志》《城张村志》进行了评审。4 月,《淄博文化志》举行首发式。临淄区《朱台镇志》、淄川区《泉龙村志》等出版发行。在淄博市第十九次社会科学优秀成果评奖中,《淄博文化志》获二等奖,《周村区志》《高青县志》获三等奖。

9 月,《高青县志》入选全国第二轮市县志编纂经验交流会所选 3 部评读志书之一,并获得最高评价。10 月下旬,淄博市作为山东省第二轮修志试点单位参加全国第二轮修志试点单位经验交流会,作书面发言。

【年鉴工作】 2006 年,适逢《淄博年鉴》创刊 20 周年,及早着手筹划、部署,做好《淄博年鉴(2006)》的编纂工作,努力以新思路、新观念、新做法打造文化精品。10 月,《淄博年鉴(2006)》正式出版发行,成书时间为全省第一。

《淄博年鉴(2006)》共设 33 个部类,1345 个条目,正文 68 万字,图片 160 幅,补白为淄博文物保护单位。框架结构保持相对稳定,适当进行调整。设置"纪念创刊 20 周年专辑",市长、市志编纂委员会主任刘慧晏亲笔撰写题为《存史为鉴 把握当前 筹划未来》的文章;中国地方志指导小组办公室,中国地方志协会年鉴专业委员会,中国版协年鉴研究会会长许家康、名誉会长尚丁及全国百余家年鉴编辑部发来贺信表示祝贺。增加"保持共产党员先进性教育活动""学习贯彻《山东省地方史志工作条例》"等部类;调整充实"淄博概况"部类,增加"十五时期经济社会发展成就"分目,把社会经济统计资料由部类变为分目,放在"淄博概况"部类中;在"交通 邮电"部类中增加"通讯"分目,把各通讯公司内容合并其中。在风光图片中增加"'十五'时期经济社会发展成就"彩色图表。使该部年鉴框架结构更加合理、内容更加充实。

【《淄博年鉴(2006)》获全国年鉴编校质量一等奖】 年内,在中国出版工作者协会年鉴工作委员会组织的第三届全国年鉴编校质量检查评比活动中,《淄博年鉴(2006)》荣获一等奖。

【全市各级市情网站改造升级工程全面完成】 3月,市政府以淄政发〔12〕号文将淄博市情网站(含8个区县地情网站)的改造升级、整合工程,列为淄博市政府2006年度重点工作之一。5月,成立淄博市情网站及区县地情网站改造升级、整合工作领导小组;6月,市志编委会制定《淄博市情网站及区县地情网站改造升级、整合工作实施方案》下发区县,在淄博美图网络有限公司支持下开展改造升级工作。9月中旬,市和8个区县统一安装了省志办的地情资料库管理系统软件,实现了全省联网、互联互通、资源共享。11月上旬,淄博市情网及区县地情网站的改造升级、整合工作全部完成,开始上网运行(部分资料录入继续进行)。中旬,淄博市史志办在全省地情资料库和地情网站现场会上作典型发言。

新版淄博市情网平面视觉美观、栏目设置合理、程序设计完善,改变了旧版的设计单一、栏目设置不完善、程序设计不够优化等缺陷,实现了海量数据检索和跨库检索、远程维护和后台管理自动化,成为全市地情资料信息量最大、信息面最广、信息最具权威性的综合性地情专业网站。为进一步提高淄博市情网站服务水平,完善和丰富网站功能,扩大网站影响面奠定了良好基础。

【《山东省历史地图集·历史文化村镇》资料征集】 《山东省历史地图集》是省政府规划的、编纂时间跨度10年的建设文化大省标志性工程,2006年正式启动。根据省里安排,淄博市自7月起组织开展了《山东省历史地图集·历史文化村镇》资料征集工作,召开专题会议将任务落实到区县。年内,先期完成淄博市历史文化村镇一览表(含133个乡镇村)的选目、报送;部分文稿被山东省历史地图集编辑部作为样稿印发全省。"山东省情网"以《淄博等市高度重视山东省历史地图集·历史文化村镇资料征集工作》为题予以报道。至年末,淄博市完成历史文化村镇具体资料的征集和大部分稿件撰写工作。 (群 言)

·档案工作·

【档案法制建设】 制定《淄博市档案管理行政处罚自由裁量权细化标准(试行)》,对全市档案系统规范行政处罚自由裁量权工作进行统一部署,通过了市法制办的检查验收。制定了《淄博市档案系统"五五"法制宣传教育规划》。

【档案资源建设】 丰富档案馆藏,接收档案进馆9784件,收集现行文件340件,刻录《淄博新闻》DVD光盘110张,开放档案6400多条,接待查阅档案、资料、现行文件共848人次,2874卷(件)次,利用声像档案284盘次,接待查档、咨询热线电话265人次。在市行政服务中心设立"淄博市政务信息公开窗口",及时向社会提供市委、市政府和市直各部门颁发的法规、规章和规范性文件,方便市民查阅。成立淄博历史文化档案资料征集研究委员会,征集革命历史文物资料、图书20余本,征集照片8000余张。参与全市重大活动拍摄81次,拍摄照片10000余幅。完成"淄博记忆"工程拍摄任务,拍摄照片5000余张。

【档案基础业务建设】 根据《山东省档案管理考核办法》和《山东省档案管理考核标准》,对有关机关、企事业单位档案管理工作进行考核,全市110个单位达到省二级以上标准,其中9个单位档案管理达到特级标准。积极开展改制、破产企业档案工作。认真贯彻《山东省开发区档案工作暂行办法(试行)》,对全市开发区和经济园区档案工作进行了部署。3月下旬至5月底,对全市综合档案馆、市直部门档案室、市属企事业共135个单位的档案工作管理情况进行首次普查,摸清了全市档案"家底"。

【"淄博市电子文件在线归档管理系统"通过省级鉴定】 "淄博市电子文件在线归档管理系统"是按照《归档文件整理规则》《电子文件归档与管理规范》《电子公文归档管理暂行办法》的要求,利用电子公文传输专网,通过电子文件归档管理系统,对各部门制发和接收的电子文件进行收集、整理和鉴定,在保证电子文件原始性、真实性、完整性和长期可读性的前提下,通过政府专网自动汇入"淄博市电子文件中心",实现部门电子文件的在线归档。该系统于8月10日通过国家档案局、山东省科技厅组织的科技成果鉴定。

淄博市电子文件在线归档管理系统成果鉴定会

(马颜钺 摄)

【淄博市数字电视档案信息栏目开播】 年内,市档案馆为拓宽服务渠道,将数字档案与数字电视网络相结合,在淄博电视台信息频道开通《走进淄博》栏目,成为全国第一家通过数字电视为用户提供档案及现行文件等信息服务的综合档案馆。已开办"淄博概况""档案馆简介""解密档案""现行文件""淄博记忆""淄博大事"和"地方法规"7个子栏目。

【"庆祝建党85周年,重走长征路"图片展】 "七一"前夕,市档案局将征集进馆的鲁中晨报社"重走长征路"采访团带回的5000余幅图片及相关资料进行筛选,结合馆藏图片资料,与鲁中晨报社、淄博职业学院、淄博网通联合举办"庆祝建党85周年,重走长征路"大型图片展,先后在淄博人民公园、周村、淄川、桓台、临淄等地展出,3000余人参观展览。

【淄博市纪念红军长征胜利70周年档案史料展】 10月21～29日,市档案局与市委宣传部等部门联合承办由中国人民解放军档案馆、中共淄博市委、淄博市人民政府主办的淄博市纪念红军长征胜利70周年档案史料展,共展出图片400多幅,

“庆祝建党85周年，重走长征路”图片展

（穆雷 摄）

仿真复制件20余份，内容丰富、翔实，生动再现了红军在中国共产党领导下艰苦卓绝的长征历程和英雄壮举。3万多名市民参观展览。

【编研、宣传、教育培训工作】 编辑出版《淄博市法人代表档案大全》。联合工商局开展全市驰名商标和著名商标档案资料的收集工作。在《人民日报》《大众日报》《中国档案报》及当地新闻媒体发稿93件次。市档案局获得全省档案宣传工作先进集体一等奖。完成2006年省委党校文秘专业本科招生56人。对全市机关、企事业单位专、兼职档案员58人进行岗位资格培训。组织开展档案专业技术职务评审工作，39人通过中、初级技术职务评审。积极开展学术交流，向省档案学会推荐论文20篇，推荐档案学优秀成果17项并全部获奖。

（赵思财）

中国人民政治协商会议淄博市委员会

【中国人民政治协商会议第九届淄博市委员会第四次会议】 会议于2月14～17日在张店召开。应到委员427名，因事、因病请假的29名。会议听取并审议冯梦令主席所作的政协第九届淄博市委员会常务委员会工作报告；听取并审议王同和副主席所作的政协第九届淄博市委员会常务委员会关于提案工作情况的报告；列席淄博市第十二届人民代表大会第四次会议，听取并讨论刘慧晏市长所做的市政府工作报告、淄博市“十一五”规划纲要（草案）及其他有关报告；审议通过政协第九届淄博市委员会第四次会议决议；表彰市政协九届三次会议以来的优秀提案；授予王培亮等25名同志为“优秀市政协委员”荣誉称号。会议同意郭玉兰、王立庆因年龄原因，辞去中国人民政治协商会议第九届淄博市委员会副主席职务；同意王树海因工作变动，辞去中国人民政治协商会议第九届淄博市委员会常务委员职务。

【重要会议】 中国人民政治协商会议第九届淄博市委员会常务委员会第十六次会议于2月16日举行。会议听取九届四次会议大会秘书处关于各组讨论情况的汇报；审议市政协九届四次会议决议（草案）；审议市政协九届四次会议提案审查情况的报告（草案）；增补于庆臣、王聿发、王晓原、左长志、吕传毅、刘持芳、张和慈、张建祥、高峰岭、崔振德为九届市政协委员；会议同意王少华、王树海、刘新云、张红（女）、张晓红（女）辞去九届市政协委员；会议决定设立市政协委员活动工作室。

中国人民政治协商会议第九届淄博市委员会常务委员会第十七次会议于3月23日举行。会议组织学习《中共中央关于加强人民政协工作的意见》，审议通过《政协淄博市委员会2006年工作要点》《庆祝淄博市政协成立五十周年活动方案》《政协淄博市委员会关于民主评议全市外向型经济发展环境的实施方案》。

中国人民政治协商会议第九届淄博市委员会常务委员会第十八次会议于8月8日举行。会议听取市委副书记、市长刘慧晏关于全市上半年经济运行情况和下半年工作意见的通报，同意王荣康任政协淄博市委员会副秘书长，王怀宾兼任政协淄博市委员会副秘书长，于秀栋任政协淄博市委员会副秘书长（试用期一年），刘文彬、牛先清不再担任政协淄博市委员会副秘书长职务；同意增补于秀栋、王志凤、李巧文、林榕、顾传荣（按姓氏笔划为序）为政协第九届淄博市委员会委员；同意于秀栋任政协淄博市委员会办公厅主任（试用期一年）；王庆生任政协淄博市委员会经济科技委员会主任（试用期一年）；王志凤任政协淄博市委员会委员活动工作室主任（试用期一年），不再担任政协淄博市委员会办公厅副主任职务；林榕任政协淄博市委员会台港澳侨和外事委员会主任（试用期一年），不再担任政协淄博市委员会办公厅副主任职务；姜闽英任政协淄博市委员会台港澳侨和外事委员会副主任（试用期一年）；魏波任政协淄博市委员会研究室副主任（试用期一年）；李巧文不再担任政协淄博市委员会办公厅副主任职务；刘文彬不再担任政协淄博市委员会办公厅主任职务；牛先清不再担任政协淄博市委员会社会法制委员会主任职务；俞淑凤不再担任政协淄博市委员会人口资源环境委员会主任职务。市政协主席冯梦令作重要讲话。

【学习贯彻《中共中央关于加强人民政协工作的意见》】 2月，《中共中央关于加强人民政协工作的意见》下发后，市政协先后召开党组会、主席会议进行学习，形成学习《意见》的决定。上半年，在全市开展以学习宣传中央《意见》为主要内容，以庆祝市政协成立50周年为载体的“宣传月”活动。共在各级新闻媒体刊播发各类稿件135篇，其中在《人民政协报》和《联合日报》刊发3个专版。7月中旬，以学习中央《意见》精神为主要内容的省政协理论学习中心组读书会在淄博举办，市政协理论学习中心组成员参加了主要学习活动。全省政协工作会议后，市委召开全市政协工作会议，市委、市政府分别出台《关于进一步加强人民政协工作的意见》和《关于支持人民政协履行职能的实施意见》，推动全市政协“三化”（制度化、规范化、程序化）建设进程。市政协召开各区县政协主席座谈会，统一思想，明确任务，形成了党委重视、政协主动、上下联动、狠抓落实的局面。在市委高度重视支持下，涉及政协工作开展的一些问题得到解决。市及各区县政协委员培训中心相继挂牌；在政协机关重用、提拔一批县级干部，从党政部门选派部分年富力强的同志充实到政协机关领导岗位；在市政协配备党外副秘书长，统一在各区县政协设立秘书长，进一步加强机关的协调能力；在市政协机关增设正处级委员活动工作室，部分区县也先后设立正科级委员活动工作室；在全市各乡镇、街道办事处建立政协工作室或工作委员会，并配备科级专职干部，同时确定一名党委副书记抓政协工作，基层政协组织和工作网络建设得到加强。

市政协委员培训中心挂牌仪式

（市政协研究室　供稿）

【政治协商】 九届四次会议上，围绕市政府工作报告和全市"十一五"规划纲要广泛协商议政，向市政府报送7个方面50余条有价值的意见、建议。市政协九届十八次常委会议上，结合全市上半年经济运行情况和下半年工作安排意见，及时向市政府提出意见、建议，为全市"十一五"规划开好局、起好步发挥了积极作用。

【民主监督】 年内，把民主评议全市外向型经济发展环境作为一项贯穿全年的重点工作，坚持调研与评议相结合，市内调查和市外考察相结合，民主监督与参政议政相互渗透。市外经贸局等6家被评议部门勇于接受监督，虚心听取意见建议，认真进行整改。市政协九届十九次常委会议审议通过并向市委、市政府报送了《关于优化全市外向型经济发展环境的建议案》，努力为加快全市外向型经济发展营造声势，创造良好的社会舆论氛围。

【围绕中心、服务大局】 年内，各专门委员会根据自身特点，分别开展全市社会主义新农村建设、民族宗教执法工作、文化产业资源开发利用、新型农村合作医疗发展、贯彻实施《仲裁法》情况等专题调研。其中，《关于进一步促进我市农村义务教育均衡发展的调查报告》所提意见建议被全部采纳。围绕市委、市政府工作重点，先后开展10余次视察活动，其中关于孝妇河综合治理的建议案得到市领导的高度重视，批示有关部门认真研究处理。市政协领导带队组织有关部门负责人赴南非就淄博工业园建设进行的经贸洽谈和友好访问活动，取得显著成效。市政协引进项目投资5000万元，超额完成市委、市政府下达的招商引资任务。

【提案工作】 九届四次会议以来的委员提案中，经济建设方面168件，占58.2%；科教文卫体方面占67件，占23.1%；政治法律、劳动人事、民族宗教、统战等方面54件，占18.7%。市委、市政府把提案办理列入党委、政府督查范围，理顺办理渠道，强化办理力度。坚持重点提案由市领导分工督办制度。市政协从289件提案中选出16件重点提案，报请市领导分工督办。《关于加快我市自主创新能力建设的建议》《关于根治猪龙河的建议》《关于要求停止收取燃气表更新、维护费的建议》等重点提案都得到落实。同时倡导面复办理，面复率达到82%。提案者满意和基本满意率为98.7%，所提问题得到解决、基本解决和列入计划逐步解决的占总数的81.9%。

【文史工作】 全年共征集史料16万字，上报省政协5万字。完成淄博政协《辉煌50年》纪念册的编辑出版工作。启动了全市政协系统"氏族文化"专题调研活动。

【全市政协工作会议】 8月，全市政协工作会议召开，市委书记张建国、市政协主席冯梦令分别讲话，各区县党委交流了加强领导、重视支持政协工作的情况，市委、市政府分别出台《关于进一步加强人民政协工作的意见》和《关于支持人民政协履行职能的实施意见》。这次会议对全市政协事业的发展产生重大影响。会后，各区县委积极贯彻会议精神，召开区县政协工作会议，区县委、政府分别出台加强、支持政协工作的意见，并制定切实可行的措施，进一步推动各区县政协工作的开展。

【纪念市政协成立50周年】 2006年是市政协成立50周年。市政协组织了庆祝大会、书画笔会、健身运动会等一系列纪念活动，宣传市政协50年来的辉煌成就。4月19日，庆祝市政协成立50周年大会在市人民会堂举行，省政协主席孙淑义、市委书记张建国出席并作重要讲话，市五大班子领导，历届市政协主席、副主席，市里的老同志，社会各届群众和部队指战员，部分市政协委员共计800余人参会。　（赵秀秀）

省政协主席孙淑义和市政协主席冯梦令在纪念淄博市政协成立五十周年庆祝大会上

（市政协研究室　供稿）

中共淄博市纪律检查委员会

【重要会议】 1月17日，全市《落实中央〈建立健全教育、制度、监督并重的惩治和预防腐败体系实施纲要〉的实施意见》任务分解部署会议召开。市委副书记、市纪委书记刘池水出席会议并讲话。

1月23日，全市反腐倡廉工作暨市纪委第七次全体会议召开。会议的主要任务是传达贯彻省纪委七次全会精神，总结2005年工作，部署2006年反腐倡廉任务。市委书记、市人大常委会主任张建国出席会议并作重要讲话。市委副书记、市长刘慧晏主持会议。市委副书记、市纪委书记刘池水作了题为《全面履行职责坚决维护党纪为全市经济社会又快又好发展提供政治保证》的工作报告。

3月22日，全市重点岗位源头治理试点工作会议召开。市委副书记、市纪委书记刘池水出席会议并讲话。

5月12日，全市加强内部监督工作现场会召开，总结推广淄博海关运用计算机网络技术和重点风险分析预警处置系统，有效分解和制约权力，加强内部监控，防范和化解执法和廉政风险的经验。市委副书记、市纪委书记刘池水参加会议并讲话。

8月9日至11日，市纪委理论中心组读书会召开。与会人员认真学习胡锦涛在庆祝中国共产党成立85周年暨总结保持共产党员先进性教育活动大会上的重要讲话和中央、省、市领导的有关论述、重要指示，对如何进一步履行党章赋予的职责，围绕中心，服务大局，为贯彻落实科学发展观，促进全市经济社会又快又好发展提供有力保证进行了研讨。市委副书记、市纪委书记刘池水出席会议。

8月11日，全市纪检监察工作会议召开，传达贯彻全省市纪委书记座谈会精神，总结分析全市纪检监察工作情况，研究部署下一步工作任务。

10月9日，全市纪检监察领导干部会议召开，对现市纪委常委领导班子进行民主评议和测评，并推荐新一届市纪委常委领导班子人选。

11月22日，全市党员领导干部"勤政廉政、科学发展"教育会议召开，市委副书记、市纪委书记刘池水出席会议并讲话。

【领导干部廉洁自律】 年内，认真落实"五个不许"等各项廉洁从政规定，查处违反公务员工资制度改革和清理规范津贴补贴工作有关政策规定行为，查处违规人员2人，涉及金额11.5万元。查处和收缴领导干部违规收受现金、购物卡21.24万元。全市1669名县(处)级领导干部进行了述职述廉，4939名乡科级干部参加述职述廉。组织开展各类廉政谈话2378人次，领导干部报告个人重大事项1837人次。认真清理纠正在住房上的以权谋私问题，全市有建购住房情况的32个单位共申报住房3136套，纠正违规住房2套，收回资金10万余元。严格制止以各种名义进行公款旅游的行为，共制止和纠正公款旅游58人次。

【查办案件】 全市纪检监察机关共受理信访举报1207件次，立案446件，处分党员干部400人，其中大案要案129起，涉及县处级干部17人、乡科级干部63人，百万元以上案件18起、十万元以上案件46起，挽回直接经济损失2150多万元。各级纪检监察机关准确把握政策，把依纪依法办案贯穿到立案、调查、审理、处分、执行各个环节，不断提高执纪办案水平，增强了办案的政治、经济和社会效果。

【纠风工作】 监督协调各职能部门认真解决群众关心的热点难点问题。一是纠正在征收征用土地、城镇房屋拆迁、企业重组改制和破产中损害群众利益等问题。督促解决拖欠农民工工资1160万元。二是深入推进治理教育乱收费，全面落实相关政策，累计减轻学生经济负担1000多万元。三是以查处收费、红包、回扣、提成为重点，纠正医药购销和医疗服务中的不正之风，监督完成集中招标采购药品、器械4.13亿元，让利患者4664万元。四是加强农村基层党风建设，强化农民负担监管，全面落实中央惠农政策。

【监督检查】 年内，加强对地方党委换届工作的监督检查，营造风清气正的换届环境。督促并会同有关部门开展各类行政法规执法监察154项，涉及金额133.77亿元，查处违纪金额4298万元，避免和挽回经济损失527.83万元。组织对38个重点部门和服务行业进行政风行风评议，受理投诉511件，追究处理有关公务人员115名。加强对领导干部和重点岗位的监督。对13个市直部门的29个科室进行重点岗位监督试点，全面实行定期轮岗、廉政谈话、办事公开、责任追究等10项制度措施。加强对干部选拔任用的监督。建立市管干部和县处级后备干部电子廉政档案，为拟提拔重用的281名干部出具了廉政鉴定材料。

【党风廉政教育】 组织开展"勤政廉政、科学发展"主题教育活动，刘池水代表市委在全省主题教育活动经验交流会上作了典型发言。利用正反两方面典型开展示范引导和警示教育。推进廉政文化工程，努力形成廉荣贪耻的良好社会风尚。挖掘整理齐文化廉政思想，编辑出版《齐文化廉政名言集锦》和《齐文化廉政故事集锦》。

【源头治理】 积极探索和拓展从源头上预防和治理腐败的新领域，进一步完善干部人事、行政审批、财政管理、工程建设项目招投标、经营性土地使用权出让、产权交易、政府采购等制度，加强对社团、行业组织和社会中介组织的清理和规范工作。

【商业贿赂专项治理】 重点治理工程建设、土地出让、产权交易、医药购销、政府采购、资源开发和经销等领域的商业贿赂行为。全市共严厉查处教育系统、卫生系统、医药购销活动中给予和收受回扣等案件46起，涉及金额417.1万元，其中5万元以上案件14起，行政处罚32起。8人被追究法律责任和党纪政纪责任，5人被刑事处理。

【书画摄影作品展】 为庆祝建党85周年，弘扬廉政文化，举办全市纪检监察系统庆祝建党85周年书画摄影作品展。征集作品150多幅，结集出版《书画摄影作品集》。

（白念博）

民 主 党 派

【中国国民党革命委员会淄博市委员会】 自身建设。重点组织党员开展中共十六届六中全会精神及《中共中央关于进一步加强中国共产党领导的多党合作和政治协商制度建设的意见》的学习。8月，张店总支、博山及周村支部分别召开党员换届大会，选举产生基层委员会。9月，山东理工大学第二届支部委员会成立。11月1～2日，召开民革淄博市第六次党员(代表)大会，选举产生民革淄博市第六届委员会及出席民革山东省第十一次代表大会的代表。在民革淄博市委六届一次全委员会议上，饶明忠当选为民革淄博市第六届委员会主任委员，丁修海、王怀宾、王建国、张庆盈当选为副主任委员。至年底，全市共有成员210名。民革淄博市委被授予2005年度目标管理考核优秀单位称号。

参政议政。年内，向市政协九届四次全委会提交集体和个人提案16件，其中3件受到大会表彰。以民革市委及个人名义提交的《关于进一步加强农民工培训的建议》和《关于加强农村食品安全监管的建议》《关于加大开发建设张店旅游景点的建议》被市政协评为优秀提案。在中共淄博市委统战部组织的"科学参政议政能力"活动中，围绕群众关心的非上市股份公司监管问题深入调研，形成《关于加强对我市非上市股份公司监管的几点建议》，年内被民革中央评为优秀提案。3月，民革淄博市委向中共淄博市委报送《关于推进我市能源消耗大、资源依赖性强的产业实施战略转移的建议》的调研报告，市委书记张建国做出批示，认为民革的这份建议符合实际，有很高的参考价值。4月15日，民革淄博市委召开五届十四次全委会，部署2006年参政议政工作。民革市委机关干部、民革党员郑爱玲的调研报告《关于企业文化与企业经营的思考》和统战理论文章《关于加强民主党派机关干部队伍建设的思考》，分别在市政府刊物《经济社会发展》第5期、《山东统一战线》第10期刊登。8月，中共淄博市委统战部对"科学参政议政"活动进行表彰总结，民革市委有1篇文章获特别奖，4篇文章获优秀奖，民革市委机关获得优秀组织奖。

招商引资。年内，民革市委为淄博宝山集团引进技改资金250万元，超额完成招商引资任务。

宣传工作。民革市委制定《关于进一步做好信息宣传工作的实施意见》。年内，在《淄博日报》发表宣传文章3篇，在《山东统一战线》发表文章1篇，在《团结报》《民革地方情况反映》等发表信息10多条(篇)。 (郑爱玲)

【中国民主同盟淄博市委员会】 思想建设。年内，民盟市委组织各级民盟组织和广大盟员，以邓小平理论、"三个代表"重要思想和科学发展观为指导，认真学习中共十六大、十六届五中、六中全会精神。先后举办2期民盟骨干读书班，1期新盟员学习班，重点学习中共中央《关于进一步加强中国共产党领导的多党合作和政治协商制度建设的意见》和中共鲁发〔2005〕44号、中共淄发〔2006〕4号文件精神，培训民盟基层干部及盟员100多人次。

组织建设。3月，召开组织建设工作会议，对组织工作进行全面部署。9月，指导民盟各基层组织顺利换届。11月，召开民盟淄博市第五次盟员代表大会，进行了换届选举，一批政治素质高、德才兼备的干部进入领导班子。全年共发展盟员20人，皆具有大专以上文化程度。至年底，全市民盟基层组织共有1个区委、5个基层委员会、2个总支、33个支部，556名盟员，其中具有高、中级以上职称者占86%。

参政议政。年内，共写出各种议案、提案26篇(件)，其中《对淄博市工业经济发展的调查》《关于对萌山水库进行保护性开发的建议》受到中共淄博市委的高度重视；《关于冬季供热取暖也应立法的建议》《构建和谐社会必须规定行政自由裁量权》2件提案，被市政协九届四次会议评为优秀提案；《建立产业同业群体加快经济发展步伐》等5件提案被编入《山东民盟提案选编》《关于提高高级技校教学质量的建议》等3篇被民盟中央采纳，《关于建设社会主义新农村的建议》等4篇被民盟山东省委采纳。积极开展"科学参政议政"活动，写出论文17篇，论文质量相对较高。6月底，民盟市委召开"科学参政议政"交流会议，交流论文16篇。在全市统战系统"科学参政议政"活动总结表彰大会上，有7人所写论文分获特别奖和优秀奖。在民盟山东省委2006年信息工作表彰大会上，民盟市委取得全省民盟参政议政信息工作第二名，荣获参政议政信息二等奖。年内，在省市报刊发稿50余篇(条)。

社会服务活动。年内，共招商引资350万元，超额完成招商引资任务。组织送医送药下乡活动，义诊人数100余人，送药价值千余元。开展"慈心一日捐"和捐资助学活动，共捐款3000多元，物品一宗。

中国民主同盟淄博市第五次代表大会

(民盟淄博市委 供稿)

年内，民盟主委达建文的"超声波——电脱盐组合技术开发及应用研究"获全国技术发明二等奖，这是齐鲁石化公司近年来技术发明领域获得的最高奖项。该成果先后获5项中国发明专利和多国国外专利PCT。 (李 忠)

【中国民主建国会淄博市委员会】 思想建设。在认真学习贯彻中共十六届五中、六中全会精神，落实中共中央关于统一战线和多党合作3个重要文件的同时，坚持"爱国、爱党、参政为民、民建特色、与时俱进"5项准则，弘扬"团结、民主、创新、奉献"4种精神，进行全员教育。刊印《第20次全国统战工作会议精神解答专刊》《学习中共十六届六中全会精神专刊》《中国民主建国会部分文件汇编专刊》等，编印《淄博民建》会刊4期，《淄博民建》网站运行正常。

组织建设。年内，市委及张店、博山、周村区委及市直一、二、三、高新区、机关、退休等支部换届工作顺利完成。王法亮当选为市委主委。发展会员21名。全市会员总数达531名。在全省民主党派基层组织建设经验交流会上，徐兴明被表彰为先进个人，周村二支部被表彰为先进集体。民建博山城区二支部与民建市直一支部缔结友好支部。民建市委被表彰为2005年度目标考核先进集体。新录用公务员1名。民建市委表彰了民建市直三支部等11个先进集体、王桂强等11名优秀会务工作者、杨雷等53名优秀会员。

参政议政。在市政协九届四次会议上提交79件提案。徐兴明主笔的《关于加快职业教育发展的建议》等3件提案被市政协确定为领导督办重点提案。有7件获得市政协优秀提案。中共淄博市委书记张建国对民建市委议政报告《关于淄博市中心城区周边地区产业布局情况的调研报告》作出专门批示，要求有关部门认真研究落实。此报告获民建省委参政议政优秀成果二等奖。民建市委《关于淄博市制造业基地建设所需完善的人才政策的调研报告》《张店区黄家村环境严重污染的调研报告》受到市领导高度重视，被批转有关部门落实。民建市委把反映社情民意作为参政议政的重点内容，《关于加入WTO对就业的影响及对策的建议》等8篇议政报告提案入选民建山东省委《参政议政成果选编(2002～2006)》一书。3月26日，民委举行"社情民意年"活动启动仪式，请民建中央、民建省委领导作主题报告。年内，参加中共淄博市委召开的各种座谈会、通报会、协商会及市政协组织的各种调研视察活动共16次。

社会服务。1月20日，民建市委举行社会服务活动启动仪式，组织、动员各级组织和成员积极参加社会服务活动。9名会员参加在厦门举办的全国非公有制经济论坛。全年结对助学200余人，建立8个扶贫"整村推进"联系点。民建博山区委组织捐赠协调资金15万元为黄石坞村开通自来水，为黄石坞学校捐赠体育器材、课桌椅、电脑等。民建周村区委组织了科普进社区活动。年内，全市会员为社会公益事业捐赠达30余万元，组织会员学校为"阳光工程"培训农民工2000余人，组织会员企业安置下岗职工100余人。广大会员爱岗敬业，有160余人获各级表彰。

理论研究。5月21日，民建市委举行理论研究年会暨科学参政议政研讨会，28篇论文结集成册，获中共淄博市委统战部系统"科学参政议政"活动优秀组织奖，其中2篇获特别奖，4篇获优秀论文奖，5篇获优秀调研报告奖。全年上报刊用信息62条，新闻宣传稿件48条。其中，《采纳民建市委建议 山东淄博调整市中心周边地区产业布局》《民建山东省淄博市委建议加强对农村建房的抗震技术指导》被《人民政协报》刊用。

（王　军）

民建淄博市委"五个坚持""四种精神"宣讲活动启动仪式　　（民建淄博市委　供稿）

【中国民主促进会淄博市委员会】 思想建设。年内，组织各级民进组织和会员认真学习邓小平理论、"三个代表"重要思想、科学发展观及中共十六届五中、六中全委会精神，召开了4次全委会议及多次座谈会。市委会将中共中央[2005]5号文件、中共淄博市委[2006]4号文件的学习与科学参政议政活动结合起来，在新世界商城举办专题学习会，民进各基层委员会和各支部负责人共26人参加。

组织建设。年内，共发展会员24人，会员人数达到350人。张店、周村、博山3个区级组织和山东理工大学基层组织相继顺利完成换届。7月12日民进淄博职业学院委员会成立；9月22日民进淄博市戏剧艺术委员会成立；10月20日民进淄博市教育委员会成立。11月10日，市民进第四次会员代表大会在张店召开，99名会员代表参加。根据会章及上级组织部门关于民进组织"属地化"管理的要求，经四届三次全委会议研究，民进齐鲁石化支部并入临淄区委员会。

参政议政。围绕全市中心工作建言献策。在市人大、政协"两会"上共提交《关于加强农村文化建设的建议》《关于尽快落实〈民办教育促进法〉及其〈实施条例〉的建议》等提案和议案20余件，产生了较大的社会影响，各相关政府部门进行了认真答复。《关于加强农村文化建设的建议》的提案被列入民进山东省委重点调研课题；《关于建设和谐地税做好房屋租赁业税收征管工作的调研协商报告》受到市政协的重视，被批转有关部门研究、落实。《根治猪龙河》提案在全市依法治市民主评议会议和全市外向性经济发展环境评议会议上受到重视。在科学参政议政活动中，各专门委员会经过深入细致的调查研究，形成数十篇议政调研报告。市委会经过讨论，精选出《关于新型农村合作医疗乡镇试点工作中存在的问题和建议》《强化社会保险征缴手段促进社会保险建设》等20余篇上报市委统战部。

社会服务。年内，民进市委为淄川西槐峪小学捐赠第五批帮扶结对款3000余元。民进淄博市文化艺术委员会到私营企业淄博厚实工程建设服务有限公司进行送文化下企业活动。民进淄博市委主办的"慰问刑警队员 共建警营文化"笔会在张店公安分局刑警大队举行。民进会员、山东力通汽车销售有限公司董事长李欣将简化公司开业仪式节省的费用，捐献给沂源县三岔中学的贫困学生。开展招商引资活动，至年底完成招商引资额300万元。

宣传工作。市委会共向市委统战部、民进省委和中央报送信息60余条，其中被中央和省委采纳30余条。

（夏传磊）

【中国农工民主党淄博市委员会】 组织建设。年内，顺利完成临淄区、周村区、张店区、博山区4个基层委员会的换届选举工作。11月4日，召开农工党淄博市第五次代表大会，选举出新一届市委会领导班子，张京河任主委。发展15人加入农工党。农工党临淄区委注重加强自身建设，建成两个组织活动基地，主委武守南被中共山东省委统战部表彰为基层组织建设先进个人。

参政议政。认真贯彻落实中共淄博市委统战部《关于开展"科学参政议政"活动的实施意见》，组织党员选择课题，积极调研。市委会召开"科学参政议政"活动研讨会，研讨、交流20多篇文章；淄博市政协九届四次会议期间，提交涉及经济建设、卫生、城建、旅游、环保等内容的提案19件。其中，《在生产布局中严禁城市污染向农村转移的提案》《关于我市城市道路命名的几点建议》《合理规划城市道路交通标准线的建议》等提案，受到多家媒体的关注。市委会2005年提出的《关于积极争取扶持政策，加快老工业基地发展的建议》的提案被

"慰问刑警队员 共建警营文化"笔会

（民进淄博市委　供稿）

评为优秀提案。积极参与市委、市政府就重大决策事项组织的座谈会、征求意见会以及人大、政协组织的视察、调研等活动，有针对性地发表意见或建议。

思想建设。组织全市各级基层组织和广大党员认真学习贯彻中发〔2005〕5号、中共鲁发〔2005〕33号以及中共淄发〔2006〕4号文件，利用学习班等形式，进行集中培训教育。举办基层骨干和新党员学习班，传达学习全市统战工作会议、全市统战系统宣传工作会议精神。

社会服务。年内，从香港引进资金46万美元，超额完成招商引资任务；积极参与救助贫苦地区失学女童重返校园的"春蕾计划"活动，市委会被表彰为"春蕾计划"工作先进单位，市委委员郝建枝被表彰为"春蕾计划"工作先进个人；农工党淄博市第一医院支部送医下乡，免费为300多位群众查体，并免费提供了价值1000多元的药品。在"六一"国际儿童节之际，博山区基层委员会组织党员为博山区青苹果艺术幼儿园200多名儿童义务体检。　（张月红）

【九三学社淄博市委员会】 思想建设。年内，以"三个结合"和"三个提高"创新社市委的思想政治建设工作。即"结合重要文件精神、结合党派自身建设、结合社的重大活动"，采取形式多样、生动活泼的学习方法来实现"提高自觉接受中国共产

九三学社淄博市第六次代表大会

（九三学社淄博市委　供稿）

党领导的坚定性、提高民主党派履行职责的自觉性、提高爱国主义思想的可靠性"。以贯彻落实中发5号文件、鲁发33号文件、淄发4号文件、全国第二十次统战工作会议精神为主题，社市委多次召开市委会、学习会、座谈会等，学习文件，统一思想。开展向王选、蔡秋芳学习活动，鼓励成员在本职岗位上建功立业。开展以"多党合作和政治协商制度"知识、社章社史和社的优良传统教育的知识竞赛活动，取得了良好的思想教育效果。

组织建设。11月，社市委召开第六次社员代表大会，选举产生第六届社市委领导班子，王济众当选为主任委员。周村区、山东理工大学基层委员会也完成了换届及调整工作。9月5日，齐鲁石化成立基层委员会并召开第一次社员大会。11月2日，淄博高新区的13名社员从张店区基层委员会剥离，成立淄博高新区支社（直属社市委）。8月，新华药厂支社在职社员并入张店区基层委员会，退休社员并入张店退休支社。在组织建设上引入"竞争机制"，确定基层委员会所属支社领导班子。10月14日，张店区基层委员会召开二届四次全体社员大会，将四个支社改组成五个支社，选举产生五个支社委员会班子。至年末，全市共有8个基层委员会（张店、博山、淄川、临淄、周村、桓台、理工大学、齐鲁石化），29个支社，其中3个社市委直属支社（张店退休一支社、张店退休二支社、淄博高新区支社），26个基层支社（张店5个，博山、淄川、临淄、周村、桓台、理工大学、齐鲁石化各3个）。年内发展社员23名，高级职称15人，平均年龄为37.5岁，全部为大专以上学历。目前，全市共有社员426名，其中女成员114名，具有博士学位的10名，高级职称271人，占63.6%，社员平均年龄52.6岁。

参政议政。提出"一二三四"的参政议政工作新思路：围绕一个中心，突出两个重点，坚持三性标准，健全四个机制。围绕一个中心，就是紧紧围绕经济和社会和谐发展这个中心参政议政。突出两个重点，一是要紧紧围绕全市的大政方针参政议政；二是要紧紧围绕人民群众关心的社会热点问题参政议政。坚持"三性"标准，即坚持"宏观性、前瞻性、可行性"的标准，进一步提高参政议政的质量和水平。健全四个机制，就是要建立健全参政议政的工作机制、人才机制、保障机制和激励机制，使参政议政工作正常运转。年内，共向各级人大、政协提交建议、提案138件，议政报告3件。其中社市委联合各民主党派提交的《关于要求焦化煤气公司立即停止收取气表更新、维护费的提案》《统筹城乡发展，推进现代农业，加快建设淄博市社会主义新农村》被市政协评为优秀提案，受到市领导和有关部门的高度重视并被采纳，自2006年12月起全市取消了每户每月3元的燃气维护费。《人民政协报》《淄博日报》《淄博晚报》《鲁中晨报》、电台、电视台等多家媒体都对此进行了报道。《关于辛曹垃圾场垃圾必须尽快处理的建议》《关于将我市建成木塑新材料产业基地的建议》的议政报告，市委书记张建国均对此作出批示，要求有关部门研究落实。

社务活动及社会服务工作。5月，全国人大常委会副委员长、九三学社中央主席韩启德率团来淄博，就"关于实施自主创新战略面临的问题及对策"进行考察调研。年内，社市委联合山东理工大学、山东新华医药集团在九三学社成员服务的民营企业淄博双凤集团，就成立技术合作开发中心达成一致意见。至年底，社员民营企业达20家，年产值5.8亿元，年内上缴税金1800余万元，提供就业岗位1100多个。社市委筹资创办的淄博富瑞得复合材料有限公司的木塑复合材料，被国家林业部选为高科技产业化示范项目，通过了国家发改委的专家答辩，中央电视台、山东电视台作专题报导。各基层

组织开展送科技、医疗下乡服务活动10余次，接受服务的人数达2500余人。完成1000万元的招商引资任务。

（刘 双）

【中国致公党淄博市委员会】 思想建设。通过落实市委会学习、会议、工作责任等制度，增强班子成员自觉接受中国共产党领导、坚持正确政治方向的自觉性，增强党派工作的责任心。年内，举办"致公党之友"学习班，组织16名"致公党之友"学习统战基础知识致公党章程。7月，举办全市党员培训班。要求党员注重学习，做好本职工作，积极参政议政。致公党党员及"致公党之友"共50多人参加培训。

致公党淄博市委党员培训班

（致公党淄博市委 供稿）

参政议政。年内，在致公党山东省委参政议政工作会议上，由致公党淄博市委承担的调研课题《山东省龙头带动型农业产业化发展研究》和《山东省服务业发展现状与对策研究》，在专家匿名评审中获得高分，均被致公党山东省委采用，作为2006年省人大、政协"两会"提案，并被致公党省委评为优秀提案。在省政协会议上，由吴宗杰撰写、以致公党省委名义提出的提案《关于山东省服务业发展的建议》得到省领导的批示，在省政府新出台文件中被采纳。在市政协会议上，致公党2名市政协委员，共提出提案3份。按照致公党山东省委的统一安排，致公党市委对张店、淄川、周村、高青4个区县的10个乡镇进行实地调研，撰写了《淄博市乡镇基层政权建设情况调查报告》，中共淄博市委主要领导作出重要批示，并在中共淄博市委《领导参阅》中全文刊发。5月，向中共淄博市委提交的议政报告《关于改善我市企业创新环境的建议》亦受到高度关注。在中共市委统战部组织开展的"科学参政议政"活动中，致公党成员撰写的《浅谈以科学发展观指导参政议政实践》《如何树立科学的参政议政观》《论如何加强民主党派的科学参政议政能力》，均被评为优秀理论文章。

组织建设。年内，成立致公党淄川区支部，这是全市第一个致公党基层组织。注重发展高层次、高素质党员。全年共发展党员11名。致公党市委被致公党山东省委授予"先进集体"称号。

宣传工作。致公党市委注重社情民意的及时反映，全年上报社情民意信息10条。其中，致公党省委采用10条，转报致公党中央后被采用5条。全年上报中共市委统战部信息40条，采用24条。上半年创办了《淄博致公信息》，年内刊发4期。

社会服务。发动党员为发展地方经济服务，协助引进资金60万元，超额完成招商引资任务。与市侨办、侨联联合开展爱心捐助活动，对博山区池上镇半亩园小学品学兼优的15名学生进行奖励，捐助了价值5000多元的学习用品和取暖用煤款。

（郭 蕾）

群 众 团 体

·淄博市总工会·

【开展"学振超精神，做金牌工人，当好主力军，建功'十一五'竞赛"活动】 围绕大力发展循环经济、实施科技创新、加快建设节约型社会的主题，组织职工广泛开展"学振超精神，做金牌工人，当好主力军，建功'十一五'竞赛"活动。活动中，注意发挥劳动模范的示范带头作用，组织发动职工提合理化建议，开展技术革新、技术比武和岗位创新，为实现"十一五"发展目标献计出力。全市有7300家企业开展经济技术创新活动，36万名职工参与，全年提合理化建议11.6万条，创造（节约）经济价值6.5亿元。年内，组织参加了山东省第二届职工职业技能大赛，在全省近30支代表队中，淄博市获得团体总分第三名，取得优异成绩的8名选手被申报为技师或高级技师。

当代工人楷模许振超到山东铝业公司与劳模面对面交流

（韩 兵 摄）

【乡镇建立总工会并配备专职主席】 年内，按照淄编办〔2006〕35号文《关于进一步加强乡镇（街道）工会组织建设的意见》的规定，明确要求职工4000人以上的乡镇（街道）建立总工会，配备副科级专职工会主席，使乡镇（街道）工会组织建设取得突破。桓台县所有乡镇（街道）全部建立总工会，并配备专职工会主席，其他区县正在积极落实当中。

【开展"劳动关系和谐企业"创建活动】 4月18日，全市创建"劳动关系和谐企业"动员会议在鲁中宾馆三楼会议室召开，对创建"劳动关系和谐企业"活动进行动员部署，确立力争用三年的时间在全市大多数企业建立起规范有序、公正合理、互利共赢、和谐稳定的新型劳动关系的工作目标。全市成立以市人大常委会副主任、市总工会主席薛安胜为组长的创建"劳动关系和谐企业"活动领导小组，制定出台考核标准和办法，落实考核、评选、表彰等各项工作。截至年底,有4580家企业参与到活动中来,占应参与企业的76%。经严格考核,全市共有962家企业进入各级劳动关系和谐企业行列。其中,4家企业被评为山东省劳动关系和谐企业,47家企业被评为淄博市劳动关系和谐企业。

全市创建"劳动关系和谐企业"动员会议

(韩　兵　摄)

【实施"关爱农民工特别行动"】 制定"关爱农民工生命安全与健康特别行动"的文件,采取有效措施加强对农民工的安全生产培训,组织农民工参加"安康杯"竞赛,不断加强安全生产检查,增强农民工的自我保护能力;开展农民工权益保障和落实情况专项调研。对全市农民工的生产生活、就业保障等情况进行调研,形成《关于维护农民工合法权益问题的调查报

春节前夕开展向农民工送春联活动(韩　兵　摄)

告》,为市委、市政府决策提供科学依据;开展为农民工送清凉活动。全市各级工会共筹集慰问资金111.1万元,走访企业和工地1147家,开展监督检查活动1399次;走访慰问农民工58217人次;把农民工列入送温暖范畴。积极开展为农民工"五送"(送政策、信息、帮扶、温馨和关怀)活动,首次把农民工子女纳入帮困助学范围;对农民工强化法律援助,提供法律保障,接待农民工来信来访,维护农民工法律诉求权益。年底,市总工会协调有关单位对拖欠农民工工资情况进行专项检查。淄川区建立工会与法院联席会议制度,开展维护农民工合法权益暖流行动,最大限度保证农民工维权绿色通道的畅通。

【"感动淄博十佳职工""关爱职工十佳企业"评选活动】 年内,在全市组织开展"感动淄博十佳职工"和"关爱职工十佳企业"评选活动。山东鸿嘉集团有限公司王琳、山东铝业公司张帆、淄博市公共汽车公司梁红君、中国网通淄博市淄川区分公司黑旺电话局孙德业、淄博华梅化工有限公司薛守华、周村区环卫局石义、淄川区人民法院王红梅、张店区人民医院姚运德、淄博一中王方刚、山东齐泰实业股份有限公司张延忠荣膺"感动淄博十佳职工"称号,被授予"振兴淄博劳动奖章"。淄博矿业集团有限责任公司、山东铝业公司、淄博供电公司、淄博市王庄煤矿、中国网通(集团)有限公司淄博市分公司、山东周村烧饼有限公司、淄博黉阳水泥厂、山东博泵科技股份有限公司、山东巨明机械有限公司、山东联合化工股份有限公司荣膺"关爱职工十佳企业"称号,被授予"振兴淄博劳动奖状"。

【"送温暖"活动形成长效机制】 6月,召开全市"扶贫济困万人行"活动工作会议,总结全市"扶贫济困万人行"活动开展四年来的工作,对活动做出进一步部署。一是做好调查摸底。2005年10月,市总工会对全市1400多家企业41.5万名职工的生活思想状况进行了全面调查,形成《全市困难职工生活思想状况调查报告》。二是扩大帮扶领域。各级、各单位根据市送温暖工程领导小组的安排,新增帮扶户800多户。三是强化帮扶措施。各帮扶单位坚持以精神帮扶为前提,以生活扶贫为重点,以创业和就业帮扶为根本,实行"造血式""开发式"帮扶,使具备解困能力的帮扶户基本实现脱贫,因病返贫、因病致困和有其他困难的帮扶户基本生活得到有效保障。年内各帮扶单位为帮扶户办实事12700多件次,送钱、物折合220余万元。四是加大督促检查力度。工会主动与有关方面搞好协调配合,通过定期召开协调会、碰头会,组织联合检查等方式,及时研究解决生活中遇到的问题,推动活动深入开展。各级各单位通过政府拨款、企业筹集、工会自筹、社会捐助等形式共筹集送温暖资金1119万元,走访慰问困难职工2.72万人。

【开展"当前职工群众最关心、最盼望解决的热点问题"调研活动】 落实市委、省总工作安排,组成企业调研组,就职工群众最关心、最盼望解决的热点问题开展调研活动。通过召开座谈会、问卷调查等方式,深入区县、企业,了解职工群众的工作生活情况,听取职工群众的呼声,形成题为《当前职工群众最关心、最需要、最盼望解决的问题的调查报告》,为市委、市政府决策提供依据。发放问卷200份,回收187份。据统计,职工关心的热点问题排在前五位的分别是:收入差距问题(137份,占73.26%)、医疗服务问题(126份,占67.83%)、子女教育问题(126份,占67.38%)、社会保障问题(105份,占56.15%)、劳动就业问题(77份,占41.18%)。(姚　锋)

·中国共产主义青年团淄博市委员会·

【组织概况】 年内,市实施希望工程办公室经市机构编制委员会批准,在其名下加挂淄博市关心下一代工作委员会办公室牌子,增加财政拨款事业编制3名,增设科级领导职数1名,编制总额增至6名。截至年底,团市委下属团区、县委8个,团工委2个,基层团委492个,团总支738个,团支部8329个,共有团员176284人,专职团干部801人。

【增强团员意识主题教育】 根据团中央、团省委的统一部署,在全市开展"增强共青团员意识主题教育"活动,着力构建团员"长期受教育,永远跟党走"的长效机制,巩固增强团员意识教育活动的成果。

【青年志愿者活动体系】 规范志愿者注册、管理制度，探索志愿者活动与社区义工活动相结合的路子，建立社区义工活动组织网络，组织开展全市大型活动服务、绿色行动、爱国卫生集中奉献日、助残、敬六老、维护社会治安行动等活动。为推进志愿者活动在农村的深入开展，组建远程教育志愿服务团，以“三下乡”活动为载体，建立卫生下乡长效机制，打造农村志愿服务活动品牌。

【农村青年转移就业服务】 年内，实施“农村青年转移就业促进计划”，培育、命名一批市级农村青年转移就业培训基地和劳务中介组织，组织技能培训380场次，参加青工人数8.5万人，培养青年高技能人才3900人次。继续做好农村青年劳务输出工作，建立和完善联系农村青年与市场需求的外出务工指导体系。继续推进“农村标准化生产”活动，开展“农村标准化生产青年示范户”“青年示范基地”创建活动，推动农业标准化生产青年示范基地和青年龙头企业的发展。

【青年文明号创建活动】 成立淄博市青年文明号联谊会，定期开展联谊活动。修订《淄博市青年文明号创建管理办法》等规范性文件，加大对各级青年文明号的监督检查力度，举办青年文明号集体负责人培训班。年内共命名97家青年文明号单位。

【未成年人思想道德建设】 以“爱祖国、爱山东、爱家乡”为主题，对青少年进行国情、省情、民情教育；全市有96%以上适龄中学生参加了十八岁成人仪式教育活动。以“同在一片蓝天下，手拉手共同成长”为宗旨，引导少年儿童积极参与“手拉手”互助活动。结成“手拉手”联谊学校500所，建立“手拉手”书屋300多个。以“当一天小交警”“争当环保小卫士”等角色扮演为主要方式，组织全市33.4万名少先队员在“新世纪我能行”体验教育。开展深受广大未成年人喜爱的“小甲A足球活动”。

【淄博市十佳少年】 沂源县实验小学李姝仪、博山区中心路小学刘思铄、桓台县第二小学田鸽、淄博高新技术产业开发区实验小学张悦、张店区潘南小学荣楚珩、淄川区北关小学韩吉昌、周村区凤鸣小学吴颖超、临淄区雪宫小学张玙璠、淄博师专附小马吉滨、高青县黑里寨中学袁霄被评为2006年度淄博市十佳少年，陈晓琼等27人被评为2006年度淄博市好少年。

【学士后流动站】 学士后流动站是依托企事业单位成立的、为有就业愿望的大学毕业生提供预备就业岗位的基地。企事业单位根据团组织的推荐，按照双向选择、择优使用的原则，接受大学毕业生到站工作，时间为3个月到1年。年内，选择了山东宏信化工股份有限公司、齐塞科技、山东科汇股份有限公司和鲁泰纺织有限责任公司作为全市学士后流动站建设重点试点单位。

【杰出青年企业家】 中华联合财产保险公司淄博中心支公司总经理王勇，中国网通沂源县分公司经理王全胜，淄博高青油区实业有限责任公司董事长、总经理帅雪忠，淄博华联矿业有限责任公司董事长、总经理齐银山，山东移动通信有限责任公司淄博分公司副总经理孙晓燕（女），淄博友诚毛绒制品有限公司董事长孙德敏，淄博宏宇文化发展有限公司总经理李宝忠，淄博市商业银行临淄支行行长张波，山东宏程建设有限公司董事长陈玉健，淄博泰华饲料有限公司董事长、总经理郑玉涛被授予“淄博市杰出青年企业家”荣誉称号。

【十大杰出青年】 山东新星集团新星家电城丁娟、淄博市商业银行马惠玲（女）、山东北金集团有限公司王德东、淄博齐宝斋艺术发展有限公司刘泽、淄博市房地产综合开发管理办公室刘超军、山东齐信招标有限公司刘耀东、张店公安分局刑警大队孙挺、淄博五中孙辉、中国农业银行淄博分行张光庆、南金兆集团公司段玉波被评为第十七届“淄博十大杰出青年”。

【社区共青团工作】 年内，在城市青年中心大学生进社区社会实践活动中，首次选派35名大学生志愿者进行10天的实践活动，组织开展活动11项。下发《关于重点开展城市青年中心社团活动的通知》，各区县开展社团活动36项。张店区、周村区荣获“全国青年中心建设先进县（市）”称号；周村区元宝湾青年中心荣获“全国优秀青年中心”称号。

【青少年维权工作】 启动全市进城务工青年送温暖活动以及“万名有为进城务工青年反哺乡村行动”活动；联合12个律师事务所成立进城务工青年法律援助团。韩秀玲荣获“全省十佳进城务工青年”称号，孙敬仲等3人荣获“全省优秀进城务工青年”称号。开展了第五届“淄博市杰出（优秀）青年卫士”及第四届“淄博市优秀青少年维权岗”评选表彰活动。

【城市青年中心建设】 团市委以社区团建和城市青年中心建设“互相促进，配套建设，共同发展”为目标，以整合、联合、共建为手段，按照“区域覆盖、条块结合、块为中心、多点辐射”的总体要求，实施社区团建与青年中心建设“双促进”战略，积极构架社区团的组织网络。年内，共新建城市青年中心26家。

【希望工程】 年内，调整希望工程资助标准（小学生350元/人，中学生650元/人，高中生850元/人）。开展“希望工程圆梦大学”行动、淄博市阳光助学暨“圆梦大学——华沃在行动”专项救助活动、“一份关注，无限希望”志愿者劝募活动。全年共筹资63万余元，结对救助困难学生320余名，资助困难大学生74名，改（扩）建希望小学3所，建立2个多媒体教室、1个希望图书室。　（张　同）

·淄博市妇女联合会·

【组织建设】 年内，对市直部门配备女干部、发展女党员及全市区县级以上妇联专职干部情况进行统计调查。配合市委组织部制定《淄博市2006～2010年培养选拔女干部、发展女党员工作规划》，努力推动女性参政议政目标具体化，为促进全市培养选拔女干部、发展女党员工作提供政策保障。与市委组织部联合举办全市优秀女干部培训班。完善制度，加强基层妇女组织建设，与高等院校工委联合采取措施，推动高等院校建立妇女委员会，提高妇委会的组建率和工作覆盖面。截至年底，全市已建立妇委会150个，妇联团体会员达到28个。《2001～2005年妇联干部教育培训规划》实施5年来，全市各级妇联共组织培训班1497期，培训人数达13.7万人，促进了全市妇女干部队伍素质的提高。是年，市妇联荣获全国农村妇女“双学双比”先进集体、全国妇联系统“四五”普法先进集体、全国“健康宝贝课堂·热线”最佳工作奖；宣传报道、平安家庭创建等工作受到省妇联表彰。

市暨张店区妇联开展"关爱贫困母亲"巾帼文明队爱心奉献日活动　　（市妇联　供稿）

【引领妇女参与经济建设】　围绕社会主义新农村建设，制定下发《关于组织动员广大妇女积极参与社会主义新农村建设的工作意见》，提出妇联组织参与新农村建设的目标、任务和要求。开展第五届"巾帼科技淄博行"活动，普及农业标准化知识和新技术，各级妇联共组织送科技下乡270次，赠送书籍、物资折合人民币10.7万元。推动妇女培训纳入政府农民培训计划，充分运用现代远程教育网络向全市广大农村妇女宣传政策、推广实用技术、开展职业技能培训、提供市场信息，现已推出网上科技服务项目12大类，实现技能、创业、引导性培训妇女11万人，转移就业2.1万人。各级妇联通过加强"妇代会＋协会"模式的运作、争取政府专项奖励资金、创建特色板块，加强示范基地建设，为农村妇女增收致富树立样板、搭建平台。年内，全市新创办基地126个，44.1万名农村妇女接受各类技术培训。着力提高城乡妇女创新创业能力：举办全市庆三八"全球通"淄博"新女性、新智慧、新生活"大型报告会；与有关单位联合开展全市技能大比武活动，参赛女工达8万余名，其中36名女工获"巾帼技术能手"称号，11名女工被评为"淄博市技术能手"，7名女选手获"振兴淄博劳动奖章"；举办全市巾帼创业小老板座谈会和第五届巾帼创业带头人培训班；与有关单位联合举办全市技能岗位对接专项洽谈会，为下岗失业妇女搭建就业平台；与鲁中晨报社联合开展"技术改变生活·帮贫困母亲找工作"供需见面会，帮助近百名贫困母亲与用工单位达成初步意向；组织部分女企业家赴台湾考察，加强对外联谊；评选表彰了百名"巾帼建功标兵"和"十佳女企业家"。

【"五好文明家庭"创建活动】　各级妇联将"五好文明家庭"创建等活动与社会主义荣辱观教育紧密结合，在全市开展以"知荣辱、树新风、促和谐"为主题的家庭道德教育宣传实践月活动；启动实施"家庭节约行动"，举行"弘扬家庭美德，争做节约型家庭"大型签名活动，向全市广大妇女和家庭发出"人人努力，争创节约型家庭，建设节约型社会"的倡议；开展争创"廉洁家庭"和家庭助廉教育读书活动，与市委组织部、市纪委联合下发《关于加强家庭廉政文化建设的实施意见》，推动廉政文化进家庭；组织开展"五好文明和谐家庭"和"十佳好军嫂"评选活动，引导更多的家庭弘扬传统美德和爱国拥军的光荣传统。充分发挥巾帼文明队作用，以"服务妇女，奉献社会，共创和谐"为主题，通过快板、小品、三句半等群众喜闻乐见的形式，广泛宣传社会主义荣辱观，在全市营造学习、宣传、贯彻社会主义荣辱观的浓厚氛围。

【实施妇女儿童发展纲要】　年内，将实施妇女儿童发展纲要纳入全市国民经济和社会发展"十一五"规划及2020年远景目标纲要，积极争取和推动将妇女儿童工作及"两纲"实施列为市委、市政府督查工作重点，增强党委政府对妇女儿童发展的监督检查力度。召开全市妇女儿童发展状况新闻发布会，为全面落实纲要目标营造良好的舆论环境；加快男女平等基本国策进党校步伐，县以上党校普遍举办男女平等基本国策培训讲座。继续扩大婚前医学检查减（免）费政策的实施范围，全市7个区县实行了免费婚检，婚前医学检查率达到56%。副省长王军民在《关于淄博市采取措施解决婚检率大幅下滑问题的情况报告》上批示，要求"推广淄博经验"。推动全市深入实施生育保险社会统筹，全市征缴生育保险费2818万元，参保人数达到35.78万人，占应保人数的96%。提出2006年度全市为妇女儿童办10件好事实事，并切实抓好落实。9月，全国"两纲"评估督导组及省妇儿工委有关领导对淄博市"两纲"实施情况进行中期评估检查，给予高度评价，市委书记张建国对此也专门批示，给予充分肯定。截至年底，全国纲要确定的52项主要指标，全市有51项达到或超过2005年进度目标，其中31项指标提前达到2010年目标要求。

全国实施妇女儿童发展纲要督导组到淄博市检查工作　　（市妇联　供稿）

【维权工作】　年内，深入宣传贯彻《妇女权益保障法》，制定妇联系统"五五"普法规划。广泛开展"百万妇女学法律，百万家庭创平安"维权周活动。举办市暨张店区妇女维权宣传咨询日活动，现场解答咨询400余人次，发放资料10000余份。通过成立妇女法宣讲团，开展形式多样的专题培训和讲座及开通"12338"各级妇联利用妇女维权公益热线、送法下乡、发送公益短信、开办"以案释法"专栏、举办知识竞赛等多种形式，进一步扩大《妇女权益保障法》的宣传覆盖面。与市公安局联合建立"反家庭暴力110"报警服务中心，为有效预防家庭暴力案件的发生、维护妇女儿童的合法权益提供保障。深化平安家庭创建活动，建立领导小组，制定考核标准及办法，举办"关爱家庭，远离邪教"演讲比赛和"预防艾滋病、幸福全家人"等活动，增强活动的实效性。组织"优秀妇女维权岗""零家庭暴力社区（村庄）""十大女法官、女检察官、女警官、女律师"等评选活动，有效推进社会化维权工作的开展。认真做好妇女群众来信来访工作，接待信访案件904件次，处结率达98%，提供法律援助、家庭暴力伤情鉴定等服务 449 件次。

【儿童工作】 年内，联合有关部门对未成年人思想道德建设及硬件设施配备情况进行督导检查，优化未成年人成长环境。组织 2006 年救助特困女大学生助学行动，募集资金 21 万余元，为 60 名特困女大学生发放了一次性或 1～4 年不等的学习生活费用。为 498 名贫困孤儿办理国寿平安保险，加大对贫困、单亲、孤残、留守等特殊儿童群体的救助力度。筹集资金 3.5 万元，建立"春蕾女童"职业技术培训基地。举办淄博市"百粮春杯"儿童才艺大赛、第二届全市儿童书画、摄影大赛、健康宝贝能力大赛、婴幼儿营养健康有奖知识竞赛和手工比赛。组织农村妇女通过现代远程教育网络收听收看"农村父母课堂"系列讲座，提高农村家长的家庭教育素质。通过"健康宝贝课堂·热线"，每月定期开展婴幼儿营养健康知识讲座，解答婴幼儿家长咨询 5000 余次，促进家庭教育工作向纵深发展。

【建立"反家庭暴力 110"报警服务中心】 为有效预防和制止家庭暴力案件的发生，市妇联与市公安局联合成立"反家庭暴力 110"报警服务中心，明确规定家庭暴力案件受理投诉范围、处置办理与职责任务，本着"及时出警、果断制止、确保安全、妥善处置"的原则，对家庭暴力投诉案件进行专项登记、专项办理。

【"代理妈妈，有你有我"活动】 与鲁中晨报社联合开展以"大手牵小手，爱心护童心"为主题的"代理妈妈，有你有我"活动，重点援助 16 岁以下因失去单(双)亲、父母患病(残疾)导致生活窘困的贫困家庭儿童或父母长期在外打工的农村贫困儿童。通过走访看望、亲子团聚、拨打电话、书写信件、参与亲子互动等形式，与受助孩子进行亲情联系。共结对救助贫困儿童 100 余名，捐款 3 万余元。 (赵艳青)

·淄博市工商业联合会·

【参政议政】 在市政协九届四次全委会上，工商联界政协委员共提交提案 39 件。其中市工商联的团体提案《关于引导民营企业落实科学发展观，支持民营企业持续、健康发展的建议》被列为 2006 年市政协主席、副主席督办的重点提案之一，并被评为优秀提案。

【宣传调研】 全年编辑、发送、上报各类会务信息 40 余条次，在淄博媒体报道 14 条次；《齐鲁工商》杂志刊登图片 2 幅、文稿 12 篇。《发挥商会服务职能，促进和谐社会发展》《坚持多党合作 发挥商会职能 为经济建设服务》《关于对我市"民企帮村"活动的调查与思考》等署名文章和调研报告分别在《中华工商时报》《齐鲁工商》《淄博日报》等报刊刊登。完成了上级部署的"2005 年度上规模民营企业调研""民营企业知识产权状况调研"等民营企业调研工作。

【组织建设】 是年，制定下发《淄博市工商联直属会员发展工作规程》，规范直属会员发展工作。组织召开全市基层(行业)组织建设工作座谈会，对行业商会进行整顿和规范，撤销不能正常开展活动的淄博市总商会汽车修理业同业公会。协助西北商会组织开展"西部行"活动，指导女企业家商会完成换届工作。

【对外联络】 5 月，组织全市 20 家民营企业赴日韩进行参观考察。6 月，组团参加由山东省工商联、山东省外经贸厅、香港贸易发展局共同主办的山东民营企业经贸合作洽谈会和山东省民营企业走进香港研讨会。协助全国工商联光彩事业部、省工商联和吉林省白城市举办中国光彩事业振兴东北老工业基地白城行投资环境暨招商引资项目山东推介会。7 月，参加了在黑龙江省加格达奇市举行的 2006 年全国地区工商联联席会第十六次年会暨经贸合作恳谈会。

【为会员服务】 3 月，组织山东理工大学科技处及 3 名专家教授到会员企业进行指导和服务。与会员企业中旭企业管理顾问公司举办《建设执行型的企业文化》培训讲座。与市中小企业局和清华大学继续教育学院鲁中中心共同举办以"如何提高企业效益增长"为主题的大型培训讲座。年内，通过开展实用型培训，向会员企业和社会各界培养输送了 5000 多名微机、电气焊、汽车(摩托车)维修、建筑、服装、财会和餐饮等行业熟练工。

【"民企帮村"活动】 按照省工商联的部署，在全市工商联会员企业中开展"民企帮村"活动。4 月，在沂源县召开全市工商联"民企帮村"活动座谈会，对活动作了动员部署。截至年底，全市参与帮扶的企业达 212 家，帮扶村庄 224 个，其中结对帮扶 66 个，向 76 个村庄派出经济顾问 76 人；帮扶企业在农村建立生产基地 21 个、涉及 93 个自然村，带动当地农民增收 550 万元；在农村上项目 61 个，总投资 1381 万元，为当地农民提供工作岗位 2290 个；义务派出员工 21 人到 21 个村担任村干部并提供物质支持，其中 13 人当选为村支部书记或村委会主任；在农村基础设施建设方面，投资 47 万元建设养老院 3 所，投资 0.5 万元援建卫生室 1 所，投资 531.8 万元修建道路 29 条，投资 76 万元打深水机井 18 眼，投资 50 万元铺设自来水管道 20500 米；在扶贫济困方面，资助特困户 228 家，特困学生 495 人，救助弱势群体 296 人，捐助总额达 66 万元。 (高　茜)

淄博市旧机动车交易中心与沂源县鲁村镇李家泉村帮扶活动签字仪式 (范家平　摄)

本部类编　辑：徐先法
副主编：徐　杰
校　对：安永善
范立学

地方军事

淄博军分区

【军事训练】 3月，组织军分区首长机关和各区县人武部、预备役工兵团机关干部进行封闭式集训。7月，组织全市专武干部、民兵干部、民兵教练员、学生骨干进行短期集训。10月，市民兵高炮连在省军区高炮实弹战术演习中首发命中，被省军区表彰为高炮实弹射击优胜单位。10月29日，组织了淄博市首次信息化条件下战时兵员动员和城市防空袭演练。年内，协调市政府解决了民兵教练员的编制和经费，公开选拔6名专职民兵教练员；继续对市民兵训练基地进行整修和配套完善，为实现基地化、网络化、模拟化训练打下基础。预备役工兵团扎实开展与现役部队的挂钩训练，圆满完成山东省黄河防汛演练和省军区组织的两次冬季野营训练保障任务。

【征兵工作】 7～10月，做好征兵工作的各项准备，运用自主研发的《人民武装指挥自动化管理系统》综合数据库对预征对象建档考查，并在体检、政审、定兵等环节进行全程信息监控。协调公安、教育、劳动等部门加强预征对象的年龄、文化程度和专业特长的审查力度。体检中继续进行艾滋病和吸毒两个项目的检测，新增心理检测项目。继续面向社会征集女兵，严把体检、政审关，做到公开、公正、公平。完成从非军事部门招收士官试点任务。是年，新兵中党团员占82.5%，高中以上文化程度的占76.8%。

【国防后备力量建设】 1～7月，历时2年自主研发的《人民武装指挥自动化管理系统》在各区县人武部推广使用。9月，全市区县人武部全面建设达标观摩会议在沂源县人武部召开。年内，淄博军分区承担了全省后备力量组建秩序试点任务。继续深化民兵预备役工作调整改革和后备力量结构调整，规范后备力量组建秩序，加大预备役工兵团和民兵高技术专业分队建设的力度。在临淄区、桓台县、周村区分别进行民兵防化分队训练改革试点、学生军训与民兵训练挂钩试点、民兵应急分队和预备役工兵团预编士兵合同制管理试点。12月，山东省军区在淄博市召开后备力量组建秩序座谈会，淄博市的试点经验受到与会人员高度评价。

【装备工作】 4～6月，组织力量对全市民兵武器弹药、油料等危险品仓库进行安全教育整顿和隐患排查。根据《淄博市预备役部队军民通用装备征用办法》，对预备役工兵团预征军民通用装备，进行认真普查和登记。9月，组织全区装备仓库主任、保管员进行业务培训和考核。加大基础设施建设和安全管理的力度。市民兵仓库改建搬迁工作完成，提高了武器装备的安全系数和管理能力。全市武器装备管理实现连续25年安全无事故。

【双拥共建】 12月，依托山东理工大学开办的科学管理与工程研究生班学员通过毕业考核，全部结业。年内，组织民兵预备役人员投身新农村建设，开展帮扶后进村活动。协调驻淄部队团以上单位，召开参加社会主义新农村建设现场观摩会，通报表彰了全市关心支持国防建设十佳单位和个人。发动官兵和民兵预备役人员参加为灾区群众捐款捐物的公益活动。协调有关部门做好军转干部和随军家属安置工作。

【国防教育】 7～9月，在现役军人和复转退军人中开展“忠诚党的事业，永葆革命军人本色”活动。举办“革命军人忠于党”歌咏比赛，开展“我为党旗添光彩”有奖征文活动和“爱党、爱祖国、爱人民”短信互动。共举办各类专题教育、读书演讲、歌咏比赛、座谈会、联谊会500余场次，收到知识问答试卷、读书心得13600份，征集征文185篇，征集优秀短信850条，发送480多万人次。结合第六个全民国防教育日，开展了以“秉承三载救国志、发扬万里民族魂”为主题的系列教育活动。9月16日，在银座广场举办纪念红军长征胜利70周年国防教育图版及《国防科技知识挂图》展览。

【后勤保障】 年内，指导张店、淄川、周村区人武部进行新营区规划和建设。对勤务队战士宿舍楼进行了综合改造。协调市政府和财政部门将分区机关车辆纳入地方社会保险。改革完善职工管理制度和工资分配制度。严格落实经费开支联审会签等经费管理制度，对全区财务管理情况进行检查，按要求撤销了区县人武部和直属队的财务账号。9月8日，总投资300万元的沂源县民兵训练基地正式投入使用。

（辛　强　左孝春）

武警淄博市支队

【队伍建设】 2006年，武警淄博市支队党委着眼信息化建设和履行新使命要求，贯彻“强班子、抓基层、谋发展、保稳定”的工作思路，部队建设全面发展。狠抓基层队伍建设，巩固发展警地文化共建成果，坚持把开展文化工作与中心工作、育才工作、主题教育、建立和谐内部关系结合起来。结合“向时代英雄丁晓兵学习”活动，深入开展向标兵二中队，先进个人王波、盛安基和见义勇为先进个人高雷、陈祥学习活动。狠抓干部的管理教育，注重在教育培训、减压卸负上用气力，干部素质能力明显提高。年内，1对中队主官被表彰为“一对好主官”；

支队连续13年被总队表彰为预防事故案件工作先进单位。

【军事行政工作】 以提高执勤处理突发事件能力为重点，狠抓执勤战备和军事训练。加强新兵基础训练、专勤专训、勤训轮换训练和防暴小分队训练，年度训练任务圆满完成。分批对执勤中队官兵进行集中轮训。组织勤务专项治理，及时排查和消除执勤隐患，对所有中队的执勤设施进行完善，加大执勤安全系数。年内圆满完成各项大型活动的安全保卫任务，完成临时性勤务108次。严格车辆管理，及时掌握驾驶员出勤情况，杜绝私自出车等不良现象的发生，实现安全行车50万公里。

【后勤建设】 围绕保中心、保生活的要求，全面加强后勤建设。依据《后勤规范化管理细则》，制定了《事业费管理规定》等5项后勤管理办法。严格预算审定和使用报批制度，机关全面实行银行刷卡支付和POS机结算。开展创建“节约型警营”活动，从节约一滴水、一粒米、一度电、一张纸做起，培养官兵节俭的良好习惯。各单位把种植蔬菜与营区绿化相结合，全年蔬菜、粮食等生产收益比2005年增加3万元。

（于颖杰）

人民防空

【概况】 年初，市人防办建立健全决策目标、执行责任、考核监督“三个体系”，制定《2006年人防工作主要指标和争先创优考评标准》《2006年科站工作主要指标和争先创优考评标准》，将年度业务工作量化，推动人防工作科学发展。5月10日，市政府召开全市人防工作会议，传达第五次全国人民防空会议和济南军区、全省人防工作会议精神，总结“十五”时期人防工作，部署安排年度及“十一五”时期人防工作任务。6月23日，市人大常委会召开主任会议，专门听取市政府关于人防应急准备情况的汇报，对全市人防应急准备工作给予充分肯定，并提出依法推进人防应急准备的意见和要求。8月11日，市政府转发《市人防办关于进一步做好全市人防应急准备工作的实施意见》。年内，市人防办还制订了《淄博市人口疏散与隐蔽保障计划》，绘制了《淄博市防空防灾人口疏散图》《淄博市防空袭留城人员疏散隐蔽图》，完成征租土地、改治河道等项工作。在全省2006年度人防工作目标责任制考核工作中，市人防办获总分第一名。

【组织指挥工作】 年内，市人防办对市级防空袭方案进行重新修订，组织沂源、桓台两县制定防空袭方案，全市三级防空袭方案体系不断完善。《淄博市市级首脑机关人防疏散基地保障计划》《淄博市重要经济目标防护方案》的制订工作正式启动。出台了《市人防指挥中心管理规定》《自动化设备设施操作规程及维护保养》等制度。投资700万元，完成视频显示系统、数字会议系统、视频监控系统、计算机网络系统、集中控制系统、空情接收系统、通信系统、供电系统等指挥自动化系统建设，建成功能齐全的市人防地下指挥所。10月29日，结合年度防空警报试鸣，举行了全市首次信息化条件下战时兵员动员和城市防空演练。市公安局、市广播电视局、市卫生局、市消防支队、市网通公司等单位和淄博军分区预备役部队、人防专业队参加演练。军地领导现场观摩了演练活动。

【人防工程建设与维护管理】 年内，重新修订《淄博市结合民

燃气抢修演练　　　　（高　坤　摄）

用建筑修建防空地下室建设标准》，严把人防工程建设审批关和施工图纸审查关，进一步规范人防工程建设和管理。全年审批人防工程项目38个，人防工程总量持续增长。完成市人防地下指挥所地上工程、室内装饰装修和人防专用设备安装等配套建设。10月29日，市人防地下指挥所交付使用。

新建成的市人防指挥所　　　　（市人防办　供稿）

【人防通信警报建设】 年内，全市人防警报建设进程加快。安装市人防地下指挥所警报遥控设备，新增了固定防空警报器。投资150万元，建立人防移动警报车队。防空警报器数量和科技含量明显提高。10月29日，举行第八次防空警报试鸣活动，城区防空警报器鸣响率达100%。同时，利用广播电视系统插播警报信号，通过移动通讯运营商向手机用户发送警报试鸣信息。对警报控制终端、中心台和中转台的软件进行升级，增强了警报控制系统的稳定性，设备完好率保持100%。为市人防指挥所安装程控交换机，铺设通信电缆、军用电话电缆，完成市人防地下指挥所及附属工程手机信号覆盖工程。

【人防行政执法】 年内，市人防办出台《人防行政处罚自由裁量权实施办法》和《人防行政处罚自由裁量权执行标准》等规范性文件，为人防行政执法工作打下基础。对2003～2006年报建的结建工程进行全面复查，对存在的问题责令限期整改。

成立了省人防质监站淄博派出站，严格落实工程质量检查和备案制度。进一步规范结建防空地下室管理工作，全年跟踪检查人防工程项目44个，报审率和工程合格率均达100%。协调市物价局和市财政局出台新的防空地下室易地建设费收费标准。全年下达征收决定书80份，对6家拒不履行人防法定义务的单位申请法院予以强制执行，追缴人防费95.7万元。完成人防收费4892.9万元，完成任务的122.3%。

【人防宣传教育】 举办全市人防教师培训班，联合市教育局对全市人防教育先进单位和先进个人进行表彰。城镇初级中学的人防教育达到师资队伍、教育课本、教学程序、教学保障"四规范"。全年共免费发放初级中学人防教育课本1.8万册。全市开展人防教育的城镇初级中学达到49所，开课率和考核合格率均达100%。市委党校和山东理工大学、淄博职业学院开设了人防教育课程。

【平战结合工作】 2006年，全市人防工程开发利用率达75%，创产值或营业额1.31亿元，利税2020万元。全市人防系统实现招商引资到位资金5000万元。

【"准军事化"机关建设】 年内，全市人防系统不断完善战备值班制度，坚持24小时战备值班。通过举办指挥、通信、执法等培训班，培训人防干部200余人次，人防队伍业务素质明显提高。制定《市人防办党风廉政建设责任制实施意见》《市人防办党员领导干部述职述廉暂行办法》，为副科级以上干部建立了廉政档案。

（杨 蕾）

本部类编　辑：赵建国
副主编：安永善
校　对：王　娟
徐先法

·集邮小常识·

对 倒 票

一种特殊形式的连票，相邻两枚邮票的图样互相颠倒即称之为对倒票，有竖连上下对倒和横双连左右对倒之分。有多种形成原因，在设计方面，因特殊刷色需要，设计为对倒票，如T.7《武术》，无图样图框，上白下红，按全张各横行的邮票互相上下对倒设计印版。在印刷方面，因使用小规格印版而造成，如华东区江淮邮政邮票，印版大小约为全张的一半，每张各印两次，第二次印刷时常将纸倒放后上机，全张即正、倒各一格构成，其过桥票即此对倒票。在制版方面，也可因失误而造成对倒变体，如"万寿"九分银每格（5×5）第21枚，图样位置颠倒。这种票多为同图同值对倒，偶尔也有异值异图对倒，但极少。

无面值邮票

一般邮票都有邮资金额——面值，但有的国家因种种原因，在发行的邮票上不印面值，此即无面值邮票。如专供军人免费寄信的邮票，一般不印面值，贴到邮件上，即不需再缴纳邮费，晋察冀边区临时邮政于1938年9月发行的《抗战军人》邮票即为解放区第一套无面值专供军人贴用的邮票。也有些国家因邮政亏损准备提高邮资，但来不及等调资后再印邮票，于是便发行了无面值邮票，其价格根据邮票发行时的所需信件资费来定，美国曾多次发行无面值邮票，供国内信件贴用，1978年发行"A"字无面值邮票，1981年3月发行"B"字无面值邮票，同年11月又发行了"C"字无面值邮票，字母就象未知数，代表邮票邮售时的价格。

附 捐 邮 票

发售时除收取邮资外，还附加收取其他款项的邮票，亦称附加值邮票或准邮政票。万国邮联规定附捐部分不得超过邮资50%。专为救济或资助社会福利活动而附捐的称慈善邮票或福利邮票。此外，还有补贴邮政收入、募集其他资金等种类。其面值、售价的表示方法有三种：不印明附加金额；印有邮资和售价；印有邮资和附加金额。世界上最早的是1897年英属新南威尔士发行的。我国最早的是1920年用帆船票加盖"附怍赈捐"邮票。中国人民邮政最早的是1984年T.92《儿童》附捐邮票。在集邮活动中，附捐邮票是专题集邮的主要选题之一，国外有专门的附捐邮票目录。

（市集邮协会　供稿）

法　　制

政法与综合治理

【平安淄博建设】 2006年,全市政法系统完善平安建设长效机制,平安建设组织领导责任、社会矛盾化解、社会治安防控、社会激励保障、队伍管理、监督考核等六大体系继续健全完善。执行责任进一步深化细化,考核监督进一步严格规范,实现了平安建设的规范化、制度化。建立党政领导班子成员平安建设一岗双责制度,在全市形成任务明确、责任分明、相互配合、整体联动的平安建设格局。张店区、博山区被省委、省政府评为全省平安建设模范区县;桓台县、高青县、沂源县被省委、省政府评为全省平安建设先进区县。至此,全市五区三县都受到省委、省政府表彰。全市平安家庭创建率达90%以上,人民群众对社会治安状况的满意率达98.2%。

【社会治安综合治理】 1. 严打整治斗争。先后组织开展打黑除恶、打击"两抢一盗"、命案侦破会战、禁毒人民战争、打击盗抢汽车犯罪等专项斗争和一系列严打集中统一行动,始终保持对刑事犯罪的高压态势。2006年,全市共破获刑事案件18203起,抓获犯罪嫌疑人5789名。对78个治安混乱地区进行集中整治,解决突出治安问题107个。2. 治安防控体系构建。全市基层一线民警达到4437人,占全市总警力的89.7%。城区主要干道实行网格化巡逻,街面见警率和出警速度明显提高。全市设立治安岗亭、治安(警务)工作站、堵截点97个,建成一批封闭式居民小区、固定停车场,城区新建居民楼防盗安全门和防盗栅栏安装率均达到100%。在技防方面,以重点要害部位自动报警系统、居民区技术防范体系、机动车防盗防劫报警系统、道路交通监控自拍系统为基础的城市监控报警网络逐步形成。将技防设施建设纳入建设审批项目,新建小区电视监控等技防设施安装率达到100%。2006年,全市刑事案件同比下降9.9%,其中可防性案件同比下降20.9%。3. 社会管控工作。加强对特种行业、特殊人口的管理力度。公安机关开展对枪支弹药、爆炸物品、放射性同位素等危险物品的安全检查,及时消除社会治安隐患。4. 专项治理。先后开展铁路护路、学校及周边秩序等15个专项治理活动,解决各类问题2300多个。5. 安全生产。对煤矿、非煤矿山、建筑施工等9个行业进行专项整治。年内,全市各类安全生产事故全面下降,各项指标均控制在省政府规定的安全生产指标之内。其中,交通事故四项指标同比分别下降6.1%、10.1%、5.5%、8.1%;火灾事故起数和经济损失数同比分别下降9.5%、18.12%,首次实现全年零死亡。

【矛盾纠纷排查调处】 进一步完善矛盾纠纷排查调处工作报告、协调例会、督查督办、领导包案等一系列制度和措施,构建起四级矛盾纠纷排查调处网络。2006年,由市综治办牵头开展了4次全市性的矛盾纠纷集中排查调处活动,共排查出矛盾纠纷1445起,调处1381起,调处成功率达95.6%,其中预防"民转刑"案件148起,避免集体上访事件30起。

【涉法涉诉信访工作】 一是实行"五长"联合接访制度。由市委政法委牵头,进一步健全完善了"公、检、法、司、信访"五长联席会议制度,"五长"联合接访、联合下访、联合处访,并对重大疑难案件实行领导包案制度。二是实行刑事案件被害人经济困难救助制度。制定《淄博市刑事案件被害人救助制度》,对因刑事犯罪受到伤害、生活特别困难的涉法涉诉信访人员进行救助。三是实行聘请律师参与涉法涉诉信访案件调处制度。市委政法委制定《关于聘请律师参与涉法涉诉信访案件调处工作的意见》,聘请6名律师担任法律顾问,参与涉法涉诉信访调处,先后参与解决26起疑难案件。

【服务经济发展】 各级政法部门牢固树立为经济发展服务的观念,为全市经济发展营造良好的社会法治环境。年内,公安机关侦破经济犯罪案件883起,打击处理犯罪嫌疑人325名,挽回经济损失7000余万元。检察机关先后在工程建设、土地出让、教育等领域查处一批有影响的职务犯罪大案要案,为国家挽回经济损失3416万元。全市法院审结各类经济犯罪案件226起,判处罪犯320人,挽回经济损失1868万元;受理执行案件18346件,执结18436件,执行标的额达13.8亿元。司法机关进一步规范法律服务机构的内部管理和法律服务队伍的执业行为,并开展"法律援助进社区"等活动,为弱势群体和困难群众提供便捷高效的法律服务。

【见义勇为事业】 2006年,全市表彰见义勇为先进群体9个、见义勇为先进个人57名,发放奖金33.2万元。淄博市继2005年获得全省唯一的"见义勇为事业优秀城市"之后,11月8日,又被中华见义勇为基金会授予"全国十大见义勇为好司机城市奖"。11月20日,淄博市见义勇为基金会被中宣部、中央综治委、公安部、中华见义勇为基金会联合表彰为全国见义勇为工作先进单位。

【政法综治宣传】 建立健全政法综治工作宣传推广机制,召开平安淄博建设、全市政法队伍建设等经验交流会,交流推广50多个单位的经验做法。各级政法综治部门先后与《淄博日报》、淄博人民广播电台、淄博电视台等新闻单位合作,开办平安建设栏目、专题、专栏70多个,全方位宣传平安建设活动,为平安淄博建设营造良好的舆论氛围。

【政法队伍建设】 年内,市委政法委作出《关于市法院、市检察院领导班子成员职级确定及副县级干部配备情况的调查与建议》的专题报告。经市委研究决定，对政法部门领导班子进行调整。加强对政法队伍的思想政治教育和对政法干警的业务技能培训，完善上岗、晋职培训制度。继续开展“抓基层打基础，争创五好政法单位”活动，增强基层实力。

（周庆涛　王吉政　革建军）

公　安

【概况】 2006年，全市公安机关围绕“创平安、保稳定、促和谐”的工作目标，开展队伍正规化建设年、基层基础建设年和信息化应用推进年活动。严厉打击刑事犯罪，落实安全保卫措施，圆满完成各项警卫任务。至年底，全市9个县级公安机关公用经费已有7个完成达标任务，2个区县完成80%以上，达到了公安部及省厅的目标要求。全市充实一线警力274名，建立社区（农村）警务室843个。全市交通事故四项指标同比分别下降6.1%、10.1%、5.5%、8.1%；火灾事故起数和经济损失数同比分别下降了9.5%和18.12%，首次实现火灾事故全年零死亡。全年受理群众信访案件1461起，办结1410起，办结率达96.5%，公安部督办的2起信访案件全部结服。全市公安机关有44个集体和132名个人荣立一、二、三等功，39个集体和87名个人受到省级以上表彰。

【打击刑事犯罪】 年内，组织开展打黑除恶、打击“两抢一盗”等一系列严打集中统一行动，始终保持对刑事犯罪活动的高压态势。全市共破获刑事案件18203起，抓获犯罪嫌疑人5789名，打掉犯罪团伙314个，查获团伙成员1280人。刑事案件同比下降9.9%，其中可防性案件同比下降20.9%。命案侦破工作战果显著，共破获命案104起，命案破案率达到93.7%。加大对经济犯罪的打击力度，全市共破获经济犯罪案件883起，挽回经济损失7000余万元。

出租车司机自发组织向公安机关赠送锦旗

（徐学丽　摄）

【构建治安巡逻防控体系】 年内，全市各公安分局和89%的派出所安装了电视监控平台，86%的派出所安装了街面电视监控系统。全市共聘用专职保安944人，专职巡逻队员1828人，联防队员1216人，其他巡逻力量12808人。建立起市、区县、乡镇三道防线和城区街面、社区、村居（单位）内部三张网络。每天有400余部机动车辆、3400余人在街面巡逻。通过治安巡逻，抓获违法犯罪嫌疑人3984人，破获各类案件2889起。6月，省公安厅在淄博市召开全省治安防控体系建设现场观摩会，推广淄博市治安防控建设经验。

【“三基”工程建设】 年内，以开展基层基础建设年活动为载体，推进“三基”（抓基层、打基础、苦练基本功）工程建设。全市充实一线警力274人，使基层一线民警达到4437人，占全市总警力的89.7%。强力推进社区警务战略，全市建立社区（农村）警务室843个，配备社区民警1181人，占派出所民警总数的70%。张店、淄川、博山、临淄、周村和高新区6个公安分局的社区警务覆盖率达100%。其中，临淄分局在全省“三基”工程建设会议上作经验介绍，博山区“一村一警”经验受到公安部、省公安厅的高度评价；桓台、高青、沂源3个县的社区警务覆盖率达到90%以上。

【单位内部治安保卫工作】 年内，各企事业单位认真贯彻国务院《企业事业单位内部治安保卫条例》，着力构建“单位负责、政府监管”的内保工作新机制，形成“政府领导、公安牵头、各方共管、单位落实”的工作格局，被省公安厅誉为“淄博模式”。全市企事业单位内部刑事案件同比下降21.6%，其中可防性案件同比下降60.1%。8月30日，《人民公安报》整版刊登淄博市的经验做法。11月，省公安厅在淄博市召开全省单位内部治安保卫工作现场会议，推广淄博市的经验。

【流动人口计划生育管理】 年内，市公安局配合计划生育部门加强暂住人口中育龄妇女的计划生育管理工作，逐步建立健全各项管理制度，参与计生工作联合检查、联合办公。制定《关于认真做好人口与计划生育工作的意见》，与各分县局签订《人口与计划生育目标管理责任书》。全市暂住人口中育龄妇女计划生育证明验证率达96%，圆满完成年度目标任务。市公安局被表彰为2006年度全市人口与计划生育先进单位。

【出入境管理】 年内，市公安局先后投资10万元，购置、更新一批办公设备，改善出入境接待大厅的工作接待条件。全年受理审批公民因私出国（境）申请14100人次，同比增长1.2%。办理境外人员临时住宿登记37629人次，同比增长13.3%。办理各类境外人员签证证件592件次。

【监所基础设施建设】 年内，筹集资金1465万元，用于看守所，拘留所迁建、扩建和监所基础设施及技术配套设备安装。其中，投资125万元，对淄博市看守所的监控系统进行全面改造，实现信息采集和日常网络办公一体化。桓台县看守所、高青县看守所迁建前期工程投资900余万元。淄川区看守所投入改建资金130万元，周村区看守所投入监所扩建资金160万元，博山区拘留所自筹资金50多万元进行规范化及配套设施建设。年底，上述3处监所的改、扩建项目已全部完工并投入使用。

【科技强警示范所队建设】 7月，《淄博市公安局派出所科技强警等级评定办法（试行）》出台，将示范派出所科技强警工作纳入对各分县局的等级化管理考核，《山东公安科技》全文刊登。在9月召开的全省全面推进科技强警示范建设工作会议上，淄博市开展的派出所科技强警达标升级活动得到省公安厅肯定。

【交通秩序管理】 年内，有针对性地开展了客车专项治理、无牌无证车辆专项整治、双超整治、张博路附线交通秩序专项整治、学校周边道路交通秩序集中整治、公路重点交通违法行为专项整治、违法停车和不悬挂号牌专项整治、"降事故、保安全、保畅通"交通秩序整治、预防重特大道路交通事故"决战70天"专项行动等活动，加强对重点区域、路段、时段和突出违法行为的控制和交通事故的预防。市公安局交警支队被公安部评为全国预防重特大道路交通事故"决战70天"专项行动先进单位。

【消防安全工作】 在全市部署开展消防平安创建工程，推进消防工作社会化。全市火灾形势稳中有降。2006年，全市共发生火灾1273起，造成经济损失151.8万元，1人受伤，首次实现火灾事故人员"零死亡"。与2005年相比，火灾起数下降9.52%，经济损失下降18.12%。全市连续9年实现无重特大火灾事故。淄博市公安消防支队被公安部记集体三等功，被市政府记集体二等功，被评为全国公安消防部队先进集体。特勤中队战士宁光金被评选为2006"感动淄博"年度人物。

新式警用装备展示　　（单联国　摄）

【网吧整治专项行动】 年内，集中开展为期4个月的网吧整治专项行动。重点检查网吧350余家，依法查处违法违规经营网吧106家。获取案件线索59条，抓获犯罪嫌疑人44名，其中命案嫌疑人10名。通过集中整治，全市网吧安装使用实名上网系统率达100%，网民上网刷卡率达99%，网吧上线率达90%以上。

【派出所外观标识实现统一】 年内，全市111个派出所的外观标识全部改造完毕。市公安局成立工作小组，分工负责各区县派出所外观标识的改制工作。对各派出所建筑情况提出具体改制意见，由改制办公室审核后实施改造。改造过程中，小组成员赴施工现场进行督导检查。3月20日，省公安厅在淄博召开全省派出所外观标识统一改造现场会，推广淄博的做法。

【维和警察凯旋】 中国第三支赴海地维和警察防暴队中的10名淄博队员，圆满完成在海地为期8个月的维和任务，8月15日回到淄博。维和期间，队员们出色完成了保卫选举计票中心、处置太子港骚乱、平息国家监狱暴乱、控制总统就职仪式骚乱人群、重要物资押运等任务。维和队员先后被联合国授予和平勋章，被公安部授予维和勋章，被省公安厅分别记个人一、二等功，被市委、市政府授予维和卫士荣誉称号，并被评选为2006"感动淄博"年度人物。

【实行警用车辆管理卡制度】 年内，根据省公安厅《山东省公安机关警用车辆管理卡制度》的要求，对全市警用车辆进行登记造册并实行每车一卡，逐步建立健全车辆基础档案。截至年底，已核实发放警用车辆管理卡1373份，核定报废警车13辆。

【警营文化建设】 年内，组织开展健康向上的警营文化活动，先后举办了全市公安系统文艺调演和全市公安系统"辉煌2006—警风浩荡"颁奖文艺晚会，创作了一批反映公安题材的优秀文艺节目。举办第二届淄博公安（大比武）运动会，展示了公安大练兵的成果。　　（单联国　常德功）

大练兵汇报演练　　（单联国　摄）

检　察

【维护社会稳定】 充分发挥批捕起诉职能，促进平安、和谐淄博建设。全年共受理提请批准逮捕案件2093件3190人，经审查，批准逮捕1643件2447人，不批准逮捕436件725人；受理移送审查起诉案件2928件4915人，提起公诉2614件4242人，不起诉7件12人。其中，批捕杀人、抢劫、绑架、爆炸等严重暴力犯罪嫌疑人567人，起诉668人。

【查办职务犯罪】 全年立查各类职务犯罪案件239人，其中贪污贿赂案件189人，渎职侵权案件50人。把大案要案、社会关注行业和领域发生的案件、党委和人大交办的案件、损害人民群众切身利益的案件作为工作重点。全年立查贪污贿赂大要案109件，重特大渎职侵权案件23件，大要案占立案总数的63%。通过办案为国家挽回经济损失3400万元，为发案单位提出检察建议68条，协助建章立制107项。立查涉及国家工作人员的商业贿赂案件36人。在集中查办破坏社会主义市场经济秩序渎职犯罪和国家机关工作人员利用职权侵犯人权犯罪专项行动中，立查两类案件44人。查办的职务犯罪案件中，已侦查终结223人，起诉206人，法院作出判决194人，全部为有罪判决，办案质量位居全省前列。

【刑事诉讼监督】 坚持强化监督与保障人权、经常性监督与专项性监督相结合，依法履行诉讼监督职能，切实维护司法公正和社会正义。在立案监督中，通过监督促使有关部门立案151件162人，起诉法院后已判决113人，并依法纠正不应当立案而立案案件13件16人。在侦查活动监督中，全年追捕11人，追诉71人。依法对刑事判决、裁定提出抗诉7件。加大监所检察工作力度，办理罪犯又犯罪案件93件178人，其中批捕46件77人，起诉47件101人。在监管场所办理自侦案件8件8人，发现不符合"减假保"标准168人，查出脱漏管人员134人。针对刑罚执行和监管活动提出纠正违法82件，均被接受。全市连续8年实现无超期羁押。

【控告申诉检察工作】 开展涉检上访集中整治专项活动，进一步强化信访和控告申诉检察工作。对重点、难点案件由检察长、分管检察长亲自带队督办，建立更加完善的通报制度。全面推行首问、首办责任制和检察长接访制，积极开展"无越级上访院"活动。推行公开听证、公开答询制度，依靠社会和群众舆论的力量做好化解矛盾纠纷工作。全年共受理群众来信来访1437件次，受理集体访、告急访67件，两级院检察长接访398件次，进行公开听证、答询143件。一批久访不息的案件得到解决。

【民事、行政诉讼监督】 全年受理民事行政申诉案件320件，经审查立案224件，对认为确有错误的判决、裁定依法提出抗诉50件，提请省检察院抗诉49件，提出再审检察建议33件，法院再审改判、发回重审和调解结案41件。做好81件判决裁定正确的案件当事人的息诉工作。

【预防职务犯罪】 研究制定与侦查部门加强内部协调配合的案件线索处置、工作协调、工作联系等制度，保障预防与侦查工作相互促进。把预防综合管理、犯罪行贿档案查询、预警分析系统、预防统计软件运用于预防工作之中，率先在全省开通犯罪行贿档案查询系统。在国税、地税、教育等部门开展系统预防；在金融、建筑等重点行业和领域，集中开展专项法制教育和预防活动。全年开展个案预防49个，系统预防43个，专项预防38个，提供行贿犯罪档案查询45次，开展预防警示教育活动190场次，受教育人数达2万余人。

【人民监督员制度试点工作】 办理的职务犯罪案件中，不服逮捕、拟不起诉、撤案的案件全部接受人民监督员的监督。全年共办理自侦案件逮捕告知无异议的37件42人，有6起案件启动了监督程序，其中拟撤案的4件4人，拟不起诉的2件2人。

【队伍建设】 年内，对干警进行全方位教育培训。在5月举行的全省市级检察院建设检查考试中，市检察院成绩列全省第一。开展"优秀法律文书""优秀案卷""优秀公诉人"评选和"信息技术应用能力"比赛等岗位练兵活动，历练干警的业务技能。在全省检察机关首届侦查监督部门岗位练兵比赛中，获集体和个人一等奖。全年有39个集体和33名个人受到最高人民检察院、省检察院、市委、市政府表彰。其中，2名区检察院检察长分别被授予全国"模范检察官"和全省"十佳基层检察长"荣誉称号，1个区检察院被最高人民检察院记集体一等功。

【基层院建设】 坚持把检察工作和队伍建设的重心放在基层，继续实行市检察院党组成员分包基层院责任制。加强对下级院的指导，帮助区县院协调关系，排忧解难，推动工作均衡发展。修订完善基层院目标责任考评体系，形成规范合理、运行科学的管理模式。 （杨淑萍）

审　判

【概况】 2006年，全市法院共受理各类诉讼和执行案件53354件（当年新收），审结和执结53477件（含旧存），同比分别增长10.77%和10.2%。其中，市中级人民法院受理各类诉讼和执行案件4444件，审结和执结4394件，同比分别增长14.71%和13.31%。市中级人民法院连续第六次被省高级人民法院评为先进集体。

【刑事审判】 是年，全市法院共受理一审刑事案件2659件，审结2644件，判处罪犯3719人，同比分别下降8.22%、9.7%和12.88%。其中，中院受理123件，审结118件，分别下降8.21%和11.94%。全市继续呈现"重刑少、死刑少、社会秩序良好"的局面。提请市委专门召开公安、检察、法院、财政、人事等相关部门参加的协调会议，确保死刑二审案件开庭工作的顺利开展。严厉打击商业贿赂犯罪活动和金融诈骗、偷税抗税、生产销售伪劣商品等严重影响市场经济秩序的犯罪活动，全年审结各类经济犯罪案件226件，判处罪犯320人，为国家和集体挽回经济损失1868万元。依法办理减刑、假释案件2858件。

【民商事、行政审判】 2006年，全市法院共受理一审民商事案件26507件，审结26620件，同比分别增长4.7%、4.17%。其中，市中院受理507件，审结496件，同比分别增长14.19%、12.98%。审理企业破产案件67件，审理知识产权案件88件。受理一审行政案件2057件，审结2055件，同比分别增长88.54%和87.5%。其中，中院受理23件，审结23件。共受理国家赔偿案件14件，审结14件，赔偿款全部协调执行到位。市中院被省高级人民法院表彰为全省法院国家赔偿工作先进集体。2006年，全市法院民商事案件调解、撤诉率达到59.82%。

【执行工作】 全市法院创新执行工作思路，建立健全执行工作社会联动机制、威慑机制、奖惩机制和救助机制，初步形成党委领导、人大监督、政府参与、政协支持、各方配合、法院主办的解决"执行难"问题的社会格局。建立执行案件信息管理系统，实现执行案件的资源共享。强化公告执行、委托执行、债权凭证、网上通报，加大执行工作力度，"执行难"问题得到进一步缓解。集中开展清理拖欠工程款、农民工工资及执行积案等一系列专项执行活动，保障当事人的合法权益。是年，全市法院共受理执行案件18346件，执结18436件，执行标的额13.8亿元，同比分别增长17.98%、17.89%和84.17%。其中，中院受理411件，执结411件，同比分别增长30.89%和34.75%。

【审判改革】 年内，市中院制定《全市法院"十一五"改革规划》和实施方案，确立51项改革内容。全市法院进一步完善民事诉讼程序的简化形式，试行普通程序、简便审理制度，提高审判效率。探索建立庭前程序，初步统一了程序事项裁决、证据交换、庭前调解等审前程序与庭审程序的职责分工。制定完善审判流程管理、案件质量考核、案件督查等规章制度，建立以立案、财产保全、审理、鉴定、裁判、执行等为对象，以立案庭、审监庭为主体，以案件审限监管、案件质量考核和发回重审、改判案件逐案评析为主要内容，以评查、督办、通报为主要方式的质量和效率监控体系。推进审判委员会制度改革，成立刑事、行政和民事、执行专门审判委员会，增设专职审判委员会委员，审判委员会和各专门委员会的监督指导作用得到加强。继续总结推广规范化量刑及刑事被告人救助等改革经验，“数字化量刑软件”、刑事被告人救助制度等经验分别得到专家和最高法院的高度评价。

【法官队伍建设】 2006年，全市法院共组织各种审判业务培训班15期，培训法官325名。按照“能力出众、政绩突出、群众公认、清正廉洁”的干部选拔标准，市法院机关进行了建院以来规模最大的干部选拔调整，任用9名中层正职、17名中层副职，79人获得提拔重用或职级晋升，市中院领导班子更加年轻化、知识化、专业化。建立健全惩治和预防体系，实行廉政执法档案和兼职廉政监督员制度，促进了法官队伍廉政建设。

【司法为民】 采用公开审判、公开宣判、公开裁判文书、公开审判(执行)信息等办法，明确案件运转过程中的相关环节，增强法院工作的透明度。继续推行完善法庭立案、网上立案、电子签章、诉讼风险提示、巡回办案、就地审判等制度措施，方便群众诉讼。落实人民陪审员制度，将陪审员经费列入年度经费预算。是年，全市132名陪审员共参与审理案件308件。为经济确有困难的当事人缓、减、免诉讼费358万元。

【基层基础建设】 1. 基层司法环境建设。建立院领导联系点制度，积极帮助基层法院落实班子协管、人员配备、经费保障等方面的政策，解决基层难题。对基层法院遇到的阻力较大、干扰较多的案件，采取指定管辖、提级执行等措施。6月，最高人民法院以简报形式推广淄博市中级人民法院加强基层建设工作经验。2. 人民法庭制度化、规范化建设。是年，召开全市人民法庭工作会议，就创建“五化法庭”(精神文明规范化、组织建设规范化、审判工作规范化、管理制度规范化、物质建设规范化)等工作作出具体部署。开展全市人民法庭工作大检查活动，对薄弱环节进行剖析整改。制定《关于人民法庭立案工作的暂行规定》《关于对“五化”法庭实行动态化管理的规定》以及定期考核人民法庭庭长制度、巡回办案制度等规章，进一步明确人民法庭工作权限和职责范围，实现动态管理和量化监管。

【社会治安综合治理】 2006年，全市法院开展以“便民诉讼、巡回审判、指导调解、法制教育、社区矫正、和谐创建”为主要内容的“法官进社区”活动，共派出法官200余人，走访社区、企业、学校等单位近百家，群众近万人。组织有关人员定期到监所看望在押犯，做好罪犯跟踪帮教工作。与判处“缓管免”的罪犯签订帮教协议，定期开展社区矫正活动，市法院判处的“缓管免”罪犯无一重新犯罪。全市法院5家单位继续保持“省级优秀青少年维权岗”荣誉称号。与新闻媒体联办法制宣传节目50余期，10名法官担任着中小学校的法制副校长或法制辅导员。针对社会管理中存在的问题，提出司法建议120条。　　（张　斌）

市中级人民法院刑一庭法官对未成年犯暨“缓管免”人员进行帮教。　　（王云海　摄）

司法行政

【普法依法治理】 是年，市司法局组织开展“送法下乡”“知荣辱、树新风、促和谐”社会主义荣辱观知识竞赛等活动，组织全市机关事业单位干部、企业中层以上经营管理人员6.5万人参加了年度普法考试。开展“民主法治示范村”创建活动，全市36.2%的行政村被命名表彰。全市有17个单位、20名个人分别被表彰为国家级、省级“四五”普法依法治理工作先进单位、先进个人。12月20日，市委、市政府召开全市普法依法治理工作会议，总结“四五”普法、“三五”依法治市工作情况，全面部署“五五”普法、“四五”依法治市工作任务。淄博市新一轮普法依法治理工作正式展开。

【律师工作】 年内，全市新设立律师事务所6家，律师事务所总数达到49家，其中市直律师事务所达到22家，区县属律师事务所27家。全市社会执业律师达到552人，比2005年增加49人。全市律师共办理各类法律事务15210件，为1540家机关、企事业单位担任法律顾问，为当事人避免、挽回经济损失7.8亿元，索回赔欠款2.1亿元。完成2006年度国家司法考试淄博考区考试考务工作，1065人报考，146人成绩合格，取得法律职业资格。组建由216名律师参加的“淄博律师建设社会主义新农村服务志愿团”；组织32名律师加入山东律师未成年人保护协作网。

【公证工作】 是年，全市组织开展3次公证质量大检查活动。市公证处办理了全市“十大杰出青年”评选、市财政支农项目采购招标等重大活动公证。在巩固传统公证项目基础上积极拓展新业务，桓台县公证处开拓办理农村信用社小额贷款公证业务，涉及金额9.8亿元。全年全市公证机构办理各类公证2.5万件，比2005年增长37.1%。

【法律援助】 年内，淄川、博山、桓台、高青、临淄等区县相继出台《法律援助办案经费管理办法》。组织开展“民工讨薪特别行动”“残疾人法律援助直通车”“老年人法律援助直通车”等活动，扩大了法律援助工作的受援面。为农民工办理法律援助案件29起，涉及民工183人，为民工挽回经济损失150

全省公证工作为建设社会主义新农村服务经验交流会在桓台县召开　　　　（市司法局　供稿）

余万元。全年共办理各类法律援助案件1043件，同比增长23%。其中，市法律援助中心办理314件，同比增长26%。市法律援助中心被授予"全国老年维权示范岗"荣誉称号。

【司法鉴定】 年内，新成立4家司法鉴定所，分别是淄博骨科医院法医司法鉴定所、高青县人民医院法医司法鉴定所、桓台县人民医院法医司法鉴定所、山东理工大学交通安全司法鉴定所。全市司法鉴定机构达25个，司法鉴定人达430名。鉴定范围涵盖建筑质量、司法会计、工程造价、环境监测、法医鉴定、文书鉴定等领域。开展司法鉴定机构规范建设年活动，对司法鉴定执法进行检查，进一步规范司法鉴定执业行为。全年办理司法鉴定830件，全部被法院、公安、仲裁等部门采信。

【基层司法行政工作】 1. 乡镇（街道）司法所规范化建设。是年，市委、市政府听取市司法局关于实行区县司法局对司法所直接管理的汇报。4月30日，市委办公厅、市政府办公厅联合下发《关于进一步加强基层司法所建设的意见》，明确司法所为区县司法局在乡镇（街道）的派出机构，实行"以区县司法局管理为主、乡镇（街道）管理为辅"的管理体制。9月18日，周村区在全市区县中率先作出"区司法局对乡镇（街道）司法所直接管理"的决议。9月28日，全市基层司法行政工作现场会在周村区召开，总结推广周村区在司法所规范化建设等方面的工作经验。2. 人民调解工作。健全完善矛盾纠纷排查调处工作制度和机制，加大集中排查调处力度，全年成功调处矛盾纠纷12687件，调处成功率达98%。3. 安置帮教工作。出台《刑释解教人员危险性评估体系的工作意见》，对帮教人员进行分类，确定不同的帮教措施。全市刑释解教人员重新违法犯罪率进一步下降。4. 基层法律服务工作。举办全市基层法律服务工作者培训班，203人参加培训。实施基层法律服务"三个一"工程，即每一个基层法律服务所与一个贫困村结成对子提供免费法律服务，每一个基层法律服务所组织一次"送法下乡"活动，每一名基层法律服务工作者向农民赠送一本实用法律书籍。组建新农村建设基层法律服务志愿团，为新农村建设提供全方位、多层次的法律服务。

【监狱劳教工作】 年内，市司法局继续加强对驻淄各监狱、劳教所的协调管理，实现了监管、生产、队伍"三个安全"目标。市劳教所创新劳教管理，全面推行封闭式、半封闭式、开放式三种管理模式；开展劳教人员心理矫治和教育矫治质量评价工作，努力提高教育挽救质量，劳教人员所内改好率达到95%。截至年底，市劳教所连续8年未发生责任事故和生产安全事故。　　　　（牟晓慧）

仲　裁

【概况】 2006年，全市仲裁工作稳步发展。全年受理案件463件，标的额8.91亿元。1月，淄博仲裁委员会被省政府授予全省优秀仲裁委员会称号。

【仲裁法律制度推行】 全年在媒体发表宣传稿件68篇，编印会刊3期。对淄博仲裁网站升级改造，增强时效性和知识性，网站浏览量达3万人次。加强与重点行业、大型企业集团、行业协会组织的联系和协调，使保险企业、金融企业、房管系统、建设系统、房屋开发企业的合同文本中落实仲裁机构名称工作取得突破性进展。规模以上重点企业的合同文本落实仲裁机构名称的达到100家。全年向企业赠送合同文本70万份，达成补充仲裁协议案件56件，举办仲裁法律培训班29个，培训人员达1000余人次。

【仲裁工作网络建设】 年内，先后设立淄博仲裁委员会周村分会和保险行业、建设系统仲裁调解中心。对设立在区县的办事处进行升级改造，赋予其仲裁调解的职能。出台《淄博仲裁委员会分会管理办法》，规范理顺派出机构的工作，加强对派出机构的指导、管理和监督。全年派出机构共受理案件24起，并全部结案。

【仲裁工作制度建设】 加强对仲裁员、办案秘书仲裁活动各项环节的监督，提高仲裁案件的质量。2006年，修订《淄博仲裁委员会仲裁规则》，完善办案秘书岗位责任制、仲裁员档案管理制度和仲裁员参与办案评价制度。建立案件回访、案件庭审领导旁听制度，实行裁决书（调解书）核阅制度。全年按期结案率达98%，和解调解率达46%，平均结案天数为56天。　　　　（李红升　张　珂）

本部类编　辑：赵建国
副主编：安永善
校　对：杨建明
孟　明

工　业

综　述

【概况】 2006年，全市规模以上工业企业完成增加值1009.57亿元，同比增长24.8%，绝对值总量居全省第四位，增幅高于全省平均水平1.2个百分点；实现销售收入3441.38亿元、利润193.20亿元、利税340.61亿元，同比分别增长28.85%、25.12%和24.74%。其中，地方规模以上工业企业实现销售收入2516.63亿元，增长35.23%；实现利润154.35亿元，增长35.69%；利税合计258.52亿元，增长35.20%。全市百强企业实现销售收入、利税、利润分别占到规模以上工业企业比重的51.8%、49.9%和54.3%。“周村烧饼”“幸运风”“扳倒井”等商标被认定为“中国驰名商标”，有11个产品获2006年中国名牌产品称号，新增数量首次居全省第一位。全市拥有中国驰名商标12个、中国名牌产品22个，总数均居全省第二位。

【节能降耗工作】 市政府在全省率先成立节约能源办公室，并加挂市节能执法大队牌子。先后出台《淄博市资源综合利用管理办法》等10余部法规及配套文件，起草《淄博市节约能源条例》等5个地方法规和文件。与区县政府和重点用能企业签订目标责任书，召开发展循环经济建设节约型社会会议，创办了《节能工作简报》。开展重点用能企业专题调研和专项检查，对重点用能企业实行分级管理制度，建立重点用能企业档案库。大力发展循环经济，从冶金、电力、化工、建材四大主要耗能行业中选择张店钢铁总厂等4家企业作为节能自愿协议工作试点，签订节能自愿协议书。先后形成了山东铝业闭合循环、东岳化工拉长产业链、博汇集团产业耦合及沂源县“畜一沼一林”等循环经济模式。4个环境和资源综合利用项目被国家发改委列入重点支持项目，项目总投资5.3亿元，国债支持资金2590万元。14家企业被认定为省资源综合利用企业，22家企业被新认定为市资源综合利用企业，6家企业被推荐为省清洁生产示范企业，全市累计进行清洁生产审核的企业达到34家。经过筛选，确定了12个节能备选项目、13个企业的15个重大节能示范工程项目和5个节能节水基金项目上报省经贸委备选，争取国债资金和省节能节水资金的支持。全市万元GDP能耗下降4.5个百分点。

【工业投资稳定增长】 是年，完成企业技术投资420.8亿元，同比增长20.3%。全市千万元以上在建和拟建项目606项，其中亿元以上项目149项，比2005年增加97项。2006年百项重点工业项目当年完成投资88.46亿元，工陶集团新型电熔材料、山东鲁阳陶瓷纤维板等44个项目建成投产，成为全市工业经济新的增长点。山东玻璃集团的离线低辐射镀膜玻璃、兰雁集团高档牛仔布技改、东岳集团全氟磺酸离子膜交换树脂3个项目入选省级重点产品结构调整项目。

【自主创新】 是年，全市企业开发新产品1786项，投产1378项，56项达到国际先进水平，141项填补国内空白。有17项技术创新项目被列入省重点项目计划，51项被列入省技术创新计划，4家企业技术中心入选省2006年首批百强技术中心，8家企业被新认定为2006年度省级企业技术中心，22家企业被新认定为2006年度市级企业技术中心。组织全市50多家企业参加全省产学研洽谈会，达成技术合作协议(意向)62项，金额11亿元。2006年，全市规模以上工业高新技术产业产值首次突破千亿元，达1035.38亿元，比2005年增长31.45%，高新技术产业产值占全市规模以上工业总产值的比重达到29.1%，比全省平均水平高2.91个百分点，比2005年提高2.05个百分点。

【招商引资】 2006年，全市共审批外资项目111个，外商直接投资实际到位3.7亿美元，同比增长22.3%；新批准境外投资项目10个，协议投资1.22亿美元，其中中方投资额为7700万美元。“陶博会”达成投资合作项目187个。其中：外资项目94个，投资总额13.2亿美元，利用外资额7亿美元；内资项目93个，投资总额85.3亿元，外来投资额74.5亿元。

【企业改制】 硅院科技二次改制工作基本完成，49.8%国有股协议转让给企业。大成集团重组工作取得实质性进展，中国化工集团农化公司将对其进行资产重组。金岭铁矿正式入主华光陶瓷，并以借壳方式实现上市。雪银集团破产重组工作进展顺利，设备拍卖、职工安置正在进行。华辰集团总公司职工分流安置工作基本完成，部分遗留问题正在逐步解决。山东建设锦宏水泥有限公司关停搬迁工作全面展开，开始实施搬迁和职工安置。华光集团等企业破产工作陆续开始。

(周龙贤　杨　蓓)

【企业景气指数】 2006年全市企业景气指数平均达到153.93，比2005年提高8.2点。工业、建筑业、交通运输业、批发零售业、房地产业、社会服务业、信息传输业和住宿餐饮业等8个行业景气指数中，5个行业上升，2个行业基本持平，1个行业下降。其中：工业企业景气指数全年平均为153.90，比2005年提高4.9点，建筑业景气指数为147.14，比2005年提高9.82点，批发零售业景气指数为165.23，比2005年提高26.48点；房地产业景气指数为153.01，比2005年提高4.32点；社会服务业景气指数为138.65，比2005年提高16.22点。住宿餐饮业与2005年基本持平，信息传输业景气指数比2005年略有下降，但仍以168.31的高度居8个行业之首。

交通运输业景气指数最低，全年平均为118.82，比2005年下降23.32点。

企业景气调查重点监测的8项经济指标全面上升。其中盈利变化景气指数为138.08，比2005年提高14.48点；生产总量景气指数为140.88，比2005年提高33.62点；流动资金景气指数为90.48，比2005年提高13.04点；劳动力需求景气指数为120.18，比2005年提高7.94点；企业融资景气指数为95.44，比2005年提高21.85点，产品订货景气指数为134.94，比2005年提高2.29点。固定资产投资和货款清欠景气指数也略比2005年提高。8项指标全面提高，是淄博市开展企业景气调查以来的第一次。

国家重点监测的企业和淄博市的骨干、支柱行业企业景气普遍向好。如上市公司企业、大型企业、国家重点企业、国有控股企业以及淄博市工业企业中的制造业，引领着企业景气的运行趋势。上市公司的企业景气指数平均为175.15，整体略低于2005年水平，仍高于全市平均21.25点，四季度上市公司企业景气指数为199.76，逼近200点的景气最高点。大型企业景气指数为160.11，高出全市平均6.21点。制造业的景气指数为166.16，比2005年提高12.93点，比全市平均和工业企业分别高出12.26点和8.92点。

2006年四季度企业家信心指数为149.96，比2005年同期提高8.98点。工业企业家的信心指数为153.87，比2005年同期提高12.77点，高出全市平均3.91点；建筑业企业家信心指数为150.58，比2005年提高18.38点；房地产业企业家信心指数为164.9，比2005年提高19.9点；上市公司企业家信心指数为170.54，比2005年提高15.04点；大型企业企业家信心指数为152.66，比2005年提高2.82点；国有控股企业家信心指数比2005年提高10.65点。（郭江东）

煤炭工业

【概况】 2006年，全市地方煤矿生产原煤316万吨，百万吨死亡率为1.42，实现年度安全生产目标。全年关闭矿井12处，接管淄矿集团下放煤矿3处，全市地方煤矿矿井数量减至62处。

【“安全工资制”】 2006年，市煤炭工业管理局把规范工资构成，理顺工资体制作为年度重点工作。市、区(县)煤炭工业管理部门成立由主要领导任组长的工作小组，具体负责实施“安全工资制”。“安全工资制”主要内容：各区矿业集团公司、各分公司及煤矿管理干部的安全工资占工资总额的50%，职工安全工资不低于35%。“安全工资制”的实施使安全生产和干部职工的切身利益紧密联系起来，受到省煤炭局表彰，并向全省煤炭系统推广。

【安全生产】 制定并严格落实煤矿矿长和总工程师等各项会议制度，稳步推进煤矿安全质量标准化建设。将“一通三防”、防治水、顶板和机电管理等煤矿主要安全隐患编制明细表，每季由矿井逐项进行对照排查，区县煤炭管理部门审查。将煤炭生产许可证的年检与依法办矿、隐患排查治理、专项整治、安全质量标准化建设相结合，重点加强对煤炭生产许可证的动态管理。加强对关闭矿井监督检查。组织联合执法检查组，对确定关闭的煤矿进行现场检查。培训特种作业人员3909人，其中：绞车操作工436人、信号把钩工593人、主提升机司机347人、井下电工364人、瓦斯检查工271人、爆破工392人、安全检查工256人、班组长326人。

【煤矿安全生产执法稽查】 年内，市煤炭局细化有关处罚条款，制定《淄博市煤矿行政处罚自由裁量权参照标准(试行)》，要求煤矿对照标准进行整改。2006年，检查矿井308井次，下井检查572井次，平均每人每月下井14次，查出安全隐患1899条，督促整改1895条，整改率99%。群众举报煤矿安全隐患数量明显增加，全年查处举报27次。

【行政服务中心窗口工作】 2006年，市煤炭局行政服务中心窗口对办事依据、条件、数量、程序、期限进行补充和更新，共受理行政审批892件，其中煤炭生产类83件，煤炭经营类59件，特种作业人员资格证750件，按期办结率达到100%，群众满意率达到100%。接受各类咨询350余件(次)。

（王 红）

淄博矿业集团

【概况】 2006年，淄矿集团公司后劲增强，各项工作协调发展。全年销售煤炭1190万吨；实现销售收入80亿元，同比增长7%；实现利润3.8亿元，同比增长40%；资产总额达到115亿元，同比增长9%。公司继续位列全国企业500强和全国煤炭百强。年内，集团被授予全国AAA级信用企业、“平安山东”建设先进单位、山东省管理创新十佳企业等荣誉称号。在第五届全国企业文化年会上，淄矿集团获2006年度全国企业文化优秀奖。7月1日，停办10年的企业报恢复出版，更名为《新淄矿》。截至年底，正式出版53期。

【安全管理】 开展“安全生产落实年”活动，不断加大制度落实、队伍建设、教育培训、安全投入、监督检查力度。投入1.5亿元，用于安全新技术、新工艺和新装备的引进和改造。强化顶板、机电、运输等薄弱环节的管理，杜绝了重大事故的发生。全公司有76个采掘工作面达到精品工程标准，占总头面的50.3%。许厂、岱庄、葛亭三煤矿被评为省级“双基”建设矿井。全年百万吨死亡率为0.24，4个生产矿井实现安全生产1000天以上，其中岱庄煤矿实现安全生产6周年。

安全技能培训　（倪普生　摄）

【煤炭生产】 适时调整优化生产布局和开采工艺，实现精益开采和均衡生产。全年产煤 1251 万吨，同比增长 174 万吨。完成掘进总进尺 180088 米，其中开拓进尺 36049 米。济北矿区下组煤开拓工程进展顺利，葛亭矿 11601 工作面已经投产，许厂、岱庄两矿超额完成任务目标。全公司有 30 个采掘面实现综采综掘，有 13 个采煤面实现高档普采，采煤、掘进机械化程度分别达到 79.1%和 91.9%。许厂煤矿置换开采技术取得新突破，岱庄煤矿开始实施。

【矿井建设和资源开发】 2006 年，唐口煤矿和亭南煤业公司已具备达产达效条件，分别产煤 225 万吨和 68 万吨。贵州糯东矿井主平硐等 5 个井筒进入正常锚喷段施工，土建、机电安装等配套工程有序跟进。煤炭后备资源开发取得突破。通过竞拍、控股收购和定向转让等方式，获得云南新吉克、内蒙杨家村、陕西高家堡等后备资源，获得资源量 14.3 亿吨。年内，岭子煤矿、葛亭煤矿被授予全国文明煤矿称号，岱庄煤矿获全国煤炭行业企业文化示范矿称号。

【唐口煤矿建成全国最大的井下降温工程】 淄矿集团在济(宁)北矿区建设的唐口煤矿主、副、风井深度均超过 1000 米，井下热害问题突出。淄矿集团投资 4500 余万元安装井下降温系统，将工作面温度由原来的 30 多度降到 26 度左右，使井下工作环境得到改善。

【许厂煤矿成功实施矸石置换开采技术】 2 月，许厂煤矿开始实施以矸石置换开采为主要方式的“绿色开采”。截至年底，置换开采煤炭 14.5 万吨，消化矸石 5.1 万立方米，收到良好的经济效益和社会效益。置换开采是在条采煤柱中掘充填巷，采用井下矸石进行充填，通过采取必要的技术措施，实现地表变形控制在国家规定的 I 级变形范围内，对建筑物影响轻微。置换开采工艺被誉为“煤炭开采技术上的革命”，对提高建筑物下煤炭资源回采率有重要推广价值。

【非煤产业】 2006 年，淄矿集团公司非煤产业实现销售收入 30 亿元，同比提高 12%。销售收入超过 3 亿元的公司有 3 家。东华水泥熟料生产线基本达产，与之配套的三座粉磨站的经济运行状况逐步趋于好转，全年生产水泥 133 万吨，第二条熟料生产线前期准备工作基本就绪，水泥余热发电工程实现并网发电。埠村煤矿电厂扩建工程投入试运行，岭子煤矿电厂扩建工程基本建成。

【基础管理】 年内，天晟公司液压支柱被评为山东省名牌产品和全国单体液压支柱十佳知名品牌；方大公司建筑型材被评为山东省名牌产品和全国免检产品。开发创新项目 150 项，获得省部级以上奖励 11 项，其中“千米埋深矿井建设技术及应用”项目顺利通过国家科学技术进步奖评审；鉴定科技成果 26 项，申请专利 6 项。全公司的煤矸石利用率达 69%，工业废水处理率和达标率分别达到 100%，矿井水处理率达到 90%，外排达标率为 100%，矿井水综合利用率达到 25%。万元产值综合能耗和吨煤综合能耗同比分别下降 3.38%和 3.12%，超额完成省政府下达的 5000 吨标准煤的节能目标。

【改革改制】 年内，3 个矿井的破产关闭移交和 3 个单位的主辅分离工作基本结束，2 个关闭破产矿井和 3 个主辅分离公司的前期准备工作就绪，企业办社会职能移交工作的人员认定与资产核定工作基本结束。稳妥推进完善法人治理结构和企业总法律顾问制度试点工作，外部董事进入，总法律顾问到位。

【职工生活】 职工收入稳步增长，人均工资性收入 26000 元，比 2005 年增加 4800 元。新建住房 69000 平方米，有 640 户职工迁入新居。筹资 340 万元，帮助解决困难职工生活和困难职工子女的升学问题。投资 1800 万元，加强矿区绿化、道路改造和文化广场等基础设施建设。加强社会治安综合治理，推行内保“三化”(治安防范标准化、保卫工作程序化、保卫队伍正规化)建设。

【用工制度改革】 5～9 月，淄矿集团对符合条件的 8554 名农民工转招为合同制工人，比省政府要求的最后期限提前了 3 年。新招用的合同制职工享受养老、医疗和工伤保险，在利益分配、劳动保护、生活福利等方面与正式职工相同。

（陈丽萍）

电力工业

【概况】 截至年底，全市有 35 千伏～500 千伏变电站 249 座，变电总容量 1366 万千伏安，35 千伏～500 千伏线路 337 条，线路长度 3304 公里。是年，淄博电网年最高供电负荷 257 万千瓦，全市社会用电总计完成 261 亿千瓦时，同比增长 11.8%。其中：工业用电完成 231 亿千瓦时，占全社会用电的 88.6%，同比增长 11.59%；城乡居民生活用电完成 15.3 亿千瓦时，占全社会用电的 5.8%，同比增长 15.5%。网内南定电厂和华能辛店、白杨河电厂等省统调电厂完成年发电量 87.1 亿千瓦时，地方电厂及企业自备电厂完成年发电量 98 亿千瓦时。

【淄博供电公司】 截至年底，淄博供电公司有职工 1664 人，辖有 35 千伏及以上变电站 73 座，总容量 662 万千伏安，35 千伏以上输电线总长度 1828 公里，10 千伏配电线路 4122 公里，固定资产原值 43 亿元。年售电量 168.3 亿千瓦时，多种产业总收入 14.66 亿元。

安全生产创历史纪录。加强全方位、全过程的安全管理与监督，提高安全生产“可控、在控、能控”水平。超前做好负荷预测，加强电网运行调度。出台《电网事故预防与应急处理暂行规定》及相关 18 项处理预案，“陶博会”、夏季防汛以及重大节日期间的供电保证率达到 100%。截至年底，淄博电网实现连续安全生产 2880 天的历史最好成绩，居全国同等规模供电企业第三位。

电网建设实现突破。8 月 29 日，山东电力集团公司与市政府签署淄博电网“十一五”发展规划会谈纪要。“十一五”期间，淄博电网规划新(扩)建 110～220 千伏变电所 35 座，容量达 696 万千伏安，建设投资超过 40 亿元。年内，先后完成 5 个 220 千伏输变电工程和 5 个 110 千伏城网工程，开工建设 220 千伏齐鲁石化、110 千伏查王等 6 个输变电工程，全年共完成电网建设总投资 7 亿元，新投运输电线路 195 公里，变电容量 46 万千伏安。

企业管理全面提升。绩效管理系统实现网上运行，通过了集团公司评估验收，完全实现绩效管理的日常化运转。在全省率先实施车辆管理改革，物业管理完全进入市场化运营模式。实施输电线路专业化管理改革,线路安全管理和防护能力明显增强。重视职工教育培训,联合华北电力大学开办工程硕士研究生班。1名职工获“全国技术能手”称号。

“光明工程”建设加快。年内,柳泉路跨桥二期、世纪路北延、潘南东路路灯改造工程,良乡立交桥、市府东一街路灯管线和检查井更换等6个路灯建设和改造工程以及淄博新区“一纵三横”(西八路、华光路、联通路、魏北路)4条道路的路灯建设任务先后完成。所辖路段路灯完好率和亮灯率达到95%以上。

多种产业实现新发展。公司多种产业快速发展,安置就业人员3000余人,新增就业机会近300个。加快“齐林工业园”和“齐林科技园”建设,引进、开发技术含量高、市场前景好的新项目。自行研制开发的110千伏新式开关设备等5类产品通过国家成果鉴定,10～500千伏系列复合绝缘子和中低压开关柜系列被评为国家免检产品。对桓台国源电缆、沂源思创等项目新增投资8000万元。

服务水平得到提升。年内,投资2300万元对农村低压电网进行改造。全市有1个乡镇、31个村纳入首批电气化村镇建设,其中,洋水镇通过了省新农村电气化验收工作组的验收。 (申佃涛)

【华能辛店电厂】 2006年,华能辛店电厂完成发电量31.76亿千瓦时,完成考核指标的105.51%,超额完成全年发电量承包任务。设备利用小时数达到5341小时,高于电网机组平均利用小时。销售收入增长超过发电量增长,利润增长超过销售收入增长。

三期2×300兆瓦机组扩建工程提前建成投产,圆满完成“5号机组9月投产,6号机组11月投产”的建设任务。截至年底,实现连续安全生产880天,二期机组实现了两个连续安全运行100天和1个连续安全运行200天;4号机组小修后连续安全运行355天,创出安全运行新纪录。

多种经营实体积极承揽力所能及的工程和服务项目,完成全厂灰渣系统、污水处理系统、灰库的运营管理和现场文明保洁工作。全年粉煤灰产量33.2万吨,销售量34.3万吨,综合利用率103.3%;销售脱硫石膏1332吨,综合利用率100%。 (华辛)

【华电淄博热电有限公司】 2006年,华电淄博热电有限公司实现安全生产3个100天,企业连续安全生产达到3066天,创历史最高纪录,全年供热工作安全稳定,获淄博市安全生产管理先进单位和华电集团、华电国际安全生产先进单位荣誉称号。

扩建项目前期工作进展迅速。仅用9个月时间,2×300兆瓦热电机组扩建项目即完成前期可行性研究及大部分收口工作,并被确定为淄博市“一号工程”和华电集团内部力保电源项目。 (谢明)

【华能白杨河电厂】 2006年,华能白杨河电厂实现连续安全生产365天。全面完成与市政府和华能国际电力股份有限公司签订的安全生产目标责任书。抓好机组的经济运行调整,先后进行4次机组检修。对辅机运行方式进行优化试验,各项指标持续向好,全年完成发电量20.30亿千瓦时。与国有重点煤矿建立长期合作的战略伙伴关系,巩固供煤主渠道。征集到合理化建议853条,采纳276条。组织修订55个管理标准,对230个规章制度实施网上发布、动态管理。完成全员竞聘上岗工作,初步建立起“竞争上岗,择优录用”的用人机制和“按岗定薪,按绩取酬”的激励机制。 (王琪)

【淄博热电集团公司】 2006年,淄博热电集团公司安全生产形势平稳,节能降耗效果突出,发电量、供电量和供热量都达到历史最高水平。年内,公司争取到上调电价1.09分/千瓦时的调价政策,年可增收1500万元。

2006年,集团公司对各供热公司热网进行连通改造,达到热源互补,资源共享,实现供热安全经济运行。针对各供热公司和工业用户用热的不同特点,在供暖期相互补充、互为备用,降低事故率;在非供暖期,实现就近输送,降低网损。与2005年相比,各项消耗指标呈下降趋势。其中发电标准煤耗下降1.08%,厂用电率下降0.074个百分点,发电水耗下降5.23%,发电热耗下降1.21%,公司生产成本同比下降600万元。网损同比下降2%,整体网损控制在11%以内,全年减少供热损失12万吉焦。 (唐绍龙)

建材冶金工业

【概况】 2006年,全市建材工业规模以上企业337个,完成工业总产值419亿元,同比增长32.83%;工业增加值122亿元,同比增长9.7%;实现销售收入407亿元,同比增长30.9%;利税59.82亿元,同比增长58.40%;利润28.97亿元,同比增长29.83%。主导产品产量完成:水泥熟料598万吨,同比增长21.19%;水泥2133万吨,同比增长24.78%;建筑陶瓷9.81亿平方米,同比增长19.75%;平板玻璃1601万重量箱,同比增长0.56%;卫生陶瓷51.44万件,同比增长2.43%;玻璃纤维纱7.52万吨,同比增长35.93%。

全市冶金工业限额以上企业226家,完成工业总产值451亿元,同比增长35.64%;完成工业增加值139亿元,同比增长39.99%;实现销售收入448亿元,同比增长35.82%;利税78.19亿元,同比增长77.54%;利润37.81亿元,同比增长36.03%。主导产品产量完成:生铁514万吨,同比增长22.98%;粗钢242万吨,同比增长60.46%;钢材90万吨,同比增长35.95%;氧化铝140万吨,同比增长11.02%;耐火材料制品179万吨,同比增长32.32%;铝合金9.48万吨,同比增长46.98%;焦炭217万吨,同比增长27.79%。

是年,山东铝业股份有限公司的“山铝”牌铸造铝合金锭获中国名牌产品称号。全市建材行业有6家企业申报中国名牌和中国驰名商标,10家企业的10个产品被评为2006年山东名牌产品。

【结构调整】 截至年底,全市有新型干法水泥生产线8条,其中日产5000吨级生产线3条。新型干法水泥年生产能力达1000万吨,占全市水泥总生产能力的50%。全市建筑陶瓷生产规模、产品质量、技术装备水平明显提高,新上生产线压机均在3000吨以上,窑长均在200米以上,年产70万平方米以下的低档建陶生产线已全部淘汰,建陶骨干企业基本达到国内先进水平。

【招商引资】 是年,冶金行业引进德国雷法技术控股公司的耐火材料独资项目,项目总投资1000万美元,年产耐火材料制品6万吨。年产3万吨的一期工程已开工建设。建材行业引进美国科勒公司的高档卫浴独资项目,该项目总投资2.3

亿美元，年产高档卫浴 500 万件。年产 250 万件的一期工程土地手续等前期工作办理完毕。

【节能降耗和资源综合利用】 在全市 148 户重点用能企业中，建材冶金企业占到 54%。年内，建材冶金行业节能降耗和资源综合利用工作逐步展开。淄矿集团东华水泥公司投资 1.1 亿元新上新型干法窑纯余热发电项目，建成后年可节约 4.4 万吨标准煤。南金兆集团的焦化煤气回收煤焦油和综合利用煤气发电项目，被省经贸委认定为资源综合利用项目。

【行业管理与服务】 1. 行业专题调研。上半年，对全市重点钢铁和水泥企业进行专题调研，写出调研报告。对全市 148 户重点用能企业中的近 80 户建材冶金企业用能情况进行调查，为节能降耗奠定基础。制定全市钢铁、焦化行业结构调整意见和全市水泥行业结构调整意见。补充完善《淄博市冶金工业"十一五"发展规划》和《淄博市建材工业"十一五"发展规划》。2. 安全生产督查工作。市建材冶金行办负责对桓台县安全生产进行定点督查，全年无重大安全事故发生。3. 支援菏泽工作。截至年底，东明（淄博）工业园落实 19 个项目进园，总投资 6.73 亿元，有 9 个项目投产或试生产，实现销售收入 3500 万元。 （卢方钟）

【山东崇正水泥集团股份有限公司】 截至年底，山东崇正水泥集团股份有限公司（原淄博华辰集团有限责任公司）资产总额 69700 万元，职工 2305 人。2006 年，完成现价工业总产值 60462 万元，实现销售收入 56438 万元、工业增加值 7900 万元、利税 2230 万元。

公司形成以水泥产业为核心，涉及集房地产开发、建筑陶瓷、建材机械、玻璃深加工、音像制品、压力容器、家具制造等多种产业的企业集团。2006 年，集团各主要产品产量实现较快增长，生产水泥 220 万吨、建材机械 2.52 万吨、光盘 1832 万张、玻璃深加工 100 万平方米、实木复合门 8 万件套。9 月 11 日，鲁蒙特种水泥项目竣工投产，每年新增产能 40 万吨。10 月 26 日，淄博盛达创业玻璃有限公司实木复合门二期工程竣工，可年产实木复合门 12 万件套。12 月 13 日，集团第一批赴尼日利亚工作人员启程，就尼日利亚水泥生产线一期工程进行开工建设的前期准备。12 月，集团"柳泉"牌、"建设"牌、"崇正"牌水泥被评为国家免检产品。 （张玉成）

中国铝业公司山东企业

【中国铝业山东分公司】 2006 年，中国铝业山东分公司（含山东铝业股份有限公司）完成企业总产值 79.66 亿元，同比增长 26.24%；销售收入 82.88 亿元，同比增长 28.30%；实现利税 21.02 亿元，同比增长 18.41%；进出口总额突破 1 亿美元，同比增长 52.16%。主导产品产量：全部氧化铝完成 128.43 万吨，同比增产 10.42 万吨，增幅达 8.83%。化学品氧化铝实物总量完成 65 万吨，同比增长 12.34%，其中 4A 沸石和拟薄水铝石产量位居亚洲第一，高白填料氢铝销量位居全球第一。电解铝及其再生铝合金完成 12.57 万吨，同比增长 25.28%，其中合金及再生铝完成 8.81 万吨，同比增长 51.38%。铝型材完成 8142 吨，同比增长 14.8%。机械制品完成 1.1 万吨。发电量完成 2.35 亿千瓦时。

企业全景 （中国铝业山东分公司 供稿）

降本增效工作。降低采购、工程、修理等费用，压缩储备存货，通过招标方式，节约费用近 5000 万元。水资源综合循环利用水平显著提高，公司总、新水用量已经连续 6 年零增长。氧化铝综合能耗、铝锭综合交流电耗同比分别降低 51.21 千克标煤/吨和 61.38 千瓦时/吨。

产品销售。全年销售冶金级氧化铝 77.21 万吨，铝产品 12.56 万吨，同比分别增长 10.95%和 26.4%。销售化学品氧化铝 61.11 万吨，同比增长 6.99%，占中铝公司化学品氧化铝总销售量的 64%。其中出口化学品氧化铝 11.5 万吨，同比增长 4.83%。

标准量化管理。全年培训员工近 5 万人次，1 名员工获山东省首席技师称号；2 名员工获山东省有突出贡献技师称号；6 名员工获山东省冶金行业首席技师称号。氧化铝厂、第二氧化铝厂、热电厂 3 家基层单位被授予"山东省管理创新优秀企业"称号。热电厂汽机运行丁班 QC 小组、氧化铝厂五车间 QC 小组共同被评为全国优秀 QC 小组。

科技创新。全年有32个重点科技项目获得中铝公司批复立项。完成"电子材料用微粉氢氧化铝质量攻关及产业化"等22项科技成果鉴定,1项达到国际领先水平,3项达到国际先进水平,18项达到国内领先水平。8项成果获得中国有色金属工业科学技术奖二等奖,4项成果获得三等奖。全年申请专利31件,其中发明专利17件;授权专利31件,其中发明专利17件。24件专利实现产业化。自主开发的"氧化铝焙烧工序的余热利用方法"获第九届中国专利优秀奖。

重点项目建设。2006年,公司完成建设项目35项,资本性支出12.21亿元,完成项目和投资额为历年来最多。其中:烧结法氧化铝87万吨节能降耗改造项目、63万吨拜耳法氧化铝扩建项目各关键工序、第三赤泥堆场(一期)、新建20万吨4A沸石(一期)和2.5万吨拟薄水铝石生产线建成投产;新建5#热电机组已投入运行。

资源节约型企业创建。新建年产5万吨的再生铝生产线,建成一条粉煤灰砖生产线。利用赤泥作为路基材料用于公路建设。完成碳素阳极改造,实施锅炉电收尘改造、熟料窑电收尘改造等项目,降低了污染物排放。进行赤泥堆场闭库后的扬尘治理与绿化,取得初步效果。工业废水封闭式循环利用率保持100%。（朱永生）

【山东铝业公司】 2006年,山东铝业公司实现总产值22.97亿元,同比增长6%;实现总收入24.6亿元,同比增长23%;实现利税总额9435万元,同比增长56.47%。主导产品产量:氧化铝10.16万吨,同比增长46%;钒精矿7335吨,同比增长15%;烧碱5.63万吨,同比增长171.6%;液氯5.04万吨,同比增长170.9%;水泥181.4万吨,同比增长14.8%;建安产值5.15亿元,同比增长6.6%。

生产经营。氯碱生产装置安全、经济、稳定运行,氯碱厂分别通过了山东省安全标准化和标准化样板企业审查验收。水泥产销创出历史最高水平。建安工程公司推行项目部管理模式,重点建设工程进展顺利。山东铝业职业学院加强学院建设,秋季招生2351人,发展势头良好。山铝宾馆进入淄博市酒店业20强。

产业结构调整。年内,公司关闭了湿法水泥生产线,全面转产氧化铝及有价金属。新建废催化剂综合回收利用技改项目一期工程于12月20日投入运行。组织《废催化剂资源综合利用回收氧化铝及有价金属技改》国债项目的上报立项,获得1000万元资金支持。

废催化剂综合回收利用技改项目开工仪式（王忠良 摄）

科技研发。编制实施2006年科技进步计划,促进公司产业整体技术水平的提高。完成种分母液提钼扩大化试验和钼酸铵生产研发,新建钼酸钙和钼酸铵扩产深加工项目。开发出三聚氰胺氧化铝催化剂产品并通过专家评审,建成工业试验生产系统。完成环保陶瓷滤料和油水分离设备的研发制造,并在江汉油田进行了应用试验。分别与北京和日本两家开发公司就干法水泥窑窑尾废气二氧化碳浓缩及应用进行技术交流,制订了项目推进的工作计划。全年评出技术改造成果25项,管理成果46项,发放奖励资金304万元。

企业改革。公司公安和基础教育系统分别移交市、区政府管理。对内部经济实体进行清理整顿,提高经营活动透明度,并实施清理整合。进一步完善绩效考核体系,对8个中层管理岗位进行公开招聘,逐步建立起"干部能上能下"的竞争淘汰机制。强化对专业技术人才激励与约束,组织完成第二届非领导职务高层次人才评审,评出科技带头人8人、医疗学科带头人6人、高技能骨干人才5人。严格投资和项目审批程序,实行项目负责人制度,在项目建设中严格实行公开招投标和资金预算及支付管理,确保投资和项目建设得到切实有效控制。（杨小卫）

化学医药工业

【概况】 2006年,全市规模以上化工医药企业559个,实现工业总产值1391.8亿元,同比增长35.8%,其中化工行业实现1298.3亿元,增长36.2%;医药行业实现93.5亿元,增长30.46%。实现销售收入1400.82亿元,同比增长34.2%,其中化工行业实现1311.4亿元,增长36.2%;医药行业实现89.4亿元,增长10.38%。实现利税97.4亿元,同比增长9.2%,其中化工行业88.8亿元,增长7.6%;医药行业8.5亿元,增长28.9%。实现利润54.9亿元,同比增长14%,其中化工行业50.7亿元,增长12.7%;医药行业4.2亿元,增长33.6%。化学工业主要经济指标均列全省第二位,增幅高于全省平均水平。全年地方重点企业产品销售率98.62%,同比提高0.45个百分点。两项资金占用20.98亿元,同比增幅回落4.3个百分点;流动资金周转率为3.17次,同比加快0.23次。1户企业亏损,亏损额同比下降95.21%。

【技术创新】 是年,山东东岳化工通过国家863计划项目验收,全氟磺酸树脂及工业膜开发项目取得阶段性成果,二期开发已列入国家"十一五"863计划首批立项的13个项目之一,国家将提供1亿元资金进行扶持。东大公司采用清洁工艺技术改造环氧丙烷传统工艺取得突破,工艺废水COD含量由2800PPM降到1200PPM,丙烯、氯气消耗也大幅下降。

【重点项目建设】 全市化工重点建设项目34个,其中2005年结转16个,新安排18个,计划总投资71.15亿元。截至年底,建成投产21个,较大的项目有:博汇集团的12万吨离子膜烧碱、4万吨双氧水、8万吨环氧氯丙烷;山东东岳化工的12万吨氯碱、氯甲烷技改(二期)、2.5万千瓦热电(二期)、1万吨PTFE(二期)、1000吨全氟乙烯(FEP);东佳集团2万吨钛白粉;东大公司3万吨环氧丙烷;扳倒井集团5万吨活性及纳米级碳酸钙(一期);华安公司5000吨HFC－125绿色制冷剂,淄博兴辉公司1万吨硫酸二甲酯;山东宏信5000吨特种增塑剂等项目。

【节能降耗】 2006年,市化工行办开展节能降耗专题调研,初步建立重点用能企业主要产品节能降耗指标考核体系,配合市节能办开展节能执法检查和资源综合利用认证工作,推荐一批节能示范企业、示范项目。配合环保部门对张店老城区化工企业进行环保综合治理。山东东岳、山东东大、山东东佳、山东宏信等企业成为节约资源、发展循环经济的先进典型。

【招商引资和对外经贸】 2006年,29户重点企业完成出口交货值17.71亿元,同比增长33.99%,东岳化工、东佳、大成继续保持出口较快增长。淄博汇丰与山东公路工程公司、澳门展晖发展公司投资1.5亿元建成的50万吨重交沥青项目建成投产。东岳化工外资参股境外上市工作、山东联合化工国内上市工作均取得重要进展。

【行业管理与服务】 1.市化工行办全年受理和办结各类审查审批项目367件,接受各类咨询400余次,按时办结率和群众满意率均达100%。2.坚持每月对重点企业生产经营情况进行调度、汇总、检查、督促,每季对全市化工医药企业经济运行情况进行系统分析。3.分两次对重点化工医药企业生产经营、重点项目建设、产品结构调整、企业耗能、招商引资、改革创新、安全生产情况进行调研,为行业管理和为上级决策提供依据。4.根据市政府部署,做好对临淄区化工企业的安全督查,累计督查17次,查出并整改安全隐患35处。5.按照省石化办和《山东省农药和生产企业延续核准工作要求》及《农药生产企业延续核准现场考核标准》对14家企业进行验收。6.做好禁止化学武器履约工作,实现行政审批程序透明化。7.参与支援东明(淄博)工业园建设工作。做好柳泉石矿稳定工作。 (鞠天寿)

【山东新华医药集团】 2006年,山东新华医药集团公司生产化学原料药21170吨,实现销售收入19亿元(不含新华肯孚、装潢公司),同比增长3.4%。集团人均收入18387元,同比增长7.3%。年内,集团完成由省国资委直接管理到山东华鲁控股集团管理的转变。6月,集团所属的H股、A股上市公司新华制药股份有限公司顺利完成股权分置改革。

2006年,集团公司先后取得氟康唑氯化钠注射液、格列美脲片、非那雄胺胶囊等9个品种的药品生产批准文号。集团公司出口额首次突破1亿美元大关,再创历史新高。咖啡因成为公司第一个年出口额超过3000万美元的产品。

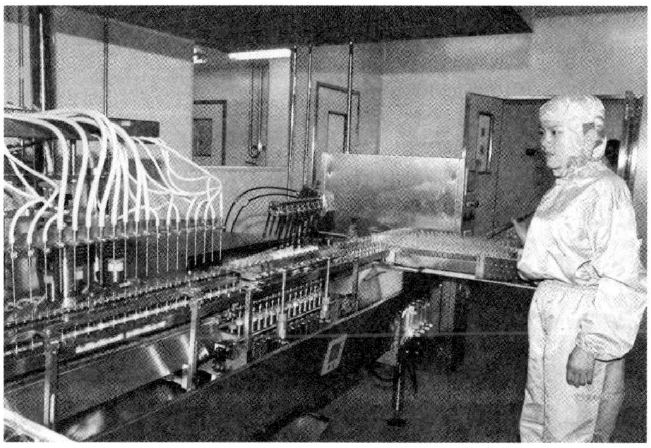

新华集团药品生产线 (于海民 摄)

2006年,集团完成39项外商审计工作。新华制药的安乃近、阿司匹林、精制阿司匹林3个产品通过EDQM审计;新产品三苯双脒、盐酸纳洛酮原料药通过GMP现场认证;新华百利高的布洛芬通过FDA确认。新华中西公司正式开始商业化运作,新华制药制剂委托加工项目试生产成功,左旋多巴等对外合作项目开始启动。

集团坚持点源治理与综合治理相结合,全年污水排放稳定达标,大气治理初见成效。公司成为淄博市实施碧水蓝天计划唯一全面完成所有项目的企业。 (逄增志)

【山东东大化学工业有限公司】 公司为国家大型企业、省重点企业集团、全国化工500强企业,有职工2200人。主要产品及规模为6万吨环氧丙烷、10万吨聚醚多元醇、1万吨离子交换树脂、5000吨二乙烯苯、1万吨组合聚醚及聚氨酯型材、26亿只医用胶塞、5亿只输液器注射件,市场占有率均位居国内前三位。其中,东大牌离子交换树脂、东大牌医用胶塞为山东省名牌产品。截至年底,公司分设9个子公司分别为山东东大化学工业有限公司环氧丙烷厂、淄博东大化工股份有限公司、山东东大橡塑公司、山东东大聚合物股份有限公司、山东东大工贸公司、山东东大国际贸易有限公司、淄博东大设备安装有限公司、淄博弘方化工有限公司、上海聚氨酯有限公司。

2006年,实现产值98761万元,同比增长13.25%,工业增加值16942万元,同比增长16%;销售收入151547万元,同比增长23.61%,实现利税3831万元,同比增长11.26%。全年共销售聚醚55264吨,离子交换树脂9320吨,二乙烯苯2012吨,医用胶塞22亿只,组合聚醚5593吨。全年出口聚醚2235吨,树脂1753吨,创汇1111万美元。

3万吨环氧丙烷项目新装置

(东大化工公司 供稿)

企业科技创新成效明显,开发新产品40余种。2006年,企业建立质量、环境、职业安全健康整合管理体系并通过体系认证;通过了省安监局组织的安全标准化考核验收。年初,投资8000万元的环氧丙烷"三扩六"工程启动。4月,组建山东蓝星东大化工有限责任公司,为引进中国蓝星的资金和技术搭建了平台。 (吴振伟)

【山东大成化工集团】 2006年,实现销售收入12.67亿元,同比增长16.5%;实现工业总产值11.1亿元,同比增长22%;实现利润1276万元,同比增长259%。年内,成功实施股权分置改革。"大成"牌拟除虫菊酯农药获中国名牌产品称号;烧碱产品获山东省名牌产品称号并成为国家免检产品;甲氰菊酯产品获山东省名牌产品称号。二氯菊酰氯项目列入科技部"十一五"科技支撑计划项目,并获国家专项资金支持。

建设投资增速控制良好,产品结构进一步优化,集团热电项目1号机组在2005年10月并网发电后,2006年4月2日三炉两极全面竣工投运;7月1日集团电力实现直供,11月18日东线蒸汽管道成功送汽。农药、化工、纺织三个板块,分别围绕自身主导业务进行产品结构调整。

大成集团热电项目锅炉全景　　(孙　斐　摄)

国际化经营获得新进展。集团外贸出口量以及出口交货值创历史最高水平。全年实现出口交货值4600万元,同比增长132%,主要出口产品有百草枯、间苯二甲腈、三氯杀螨醇等。锦纶公司的双6产品项目也生产出合格产品,经检验达到出口欧盟标准。　　(李　彬)

【山东新华医疗器械集团】 2006年,实现货币收入6.16亿元,销售收入5.12亿元,利润2603万元,利税5485万元。同比分别增长38%、16%、35%和32%。全年研制开发新产品41种,申报专利86项,其中发明专利22项。公司的股权分置改革顺利完成。建筑面积8000平方米的新华医疗科技园四期建设工程感控设备生产车间投入使用。

新产品开发与科技创新。先后完成DC3型多舱清洗消毒器、普及型蒸汽消毒器、粉液双腔袋等生产线及中能加速器的机械、咽部手术器械等多项新产品的开发,以及70余种骨科器械的开发和注册。完成数字化模拟机国家级新产品申报并通过审查和资金支持初审,完成软袋生产线等3项新产品省级技术鉴定和"数字化医用电子加速器和模拟机高技术示范项目"验收,通过国家级重点高新技术企业复审验收。2006年,集团公司共获得省科技进步三等奖1项,市科技进步奖2项。集团技术中心获得山东省重点技术中心称号和100万元拨款支持,并通过市有关部门"关于国家级技术中心市财政拨款的购置项目"现场考核,获得100万元后续拨款。

营销工作。2006年,集团自营出口货币收入实现近5000万元,同比增长129%;合同总量5098万元,完成计划任务的226%。两项指标均创历史新高。

品牌战略和企业管理。2006年,集团公司的主导产品消毒灭菌设备被评定为中国名牌产品。医用消毒灭菌设备和放射诊断治疗设备被评定为"山东名牌"产品。集团先后通过山东省质量技术监督局组织的"标准化良好行为企业"AAAA确认和国家认可委组织的"新华医疗检测中心"的审核,成为淄博市首家通过"标准化良好行为企业"AAAA确认的企业。

(新华医疗集团)

齐鲁石化

【概况】 中国石油化工股份有限公司齐鲁分公司(简称齐鲁分公司)、中国石化齐鲁股份有限公司(简称齐鲁股份公司)、中国石化集团齐鲁石油化工公司(简称齐鲁石化公司),统称为齐鲁石化。总占地面积约1996万平方米。拥有大型石油化工生产和辅助装置90余套,可生产各类石化产品120余种。2006年末,齐鲁石化有直属单位25个,职工32930人。

截至年末,齐鲁石化固定资产原值353.51亿元,固定资产净值163.11亿元。全年实现工业总产值665.32亿元,同比增长18.33%;实现销售收入675亿元,同比增长17%。上缴税金25.66亿元,同比增长12.2%。在炼油政策性亏损10.8亿元的情况下,实现利润16.22亿元。

主要产品产量。2006年炼油加工量达到1040万吨,同比增加18万吨;生产乙烯83.88万吨,同比增加1.36万吨,单套乙烯年产量在中石化继续排名第一;热电发电达到38.2亿度,同比增加6.3亿度。全年生产塑料115.6万吨,合成橡胶20.6万吨,丁辛醇33.4万吨,腈纶纤维6.5万吨,烧碱51万吨。其中聚氯乙烯、烧碱、丁辛醇和丁苯橡胶产量继续保持国内同行业之首。

【齐鲁乙烯产量蝉联全国同类装置第一名】 截至年底,齐鲁乙烯年产量达到83.88万吨,再次夺得全国同类装置产量第一名。乙烯燃动能耗由2005年的691千克标油/吨降低到675千克标油/吨,在产量增加的情况下同比降低16千克标油/吨;工业废水排放量同比减少40万吨。

2～7月,新增两台乙烯裂解炉先后投入使用,装置生产能力达到80万吨规模。创造性地实施压缩机组在线提速,解决了进口裂解气压缩机制约装置高负荷运行的瓶颈,设备负荷能力提高10%。裂解炉实现平稳切换,平均运行周期达到39.5天,全年减少切换裂解炉20余台次,每次切换可减少10～15吨的乙烯损失。

【节能降耗与资源优化】 节水减排。全年取水量同比减少1013万吨,降低12%;废水排放量同比减少530万吨,降低16%;COD排放量同比减少529吨,降低17.4%。4套污水处理装置达标率大幅提升。烧碱装置率先实现工业废水零排放。公司的万元产值取水量与5年前相比下降38%,万元产值污水排放量下降39.3%。

节能降耗。加大对工艺加热炉等重点耗能设备的检查和考核,全年同比节能8.88万吨标油。锅炉燃油量同比减少14.52万吨。万元产值综合能耗下降17.2%,燃料油消耗总量下降52.6%。

资源优化。增产创利能力高的产品,适度减少利润较低的产品产量。炼油丙烯、芳烃料的产量同比大幅增长,裂解料同比增产11.5万吨,商品燃料油同比减少17.6万吨;聚乙烯、苯乙烯增产2.17万吨,聚氯乙烯减少1.07万吨。

原料采购。注重原油资源的优化配置,提高劣质原油的加工比例,同比降低采购成本1.78亿元。石脑油采购降低成本4650万元。增引天然气5783万立方米,制氢用石脑油同比减少 9776 吨。

营销促效。产品销售率为 99.82%，实现产品销量与价格走势同步。环氧氯丙烷反倾销成功，全年均价同比增长 30%，销量同比增长 14%；丁醇产销量同比增长 3.26%。

【改革改制】 2006 年，改制初步方案获中石化总部批复同意、处在实施阶段的单位 9 个，涉及账面净资产 12133 万元，涉及职工 1713 人（含集体所有制职工 650 人）；改制实施报告方案已获得中石化总部批复同意的单位 6 个，涉及账面净资产 9471 万元，涉及职工 1208 人（含集体所有制职工 293 人）；完成改制企业注册登记的单位 6 个（路政处、二化招待所、二化综合利用化工厂及二化社区、商业公司、汽运公司、幼教中心），用于改制的净资产 6442 万元，参加改制职工共计 1131 人（含集体职工 494 人），并全部完成规范劳动关系工作。

全面启动对外投资和多种经营的清理整顿，中石化总部要求到 2008 年全部完成的 100 个项目已完成 27 项，超额完成年度计划。离退休和内退人员实现集中统一管理。7 家宾馆酒店、驻外机构的移交和协议转让工作启动。齐鲁股份退市及整合的相关工作陆续展开。

【重点工程建设】 乙烯两台裂解炉建成投产，全年尾油投入量 50.2 万吨，同比增加 9.4 万吨。260 万吨/年柴油加氢装置建成投产，为提高劣质原油加工比例和油品质量升级创造了条件。炼油高硫焦代油项目并网发电，二化资源优化项目 CFB 锅炉产汽并网。裂解炉空气预热技术、炼油厂热联合等节能改造相继完成。热电 5 至 8 号锅炉烟气脱硫系统运行稳定，全年二氧化硫排放量同比下降 20.7%。实施了烯烃六循扩能和顺丁橡胶空冷改造，消除了装置运行瓶颈。第二化肥厂达州搬迁项目开工建设；第二套 140 万吨/年焦化和 45 万吨/年芳烃项目获中石化总部批复。

【2 台乙烯裂解炉建成投产】 年内，投资 1.5 亿元、于 2005 年 4 月开工的齐鲁 80 万吨/年乙烯填平补齐技术改造项目全部完工。其中，E－BA116 裂解炉于 2 月 21 日投油开车。E－BA117裂解炉于 7 月 31 日建成，8 月 30 日开车一次成功。

乙烯 E－BA117 裂解炉建成投产

（齐鲁石化公司　供稿）

【260 万吨柴油加氢装置建成投产】 总投资 4.67 亿元的 260 万吨/年柴油加氢装置项目，于 2004 年 9 月动工，2005 年 12 月中低压部分建成，2006 年 3 月 5 日全面建成。该装置投用后，公司油品实现质量升级，达到欧Ⅲ排放标准，并可产出部分石脑油，提高公司裂解料自给率。

260 万吨/年柴油加氢装置建成投产

（齐鲁石化公司　供稿）

【炼油高硫焦代油项目并网发电】 炼油高硫焦代油项目是公司 2006 年重点建设项目，主要建设规模为 2×220 吨/小时循环硫化床锅炉配 2×25 兆瓦双抽冷凝发电机组。11 月 3 日，1 号机组锅炉点火吹管，1 号汽轮机于 12 月 15 日发电并网；2 号锅炉于 2006 年 12 月 22 日点火吹管，并网产汽，2 号汽轮机于 2007 年 1 月 18 日并网发电。该项目的建成投产，将大幅降低生产用汽成本，减轻环境污染。

【淄博齐鲁比欧西公司正式成立】 齐鲁比欧西空分合资项目于 2004 年 8 月启动，2006 年 11 月 22 日获山东省对外贸易经济合作厅批准，投资总额 5.1 亿元，双方各持股 50%，经营范围为生产和销售工业氧气、氮气等产品。12 月 15 日，淄博齐鲁比欧西气体有限责任公司成立。（王敬华　曹钰梅）

机械工业

【概况】 2006 年，全市规模以上机械工业企业 420 个，完成总产值 300 亿元，同比增长 37.9%；完成工业增加值 80 亿元，同比增长 28.2%；实现销售收入 294 亿元，同比增长 39.4%；实现利税 30 亿元，同比增长 34.2%；实现利润 17 亿元，同比增长 38.1%；实现出口交货值 18 亿元，同比增长 20%。

【结构调整和产业升级】 年内，博泵科技股份有限公司开发生产出30万千瓦以上电站用泵。华成集团的大型液环真空泵由750立方米/分发展到1000立方米/分，填补国内空白。淄博真空设备厂有限公司拓展产品系列，开发生产出干式真空泵。电机电器产品从主要生产普通电机发展到开发生产高压电机、大机座高压电机。淄博牵引电机公司开发生产出风力发电机和开关磁阻电机。山博电机有限公司开发出油冷坦克电机和微、特型电机。淄博调压器有限公司的调压器由小型向大型成套发展。博山防爆电器厂有限公司从生产单一产品转为生产机电一体化成套设备。淄博柴油机总公司开发生产出150和330两种机型。淄博嘉丰玻璃机械有限公司开发生产出8组3滴制瓶机和大口径制瓶机。山东三金玻璃机械有限公司研发生产出玻璃制瓶后续自动检验、包装设备，实现设备成套化。山东向农机械有限公司研发生产出三行自走式和背负式两种机型玉米收获机。中天仕名重型机械有限公司开发生产出火力发电厂用煤磨机、脱硫除尘设备、水泥企业余热发电锅炉。淄博生建机械厂的起重机械由小吨位向大吨位发展，开发生产出200吨门式起重机。化工设备由生产小容量压力容器发展到开发生产大容量高压容器。污水处理设备由只处理生活用水发展到生产高浓度工业污水处理设备。华天轴承集团从生产一般家电轴承到现在能生产汽车用轴承及大尺寸、低噪音、多品种的高技术含量轴承。

【技术改造与新项目建设】 2006年，全市机械行业一批技改项目竣工投产。山东鲁信高新技术产业股份有限公司的高档涂附磨具项目竣工投产；荏原博泵有限公司的大型水泵生产线项目完成一期工程；中天仕名重型机械有限公司的干法水泥大型装备制造基地项目一期工程建成投产；华天轴承集团的汽车轮毂轴承项目进入最后的设备安装调试阶段；华成集团的生产研发基地一期工程建成投产；淄博贝尼托金属制品有限公司的汽车车桥项目建成投产；淄博汽车制造厂新厂一期工程投入使用；淄博蠕墨铸铁有限公司的扩产及短流程工艺技改项目基本完成；佶缔纳士机械有限公司的新厂区竣工使用；齐鲁石化机械有限公司的技术改造一期工程完成投资6000万元；山东巨明机械有限公司的收获机械装配线建成投产；山东玻璃机械集团工业园一期工程竣工使用。

【行业管理】 是年，市机械行管办先后到60多家重点企业进行调研，制定出《淄博市机械工业“十一五”发展规划》《淄博市机械工业产业链发展意见》等指导性文件。通过编印《淄博市机械工业招商项目简介》、组织企业参加各种展览会、招商会等形式，加强与国外客商的联系，促进企业对外经贸的发展。编辑内部信息刊物《淄博机械工业》，全年出刊8期。

【2家机械企业入围全国50个工业行业“创新十强”】 2006年，国家统计局首次开展全国工业企业创新能力行业十强评选活动。在评出的50个行业的500家企业中，淄博市9家企业入围。其中，机械行业企业2家：山东新华医疗器械集团列医疗仪器设备及器械制造业第二位；淄博蓄电池厂列电池制造业第十位。

【涂附磨具产品达到世界先进水平】 2006年10月，山东鲁信高新技术产业股份有限公司所属的淄博四砂泰山砂布砂纸有限公司一期工程竣工投产，这是鲁信工业园奠基后投产的第一个项目。主要生产防卷曲干湿两用砂纸和鱼鳞系列砂纸，年产量达1000万平方米。该项目的自动化程度、产品各项性能指标均达到世界先进水平，并具有完全自主知识产权。

【8家机械企业成为全国工业行业排头兵企业】 2006年，淄博市机械行业8家企业被中国机械工业联合会评为全国机械工业行业排头兵企业。这些企业是：淄博工业搪瓷厂、淄博市化工设备厂、山东省淄博蠕墨铸铁股份有限公司、淄博汇德饲料机械有限公司、恒星集团有限公司、淄博翔天化工热电设备制造有限公司、山东三金玻璃机械集团有限公司、山东新华医疗器械集团。

【“BZRK乳化液泵站”装置通过鉴定】 由中国工程院、中国防爆电器行业协会等单位的7名行业专家组成鉴定委员会，对博山防爆电器厂有限公司研制的“BZRK乳化液泵站”成套装置进行评审鉴定，认为该装置设计方案属国内首创，产品技术指标及性能达到国际先进水平。该装置由泵组、箱组、系列高压管阀及变频控制装置等4部分组成，可对乳化液压力、浓度、液位、温度进行自动控制，性能安全可靠，节电、节能效果显著。 （黄长怀）

【山东鲁信高新技术产业股份有限公司】 截至年底，公司总资产124224万元，净资产30362万元，职工1503人。2006年，公司主营业务收入完成6.8亿元，同比增长45%；实现净利润454.51万元，经济运行质量显著提高。继续调整产品结构，优势产品生产规模不断扩大。微晶陶瓷磨料、树脂切割热轧钢坯砂轮、防卷曲干湿两用砂纸、高耐磨涂层干磨砂纸等新产品、新技术相继面世，填补国内多项空白。4月，公司与韩国博国全球株式会社合资成立山东信博洁具有限公司，产业发展空间得到进一步扩展。

4月，公司顺利完成股权分置改革。山东省鲁信投资控股有限公司及其全资子公司山东省高新技术投资有限公司持有10185.75万股，占总股本的50.36%。 （王树峰）

【山东机器(集团)有限公司】 山东机器(集团)有限公司是中国兵器工业集团公司的直属企业，创建于1949年1月，2002年9月由原“山东机器厂”改制为国有独资公司。截至年底，公司有员工近3000人，各类技术人员800余人，占地面积257万平方米，总资产4.3亿元，拥有数控加工中心等各类设备2700余台(套)。具有机加、锻造、冲压、铆焊、铸造、热处理、表面处理、工模具等工艺技术较完备的综合设计和制造能力，具有自营进出口权。公司为山东省高新技术企业。

2006年，公司实现军民品协调快速发展，销售收入同比增长40.9%，创历史新高。民品销售收入同比增长37.8%。

（曹永福）

电子信息产业

【概况】 2006年，全市规模以上电子工业企业实现主营业务收入61.26亿元，比2005年增长34.64%；利润总额5.60亿元，增长52.17%；利税总额8.92亿元，增长50.42%。全市信息服务业收入(含软件业)42.1亿元，比2005年增长24.7%，利润6.6亿元，增长30.7%；利税10.17亿元，增长30%。全市电子信息产业实现增加值50.1亿元，比2005年增长21%。

【社会信息化工作】 全市城乡固定电话用户158万户，固定电话拥有率134.9部/百户；移动电话187万户，城镇移动电话拥有率152部/百户；电脑拥有率54台/百户；互联网用户24.9万户；信息化综合指数达到55。通信光纤达到1.9万皮长公里；有线电视网络光缆总长度达到3.4万芯长公里，数字电视用户达到32万户。

政务信息系统实现市、区县、乡镇三级联网。网上资源已达46个大类、310个子类、5000万字和5000多万张图片。骨干网传输速度达到1000兆，接入网达到100兆，实现部门间的网上传输。农业经济信息管理网、科技系统网、教育网已经运行；国税、地税系统实现电子报税；统计系统具备承担大型数据处理和统计数据库的能力，实现统计信息传输电子化；公安、组织、人事、劳动、保险信息系统实现三级联网，公安系统建成了国内一流的信息中心；财政、交通、气象信息等系统实现纵向的信息数据共享和联结贯通。全市建成大型电子商务平台3个，商赢网入驻企业达20万家，成为华东地区功能最全、实用性最强的大型电子商务平台，卓创资讯化工网、隆众石化商务网成为全国化工行业极具影响的商务网站。全市90%的规模以上企业开设了网站。

【产业发展情况】 2006年，电子元器件年产50亿只，销售收入12亿元。晶体产能已达260吨/年。石英晶体元器件产能达2亿只/年，居深圳、烟台之后，列国内第三位。全市从事电力电子行业的企业已达20家，其中电力自动化监控、IGBT、IPM电力电子模块、开关磁阻电机调速系统处于国内技术领先地位。晨鸿公司的真空开关管壳产能居国内首位。软件企业发展到53家，年收入超过千万元的企业有5家，软件开发人员近600人，经“双软认定”(软件企业认定和软件产品登记)的软件企业8家，比2005年增加4家。产品涉及电力行业、医疗行业、建筑行业、化工行业，2006年实现主营业务收入16.40亿元，同比增长100%。

【信息服务业】 2006年，各通信公司对网络流、信息流和流媒体使用投入大量精力，着力培养新业务增长点。基础网络改造升级进展迅速，网络信息对外出口达到双10G流量，为下一代互联网技术IPV6启用做好了网络准备。移动通信企业推出更加丰富的服务项目，业务收入达12亿元。电子商务发展迅速，卓创资讯、隆重化工资询等网络信息服务企业营业收入成倍增长，影响不断扩大，成为华东乃至全国的重要专业电子商务平台。

【重点项目建设】 淄博宇峰公司的片式石英晶体谐振器项目总投资1600万元，于9月达产，年产片式石英晶体谐振器1200万只。淄博迪生电源公司的镍氢电池、锂离子动力电池及氢燃料动力电池项目，总投资8000万元，年新增销售收入3.5亿元。淄博美林公司的前压扁贴片二极管项目，总投资5000万元，形成年产15亿只的能力。淄博科汇公司的开关磁阻调速装置产业化项目已经进入产业化阶段。淄博金苹果公司的天幕Ⅰ型CPD避雷器项目，总投资2000万元，形成年产5000台的能力。三泵科森公司的1000台分析仪器项目，总投资2000万元，形成年产1000台石化分析仪器的能力。淄博市“城市一卡通”项目被列为省“城市一卡通”试点项目。建成后，市民可使用一张卡实现乘车、公用事业缴费和小额消费等功能。

(贾 敏)

陶瓷工业

【概况】 截至年底，全市陶瓷企业278个，从业7万人。全年完成工业总产值63亿元，同比增长21.15%；实现产品销售收入62亿元，同比增长21.57%；实现利税4亿元，同比增长21.21%，其中利润2.8亿元，同比增长21.74%。日用陶瓷生产总量7.66亿件，高档瓷产量达到1亿件，同比增长24.07%。出口创汇1.64亿美元，同比增长16.31%。年内，“泰山”牌日用陶瓷、“茂华”牌日用陶瓷获山东省名牌产品称号，“鲁博”牌日用陶瓷通过山东名牌产品复审；“福泰”牌餐具、咖啡具等7种产品成为国家质量免检产品。淄博宏大陶瓷有限公司年产1800万件出口瓷项目投产。祥达陶瓷、华洋陶瓷、泰山瓷业、宝峰陶机等企业的扩产项目相继投产。

【山东陶瓷艺术创新评比暨第三届全国刻瓷艺术创新评比】 山东陶瓷艺术创新评比暨第三届全国刻瓷艺术创新评比是2006年中国(淄博)国际陶瓷博览会10项主要活动之一。9月，来自天津、湖北、江西、吉林、辽宁、河北、山东等省市的参赛作品参加了全国刻瓷艺术创新评比，来自省内各市的作品参加了山东陶瓷艺术创新评比。参评作品226种1149件套，136个单位210位艺术工作者参加评比。评出一等奖18个，二等奖30个，三等奖48个，特别奖8个。

【山东省陶瓷行业名牌产品评选】 8月，由省陶瓷公司、山东陶瓷工业协会组织的山东省陶瓷行业名牌产品评选结束。评选出山东省陶瓷行业名牌产品13个。淄博市10个品牌榜上有名，分别是：山东硅苑新材料科技股份有限公司“硅苑”牌日用陶瓷、华光陶瓷集团有限公司“华光”牌日用陶瓷、淄博工陶耐火材料有限公司“鲁博”牌高档日用陶瓷、淄博华洋陶瓷有限责任公司“华洋”牌镁质强化瓷、山东国华陶瓷有限公司“国玉”牌骨质瓷、淄博泰山瓷业有限公司“泰山”牌高档日用细瓷、淄博博山金马瓷器有限公司“劲马”牌骨质瓷、淄博福禄新型材料有限责任公司“红光”牌陶瓷玻璃颜料、博山宝丰陶瓷机械有限公司“宝峰”牌陶瓷机械、博山士普陶瓷装备有限公司“士普”牌陶瓷机械。

【山东陶瓷工业协会专家工作委员会成立】 10月21日，山东陶瓷工业协会专家工作委员会成立大会在中国陶瓷科技城举行。会议讨论通过《山东陶瓷工业协会专家工作委员会管理条例》，选举产生专业委员会领导机构。田承贵当选为山东陶瓷工业协会专家委员会主任。

【“国华”瓷器成为青藏列车专用瓷】 7月1日，山东国华瓷器有限公司的“国华”瓷器成为青藏铁路列车专用瓷器。8月底，“国华”瓷器又成为拉萨火车站接待用瓷和礼品用瓷。

【参加全国陶瓷创新评比】 10月，第八届全国陶瓷艺术与设计创新评比在江苏宜兴举行。省陶瓷公司选送98件套作品参评，28件套获奖。其中金奖1个，银奖4个，铜奖7个，特别奖1个，优秀奖15个。获奖总数在参评省市中名列前茅。

【陈贻谟获中国工艺美术终身成就奖】 6月，中国工艺美术大师、中国陶瓷艺术大师、山东硅苑新材料科技股份有限公司艺术总监陈贻谟获中国工艺美术终身成就奖，成为全国41位获奖者之一、山东省唯一获奖者。

【《陈贻谟陶瓷造型艺术作品集》出版】 12月，《陈贻谟陶瓷造型艺术作品集》出版发行。该书以图片资料为主，分为精品展示、艺术陶瓷、城市雕塑3部分，收录了陈贻谟从事陶瓷造型艺术60年来的128件(套)作品。

【全陶瓷餐刀问世】 5月，山东硅苑新材料科技有限公司研制成功全陶瓷餐刀并迅速打入市场。全陶瓷餐刀采用有"陶瓷钢"之称的纳米氧化锆陶瓷材料制成，刀身和刀柄均采用高强度、高韧性的陶瓷材料，具有硬度高、耐腐蚀性强、化学稳定性好、高耐磨性等金属刀无法比拟的优点。

【中国陶瓷馆刻瓷艺术馆开馆】 10月18日，中国陶瓷馆刻瓷艺术馆开馆。刻瓷艺术馆总面积1500平方米，展品包括大型瓷砖刻瓷、大型瓷板刻瓷、瓷盘刻瓷、国礼刻瓷艺术品复制及清末、民国时期有代表性的刻瓷艺术品等。

【8位大师合作《耄耋富贵图》】 5月，淄博市8位陶瓷艺术大师在一个直径1米的硕大瓷盘上共同刻制作品《耄耋富贵图》。由中国陶瓷艺术大师张明文刻猫，李梓源刻迎春，山东省陶瓷艺术大师董善习、王一君刻蝶，罗晓东刻牡丹，沈松龄刻蜂，闫先公刻水仙，王树长作书法刻瓷。整个画面构图和谐，春意盎然。作品下部由张明文作跋。（司书长）

【山东硅苑新材料科技股份有限公司】 2006年，公司销售收入2.5亿元，技术陶瓷、日用陶瓷和熔块销售创历史最高水平。股份公司销售收入5000万元。2月，被评为淄博市百强企业。12月，日用陶瓷产品被评为国家免检产品。

是年，山东硅苑新材料科技股份有限公司进行二次改制，顺利实施国有股减持，公司员工成为最大股东。5月，推出专利产品全陶瓷餐刀，受到市场欢迎。5月31日，"中华龙"国家用瓷产业化项目工程开工，并于当年竣工，工程建筑面积8080平方米，完成土建和设备投资1035万元。11月10日，建筑面积1450平方米的技术陶瓷钢结构仓库开工建设。11月30日，硅苑科技的"镁质高强无铅高级日用细瓷的研究(第二代滑石质日用细瓷)"通过省级技术鉴定，主要技术性能达到国际先进水平。2006年，公司获得4项国家专利授权。

5月19日上午，全国人大常委会副委员长、九三学社中央主席韩启德率领九三学社中央赴山东调研团对山东硅苑新材料科技有限公司进行考察。12月1日，由殷书建主编的《陈贻谟陶瓷造型艺术作品集》举行首发式，中国工艺美术协会发来贺信。（程卫中）

【淄博华光瓷业有限公司】 2006年，公司完成工业总产值13278万元，同比增长32.82%；完成销售收入14159万元，同比增长33.66%，企业亏损额大幅降低。淄博永华陶瓷有限公司实现利润800万元。骨瓷公司通过ISO9001：2000质量体系认证，完成工业总产值3284万元，销售收入2732万元，同比分别增长36.39%和45.75%。永磁公司通过SGS公司的年度审核。华创公司被中国质量保障中心评为"质量、信誉双保障示范单位"。

重大资产重组工作全面完成。上市公司配合市政府有关部门完善重组方案，结合国有股权转让，重大资产重组、股权分置改革、定向增发"四合一"的方案获得市场、投资者、监管层的认可，完成各种相关手续的移交。

产品和市场结构不断优化。骨质瓷公司确立优质优价的高端品牌运营模式。设计开发新造型100余件、新画面40多种，在全国第八届陶瓷创新评比中获金奖1个、银奖2个、优秀奖1个。新开发的华光青瓷产品投放市场。华创公司开发研制的"纳米氧化锆陶瓷微珠""氧化锆陶瓷缸套""氧化锆陶瓷柱塞"，分别被省科技厅认定为高新技术产品。

（冯衍伟）

纺织工业

【概况】 2006年，全市规模以上纺织服装企业210个，完成工业总产值271.6亿元，同比增长3.1%；工业增加值62.0亿元，同比增长3.2%；实现销售收入260.3亿元，同比增长3.3%；利润11.03亿元，同比下降26.9%；利税17.4亿元，同比下降14.7%；出口创汇8.06亿美元，同比增长20.9%，其中纺织品出口5.43亿美元，同比增长14.5%；服装出口2.63亿美元，同比增长36.9%。

生产纱15.88万吨，同比增长11.75%。生产布10.04亿米，同比下降2.71%，其中棉布3.12亿米，同比增长12.23%；混纺布1.39亿米，同比增长40.4%；纯化纤布5.54亿米，同比下降15.29%。生产服装5553万件，同比增长25.61%，其中梭织服装3200.44万件，同比增长35.88%；针织服装2353万件，同比增长13.89%。生产化纤13.79万吨，同比下降58.17%，其中涤纶11.26万吨，同比下降61.75%；腈纶1.44万吨，同比下降46.06%；锦纶7774吨；丙纶2293吨。生产绒线3.75万吨，同比下降46.27%。生产非织造布1487吨，同比增长32.29%。生产针棉织品1.71万吨，同比增长2.39%。生产印染布2.19亿米，同比增长12.89%。是年，万杰集团亏损5.17亿元。

【新项目建设】 是年，全市纺织行业投资过千万元的重点项目有20多个，完成投资12亿元，分别是：兰雁集团1.5万吨差别化高档纱和2000万米牛仔布整理项目，总投资1.8亿元；鲁泰公司5000万米色织布和500万件衬衣项目，总投资10.5亿元；鲁丰公司2000万米印染布项目，总投资2.5亿元；锦洋公司涤纶工业丝二期项目，总投资1.68亿元；银仕来公司400台喷气织机项目，总投资3亿元；鲁群公司纺纱改造项目，总投资1.6亿元；流云公司针织服装项目，总投资2.36亿元；安旺公司高档面料项目，总投资2亿元；鸿丰公司高档棉纱项目，总投资1亿元；皇龙公司30万件西服项目，总投资7400万元；沂源棉纺厂仿毛面料项目，总投资1.03亿元；钜创公司960万件服装项目；北斗星公司新上剑杆织机，与加拿大合资上电厂项目；金海公司新上1000万件针织内衣项目。

【科技创新】 是年，银仕来公司等3个企业的技术中心获得市级研发技术中心称号。鲁泰公司与东华大学合作成立东华大学鲁泰研发中心；兰雁集团成立博士后工作站，与青岛大学、江南大学联合培养博士后并开展科技合作。鲁泰公司研发的全棉液氨＋潮交联＋NANO三防整理面料、兰雁集团与青岛大学合作的纺织品超细颜料染色技术开发分别获得省科技进步一、三等奖。鲁泰公司的三防整理面料获市科技进步一等奖；鲁泰公司的XLA弹力面料、兰雁集团的梦幻牛仔布及服装、兰可公司的双氧混色牛仔面料获市科技进步二等奖。

银仕来公司研发生产的高支高密系列产品，通过省级鉴定，居世界先进水平。鲁泰公司的300支纯棉高支高密面料研究与开发达到国际领先水平；棉、麻面料服装免烫抗皱工艺技术研究和棉印染废水回用工程中试技术研究达到国际先进水平。齐鲁石化腈纶厂研发的抗静电干法腈纶纤维，填补国内空白。齐赛公司研发的吸湿快干抗起球海军面料、竹涤亚麻三合一休闲面料，填补国内空白，生产技术达到国内领先水平。

【争创名牌】 是年，鲁泰公司的"鲁泰格蕾芬"牌高支高密面料、维尔集团的"维尔"牌毛毯、银仕来公司的"银仕来"牌高支高密面料、云涛公司的"YUNTAO"牌毛巾等4个产品获得中国名牌产品称号。兰雁集团的"兰雁"牌牛仔服装、纱，齐赛公司的"齐赛"牌纱、布，飞狮公司的"飞狮"牌巾被，鲁燕公司的"雪燕"牌T恤衫，流云公司的"流云"牌精梳纯棉纱线，北斗星公司的"北斗星"牌棉本色纱线获得山东省名牌产品称号。一代龙服饰公司的一代龙及图、兰骏集团的兰骏及图、宝艺服装公司的宝艺及图、幸运风体育用品公司的幸运风及图、金麒麟体育用品公司的金麒麟及图获得山东省著名商标称号。鲁泰100支纯棉出口色织面料通过出口免验，"鲁泰格蕾芬"衬衫被评为国家免检产品。

【企业管理】 年内，齐鲁腈纶厂毛条蒸汽收缩率QC小组获得全国纺织行业优秀QC小组称号。兰雁集团获得山东省质量管理奖。3个QC小组、2个班组、2名个人分别获全省纺织行业优秀质量管理小组、质量信得过班组和优秀质量管理工作者称号，市纺织行办被授予全省纺织行业QC活动经验交流最佳组织奖。兰雁集团的盛文中、齐赛公司的赵树清、云涛公司的张经尊、兰骏集团的刘天林、银仕来公司的刘东获得全省纺织企业家创业奖。

【行业管理】 1.组织多项经济运行调研活动，把握行业经济运行走势，引导企业应对新挑战。2.修改、完善《淄博市纺织服装工业"十一五"发展规划》，形成《淄博市纺织行业结构调整调研报告》《淄博市纺织行业结构调整意见》。组织企业申报结构调整项目，鲁泰公司、维尔集团分别获得200万元、100万元专项资金支持。3.对16户重点纺织企业节能降耗工作进行调研，总结、推广经验，初步建立了全市纺织行业节能降耗考核体系。4.是年，市纺织行办负责督查高青县安全生产工作，共督查12次，查出隐患300多处。5.向省纺织行办、中国纺织工业协会推荐淄博市优势企业和产品，引导企业产品争创全省和全国名牌。6.组织参加全省服装产业链样品展示对接交流会、首届中国(大连)国际服装纺织品博览会、中德企业商贸洽谈会等多项经贸洽谈活动。7.与劳动部门联合举办全市纺织行业棉纺细纱机、喷气织机、喷水织机3个工种操作比武技术大赛，来自15个企业的65名选手参加比赛。8.每月编印1期《纺织信息》。配合人行市中心支行开展工业产能情况专题调查。 （李 谦）

【兰雁集团股份有限公司】 2006年，集团纺纱产量34274吨，同比增长9%；织布4210万米，同比增长0.7%；生产服装942万件，同比增长8%；销售收入14.7亿元，同比增长23%；利税1.03亿元，同比减少21%；利润3825万元，同比增长18%；出口创汇7478万美元，同比减少16%。年内，集团成立淄博市纺织行业第一家博士后科研工作站；集团进入全国纺织工业企业销售收入、出口创汇百强名单；"兰雁"牌棉纱被评为"山东名牌"产品。

新项目建设。1.年初，与韩国东方爱恩株式会社合资的山东兰雁爱恩服装有限公司投产。2.与日本小泉株式会社合资在周村创业新区成立博鲁泉服装有限公司，3月24日投产，项目总投资3000万元，年产服装300万件。3.与韩国宝库公司合资兴建的宝兰服装后整理有限公司，于9月6日开业，年可水洗整理服装300万件。4.10月，电厂项目二期工程投产，整体规模达到三炉两机5万千瓦。

内部管理。进行物资管理业务流程再造，制定仓储物资流程，对面料产品全部实行条码管理，建立了7000多个面料品种的数据库。全年共增收节支689万元。加强产品生产过程的质量全程控制，全年出口一等品率累计达到95.2%。

销售与市场。全年服装出口实现942万件，增长8%；实现棉纱销售回款2.2亿元，均创历史新高。处理库存300万码，回收货款3104万元。

科技创新与新产品研发。1.与青岛大学、江南大学签订联合培养博士后及科研合作协议，其中与青岛大学合作的染色质量控制项目已经展开工作。2.全年共开发面料新品种420个，棉纱新品种85个。3.做好ITS中心实验室建设，完善各项检测制度，具备了对外检测、提供检验数据的资质。

（牛爱华）

丝 绸 工 业

【概况】 2006年，困扰国有丝绸企业的国有资本退出、国有职工身份转换、职工安置、特困国有企业政策性破产、民营丝绸企业发展等工作取得历史性进展。鲁梅丝业有限公司资产处置及职工安置完毕，1274名职工得到妥善安置。淄博丝织一厂的1265名职工在企业实施政策性破产后，转换国有职工身份，妥善地完成安置任务。沂源制丝厂和淄博丝织二厂分别于8月17日、12月27日被全国企业兼并破产和职工再就业工作领导小组批准实施政策性破产，并于12月8日、12月27日被人民法院裁定进入破产程序。

【民营丝绸企业】 2006年，改制后的民营丝绸企业生产平稳发展，职工队伍稳定，收入稳步提高。淄博大染坊丝绸发展有限公司的梭织机、箭杆织机、喷气织机同时在产，生产真丝、人造丝、合纤丝织品几十个大类上百个品种。印花产品同比增加44.7%，筒纱染色同比增加3.3%。公司全年完成工业总产值3.35亿元，接纳安置就业340多人。山东飞天丝绸有限公司股份制改造后发挥特色产品优势，实现产值5800万元。山东鲁梅丝业有限公司按政策完成国有企业职工安置，筹备启动民营公司，吸纳100名失业职工再就业，特色产品双宫丝的生产能力已全部恢复。 （曹永志）

轻 工 业

【概况】 2006年，全市规模以上轻工企业397个，实现销售收入373亿元，同比增长35%；实现利税40亿元，同比增长30%；实现利润28亿元，同比增长33%。造纸行业规模以上企业全年完成机制纸及纸板产量150万吨，同比增长7%，实现销售收入98亿元，增长26%，实现利润2.8亿元，增长30%。酿酒行业规模以上企业完成产量14万吨，同比增长

18%，实现销售收入12亿元，增长36%，实现利润4100万元，同比增长48%。塑料行业规模以上企业完成产量61万吨，实现销售收入62亿元，同比增长52%，实现利润10.3亿元，同比增长32%；轻工机械规模以上企业实现销售收入6.2亿元，同比增长59%，实现利润3000万元，同比增长84%。

【行业管理】 1.组织对全市塑料和食品行业进行调查研究，提出行业发展的建议和措施；对轻工10个耗能大户企业和7个重点产品的技术装备水平、工艺水平、企业管理水平和耗能情况进行调查，提出节能降耗建议。2.组织5家轻工企业到香港进行专业招商，签订陶瓷、玻璃制品购货合同金额1216万元，合作意向金额8320万元。3.组织全市饮料酒行业质量鉴评会，17家企业50个酒样参评，并推选企业参加了全省鉴评会。4.赴国家轻工总会及有关机构征求专家意见，进一步充实完善《淄博市轻工业十一五发展规划》。5.在省轻工科学技术奖评审中，淄博市企业获一等奖1个、二等奖4个、三等奖1个；2人被评为首席技师，4人被评为高级技师，3人被评为技师，1人被评为有突出贡献技师。年内，2个轻工产品被认定为中国名牌产品。

【重点项目建设】 齐峰集团20万吨装饰原纸项目第一、二期工程竣工投产，年生产能力达到14.5万吨，成为世界最大的装饰原纸生产基地。凤阳集团投资1000万元的50万件床垫生产线投产。博汇集团投资10亿元的石膏护面纸、环氧氯丙烷、双氧水、氯碱4个项目投产。

【协会管理】 在全市工艺美术年会上，多位国家级工艺美术大师收了弟子。组织了第五届中国工艺美术大师和第三届山东省工艺美术大师申报，张明文、王孝诚被评为中国工艺美术大师。参与组织国家级工艺美术大师作品进京参展、全国内画大师精品展、《陈贻谟陶瓷造型艺术作品集》发行仪式。协助博山区完成“中国琉璃之乡”的申报。10月，博山区被中国轻工业联合会授予“中国琉璃之乡”称号。（曹延玲）

【山东凤阳集团股份有限公司】 截至年底，山东凤阳集团股份有限公司总资产达10亿元，业务范围涉及家具制造、轻钢建材、餐饮服务等行业，主导产品为沙发、床垫、家具及彩涂板、镀锌板、镀锡板等轻钢建筑材料。2006年，集团实现产值11.7亿元，销售收入10.5亿元，分别比2005年增长31%和36%。2006年，凤阳集团列中国轻工成长型企业500强第五十七位，成为中国软体家具行业唯一进入前90位的企业。

50万件床垫流水线　　（谭启花　摄）

投资3000万元，引进具有国际先进水平的床垫生产流水线和生产设备。床垫车间和物流仓储中心于9月21日投产，床垫年生产能力提高到50万件。截至年底，在凤阳工业园内投产的项目有15万吨彩钢板生产线、15万吨镀锌板生产线、10万吨镀锡板生产线及15万吨彩钢板2号生产线，在建的项目有30万吨冷扎薄板生产线、20万吨镀铝锌硅板生产线、板式家具生产流水线。项目全部达产后，凤阳工业园将形成链式产业结构和家具配套生产基地。（苏学涛）

【金晶(集团)有限公司】 2006年，金晶集团(原山东玻璃集团)平板玻璃产量2755万重量箱，浮法玻璃产量2343万重量箱；销售收入155151万元；利润8847万元。年内，金晶(集团)有限公司注册成为新的公司名称。10月，“金晶”商标获中国驰名商标称号。玻璃纤维项目由金晶集团、中材集团、美国PPG三方合资成功，公司资本构成实现多元化。

22毫米厚的浮法玻璃　　（金晶集团　供稿）

集团全年实现创新成果166项，其中姜志明3项、姜新本1项实用新型专利分别被受理。评选张德勇为年度创新明星。实施燃料变革和产品包装变革，其中燃料由过去的1种增加为5种。超白玻璃销售量比2005年翻一番，并成功产出22毫米厚、3.66米×12.5米特大规格玻璃。金晶压花、中空、钢化、夹层玻璃系列产品被评定为国家免检产品。

（赵新团）

本部类编　辑：赵建国
副主编：安永善
校　对：张耀江
吴建利

农　　业

综　述

【农业和农村经济】 2006年，全市农业和农村经济继续保持又好又快发展。全年实现农业增加值62.72亿元，比2005年增长4.5%；农民人均纯收入5641元，增长12.5%。粮食生产实现面积、单产、总产"三增长"。农业结构继续优化。畜牧、蔬菜、林果三大支柱产业实现的增加值占到农业总量的66%。畜牧业建成畜牧小区60个、标准村72个、重点村39个，完成产值29.45亿元。建立和完善村级防疫员队伍、应急预备队，村村设立防疫测报员，全市共3210人，全年没有发生高致病性禽流感疫情。完成蔬菜播种面积73907公顷，增长1.06%；总产量42.1亿公斤，增长3.2%；总收入45.3亿元，增长5.6%。全市新认定无公害蔬菜基地14000公顷，新建绿色、有机食品蔬菜基地5867公顷，建立无公害蔬菜市场20个，蔬菜外销量占到总产量的86%。农机工作完成玉米秸秆机械还田57000公顷，比2005年增加27.6%，青贮115.6万立方米，玉米秸秆综合利用率达60%。农业向现代农业转变。全市有3家企业达到国家级龙头企业标准，有国家级重点龙头企业1家，省级重点龙头企业16家，市级龙头企业62家，农业产业化经营组织达1100家。农业招商引资5600万元，农产品出口创汇2200万美元。农村劳动力转移培训2万人，就业1.7万人。轮训农民辅导员400名，带动农民科技示范户1万户。开展小麦、玉米、蔬菜研究课题32项，引进农作物新品种70个。全市主要农作物、蔬菜良种覆盖率达98%，水果良种覆盖率达70%。化肥利用率提高3～5个百分点。建成粮食标准化生产基地33333公顷、蔬菜基地23333公顷、果品基地30667公顷。全市17个农产品商标被评为山东省著名商标和国家驰名商标，认证无公害农产品14个、绿色食品64个、有机食品13个。农业综合开发完成投资7909万元，改造中低产田5667公顷，建成3个农业产业化经营项目。全市99%的村完成土地延包任务，全面落实取消农业税、种粮补贴、良种补贴和农机具购置补贴。

【龙头企业发展】 是年，市政府公布62家市级农业产业化重点龙头企业。62家企业固定资产38.6亿元，实现销售收入70.2亿元，实现利润4.2亿元，上交税金2亿元，60%的加工原料来自市内基地，合同收购量占加工量的50%，安置农民工2.2万人，带动基地73333公顷，带动农户30万户，来自产业化经营收入户均达1200元。全市形成以市级重点龙头企业为核心，区县级重点龙头企业为骨干，农民专业合作社、农产品批发市场、小型龙头企业为基础的农业产业化龙头组织群体。有4家企业获得省财政产业化贷款贴息193万元，有34家市级龙头企业获得市财政贴息372万元。

（朱阳峰）

【农村财务管理机制】 是年，创新村级财务管理体制，大力推行村级财务委托代理制工作。各级投入资金770.6万元，在98个乡镇(办)建立村级财务委托代理中心，对3180个村进行委托代理，占总村数的97.6%，代理资金总额近7亿元。实行财务公开的村3239个，占总村数的98%；建立民主理财组织的村3187个，占总村数的97%。开展村干部任期和离任经济责任审计工作。审计村干部5778人，立案查处7人，违纪违规金额201万元，退赔162.9万元。

【农业科技下乡】 年内，市农业部门先后组织农业专家60余位、农技人员500多人深入各区县乡村，开展技术咨询和服务，并利用举办培训班、赶科技大集等形式向农民传授新技术。共向农民发放各种科技资料1.4万余份，明白纸2000余份，接受来访群众5300余人，培训农民1.1万人次，赠送种子、农药等生产资料2万多元。　（孙淑珍）

【新型农民科技培训】 是年，淄川区、周村区承担省新型农民科技培训工程项目，要求项目区县每村确定1名农民辅导员和20～30个示范农户，在覆盖面不低于60%的乡镇，每个区择优确定农民辅导员200名、示范户4000～6000个。重点开展优势产业增产增效技术培训，对615名农民辅导员进行了5期集中培训，带动8980个农民科技示范户，辐射周围群众达1.2万人，推广科技成果3项，建立科技书屋4所。

【农村劳动力转移培训阳光工程】 是年，阳光工程被市委、市政府列入为农民所办的10件实事之一。截至年底，全市实际完成培训2.1万人，转移1.9万人，完成任务的104.8%和113.9%，超额完成转移培训任务，促进了农村劳动力转移就业。　（张　平）

【农业行政执法体系建设】 年内，重新确认行政处罚主体(组织)资格，规范农业综合执法与农业行政机关内设法制工作机构的职责职能，将行政处罚权与执法监督、执法队伍管理、行政听政、复议等具体工作分开。建立健全农业行政执法内部管理制度。先后制定《淄博市农业法制工作制度》《淄博市农业局法制工作备案制度》等一系列规章制度，使农业法制工作逐步走上规范化、制度化轨道。

【农资打假】 是年，全市累计出动执法人员3954人次，出动车辆460台次，检查农资经营网点1200个，检查农资生产企业914个，整顿农资市场(包括经营网点)521个，查获各类假冒伪劣农资产品331077公斤，货值金额144万元；受理举报案件69起，捣毁制假窝点2个，挽回经济损失85万元；立案查处89件，结案85件，涉案人员5人。

【扶贫开发】 是年，落实扶贫资金4542.4万元，争取市以上扶贫资金470万元、国家扶持农业龙头企业贴息贷款1200万元、省扶持贫困地区小额贷款保证金200万元，完成扶贫项目1050项，项目区乡镇财政收入增长幅度都在20万元以上，农民平均增收超过300元，有10812人脱贫。太河乡、徐家庄乡获全省扶贫红旗乡镇称号。组织开展全市农村贫困户统计调查，摸清农村贫困人口和低收入农户基本状况。积极参与"十百千万工程"(十村示范、百村整治、千户扶贫、万人培训)和"联手共建新农村行动"，确定142个贫困村为结对帮扶单位，62家单位筹资捐物折款410万元。扶持高青、沂源两县项目13个，扶持资金1181.6万元。

【农业综合开发】 经山东省人大常委会批准，《淄博市农业综合开发项目管护办法》自5月1日起正式颁布实施，开创全国地市级农业综合开发项目运行管护立法的先河。年内，全市投入管护资金389.9万元，管护面积(2002～2005年建成土地治理项目区)达1.76万公顷，建立农民用水户、道路林网管护协会115个，成立了315人的管护队伍。项目运行管护效果突出。整修道路273公里，其中高标准硬化路面62公里，整修沟渠224公里，维修桥涵239座、井房120座，维修防渗渠124公里，补植农田林网21.5万株。

【DFID项目全面完成】 该项目安排在沂源县，是英国国际发展部赠款的面向贫困人口的农村水利改革项目。根据安排，用两年半的时间扶持建设6个"农民用水户协会"(WUA)，总投资115.75万元人民币，其中英国国际发展部赠款58.65万元，省财政扶持33.53万元。年内，高标准完成建设任务，并通过英国国际发展部和国家、省级检查验收，成为全市项目运行管护的示范样板。

【2003～2005年农业综合开发项目通过省级总验收】 全市2003～2005年共改造治理中低产田1.49万公顷，建设农业产业化经营项目10个，总投资23094万元，其中中央财政资金4762万元，地方财政配套资金4926万元。所有项目均按计划全面完成，年内顺利通过省级三年总验收，项目建设被评为"样板工程""精品工程"，项目建设和管理被认定为全省领先水平。

【"国家农业综合开发支持新农村建设示范区"项目落户淄博】 该项目建设规划经国家农发办批准，全省共3个，淄博市项目安排在临淄区。示范区面积2867公顷，建设期限为3年，总投资3750万元，其中中央和省财政扶持资金2550万元，全部为无偿投入。项目示范区通过加强农业基础设施和农村生态环境建设，推进产业化经营，推动科技进步等措施，将其打造成为粮食生产的核心示范区，优势特色产业的核心示范区，公共财政支持新农村建设的核心示范区，改革创新的试验区，乡风文明、管理民主、生态优美的和谐农村示范区。

(李士堂　高　山)

【生态农业】 是年，争取市以上资金1320.5万元，新建户用沼气池10060个，比2005年增长3.5倍，全市累计建成户用沼气池3.8万个。新推广太阳能热水器2.9万平方米，推广省柴节煤炉灶8000余个。对6000个农业资源检测网点进行分析、汇总，编制《2005年淄博市农业资源动态监测年度报告书》。对2个调整的农村固定观察点进行了人员培训。

【农业远程教育】 是年，全市农业广播电视学校以农村党员干部、青年农民为主要培训对象，全年招生839人，其中中专生498人，大专及本科生341人。开设党建、农学、园林、畜牧兽医、农村经济管理、财会、计算机、农村电气化等十多个专业。中央农业广播学校淄博分校被省人事厅和农业厅联合授予全省农民科技教育工作先进集体称号，连续14年蝉联全省农广校系统教学管理优胜学校。

【土地出让金安排农业土地综合治理试点项目成功实施】 9月，淄博市土地出让金安排农业土地综合治理试点项目建设任务超额完成，通过市农业局、财政局联合验收。该项目自2005年12月起开始实施，市财政首次拿出200万元进行试点。试点安排在沂源县267.67公顷、高青县267.67公顷、博山区200公顷，总计735.34公顷。项目区内，改善灌溉面积747公顷，土壤肥力普遍提高2个等级以上，粮食作物耕亩单产提高150公斤，棉花单产提高50公斤，亩增经济效益480元。

【宣传贯彻《中华人民共和国农产品质量安全法》】 年内，《中华人民共和国农产品质量安全法》颁布施行，市农业局在全市范围内集中开展一系列宣传活动。活动期间，全市共印刷宣传资料7.4万份，召开专题会议12次，张贴标语20万张，悬挂横幅142幅，出动宣传车60台次，举办现场咨询会40次，设立宣传点50个，制作电视专题片4个，在电视、电台、报刊等媒体宣传22次。

(孙鸿彬)

防治高致病性禽流感

【落实防控责任制】 各级防控指挥部认真开展《中华人民共和国动物防疫法》《畜牧法》及《淄博市突发重大动物疫情应急预案》等相关法律法规的学习贯彻活动。落实防控工作双轨责任制，市、区县、乡镇政府与各村委会，市、区县畜牧局、乡镇兽医站与各村级防疫员分别逐级签订防控责任书。在此基础上，每个养殖场、户确定1名行政责任人和1名技术责任人，并对全市所有规模养殖场实施兽医监管制度，乡镇兽医站与监管兽医及养殖场负责人签定监管责任书，实行饲养场负责人、行政责任人、技术责任人挂牌上墙，明确了重大动物疫病防控工作职责。

【防控经费】 年内，市财政共拨付疫苗配套经费283万元，各区县落实疫苗、监测等工作经费202万元，足额完成省防指下达的疫苗经费配套任务。鉴于基层兽医站机构不健全、人员缺乏的现状，市畜牧局积极协调各区县政府，借鉴防控高致病性禽流感工作成功经验，实行村级防疫测报员制度。由市及区县政府财政拨出专款，在每个行政村确定1名兽医专业人员，负责强制免疫和疫情监测报告工作，每人每年误工补助600元。

【强制免疫】 3～4月和9～10月，开展两次强制免疫突击活动，各区县畜牧局落实领导分片包干责任制，成立由乡镇兽医站工作人员和村级防疫员组成的专业防疫队伍，依据饲养档案逐村逐户进行免疫注射，由防疫员现场按程序签发免疫证明，由行政负责人在免疫证上签字，保证做到“真苗、真打、真有效”。全市上半年共领取和发放高致病性禽流感疫苗1000万毫升，100%完成省下达任务，免疫家禽1249.3万只，存栏家禽免疫率达到100%；下半年，全市共采购和发放高致病性禽流感疫苗1700万毫升，实现秋季免疫任务和免疫密度两个100%。狠抓饲养场的隔离消毒措施，督促每个饲养场在禽舍外增设防鸟隔离设施，防止野鸟与家禽直接接触。制定落实饲养场严格消毒制度，每天一次对禽舍和周围环境进行带鸡消毒。全市共投入消毒药品160余吨，消毒面积达2500多万平方米。

【应急物资储备】 按照《淄博市突发重大动物疫情应急预案》要求，及时发出通知并加紧调度，进一步调整充实市、区县、乡镇以连、排、班为编制的4461人的应急预备队，做到编制、人员、工作、责任四落实，保证随时拉得出、打得赢。进一步充实市及各区县应急物资储备库，做到专人负责、建立专帐、滚动管理、及时更新，确保应急需要。

【免疫检测】 制定检测计划，分解下达检测任务，要求各区县在家禽免疫21天后按一定比例采集血清样本，送兽医实验室，对养殖场、户的免疫家禽进行免疫抗体检测，共采样检测2.4万份，免疫合格率99.18%。经省兽医检验化验室采样与标准样本比对实验，淄博市高致病性禽流感免疫合格率均为100%。

【防疫督导和检查验收】 年内，对重大动物疫病防控工作开展督导检查。市级督导组采取明查暗访、随机抽查等形式，深入基层、场户进行实地督导检查，对区县的经费配套、责任制落实、强制免疫、消毒灭源、检疫监督、疫情监测及应急准备等工作进行详细检查，对于督查中发现的问题，查明原因，明确责任，责成区县限期整改。市畜牧局会同市财政局开展了两次动物防疫工作大检查活动，将检查结果列入年终工作考核评比，督促确保各项措施真正落实到位，进一步巩固全市无疫成果。 （穆华明）

种 植 业

【概况】 全市全年粮食总产143.51万吨，比2005年增长9.1%，创5年来最高水平。其中，夏粮播种面积10.67万公顷，总产达64.53万吨，分别增加0.83万公顷、5.25万吨，增长8.4%、8.9%。秋粮播种面积11.64万公顷，总产78.99万吨，分别增加0.55万公顷、6.69万吨，增长4.9%、9.3%。玉米播种面积10.55万公顷，总产75.24万吨，分别增加0.7万公顷、7.18万吨，增长7.1%、10.5%。油料作物播种面积4.58万公顷，总产1.38万吨，分别减少0.02万公顷、0.05万吨，减少4.3%、3.4%。棉花播种面积1.76万公顷，总产1.84万吨，分别减少0.04万公顷、0.17万吨，减少2%、8.3%。烤烟种植面积0.1986万公顷，总产0.4239万吨，分别减少0.09万公顷、0.08万吨，减少31.3%、16.5%。中药材种植面积0.5012万公顷，增加0.0296公顷。蔬菜种植面积2.83万公顷，总产192.3万吨，分别减少2.5万公顷、145.52万吨，减少46.9%、43.1%。

【启动百万亩优质专用粮食丰产工程】 是年，百万亩优质专用粮食丰产工程开始实施。计划在2006～2009年，市政府每年投资100万元，在全市组织实施100万亩(66667公顷)优质专用粮食丰产工程。通过项目建设，到2009年，项目区小麦、玉米平均单产由426公斤、537公斤，分别提高10%以上，且全部实现品种优质专用化、种植区域化、生产标准化、经营产业化，订单生产率达到80%以上。秋种期间，项目区共落实开发面积66833公顷，落实攻关田23处、8.33公顷，示范方23处、1449.67公顷，安排各种小麦新品种、新技术试验28项。

【粮食超高产及吨半粮开发项目取得突破】 6月9日，市专家组对桓台县546.67公顷小麦高产开发田进行测产验收，单产达到612.6公斤。6月14日，省科技厅、农业厅专家组对桓台县小麦超高产攻关田进行验收，实打0.1公顷，亩产达到657.7公斤，创鲁中地区水浇地小麦高产新纪录。

【小麦、玉米良种补贴项目】 年内，继续实施60万亩(4万公顷)优质专用小麦良种推广补贴项目，新增10万亩(6667公顷)优质专用玉米良种推广补贴项目。临淄区、桓台县各承担20万亩(13333公顷)优质专用小麦良种推广的任务，高青县分别承担20万亩(13333公顷)优质专用小麦良种推广和10万亩(6667公顷)优质专用玉米良种推广的任务。通过公开招标确定的淄博农科良种开发中心、山东省桓台县种子公司、高青县黄河种业有限公司3家供种企业分别承担3个区县的统一供种工作。全市按计划完成60万亩优质专用小麦良种推广补贴和10万亩优质专用玉米良种推广补贴任务，总计补贴资金700万元。

【粮食直补工作】 是年，根据省农业厅、财政厅《关于核定2006年小麦种植面积的紧急通知》，通过自报、核实、公示、确定等环节，圆满完成小麦面积核定工作。全市共核定小麦种植面积123893公顷，比2005年增加2307公顷，按每亩14元的补贴标准，共兑付补贴资金2602万元。

【绿色食品认证】 年内，绿色食品认证步伐进一步加快，新认证绿色食品41个，新增基地28667公顷，认证产量85万吨，分别是2005年的1.3倍、2.1倍、5.9倍。截至年底，全市共有绿色食品生产企业24家，绿色食品87个，其中AA级绿色食品13个，A级绿色食品74个，原料生产基地总面积达到42667公顷，每年可向社会提供绿色食品110余万吨。

（李晓莉）

【农业科技入户小麦工程】 年内，临淄区被农业部列入农业科技入户小麦示范工程项目实施区，项目确定在全区100个村1000户实施，通过技术指导，推广优质栽培等主推技术，实现亩增产50公斤，增收节支100元的“双增”目标。至年底，共有55个村展开培训工作，550户农民直接从中受益。

（汪训伟）

【市农科院与山东理工大学建立教学科研实践基地】 5月19日，市农科院正式与山东理工大学建立教学科研实践基地，并举行签字和挂牌仪式。基地将充分利用双方技术力量和人才资源，根据国家和省支持的科研方向和领域，共同申报国家、省市级科技项目，开展科学研究，全面提升科研层次，同时安排学生实习和试验。市农科院正高职称人员均被聘为山东理工大学生命科学院客座教授，以加强产、学、研结合。

【市农业科研两网站开通】 年内，市农科院建立开通“淄博市农业科学研究院网站”，设本院概况、新闻中心、科研成果、科技推广等栏目。至年底，点击近3万人次。同时开通“中国杂交蓖麻网”，设有英文版面，国外一些科研机构通过该网站与淄博市农科院开展了科研合作。

【国际科研合作和对外交流】 是年，国际科研合作和对外交流实现历史性突破，是国外科研机构来市农科院考察和洽谈最多的一年。市农科院承担荷兰国际植物研究所与国家农业部合作的除草剂最少用量研究MLHD项目，具体负责田间试验与示范工作。荷兰国际植物研究所对项目进行了实地考察，对市农科院的科研试验工作给予充分肯定。在蓖麻育种研究方面取得可喜成绩，受到国内外广泛关注。山东理工大学、山东农业大学、西北农林科技大学等高等院校相继提出合作研究意向；美国、以色列、马来西亚、利比亚、香港等国家和地区的科研机构和客商相继到市农科院进行考察、洽谈，提出合作研究、开发的要求。8月16日，《农民日报》以《淄博市蓖麻育种引得外商纷至》为题进行专题报道。

【“淄麦12”连续3年被定为山东省优质专用强筋小麦主导品种】 是年，市农科院育成的高产优质强筋小麦新品种“淄麦12号”，继2004年、2005年连续2年被定为山东省优质专用小麦主导品种后，又被省农业厅定为2006年优质专用强筋小麦主导品种。该品种2001年通过山东省农作物品种审定委员会审定。1999～2001年，经农业部谷物品质监督检验测试中心3年检测，各项指标均达到国家强筋小麦标准，可在全省高肥水条件下作为强筋专用小麦品种推广利用。

【知识产权保护】 是年，淄博市农科院注册多项商标，对新育成的新品种按照《中华人民共和国植物新品种保护条例》及时进行产权保护，申请注册了“淄研”牌商标和“淄麦”“淄单”“淄白”等名称商标，为搞好品种权保护和成果转化奠定了基础。

（钟　芳）

【测土配方施肥项目】 是年，测土配方施肥项目在临淄、桓台、高青3个区县实施，项目县采集土壤样品10699个，取得各类化验数据近10万个。根据检测结果提供配方肥品种14个，以每吨低于市场价150～200元的价格供应配方肥8299.4吨，列全省省级项目县第一。落实配方肥应用面积16374公顷，辐射带动33333公顷。项目区每亩增收28元，化肥利用率提高3～5个百分点，项目县节本增效1800万元。

【种子市场监管】 年内，争取财政经费30多万元购买检验仪器，进一步改善检验设施，解决检验室房屋不达标问题，检验室面积达200平方米，满足了各项农作物日常检测任务的需要。全市经营的种子质量合格率经农业部抽检合格率达100%。种子企业供种份额进一步提高，全年检验小麦种子160公顷，棉花田间检验40公顷，检验种子样品180个批次，代表数量310万公斤以上。

【种子检验人员培训】 年内，组织全市种子企业检验人员60余人参加全省统一组织的检验人员培训，56人通过省农业行政部门组织的考核，共取得种子扦样员、室内检验员、田间检验员检验资格108人次。全省种子企业检验人员培训班在淄博举办，全市有34人通过省级培训，获得种子加工、保管储藏证书；有10人参加全省举办的种子标签培训班。

【种子品种试验】 全年承担大白菜、小麦、玉米试验10余项，试验新品种400余个；收集已审定的59个玉米新品种建立玉米新品种示范展示田，进行种植示范，以选出适宜淄博市不同生态条件的高产、优质、抗病的新品种。同时，承担了全省小麦试验的全部组别试验。

（市种子站）

种子检验人员培训　　（市农业局　供稿）

蔬　菜　业

【概况】 2006年，积极推进无公害蔬菜生产、加工、检测以及运销工作，继续保持全市蔬菜产业健康发展的良好势头。全市蔬菜播种总面积7.39万公顷，比2005年增长1.06%；蔬菜总产量42.1亿公斤，比2005年增长3.2%；蔬菜总收入45.3亿元，比2005年增长5.6%。

副省长贾万志视察淄博蔬菜生产　（吕　涛　摄）

【蔬菜产业升级工程】 年内，市蔬菜办通过落实质量监管制度，组织科技培训，推广无公害蔬菜生产新技术等措施，确保蔬菜产业升级工程顺利进行。至年底，全市经认定的无公害蔬菜基地面积达到3.44万公顷，产品质量速测点达到80处，无公害蔬菜配送中心达到7处，无公害蔬菜专卖点(店)达到78处。

省委副书记高新亭视察淄博维生种苗有限公司
（吕　涛　摄）

基地体系建设。一是通过举办技术讲座、发放明白纸等形式，广泛宣传无公害蔬菜生产技术规程，指导菜农按照技术操作规程组织、管理无公害蔬菜生产。新制定发布10个无公害蔬菜生产标准。二是建立健全基地蔬菜质量监管制度。在各规模基地和专业、重点乡村建立健全菜田登记、生产资料购置登记备案、田间管理记录等多项监管制度。三是改革基地认定方式，加快基地建设步伐。把基地认定的主动权交给区县，由区县根据基地建设任务和蔬菜栽培品种、模式确定认定时间，然后由市蔬菜、质检部门联合组成专家组进行现场勘查和综合评定。年内，全市新认定无公害蔬菜生产基地1.42万公顷。

产品质量检测体系建设。一是加强基层检测网点建设。通过无偿配置检测仪器、开展集中培训等有效手段，帮助基地、市场、超市新建基层蔬菜产品质量速测点35处。二是强化培训，大力提高检测准度、精度和检测效率。组织市、县检测人员参加省级业务轮训，集中开展两次全市范围的检测业务培训活动，对全市80余名蔬菜质量安全检测员进行专题培训。三是全面开展蔬菜产品质量监督检测工作。采取定期送检、不定期抽检以及主要节日例检等形式，对全市生产基地、

淄博市绿色蔬菜专柜　　　　（王玉江　摄）

市场、超市的蔬菜产品质量进行监督检测。年内，共随机抽样8批次，检测蔬菜样品2000余个。

配送专卖体系建设。组织周村康得乐、临淄奥德隆等配送单位学习借鉴秦皇岛、青岛、烟台、泰安等地的经验，提升配送能力和运行效益。深入开展无公害蔬菜专卖点、绿色专柜清理整顿工作，对未经许可擅自使用"放心菜""无公害蔬菜"等标识的专卖点一律予以取缔，并对达到建设标准的淄博商厦、新一佳等78处无公害蔬菜专卖点(店)、18家绿色蔬菜专柜重新授牌，理顺配送渠道，规范专卖秩序。

信息网络体系建设。认真搞好蔬菜产销信息的收集、整理、报送和分析、利用工作，开通"淄博市蔬菜信息网"，设立蔬菜动态、基地建设、科技兴菜、市场流通、质量检测、健康消费、蔬菜价格行情等栏目，实现了全市各类蔬菜信息资源的共享。

【"三绿工程"】 年内，市蔬菜办采取强化检测体系建设和绿色蔬菜质量监督检测工作，加强农业执法，严格绿色蔬菜生产投入品管理，积极推广绿色蔬菜生产技术，建立绿色蔬菜专卖和产品质量卫生安全追溯制度等多项措施，促进"三绿工程"的实施，取得显著成效。

绿色蔬菜基地。年内共建成绿色蔬菜基地7867公顷，全市绿色蔬菜基地面积达到1.27万公顷，全年可向社会提供绿色蔬菜产品10亿公斤。

绿色蔬菜加工生产线。建成绿色蔬菜产品加工生产线3条，其中沂源县淄博华康食品有限公司的绿色桔梗加工生产线，年生产加工脱皮精包装鲜桔梗4000吨；淄博兴邦科技公司建成绿色仙人掌加工线2条，年加工仙人掌鲜片3000吨，主要出口美国及供应国内市场。

绿色蔬菜配送专卖。新建成3处绿色蔬菜配送中心，全市绿色蔬菜配送中心总数达到6处；建成19个绿色蔬菜专柜。配送中心与绿色蔬菜生产基地建立稳固的供求关系，实现了绿色蔬菜的统一收购、配送和专卖。

【财政与科技项目】 年内，"10万亩标准化绿色蔬菜生产基地建设""大棚蔬菜有机生态型无土栽培技术推广"成功中标2006年度淄博市财政重点支农项目；"食用菌工厂化生产"被列入市科技局重点支持项目，"食用菌出口绿卡行动计划"被列为山东省农产品绿卡行动计划项目；"日光温室蔬菜无公害

采用大棚蔬菜有机生态型无土栽培技术生产的樱桃番茄
（王玉江　摄）

标准化生产技术"被省财政厅、农业厅列为重点支持项目。"日光温室蔬菜持续高效综合技术推广""作物秸秆菌蕈转化综合利用技术"等2个项目获省农牧渔业丰收奖三等奖,"大棚无公害蔬菜持续高效技术体系研究与应用"获市科技进步二等奖,5个项目分获市农业丰收一、二、三等奖。

【蔬菜新品种、新技术推广】 年内,加快蔬菜新品种、新技术的引进试验与示范推广工作,特别是加快有机生态型无土栽培、秸秆生物反应堆、食用菌工厂化栽培等已经实践证明增产增效显著的成熟实用技术的推广应用。全市引进试验推广各类蔬菜新品种30多个,有机生态型无土栽培、秸秆生物反应堆 CO_2 施肥等新技术样板示范点得到进一步巩固,新型生物有机肥(含颉抗菌)、石灰氮日光消毒、甜椒根腐病防治、硫磺发生器等新技术应用试验已全面铺开。

【送科技下乡】 以市政府蔬菜专家顾问团开展"菜园子"专家送科技下乡活动为依托,组织蔬菜技术人员深入田间地头、蔬菜大棚,采取举办培训班等多种形式,与基层菜农面对面进行交流。全市先后聘请省农科院、山东农业大学的专家教授举办"淄博市蔬菜新技术培训班"等各类培训班、技术讲座80余期次,发放技术指导意见4期、种植管理明白纸1.5万余份,培训种菜群众近3万余人。年内,市蔬菜办被省农业厅授予全省蔬菜系统先进集体称号,2人被评为全省蔬菜技术推广先进个人。

【蔬菜外运外销】 年内,召开蔬菜流通工作座谈会,组织有关人员赴外地考察,签订外销意向书。开拓外埠市场,开辟外销通道,全市蔬菜直销北京、上海、福州、太原等国内大中城市,蔬菜外销量占到总产量的86%以上。

【蔬菜市场建设】 强化临淄区无公害蔬菜产地批发市场和张店南郊、鑫盛园等无公害蔬菜销地批发市场建设,通过设立专营区、实施市场准入等措施,规范市场建设与管理,营造良好的交易环境吸纳客户。其中,重点扶持的淄博鑫盛园农贸市场,按照农业部《城市新建设综合农贸市场设计规范》设计要求建设,占地面积15.3公顷,总建筑面积9.6万平方米,总投资7600万元,起到了较强的辐射带动作用。

【产销信息利用】 年内,多形式、全方位地掌握全国蔬菜供需形势,加强市内蔬菜产销信息的收集、分析和发布工作,以《菜园子菜篮子》和菜价信息的收集、汇总、分析和发布为载体,每旬发布一次全市蔬菜产销现状、供需动态以及菜价波动规律等方面的信息和全市8大蔬菜批发市场菜价走势。与交警部门密切配合,为运销大户发放"绿色通行证",保障市内蔬菜运销渠道的通畅。

【食用菌行业管理】 按照国家《食用菌菌种管理办法》规定和省厅要求,对全市菌种生产经营情况进行摸底调查,掌握全市菌种生产现状:全市共有菌种生产企业9家,其中2家已获得一级菌种生产经营许可证,4家正在申办原种生产经营许可证。制定下发《关于加强食用菌安全生产管理的紧急通知》,对食用菌生产、投入品使用以及加工质量管理等工作进行强调和部署。

【"出口绿卡行动计划"】 年内,淄博市食用菌"出口绿卡行动计划"项目被省农业厅列入山东省出口农产品绿卡行动计划。为落实好该项目,组织淄博七河绿色食品开发有限公司开展示范企业建设,以姬菇工厂化生产与出口为目标,按照国际食品法典委员会(CAC)《危害分析及关键控制点(HACCP)体系及应用导则》,制定生产工艺流程图和产品质量控制等相关技术规程,建立健全各项质量管理制度,大力提高姬菇工厂化生产的质量和效益。年末,该公司实现出口交货值3500万元,比2005年增长10%以上。完成绿卡项目药残试验项目3个,采样100批次,记录数据近1000个,为制定操作规范提供了依据。

【食用菌技术交流与培训】 邀请省内知名食用菌专家到淄博进行技术指导与培训;邀请省食用菌管理站领导和省内专家与全市食用菌生产带头人、食用菌龙头企业、菌种场负责人,就如何加快淄博市食用菌产业发展进行深入地交流、探讨。组织全市食用菌技术骨干和菌种场质检员、技术员80余人,参加全省食用菌高新技术培训班,10人取得菌种质检员、技术员资格证书。5月,七河绿色食品开发有限公司在全省食用菌工作会议上作典型发言。

【全市主要蔬菜种类面积、产量】

单位:公顷、万公斤

种　类	西　瓜	西红柿	大白菜	桔　梗	茄　子	甜　椒	西葫芦	甘　蓝	菠　菜	黄　瓜
面　积	7635	7341	5398	3998	3889	3809	3401	2720	2511	2421
产　量	47578	78151	36988	10330	30112	30914	27105	19774	10878	15390

(孙东文)

林　业

【概况】 2006年,全市新增造林合格面积6867公顷。新建高标准农田林网4000公顷,林业育苗1067公顷,完成封山育林10000公顷,义务植树550万株。果品产量达7亿公斤,场圃完成固定资产投资1750万元,综合收入达4000万元。

【荒山绿化】 年内,针对全市荒山面积大的实际,对荒山绿化实行重点突破,突出抓骨干道路、主要河流两侧的荒山绿化。实行容器育苗,专业队造林,规范化管理。全市共组织85支、3000余人的专业队,在南部山区完成荒山造林4133公顷,造林成活率、保存率达到90%以上。对不适宜人工造林的荒山,通过落实各项封育措施,逐步恢复植被。

【平原绿化】 在北部平原桓台、临淄、高青3个区县、10个乡镇新建高标准农田林网4000公顷。同时,按照社会主义新农

农田林网 (侯乐明 摄)

荒山绿化 (侯乐明 摄)

村建设的要求，完成156个绿化示范村的绿化美化。

【绿色通道建设】 年内，重点组织实施张博路附线绿化工程和济青高速公路南线沂源段两侧荒山绿化工程。张博路附线沿线各区共投资7000多万元，填挖土石方323万立方米，栽植树木60余万株、灌木274万墩，在道路两侧建成50米宽的绿化带，绿化面积330公顷。同时，在张店西南外环路、孝妇河张店段，临淄宏达路、辛河路，桓台起马路、少海路等14条道路、河流两侧建设绿色通道160公里，共种植草皮66万平方米，植树87万株。

【因景植绿】 在博山开元溶洞、临淄区古墓、森林公园以及水库周边等景区完成造林367公顷，栽植蜀桧、黄栌、火炬、紫叶李等常绿树、彩叶树110多万株。

【果品基地建设】 结合农业内部结构调整，紧紧围绕农民增收，在南部山区和中部丘陵区的非基本农田内，新建苹果、桃、梨、葡萄、板栗、柿子、核桃等名优特果品基地1200公顷。全市果品基地面积达7万公顷，产量达7亿公斤，收入12亿元以上。

【市级领导班子绿化点】 市五大班子和军分区分别挂包8个区县的造林绿化，在6个区县分别建立了面积67公顷以上的绿化点，并设立固定标志。市林业局及时进行现场勘察、规划设计和技术指导等服务性工作。至年底，已完成造林面积300公顷。

【市直部门包荒山绿化】 年内，积极推进淄博市全面实施市区县直部门包荒山绿化工作，对各单位的任务定点布局、落实面积、建档立卡、登记造册，分别于春季、雨季组织力量到现场进行检查督促，全年造林1000公顷。自2004年至2006年底，共有377个市直和区县直部门单位参与。

【林业重点工程】 年内，在急需改善环境的生态脆弱地区，规划实施济青高速公路南线沂源段两侧荒山绿化、胶王路两侧荒山绿化、中心城区东部生态恢复区绿化等7项重点工程，完成成片造林2133公顷。

【森林防火】 一是建立和完善森林防火的组织指挥体系。市、区县、乡镇层层建立护林防火指挥部，落实行政首长负责制，签订森林防火目标责任书；层层制订森林防火预案，落实市护林防火指挥部成员单位包区县责任制，明确、细化各成员单位的具体职责和任务。二是建立健全专群结合、军警民结合的森林防火队伍体系。在3个重点区县和9处国有林场进一步健全12支、共计242人的森林消防专业队，在重点林区建立4支民兵预备役应急分队、40余支季节性扑火队。三是加强森林防火基础设施设备体系建设。在完善市级森林防火指挥中心和森林防火微波监控系统的基础上，投资15万元，为沂源、淄川、博山3个重点区县配备30辆摩托车；投资30万元，新购置灭火机60部、GPS定位仪3部、对讲机30部、电台2部，新建瞭望台6座。截至年底，全市共有对讲机400余部，风力灭火机890台，2、3号扑火工具1.1万件，电台21个，瞭望台(哨)39个。四是落实领导带班、防火工作人员24小时值班制度，不断加大宣传力度，切实加强火源管理，先后进行5次森林防火检查，对查出的火灾隐患书面通知，责任到人，限期整改。年内，森林火灾受灾率控制在0.3‰以内。

【林业有害生物防治】 是年，实行林业有害生物目标管理，对淄博北部平原出现的美国白蛾疫点及时进行扑灭和封杀，有效地控制了疫情的扩散和蔓延。全年共发放《森林植物检疫证》8万份，检疫各类苗木1000公顷，种子2.4吨，木材、竹材10万立方米，水果11万吨；对15种主要病虫害进行监测，监测覆盖率达到90%以上；采取化学、物理、生物防治相结合的综合防治措施，对松柏毛虫等各种林业有害生物进行重点防治，成灾率控制在3‰以内，防治率达85%以上，基本做到有虫不成灾。

【依法治林】 认真贯彻《中华人民共和国森林法》《中华人民共和国野生动物保护法》等法律法规，坚持依法治林、依法兴林，不断提高管理水平。一是加强林地管理。开展林地管理执法大检查，对采石、开矿等违法占用林地重点进行清理整顿；对新建工程项目征占用林地严格进行审核。是年，全市依法办理征占用林地项目17项，面积18.9公顷，征收植被恢复费162.6万元。二是加强木材采伐运输及经营加工管理。严格执行林木采伐的各项管理规定，实行伐前调查设计、伐中监督、伐后验收和更新验收制度。发放采伐证1408个、出省木材运输证2235份、省内运输证4609份、木材经营加工许可证41份，有效遏制了无证运输、无证经营和无证加工现象的发生。三是坚持不懈地开展林业"严打"斗争。与公检法等部门密切配合,严厉打击各种破坏森林资源的违法犯罪行为。查处各类案件75起,行政处罚109人,行政罚款23.8万元,没收木材195立方米,补种树木7500株,没收、放生野生动物1.8万只,有效保护了全市森林资源的安全。

【国有场圃建设】 2006年,鲁山、原山两处市属林场在未增加债务的情况下,完成投资1750万元,新建原山北大门、生态园宾馆二期工程、原山酒厂灌装车间等一批基础设施。拓宽鲁山10公里旅游道路路基,鲁山山顶水库全面竣工,原山自然博物馆主体工程完成。鲁山、原山两家国家级森林公园达到每天可同时容纳650人住宿、1300人就餐的接待能力。与省内外各大旅行社沟通,开展宣传、促销活动,森林旅游取得新发展。年内,市两处林场旅游综合收入达到4000万元。各场圃在巩固发展原有经济项目的基础上,进一步发挥自身优势,开拓新的增收渠道。有5个单位对外承揽园林绿化工程,其中原山林场和铁山园艺场承揽了2000万元的工程。市林木良种繁育场、市林科所等单位根据市场需求,不断优化苗木结构,引进繁育林木优良品种12个,新增育苗地13.33公顷。

(侯乐明)

农　　机

【概况】 2006年,全市总动力达308万千瓦,农机总值22.9亿元。全市拥有农用拖拉机27698台,其中大中型拖拉机9613台,小麦联合收获机总数达5355台,玉米联合收获机1236台。实现机耕面积17.5万公顷,机收面积14.2万公顷,其中玉米机收面积7万公顷,机收率61%;机播面积15.8万公顷。完成机械化保护性耕作面积2455公顷,农机跨区作业总收入达1.82亿元。

【农机推广】 是年,全市新增大中型拖拉机1751台,总数达到9613台;更新、推广小麦联合收获机149台,总数达到5594台;玉米联合收获机313台,总数达1549台;小麦免耕施肥播种机52台,总数达84台;推广机械化保护性耕作面积2455公顷。林业机械、畜牧机械、设施农业机械均有不同程度增长。

【农机监理】 是年,全市共检验拖拉机、联合收获机12386台,检验率87%。拖拉机新登记896台,申领拖拉机驾驶证673个。核发新牌照11268副。淄博市农机安全监理站在全省首家添置1台流动检测设备。全年共发生农机事故2起,死亡2人,千台事故率控制在部颁标准0.8‰以下。淄博市农机安全监理站被评为全国农机监理系统行风评议活动先进单位。

【农机修配管理】 是年,全市共检验农机修配厂(点)655个,换发农机维修技术合格证216个,完成农机职业技能鉴定1313人。开展农机修配市场规范治理活动。查获假冒伪劣农机产品价值35万元,无证经营户17户,吊销《技术合格证》12户。受理农机投诉、案件5起,结案5起。

【农机跨区作业】 是年,全市共组织9000余台次参加三夏、三秋农机跨区作业,实现跨区作业收入2.11亿元,创造了开展跨区作业以来的最高水平。

【农机人员培训】 是年,农机系统共培训各类农机人员15850人,其中新训人员2198人,农机管理人员186人,农机技术人员2179人。转移农村劳动力培训人数525人。

【农机购置补贴】 是年,中央、省财政共安排全市农机购置补贴资金370万元,比2005年增加160万元,其中中央财政200万元。购机补贴政策覆盖全市各个区县。有755个农户得到补贴,补贴机械890台,其中玉米联合收获机270台。另外,市级财政拿出90万元用于农机购置补贴,部分区县也拿出专项资金用于农机购置补贴。

【桓台县成为中国玉米收获机械化第一县】 9月9日,由中国农机化导报、中国农机学会农机化分会主办的山东桓台——中国玉米收获机械化第一县新闻发布会在桓台召开,人民日报、新华社、中央人民广播电台、中央电视台、经济日报、农民日报等国家级主流媒体及省、市各新闻媒体记者参加会议。中国农机化导报社社长宋毅主持新闻发布会,中国农业大学教授白人朴宣布并说明中国玉米收获机械化第一县的由来。

【农机工业】 年内,山东巨明机械有限公司在桓台县经济开发区新区征地6.67公顷建设巨明工业园,第一期工程结束。新上年产3000台自走式麦稻联合收割机生产线1条,建设加工中心1个、物流中心1个。该项目计划总投资8000万元,2006年完成投资3000万元。山东向农机械有限公司完成在淄博科技工业园投资2000余万元的厂区建设。

(王立东)

畜　牧　业

【概况】 2006年,全市肉类总产15.12万吨,同比减少10.6%;蛋类总产9.79万吨,减少32.8%;奶类总产9.18万吨,减少9.7%;畜牧业产值达到29.45亿元(现价),占农业总产值的25.38%。重大动物疫病防控机制不断健全,防控能力不断加强,继续保持全市无疫成果,市畜牧局被省畜牧办评为全省兽医工作先进集体。

【村级动物防疫员选聘】 为建立健全市、县、乡、村四级动物防疫网络,进一步提高全市高致病性禽流感等重大动物疫病防控能力,市畜牧局、财政局联合下发《关于加快建立农村应急性动物防疫队伍的通知》。按照"凡有一定规模畜禽饲养的行政村、居委会都要设立1名动物防疫员"的要求,在全市选聘3210名村防疫员,按每人每年600元的标准及时兑现误工补助,并进行了上岗专业技术培训。

(张连峰)

【牲畜口蹄疫防治】 按照省防治牲畜口蹄疫指挥部的部署和要求,以强制免疫为重点,全面落实检疫监督、疫情监测、消毒灭源等各项防治措施,继续保持全市无疫情发生。全年共使用牲畜口蹄疫疫苗600万毫升,100%完成省下达任务,免疫牛羊120余万头(只)、猪200余万头,存栏牲畜免疫率达到100%。全市共使用消毒药品154吨,消毒动物饲养场、畜禽交易市场等场所总面积达1000多万平方米,检疫牲畜120多

万头(只),抽检口蹄疫样品1000余份,强制免疫合格率达98.5%。 (穆华明)

【畜牧科技推广】 畜牧部门发挥桥梁纽带作用,引导畜牧龙头企业与高校合作,加快畜牧科技引进步伐。年内,莱阳农学院成果转化中心落户淄博。4月,国内首批体细胞克隆牛的第三代胚胎移植后代和转基因克隆牛在高青成功降生,标志着淄博市高档优质肉牛良种产业化开发项目进入实质性推进阶段。还通过积极推广奶牛胚胎移植技术、人工授精技术,提高了全市奶牛生产水平,加快了全市畜禽品种改良步伐。 (王 岳)

【畜牧生产"三大工程"】 年内,全市畜牧业围绕国家、省和市级龙头企业建设畜禽养殖基地,围绕建设社会主义新农村建设畜禽标准化养殖村和围绕经济薄弱村开发建设畜禽养殖重点村的"三大工程"开始实施。至年底,全市新建、扩建龙头企业畜禽养殖基地70个,畜禽养殖标准村72个,重点村39个,入区户数达到1000多户,畜禽存栏45万头(只),工程建设取得阶段性成果。

【畜牧小区治污项目】 年内,完成国家级建设项目1个,即《全国标准化养殖小区粪污处理试点项目》,争取国家扶持资金70万元,临淄区王桥畜牧养殖小区成为全省5个试点项目中最好的一个。承担省级建设项目1个,即2006年"两湖一河"畜禽养殖污染治理大型沼气工作示范项目,争取省级项目资金90万元。 (魏念军)

【《中华人民共和国畜牧法》学习宣传月】 《中华人民共和国畜牧法》于7月1日正式实施。淄博市把6月作为《畜牧法》学习宣传活动月,集中时间进行学习宣传。下发《关于认真开展〈中华人民共和国畜牧法〉学习宣传月活动的通知》,制定宣传方案,将宣传任务分解责任到人。全市共张贴标语横幅2791条,发放宣传资料27900份,出动宣传车100车次。组织学习培训16次,培训1964人。《淄博日报》刊登《畜牧法》及领导署名文章,淄博电视台对市畜牧局局长进行专访,在《淄博新闻》栏目连续播出畜牧业系列报道。召开《畜牧法》学习宣传座谈会,市委副书记魏绍水出席。

【2006年畜牧主要生产指标】

		单位	2006年	同比增长%
牛	存栏	万头	11.56	−44.1
	出栏	万头	11.07	7.9
猪	存栏	万头	43.20	−36.5
	出栏	万头	110.67	−3.4
羊	存栏	万只	35.58	−35.8
	出栏	万只	42.01	−14.7
家禽	存栏	万只	1069.21	−38.9
	出栏	万只	3105.52	−29.8
肉类总产		万吨	15.12	−10.6
奶类总产		万吨	9.18	−9.7
禽蛋总产		万吨	9.79	−32.8

(薛乐全)

水利与渔业

【防汛抗旱】 2006年,全市累计平均降雨量478.8毫米,较常年同期偏少26.6%,较2005年同期偏少42%。汛前,全市5座大中型水库共蓄水17747万立方米。强化防汛工程措施和非工程措施,加强科学调度,实施有效防控,确保安全度汛。积极实践洪水资源化利用,汛期大中型水库调洪放水基本上控制在境内。汛后,全市发生30年一遇的干旱。面对旱情,强化措施,落实抗旱预案,搞好农业抗旱服务。全市各级抗旱服务组织共投入抗旱设备2100台套,改善灌溉面积1.32万公顷,抗旱浇地6.77万公顷次,解决了2.6万人和9600头大牲畜的临时性吃水问题。

【水资源管理】 年内,深化水资源集中统一管理,管理范围由城镇向农村逐步扩展。加强水资源费征收工作,收费管理体制和方式实现重大变革。全年征收水资源费1.45亿元,征收市级污水处理费6200万元。完成《淄博市城市饮用水源地安全保障规划》《淄博市水资源综合规划》等6项科研项目。完成中心城区取用排水执法大检查。开展《淄博市大武水源地开采的优化调控》课题研究。加强计划用水管理,对超计划、超定额用水实行累进加价收费制度。加强节水型社会建设,淄博市被列为全国节水型社会建设试点市,水利部以办资源函[2006]361号文件正式批复《淄博市节水型社会建设规划》。开展水平衡测试、节水型企业(单位)创建和节水器具推广工作,促进了节水降耗和用水水平的提高。全市万元GDP取水量下降到86立方米,工业用水重复利用率提高到90%以上。

【淄博市中心城区水环境质量改善技术与综合示范课题通过国家验收】 9月,国家科技部高技术研究发展计划(863计划)资源环境技术领域办公室在淄博组织召开"淄博市中心城区水环境质量改善技术与综合示范"(2002AA601080)课题验收会。验收专家组认为,该课题完成了合同任务,总体达到合同规定的考核目标,一致同意通过该课题验收。该课题共取得水环境质量监测监控与预警、污水再生处理与回用、河流水质净化与生态修复以及水资源与水环境的可持续管理等4个方面的综合研究创新成果,并建设了漫泗河水质净化与生态修复示范工程和水质在线监测示范工程,建立了山东省首个河道断面水质在线监测和预警系统。

【村村通自来水工程】 全市累计投资1.43亿元,完成村村通自来水工程176处,新增自来水受益村庄502个、人口40.146万人。全市农村自来水普及率新增14%,达到89%,超额完成了市政府为民办实事的任务。张店区、临淄区、桓台县、高新区提前完成村村通自来水工程三年规划建设任务。

【水利工程建设】 年内,完成萌山水库溢洪道、太河水库东溢洪道与总干渠交叉倒虹工程等大中型水库除险加固年度建设任务,累计投资1.6亿元。编制《淄博新城区水系建设规划》,投资1200万元,完成新城区防洪河道一期工程建设任务。开展南水北调配套工程建设规划等前期工作。投资800万元,完成30座小型水库的应急除险加固任务。完成黄河三角洲农业综合开发日元贷款项目并通过省级验收。加强沂源县德国粮援项目运行管理。全市初步构建起“南蓄北引，三河相通，两库相联，客水补源”的水资源调控网络。加强农村水利基本建设，改善农业生产条件。全市共计投入资金4.26亿元，投入工日1127万个，完成各类水利工程3000余项，新打机井859眼，配套805眼，修复959眼，疏浚河道149公里，新建小型蓄水工程4800项，扩大和改善恢复灌溉面积1.17万公顷，增加除涝面积786.67公顷，改造中低产田面积2600公顷。

【城乡供水】 完成张店到南定供水管线穿越胶济铁路等后续工程建设，具备全面通水条件。加强“引黄济周”、博汇供水等供水工程的运营管理，供水量逐步增加。市自来水公司投资2500万元，铺设输水管线20多公里，新增用水居民户1.75万户。萌山水库新建向淄川开发区供水工程，同时进一步扩大向周村城区、李家集团、杨寨建陶工业园的供水规模。太河水库结合实施村村通自来水工程，完善配套向淄川区一干渠供水工程，进一步扩大供水范围。各供水单位加强经营管理和供水服务，保证了城乡供水安全。

【水土保持生态建设】 组织实施沂源县朱阿小流域等2项中央预算内资金项目，博山区石马河小流域等3项省资助小流域治理项目，以及高新区四宝山小流域等14项市级重点小流域治理项目。沂源县朱阿小流域治理项目通过水利部验收，被评为优等工程。博山区被列为全国第二批水土保持生态修复试点县，沂源县被列为全国水土流失重点治理县。加强水土保持监督执法工作，全市征收水土流失防治费和水土保持设施补偿费120万元。继续狠抓开发建设项目水土保持方案审查审批工作，对重点开发建设项目加强监督管理，并开展水土流失监测工作。加强“四荒”（荒山、荒地、荒水、荒滩）资源的治理规划、技术指导和经验推广工作。完成全市水土流失遥感普查工作。全市治理和改善水土流失面积6500公顷，生态修复面积2万公顷，完成“四荒”治理开发面积2000公顷。

【渔业管理】 开展水生野生动物特别许可大检查活动。加大水产品质量安全管理工作，定期对全市的重点养殖企业、水产批发市场等进行常规检测；抓好无公害、有机农（渔业）产品产地认定和无公害、有机农（渔业）产品认证工作。高青、沂源两县共有800公顷养殖水面通过省级无公害农（渔业）产品产地认定，7个水产品通过农业部无公害农（渔业）产品认证。高青县渔业科技示范基地通过农业部组织的验收。成立淄博市渔业协会。大力发展“休闲渔业”，全市“休闲渔业”场点达160处。全市水产养殖面积达到6800公顷，水产品产量2.8万吨，实现渔业产值15.1亿元。

【水利企业经营管理】 发挥水务一体化的体制优势，在村村通自来水工程建设管理中，积极推行自来水公司、供水协会、股份制等一体化经营管理的模式。编制《淄博市城市供水应急预案》，并通过专家评审。加快推进污水处理市场化运作，与光大水务有限公司实施污水处理南厂生化工艺改造与北厂除磷脱氮工艺改造工程。光大水务有限公司与高新区签订了韩庙污水处理工程项目。加强污水处理行业监管，确保污水处理设施正常运行和达标排放。全市已建成集中污水处理厂9座，增加污水处理能力60万吨/日，新建山东铝业公司、世纪花园等5项中水回用工程，城市污水集中处理率达61%，污水处理回用率达15.3%。

【水利法制建设】 开展“3.22世界水日”“中国水周”期间的宣传活动，进一步提高市民水法制意识。调研起草《淄博市超计划用水累进加价实施办法》等水利规章。市政府第58次常务会议审议通过《淄博市城市污水处理费征收使用管理办法》。依法进一步规范水行政许可事项，年审批行政许可事项2500多项。组织开展取水许可、河道管理范围内建设项目、河道采砂等方面的专项执法大检查，全市共查处各类水事违法案件1106起，调解各类水事纠纷182起。

【农业节水灌溉】 是年，全市新增节水灌溉面积2000公顷。全市8个区县和高新区全部被列为国家节水灌溉示范项目区，先后争取到国家节水灌溉项目11个，发展节水灌溉工程4000公顷。4个区县中标省财政重点扶持的节水灌溉项目，4个区县被列为国家节水增产重点县。全市累计建设节水灌溉面积7.4万公顷，占有效灌溉面积的50%以上。

【开展中心城区取用排水执法大检查活动】 5月，由市水利与渔业局牵头，公安、工商、环保等部门参与，在中心城区范围内集中开展取用排水情况执法大检查行动，重点检查自2005年以来，中心城区范围内除农业用水之外的所有取水（含自备井取水和供水企业取水）、用水、排水单位和个人取水许可、计划用水及节约用水、污废水处理及排放、水资源费及污水处理费缴纳等情况。共检查单位和个人2706户，检查总水量8810万立方米，查处违法用水户847家。

【淄博新城区防洪河道一期工程】 该工程是淄博新城区建设的主要配套工程，自6月25日开工建设，仅用40天时间，基本完成新城区防洪河道一期工程建设任务。共完成投资1400万元，开挖外运土方80万立方米，确保了新城区排洪安全，为新城区防洪体系建设奠定了基础。

【全市水土流失遥感普查】 是年，淄博市采用遥感技术，组织了自1984年水土流失普查以来的第二次水土流失普查。全市水土流失遥感普查采用时相基本相同的法国Spot（10m）卫星数据和美国Landsat卫星（30m）的融合数据作为遥感调查数据源，主要普查内容为水土流失类型及分区、土壤侵蚀强度因子提取及分级技术、影响水土流失的主要因子提取及分级技术、土地利用结构类型及分区、水土保持基础数据库建立等五个方向。普查工作结束后，形成了基于3S技术的淄博市土壤浸蚀格局与动态研究课题成果。年内，该成果通过省级科技鉴定。

【落实大中型水库移民后期扶持政策工作】 淄博市严格按照省委、省政府的工作部署和要求，成立工作机构，实行集中办公，研究制定落实国家、省大中型水库移民后期扶持政策的实施方案及一系列配套文件，自8月18日开展工作。至10月20日，全面完成了大中型水库农村移民后期扶持人口核定登记、后期扶持方式、后期扶持规划等工作。省水利水电工程移民工作领导小组给予充分肯定，认为淄博市大中型水库移民后期扶持工作走在了全省的前列。

【孝妇河综合治理】 年内，完成投资6568万元，治理河道5.1公里。全市累计投资1.9亿元，建设博山、淄川、张店及周村等4个区的孝妇河示范段19.2公里。主要完成干流河道扩挖、清污分流、清淤疏浚、堤防护砌、橡胶坝拦蓄、园林绿化、人行道铺设等工程。完成土方开挖、河道清淤480万立方米，铺设排污管道6.3公里，新建拦河坝15座，园林绿化面积32公顷。

【水产品通过农业部无公害农产品认证】 年内，高青县赵店镇水产品养殖基地的鲤鱼、罗非鱼、淡水白鲳、鲢鱼、草鱼和沂源县红旗水库水产品养殖基地的鲢鱼、鳙鱼等7个水产品通过了农业部无公害农产品认证，无公害水产品认证数量居全省首位。

【湘云鲫苗种培育获得成功】 为进一步优化品种结构，提高名特优新品种的覆盖率，淄博市从湖南湘云生物科技有限公司引进体长2厘米的湘云鲫乌仔10万尾，进行苗种培育试验获得成功，共培育鱼种7万尾。

（贯希征　田野）

黄河河务

【黄河防汛】 落实以行政首长负责制为主要内容的防汛责任制，及时召开市、县、镇三级黄河防汛会议，层层签订防汛责任书，各级防汛责任人全部上岗到位。组织开展工程普查、根石探摸和河势查勘，发现问题及时处理。认真修订2006年度

抢险演习　（李斌　摄）

《防洪预案》，使其更具科学性和可操作性，并以市政府文件印发。采取多种方式加强对各类防汛队伍的组织培训，进一步抓好群防队伍的军事化管理；根据养护企业防汛抢险运行机制，建立起山东黄河第一支养护企业防汛抢险队。做好调水调沙生产运行工作，观测和上报各类基础数据2000余组，所辖河段共有3段坝5次出险，均得到及时抢护。组织参加山东黄河防汛军民联合演习，高质量完成所有参演项目。

【防洪工程建设】 大力推进在建放淤固堤工程建设。全市黄河在建防洪基建项目共2项，累计完成工程土方665万立方米。全面完成东明标准化堤防建设任务。山东黄河河务局下达黄河竣工验收项目3项，淄博黄河河务局如期完成验收准备工作，于3月底全部通过山东黄河河务局竣工验收委员会验收，工程正式转入运行管理阶段。

汛期黄河水位观测　（李斌　摄）

【黄河标准化堤防建设】 9月，国家发改委正式批复淄博市建设黄河标准化堤防。主要建设任务有：堤防帮宽36.4公里，土方248万立方米；放淤固堤5.8公里，土方299万立方米；堤防道路28.94公里；根石加固1处，石方3150立方米，计划总投资1.7亿元。共需新征地71.86公顷，挖地517.69公顷，临时占地44.56公顷，拆迁房屋74户、1.4万平方米。

【工程管理】 高青河务局和瑞诚维修养护公司严格按照水管体制改革"两定"标准和合同管理要求，认真履行各自职责，制定规章制度，规范工作程序。淄博黄河河务局全年完成养护土方6.92万立方米，石方8244立方米，植树26.08万株，养护草皮177.95平方米。有2项工程被黄河水利委员会评为示范工程，5项工程被山东河务局评为示范工程。

【引黄供水】 年内，对所辖两座引黄涵闸进行闸门大修和洞身清淤，为工程安全运行提供可靠保障。严格执行调度指令，做到令行禁止。积极协助地方做好引水工作。截至11月底，共放水1.57亿立方米，其中非农业供水5251万立方米，基本满足了地方工农业生产需要。

【创新工作】 深入开展创新活动，年内上报各类创新项目27

太阳能电动工程管护巡查车　（李斌　摄）

项，11项获奖。其中，由侯树德研制的太阳能电动工程管护巡查车获1项国家发明专利和5项实用新型专利，被黄河水利委员会评为重大科技创新奖。

【水行政执法】 一是根据山东黄河河务局统一部署，研究制定《水行政执法突发事件应急处理预案》，构建三级河道巡查防护网络，建立起管理段、养护公司、闸管所等多方参与巡查、统一查处的管理机制，增强了水行政执法队伍应对突发水事违法活动的快速反应能力。二是做好“五五”普法启动工作，编制普法规划，完善普法制度，建立普法档案。以“世界水日”“中国水周”“全国法制宣传日”为契机，通过在报纸上开设专栏、在街区设置展台、组织普法小队下乡宣传等形式，开展普法宣传，受教育人数达到30万人次。三是进一步加强水行政执法和管理工作，协助处理基层单位纠纷7起，配合地方公安部门处理治安事件2起。四是深入开展行政执法责任制建设，完成行政执法依据梳理工作，共梳理法律、法规17部，涉及行政执法职能130余项。五是加大河道内建设项目监督管理，为惠青黄河公路大桥创造良好的施工环境，实现了大桥年内通车的目标。

惠青黄河大桥　（李　斌　摄）

【精神文明建设】 年内，淄博黄河河务局被山东省文明委命名为省级文明单位。局属各单位的文明创建工作得到巩固和提高。高青河务局继续保持市级文明单位称号，工程局通过市级文明单位的初步验收，3个基层管理段有2个被省局评为文明河务段。　（李　斌）

本部类编　辑：孟　明
副主编：安永善
校　对：张耀江
吴建利

·集邮小常识·

对剖邮票

将一枚邮票对等地分作两枚使用，可剪开亦可用打孔分开，主要是因某种面值的邮票供不应求而采取的办法，此即为对剖邮票，可分为斜剖、直剖、横剖三种。英国于1841年最早使用对剖邮票，即将二便士邮票对剖剪成两半，每片作一便士使用；乌拉圭、阿根廷、比利时等国也曾使用过对剖邮票。1903年我国福州邮票局因1分邮票暂缺，遂将“蟠龙”2分票斜剖为二，每片作1分使用，并在邮票上加盖有文字的专用木戳，同时盖有日戳；1912年湖北郧阳曾使用过直剖邮票。使用对剖邮票，通常必须购买后在邮局当面贴在邮件上，由邮局盖戳销票。而收集保存对剖邮票，最好保存原实寄封或剪片，洗下的对剖票价值不大。

最早的国内特快专递票

世界上第一枚国内特快专递邮票是美国于1983年8月12日发行的，面值9.35美分，票幅为48×44毫米，主图为美国国鸟白头海雕的头部特写，背景为月球。凡贴有这种邮票而重量不超过两磅的邮件可保证于第二天送达美国国内任何一处，邮资中含有保险费，如不能准时到达，寄件人可要求偿还邮资。

（市集邮协会　供稿）

交通邮电

公路

【重点工程建设】 2006年，全市续建、新建公路重点工程项目9个，建设里程174.8公里，完成投资14亿元，竣工通车里程64.38公里，圆满完成建设任务。省重点工程济青高速公路南线淄博段按计划实现了隧道、大中桥梁贯通。截至年底，工程累计完成投资14.76亿元，占合同总价的75.03%，其中2006年完成投资7.7亿元，工程质量和进度处于全线前列。滨新高速博山出口立交桥、张博路路面改造工程、仲临路泉河头至店子段改建工程、薛馆路沂源县城至南石臼段改建工程4个项目建成通车。国道309张店立交工程、省道102张店至临淄段改建工程、高淄路新城至张店段改建工程、寿济路公铁立交工程、博沂路博山东过境线改建工程完成年初计划或年中调整计划。实施综合整治的张博附线、胶王路青州界至淄川段、仲临路南庄至泉河头段、河辛路临淄段、博沂路谢家店至芦芽段5个项目全面完工。国省道干线公路好路率完成86.7%，全市路网总体技术状况和保障水平明显提升。

【村村通工程】 2006年，全市农村公路改造工程建设项目累计投资4.54亿元，完成新建或改建农村公路586.8公里，改建桥梁28座，修缮农村公路48.6公里。受益行政村410个，受益人口28.9万人。全市行政村通油路率达到96.8%。进一步完善农村客运基础设施，按照"站所合一"模式，投资450万元，新建或改建临淄齐陵、淄川淄河、桓台唐山、高青花沟和黑里寨、沂源鲁村6个乡镇客运站。全市行政村通客车率达到99.4%。淄博市村村通油路和村村通客车率均高于全省平均水平。

【道路运输管理】 全年完成公路客运量1.96亿人、旅客周转量42.52亿人公里，同比分别增长6.57%、11.30%；完成货运量5864万吨、货物周转量37.35亿吨公里，同比分别增长9.51%、18.11%。全年审验营业性客运汽车3215辆、出租汽车6177辆、危险品货运车辆1746辆、普通货车2.57万辆、道路运输从业人员资格证5.1万个。对全市公共客运车辆安装线路经营标志牌，换发线路牌，有效遏制了客运车辆不按规定线路运营的现象。推行货物源头派驻制度，对8家年产20万吨以上的道路运输管理源头单位派驻工作基本完成。年内，驾驶员培训服务监管大厅投入运行。查处各类非法驾驶员培训报名点、招生点13处，对23家具有合法经营资格的驾校进行检查和规范。完成淄川、博山、临淄、周村、桓台5区县符合条件的328台出租车车身改色工作，推广安装带有票据打印功能的计价器639台。更新标准型以上出租汽车1663台，全市标准型与普通型轿车比例调整为60∶40。开展出租汽车市场秩序专项治理，出动人员1540人次，查处"黑车"104辆、异地经营等违章行为842起。截至年底，全市营业性车辆发展到5.4万辆。其中，中高级客车1026辆，占客运车辆的32%；集装箱车、厢式货车分别达到111辆、2923辆，占全市货运车辆的6.79%。

【城市公交建设】 落实"公交优先"战略，编制完成《公共交通客运规划》和《公交线路近期优化调整方案》。市公交公司投资2021万元，购进环保型天然气公交车118台。全年客运总量、安全行驶里程、票款收入都有较大幅度增长。新开通和调整延伸10条公交营运线路。张店城区597块公交线路站牌全部更换。开通公交网站，升级了报站系统。全市15个省A级以上旅游景点全部开通直达专线。

【交通安全】 组织实施公路安全保障工程，狠抓公路穿村路段、集贸市场占道经营、公路急弯陡坡、危旧桥梁的整治改造。筹资660万元，对高青县沿黄清河镇浮桥和黑里镇浮桥进行更新或改造，浮桥承载能力有较大提高。加大安全培训和教育力度，对205名局属企业主要负责人和安全管理人员进行安全资格培训。推行"企业分级、货物分类"的危险品运输企业管理模式，8家企业因不具备资质条件被清理出危险品运输市场；16家企业被勒令停业整改。为增强车辆运输的安全性，全市跨省长途及旅游客车、危险品运输车辆全部安装了GPS卫星定位系统。

【依法行政】 严格规范交通行政处罚自由裁量标准，印发了实施办法和参照执行标准。进一步完善联合执法机制，调整加强稽查力量。改善执法装备，加强模拟情况处置训练，现场执法水平有新的提高。2006年，全市共查车33.4万辆次，处理违章车5万辆次，查处超限车1.3万辆次，补交规费和罚款4237万元。查处路政事案1.5万起，较好地完成交通规费征收任务。 （刘卫东　申乐利）

【竣工通车项目】 1. 滨新高速博山出入口立交工程。该工程投资6240.3万元，2005年7月开工，2006年10月底完成。该工程为单象限变形的苜蓿叶型不完全互通立交，设计荷载为公路Ⅰ级。其中，主线跨线桥长91.06米，上跨西过境线；定向匝道跨线桥长354.7米，上跨主线、匝道、西过境线及多条辅道；全线设7条上下匝道，总长3227米，路基填方34万立方米，路面工程76千平方米，汽车通道4座、涵洞13道。2. 省道803(原国道205)张店至博山路面改造工程。该工程为一级路，全长36公里，路面宽29米，新建收费站1座。重点对黄庄立交桥、淄川互通立交桥、穿淄川城区段、昆仑石谷桥等路况差的瓶颈路段进行彻底改造，其他路面采取挖补、铣刨、罩4厘米改性沥青SMA面层方式进行改造，并采取了完善两侧附属设施的预防性养护措施。3. 仲临路泉河头至店子段改建工程。工程为二级路，全长19.2公里，路面宽9～12米，路基宽10～13米，路基土石方60万立方米。新建大中桥2座，总长233米；小桥涵61道，总长1051米。概算投资7459万元。该项目7月1日开工，10月底完成。

（刘 琦）

【农村公路通达情况专项调查】 2006年，组织全市农村公路通达情况专项调查。6月，专项调查数据顺利通过省交通厅和交通部的验收；12月初完成2006年农村公路数据库更新。此次调查是新中国成立以来淄博市调查范围最广的一次公路调查。截至年底，全市共有农村公路8625.2公里。按行政等级区分，县道1185.4公里，乡道1536.2公里，专用路164.2公里，村道5739.4公里；按路面类型分，沥青混凝土路面3547.2公里，水泥混凝土路面3146公里，简易铺装路面285.2公里，无路面1646.8公里；按技术等级分，二级公路676.8公里，三级公路1147.9公里，四级公路6265.7公里，等外公路534.8公里。

（袁 新）

铁 路

【概况】 2006年，淄博车务段发送旅客391.04万人，发送货物1362.9万吨。运输进款98491.3万元；清算收入13456.6万元；人均收入25697元。管辖一等站2个（淄博站、东风站），二等站6个，三等站6个，四等站23个，线路所1个，装卸作业所2个。共有职工3526人。截至年底，实现行车安全906天，劳动安全1583天，消防安全4869天。

【主要技术设备】 淄博车务段管内胶济线10站（平陵城、章丘、王村、周村东、马尚、淄博、湖田、金岭镇、东风、临淄）为计算机联锁，双线双向自动闭塞设备。其他站均为单线半自动闭塞设备。全段营业里程392公里，到发线145条，调车线206条。

（李晓天）

邮 政

【概况】 2006年，全市邮政业务总量完成33509.6万元，同比增长16.3%。企业通信服务能力迈上新台阶，客户综合满意度以94.4分名列全省邮政系统第一名。

邮务类业务保持较快增长。其中，函件收入同比增长21.51%；报刊收入同比增长5.89%；低年级教材征订、配送工作取得圆满成功；集邮礼品业务、邮品开发取得突破，以齐文化为主题的“齐刀币”开发获得成功。

金融类业务保持稳定增长。邮政储蓄业务健康发展，余额规模达到88亿元；依托网络优势，加快绿卡和中间业务发展，新开办了代收农电费、水费、独生子女费等业务；汇兑业务收入同比增长54.35%；累计发放小额质押贷款近千万元。

速递物流类业务增势强劲。速递业务增幅达到32%，居全省第四位，超出全省平均增幅8个百分点；以贯彻落实中央一号文件精神为契机，发挥邮政优势，积极服务“三农”，建设“邮政三农服务站”1000余处。

【管理工作】 从现代企业管理制度要求出发，对企业工作流程进行优化，初步建成安全生产、金融监控风险评价等8项制度的预警管理体系。投资190万元用于储蓄网点数字化监控改造，储蓄网点全部实现数字化监控。全市97%的支局通过标准化支局验收，超额完成省局下达的任务。年内，企业ISO9000质量认证通过复审。

【通信能力】 实物网进行优化调整，邮件传递进一步提速。全面推进淄博邮区中心局生产管理扁平化、作业流程标准化和生产操作规范化建设，市邮政局被省邮政局确定为三级中心局规范建设示范点。邮政金融系统全面升级，业务处理和综合管理的信息化程度显著提高。系统的自主研发能力不断增强，开发的营业窗口客户评价、邮政设备管理、商务汇款信息处理等系统投入使用，其中营业窗口客户评价系统在全省推广。投资改造营投网点30处，新增储蓄营业网点8处。

【通信服务质量】 壮大业务视察、检查队伍，加大监督检查力度。强化通信质量管理，邮件处理规格合格率达到98.18%，超过省邮政局指标3个百分点，邮件处理时限全年无逾限，全面完成各项通信质量指标。强化服务管理，进行了5S服务体系试点，用户投诉同比下降72.8%，服务质量和综合管理评比列全省第二。

【和谐企业建设】 抓好农村支局“五小”（小食堂、小浴室、小花园、小菜园、小活动室）建设，切实改善基层员工生活条件。转变工作作风，开展局长接访日和领导下访活动，为基层解决实际问题。抓好企业文化建设，开展文明单位创建活动，顺利通过省级文明单位复查，全市省级文明单位达到2处，市级文明单位达到6处。

【开办小额质押贷款业务】 9月13日，市邮政局在张店、临淄、淄川、桓台4个区县12个试点网点同时开办定期储蓄存单小额质押贷款业务，成为全省首批开办存单质押贷款业务的市级局。该业务的开办，标志着淄博市邮政储蓄开始涉足零售类资产业务，20年的“只存不贷”历史走向终结。该项贷款业务具有放款快、利率低、方式活的特点，受到城乡居民特别是农村客户的欢迎。截至年底，累计发放贷款近千万元。

（王 禾）

【集邮】 年内，积极参加中华全国集邮联合会举办的两次大型集邮展览活动。市集邮协会选送的5部邮集作品，在“光辉的历程——纪念中国共产党成立85周年”暨2006全国集邮展览活动中全部获奖。其中，孙丰俊的极限邮集《雕塑艺术》荣获镀金奖，边道坤的传统邮集《新中国普通邮票》（1955～1969）获大银奖。选送6部作品参加“德胜杯”专题集邮展览，获银奖2个、镀银奖3个、铜奖1个。

集邮展览“四进”活动广受欢迎。2006年，结合中国工农红军长征胜利70周年纪念活动，围绕集邮展览“进企业、进农村、进社区、进校园”的主题，组织了一次一框集邮巡回展览。展出邮集34部，内容涵盖传统、专题、邮政史、邮政用品、极限、航天、开放和文献集邮等8个类别。自10月28日开始，陆续在山东理工大学和各区县近20个单位展出，受到广泛欢迎，观众超过1万人次。《中国集邮报》和当地电台、电视台、报社等报道了这次活动。

学术研究深入开展。在2006全国首届集邮文献及文献集邮展览上，市集邮协会送展的《淄博集邮史》获铜奖，另有5部集邮文献展品参加非竞赛类展出。市邮协出版发行的《淄博集邮史》和《淄博集邮研究文选》两书，被江苏高邮市集邮博物馆永久收藏。集邮研究论文写作仍保持高产状态，边锋的《新中国体育邮票研究》和宋新光的《"第二十二届奥林匹克运动会"邮集编组谈》参与了全国集邮联合会主办的"2006全国体育集邮论坛"交流，有多篇文章在《集邮》《中国集邮报》《集邮报》《集邮天地》等报刊上发表。

"集邮者之家"活动进区县，带动全市集邮活动健康发展。以生肖文化促进集邮交流活动，沂源县刻制的风景日戳在沟泉(原名狗泉)邮电支局启用。该戳是国内仅有的两枚带"狗"字的风景日戳之一。春节期间，来自外交部、新华社、中国集邮报社和北京市集邮协会的邮迷齐聚沂源县沟泉邮电支局，为邮友寄赠狗年生肖邮品。诸多国内和港、澳、台地区及美国、日本、澳大利亚等国家的邮友，向沂源县邮政局求购邮品。

（淄博市集邮协会）

通　讯

【中国网通(集团)有限公司淄博市分公司】 2006年，公司净收入同比增幅3.7%，其中增值业务收入较2005年增长20%。积极推进信息化建设，启动实施"5+1"信息化工程，即政务信息化、农村信息化、企业信息化、社区信息化、家庭信息化和"平安淄博"电子眼工程，取得明显成果。

资费调整。1月1日，博山、淄川、周村、临淄与张店合并为一个营业区，区与区之间通话执行市话费标准。3月1日，区间资费由0.5元/分钟调整为0.4元/分钟；桓台、沂源、高青县固定电话拨打手机资费由0.50元/分钟调整为0.3元/分钟。淄博网通通过资费调整全年向客户让利1.4亿元。

网络建设。5月14日，《山东网通2006～2010年淄博本地网发展规划》通过评审。11月20日，淄博宽带城域网骨干网改造工程竣工。12月28日，淄博网通NGN软交换网通过初验。无线市话扩容和室内覆盖二期工程、SDH传输网络七期扩容和农话环扩容、首期NGN等重点工程项目建设完成。

服务质量。开展"降客户投诉、做文明员工，树网通新风"主题活动，对内、对外分别开展"擦亮品牌，岗位零投诉"和"诚信承诺，情传万家"活动，落实服务规范，优化业务流程，推行预约服务。客户投诉量同比下降30.27%，市公司和各区县分公司连续两届全部获省级消费者满意单位称号。

基础管理。公司实施内控管理和ERP项目，健全完善基础管理制度。建成启用环境视频综合监控系统，顺利实现第二个安全生产1000天工作目标。1月5日，完成公司机构调整和全市中层管理人员竞岗竞标工作。自主研发的《人力资源测评系统》获省级一等企业管理现代化创新及优秀成果奖。2月20日，淄博网通启动内控体系建设，并通过审计师事务所前后三轮符合性测试。7月1日，淄博分公司ERP项目正式上线运行。8月14日，淄博网通在全国首家公布实施《职工代表大会控制程序》管理。10月6日，集中计费系统割接上线。

文化建设。4月7日，淄博网通获全国学习型组织建设先进单位称号。5月1日，淄博信息港被全国总工会授予全国五一劳动奖状。5月19日，淄博网通临淄区分公司被评为省级文明单位，至此，淄博网通本部及所属7个区县分公司全部建成省级文明单位。8月25日，淄博网通客户服务中心10060热线台，被国务院国资委授予"中央企业学习型红旗班组"。11月23日，省委宣传部等6部门联合授予淄博网通"2006年度山东省企业文化建设创新成果"奖，成为省内唯一获此殊荣的IT企业。

（陈振宁）

【中国联通有限公司淄博分公司】 截至年底，公司发展移动通信用户43万户，通信用户总数超过100万户。公司被授予山东省第六届消费者满意单位荣誉称号。根据中国联通总部的统一部署，3月18日，联通华盛淄博分公司注册成立，负责淄博联通终端市场化经营运作。"五一"前后对各营业和服务场所统一更换了新VI标识。

业务创新。2006年，公司推出双模双待、行业新时空等新业务。炫铃、企业炫铃、掌中宽带、来话宝等联通无限系统移动通信新业务受到用户欢迎，业务订制量持续攀升。具有鲜明行业特点的信息化解决方案得到广泛应用。在"新时空""世界风""如意通""新势力"4个品牌基础上，对通信套餐进行优化整合，成立了新势力品牌用户自己的俱乐部和创业社。

网络建设。CDMA网四期工程建设完成。新建基站8个，搬迁、调整基站16个，扩容基站31个，扩容3.4万户。CDMA网络覆盖全市城乡面积的99%，并全部升级到CDMA1X网络，全面支持语音通信、无线数据通信(速度高达153.6kbps)和各类增值服务。GSM网十一期工程开工。完成GSM网3期和CDMA网4期室内分布系统建设，提高核心城区网络覆盖。公司网络各项指标特别是数据承载能力均优于国家规定标准。

服务质量。建立固定的兼职内部培训师队伍，定期对前台服务人员进行教育。开展"争创服务品牌、争当服务明星"竞赛和营业厅、服务人员达标活动，定期收集各方面建议，促进服务质量的提升。启动"阳光绿色网络工程"，开通了"8533119——垃圾短信举报平台"。

（杨　栋）

【中国移动通信集团山东有限公司淄博分公司】 2006年，公司运营收入同比增长22%，净利润同比增长34%，话务量同比增长32%，企业赢利能力持续增强。客户总数达到160万，年净增客户47万。行业市场份额持续提高，成为淄博电信运营企业的排头兵。

淄博移动通讯公司送"福"上门　（邢善才　摄）

业务发展。立足发展新客户、新业务、新话务，细分客户市场，适时推出手机博客、手机地图、飞信、掌上搜、手机导航等一批新业务。建成临淄政务专网、商业银行无线ATM、大众出租GPS定位、《淄博手机报》等一批移动信息化项目,移动"蓝海商务"初见成效。

农村市场。加大投入,完善农村通信网、营销网、信息网,全年90%的新建基站建在农村。实施"村村有点"工程,村级移动业务代理总数达到2700家,初步形成以乡镇营业厅为核心、村级代办点为末梢的营销网络。推出"田园卡""农家乐""游子卡"等产品和"农信通""移动村务通"等农村信息化产品,受到农民欢迎。

客户服务。强化服务支撑,在城区推广"服务监督卡",在农村推行"贴心服务卡",有效提升服务水平。完善客户投诉快速响应机制和投诉热点分析通报制度。开展"满意100""用心做服务"等活动,强化服务管理,窗口服务质量得到显著提高。客户满意度连续3年在全省移动系统名列前茅。

网络建设。2006年,工程建设总投资2亿元,为历年来最高,是历年网络建设总量的40%。全网业务电路自建率达100%,满足了业务发展的需求。全面开展网络运维的精细化管理,网络的覆盖和质量水平进一步提高。

企业管理。加强内部审计力度,企业抗风险能力增强。开发了经营分析考核系统、营销政策跟踪系统,加强对动态数据的分析,提升了对市场、业务和服务的支撑能力。电子合同审批流程上线运行,提高了运营效率。

企业文化。公司建立了以"正德厚生,臻于至善"为核心价值观、以"创无限通信世界,做信息社会栋梁"为企业使命、以"成为卓越品质的创造者"为愿景的新版企业文化理念体系。年内,公司被授予全国创建学习型组织先进单位、省企业文化建设示范单位、省第六届消费者满意单位等荣誉称号。

(邢善才)

【中国铁通淄博分公司】 2006年,铁通淄博分公司完成经营收入4380万元,比2005年增加1232万元,增幅为39%。固定电话净增10377部。ADSL完成装机4801户,比2005年增加1185户,增幅为33%。

网络建设。全年累计投入建设资金1400万元,新敷设光电缆375公里,新增交换机容量5568线,扩容2640线;互联网新建局端设备640线,扩容2848线,新建临淄齐都、淄川鲁泰等15个模块局。2006年,公司投资200万元,完成市长公开电话呼叫中心远程坐席一期工程,先后开通了临淄区政府、桓台县政府、双星热力公司、诚信燃气公司等6个单位。2006年,公司被市政府表彰为市民投诉暨市民建议征集工作先进单位。

企业管理。突出优化激励,不断进行内部改革。2006年共有6名业务骨干被推荐晋升技术职务。通过实施风险抵押金制度,将企业兴衰与员工收益紧密挂钩。2006年实现了全年无责任用户投诉的目标,平均服务时限比2005年提高32.5%,用户投诉处理满意率达到100%。 (尹宝财)

【中国电信集团北方电信有限公司淄博市分公司】 截至年底,淄博市电信公司下辖五区三县共8个分公司,总资产2.1亿元。2006年,公司在管理机制、业务、技术、服务方面保持了持续、健康、快速的发展势头,被授予市级文明单位等荣誉称号。

业务创新。公司推出"商务领航"业务,积极参与中小企业提升计划。开展"号码百事通"业务,在96114/118114号码查询台的基础上,充实完善旅游、购物等多方面信息,增加查询转接等服务功能,为市民提供便捷的信息消费。开展"全球眼"业务,将监控和互联网有机结合,实现远程、动态、实时监控,为单位、社区安全提供有力支持。

电信服务。努力缩短服务时限,坚持一站式服务、预约上门服务、回访制度等,提升了用户服务满意率。对内提高窗口营业人员的整体素质,对外建立健全监督机制,及时解决群众反映的问题。加强与各银行的代收话费合作,方便用户交费,树立良好的服务形象。

网络运维。公司不断加大投资力度,对现有网络结构进行优化调整,确保提升对各类客户的服务质量。集中进行机房、线路整治,开展宽带服务"腾龙工程",提高宽带网络质量和装维质量,打造电信宽带信誉品牌。全年各项网络运行指标完成较好,网络可用率100%,网络接通率每月均在99%以上,长途来话接通率各月也超出全省平均水平。

基础管理。提升管理的精细化、规范化水平,强化各单位的执行力,推行督办单、配档表制度,确保工作得到有效落实。建立内部协作制度,强化对县区公司的服务支撑,企业内部工作流程更加顺畅。做好员工队伍的"选育用留"工作,员工队伍素质明显提高。

(宋澍超)

本部类编　辑:赵建国
副主编:安永善
校　对:杨建明
孟　明

城建 环保

城乡建设

【城市基础设施建设】 2006年，全市城市市政公用设施完成投资约20亿元，新增污水处理能力5.5万吨/日；新增用气人口2万人；新建、扩建城市道路面积232万平方米。新城区“两纵四横”6条道路和10座桥梁工程全面完成，敷设各种管线共计810公里，完成投资7.2亿元，其中政府投资完成5.3亿元。中心城区排水管网改造任务完成31.84公里。城市生活垃圾焚烧发电厂建设顺利，高新区污水处理厂已完成投资2200余万元。周村污水处理厂除磷脱氮改造工程、桓台污水处理厂新建工程、沂源污水处理厂改造工程全部投入运营。

【城乡环境综合整治】 出台《淄博市村镇环境综合整治实施方案》，制定淄博市乡镇环境综合整治考评细则和淄博市村庄环境综合整治考评细则。在城市连接线和城区背街小巷、居民小区等重点地段、部位开展以治理白色污染为重点的专项整治活动。组织开展临时广告牌匾专项整治活动，共清理移动广告牌、灯箱1563块，规范广告牌匾4210块。有27个居民小区开展了生活垃圾定点、定时、袋装收集试点工作。

【城市园林绿化】 2006年，创建国家生态园林城市工作启动。全市完成城市绿化投资5亿元，30项城市绿化重点工程开工建设。新建园林绿地460公顷，新增城市公共绿地面积165公顷。全市城市绿化覆盖率达到39.5%，绿地率达到33.5%。绿地养护管理年活动全面展开，全市城市绿地养护管理水平进一步提高。新增翠屏山和摘星山两处市级风景名胜区，全市风景名胜区总面积415平方公里，占全市总面积的7%。

【房地产开发】 2006年，全市房地产开发完成投资96.11亿元，同比增长23.93%，增幅同比回落8.29个百分点，宏观调控初见成效。施工面积1166.21万平方米，同比增长32.60%；新开工面积550.04万平方米，同比增长32.17%。进一步加强项目配套、商品房销售及开发项目的动态监管。相继出台《淄博市房地产开发项目配套预存款管理规定》《淄博市商品房现售备案管理办法》《淄博市房地产开发项目手册管理办法》等规范性文件。加大执法检查力度，重点检查建设工程手续办理、企业开发经营行为及商品房售后服务工作等情况，共检查建设项目446个。加强性能认定和康居示范工作的宣传和引导。2006年淄博市新申报的3个项目通过建设部性能认定预审，2个项目通过性能认定中期检查，首个项目顺利通过国家康居示范工程设计方案审查。

【建筑业】 2006年，全市建筑业实现产值306亿元、增加值91.6亿元、利税16.4亿元，同比分别提高17.7%、14.5%和17.1%。外出施工产值达93亿元，同比增长19.2%。全市招标工程1130个，应公开招标工程公开招标率达100%。创出鲁班奖工程1项、国优工程2项、泰山杯工程9项、装饰装修泰山杯工程4项、科技示范工程13项，申报技术创新奖6项、省级施工工法27项。淄博市特级资质施工企业实现零的突破，2家施工总承包企业晋升为特级资质。整顿和规范建筑市场秩序，工程参建各方主体法制意识增强，建筑市场秩序进一步规范。清理拖欠工程款工作，网上清欠率达99.52%，全年解决网上拖欠项目27个，受理民工投诉136起，涉及民工工资1160万元，其中包括省清欠办转办件35起，涉及民工工资421万元。

【村镇建设】 是年，全市村镇建设完成投资51.5亿元，同比增长16.5%。其中，20个中心镇完成投资35亿元，中心镇的龙头带动作用进一步增强。新一轮村镇规划修编全面启动。投资30万元，用于3个县的乡镇总体规划修编工作以及3县200余个村庄的建设规划修编工作。继续开展“三下乡、五服务”(科技、规划、设计下乡，为农民建房、修路、改水、改厕、改善人居环境服务)活动。为沂源县的6个村庄免费提供规划、设计、测量、施工、培训等技术服务和技术支援，向有关乡镇、村免费发放全市小城镇优秀住宅设计方案。指导各区县设立示范点，就实现村容整洁问题进行探索。

【建筑节能】 认真执行建筑节能标准，实施了居住建筑节能65%、公共建筑节能50%的设计标准。推广外墙外保温系统，在全省率先实行建筑节能检测，实现节能建筑认定的科学化、标准化和规范化。推广应用煤矸石多孔模数砖，研制开发黄河泥沙制砖技术，新型墙材的生产比例和应用比例分别达到90%和95%以上。截至年底，淄博市已办证和具备认定条件的新型墙材企业达125家，年设计生产能力达到24亿块标砖，实际完成近14亿块标砖，利用工业废渣约280万吨，节约标准煤16万吨，节约耕地166.7公顷，产生直接经济效益4亿元。

(刘 峰)

国土资源管理

【国有土地招拍挂】 2006年，全市共招拍挂出让土地158宗，出让面积398.63公顷，成交额22.02亿元，实现政府收益10.04亿元。其中，拍卖出让42宗，土地面积113.33公顷，成交额6.43亿元；挂牌116宗，土地面积285.3公顷，成交额

15.59亿元。

【土地储备管理】 市国土资源局对储备土地的管理形式进行探索，出台《关于开展土地统一储备试点工作的意见》，制订试点工作方案。2006年，全市共征收、收购储备土地94宗，面积241.09公顷。

【用地拆迁】 对市政府一宿舍和中心路农贸市场拆迁工作进行调查摸底，制定出切实可行的拆迁实施方案。探索旧城改造拆迁安置工作的新办法，妥善解决了银座商城、金宝岛大厦等工程用地拆迁中的遗留问题。

【统一征地工作】 制定淄博市征地统一年产值标准和区片综合地价上报省政府，为依法合理补偿提供了依据。出台《淄博市征地地面附着物和青苗补偿标准》《关于开展征地制度改革试点工作的意见》和《淄博市征收土地补偿安置办法》，全市科学统一的补偿标准体系初步建立。加强对协议出让、划拨土地和集体使用土地公示公告的管理，在全市根据土地使用性质的不同，分别开展土地公示公告工作。进一步规范全市新增建设用地勘测定界技术规定，保障重点工程建设的需要。

【新增建设用地审批】 2006年，共审批供应国有新增建设用地74宗，面积250.24公顷。其中：用于工业项目26宗、面积49.2公顷；商业用地12宗、面积9.47公顷；房地产开发31宗、面积159.2公顷；农村集体组织使用本村集体土地面积14.93公顷；其他用地项目17.44公顷。上报并批回28个正常的批次和单独选址项目，面积627.20公顷。确保胶济铁路、市体育场等36个重点项目的用地。

【存量土地有偿使用处置审批】 全年办理国有存量土地审批230宗，面积827.53公顷。其中：划拨土地22宗，面积30.66公顷；协议出让208宗，面积796.87公顷。协议出让的土地中，处置破产企业土地资产36宗，面积68公顷，破产企业获土地使用权合同出让金6847万元，安置下岗职工2657名。

【矿产资源管理】 1.采矿权受理审批。全年受理市以上、以延续和变更为主的采矿权申请36个。2.矿产资源开发利用年检。全市应检采矿许可证550个，参加年检采矿许可证中合格483个、基本合格44个、不合格8个。市局直检的25个采矿权人、36个采矿许可证全部参检，年检率100%；区县局年检的采矿许可证514个，检查499个，年检率97%，有15个因企业停产或被政府决定关闭未参加年检。3.全年征收矿产资源补偿费等费用475万元。

【基本农田保护】 严格执行耕地占补平衡、“先补后占”等相关规定，按照占用耕地“占一补一”的要求，对所占用耕地进行补充。规范耕地易地开垦补充耕地行为，共办理异地开垦补充耕地5宗，补充耕地面积315.33公顷，补划基本农田282公顷，交易金额1502万元。

【土地开发整理】 1.组织申报土地开发整理项目。将5个土地整理项目申报为国家投资土地开发整理项目。组织编制2005年度省投资淄川区、博山区、周村区等3个土地整理项目规划设计报告和预算书，并经省国土资源厅、省财政厅批准，下达投资计划2729万元。按时完成9个到期土地开发整理项目的工程施工、财务决算审计和验收工作，会同相关部门对博山、桓台等区县2005年土地开发整理项目进行验收，验收合格项目78个，增加耕地541公顷。2.土地开发整理项目试点。指导高青、沂源两县分别制订具体的试点方案，确定项目区，编制项目可行性研究报告，部分项目完成规划设计和预算，试点工作进入全面实施阶段。3.规划工作。做好土地利用总体规划修编前期工作，完成《全市2006～2020年技改项目用地汇总》和《淄博市城市规划(2005～2020)》纲要送审稿的意见反馈，组织编写了《淄博市土地利用总体规划修编工作方案》。完成2006年重点建设项目的规划调整上报审批和市县两级矿产资源总体规划数据库及信息系统建设等工作。4.土地节约集约试点。出台《关于开展土地节约集约利用试点工作的意见》，淄川区、周村区被列为试点单位。

【地质环境和矿产勘察储量】 1.地质环境工作。起草《淄博市2006年汛期地质灾害防治方案》，开展地质灾害防治工作，对沂源县、博山区、淄川区、临淄区、周村区进行地质灾害巡查。全年收取保证金252万元。2.矿产勘察储量工作。对由省国土资源厅颁发采矿许可证的114家企业和由市国土资源局颁发采矿许可证的49家企业的统计数据输入数据库，并进行占用登记审查，按时上报。搞清“三下”(物下、路下、水下)压矿的基本数据，对建设项目是否压覆矿床实行严格管理，确保建设项目压覆矿床管理制度得到落实。

【土地登记规范化管理】 2006年，共办理各类土地登记23952宗，其中国有土地使用权登记22626宗、集体土地711宗、土地他项权利615宗。做好全国土地利用基础图件与数据更新调查项目试点工作，4月28日，利用遥感影像资料开展土地利用数据库的二次更新工作通过国土资源部组织的验收。历时两年，完成涵盖地籍、测绘等8个分系统的淄博市国土资源管理信息系统开发。6月10日，该信息系统顺利通过验收鉴定。开展新一轮城区基准地价更新工作，出台基准地价更新调整工作方案，完成了淄博市C级GPS网的建设。

【依法行政】 《淄博市国有土地租赁办法》《淄博市土地征收补偿安置办法》的立法调研和文本起草工作全面展开。召开首次全市国土资源管理依法行政工作会议，制定印发《淄博市国土资源行政处罚自由裁量权实施办法(试行)》《淄博市国土资源行政处罚自由裁量权参照执行标准(试行)》和《淄博市国土资源行政执法手册》。2006年，全市立案查处各类国土资源违法案件601起，立案率达98%，给予有关责任人党纪政纪处分86人，申请法院强制执行33起，移送公安机关追究刑事责任12起，结案率达96.7%。受理部、省转群众信访案件237件，结案228件，处结率达96.2%。办理行政复议事项20件次。

(刘士春)

城市规划

【规划编制】 2006年，市规划局组织开展了淄博市城市总体规划修编和张店老城区改造控制性详细规划。编制完成淄博新城区道路交通、供水、排水等14项专项规划和核心区的城市设计；完成淄博市住房建设规划和胶王路淄博段、柳泉路北段等道路的控制规划；完成青岛大炼油成品油管线工程的选址和胶济铁路四线工程选线定点；完成张店老城区排水管网、雨污分流改造、新城区污水处理厂及其配套管网、高新区污水处理厂及配套管网、张店南郊污水处理厂配套管网规划项目。完成95件市区人大代表建议和政协委员提案的办理答复，办理市民投诉中心转办件和市领导批示件29件，办结率100%。

【规划审批】 修订《淄博市城市规划管理技术规定》，研究出台了业务办公会工作程序及相关规定。全年依法核发建设项目选址意见书628份，选址面积1462.2万平方米；核发建设用地规划许可证522件，用地面积1707.5万平方米；核发建设工程规划许可证530件，建筑面积927.7万平方米；核发建设工程竣工规划验收合格证303件，建筑面积416万平方米，“一书三证”的依法核发率达到100%。与市法制办、城市管理行政执法局联合制定《淄博市城市户外广告设置管理办法》。开展城乡规划效能监察，对城乡规划现状管理情况进行自查和督察；开展年度执法检查，对在建工程进行规划调研。

【设立村镇规划管理科】 市规划局村镇规划管理科于8月设立。其主要职能是：负责研究制定全市村镇规划的有关政策、技术规定，指导全市村镇规划工作；负责城市规划区内村镇规划的审查、报批工作；负责核发村镇建设项目的“一书两证”（建设项目选址意见书、建设用地规划许可证、建筑工程规划许可证）。各处、分局村镇规划管理科的职能：负责辖区内村镇规划的初审、上报工作；负责辖区内村镇规划的实施管理；负责办理村镇建设项目的“一书两证”的审核上报等事项。

【《淄博市城市规划管理技术规定》颁布实施】 在1996年制定的《淄博市城市规划管理技术标准》的基础上，修订完成《淄博市城市规划管理技术规定》。该规定对建筑最小间距、高层建筑退让用地距离、不同方位建筑退让道路距离、建设用地内部住宅建筑的日照标准等重要技术指标作出调整。对建筑基地的最小面积作出规定，鼓励规模开发，避免零星插建。对建筑基地绿化的要求更加严格，进一步细化了给水、排水、电力、电信、热力、燃气、消防、人防以及环境卫生等专项设施和管网布置方面的内容。增加了“城市景观与环境”一章，将城市景观与环境列入规范管理的内容。

【《淄博市住房建设规划》批复实施】 《淄博市住房建设规划》由市规划局牵头，由市规划设计研究院和市规划信息中心编制。规划范围包括张店、临淄、淄川、周村和博山5个城区，规划期限为2006年至2010年。根据规划，到2010年，各类套型建筑面积90平方米以下的住房面积所占比重必须达到70%以上，其中经济适用房等政策性住房的建筑面积应当占总面积10%。2007年至2010年，张店中心城区西北部地区、临淄城区东北部地区、淄川城区西部地区、周村城区东北部地区和博山城区西北部地区将作为新增住房建设重点发展的地区。规划期内，全市将对这些地区在土地供应、基础设施、公共设施和建设资金等方面给予优先安排。《淄博市住房建设规划》于12月21日由市政府批复实施。

【柳泉路北段控制规划编制完成】 2005年9月，市规划局委托深圳市城市规划设计研究院编制柳泉路北段控制规划。该规划范围沿柳泉路北延，北至桓台县赵家庄北路，南至中润大道，东至涝淄河，西至开发区北路段，总长约11公里，沿路1300米左右控制区域，规划用地面积14.97平方公里。规划提出以柳泉路北段为城市功能联系轴，沿路布置6个功能区段中心和3个服务中心。

【胶王路淄博段控制规划编制完成】 2005年9月，市规划局组织市规划设计研究院编制胶王路淄博段控制规划。该规划范围西起周村区王村镇，东至淄川区黑旺镇，总长约52.2公里，道路两侧各控制500米，沿线村庄近40个，规划用地面积约52平方公里。该规划主要内容包括用地控制规划、道路交通规划和绿化景观规划。该规划对交通设施，包括加油站、加气站、公交站点、长途客运站、停车场等进行统一的规划调整；对沿线6个重要节点及淄川西环路至庆淄路段的胶王路南北两侧地段分别进行了城市设计和规划设计。

【淄博新城区核心区三维景观辅助评审系统设计完成】 淄博新城区核心区三维景观评审系统是国家“863”计划科研成果的具体应用，由淄博市规划信息中心设计完成。该系统可以自动设置路径，并以任意高度、角度进行浏览。系统还可以展示正在规划中的设计方案，对建筑的风格、色彩、高度、位置等方面进行审定，以辅助规划评审，提高规划决策水平。

【数字社区系统开发完成】 由淄博市规划信息中心与北京英特图元信息技术有限公司联合开发的数字社区系统是地理信息技术与虚拟现实技术相结合的一种新型房产销售软件，是国家“863”计划试点城市的重要内容之一。该软件可以向购房者展示房屋的位置、环境、设施等信息，能够清晰显示地下管线，提供管线定位信息，还能实现公共设备监控、危险品监控、消防设施监控。（宋传玑　宋玉谍）

房　地　产

【住房保障】 市房管局进一步规范经济适用住房管理，严格控制经济适用住房的套型面积、销售价格、销售对象，对温馨家园、中德奥林新城等4个项目的1750套经济适用住房向社会进行公示，确保经济适用住房政策的公开、公平、公正。2006年，全市投资7.14亿元，完成经济适用住房施工面积75.90万平方米，竣工面积33.6万平方米，为中低收入家庭提供经济适用住房4400套。按照《淄博市城镇廉租住房工作规范化管理实施办法》，全年审批廉租家庭872户，其中发放租赁住房补贴406户，租金核减466户。

【房地产市场管理】 2006年，全市房地产市场平稳健康发展。全年房地产市场交易面积1022万平方米，交易额124亿元（新房、二手房、租赁和抵押的总额），分别增长2.87%和15.8%。强化商品房预售管理，进一步完善统一颁发商品房预售许可证制度。提请市政府出台《淄博市商品房买卖合同网上备案登记办法》，全面推行商品房买卖合同网上备案工作。与中国人民银行淄博分行联合制定《淄博市商品房预售款监管实施办法》，推行预售款监管制度，确保商品房预售款专款专用。联合市发改委、市物价局、市工商局制定《淄博市房地产交易秩序专项整治工作实施方案》。与地税局联合制定《关于进一步加强房地产交易环节税收管理的通知》《关于进一步加强个人住房转让所得个人所得税税收管理的通知》，做好房地产契税、营业税及个人所得税的征收。

【物业管理】 2006年，全市有物业管理项目459个，管理面积达2161万平方米，其中国家级优秀物业项目6个、省级优秀物业项目15个，业主数量达20多万户。年内，《淄博市物业管理办法》《淄博市物业管理行业规范》等政策法规出台。截至年底，全市收取物业维修资金1.7亿元。

【产权产籍管理】 2006年，全市发放房产证6.85万本，发证面积1186万平方米。市房管局优化产权登记网络管理系统，完善房产档案的微机化管理，实现房产测绘图纸的网上审查。开通商品房预售合同备案系统和预售款监管系统，房产管理的信息化水平显著提高。认真解决历史遗留房产权属登记，修订了《淄博市城市房屋权属登记要件标准》，进一步规范产权发证行为。全年协助法院办理查封案件284件，协助执行20件。

【房屋拆迁】 市房管局加强拆迁工作的规范化管理，实行房屋拆迁许可听证制度。加强房屋拆迁评估监督，加大拆迁政策宣传力度，实施阳光拆迁工程。全年依法拆迁面积60.2万平方米。做好拆迁信访工作，及时妥善处理拆迁纠纷。房屋拆迁信访案件同比下降72%。

【公房管理和运营】 2006年，由监察、房管、财政三部门联合组成的市级行政事业单位国有房产监管运营办公室成立。淄博市的公房管理和运营形成财政部门监管，房产部门运营，占有和使用单位具体管理的监管运营新机制。制定国有房产监管运营的处置程序，确保国有房产收益按时上缴收益专户。截至年底，累计征收房产收益1160万元，其中直管公房出租收益500万元，其他国有房产运营收益660万元，非直管公房运营收益首次超过直管公房收益。 （刘兴胜）

公用事业

【概况】 2006年，全系统完成工业总产值23744万元，同比增长8.34%；实现销售收入31947万元，同比增长35.96%；焦炭产量172286吨，同比增长7.13%；煤制气销量2653万立方米，同比增长19.72%；全市天然气销量2.98亿立方米，同比增长64.64%。

【集中供热】 新建供热热源7处，增加供热能力390吨，新增供热主管网近20公里，工程投资2.2亿元。截至年底，全市有供热企业36家，其中热源企业14家，供热经营企业22家，供热总面积达2833万平方米。全市建成锅炉房31处，换热站167座，供热一次管网总长度约1700余公里，形成以各个城区为中心的较为完善的供热服务网络，城市热化率在全省处于领先水平。

【热源建设】 市公用事业局与有关部门组成联合调研组，到热源企业和供热企业进行调研，确定了供热热源建设方案。由淄博热力有限公司在科技工业园和新城区南部建设两个热源项目，供热规模110吨/小时。其中，在科技工业园新上两台35吨/小时蒸汽锅炉并配套建设4.6公里蒸汽管网，解决中润华侨城供热问题。在新城区南部新建40吨热水锅炉1台，并配套建设8.2公里热水管网，新增供热面积约40万平方米。淄博双星热力公司在张店区潘庄新建40吨热水锅炉1台，新增供热面积约40万平方米。淄博环保供热公司在新城区北部建设35吨热水锅炉1台。2006年，全市热源建设投资、建设规模都创下历年之最。

市领导视察中心城区热源建设工程

（王增新 摄）

【供热许可审查】 年内，开展了对供热行业的管理由资质管理调整为许可管理之后的首次审查发证工作。市公用事业局在对各供热企业、热源企业上报资料进行审核的基础上，组织专家对全市供热企业、热源企业的供热能力、设施水平、人员素质、服务质量、管理水平、安全及应急保障措施等进行审查。全市有36家供热企业达到供热许可条件，取得供热经营许可证。其中，由淄博市直接审批发证23家，由淄博市初审、省建设厅审批发证13家。

【供热管网改造"十一五"规划编制】 2月，国务院将淄博市列为全国城市集中供热管网改造"十一五"规划的编制范围。市公用事业局在全市迅速展开供热管网调查摸底，初步制订出改造技术方案和措施，并委托山东省城乡规划设计研究院对淄博市供热管网改造"十一五"规划进行编制。此次供热管网改造规划，需更新改造供热管线328.45公里，工程投资40494.55万元；热力站节能技术改造项目54个，工程投资11007万元；二次网节能技术改造工程投资17175万元；合计工程投资68676.55万元。9月，《淄博市城市集中供热管网改造"十一五"规划》正式出图。

【公用工程管理】 年内，市公用事业局对全市现有市政公用工程中涉及燃气、供热、供水等方面的工程设计、施工、监理等有关内容进行检查清理。对达不到资质标准的单位，责令限期整改，整改仍不合格的不予登记备案，不得参加公用工程的招投标和工程的设计、施工、监理。

【燃气安全管理】 年初，与有关燃气企业签订安全生产责任书，明确安全生产责任，工作中实行安全生产"一票否决"制和事故责任追究制度。完善《淄博市重特大燃气事故应急救援预案》，建立燃气重大危险源数据库。对71家已取得燃气经营许可证的燃气企业和8家已取得燃气供应许可证的站点进行年检。全年下发隐患整改通知书63份，全部得到整改落实；下达责令停止违法行为通知书26份；下达责令限期改正通知书、建设行政处罚决定书共11份。

【燃气管网普查及燃气市场整治】　年内，市公用事业局在全市开展燃气管网普查，对燃气施工企业进行集中检查，对燃气经营市场进行集中整治。对于无法达到许可条件的燃气经营企业和站点，一律依法取缔。共检查燃气企业和液化气换瓶站点206家，查封取缔非法燃气经营站点28家。

（王增新）

环境保护

【概况】　2006年，全市污染物COD、二氧化硫排放总量同比分别下降5.3%、4.28%，空气环境质量优于二级以上天数达到310天。全市主要河流水质趋于好转。其中，沂河出境断面水质连续4年达到功能区划标准；猪龙河张店区出境断面COD降到50mg/L以下，入小清河处出境断面COD基本稳定在150mg/L。在2005年国家环境保护重点城市考核中，淄博市8项主要指标有2项（城市生活污水集中处理率77.32%、建成区绿化覆盖率44.50%）进入全国前10名，被评为优秀等次。

11月，省委副书记、省长韩寓群到淄博视察环保工作

（田　华　摄）

【重点流域水污染防治】　1. 猪龙河流域综合整治。张店区完成投资9100万元，铺设污水管网24公里，接入排污口879个，河道清淤8.5公里，完成清淤土方量2.4万立方。排入猪龙河的工业和生活污水全部进入污水处理厂处理。按照国家污水处理厂一级A类排水标准，开工建设光大水务（淄博）有限公司北污水处理厂除磷脱氮工程和南污水厂生化处理工程。全省首座一级A标准的淄博高新区10万吨/日污水处理一期工程进展顺利。2. 孝妇河流域综合整治。博山区实施孝妇河城区段截污工程建设和城市管网雨污分流工程，累计投资近亿元，完成河道综合治理6.5公里，新建排污干道8.2公里，完成河床防渗处理18万平方米。淄川区投资7310万元，对留仙湖上游地段进行改造，对孝妇河进行综合治理。猪龙河、孝妇河、淄河、沂河、支脉河五大流域共完成投资12.6亿元，整治河道48公里，新改扩建污水厂8座，建设污水管网86公里。

【水环境综合整治】　年内，张店东部化工区共完成42处点源的集中整治，对4处污水处理设施进行了改造。东部化工区累计完成投资近2亿元，完成116处点源的污染治理再提高工程，水环境质量得到改善。关停取缔向齐鲁石化排海管线偷排污水企业15家，对排海管线沿线私设的排污口进行全面封堵，对重点排污企业全部安装水质自动监测装置。2006年，齐鲁石化公司投资2.1亿元，开工建设4个环境污染治理、8个节水减排、6个污水回用项目，污水排放量由2005年底的每天9.6万吨减少到7万吨。周村区投资600万元完成2.9公里的城区管网改造，并开工建设王村污水处理厂。淄川、博山、周村污水处理厂和高青县城市污水处理厂一期工程已实现达标运行，淄川含酚废水处理厂开始运行。一期工程为5万吨/日的临淄齐城污水处理厂已完成初步设计。投资1200万元的沂源县污水处理厂除磷脱氮工程已投入试运行。山东理工大学等7处中水回用工程开工建设，其中万杰集团小区、临淄金茵小区、沂源一中等中水回用工程建成投入运行。市环保局对全市产生含酚废水企业进行调查摸底，并成立督导组，进驻杨寨污水处理厂，统一调度全市含酚废水的集中处理工作，与公安、监察等部门密切配合，对随意倾倒含酚废水现象进行打击。

【大气污染防治】　1. 化工异味整治。在张店东部化工区实行24小时值班制度，进行全天候监管。建成全市首家环境气象站，对东部化工区的气象参数实行24小时动态监测。新华制药股份有限公司的3个车间、大成农药股份有限公司的3个分厂提前完成治理任务。新华制药投资800万元安装的污水处理厂生物脱臭设备投入运行，三甲醛项目实施了搬迁改造。大成农药投资100万元新上焚烧炉，对高浓废气进行焚烧处理。东部化工区各企业废水外排口全部安装水质在线监测仪。在临淄区的梧台、朱台、敬仲、齐都，桓台县的果里，张店区的良乡等重点区域进行区域化工异味整治，共取缔污染企业255家。2. 二氧化硫、粉尘、烟尘污染防治。全市34家电厂将统一安装二氧化硫在线监测设备并进行统一监管、统一补助。完成齐鲁石化热电厂等8家电厂的烟气脱硫工程以及淄博鑫胜热电有限公司等9家电厂的循环流化床炉内喷钙脱硫设施建设。对88家燃煤炉窑实施清洁燃烧技术或天然气替代改造，拆除、关停落后燃煤炉窑256座，拆除废弃烟囱300多条。对博山水泥厂60万吨水泥生产线实施了关停。3. 机动车排气污染防治。加快城市营运车辆的双燃料改造步伐，张店区出租车双燃料改造完成80%，大型公交车双燃料率完成50%。

【生态市建设】　按照生态市建设阶段目标要求，确定2006年度生态市建设任务，编制了创建国家环保模范城规划。淄博高新区成立四宝山生态恢复领导小组，关停所有采石场，种植各类树木近8万株，整修道路3000余米。开展以保护水源地为主要内容，以四宝山生态恢复区、萌山水库上游和大芦湖生态保护区等为重点的生态监察工作。张店区南定镇、桓台县索镇镇、沂源县东里镇被命名为国家级环境优美乡镇。开展生态文明村试点，切实加强农业面源污染防治。召开全市清洁生产审核工作经验交流会，成立淄博市蓝天环保清洁生产推广中心，确立25家企业为清洁生产审核示范单位，并签订清洁生产审核技术合同。20家企业完成清洁生产审核工作，其中3家企业获得A级证书。

【固体废物防治和辐射环境监管】　投资2.5亿元、日处理规模1000吨的市垃圾焚烧发电厂主体工程建设基本完成。投资1600万元的张店辛曹垃圾场覆土绿化工程将与市焚烧发电厂同步完成。召开全市辐射环境管理工作会议，培训专业人员155人。签订辐射环境安全目标责任书，对新退出的45枚密封型放射源进行安全收贮。编制全市辐射环境安全涉源单位示意全图。对全市已取得危险废物经营许可证的10家单位进行监督检查，督促企业完善应急预案。

【环保执法】 年内，市政府出台《关于加强建设项目环境保护管理工作的意见》，进一步强化中心城区周边及其他敏感区域的项目控制，引导项目进入园区进行规范发展。暂停向猪龙河、淄河流域有水污染物排放建设项目的审批。对1441个建设项目、185个化工石化类建设项目及其他存在有毒有害物质的建设项目进行检查；对2006年上半年新开工的142个项目进行了清理。先后出动执法人员17000余人(次)，检查污染企业8533家(次)，检查监测河流断面262次，查处917家(次)环境违法行为，对196家污染企业进行限期整治，对69家企业实施停产整顿，依法取缔小化工企业350余家。出台《环境信访事项办理工作规则》，全年接待群众来访177次613人，受理信访案件2277件，处结率100%，重复上访率小于5%。编印了《环境保护行政执法自由裁量试用工作手册》，做到处罚标准具体化、处罚程序规范化、处罚执行公开化。

【环境监测】 市环境监测站全年获取有效监测数据25.7万个，同比增长41.7%。完成黄河水质污染应急监测工作，市环境监测站被荣记集体三等功。年内，市环境监测站通过国家实验室认可和计量认证复核，144个监测项目、43项现场考核项目全部考核合格。投资570万元，购置了应急监测车及监测仪器等设备。

【行风建设】 加强机关效能建设。建立和落实服务承诺制、首问负责制。市行政服务中心的环保窗口2006年再次被评为年度十个优秀窗口之一。向70多家污染治理企业提供技术、信息，帮助企业节约资金2300多万元。支持民营经济加快发展，在环境影响评价方面减半收取服务费，为50多家企业节约开支300多万元。

(刘云龙　杜玉玮　王新军　崔明华　毛鹏鹏)

本部类编　辑：赵建国
副主编：安永善
校　对：王　娟
徐先法

·集邮小常识·

世界上最早的三角形邮票

英属好望角于1853年9月1日发行了世界上最早的一枚三角形邮票.当时英殖民当局打算设计和英国邮票风格不同，而又便于文化水平不高的邮局职员分拣信件的邮票，便在伦敦印制了从未有过的三角形邮票，全套2枚，即红色1便士和蓝色4便士；主图为“希望女神”。

世界上第一套慈善邮票

1897年，由澳大利亚新南威尔士首先发行了第一套慈善邮票。当时的新南威尔士是英国在澳大利亚的一个殖民地，这就说明，这套慈善邮票并不是由正式国家发行的，只能说明是世界上第一套慈善邮票。1905年，由俄国发行了一套战时救济邮票，这是一套慈善邮票，因此，俄国是世界上最早发行慈善邮票的国家。

变体邮票

邮票印制过程中，由于印刷技术上的差错而造成有缺陷不合格品，未检验出来，通过邮局流入市场，称之为变体邮票。变体邮票基本上是因印版缺陷、印制错误、用色错误、齿孔错误、水印错误、加盖错误等造成的。主要有以下几种：

漏印：在特殊情况下，在邮票上加印文字或图案或改变面值，均因印刷时发生文字、图案、数字等漏印一部分；

倒印：双色或多色套印邮票，印刷时把其中一色套印倒了即出现变体；

漏齿：有齿孔邮票发生各边或一边漏打齿孔现象；

复盖、倒盖：在邮票上加盖文字、图案、数字时发生的重印或倒印现象。变体邮票根据缺陷情况可分小变体和大变体。

(市集邮协会　供稿)

商品流通

综　述

【概况】 2006年，全市消费品市场繁荣活跃，全年实现消费品零售总额499.8亿元，同比增长16%。城乡消费品市场同步增长。全市城市消费品市场实现零售额400.2亿元，增长16.4%，对社会消费品零售总额增长贡献率为81.8%；县及县以下农村消费市场实现零售额99.7亿元，增长14.4%。各行业零售额均保持增长，住宿和餐饮业业绩喜人，实现零售额76.9亿元，增长17.3%，增幅同比提高4个百分点，批发和零售业增长16.3%。个体私营经济零售额所占比重稳步攀升。全年个体私营经济零售额增长13.8%，占全年零售额的比重达69.2%，同比提高1.3个百分点。规模以上批发零售企业表现突出，实现零售额153.2亿元，增长27.3%。与消费升级密切相关的汽车、建筑及装潢材料、体育娱乐等类商品销售额分别增长43.7%、67.3%和62.9%。

全市商业、物资、粮食、供销、石油、烟草六大流通系统实现商品销售收入171.2亿元，同比增长16.24%；六大流通系统盈亏相抵，实现利润总额3.37亿元，同比增长29.38%。其中，全市商业、物资、粮食、供销四大系统完成商品销售收入和利润分别为127.98亿元和1.37亿元，同比增长15.86%和25.04%。全市10户重点流通企业集团共实现销售收入和利润分别达102.72亿元和1.09亿元，同比增长26.73%和4.78%，按可比口径计算，分别占全市商业、物资、粮食、供销四大系统销售收入和利润的80.26%和79.56%。

（张继迎）

附：

全市十户重点流通企业集团主要经济指标完成情况表

单位：万元

项　目	商品销售收入			利　税			利　润			资产总额		
	2006年累计	2005年累计	同比±%	2006年累计	同期累计	同比±%	2006年累计	同期累计	同比±%	2006年累计	同期累计	同比±%
合　计	1027161	810516	26.73	20267	18880	7.35	10905	10408	4.78	309859	281333	10.14
淄博商厦	420343	322844	30.20	9878	8066	22.46	5262	4646	13.26	117253	111936	4.75
新星集团	301759	230518	30.90	2243	1970	13.86	1398	1208	15.73	43728	37066	17.97
金帝集团	71865	65712	9.36	2470	2359	4.71	1608	1500	7.20	27010	26568	1.66
东泰商厦	98893	78325	26.26	1400	1150	21.74	386	313	23.32	29111	14843	96.13
奥德隆集团	53356	45760	16.60	1391	1095	27.03	435	398	9.30	18529	16829	10.10
淄博饭店	9550	10018	−4.67	1689	2939	−42.53	1278	1871	−31.69	33174	33417	−0.73
淄博政通超市	26879	17165	56.59	728	787	−7.50	467	421	10.93	9981	8920	11.89
东联汽车公司	19315	17458	10.64	79	19	315.79	21			11099	9242	20.09
淄博面粉厂	11268	8728	29.10				6	8	−25.00	12078	14309	−15.59
淄博特信商城	13933	13988	−0.39	389	495	−21.41	44	43	2.33	7896	8203	−3.74

【商业网点规划】 2006年，市政府出台《关于做好淄博市中心城区商业网点规划实施工作的意见》，规范网点规划实施的工作程序，对部门分工和责任、网点项目审查和听证、网点规划布局引导、网点和市场发展激励政策及用地预留制度建设、网点规划管理法制化和信息化建设等方面作出明确规定。周村区、淄川区、博山区、高青县完成网点规划编制工作。其他区县正在编制过程中。

【"万村千乡"市场工程】 淄博市积极争取扩大"万村千乡市场工程"试点区县，在原有3个试点区县基础上，年内又有5个区县被列入试点，试点区县覆盖面达100%。新增试点依托企业9家，试点依托企业总数达16家，经批准的农家店建设规划646个。截至年底，全市试点依托企业实施"万村千乡"市场工程共建和改造各类农家店1323个，其中日用消费品农家店973个，农资农家店350个，改造和扩建配送中心16处。"万村千乡"市场工程的实施，提升了农村流通现代化

水平,农村流通网络不完善、流通方式落后、农民购物不方便等状况得到初步改变。 (李光洲)

【流通重点工程】 2006年,全市流通重点工程项目80个,总投资179.6亿元。其中,新立项项目26个,总建筑面积143.4万平方米,计划总投资54.9亿元;2005年结转项目54个,计划总投资124.7亿元,接转投资计划74亿元。截至年底,共有在建项目63个,有15个项目年内竣工开业或部分开业。

(李翔 李光洲)

附: **淄博市2006年流通重点工程竣工或部分竣工项目表** 单位:万元、平方米

序号	所属区县(部门)	项目名称	业态种类	建筑面积	计划总投资			年度投资完成情况		项目进展情况	备注
					合计	自筹	引资	年度累计完成	累计总投资完成		
	合计	15项		793000	151354	97354	54000	72960	142315		
	市属	1项		50000	12000	5000	7000	5000	14000		
1		海泉购物广场	综合	50000	12000	5000	7000	5000	14000	已开业	
	张店	6项		389000	74354	44854	29500	47070	81470		
2		开元文化大世界	市场	21000	5234	5234		4320	9920	9月27日开业	
3		风景华庭商务酒店	综合	32000	12000		12000	8000	18400	已开业	
4		淄博工业商贸城	市场	91000	20120	16120	4000	4750	16550	一期主体完工部分交付使用	
5		鲁中五金机电城	市场	140000	20000	8000	12000	11000	13600	9月6日已开业	
6		华都名城	商业	20000	5000	3500	1500	13000	13000	建设中	★
7		鑫盛园蔬菜批发市场	市场	85000	12000	12000		6000	10000	8月31日试营业	
	周村	3项		170000	29000	22500	6500	4380	14335		
8		淄博恒业现代物流园	市场	40000	7000	4000	3000		2135	二期营业房投入使用	
9		周村沙发家具工业园	市场	80000	7000	3500	3500	1800	7000	投入使用	
10		淄博世纪汽车城	市场	50000	15000	15000		2580	5200	长安店、奇瑞店9月28日开业	
	博山	4项		64000	25000	17000	8000	9550	21550		
11		盛尔达商场	商场	35000	6000	4000	2000	5550	12550	营业房投入使用	
12		博山旧车交易市场	市场	3000	5000	1000	4000	500	500	5月1日投入运营	★
13		盛世家园商场	商场	21000	4000	4000		3000	7500	已开业	★
14		博山钢材交易市场	市场	5000	10000	8000	2000	500	1000	已投入运营	★
	桓台	1项		120000	11000	8000	3000	6960	10960		
15		澳门风情大世界	综合	120000	11000	8000	3000	6960	10960	已开业	

注:"★"为2006年新立项项目。

【"三绿工程"】 2006年,"三绿工程"被市政府列入为人民群众办的12件实事之一。按照市政府实施"三绿工程"的总体部署,各区县、市属流通部门共提报"三绿工程"达标企业70家。确定山东新星物流中心、鲁中果品批发市场、淄博金帝购物广场有限责任公司、淄博蓝渤糖酒茶有限公司蓝海超市和山东大地肉牛清真食品有限公司等41家企业,分别为绿色无公害食品配送中心、绿色批发市场、绿色超市、绿色专柜和三星级畜禽屠宰机械化加工企业。截至年底,全市共发展绿色无公害食品配送中心4处,绿色批发市场1处,绿色超市14家,绿色专柜35个,三星级畜禽机械化屠宰企业4家。

【"百城万店无假货"示范店(街)】 根据省委宣传部、省经贸委《关于申报全省第二批"百城万店无假货"活动示范街和第三批示范店的通知》精神,市贸易局会同市委宣传部、市工商行政管理局等部门共同推荐淄博银座商城等5家企业为省"百城万店无假货"活动第三批示范店;推荐淄博王府井广场等4条商业街为第二批示范街。经省"百城万店无假货"活动检查团实地考核验收和省评审组评审,淄博银座商城、淄博鲁能齐林超市、高青华盛商贸有限公司和淄博王府井广场、周村大街、博山区西冶街分别被省委宣传部、省文明办、省经贸委等8部委命名为山东省"百城万店无假货"活动示范店和山东省"百城万店无假货"活动示范街。

【首批"中华老字号"认定】 2006年,商务部开始认定"中华老字号"工作。全市40多家企业分别向市、区县进行申报,经调查核实,初步确定20家企业基本符合《"中华老字号"认定规范(试行)》规定的标准条件。从具有考证依据的18家企业中,选择了11家企业向国家商务部推荐为"中华老字号"认定

企业。11月7日，商务部公布430个品牌为第一批“中华老字号”，其中山东省19家（不含计划单列市青岛）。淄博市的山东黄河龙集团有限公司的“强恕堂”、山东周村烧饼有限公司的“周村”、淄博石蛤蟆餐饮有限公司的“石蛤蟆”、淄博清梅居食品有限责任公司的“清梅居”、淄博聚乐村食品有限责任公司的“聚乐村”5家字号榜上有名，“中华老字号”数量占全省四分之一强。

【拍卖、二手车交易市场】 2006年，全市8家拍卖企业共举行拍卖会415场，成交14.75亿元，同比增长51.3%。二手车成交22953辆，成交6.83亿元，同比增长10.2%。协调鲁中、巨明、张店二手车交易市场互派监督员，遏制了相互压价等不良竞争现象的发生。年内，淄博名仕来车辆评估有限公司和淄博太平洋拍卖有限公司成立。淄博鼎弘拍卖有限公司、淄博公正拍卖有限公司分别变更了法人代表和企业名称。

（杜 平）

【生猪屠宰管理】 截至年底，全市共有屠宰企业75家，其中生猪机械化屠宰线和其他畜禽机械化屠宰线分别达到10条、4条。全市生猪定点屠宰率达95%以上，一类“放心肉店”发展到160多处。2006年，为加强畜禽屠宰企业的建设管理、规范生产经营行为，出台《关于进一步加强畜禽定点屠宰企业建设工作意见》《淄博市畜禽屠宰和肉类市场秩序整治工作实施方案》两个规范性文件。山东大地集团肉牛食品有限公司通过“三绿工程”达标验收，被市政府认定为“三星级屠宰企业”。淄博齐美斯食品有限公司、山东海达食品有限公司两家屠宰企业成为全市首批食品安全信用体系建设示范单位。市贸易局被评为2006年度山东省生猪屠宰管理工作先进单位。

（耿庆华）

【餐饮业】 2006年，全市住宿和餐饮业实现零售额76.9亿元，增长17.3%，增幅同比提高4个百分点。6月，在山东省举办的第三届山东名小吃复评认定活动中，淄博市选送的62款小吃通过专家评审认定，获得山东名小吃称号，占全省的21%，数量居全省第二。

附：

山东名小吃名单

序号	企业名称	山东名小吃
1	淄博石蛤蟆餐饮有限公司	石蛤蟆香肠、石蛤蟆五香猪肉干、石蛤蟆烤肉、石蛤蟆水饺、石蛤蟆酥锅、石蛤蟆烧锅
2	博山城东盛梓源大酒店	盛梓源扒蹄、盛梓源鱼锅
3	博山聚乐村食品有限公司	寸肠、猪肉干、烤肉、酥锅、香肠
4	博山凯泰大酒店	凯泰板肚、凯泰豆腐箱、凯泰酥鱼锅
5	博山掩的金海岸海鲜酒楼	俺爹俺娘酥锅
6.	山东理工大学国际学术交流中心	博山烧饼、南瓜汁、五香卷肘、水晶猪蹄、杏园肴鸡
7	山东知味斋餐饮有限公司	知味香肠、知味闻香风味肉、知味卤汁羊肉、知味酥锅
8	山东淄博青梅居食品有限责任公司	油黄山鸡蛋
9	山东淄博淄川沈家肴菜店	炸肉、香肠、炸广东肉、猪肉干、肴鸡
10	淄博海都食品有限责任公司	酱牛肉、酥鱼、宫廷黄焖鸭、琥珀扒蹄、无糖酥锅
11	淄博洪君独一味食品有限公司	洪君独一味油饼、洪君独一味油条、洪君独一味馒头、洪君独一味火烧、洪君独一味煎饼
12	淄博金三元酒店有限公司	金三元香肠、金三元酱猪蹄
13	淄博金益德食品有限公司	金益德精肉丸、金益德排骨蒸包
14	淄博山珍园食品有限公司	酱春桃、桔梗酱菜
15	淄博市博山馨香食品厂	福源成香肠
16	淄博市周村嘉周宾馆有限公司	嘉周风干鸡、嘉周酱玉菜、四味豆花
17	淄川宾馆	风干鸭
18	淄博卧虎山农业发展有限公司	卧虎山椿芽
19	淄博馨绿野栗子店	花样糖球、糖炒栗子
20	淄博鑫宝实业有限公司	博山菜煎饼、博山油酥饼
21	淄博沂源光明饮食服务公司光明羊肉馆	大锅全羊
22	淄博张店兴业傅家全驴宴	道武驴肉
23	淄博周村老店段家煮锅	段家煮锅
24	淄川宝林斋食品厂	宝林斋五香牛肉干

（杨雪芹）

【创优增效争30强活动】 根据市政府淄政办发〔2005〕17号文件精神，自2005年起，在全市流通企业中组织开展了创优增效争30强活动，各区县和市各部门按照评定方法和标准，严格把关，经过综合考核后，21家企业及其法人代表受到表彰。

附：全市流通创优增效先进企业名单

序号	企业名称	法人代表
1	中石化山东淄博石油分公司	孙俊华
2	淄博商厦股份有限公司	王亮方
3	山东新星集团有限公司	魏心东
4	山东东泰集团有限公司	丁有江
5	山东奥德隆集团有限公司	鞠春生
6	山东和济物流有限公司	王德义
7	淄博银座商城有限责任公司	黄平利
8	淄博圣隆润发商业有限公司	王哲音
9	淄博政通集团有限公司	崔政亮
10	淄博淄川东大商厦有限公司	梁慎书
11	淄博特信百货商城有限公司	贾福堤
12	山东淄博众得利农业生产资料连锁有限公司	胡永力
13	山东桓台百货大楼有限公司	荆开华
14	山东省桓台县联华超市有限公司	张　峰
15	淄博仟佰汇商贸有限公司	吕成文
16	淄博饭店集团股份有限公司	陈家恕
17	淄博市周村嘉周宾馆有限公司	尚慎明
18	淄博知味斋餐饮娱乐有限公司	李　红
19	桓台宾馆有限公司	李淑财
20	淄博桓公台绿色世界餐饮娱乐有限公司	边圣义
21	山东理工大学国际学术交流中心	李昌顺

（李　鹏）

市属商业

【概况】 是年，市属商业企业实现销售收入9.36亿元，完成年度计划的110.12%；实现利润3386万元，完成年度计划的102.61%；上缴税金1799万元，完成年度计划的119.93%；超额完成与市政府签订的年度目标任务。年内共投资3000多万元，用于服务设施配套和服务功能完善。引导企业树立争创名牌意识。经国家和省商业名牌管理委员会认定，淄博金帝购物广场有限公司和淄博饭店集团有限公司均获得全国商业名牌企业称号；“淄博饭店”和“金帝”两个服务品牌被授予全国商业服务名牌。

【帮扶困难职工】 年内，市属商业困难职工援助中心坚持为职工办实事、解难题，共为710名困难职工办理了特困证，减免各种费用14.5万元。筹集资金和物资13.6万元，帮助困难职工185名，向13名困难职工子女发放了救助金。组织开展“慈心一日捐”和“送温暖、献爱心”活动，全系统共捐款捐物17万余元。领导班子成员带头与7名特困职工结成帮扶对子，并协调28个部门与49户贫困职工家庭进行结对帮扶。

（刘济生）

【山东淄博饭店集团股份有限公司】 2006年，公司实现经营收入近亿元，先后获得国家特级酒家、中国餐饮名店等20多项市级以上荣誉称号。年内，投资2000万元对客房进行装修改造，新设立商务楼层、新总统套房、行政接待中心等经营场所；投资1000万元对洗浴设施进行装修。全年接待各类中小团体362个，中外宾客97923人次。公司成立淄博饭店酒店管理公司，承接了沂源大酒店的开业筹备和开业后的管理工作，取得良好的经营业绩。（张　源）

【中国石化淄博石油分公司】 2006年，公司销售各类油品68.79万吨，其中加油站零售45万吨，同比增长19.78%，实现利润8882万元。公司获中国石化山东石油分公司2006年度先进市级公司、安全管理先进单位等荣誉称号。

2006年，成品油市场需求旺盛，公司把保证全市用油需求，提高市场占有率作为经营重点，实现了量利双赢。加强资源调运，“三夏”“三秋”期间的农业用油供应得到保障。进一步增强加油站竞争优势，继续加强加油IC卡营销，持卡消费比重达23.4%。强化直销配送，培育以“白金客户”“黄金客户”为代表的忠实客户群体。加大润滑油特别是长城润滑油销售力度，共计销售润滑油2.5万吨，同比增长29%。不断深化专业化体制改革，强化执行层定位，初步建立健全与专业化管理相配套的长效管理机制。继续推进目标化管理，优化劳动竞赛的组织开展，调动全体员工提量增效的积极性。在中国石化销售企业计量岗位技术比武中，公司员工魏衍斌获得金牌，公司获山东石油2006年度竞赛比武综合团体奖和优秀组织奖。强化内部控制，规范企业管理，公司在中国石化总部组织的内控检查中获得满分。ERP系统成功上线并稳定运行，提升了企业信息化管理水平。积极推进HSE管理体系，扎实推进节能降耗，实现了安全生产、事故为零的安全生产目标。（肖长武　池　冰）

中国石化销售企业计量岗位技术比武决赛在淄博举办

（刘维兵　摄）

供销合作商业

【概况】 2006年,全市供销社系统商品销售额62.3亿元,同比增长12.9%;实现利税6329万元,同比增长8.26%,其中利润2305万元,同比增长6.42%,主要经济指标均创历史最高水平。全年实现农资供应总值5.75亿元,鞭炮烟花销售额1491万元,废旧物资回收总值2.94亿元,棉花产品销售收入6.4亿元,社办工业产值9.63亿元,出口创汇1000万美元,全系统经济支柱建设进一步加强,骨干龙头企业商品销售和利润占全系统商品销售总额和利润总额的70%以上。引进资金3.6亿元,建设了一批规模大、档次高、带动功能强的新项目和新设施。市属供销企业和基层供销社逐步走出低谷。市供销社被评为"全省万村千乡市场工程"先进集体、全省供销社先进单位和全市安全生产工作先进单位。

【农村现代流通网络建设】 2006年,全市农村现代流通网络建设取得新进展。截至年底,全系统发展日用消费品超市(连锁店)282个,其中9个被确定为"万村千乡"市场工程试点单位,初步形成以山东新星超市有限公司、桓台欣乐福(上海联华)超市有限公司和淄博东泰超市有限公司为主的立足当地、辐射周边、扎根农村、初具规模的连锁经营企业群体及物流配送网络。发展农资超市(连锁店)1500个,供应化肥53万标准吨,农药2353吨,农膜3042吨,农资供应量占全市农资供应总量的70%以上。发展再生资源直营或加盟收购店146家,再生资源回收利用体系建设取得新进展;建设或改造高标准的烟花爆竹仓库7个,设立常年销售网点80多处,保证烟花爆竹安全有序供应。

【农村社区服务中心建设】 农村社区服务中心建设是2006年市委、市政府为群众所办的12件实事之一。全市供销社系统将农村社区服务中心建设作为首要工作,圆满完成市政府确定的全年新建49个农村社区服务中心的任务,数量居全省供销社系统首位。新建的49个农村社区服务中心共投资2142万元,新增营业面积31800平方米,增设体育健身器材256台(套),设立图书阅览室51个,便民医疗卫生门诊37个,辐射村庄212个,受益农民达49.5万人,成为当地农民购物、休闲、健身、娱乐和开展社会交往活动的重要场所,取得良好的经济效益和社会效益。

【农村合作经济组织】 2006年,发展农村合作经济组织被列入市政府重点工作安排。全市各供销社发展农村合作经济组织28个。截至年底,全系统农村合作经济组织总数达181个,涉及种植、养殖、加工、运销等领域,吸收入社社员4.39万人,实现农副产品购销额8.25亿元,助农增收7436万元。沂源县成立了全市第一家果品专业合作社联合社,共有15个专业社参加,辐射4个乡镇、131个行政村。市及7个区县供销社先后牵头成立农村合作经济组织联合会,建成开通了淄博合作经济信息网站,及时为农民提供信息服务。聘请律师,为会员单位提供免费法律咨询服务。探索开展信用担保合作,为农村合作经济组织发展提供资金支持。启动农村合作经济组织培训工程,先后在沂源和高青举办培训班2期,累计培训镇、村领导和农村经济能人200多人。

【供销发展环境优化】 2006年,市供销社首次被列为市委农村工作领导小组成员单位,"一个网络、两个平台"(发展农村现代流通服务网络,建设农村社区服务载体和农村合作经济联合服务组织)工作被纳入全市新农村建设总体规划、为人民群众办的实事好事和市政府重点工作安排。建立全市农村社区服务中心建设联席会议制度,市财政对农村社区服务中心补助100万元,市体育、建设和文化等部门与市供销社联合制定出台发展农村社区服务中心扶持政策。市委研究室、市政府研究室和新闻媒体对"一个网络、两个平台"建设情况及时调研、宣传,引起各级领导和社会各界的关注。(吴东荣)

粮　食

【概况】 是年,全市社会粮食经营和转化企业累计购进粮食92.96万吨,同比增加19.13万吨,增幅24.3%。全市社会粮食经营和转化企业累计销售91.72万吨,较2005年增加18.40万吨,同比增长23%,全市粮食市场供求稳定。国有粮食企业改革顺利完成,改革进度列全省先进行列,职工身份得到置换。依法管粮得到进一步规范,初步形成市、区县粮食行政监督体系。粮食龙头企业带动作用明显,粮食产业化发展步伐加快。桓台长江集团公司董事长杨长海被中国粮食行业协会评为第四届全国粮食行业协会优秀创业企业家。

【国有粮食购销企业改革全面完成】 市、区县各级粮食部门通过政府配套、资产变现、土地出让、财政借款等多种方式筹集资金6887万元,其中省级财政补助800万元,市级财政补助145万元,区县财政补助4046万元,企业自筹1896万元,为职工身份置换顺利进行创造了条件。截至3月底,全市共对1897名职工进行身份置换,支付职工身份置换补偿金4499万元,另有62名职工分流安置到重组后的粮食企业。至此,全市75家国有粮食购销企业改革工作全面完成。按照政策规定,经认定的2.77亿政策性财务挂账全部按时剥离划转到市、区县粮食局统一管理。 (周玉和　赵焱)

【粮食收购】 全市粮食部门准备接粮库点47个,仓容15.60万吨,全年收购粮食12.95万吨,累计销售粮食14.90万吨。国有粮食承储企业贯彻落实国家小麦最低收购价政策,市粮食局与淄博直属库共同确定托市收购库点,在北部5个产粮区县确定了8个国有粮食收购企业、20个收购库点,准备仓容12.82万吨。在《淄博日报》发布淄博市关于执行《2006年小麦最低收购价执行预案》的公告。2006年,全市托市收购小麦26211吨。 (周玉和　李祯祥　王亮)

【地方储备粮管理】 制定出台全市地方储备粮规范化管理工作意见和规范化管理申报验收办法,对符合条件的库点进行验收推荐。经省粮食局验收,周村国家粮食储备库被认定为山东省规范化管理示范粮库。组织开展春季、雨季、冬季三次粮食安全普查,全年累计抽调248人次,检查粮食116.66万吨,查处并及时处理不安全粮食2378吨,确保储粮安全。

【储粮新技术推广应用】 各级粮食部门和储粮企业投资13.5万元,改造微机测温仓房3.28万吨;投资33.09万元,改建机械通风仓3.56万吨;投资16.80万元,改建环流熏蒸仓房1.1万吨;推广应用粮食"四散"(散存、散装、散运、散卸)

技术，全年应用“四散”技术运输粮食6.4万吨。

（周玉和　李祯祥）

【粮食质量体系建设】 全年组织5批50余人参加省粮食局举办的粮食质量监督检查和粮油质量检化验学习班学习，执法人员做到持证上岗。市粮食局增设粮油检验检测科。5个区县粮食行政管理部门也成立粮食质量监管监测机构，购置配备了价值50万元的粮食质量检测设备仪器。

（周玉和　王英明　李加勇）

【粮食监督检查体系建设】 年初，区县的粮食监督检查部门实现“四落实”（机构、职能、人员、经费），建成粮食执法“五个一”（一局、一科、一队、一站、一车）工作网络。全市34人参加全省粮食行政执法人员培训，全部获得监督检查证，全市粮食行政管理部门已有81人持有监督检查证，超额完成省局下达的目标。截至年底，全市9个区县粮食局全都经区县编委批准，建立了独立的监督检查科室和执法大队，配备专、兼职人员31人。张店、周村、桓台还配备专用执法车辆和调查取证器材。全市粮食流通监督检查工作的框架基本形成。

【粮食收购许可证审核发放】 按照《山东省粮食收购资格审核暂行办法》规定的审核程序，对申报粮食收购许可证的企业的自有资金、检验设施、仓库条件、检验保管人员情况进行实地复核。对符合条件的企业，及时发放粮食收购许可证。截至年底，全市共发放许可证155个。（周玉和　高　山）

【夏粮收购市场专项检查】 夏粮收购期间，采取区县粮食局全面检查和市粮食局抽查的方式，对粮食经营者的基本状况进行检查。共检查常年经营的粮食经营业户666家，有粮食收购业务的302家，其中已办理收购许可证155家。对查出的无证收购、不建统计台账、统计报表不及时、仓储不规范等278处违规行为进行了纠正。（周玉和　薛　军）

【放心粮油进农村】 是年，市粮食部门开展“放心粮油进农村”活动。全市共有126家企业参加，在农村新增粮油销售网点45个，年销往农村放心粮油近17万吨。沂源县粮食局深入农村广泛宣传科学储粮知识和食品安全常识，发放各类宣传材料5000份。临淄区结合“小麦粉专项整治”工作，组织面粉加工企业开展放心粮油承诺签名活动，严把产品质量关。

【粮食产业化发展】 山东梨花面业有限公司产品执行国家无公害生产标准，“梨花”牌面粉畅销全国300多个城市。桓台县长江集团开发的多个仓储专利产品，在国家500亿公斤建库仓储设备中获得35%的市场份额，成为全国粮油仓储专用设备生产基地。周村区投资1700万元狠抓双岐工业园建设，并实施“放心馒头”工程。全市逐步形成以区县粮食储备库为依托，以粮油批发市场为骨干，以大型超市、农村粮食集贸市场为补充的粮食市场体系。张店区潘成粮油批发市场营业面积13320平方米，年实现交易额6亿元。积极推广粮食订单生产、订单收购。山东梨花面业有限公司与农民签订667公顷优质小麦收购合同，直补农户资金40万元。临淄区金霸甲饲料公司与部分农户签订专用玉米供货合同，以每公斤高于市价0.1元的价格收购农户玉米，既保证了原料供应，又实现农民增收。

【实施名牌带动战略】 是年，全市共有5个企业的7个产品被国家粮食行业协会评定为全国“放心面”，2个企业的4个产品被评为全国“放心挂面”，2个超市被评为全国“放心粮店”。“放心挂面”和“放心粮店”实现零的突破。3个企业的6个产品被省粮食行业协会评定为全省“放心面”。3个企业被省消协、省粮食行业协会评为“诚信企业”。淄博金丰商贸有限公司不断加大“百合”牌馒头的品牌影响力度，年加工供应馒头达到1600多吨。（周玉和　王英明　李加勇）

物资流通

【概况】 2006年，市属物资系统改制企业以深化内部改革、转变职工观念、转换经营机制为重点，完善法人治理结构，建立健全内部管理制度，生产经营稳健发展。是年，实现营业收入64127万元，利税总额2315万元。

【3家企业进入山东省物流行业50强】 7月7日，山东省物流与采购协会在济南召开行业首届高峰论坛暨新闻发布会，公布山东省物流与采购行业综合实力五十强企业评选活动结果。淄博鸿运物流有限公司、山东和济物流有限公司、山东隆力源物流有限公司榜上有名。

【山东隆力源物流信息管理系统开通】 山东隆力源物流有限公司投资50余万元研究开发的物流信息管理系统，经过近一年的调试，12月26日，网通专线顺利开通。铁路专用线信息管理系统、仓储管理系统及与之配套的客户管理系统、报表系统运行情况良好，为发展现代物流业打下良好基础。

【市民爆器材专卖有限公司通过安全评估】 下半年，市民爆器材专卖有限公司根据修订后的《中华人民共和国民用爆破器材管理条例》和国防科工委专项整治要求，投资17余万元，对101仓库进行改造，新建两座符合技术要求的防爆墙，通过了省国防科工办组织的安全评估，再次成为民爆器材专卖许可单位。

【高见泽混凝土扩建项目开工】 淄博高见泽混凝土有限公司系淄博新辰基建物资有限公司与日方合资企业。年内，合资双方投入1300万元，新上275型商品混凝土机组1套。其中，中方投资460万元。该项目租用开发区民营工业园，占地2公顷，投产后可年产混凝土45万立方米。

【淄博柳山沙厂建成】 6月，淄博新辰基建物资有限公司投资90万元，在潍坊市临朐县柳山镇开办水洗沙厂，为淄博高见泽混凝土有限公司及淄博建筑市场提供沙源。沙厂于9月初建成投产，年产水洗沙5万立方米。（赵继儒）

烟草专卖

【概况】 2006年，全市烟草系统累计销售卷烟14.3万箱，同比增长9.91%。烤烟种植面积1466.7公顷，收购烟叶267万公斤，其中上、中等烟占24.7%，收购均价为每公斤8.15元。两烟实现利税2.25亿元，同比增长48.57%。对多元化企业进行重组改革，将6个多元化企业公司整合为2个。

【专卖管理】 是年，全市烟草系统继续开展“端窝点、打大户、破网络”行动，加强对重点户、重点市场、重点区域的整治。开展对无证户、货运站和夜店类客户的专项治理，建立了全员信息网络。由市综治办牵头的卷烟市场联合整治机制得到巩固完善。全年查处涉烟案件4978起，其中万元以上大案89起，同比增长48%；查扣各类违法卷烟150753条，同比增长69%，查扣违法卷烟总值676.45万元，同比增加65%；端窝打点1128个，同比增长56%；破获网络案件11起。

【卷烟销售】 是年，全市烟草系统进行“按客户订单组织货源”试点工作，卷烟网络建设水平得到提升。出台对区县局(部)、客户经理的专项考核办法。11月，试点工作通过省局(公司)验收。优化工作流程，改造物流分拣线，降低运行成本。建立内部管理监督的长效机制，进一步完善宣传促销、到货确认、限量管理等各项规章制度。

【烤烟生产】 年内，制定《全市烟叶生产技术操作规程》《全市烟叶生产户籍化管理意见》和《全市烟叶灾害评估制度》等规范化文件，细化了各项生产技术服务措施。开展烟叶增产提质增效专项活动，为烟农提供周到的技术服务，为种植烤烟3.33公顷以上的烟农购买了烟田保险。率先在全省推广并全面实施烟叶收购款全部通过农村信用社兑付的办法。全年申报烟叶生产基础设施建设项目242个，总投资860.84万元，建成后基本烟田受益面积43.76公顷。

【《淄博市烟草专卖管理办法》颁布实施】 《淄博市烟草专卖管理办法》经山东省第十届人民代表大会常务委员会第十九次会议批准，并经淄博市人民代表大会常务委员会公告公布，自5月1日起施行。《办法》共24条，对无证经营、烟草制品真伪鉴定、烟草专卖行政主管部门和工作人员履行职权中的法律责任、零售许可证吊销、当事人在规定时间不接受处理、规范自由裁量权等问题作了明确界定。 （王瑞阁）

盐 务

【概况】 2006年，全市盐业系统完成商品总购进3393万元，实现商品总销售7949万元，其中非盐业务实现销售2360万元；实现利税1147万元，同比增长12.8%，其中实现利润总额498万元，完成年度计划的124%；全系统年末资产总额6529万元，较年初增长281万元；全系统年末所有者权益1643万元，较年初增长270万元，资产保值增值率为119.67%。12月，市盐业公司整体搬迁至市高新区。

【盐业供应】 年内，全系统共计实现盐产品销售总量38887吨，其中食盐完成销售25794吨，占年度计划的104.01%；食盐小包装完成销售11504吨，占年度计划的71.01%；小工业盐完成计划内销售13093吨，占年度计划的100.72%。纸塑小包装食盐的市场占有率稳步扩大，已占到小包装食盐销售总量70%。取消食盐手工分装，委托定点盐场集中统一分装。全年委托盐场加工小包装食盐10987吨，由市盐业局统一调配。进一步完善专营网络终端市场建设，在对食盐零售网点进行整合调整的基础上全面实施“一证、一牌、一卡、一合同”的管理模式，基本实现批发企业直达零售网点的配送模式。对腌渍用盐和畜牧用盐实行统一小包装销售；对多品种盐实行统一经营管理；两碱用盐运输业务得到强化；增加营养盐和其他多品种盐的品种数量，多品种盐市场销售有所突破。

【盐政执法】 年内，市盐业局对涉及2部法规、1部规章，共计11条带有处罚幅度的盐业行政处罚条款进行了量化和细化，制定出具体的《盐业行政处罚自由裁量权执行标准》。采取点面结合、全面普查与重点突击检查相结合的方式，加大盐业市场监管力度。年内，全市共查获各类涉盐违法案件2390起，查没各类私盐2309吨，同比增长53%；罚款106.67万元，同比增长48%；查处20吨以上大案32起；端掉制、售假窝点26个；刑拘1人，判刑1人。12月，在全市第四次公安盐政联席会议上，公安系统的治安、交警两部门成为打击非法经营盐产品联络办公室成员。2006年，联合办案45起，出动警力142人次，查没各类私盐564吨。市盐务局依据市治理公路“三乱”办公室和市纠风办公室联合下发的《关于全市范围内组织开展对无证运输盐产品的车辆进行专项整治行动的通知》及《加强联合执法与部门间配合的通知》，与公路、交通、交警等部门建立联合执法体系。7月至年底，各职能部门共移交给盐政处理案件4起，查没私盐121吨。与莱芜市、沂水县、蒙阴县、邹平县、章丘市盐务局进行接洽，分别就双方边界盐业市场的供应及联合整顿问题达成协议，相继开展了边界联合整顿活动。

【结构调整】 年内，淄川万顺轮胎公司实现销售收入1000万元，6种产品的淄博地区总代理业务呈现良好发展势头，实现经济效益17万元。淄博中沃石化有限责任公司加油站，8月正式投产运营，9～12月实现销售收入231万元。沂源盐业公司冷风库上半年销售苹果250万公斤，盈利50万元；下半年收购储存苹果300万公斤。 （李传明）

本部类编　辑：赵建国
副主编：安永善
校　对：杨建明
孟　明

外经外贸

对外经贸

【概况】 2006年，全市新批外商投资企业111家，实际使用外商直接投资(FDI)36953万美元，同比增长22.3%，居全省第五位。对外贸易在调整中实现平稳增长。全市外贸进出口完成376029万美元，同比增长19.9%。其中，出口完成250877万美元，同比增长24.4%，出口绝对值列全省第五位；进口完成125152万美元，同比增长11.9%。对外经济合作迈出新步伐。完成对外工程承包及劳务合作合同额3395万美元，同比增长32.6%；营业额4366万美元，同比增长61.7%；成立10家境外企业，中方协议投资额7766万美元，列全省第三位。开发区建设逐步加快。全市10家省级经济开发区实际使用外商直接投资(FDI)19642万美元，占全市实际使用外商直接投资的53.2%；出口149037万美元，占全市出口的59.4%。是年，淄博市被山东省政府评为全省外经贸工作先进市。

【招商工作】 1.进一步整合全市招商资源，形成招商合力。市、区两级和省级经济开发区均组建和充实专业招商引资机构，改进招商引资奖励办法，实行奖惩与效绩挂钩，形成招商部门联动机制，提高了招商引资的实效性。2.夯实基础工作。年内，分3次征集和筛选128个招商项目，经与项目单位逐个对接落实，最终确定70多个项目。重新编辑整理全市招商项目库、淄博商务指南和淄博投资环境介绍光盘等，增强项目的可行性和实效性。3.发挥网络作用。建立和更新淄博市招商促进网站和贸促会招商网站，通过网络，及时将全市招商政策、招商项目对外发布，寻找合作商机，扩大招商覆盖面。4.调整招商思路，改进招商方式。针对不同国家和地区的实际情况，采用以商招商、专业招商、项目招商、网络招商等多种灵活方式，突出小分队招商、专业化招商 5.开展重点区域招商活动。4月，市委书记张建国带队赴德国招商取得实质性突破，德国雷法技术公司独资1000万美元建立耐火材料项目顺利落户淄博。

【利用外资】 一是建立利用外资责任制。按照年初利用外资目标任务，市和各区县、市有关部门层层落实责任制和奖惩办法。二是建立市级领导分工联系重点利用外资项目制度。17个重点利用外资项目由市级领导分工联系，实现领导精力向外资项目倾斜。三是实行严格的调度督查制度。对外资项目实行分级管理，对重点利用外资项目实行周调度，主要解决项目进展过程中存在的困难和问题，并及时予以通报。四是积极推进跨国并购。重点推动全市大企业与跨国公司的合资合作，借势实现企业规模和档次的提升。美国PPG公司资产并购中材金晶项目、开曼群岛加姆公司以1∶17的价格购买中轩公司股权项目顺利实现，外资已全部到位。五是积极为企业服务。努力创造宽松的外部环境和发展空间，促使现有外资企业增资扩产。

【外贸出口】 一是不断加大国际市场的开拓力度。在巩固扩大美国、日本、韩国和欧盟、东南亚地区传统市场的同时，积极开拓中东、非洲、拉美地区和俄罗斯、印度等国的新兴市场。二是转变外贸增长方式，鼓励新兴产品出口。调整促进出口政策，加大对国际市场开拓和高新技术产品、机电产品及医药产品出口的扶持力度，利用淄博市被商务部确定为国家医药出口基地的契机，及时制定《淄博市医药工业“十一五”发展规划》，为医药产品出口提供更好的政策支持。东岳氟硅材料工业园成为商务部科技兴贸出口创新基地，山东省只此一家。是年，为企业兑现2005年外经贸省、市扶持资金715万元，申报高新技术产品研发贴息800万元、品牌发展资金项目支持资金1861万元和农、轻、纺贸易促进资金1200万元。三是不断壮大出口队伍。为347家企业办理了进出口经营资格备案登记。截至年底，全市共有1586家企业获得进出口经营资格，其中有867家企业取得出口实绩。四是抓重点出口大户和有出口潜力的企业。把出口前50位的企业作为市、区两级的重点骨干企业，将2005年有出口实绩而2006年没有出口的177家企业作为帮扶重点，逐个分析原因，帮助企业尽快实现出口。五是加大政策宣传和引导力度。对外贸出口企业进行信息引导和业务培训，先后举办5期政策和外经贸业务培训班，邀请海关、税务、外资银行和省外经贸企业联合会等部门为出口企业讲解新政策。

【加快企业“走出去”步伐】 为鼓励企业“走出去”，对有条件、有意向“走出去”的重点企业实行上门服务，加大政策扶持和推动力度。一是抓境外投资项目的落实。经过2年多的准备，淄博市在尼日利亚的年产50万吨水泥、12.5万吨面粉、1000辆改装车等项目已开工建设，在伊朗的年产450万平方米卫生瓷项目即将投产，在越南的2个年加工60万张牛皮项目已开工建设。截至年底，全市境外在建项目达到10个。二是引导扶持有关企业开展境外工程承包业务。十化建、淄建、博泵在叙利亚、加拿大、尼日利亚和缅甸的境外工程承包项目进展顺利，对苏丹和中东地区的工程市场开拓取得实质性进展。三是积极稳妥地组织对日本、韩国市场的劳务输出，促进农村劳动力转移。全年共输出劳务300余人，桓台县被省外经贸厅确定为全省出国劳务基地县。

【开发区建设】 指导各省级经济开发区建立健全各项工作机制。建立和完善统计报表制度、季例会工作制度和开发区统一协调配合制度，通过开发区间的交流与合作，进一步整合资源，努力做到资源共享。指导各省级经济开发区开展招商引资工作。利用国内开发区间的互动和国外重点区域产业招商两个平台，加大对全市各经济园区的包装和推介，全力开展对外招商。积极介绍国外客户到各重点经济园区考察，推动重点项目向园区聚集。

【优化外经贸发展环境】 认真解决外商投诉案件。印发《关于进一步加强外商投资企业投诉处理工作的通知》，完善外商投诉工作制度。全年共受理12件外商投诉案件，结案9件，其余3件正在协调和处理中。为外商投资企业搞好服务。深入100多家外商投资企业了解情况，及时解决企业存在的困难和问题，为外商投资企业提供法律、规章和政策方面的咨询服务。 （王一平）

海　关

【概况】 2006年，淄博海关共监管进出口货物338万吨，是2005年的1.8倍，货值13.26亿美元，是2005年的2倍；审批加工贸易备案合同1121份，备案值3.42亿美元；为企业审批减免关税、增值税额2.3亿元；征收关税、代征税4.19亿元，同比增长25%，创历史新高；共稽查企业110家，稽查查获率为69%。年内，淄博海关新建综合业务技术办公楼竣工，并于10月下旬开始启用。10月，淄博海关缉私科正式成立。

淄博海关新综合业务技术大楼
（淄博海关　供稿）

【海关队伍建设】 是年，淄博海关以准军事化建设为统筹，进一步提高队伍的综合素质。一是加强领导班子的整体政治责任感，提高驾驭工作的能力。修订、完善《淄博海关党组工作规则》和《淄博海关党组加强自身建设的若干规定》等，增强党组决策的规范性和透明度。二是加强思想政治工作，提高队伍政治素质和职业素养。以学习周正先进事迹为抓手，通过征文、海关精神讨论和学党章、学《中华人民共和国公务员法》等活动，倡导爱岗奉献精神，引导关员树立正确的荣辱观、价值观和职业观。三是重视海关文化建设。组织主题教育活动与礼仪讲座，开展工间操、趣味体育比赛，增强关员对集体的归属感和认同感。四是以准军事化建设为统筹，加强作风建设。严格按照准军事化纪律部队建设要求，深入开展内务整顿活动和准军事化知识学习，先后组织3次准军事化知识考试和2次准军事化训练活动。五是将廉政建设作为海关工作的生命线，强化廉政教育与完善监督机制并重，严格落实海关人员六项禁令。通过收看警示教育片等形式做到廉政教育常规化，采取走访廉政监督员、问卷调查、设立关长投诉信箱等方式，进一步完善监督机制。年内，没有发现违法违纪现象。

准军事化纪律部队建设队列训练
（淄博海关　供稿）

全市加强内部监督规范权力行使现场会，学习推广海关工作经验　（淄博海关　供稿）

【服务企业】 是年，淄博海关积极转变服务理念，进行业务改革创新，先后荣获10余项市级荣誉称号。一是组织青岛海关领导到淄博现场办公。在对辖区近20家企业深入调研、广泛征求地方政府及企业意见和建议的基础上，进行现场办公。现场办公活动对有关问题进行了书面答复，重点部署了开通淄博与日照、岚山、流亭机场口岸的通关改革流程及在山东博汇集团设立直通式海关监管点等业务，收到良好效果。二是继续改进服务作风，落实服务措施。通过召开企业座谈会、诚信企业签字仪式、派员到企业调研等方式，向企业宣讲政策，征求企业意见。继续落实好"5+2无假日"预约通关制度等服务承诺，节假日加班为企业验放货物100多次。三是整合改革措施，营造高效有序的通关环境。根据各项改革的流程和关联性，整合梳理，充分发挥改革的集合效应，推广多点报关业务，与400家企业签订无纸报关协议，有28家企业实现加工贸易联网监管，网上付税额占税收总额的90%，月均报关单量增至2600票。四是加大海关信息服务力度，延伸服务内涵。除及时提供海关统计信息外，还结合海关监管职能为地方外经贸部门和企业提供使用政策的建议性信息，年内共向地方政府报送各类海关信息50条。

"海关诚信企业"签约仪式 （淄博海关 供稿）

【抓基础、促质量工作】 年初，淄博海关采取有效措施夯实业务基础，努力提高执法质量和水平，收到良好效果。一是落实关区《岗位操作手册》规定，完善规范内审机制。采取每周调度、定期抽查、不定期测试等方式，加强督促检查，统一执法尺度。年内，对5000多票业务单证进行内部审计，督促整改业务规范性问题130个。二是扎实推进风险管理机制，制定《淄博海关风险管理工作考核办法》，分解任务，定期考核。三是增强对业务的分析监控能力，定期召开业务形势分析会议，对主要业务进行梳理总结，同时对照总关业务考核体系查找基础工作的薄弱环节，及时整改提高。四是深化普法教育，进一步提升行政执法水平。成立法律小组和行政执法过错责任追究领导小组，制定《淄博海关法制宣传教育第五个五年规划》等文件，深入开展法制宣传教育和依法行政实践，规范执法行为，提高了执法质量。 （周立敏）

出入境检验检疫

【概况】 是年，淄博出入境检验检疫局共检验检疫出入境货物36061批，货值159474万美元，同比分别增长31.6%和36.25%。检出不合格品390批，货值6874万美元。其中，检验检疫出境货物32070批，货值113142万美元，同比分别增长33.98%、45.41%；检出不合格品48批，货值97万美元。检验入境货物3991批，货值46332万美元，同比分别增长15.48%、18.1%；检出不合格入境货物342批，货值6777万美元。签发一般原产地证书5351份，签证金额21515万美元，同比分别增长18.1%和25.9%；签发普惠制证书14632份，签证金额42139万美元，同比分别增长24.3%和30.2%。

【动植物检验检疫】 是年，共检验检疫出口冻兔肉产品63批、2047.9吨，货值651.4万美元，同比分别增长125%、53.7%和14.5%。全年累计出口各类蔬菜667批、7757.3吨，货值782.3万美元，同比分别增长71.2%、56.6%和81.5%。出口木家具、草柳编制品、胶合板等农产品914批，货值2627万美元，同比分别增长52%、107%。从94批动植物产品及木质包装中检出10余类一般性有害生物疫情，同比增长130%。

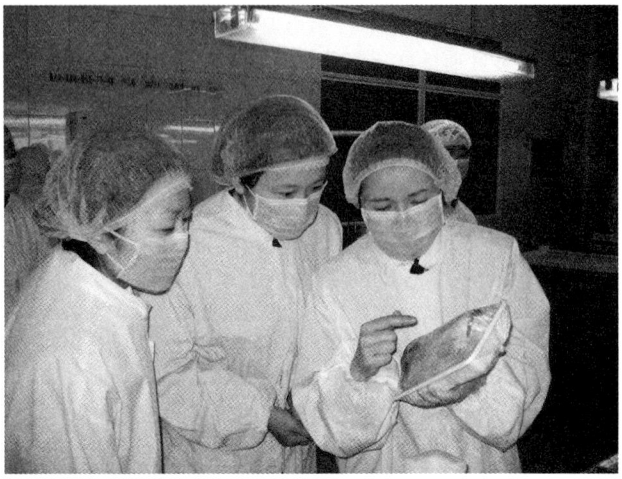

检验检疫人员对出口兔肉现场监管
（淄博出入境检验检疫局 供稿）

【为外经外贸服务】 是年，认真贯彻落实《淄博检验检疫局促进淄博经济发展的八项措施》和山东检验检疫局《促进山东省机电产品、高新技术产品扩大出口的八项措施》，从淄博实际出发，选定山东博泵科技股份有限公司、淄博汽车制造厂、淄博柴油机厂等10家骨干出口企业，集中力量进行重点帮扶。建立检、企协调机制，成立帮扶企业领导小组和工作小组，着力解决检验检疫过程中发现的问题，帮助企业完善质量管理体系，加强技术合作和科研攻关，提高产品档次，突破国外技术壁垒。是年，淄博市10家机电产品出口企业出口产品769批，货值1922万美元，同比分别增长64.1%、72.0%。

探索工业产品检验监管新模式，对出口陶瓷铅、镉溶出量实施重点监控，突出对输美陶瓷的监管。对低风险进出口产品（进口塑料、化纤、纸浆、出口砂纸等）实施合格保证检验监管模式。对大宗产品和成套设备出口采用"过程监控+跟踪验证"新模式，成效明显。

推进分类管理，提高监管质量和效率。年内，对全市70余家出口工业品企业实行一、二类管理，数量占出口工业品企业的70%以上，减少抽检比例，减轻了企业负担。11月，帮助鲁泰纺织公司100支纯棉色织面料产品顺利通过国家质检总局出口产品免验考核，使鲁泰公司成为全国第58家出口免验企业、山东省第一家获得出口免验的纺织企业，实现了淄博市出口免验企业零的突破。是年，淄博检验检疫局通过对出口商品检验把关、进口不合格商品对外索赔和利用签发惠普制证书为企业减免关税，共为企业挽回和创造直接经济效益4.9亿元人民币。

【实验室建设】 淄博检验检疫局陶瓷实验室扩展建筑陶瓷检

测项目，改进了陶瓷洗碗机实验，并全面运行 LRP2000 实验室管理系统。是年，该实验室完全能够承担进出口日用陶瓷、建筑陶瓷、美术陶瓷的外观品质检验、铅镉溶出量检测及白度、光泽度、硬度、吸水率、热稳定性、断裂模数、抗釉裂性、抗冻性、釉面耐磨性等所有物理、化学性能的检测，成为山东乃至国内出口陶瓷实验室检测、研发的重要基地。年内，淄博检验检疫局陶瓷实验室被中国检验认证(集团)有限公司认可为分包实验室。

(王金贵)

本部类编　辑：孟　明
副主编：王　娟
校　对：安永善
范立学

·集邮小常识·

邮票上的国名

指印在邮票票面上的国家或地区的名称。一般都以文字、缩写字母来表示国名。如：日本邮便、中国人民邮政。美国采用缩写字母 USA、苏联采用缩写字母 CCCP 来表示国名。还有些国家用特殊符号来表示，如英国早期邮票采用英王头像作标志。英国现行的纪念邮票印有英女王头像以代替国名。识别邮票上的国名，可以了解有关国家的地理、历史、语言文字等方面的知识。

邮票面值

指印在邮票票面上的邮资金额及货币单位。世界各国大多以表示邮票面值的阿拉伯数字和本国货币单位组成邮票面值。如美国普通信函邮资为 22 美分，邮票面值即由阿拉伯数字 22 和 c 分组成。中国人民邮政普通信函邮资为 8 分，邮票面值由阿拉伯数字 8 和分组成。也有一些国家发行无面值邮票，如军用邮票、公事邮票等。我国 1938 年晋察冀边区发行的抗战军人纪念邮票和 1943 年淮南区发行的"平""机""快"及"稿"字邮票都属于无面值免资邮票。美国自 1978 年至 1985 年间陆续发行一组无面值邮票，票面上印有"A""B""C""D"字样，分别代表面值 15 美分、18 美分、20 美分、22 美分。这是因为美国邮政部门要求调整信函邮资，但在印制邮票时，新的信函邮资未最后确定，不能往邮票上印新面值；但若在邮资确定后再印，邮票又无法供应。因此，才发行这种无面值的代字邮票。研究邮票面值可以了解一个国家币值变化的情况。

邮票齿孔

为了方便邮票的撕开，在整张邮票的各枚之间用打孔器打出孔洞，分撕后，单枚邮票边缘凹进的半圆形部分称孔，凸出的部分称齿，合称为齿孔。英国黑便士邮票问世时没有齿孔，使用起来很不方便，必须用剪刀一枚一枚剪开。直到 1854 年英国才出现打齿孔的邮票。根据齿孔的形态，齿孔分为：光齿、毛齿、盲齿和漏齿。光齿：是在邮票打孔后，齿孔中的圆形纸屑完全脱落，孔洞边缘光洁，称光齿。毛齿：齿孔中纸屑未完全脱落，孔洞边缘不光洁，呈毛状，称毛齿。盲齿：在邮票打孔后，只有印痕，齿孔中的纸屑没有脱落，孔未通透，称盲齿。漏齿：应该打孔而漏打齿孔的，称漏齿。齿孔度数，是表示齿孔的量度，测量方法是把邮票放在量齿尺上，看在 2 厘米的长度内有几个齿和几个孔。如一枚邮票有 12 个齿和 12 个孔，那么这枚邮票的齿孔度数就是 12 度；如有 11 个齿和 12 个孔，那么这枚邮票就是 11.5 度。测量齿孔度数的方法是法国集邮家勒格拉于 1866 年提出的，一直沿用至今。测量齿孔度数是研究邮票的一项内容，也是鉴别邮票真伪和区分不同版次的重要依据之一。我国邮票的齿孔大多数是 11 度、11.5 度、12.5 度和 14 度。

(市集邮协会　供稿)

招 商 引 资

【概况】 2006年,全市招商引资工作持续、健康、快速发展。全市共引进外来投资153.9亿元,完成招商引资任务的106%。

【招商特点】 1. 招商项目的规模和质量有明显提高。注重引进科技含量高、市场竞争力强的项目,工业项目的技术含量和装备水平均比往年有显著提高。全市外来投资5000万元以上的项目48个,吸引外来投资70.3亿元,占外来投资的45.7%,比2005年提高5.3%;外来投资过亿元的项目23个,吸引外来投资54亿元,占外来投资的35.1%,比2005年提高8.3%。2. 工业项目仍然是吸引外来投资的重点。招商引资拉动了全市工业投资的增长,工业项目占据主要地位,共引进外来投资106.5亿元,占全部外来投资的69.3%。2006年88项重点工业项目中,属于招商引资的项目60个,占项目总数的68.2%。3. 服务业逐渐成为招商引资的亮点。2006年共引进外来投资47.2亿元,占全部外来投资的30.6%。张店区79.9%的外来投资投向服务业,博山区48.9%的外来投资投向服务业。全市80项流通重点工程项目中属于招商引资的项目49个,占项目总数的61.3%。4. 投资方式呈现多样化。各级各部门继续拓宽招商引资思路,积极创新招商引资的方式方法。一是企业并购出现新的热潮,通过企业并购方式引进的外来投资超过19亿元,有效地盘活和壮大了全市的存量资产。二是上市融资取得新进展,提升了企业规模和档次。三是部分区县通过BT方式引进建设资金,缓解地方财政压力,促进了地方基础设施建设。5. 园区招商平台作用进一步提升。全市加大对园区的扶持力度,继续完善以交通、能源、通讯、环保为重点的配套设施建设,加强专业招商队伍建设,优化服务,园区软硬环境进一步改善,为吸引外来投资搭建了良好平台。全市引进的外来项目中,各工业园区共吸引外来投资56.7亿元,占全部工业项目投资的53.2%,园区集聚产业能力进一步增强。

【招商活动】 是年,市及各区县在境内外组织和参与的各类招商活动90余次,是近年来外出招商活动最多的一年。其中,市招商局重点组织了7项专业和专题招商活动。招商活动更加认真、专业、务实,小型化趋势明显。

【韩国招商】 3月31日～4月6日,在多次调度区县对韩招商在谈项目的基础上,市招商局组织人员赴韩国与有关企业进行深入洽谈,并拜会韩中亲善协会等机构。参加山东省政府在韩国京畿道水原市举办的投资合作与企业交流商谈会,与10多家韩国企业进行交流洽谈,部分韩国企业陆续到淄博进行考察。

【深圳招商】 4月22日,淄博(深圳)塑胶专业投资贸易洽谈会在深圳举办。会议邀请了香港港九塑胶商会的22家企业,有27位客商与淄博市塑料企业和园区的60余名负责人参加洽谈,达成合作意向11个,其中贸易项目2个,共涉及金额3.63亿元。此次活动紧紧围绕塑料生产、原材料供应、塑料助剂、模具这一产业链开展招商,打破了大行业招商模式,专业性更强。会议筹备期间,市招商局派员3次赴广东拜会港九塑胶工业联合会、深圳塑胶行业协会等,走访部分塑胶企业,做好会前准备及项目对接。编印《淄博塑料工业投资指南》,精选出20个塑料项目带到洽谈会现场。

【上海和浙江企业家考察淄博】 5月19～21日,由市政府主办、上海市侨商会、浙江省侨商会和杭州市侨商会协办的淄博(上海·浙江)投资贸易洽谈会在淄博饭店举行。41名常驻上海、浙江等地的华人、华侨企业家和5名上海市、浙江省、杭州市侨商会的负责人参加洽谈会,围绕化工医药、机械制造、纺织服装、基础设施建设等领域,与全市80余家企业和园区的负责人进行项目对接洽谈。会后,客商们考察了淄博市部分园区和企业,达成27个投资、贸易意向和协议。此项活动,为开展长江三角洲地区招商工作奠定了良好的基础。

淄博(上海·浙江)投资贸易洽谈会现场

(市招商局　供稿)

【韩国大邱产业设计协议会考察淄博】 9月14～17日,邀请韩国大邱产业设计协议会会长崔升烈一行7人到淄博市考察陶瓷新材料产业。15日,在淄博饭店举办淄博——大邱陶瓷新材料企业家商谈会,韩国客商和淄博市12家企业以及区县招商局负责人参加会议。由于产业对口、产品相似,技术、规模、设备等方面存在合作基础,有3家企业达成贸易、合作意向。考察活动筹备期间,市招商局调查全市十几家重点陶瓷新材料企业,编写出《淄博市工程陶瓷行业介绍》,译成韩文提前发给韩国客商，并向市内相关企业介绍韩商情况，方便了双方对接。

【中韩创业合作交流商谈会】 11月17日，2006中韩创业合作交流商谈会在淄博举行。市招商局邀请15名来自韩国忠清南道政府有关部门、部分大学创业中心和济南市信息咨询有限公司（韩国独资企业）的负责人参加会议，围绕电子信息、生物制药、农业等行业与全市及区县企业进行洽谈，达成7个方面的合作意向。

【淄博（广州）机械专业招商】 12月5日，淄博（广州）机械专业招商会在广州举行。会议邀请13名广州等地的机电行业企业家进行座谈，考察了广州广一集团等3家投资意愿最为强烈的企业，达成合作意向2个。

【东明县淄博工业园投资说明会】 12月18日，市招商局邀请15名浙江、辽宁的企业负责人，在东明县淄博工业园举行投资说明会，有8个项目计4.8亿元的资金有意落户东明。

【项目推进工作】 1. 成功推进德国费尔斯公司高品质石灰项目。德国凯莱建材公司先后13次到淄博考察。市招商局会同有关区县和部门对项目涉及的石灰石矿山、合作企业、潜在市场等情况进行细致的调研，提供详细的调查资料，并协助凯莱建材公司进行实地考察和洽谈。市政府将此作为调整全市建材产品结构和承接国际产业转移的重点项目，给予高度重视和支持。11月23日，德国凯莱建材公司子公司费尔斯公司与淄博傅山集团正式签约石灰及深加工产品项目，总投资2000万欧元，其中德方占77%。2. 美国科勒公司高档卫生陶瓷洁具项目落户淄博。美国科勒公司先后7次到淄博考察建设高档卫生陶瓷洁具项目。6月，淄川区政府与科勒亚太区总部签署备忘录。10月10日，科勒公司正式决定在淄博建陶工业园投资卫生洁具生产项目。3. 其他项目推介工作。博山大饭店（台资）、泛亚制桶（张家港客商投资）等项目相继落户淄博。年内还接待了日本和中国香港以及浙江、福建等地近百名客商对淄博的投资考察。

【招商基础工作】 1. 年初，市招商局邀请市经贸委及有关行业管理办公室召开专题会议，研究2006年的专业招商活动。上半年，市招商局与化工、机械、轻工行业管理办公室组成3个调研组，分别到40多家企业进行调研，了解企业对招商的需求。在此基础上，编印了《淄博化工工业投资指南》《淄博医药工业投资指南》《淄博塑料工业投资指南》等图文并茂的专业招商手册。2. 上半年，市招商局征集汇总全市招商项目352个，从中筛选出50个对全市产业结构调整有重要拉动作用、总投资过亿元的重点招商项目进行包装、策划，建立并完善全市重点招商项目库，及时通过各种招商活动和网络对外发布招商。3. 为提升招商引资信息平台的宣传效果，加大网上招商力度，市招商局请专业公司对淄博招商信息网进行升级改版，为投资者提供投资信息，为集中开展网上招商活动做好准备。4. 市招商局建立外来投资者档案库，将其经营领域、企业规模、联系方法、投资意向等基本情况整编入册，加强对外联络。

【综合管理工作】 1. 完成2005年全市招商引资考核认定及表彰奖励工作。根据市委、市政府的要求，加大招商引资工作目标管理工作力度。2月19日，召开全市对外开放暨招商引资工作大会，对74个招商引资先进单位进行表彰奖励。2. 加强全市招商引资工作的调度考核工作。继续坚持一月一调度、一月一通报制度，严把招商资料审查关。通过召开区县招商局长调度会议、组织调研活动等多种方式，分析招商工作面临的新形势、新问题，加强对全市招商引资工作的指导。制定新的招商引资管理评价办法，由单纯对招商引资数量的考核改为数量、质量、结构的综合管理考核，引导各区县多引进科技含量高、投资规模大的工业项目和服务业项目。年底，对全年招商引资工作进行了考核认定。3. 加大为外来投资者服务工作力度。为临淄万豪大厦项目、张店世纪上城项目等7家外来投资企业落实优惠政策。年内，对招商引资项目收费减免制定统一的政策，使招商项目收费优惠政策的落实更加简便、快捷。

【区县招商引资任务完成情况】

单位名称	计划指标（万元）	实际完成（万元）	完成比例（%）
张店区	149000	160204	107.5
淄川区	167000	168140	100.7
博山区	124000	125296	101.0
周村区	133000	137230	103.2
临淄区	173000	200917	116.1
桓台县	148000	177383	119.9
高青县	61000	81313	133.3
沂源县	62000	80683	130.1
高新区	133000	173498	130.4
合　计	1150000	1304664	

（张淑维）

本部类编　辑：孟　明
副主编：王　娟
校　对：王　娟
徐先法

经济园区建设

淄博高新技术产业开发区

【概况】 2006年，淄博高新技术产业开发区辖2个街道办事处、1个镇，45个行政村、19个居委会。辖区总面积121.13平方公里，人口98670人，男女性别比为100∶102，人口自然增长率为4.4‰。

是年，实现GDP186亿元，同比增长26%；营业总收入622亿元，同比增长28.2%；工业总产值605亿元，同比增长28.2%；工业销售收入596亿元，同比增长28.1%；实现工业增加值165亿元，同比增长28.1%；实现工业利税76亿元，同比增长26%；完成固定资产投资65亿元，同比增长30%；完成出口总额8.91亿美元，同比增长33%；实现境内财政收入14.7亿元，同比增长23.3%；实现地方财政收入6.83亿元，同比增长22%。新登记各类企业645户，新增注册资本26.5亿元。全面完成市委、市政府下达的各项目标任务。高新区以占全市2.04%的土地面积，完成了全市11.3%的国内生产总值、8.5%的地方财政收入、35.5%的出口总值、21%的实际利用外资。

【招商引资】 年内，高新区超额4亿元完成招商引资任务指标。外商直接投资完成7790万美元，提前一个季度完成市政府下达的年度任务。全年共新批外资项目38个，其中总投资千万美元以上的项目13个，实现合同外资19345万美元。新开工项目9个，总投资18.6亿元。竣工项目14个，总投资10.29亿元，新增产值15亿元，新增利税2.7亿元。在引大、引高、引外上取得新进展。服务业招商实现新突破，总投资1.8亿美元的宝龙广场项目顺利签约，一期工程投资2980万美元的五星级大酒店已开工建设。实现BT、BOT、TOT、合作招商等多种方式的招商。全员招商与专业招商相结合的优势凸显，非专业招商部门的招商意识和服务意识增强，项目管理趋于规范。 （于 娜）

【科技创新】 一是高科园二期工程全面建成投入使用。企业孵化工作顺利开展，新入驻孵化企业68家，总数达到203家，其中高新技术企业21家。毕业企业11家，孵化企业拥有专利等知识产权达271项。建成"无机非金属孵化专业技术平台"，孵化管理和服务工作逐步走向规范化和科学化。高新技术创业服务中心成为全国10家创业中心专业委员会副主任单位。二是占地20公顷的高科技产业园开工建设，为项目由科技孵化向产业转化提供了平台。三是组织召开高新区科技

省级以上老劳模参观淄博高新区高新技术产品展厅
（韩 兵 摄）

大会，制发5个政策性文件。四是企业自主创新能力进一步提高，新增高新技术企业15家，区内高新技术企业达到95家；新增省级工程技术中心5家，省级以上技术中心达到22家；推荐78个项目申报国家、省、市科技计划，立项48项，获市级以上科技资金支持近2000万元。申请专利460项，授权专利185项。"金晶""得益"商标被认定为中国驰名商标，实现了高新区中国驰名商标零的突破；"新华"商标被认定为著名商标，区内著名商标达到7件。五是特色园区建设取得新突破，高新区被认定为山东省中药现代化科技产业示范园。此外，配合市政府成功举办了中国（淄博）新材料技术论坛暨国际科技成果招商洽谈会。 （刘晓农）

【基础设施建设】 全年共开工重点工程46项。深入开展城乡建设管理年、项目攻坚会战月活动，实行重点工程领导挂包责任制，各部门分工负责，保证工程顺利进展。全年完工项目37项，完成总投资3.76亿元，占开工项目的80%。一是改造建设鲁泰大道和西五路北延、化北路、高速路附路等17条道路，总长近30公里，投资达1.3亿元。二是实施中润大道、齐林公园、柳毅山生态恢复等15项城市道路和园林绿化工程，花山生态恢复成为四宝山地区生态恢复总体工程的一个亮点和突破口。三是污水处理厂、环保电厂、垃圾场封场及污水配套管网四大市政府重点建设工程进展顺利。四是投资4600余万元，集中建设自来水管线、热力管线、弱电管线、城市公厕、路灯等一批公用设施和市政环卫设施，进一步提升城市功能。五是严格执行ISO14001环境管理体系认证标准，并顺利通过复审。

【"平安高新区"建设】 一是广泛开展平安创建活动。认真开

展矛盾纠纷排查调处工作，注重解决群众关心和反映的热点、难点问题，积极化解各种矛盾。深入开展建筑市场施工秩序整顿活动，严厉打击沙霸石霸、强买强卖及涉黑行为，规范工程项目施工秩序。二是加大对政法部门基础设施建设投入，法院审判楼及科技园派出所、卫固派出所办公楼建成并投入使用。三是进一步加强人防、物防、技防“三防”建设，公安分局增添网格化巡逻警用车，配备了“两台一系统”设施。四是完善安全生产体制机制，明确责任，强化监管，切实保障人民群众生命财产安全，全年未发生重特大事故。（邢　军）

【地方经济和社会事业】 一是地方主要经济指标保持快速增长。“两办一镇”完成增加值58.71亿元，同比增长59%；工业总产值达到206.43亿元，同比增长97%；营业总收入197.05亿元，同比增长61%；实现利税总额16.50亿元，同比增长64%；实现财政收入1.35亿元，同比增长42%。全区农村经济总收入202.9亿元，农民人均纯收入达到6763元，同比增长23%。二是标准厂房建设取得新进展。全年新增标准厂房及沿街房面积25.52万平方米，标准厂房总面积达87万平方米，全区农民人均超过10平方米，人均租金收益超过900元。三是农村城市化进程进一步加快。石桥办事处甘家、王南旧村改造工程实现当年开工、当年入住，北部5村集中居住区完成规划申报，北石中心村规划编制完成。卫固镇傅山、仁和、李楼等实现了合村。四宝山东部4村集中居住区建设顺利启动。至年底，高新区11个村居完成旧村改造，26个村居正在实施，已建成面积157.86万平方米，入住农户8600户，入住人口3.4万人，占农业总人口的43.43%。四是认真落实好11件实事。投资2800万元的宝山学校投入使用，淄博第十一中学的学生公寓改造工程全面完成；全部免除农村义务教育阶段学生杂费；新型农村合作医疗筹资比例进一步提高，农民参保率达96.68%；卫固卫生院升级改貌建设完成并投入使用，四宝山新卫生院建设全面启动；农村“五保”供养率达92.8%；全面实现村村通自来水；成立劳动就业服务中心，全年共培训农民工531人，为失地农民就业搭建新平台；成立残疾人服务中心、慈善超市。加大农村卫生环境整治力度，投资110多万元，建设垃圾池、购买垃圾清运车、建立农村卫生保洁队伍，农村垃圾村集、镇运、集中处理体系进一步完善。五是举办第二届机关运动会和农民运动会，活跃了群众文体生活。

【保持共产党员先进性教育活动】 按照上级统一部署，紧紧围绕建设社会主义新农村主题，在农村集中开展第三批先进性教育活动。认真抓好先进性教育整改措施的落实，建立健全保持共产党员先进性的长效机制，基层党组织建设得到进一步加强。鹿奉俊被评为全省优秀党务工作者，傅山村党委被评为全国先进基层党组织。在中央组织的先进性教育活动群众满意度测评中，群众对高新区保持共产党员先进性教育活动满意度达到98%以上。认真抓好机关作风建设，首问责任制、服务承诺制、限时办结制、挂牌上岗、日常考核等制度落实进一步规范，开展网上考核试点，提高工作效能，优化了发展服务环境。（张　涛）

齐鲁化学工业区

【概况】 是年，齐鲁化学工业区全力抓好项目开工，进区项目逐步形成规模效应，化工区进入全方位启动、加速发展的快车道。全年新开工项目30个，总投资26亿元。利用外资项目

重点项目开工奠基仪式　（翟为民　摄）

5个，合同利用外资1833万美元，比2005年增长76.5%。化工区建成及在建项目达到80个，总投资39.4亿元，年可实现

齐鲁化学工业区建设场景　（翟为民　摄）

销售收入 105.2 亿元，利税 14.3 亿元。投资过亿元项目 11 个，总投资 22.4 亿元，占 57.4%；区外项目 37 个，总投资 27.5 亿元，占 71%。

【基础设施建设】 采取各级分担、市场运作、分期付款等方式，以较小资金投入取得全面快速的建设成果。年内，投资 1400 万元，完成 30 万平方米绿化带建设，建成 3 条园区道路。2005 年以来，累计建成 15 条园区道路，总长 25 公里。吸引社会资金参与公用工程建设，山东美陵、鲁恒建材、青岛东洲、淄博诚意燃气等公司累计投资 2 亿元，完成园区水、电、蒸汽、弱电、燃气配套设施建设。在 10 平方公里范围内初步实现“七通一平”，具备了 200 亿元以上的投资承载能力，成为全省唯一完整具备化工企业配套设施的专业园区。

【招商引资】 以招商引资为园区发展的生命线，在体制、人员、资金等多方面统筹优化，持续增强园区发展后劲。组织开展数十次大型招商活动，在谈项目 28 个，总投资 39 亿元，其中包括投资 8000 万美元的英国 BOC 公司空分项目，投资 3000 万美元的瑞典柏仕德公司多元醇项目，投资 2000 万美元的德国朗盛集团 NS 助剂等项目。

【园区规划不断完善】 本着完善园区综合功能、强化整体功能和突出竞争优势的原则，对园区规划不断调整完善，持续推进核心区和“退城进园”项目区规划建设。以办公、居住和商贸项目为主的核心区框架初步成型。投资 4500 万元、总建筑面积 2.1 万平方米的化工区综合服务中心——名都大厦完成主体建设，总面积 66.7 万平方米的职工生活小区及农民居住区破土动工，名都生态园项目建成投用，众海车业项目基本完工。“退城进园”项目区内，齐鲁塑编、星团纺织、胜利油田孚瑞特热采装备厂等十余家城区企业陆续迁入。是年，国家发改委批准化工区规划面积 10 平方公里。

名都大厦主体竣工　　　　（翟为民　摄）

【中瑞合资多元醇项目签约】 11 月 30 日，瑞典柏仕德集团与山东富丰化工公司多元醇合资项目签约。该项目投资 3000 万美元，主要生产辛戊二醇、三羟甲基丙烷、季戊四醇等多元醇产品，广泛应用于航空、航海、船舶、工程涂料等领域。项目建设周期预计一年，年可实现销售收入 6 亿元，利税 1.6 亿元。　　（王晓刚　翟为民）

中瑞合资多元醇项目签约　　　　（翟为民　摄）

其他经济园区

【淄川经济开发区】 是年，完成全社会固定资产投资 25.76 亿元，同比增长 111.4%；招商引资 12.86 亿元，同比增长 71.4%；完成税收 3617 万元，同比增长 41%；地方财政收入 1600 万元，同比增长 53.7%。

引进外来投资项目 15 个。其中，投资额过亿元的项目 5 个，过 3000 万元的项目 10 个。56 家规模以上企业完成工业产值 18 亿元，完成增加值 50100 万元，完成利税 19000 万元，完成利润 9190 万元。以基础设施为主的“12620”工程建设总投资超过 23 亿元。完成绿化面积 261 万平方米，建成区内道路 28 公里，铺设供水、供热、供气管网 44 公里，拆迁 1750 户、34.02 万平方米，开工住宅楼盘 160 余座、面积 146 万平方米。服务环境进一步优化。设立开发建设总公司、城市管护中心，成立开发区综合服务中心，协调国税、地税、银行等部门到创业服务中心合署办公，为企业提供良好服务。继续实施机关干部全员竞争上岗，进一步推进机关效能建设。成立就业服务中心，对 1217 名失地农民进行就业安置。全面推行农村新型合作医疗、社会养老保险和“五保”供养制度，农民参保、补助人数达到 26082 人。投资 80 余万元对敬老院进行改造。对开发区中小学布局重新规划，加快与淄博师专联合建设附中、附小、附幼的步伐。　　（司　磊　孙兆峰）

【博山经济开发区】 辖 12 个居委会、7 个行政村，面积 27.66 平方公里，形成了以钛化工、化纤纺织、机械制造、耐火材料、医药等为支柱产业的工业格局。是年，博山经济开发区（除万杰集团外）实现财政收入 3227 万元，同比增长 41.77%；固定资产投入 6.67 亿元，同比增长 28%；招商引资 2.19 亿元，同比增长 31%；出口创汇 3600 万美元，同比增长 53%。

是年，确立 11 项重点项目，总投资 14.12 亿元。其中，华成集团投资 1 亿元的真空泵渣浆泵连杆项目、淄博银龙实业有限公司的 2 万棉纺纱锭项目、佶缔纳仕机械有限公司投资 500 万美元的水环真空机组扩产项目、博山银丰机械厂投资 1000 万元的电动滚筒项目、博山润泽机械厂投资 1000 万元的减速机项目、博山金誉机械厂投资 1000 万元的减速机项目均已竣工投产。开发区拥有“银仕来”牌高支高密纯棉坯布等 4 个名牌产品（著名商标）、5 个高新企业、3 个省级工程技术研发中心。成立高速公路立交桥工程、北山路工程及张博附线工程指挥部，积极做好后续工程建设。8月底，全面完成征地、拆迁任务。对卫生院进行改貌工程建设，投资260万元新建3000平方米高标准病房楼。在全区率先完成新型农村合作医疗筹资任务，参合率达100%，全年共报销住院医药费用88万元。加快学校布局调整步伐，拓展凤凰教育园区功能。2006年，博山经济开发区被评为省级安全工作先进单位。9个经济强村共完成销售收入52.76亿元，实缴税金2.26亿元。（博山区史志办）

【周村经济开发区】 2006年，完成地区生产总值26.62亿元，同比增长34.6%；实现工业销售收入76.31亿元，同比增长31.64%；实现工业增加值23.21亿元，同比增长32.7%；实现利税7.53亿元；完成地方财政一般预算收入5860万元，同比增长42.75%；完成固定资产投资26.68亿元，同比增长41%；实现出口总额2.1亿美元；合同外资额1745万美元，实际利用外资387万美元。

年内，投资新修建4条道路，建设总里程8公里，总投资2600余万元。北外环路升级改造工程总铺装面积95010平方米，西外环南段和北延工程总铺装面积61740平方米，周长路工程总铺装面积6504平方米，义和路工程总铺装面积8400平方米。投资300余万元，对丝绸路、北外环路、东门路进行绿化升级改造。投资1200万元、建筑面积1.5万平方米的城北中学一期工程完工。开工建设规模以上工业投资项目51个，计划总投资20.6亿元，其中过亿元的项目8个、过千万元的项目38个。淄博凤阳彩钢板公司10万吨彩板项目、兰雁集团6000吨环锭纺纱项目、山东恒洋阿斯泰克防腐设备有限公司脱硫衬胶管道项目、淄博万营建材有限公司年产10万吨轻钢建材项目、山东鲁宝冶金股份有限公司年产3万吨冷弯型钢一期工程等29个重点项目竣工投产。淄博凤阳彩钢板有限公司的年产20万吨精密薄板、20万吨镀铝锌硅，嘉周热电有限公司年产16万吨烧碱等项目已完成基本建设。

（韩克勇　吕海波）

【桓台经济开发区】 按照“规划先行、突出特色、建设精品、保护生态”的原则，基础设施累计投资5亿余元，修建道路18条，总长64公里，建成全长800米的跨淄东铁路立交桥，完成道路绿化面积165万平方米，新装路灯700余盏，铺设雨污水管线78公里，新建10千瓦变电站1座，建成燃气、供热、供排水、网络等地下管网，基本实现“十通一平”。坚持对外招商引资，紧盯大、高、外项目及产业链项目；对内扶优扶强，大力实施骨干企业膨胀计划和亿元企业提升工程，着力建设和引进一批技术含量高、发展前景好、经济效益佳、环境污染少、相关产业配套的大项目、好项目。新上投资过亿元项目16个、高新技术项目12个。德国雷法公司独资1700万美元、10万吨新型耐火材料项目的引进，实现了新材料产业招商引资的重大突破。不断创新服务方式，建立“项目引进一条龙服务、项目建设全方位服务、项目投产后经常性服务”三大服务体系，保证项目顺利建设。在126家进区企业中，实现规模以上企业54家，培植亿元企业22家，初步形成钢铁机械、石油化工、汽车配件、文化印刷、商贸物流五大主导产业。全年完成固定资产投入16亿，工业销售收入90亿元，实现税收2.6亿元。2006年综合经济实力跻身全省省级开发区20强，列第19位，成为全市省级经济开发区中唯一进入综合经济实力前20位的开发区。

（王松亭）

本部类编　辑：孟　明
副主编：王　娟
校　对：王　峰
赵建国

·集邮小常识·

邮票上的志号

新中国成立后，中国人民邮政发行的纪念邮票和特种邮票，在票面底部印有邮票发行序号和年代，称志号。如1952年7月7日发行的《抗日战争十五周年纪念》邮票，在邮票底部左边印有“纪16.4—1”。“纪16”表示这套邮票是纪念邮票的第16套；“4—1”表示这套邮票有4枚，这是第一枚；邮票底部右边印有“(78)1952”，(78)表示这枚邮票在纪念邮票里的总编号，“1952”是这套邮票的印制年代。我国首次使用“纪”字头发行邮票，是从1949年10月8日的纪1《庆祝中国人民政治协商会议第一届全体会议》开始，到1967年3月10日纪124《向32111英雄钻井队学习》邮票止。其间，共发行“纪”字头的纪念邮票124套。特种邮票的表示方法与纪念邮票相同，只是将“纪”字改为“特”字。从1967年4月至1970年1月发行的邮票取消了这种志号。从1970年8月至1973年10月发行的邮票，在邮票底部左边又印上新编的连续号，右边印有印制年代。例如，《现代京剧(智取威虎山)》邮票底部左边的“(1)”是连续编号，“1970”是印制年份。从1974年开始，邮票编号又使用“J”表示纪念邮票，“T”表示特种邮票。例如，1974年5月15日发行的《万国邮政联盟成立一百周年纪念》邮票，底部左边印有“J1(3—1)”。“J”表示纪念邮票；“1”是第一套；(3—1)表示这套邮票共3枚，这是其中第一枚；邮票底部右边印有“1974”是印制年份。邮票志号是新中国邮票上特有的标志。这种志号对收集邮票很方便，不必查看邮票目录就能了解每枚邮票的印制年份、全套枚数、总编号。

（市集邮协会　供稿）

民 营 经 济

【概况】 2006年，全市民营经济健康稳步发展，完成增加值1384.65亿元，同比增长40.52%；实现营业收入4694.24亿元，同比增长41.13%；完成出口交货值255.94亿元，同比增长40.19%；实现利润总额278.00亿元，同比增长38.98%；实缴税金138.39亿元，同比增长38.29%；完成固定资产投资692.41亿元，同比增长31.64%。

截至年底，全市有民营高新技术企业259家，省级以上科研中心、中试基地、联合攻关项目44个，列入国家863计划项目2个，技改投入78亿元，技改项目655个。新增"得益"乳业、"幸运风"体育用品、"扳倒井"酒业、"周村"烧饼4个驰名商标，民营企业拥有全市驰名商标14个中的10个；新增"山川""东岳联邦"等8个中国名牌，民营企业拥有全市中国名牌22个中的13个。在全国千强乡镇评选中，淄川区双杨镇、张店区南定镇等8个镇跻身其中，千强镇数量比2005年增加6个。经济强乡镇完成增加值816亿元，占到全市乡镇(街道办事处)完成总量的二分之一；50个经济强村完成增加值238亿元，经济总量和效益都占到全市民营经济的五分之一左右。规模以上民营工业企业达到2100家，比2005年增加345家，增长20%；完成增加值532亿元，占到全市民营经济的51%，增速比全市民营经济增速高2个百分点。全市营业收入过亿元民营企业240家，过50亿元的4家。全市民营经济开工项目达到1821项，同比增长33%，其中过千万元项目达732项；累计完成项目投资248亿元，同比增长35%，其中过千万元项目完成投资197亿元。

【提前一年完成"三年倍增"计划】 截至年底，全市民营经济各项主要经济指标均提前一年完成"三年倍增"计划。2006年，全市民营经济完成增加值1384.65亿元，年均递增39%，比2004年增长0.9倍，占全市GDP的76%；实现营业收入4694亿元，年均递增42%，比2004年增长1.1倍；固定资产投资692亿元，年均递增28%，比2004年增长0.6倍。"三年倍增"计划的实施，使全市民营经济基本实现总量上规模、结构上档次、质量上水平、管理上台阶。

【工业发展速度加快】 2006年，第二产业发展速度明显高于全市民营经济增长速度。第二产业增加值同比增长56%，比全市民营经济增长速度高7个百分点，工业支撑作用明显。建材、化工、纺织、机电主导产业不断升级，占全市民营经济总量的60%以上，产业优势明显。电子信息、机电一体化、新型建材等新兴产业占全市民营经济总量的30%以上，成为全市民营经济最具增长性的产业群体。以房地产、中介服务、饮食等为主体的第三产业迅速膨胀，相对比重大幅提高。主导行业运行平稳，民营企业工业产品销售率达到96%，同比提高1个百分点。化工行业销售收入和利润与2005年同期相比都有较大幅度的增长，建材、纺织行业企业开工率较往年同期有大幅度提高，机电行业由于受原材料涨价影响利润缩小。

【民营经济"三强"竞赛】 落实市委、市政府关于"三强"建设的意见，制定"三强"(强乡镇、强村、强企业)竞赛活动考核办法。按照全国千强乡镇指标体系，指导各强乡镇制定长期发展规划，明确工作思路。按季度通报强乡镇主要指标完成情况，实行末位淘汰制。开展向山东东岳集团学习活动，组织20个强乡镇、200家重点民营企业到东岳集团参观学习。

【招商引资】 制定《2006年度全市民营经济招商引资工作意见》，分解全年招商引资任务，及时调度全市民营经济招商引资情况。宣传推介淄博招商引资优惠政策和投资环境。与金融部门合作，为民营企业开辟便捷的融资渠道。与市人民银行联合召开中小企业银企洽谈会，市内9家银行为民营企业开发金融新产品7个，资金支持87亿元。与淄博市商业银行联合召开授信大会，授信达51亿元，涉及企业170家。9月，由市领导带队赴新加坡、马来西亚和中国香港进行招商引资，引进项目3个，总投资1.3亿元；达成意向的项目13个，投资6.7亿元。

【服务体系建设】 以信用担保、信息化建设、培训教育和行业协会为重点，全面加强服务体系建设。引导被列为市政府重点工作的信用担保工作健康快速发展。8月9日，淄博市担保业协会第一届会员大会第二次全体会议召开，出台了担保协会会员管理办法、财务制度、自律公约等。截至年底，全市新增担保公司13家，新增注册资本2.6亿元。全市登记注册的担保公司37家，注册资本4.9亿元；成立担保中心(协会)5家，担保基金5500万元。注册资本1亿元的1家，5000万元的1家，3000万元的1家，2000万元以上的4家，累计为企业和个人提供担保贷款7.2亿元。担保机构的数量和担保资金规模居全省前列。

【信息化建设】 民营企业信息化建设成为推动民营经济发展的重要手段之一。实施民营企业上网工程，"三强"企业、成长型企业全部上网，利用互联网开展经营的民营企业增多。组建省中小企业网淄博分网和各区县分网，9个网站一次开通。与网通淄博公司合作，为民营企业提供技术、信息、管理支持，引导民营企业利用信息化手段提升管理水平。

【培训工作】 2006年，共举办各类培训班30余次，培训6000余人次。国家银河培训工程山东职业经理人培训班第一次在淄博市开班，省内150余名民营企业经营管理者参加培训。组织参加省非财务人员财务知识培训班，对成长型中小企业管理人员进行培训。组织6家担保机构赴厦门参加国家发改委举办的培训班。

【实施中小企业成长计划】 集中扶持100家最具成长性的中小企业,支持其做大、做强。2006年,百家成长型中小企业发展速度高出全市民营经济10个百分点以上,有22家成长型中小企业进入全市百强工业企业名单。建立成长型中小企业信息资料库,推进成长型企业信息化建设,向9家企业赠送服务器和软件。利用国家发改委中小企业"银河培训工程"、农业部乡镇企业"蓝色证书培训工程"和国家、省、市的有关创业扶持政策,有计划地为成长型中小企业提供专业培训,培训人次超过1600人次。

【全市民营经济主要经济指标】

单位:万元

项目	总计	同比±%	其中					
			第一产业	同比±%	第二产业	同比±%	第三产业	同比±%
1. 增加值	13,846,470	40.52	132,926	28.45	10,612,246	39.49	3,101,298	44.74
2. 营业收入	46,942,363	41.13	450,647	27.36	35,911,644	42.17	10,580,072	38.34
3. 出口交货值	2,559,443	40.19	24,571	30.81	2,517,115	40.50	17,757	15.30
4. 利润总额	2,780,022	38.98	26,688	22.57	2,314,060	43.20	439,274	21.19
5. 实缴税金	1,383,880	38.29	13,285	21.68	1,205,706	43.17	164,889	11.72
6. 固定资产投资	6,924,078	31.64	66,471	30.85	5,272,883	42.82	1,584,724	4.45

【分区县民营经济主要指标】

单位:万元

项目	增加值			营业收入			出口交货值		
	2006年累计	同比±%	增速排名	2006年累计	同比±%	增速排名	2006年累计	同比±%	增速排名
总计	13,846,470	40.52	—	46,942,363	41.13	—	2,559,443	40.19	—
博山区	1,531,705	52.13	4	4,741,459	53.19	2	330,722	51.23	4
淄川区	2,215,570	41.95	8	7,369,176	48.81	6	549,120	24.08	8
张店区	2,400,733	56.87	3	7,805,120	68.70	1	358,183	57.40	2
周村区	1,636,296	51.85	5	6,058,626	51.03	4	416,153	55.11	3
临淄区	3,534,112	58.06	2	11,187,302	50.02	5	397,755	19.55	9
桓台县	1,574,423	58.43	1	5,536,923	55.53	3	337,099	46.56	6
高青县	296,055	34.89	9	1,288,182	30.12	9	70,839	40.14	7
沂源县	534,035	42.75	7	2,184,033	45.05	8	102,447	49.97	5
高新区	587,131	49.13	6	1,970,504	48.08	7	205,784	157.35	1

项目	实缴税金			利润总额			固定资产投资		
	2006年累计	同比±%	增速排名	2006年累计	同比±%	增速排名	2006年累计	同比±%	增速排名
总计	1,383,880	38.29	—	2,780,022	38.98	—	6,924,078	31.64	—
博山区	113,209	55.60	2	263,742	56.63	4	617,771	52.73	1
淄川区	228,623	51.14	8	560,632	36.76	8	1,266,122	38.03	4
张店区	350,659	53.67	4	558,501	64.30	1	939,530	16.96	3
周村区	112,644	53.48	5	330,992	58.72	2	869,305	37.16	5
临淄区	308,902	56.48	1	706,621	58.25	3	968,621	19.26	8
桓台县	215,663	54.39	3	347,357	53.88	5	1,118,870	49.15	2
高青县	21,093	31.58	9	81,772	32.47	9	300,003	10.82	9
沂源县	73,869	51.81	6	127,047	47.92	6	379,044	26.60	6
高新区	75,094	51.46	7	86,419	38.53	7	369,969	22.75	7

【经济强乡镇主要指标】

单位:万元

乡镇(街道办)	增速排名	增加值			乡镇(街道办)	增速排名	营业收入		
		2006年	2005年	同比增长%			2006年	2005年	同比增长%
昆仑镇	1	331965	160512	106.82	昆仑镇	1	895619	328029	173.03
稷下街道办	2	374949	192741	94.54	稷下街道办	2	1249831	642471	94.54
唐山镇	3	282001	155521	81.33	北郊镇	3	821557	429450	91.30
辛店街道办	4	783436	444628	76.20	辛店街道办	4	2493768	1421761	75.40
北郊镇	5	278850	158277	76.18	石桥街道办	5	720879	460325	56.60
石桥街道办	6	243509	141907	71.60	南王镇	6	1400000	898000	55.90
凤凰镇	7	684781	421245	62.56	果里镇	7	1133362	727948	55.69
果里镇	8	342227	212229	61.25	四宝山街道办	8	266699	175389	52.06
南王镇	9	450000	298000	51.01	唐山镇	9	908709	623945	45.64
湖田镇	10	289607	201786	43.52	王村镇	10	1152300	798219	44.36
王村镇	11	463155	324575	42.70	南定镇	11	1738440	1218000	42.73
朱台镇	12	245014	174231	40.63	湖田镇	12	901283	639076	41.03
南定镇	13	552018	400830	37.72	朱台镇	13	831207	591496	40.53
四宝山街道办	14	88140	64820	35.98	凤凰镇	14	2107845	1501242	40.41
八陡镇	15	302900	224287	35.05	南郊镇	15	722872	516494	39.96
双杨镇	16	428336	319260	34.17	双杨镇	16	1350235	967207	39.60
龙泉镇	17	336862	253090	33.10	龙泉镇	17	840272	605820	38.70
白塔镇	18	286635	216761	32.24	八陡镇	18	863863	635895	35.85
南郊镇	19	220823	167441	31.88	马桥镇	19	1517591	1145000	32.54
沣水镇	20	538819	424856	26.82	沣水镇	20	1568768	1193886	31.40
马桥镇	21	455277	381000	19.50	白塔镇	21	852107	652073	30.68
罗村镇	22	185290	213092	-13.05	罗村镇	22	726324	695927	4.37
总计	—	8164594	5551089	47.08	总计	—	25063531	16867653	48.59

乡镇(街道办)	增速排名	出口交货值			乡镇(街道办)	增速排名	利润总额		
		2006年	2005年	同比增长%			2006年	2005年	同比增长%
果里镇	1	46769	9024	418.27	昆仑镇	1	81410	27587	195.10
石桥街道办	2	141600	36600	286.89	辛店街道办	2	166653	85201	95.60
马桥镇	3	28272	14000	101.94	稷下街道办	3	94987	49126	93.35
稷下街道办	4	46941	24489	91.68	四宝山街道办	4	10739	6135	75.04
唐山镇	5	118801	75442	57.47	唐山镇	5	54817	32281	69.81
龙泉镇	6	45911	29461	55.84	朱台镇	6	49627	30293	63.82
昆仑镇	7	26464	17496	51.26	南王镇	7	81000	50680	59.83
辛店街道办	8	61504	40786	50.80	果里镇	8	90669	57336	58.14
北郊镇	9	94733	63155	50.00	南定镇	9	145588	93700	55.38
沣水镇	10	129462	87838	47.39	南郊镇	10	33608	22367	50.26
朱台镇	11	9745	6655	46.43	马桥镇	11	147697	100470	47.01
南郊镇	12	79764	54633	46.00	凤凰镇	12	123121	85125	44.64
南王镇	13	43800	31540	38.87	湖田镇	13	79981	55893	43.10

续表

乡镇(街道办)	增速排名	出口交货值			乡镇(街道办)	增速排名	利润总额		
		2006年	2005年	同比增长%			2006年	2005年	同比增长%
罗村镇	14	41250	30106	37.02	王村镇	14	101350	70921	42.91
湖田镇	15	11608	8536	35.99	双杨镇	15	118667	83063	42.86
八陡镇	16	94867	70189	35.16	沣水镇	16	96432	69569	38.61
白塔镇	17	28913	21828	32.46	八陡镇	17	36764	27096	35.68
双杨镇	18	42533	32803	29.66	北郊镇	18	51250	39219	30.68
南定镇	19	112257	89500	25.43	白塔镇	19	63687	48877	30.30
四宝山街道办	20	27951	23890	17.00	石桥街道办	20	27835	21391	30.12
王村镇	21	32277	30621	5.41	龙泉镇	21	73814	58943	25.23
凤凰镇	22	90124	87412	3.10	罗村镇	22	62718	60110	4.34
总计	—	1355546	886004	53.00	总计	—	1792414	1175383	52.50

(张学武)

本部类编　辑:赵建国
副主编:安永善
校　对:王　娟
徐先法

·集邮小常识·

邮票版铭

在整张邮票纸边上印有邮票编号、版号、张号、色标、设计者和印刷厂名等,统称版铭。版铭是研究邮票的重要资料,因此,很多集邮者都喜欢收集带版铭的邮票。如:我国1981年4月29日发行的J63《中华人民共和国邮票展览·日本》邮票,在整张纸边上印有鸡、金鱼、风筝、天坛、蝴蝶等各种图案以及印有邮票名称、设计者、印刷厂名、版号、张号、色标等等。这些版铭被集邮家看作是重要的集邮资料。有的邮学家说,这是印刷厂送给集邮者的礼物,是研究邮票版式和邮票印刷的重要依据。

邮票上的水印

邮票是预付邮资的凭证。为了防止伪造,在造纸过程中,用特殊方法加压在纸里的一种标记,称水印。水印是一种无色标志,多为简单图案。在一整张邮票上,只有一个水印图案叫全张水印。水印图案在全张邮票中重复出现叫复式水印,水印的图案多种多样,如皇冠、太阳、月亮、太极图等等。英国于1840年5月6日发行的黑便士邮票上就是以皇冠为图案的水印。1885年我国大清邮政发行的小龙邮票和1898年发行的蟠龙邮票是以太极图为图案的水印。邮票上的水印很容易识别,在阳光或灯光下仔细看邮票背面就能发现。对不太明显的水印,可在邮票背面略喷一点汽油,水印立即会呈现出来。汽油挥发快,对邮票和背胶并无损害,有经验的集邮家一般都采用这种办法识别邮票上的水印。水印是研究和鉴定邮票真伪以及版别、发行年代的重要依据。

(市集邮协会　供稿)

旅　　游

【概况】 2006年，全市旅游业发展速度加快、效益提高、后劲增强。全年接待国内旅游者1096.75万人次，同比增长18.1%；接待入境旅游者5.2万人，同比增长15.6%；旅游创汇1169.7万美元，同比增长19.1%；旅游总收入77.34亿元，同比增长20.1%。国内游客人数和旅游总收入指标分别居全省第八位、第六位。旅游基础设施不断完善，产业体系逐步健全。截至年底，全市开发建成重点旅游景区40处，其中，AAAA级3家，AAA级11家，AA级6家。星级旅游饭店33家，其中，五星级1家，四星级5家，三星级20家，二星级7家。旅行社110家，其中国际旅行社3家。年内，市旅游局被评为全省旅游工作先进集体。

【市旅游业发展协调促进委员会成立】 年初，市政府在全省率先成立市旅游业发展协调促进委员会。委员会主任、副主任分别由市长、副市长担任，31个有关部门及单位主要负责人为成员。2月21日，市政府召开市旅游业发展协调促进委员会第一次全体成员会议，研究部署2006年全市旅游业发展任务。市政府对全市旅游业实行季度调度制度，对12项旅游重点工作进展情况进行调度督促，形成政府主导旅游业发展的机制和平台。

【全市旅游工作会议召开】 8月21日，市委、市政府召开全市旅游工作会议。会议提出，"十一五"时期要深入实施大旅游发展战略，强化规划和政策引导，加快旅游精品工程建设，推动旅游国际化进程，提高旅游管理和服务水平，全面增强旅游核心竞争力，努力使全市旅游经济总量、旅游接待规模、旅游服务质量、旅游发展环境进入全省前列，把淄博建成形象鲜明、特色突出、结构合理、环境优美、设施完善的山东乃至全国重要的国内游客目的地和国际游客停留地，把淄博市建设成为区域性人文名城。为贯彻会议精神，市旅游局提出了全市旅游工作"1275"发展目标和工作思路("1"即塑造"魅力齐都、激情淄博"形象；"2"即培植淄博经典文化旅游线和淄博生态休闲旅游线；"7"即建设齐文化旅游区、聊斋文化旅游区、旱码头文化旅游区、张店休闲娱乐购物旅游区、鲁山生态旅游区、马踏湖齐国水乡旅游区、萌山湖休闲度假旅游区；"5"即实现大项目建设、基础配套建设、骨干企业进军旅游、市场开发、旅游服务提升五大突破)。

【旅游项目及配套设施建设】 年内，全面建立市、区(县)、景区、项目四级旅游规划体系，制定了《淄博市旅游业"十一五"发展规划》《淄博市南部山区生态旅游发展规划》《淄博市旅游商品开发规划》。2006年，全市在建旅游项目及配套服务设施50个，完成投资5亿元，主要有中国陶瓷馆、古商城状元府、圣佛山怪石峪休闲乐园、唐山佛雕文化园、梦泉生态景区等项目及配套设施建设。原山国家森林公园、马踏湖、聊斋城、开元溶洞等传统景区继续完善基础配套设施建设，旅游环境进一步优化。桓公台生态园、世纪名都生态园、翠林园等一批高档次服务设施建成投入使用。璀璨中华影视园、香港冠都集团五星级酒店、齐鲁休闲文化广场、欢乐世界主题公园、五星级万豪大酒店等与旅游相关的项目开始筹建。"吃、住、行、游、购、娱"六大要素全面开发、配套完善。山东泰山瓷业有限公司、世纪名都生态园、周村烧饼有限公司、沂源杏花村

梦泉生态旅游区　　　　（市旅游局　供稿）

旅游区、山东黄河龙集团有限公司等5个工农业旅游点被评定为省级工农业旅游示范点。淄博中国陶瓷馆、淄博桓公台生态庄园、淄川梦泉生态旅游区等3个工农业旅游点被评定为国家级工农业旅游示范点。举办第四届旅游商品创新设计大赛，推出一批独具地方特色的旅游纪念品。

【旅游市场开发】　加大宣传促销力度，推进市区(县)联动、政企结合、市场运作的宣传促销机制。入境旅游重点开发韩国和日本市场，国内旅游重点开发河北、天津、河南及省内周边市场，并大力推动"淄博人游淄博"活动。5月中旬，联合青岛、泰安、曲阜三市旅游部门赴韩国首尔、仁川等城市进行旅游促销，开展旅游洽谈合作。7月21日～8月5日，举办全国高校学子"走遍淄博、写遍淄博、画遍淄博、拍遍淄博"活动。来自中国人民大学、山东师范大学的80余名中文、新闻、绘画、摄影等专业的大学生到淄博的景区(点)进行专业创作，共完成作品500余篇(幅)。作品在北京高校展出。参加省旅游局组织的赴日本、韩国、新加坡举办的专题促销活动4次。编辑出版了淄博旅游系列丛书、淄博旅游电子杂志。

【中国旅游目的地营销论坛在淄博举办】　3月24日～26日，第三届中国旅游目的地营销论坛在淄博举办。国内知名旅游专家与来自全国的旅游业界代表及国内各新闻媒体的记者参加论坛。论坛以"中国旅游营销业的创新与发展"为主题，对旅游营销战略进行探讨交流。与会专家、学者实地考察淄博城市建设及旅游业发展情况，为淄博旅游目的地建设、旅游营销业发展献计献策。中央电视台、《人民日报》等10余家媒体对论坛及淄博旅游进行宣传报道，国内30余家旅游机构对淄博旅游进行了实地考察洽谈。

【优秀旅游城市创优复核】　12月9日，省旅游局受国家旅游局委托，对淄博市创建中国优秀旅游城市工作进行复核。10日上午，举行淄博市中国优秀旅游城市复核工作汇报会。10日下午至11日，省复核检查组实地检查旅游景区(点)、旅游星级饭店、餐馆、国际国内旅行社、旅游汽车公司、旅游购物商店、娱乐场所及旅游信息咨询服务中心、火车站、汽车站、旅游观光巴士、城市公厕等项目，抽查了110、120城市旅游安全和紧急救援保障系统及城市出租车服务。12日上午，举行淄博市中国优秀旅游城市创优复核工作情况通报会，省复核检查组认为淄博市达到中国优秀旅游城市复核检查标准。

【旅游行业管理】　年内，新审批AAAA级旅游景区1家、AAA级6家、AA级4家；新增四星级酒店1家、三星级2家；新增国际国内旅行社12家。主要景区旅游厕所基本达到星级标准。加大旅游市场规范整治和安全监管力度，严厉查处强买强卖、无证经营、虚假广告等违法违规行为。全年出动执法人员400余人次，检查星级宾馆20余家次、旅行社80余家次、景区(点)20余家次，消除网上虚假信息100余条。全市旅行社、星级酒店、景区景点建立旅游诚信经营档案。10家旅游企业被省旅游局评定为全省旅游诚信示范单位。在全市开展十佳旅游区(点)、十佳宾馆饭店等"七个十佳"争创活动，评出一批旅游品牌。8家旅游企业被评为全省旅游细微服务示范企业，36家被评为全省旅游细微服务达标企业。联合市贸易局对市内各星级饭店和部分经济型宾馆价格问题进行调研，协商各星级饭店从9月起执行高于行业保护价的价格，促进旅馆业快速健康发展。

中国陶瓷馆　　　　　　　　(市旅游局　供稿)

【旅游环境优化】　是年，市政府决定在继续推进"因景植绿"工程的同时，在全市实施"因景修路""因景治污"工程。年内投资1383万元，景区栽植各类树种196.6万株，景区生态环境明显改善。"因景修路"的10条旅游道路被确定为重点，5条道路列入"省村村通柏油路"计划。全年投资2.39亿元，对通往10个景区的道路进行改造，修路153.7公里。积极推进"因景治污"工程，对全市景区点周边工业污染源情况进行调研，制订"因景治污"工程分步实施方案。投资3815万元，对周村古商城、临淄姜太公祠等景区周围环境进行综合治理。市旅游局联合市交通局、市公安局等部门对全市旅游景点导引标志进行规范完善。各区县在通往主要景区道路上新增或补充完善旅游标志牌60块。积极发展旅游公交，协调市交通部门增设张店通往开元溶洞、鲁山国家森林公园、马踏湖等市内主要景区的7条双休日旅游专线，对已有的5条旅游专线进行规范。各区县开通城区至景区旅游专线20余条，基本满足市内游客的出游需求。

【假日旅游】　春节旅游黄金周期间，全市共接待游客38.5万人，同比增长4.3%；旅游收入达到1.66亿元，同比增长5.1%；接待海外游客1750人，同比增长9.6%。商贸餐饮娱乐繁荣兴旺，景点接待稳中有升，自驾车家庭式出游成主流。"五一"旅游黄金周期间，全市共接待游客122.2万人，同比增长17%；旅游收入6.673亿元，同比增长20%。旅游活动丰富多彩，旅游市场秩序良好。"十一"黄金周期间，全市共接待旅游者140.22万人，实现旅游总收入9.15亿元，同比分别增长23%和15%。其中，接待旅游团队1840个，接待国外游客5335人。生态休闲游和短线近郊游成为市场热点，旅游节庆活动成为旅游主打节目。

【星级旅游宾馆】　全市有星级旅游饭店33家，共接待163.59万人，同比增长23%；实现营业收入57517.85万元，同比增长7%。营业收入列前五位的宾馆是：淄博饭店(7616.73万元)、世纪大酒店(5943万元)、周村嘉周宾馆(2448.19万元)、桓台宾馆(2127万元)、齐都大酒店(1669万元)。接待旅游人数列前五位的宾馆依次是：淄博饭店(14.09万人)、桓台宾馆(8.79万人)、齐都大酒店(7.12万人)、玫瑰大酒店(5.65万人)、周村嘉周宾馆(5.33万人)。床位利用率列前五位的饭店依次是:蒲泉大酒店(98.2%)、淄博饭店(93.7%)、桓台宾馆(85.3%)、齐都大酒店(83.4%)、淄博宾馆(82.3%)。

【2006年全市旅游活动】

活动名称	时　　间	地　　点	主要活动内容	接待人数(万人)	旅游收入(万元)
中国(淄博)聊斋民间艺术灯会	2月5～15日	聊斋城	展出造型各异的艺术灯、传统灯、机械灯、高科技灯60余组,用传统形式艺术再现蒲翁笔下的狐鬼仙妖世界	3	45
第七届淄博民间艺术花灯节	2月3～15日	奎盛园	展出"包龙图""沙家浜"等大型艺术灯和"空城计""金猴迎春""童子闹春""农家乐"等民间艺术灯80余组	2.5	37.5
淄川梦泉杏花节	4月2日～5月7日	梦泉生态景区	以踏青赏花、感受自然为主,举办孟姜女哭长城民俗风情展、"淄河发现"摄影绘画大奖赛、"梦泉杯"乡村游征文比赛、淄河旅游形象征集、梦泉笔会、梦泉一线天攀岩大奖赛、绿色食品展销等活动	5.2	146
沂源汇泉桃花节	4月5～15日	徐家庄乡桃花岛景区	观光摄影、农业旅游、民俗旅游、招商合作洽谈、地方文艺演出、参与性活动	5	500
马踏湖春季文化旅游节	4月15～22日	起凤镇华沟村	水上婚俗、撒网捕鱼、湖上放鸭、舞狮表演、戏剧演唱、秧歌队、锣鼓队表演、织布、拐磨子等民俗表演活动,及湖区古代生产工具、生活用具展示、旅游商品展销等	6.8	816
淄博聊斋民俗系列活动	5月1～7日	聊斋城景区	柳泉香茶、聊斋俚曲演唱、聊斋佳丽古筝演奏、聊斋影视剧展播等活动	7	94
第四届齐鲁民俗文化旅游节	5月1～7日	奎盛园	东方斗牛表演、民间婚庆表演、民间艺人献艺、民间生产生活习俗展示、民间风味小吃展示等民俗活动	3.79	131.2
淄川梦泉乡村民俗旅游节	5月1～7日	梦泉生态景区	民俗体验游、民俗用品展卖、民俗文化演出、民俗风味小吃展卖等活动	4.7	113.3
沂源唐山佛雕文化园开园庆典活动	5月1～7日	东里镇唐山景区	开园庆典、景区推介、生态民俗旅游、招商洽谈	2.5	300
鲁山登山节	5月20日	鲁山国家森林公园	登山运动、观赏槐花、鲁山风光摄影等活动	8	50
沂源燕崖大樱桃采摘游	5月25日～6月5日	燕崖乡万亩大樱桃园	采摘摄影、地方文艺演出、观光农业旅游、农家乐旅游、招商洽谈、参与性活动等	2	1200
桓台马踏湖民俗风情旅游节	7月15日	起凤镇华沟村	水上婚俗、鱼鹰捕鱼、湖上放鸭、舞狮表演、戏剧演唱、秧歌队、锣鼓队表演、农家纺线、摊煎饼等民俗表演活动,及湖区生活用具展示、旅游商品展销等	8.2	984
博山民俗文化旅游节暨文姜庙会	7月23～27日	文姜广场及周边、原山文化广场等	大型开幕式、文艺演出、孝乡使者评选、民间剧团展演、陶琉展销、旅游推介、武术表演、文化旅游摄影展览等6大系列13个项目活动	10	350

续表

活动名称	时　　间	地　　点	主要活动内容	接待人数（万人）	旅游收入（万元）
第三届中国(周村)旱码头旅游文化节暨周村国际牛仔服装节	9月5～8日	周村区	开幕式、22集电视连续剧《旱码头》封镜仪式、第五届中国(周村)“嘉周杯”全国象棋特级大师冠军赛、旱码头旅游文化节经贸洽谈会、旱码头旅游文化节旅游推介会、周村“老字号”商埠文化研讨会、旱码头旅游文化节广场文化周、旱码头旅游文化节暨周村国际牛仔服装节闭幕式、周村国际牛仔服装设计大赛颁奖仪式等活动		
第三届国际齐文化旅游节	9月12～16日	临淄区	一元钱游景点、姜太公诞辰3145周年祭礼、临淄区首届导游员大赛、首届旅游商品展销、管仲故乡行摄影展等活动	39.6	15400
2006中国博山美食节	9月26日～10月6日	憩园广场及区内各大宾馆酒店	开幕式暨“中国鲁菜名城”授牌仪式、“中国名宴、名菜、名点”展、中华地方名小吃展销、广场饮食文化活动、果蔬雕、冷拼技艺展示、“我喜爱的休闲特色店、特色菜(点)”评选活动、今日博山美食文化摄影大赛	15	500
淄川梦泉金秋采摘节	9月～10月	梦泉景区	吃农家饭、住农家屋、观农家景、品农家果、享农家乐	4.7	113.3
沂源中庄苹果采摘活动	10月1～12日	中庄镇万亩苹果示范园	苹果采摘摄影、生态旅游、农业观光、民俗旅游	1.2	500
全国第十二届洞穴学术会议暨沂源猿人探秘活动	10月1～16日	沂源县	学术研讨交流、参观考察、猿人洞穴探秘活动	1	200
沂源三岔凤凰山红叶节	10月15～30日	三岔乡凤凰山景区	红叶观光摄影、民俗旅游活动	2	300

（牟永波）

本部类编　辑：赵建国
副主编：安永善
校　对：王　娟
徐先法

·集邮小常识·

邮票褪色、变色的原因

邮票褪色、变色是集邮者常遇到的难题，产生的原因主要是受到强光的长期照射或接触酸性、碱性等物质所至。变色、褪色的主要现象有：蓝色变绿色，紫色变灰蓝色，红绿两色套色变得只剩绿色等，纸张也变绿色发黄，这种变色就成了次品。邮展时间一般不应太长，原因之一就是邮票不能在强烈的日光灯下照射，否则邮票刷色会逐渐褪淡，纸张变黄发脆。

（市集邮协会　供稿）

综合管理与监督

发展和改革

【加强和改善宏观调控】 2006年，市发展和改革委员会认真贯彻落实国家宏观调控政策，正确把握和分析全市经济发展形势，千方百计化解经济发展中存在的矛盾和问题，努力消除全市经济社会发展中不稳定、不协调、不健康因素。按照"区别对待、分类指导、有保有压"的原则，从5月起，牵头对全市范围内新开工项目进行认真清理。对列入清理范围内的新开工项目逐项进行审核，对不符合国家政策要求的项目，分别采取停建、限期整改等措施进行处理，保证投资平稳增长。合理安排好市级政府投资计划，积极管好用好政府投资。年内，共安排政府投资10.24亿元，其中市级财政预算内资金2.24亿元、新城区建设资金贷款3亿元、土地经营收益5亿元。重点安排社会事业项目10350万元。安排城市基础设施建设项目91050万元，其中新城区建设项目34922万元。安排社会主义新农村建设5050万元，其中农林水利项目4000万元。

【经济结构调整】 工业结构调整。年初，市发改委按照国务院《促进产业结构调整暂行规定》和国家发改委《产业结构调整指导目录》文件精神，集中两个多月时间，采取区县调查、走访企业、查阅资料等办法，对照国家发改委《产业结构调整指导目录》中有关鼓励类、限制类、淘汰类生产能力、技术装备及产品的规定，对全市规模以上2002家工业企业进行调查摸底，形成了《全市工业结构现状及发展情况的分析报告》。下半年，结合国家发改委出台的纺织、电解铝、水泥、铁合金等行业结构调整的意见，进一步调查研究，提出了淄博市工业经济结构调整的意见建议，为全市工业结构优化升级和淘汰、限制落后产能发挥了重要的指导作用。

经济开发区建设。按照国家、省关于开发区设立审核的标准和要求，市发改委及时为开发区整理补办手续。是年，淄博市又有6家开发区通过国家的设立审核。至年底，全市共有12家开发区通过国家的设立审核。其中，国家级开发区1个，省级开发区11个。张店、高青、沂源三个区县填补了没有省级开发区的空白。下半年，为进一步加强开发区建设和管理，市发改委专题调研组赴湖南、湖北、浙江等地考察学习开发区管理的先进经验和做法，研究起草了《关于进一步加快开发区建设和发展的意见》。年底，市委、市政府以正式文件印发。

服务业发展。是年，市发改委重点围绕编制规划、制定政策、完善机制、策划项目等方面积极开展工作，促进服务业繁荣发展。5月，市发改委调研组赴江苏、浙江等地考察学习，起草了《关于无锡、苏州、宁波、温州四城市服务业发展情况的考察报告》；组织编制了《"十一五"服务业发展规划纲要》。年底，市委、市政府印发《关于进一步促进服务业加快发展的若干政策意见》《"十一五"服务业发展规划纲要》。年内，积极抓好服务业重大项目的策划和引导资金扶持项目的筛选论证工作，共策划重点项目198个，总投资412.06亿元；筛选论证省服务业引导资金扶持项目5个，项目总投资52148万元，申请补助资金4838万元；市服务业引导资金项目7个，总投资9321万元。

高技术产业项目建设。市发改委围绕新材料、生物技术和医药、电子信息技术、农业高新技术、环保产业与循环经济以及用高新技术改造提升传统产业等领域，编制完成《淄博市高技术产业"十一五"发展规划》，筛选高技术产业发展重点项目59个，总投资112.78亿元。其中，过亿元的项目27个，总投资98.78亿元。积极争取将东岳国际氟硅材料工业园、齐鲁化学工业区精细化工产业基地、科汇电气开关磁阻电机产业基地、山东鼎立省中药现代化科技产业示范基地等列入全省高技术产业"十一五"发展规划。

高成长型企业发展。按照省政府要求，及时组织东岳集团编制完成项目设计，协调落实项目建设资金。上半年，省扶持资金5000万元落实到位，市、县配套资金5000万元和企业自筹资金也全部到位。年底，项目全部单体工程试车，主体工程开工建设。启动千吨级全氟磺酸树脂及膜产业化项目申报国家区域特色高技术产业化专项工作。7月4日，省发改委在东岳集团召开现场办公会，确定将该项目作为山东省唯一申报国家区域特色高技术产业化专项上报国家发改委，共提出氟硅材料产业链项目22个，总投资77亿元。积极开展东岳国际氟硅材料工业园的设立争取和规划建设工作。9月，国家发改委正式公告成立"山东桓台东岳氟硅材料产业园"。产业园围绕磺酸树脂配套项目建设已经开始，新开工项目6个，总投资33.7亿元，年内完成投资12亿元。依托东岳集团申报氟硅材料国家工程研究中心工作全面展开，12月，省发改委批复成立省级氟硅材料工程研究中心。

【统筹城乡区域协调发展】 社会主义新农村建设。按照统筹城乡经济社会和新农村建设要求，市发改委从年初开始，着手编制全市社会主义新农村建设总体规划。3月，组织有关区县、科室赴湖南长沙、湖北荆州、河南新乡、河北邯郸等地进行考察学习，起草了《关于赴长沙、荆州、新乡、邯郸等地学习考察社会主义新农村建设情况的报告》。从4月起，利用两个多月时间对全市农村经济社会发展情况进行调查摸底，收集整理84个乡镇、23个街道办事处（2005年乡镇、街道办事处数字）的基本情况，为编制新农村建设总体规划奠定了基础。6月，组织编制社会主义新农村建设总体发展规划。12月26日，市委、市政府以淄发〔2006〕28号文件印发《淄博市建设社会主义新农村"十一五"总体发展规划》，对全市社会主义新农村建设起到科学规范的指导作用。

农村基础设施建设。按照“工业反哺农业、城市支持农村”和“多予少取、放活”的方针，全面加强农业和农村基础设施建设，进一步改善农村生产生活条件。是年，共安排市政府投资4000万元，全面加强全市重点水库的除险加固和灌区改造以及小流域河道治理。会同有关部门启动实施“村村通自来水工程”和“村村通有线数字电视工程”，年内新建自来水工程86处，新增自来水受益村432个，人口达28.63万人；完成全市2573个村的光接点接收数字信号改造。共安排550万元用于农村乡镇卫生院和村级卫生室改造，加快构建新型农村医疗卫生服务体系。争取国家、省下达农村建设投资1545.5万元。其中，中央预算内专项资金1241.4万元、省财政资金304.1万元。

区县域经济发展。参照省对“双30区县”考核奖励办法，研究提出《淄博市区县域经济发展综合评价及考核奖励办法》和《淄博市经济强乡镇综合评价及考核奖励办法》。加大突破高青、支持沂源加快发展的工作力度，起草《关于支持高青、沂源工作情况的报告》，提出对2004～2005年全市支持两县加快发展先进集体、先进个人进行表彰和延长对两县各项政策的期限至2010年的建议，对有关支持政策和重点工作进行调整充实。是年，市发改委还加强对两县的投入和对上争取工作，共安排两县水利、畜牧、农业生产、林业绿化等项目投资495万元。其中，安排高青项目投资155万元，安排沂源项目投资340万元。帮助对上争取项目15个，争取资金2140.5万元。其中，帮助高青争取资金1090.50万元，帮助沂源争取资金1050万元。按照落实好支援项目、落实好项目建设、落实好项目建设进度的“三落实”要求，扎实抓好支援东明县加快发展工作，努力推进淄博齐鲁工业园区建设。至年底，共落实支援东明县项目19个，总投资6.73亿元，完成投资4.41亿元。9个项目投产或试生产，年内可实现销售收入3500万元，为当地解决劳动就业800余人。11月，在加快菏泽发展第二次现场会上，省委、省政府对淄博市支援东明加快发展工作给予肯定。齐鲁工业园区的基础设施建设基本完成，市政府投资1800万元建设的一期2.64万平方米标准化厂房于6月通过验收。

【对上争取项目与招商引资】 重点围绕社会主义新农村建设、高新技术产业、结构调整、服务业发展以及社会事业发展等领域，力争有更多的项目列入国家、省财政预算内投资或国债投资计划。年内，共对上争取项目41个，到位资金14260.75万元。其中，中央预算内资金6515.4万元，省投资7745.35万元。争取经济适用房计划82万平方米，年内投资7.8亿元。争取农产品进口配额计划指标合计67600吨。其中，一般贸易23700吨，加工贸易43900吨。帮助3家企业做好进口设备免税确认工作，免税金额2519.7万美元。筹备组织28家企业集团参加了第十届中国东西部合作与投资贸易洽谈会，共达成合作项目41个，总投资19.96亿元。其中，投资签约项目27个，签约额17.22亿元；商贸签约项目14个，签约额2.74亿元。

【编制完成“十一五”规划】 “十一五”规划是全面建设小康社会的第一个五年规划。市发改委紧紧围绕全市经济社会发展全局性、战略性重大问题，经过两年多调查研究，编制了淄博市第十一个五年规划。2月，提交市人代会讨论审议通过。3月，市政府印发《淄博市国民经济和社会发展第十一个五年规划纲要》。（李玉祥）

劳动和社会保障

【概况】 2006年，全市劳动保障工作实现“一个提前、三个率先、五个突破”，即各项目标任务提前一个月全面超额完成，在全省率先制定出台完善就业政策、完善企业养老保险制度政策和社保基金监督管理办法，社会保险网上申报缴费、被征地农民基本生活保障、劳动仲裁院建设、国有破产企业退休人员参加医疗保险、高风险企业参加社会保险等5项工作走在全省乃至全国前列。在社会保险方面，为职工群众办好事、实事8件，惠及职工5万余人。10月，围绕贯彻党的十六届六中全会精神和建局55周年，编纂出版《淄博市劳动保障工作辉煌55年》，举办“劳动保障之歌”文艺晚会，召开3个座谈会，扩大了劳动保障工作的影响。是年，全市有1人被荣记全国劳动保障系统一等功；有4个单位被评为全省劳动保障系统先进集体、5人被评为先进个人，分别记二等功和三等功。

市劳动和社会保障局举办庆祝建局55周年文艺晚会
（王昊天　摄）

【就业再就业】 是年，市政府下发《关于进一步加强就业再就业工作的通知》，劳动保障、财政、税务等部门联合出台5个配套文件，形成较为完善的新一轮就业扶持政策体系。认真落实各项优惠政策。年内，发放再就业优惠证7104个，为30258人次支付四项补贴合计2776.6万元；有9761人凭再就业优惠证从事个体经营，减免税费2787.78万元；服务型（商贸型）企业吸纳下岗失业人员1192人，减免税2273.55万元；共为766名下岗失业人员发放小额担保贷款875万元，为398笔符合贴息政策的贷款人贴息56万元。

以各级人力资源市场为依托，开展送政策、送服务、送培训、送岗位和送温暖为主要内容的“再就业援助月”“民营企业招聘周”等系列专题活动10余次。全市各公共职业介绍机构共举办现场用工洽谈会、招聘会890次，办理用人单位登记9301次，登记招聘人数22.94万人次，求职人数22.9万人次。

以建立平等就业制度为目标，在张店、临淄和沂源3个区县开展统筹城乡就业试点工作。继续开展以完善农民工就业服务为主题的“春风行动2006”和“四个一真诚相助”服务活动，举办6次大型农民工进城专场招聘会，免费发放“春风卡”和农民进城务工指南。继续实施“西输东接”工程，与菏泽市东明县建立劳务用工定期联系制度。全市公益性岗位共安置下岗失业人员9742人，落实岗位开发补贴360.9万元。市及周村区、沂源县开发245个交通协管员岗位，全部用于安置“4050”人员、“零就业家庭”人员等大龄、再就业困难群体。

是年，全市城镇新增就业再就业10.9万人。其中，由就业转失业人员再就业4.4万人，困难群体再就业0.7万人。新增农村劳动力转移就业7万人。全市城镇登记失业率2.75%。

【城镇养老保险】 市政府印发《淄博市完善企业职工基本养老保险制度实施意见》的通知，在改革养老金计发办法、统一城镇个体工商户和灵活就业人员参保缴费政策、逐步做实个人账户、规范市级统筹等方面做出重大改革，同时对建立企业年金、完善企业退休人员社会化管理服务等工作提出新要求。以失业职工养老保险关系接续和个体工商户、自由职业者及机关事业单位编外人员参保缴费为重点，继续抓好养老保险扩面征缴工作。至年底，全市参加养老保险的人员53.7万人，净增4.55万人；实际缴费人员48.37万人，净增5.15万人，净增人数分别完成年计划的187.3%和251.3%。以个人身份参加企业养老保险的达15.9万人。全年征缴养老保险费14.9亿元，完成省计划的116.4%。其中，当期征缴12.8亿元，追缴历年拖欠0.3亿元，扩面补缴1.8亿元。共为10928名企业职工办理退休、退职审批手续，累计为13万名企业离退休人员按时足额支付离退休费14.7亿元，社会化发放率继续保持100%。为全市近12万名企业退休人员普遍调增待遇，补发养老金2.12亿元，人均月增加190元；对1400余名特殊情况退休人员另外增长补发待遇200多万元。全市实行社会化管理服务的退休人员达18.5万人，其中纳入社区管理人员16.9万人，社会化管理服务率和社区管理率分别达99.8%和91%。

全市共有2337个机关事业单位，12万名在职人员参加社会养老保险，完成省计划的103.4%；收缴养老保险费7亿元，完成省计划的129.3%。为3.1万名离退休人员支付养老金6.9亿元。

【医疗保险】 1.市政府办公厅印发《关于解决农民工医疗保障问题的意见》，提出多层次解决农民工医疗保险问题的办法，重点建立农民工务工期间大病医疗保障办法。办法实施3个月时间就新增参保农民工6.3万人。2.市政府办公厅印发《关于调整城镇职工基本医疗保险统筹基金最高支付限额和大病救助最高支付限额的通知》，将基本医疗保险金最高支付限额由3万元提高到5万元，大病医疗保险救助金最高支付限额由12万元提高到20万元，当年直接受益的参保职工10875人，医保基金多支付2809万元。3.市政府印发《关于建国前参加工作老工人医疗待遇有关问题的通知》，对已参加全市医疗费用单独统筹且单位有缴费能力的建国前老工人，经批准可继续缴纳统筹费用，享受规定的医疗待遇；参加基本医疗保险的，降低住院起付线标准，将统筹基金的负担比例提高6个百分点，个人负担比例相应降低6个百分点。

以规范和严格履行协议为重点，继续加强“两个定点”管理，全市共有医疗保险定点医疗机构430家、定点药店168家，其中市直定点医疗机构224家、定点药店102家。是年，全市医疗保险参保人员77.7万人，当年新增13.4万人，完成年计划的108.8%，净增扩面人数居全省第二。累计征缴基金92250万元，完成计划的117.7%；基金支出55004万元。

【失业保险】 积极落实社会保险费“一票征缴”，促进失业保险扩面和基金征缴。全市失业保险参保人数42.1万人，征缴失业保险费16815万元，完成省计划的175.3%。为5.2万人发放失业保险金9008万元，丧葬抚恤金支出23万元，农民合同制工人一次性生活补助支出107万元。继续为困难企业职工发放基本生活保障金1318.2万元。冬季来临之前，为2.05万名张店城区下岗失业人员集中发放供暖补贴263万元。

【工伤生育保险】 市政府办公厅印发《关于实施〈工伤保险条例〉有关问题的通知》，明确个体劳动者参加工伤保险的政策，规范操作程序。严格国家伤残标准，实行专家会诊、交叉复核、轮流回避等制度，规范劳动能力鉴定程序。是年，全市认定工伤2105人，组织劳动能力鉴定2480人次。全市工伤保险参保职工46.2万人，征缴保险费6304万元，支出4380万元；生育保险参保职工42.1万人，征缴保险费3511万元，支出2679万元。

【农村养老保险】 年内，张店区在淄博新区、博山区在部分被征地村开展失地农民生活保障试点工作。两区共有32个村、2.8万名失地农民得到生活保障。淄博新区被国家劳动保障部确定为全国被征地农民社会保障试点联系点。全市参加农村养老保险的人员38.3万人，年收取保费2.75亿元，其中收取被征地农民生活保障金2.5亿元；为2.9万人发放养老金2479万元，其中为被征地农民支付1396万元。

【高风险企业整体参加社会保险】 是年，市政府办公厅印发《关于加快推进地方矿山等高风险企业参加城镇企业职工社会保险的通知》，要求地方煤矿、非煤矿山、危险化学品生产等高风险企业依法规范用工和劳动合同，尽快参加城镇五项社会保险。劳动保障会同公安、工商等部门，开展调查摸底和集中执法，以实施“一票征缴”为契机，做到政策、宣传服务和管理责任多管齐下，取得阶段性成果。至年底，全市有514家高风险企业纳入社会保险体系，参保人员达3.3万人。

【社保基金监督管理】 市政府办公厅印发《淄博市社会保险基金监督管理暂行办法》，成立社会保障监督委员会，规范社保基金的收支、发放、存储、监管等行为。城镇五项保险同步开展事前缴费基数稽核，全市共实地稽核参保企业1056家，稽核参保人员19.15万人，核查出参保企业瞒报、漏报缴费人员2000人，工资总额3828万元；市直实地稽核机关事业单位154家，在职人数11898人，离退休人数2894人，共查出单位漏报缴费基数30.3万元，少缴保险费7.9万元。对全市养老保险内控制度和各项社保基金管理、存储等情况进行现场监督和审计调查，及时发现问题并进行整改。严格实行收支两条线和财政专户管理，清理规范基金账户，加强基金预、决算管理，认真开展基金管理的自查自纠活动。全市在基金管理和监督上的经验做法得到劳动保障部、省政府基金检查组的充分肯定。截至年底，全市各项保险基金累计结余38.9亿元，其中当期结余18.1亿元，社保基金保障能力明显增强。

【信息化建设】 年内，社会保险“核心平台二版”和“劳动99三版”软件在市、区县劳动保障系统推广运用，并逐步向街道社区延伸。开展个人缴费银行代收试点，网上社会保险服务系统正式启用，在全国 3 家试点城市中首家进入网上申报实用阶段，网上企业用户达 200 多家。3 月 16 日，“12333”劳动保障电话咨询服务系统开通，年解答公众咨询 1 万多人次。将市劳动保障系统 4 个网站整合成“淄博劳动保障网”，整合后的网站以全新面貌对外提供咨询服务。

在“12333”劳动保障电话咨询服务系统开通仪式上，市委副书记、副市长周清利拨打第一个咨询电话

（王昊天　摄）

【职业培训】 完善技师评聘办法，努力扩大“金蓝领”培训的工种和数量。年内，培养新技师 1357 人，其中金蓝领培训 500 人。近三年共培养新技师 3260 人，超额完成“三年三千新技师”培养计划。组织评选第二批“淄博市有突出贡献技师”67 名。是年，全市 13 所技工院校录取新生 8542 人，其中高级班录取 3222 人，均创历史最高纪录。4840 名技工院校毕业生当年就业率 90%以上。实施技能扶贫计划，帮助 400 名城乡困难学生接受技工教育。9～10 月，集中开展职业技能竞赛活动，全市参与各级比赛的选手 5 万余人，其中参加市级比赛的 1500 多人。对竞赛中考核成绩合格的 1230 名选手颁发了相应级别的职业资格证书，对 308 名特别突出的选手破格晋升职业资格，对 18 个单位和 99 名优胜选手进行表彰奖励。淄博市参加全国、全省技能竞赛成绩突出，共获得 3 个省级团体第一，2 个省级个人第一，有 1 人首次获全国比赛铜牌。全市各种形式的职工技能培训和岗位业务培训达 8.5 万人次，社会培训机构培训各类劳动者 3 万多人。职业技能鉴定工种增加到 85 个，涉及 21 个行业，鉴定 2.7 万人次。颁发职业资格证书 2.5 万余个，同比增长 35%。

【劳动关系调整】 启动实施劳动合同三年行动计划，与有关部门联合制定工作意见，重点在非公有制企业推行劳动合同制度，开展创建劳动关系和谐企业、和谐行业、和谐工业园区试点活动。制定加强劳动关系三方协调机制建设的意见，发挥三方在劳动合同推进中的职能作用。加强劳动合同日常管理工作，启用劳动合同备案专用章。是年，市劳动保障局办理劳动合同鉴证 7.4 万人，办理劳动合同解除 2.23 万人。

省、市领导为淄博市劳动仲裁院揭牌

（王昊天　摄）

推进劳动仲裁机构实体化进程。9 月 15 日，淄博市劳动仲裁院成立。张店、博山两区也分别成立仲裁院。积极推进仲裁工作机制创新，打造“阳光仲裁”服务品牌，提高仲裁处理的公信力和实效性。全年受理劳动争议案件 2430 件，涉及劳动者 4003 人，案件数量比 2005 年增长 11%。其中，集体争议案件 30 件，涉及劳动者 1637 人。已处结劳动争议案件 2347 件，为职工挽回经济损失 14132 万元，为用人单位挽回经济损失 879 万元。

发布 2006 年工资增长指导线并强化落实措施。调整最低工资标准和小时工资标准，调整后的全市月最低工资标准分三类，张店区、临淄区、高新区为 610 元，淄川区、博山区、周村区、桓台县为 540 元，沂源县、高青县为 480 元；各类标准对应的小时最低工资标准为：5.6 元、5 元、4.4 元。与市总工会联合开展工资集体协商要约行动，全市有 300 多家企业通过集体协商确定工资水平。发布 217 个职位（工种）的工资指导价位和企业人工成本参考水平指标，并发布分区县非全日制就业从业人员劳动报酬指导价位。对 2005 年市属 30 家工效挂钩企业的 2.7 万名职工进行工资清算，并对 2006 年挂钩方案进行测算核定。

加强和规范国有企业重组改制过程中的劳动关系处理工作，参与10家市属以上企业破产清算。市劳动保障局受理来信来访4620件（次），同比下降近一半；处理立案督办件、市民投诉案件、领导批办件等487件（次）。

【依法行政工作】 制定监察执法工作规范和执法自由裁量权参照标准，强化行政复议监督和纠错功能，处理行政复议和应诉案件80件。积极推进劳动保障监察“两网化”建设，在全市建立9个网络片、62个网络区，在各街道办事处、乡镇聘用兼职监察员98人。启动企业诚信等级评价工作，对全市2676家用人单位进行评审，首次评选诚信示范和诚信单位372家。实施“查办分离”办案机制，继续落实“劳动保障一体执法”，扩大主动执法检查的范围和数量。是年，检查用人单位4719家，涉及劳动者48.6万人次，查处案件1529件，受理举报投诉案件1027起，专查立案822起，时效内结案率100%。通过各类检查，补办招用手续21360份，补签或续签劳动合同30917份，为2578人补办职业资格等级证书，责令企业补缴欠费2280.91万元。市政府出台《关于解决农民工问题的实施意见》，从解决农民工的就业和生活环境、解决社会保障问题、健全权益保障机制等各方面提供了政策依据。市、区县全部建立农民工工作协调机制，保障农民工各项权益。开展清理整顿非法出入境中介活动和打击各类非法职介活动等专项行动。规范人力资源市场秩序，为农民工追讨拖欠工资2822.6万元，参加工伤保险的农民工达4.4万人。（王昊天）

物　价

【概况】 2006年，市场物价运行平稳，居民消费价格总指数为101.1%，居民消费价格总水平同比上涨1.1%，比预期调控目标3%低1.9个百分点，价格调控工作取得显著成效。在构成居民消费价格总指数的八大类商品（服务）中，除衣着类、交通和通讯类价格下降以外，其他各类价格均呈上升态势。从全年的价格运行走势看，除1月份因春节等节日性因素导致居民消费价格总水平上涨2.2%外，其余各月份均保持小幅增长态势。

附：　2006年居民消费价格指数表

（以2005年为100）

类　别	全年平均	变动幅度
居民消费价格总指数	101.1	1.1%
食品类	103.2	3.2%
烟酒及用品类	102.0	2%
衣着类	95.6	－4.4%
家用设备及维修类	101.5	1.5%
医疗保健和个人用品类	100.6	0.6%
交通和通讯工具类	98.4	－1.6%
娱乐教育文化用品及服务类	100.1	0.1%
居住类	104.4	4.4%

2006年居民消费价格指数走势图（%）

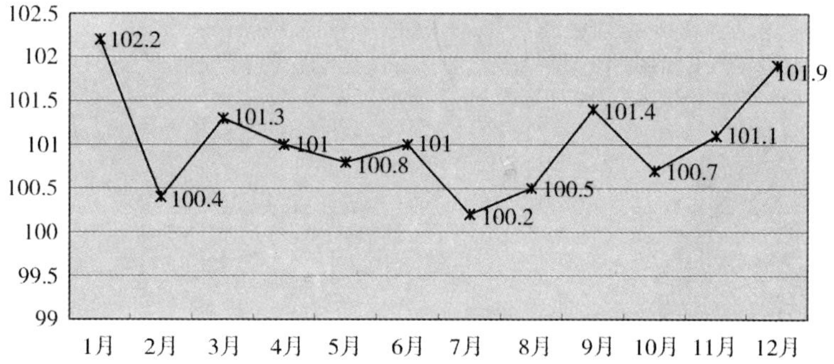

【价格监管】 一是围绕年度价格调控目标，按照“适度、稳妥、择重、衔接”的原则，妥善处理改革、发展、稳定的关系，科学把握调价方案出台的时机、力度和节奏，及时疏导水价、电价、运价、成品油等价格矛盾，缓解价格结构性调整对市场物价上涨的压力。二是加强价格监测工作，在加强科学布点、定期监测、责任到人等监测报告制度的基础上，完善价格波动应急预案，提高对市场价格波动等突发事件的反应能力。11月初，市物价局针对粮食价格迅速上涨的情况，及时向市政府报送《淄博市场近期粮食价格迅速上涨》的信息，并逐级转报国务院办公厅，为国家出台稳定粮食价格决策提供了重要依据。年内，发出价格监测和建议报告200余份。三是从加强市场价格监管入手，深入开展价格服务进万家和价格诚信评比活动。进一步完善价格收费公示制度，多次召开价格政策提醒会，加大对乱收费和价格欺诈、哄抬价格等市场不法价格行为的查处力度，规范市场价格行为。四是加强价格宣传和政策公告工作，全年在市级以上新闻媒体发稿50多篇，并通过《山东价格政策月刊》和市物价局网站及时宣传物价政策，引导消费者树立正确的消费观念，避免市场物价出现大的波动。

【价格改革】 积极推进以节水为核心的水价改革。自1月1日起，在全市实行用水超计划累进加价制度，将高青县富源引黄供水有限公司供水价格由原来的每立方米0.24元提高到0.36元，明确了市自来水公司少用黄河水后上缴差价标准由每立方米1元调整为0.94元。进一步完善电价政策。在实现五区城乡用电同网同价的基础上，根据国家发改委和省物价局的文件精神，对淄博热电集团、辛店电厂等单位的上网电价进行调整，销售电价平均提高2.61分/千瓦时，居民生活用电提高0.69分/千瓦时。6月24日，市政府印发《关于收取城市基础设施配套费有关问题的通知》，将现行有关单位收取的开口费、开户费、增容费等一律废止，统一归并为城市基础设施配套费。落实成品油价格改革措施。对全市汽、柴油价格进行调整，公布调整后的最高零售价格；根据油价上涨情况，对全市711条线路车票价进行调整，平均上调10%；按照适当调价、政府补贴、清费治乱的工作思路，4月20日，对出租车客运价格进行调整；适当上调车用压缩天然气价格，建立车用天然气和汽油价格联动机制（如遇成品油价格调整，车用压缩天然气价格按93#汽油调价额的80%随同调整）。

【成本调查监审】 为提高定价的准确性、合理性，对淄博热电有限公司等的蒸汽、供热、电力价格，淄博市中医院等的部分自制药剂价格，淄博市公共汽车公司新线路车运营成本和市自来水公司供水成本、淄博市太河水库管理局向淄川一干渠非农供水成本等进行定价成本监审。年内，共出具6份监审报告，核减企业不合理成本845万元。开展小麦、玉米、棉花、生猪等农产品成本和农民种植意向及收益调查，并将相应的成本价格收益分析资料通过新闻媒体、政务信息、物价网页等形式及时向农民进行通报。

【收费管理】 收费年审工作。年内，会同相关部门对市属以上442个单位2005年度的收费情况进行年审，审验收费许可证579个，审验收费金额56.89亿元，审验率达99%。

教育收费管理。对淄博耀南外语学院等8所民办学校的收费标准进行批复；提出中小学住宿费整顿规范的初步建议，调整部分高等院校学生公寓收费标准；在严格审验的基础上，对市政府法制办公室举办的行政执法人员法律培训班等46个培训班收费标准进行了批复。

规范医疗服务价格行为。组织对淄博中心医院等医疗单位的医疗服务价格成本调查，制定了社区卫生机构、乡镇卫生院等无住院病床医疗机构的医疗固体废物处置费收费标准。

物业服务收费和经济适用房价格管理。对12个小区的物业服务收费标准进行批复或备案管理，对温馨家园等5个小区约计31万平方米的经济适用住房价格进行批复。制定出台有线数字电视收视费标准，规范超限车辆停车服务费、旧机动车交易服务费、价格评估费标准，适当上调鲁山森林公园等门票价格，制定出台《淄博市民用建筑人防工程异地建设费试行标准》。

清理收费文件。对近年下发的收费文件进行认真清理，集中废止了18个收费文件。

【关注民生价格】 年内，认真办理人大代表、政协委员的建议和提案，取消实行多年的区与区之间打固定电话按长途收费的政策、机动车道路交通违法行为拍照通知单费临时标准和煤气表更新维护费标准等，年可减轻企业和群众负担1.2亿元。为保护被征地农民的利益，提出提高地面附着物补偿标准调整方案，报经市政府同意后报省审批。为减轻出租车业者负担，取消向出租车主收取的公路客运附加费、治安联防费等。进一步加强药品价格管理，对医疗机构销售药品实行顺加作价，药价降低9.1%；核定237个品种规格的中标药品临时零售价格，降价幅度为20%；降低150多种药品价格，减轻群众看病就医负担。两次参与市纠风办组织的“政风行风热线”直播活动，局领导上线接受群众咨询、投诉，及时解决群众反映的价格与收费问题。

【监督检查】 全市物价系统先后组织开展了教育、卫生、公安、交警、交通、电信系统收费和电力价格、成品油价格、公用事业价格等专项检查，共查出价格违法案件178起，查处违法所得938.24万元，实施经济制裁691.44万元。其中，退还用户234.21万元，没收违法所得450.13万元，罚款7.1万元。加强价格举报投诉查处工作，以“12358”价格举报电话为平台，全年共受理价格举报443起，立案查处129件，实施经济制裁9.1万元，退还消费者22.8万元，群众投诉案件的查结率达到99.8%。对市公共汽车公司和张店大众出租车公司1路直达车擅自提价的违法行为通过媒体进行公开曝光。组织开展了纪念“12358”价格举报电话开通5周年系列宣传活动。

【价格鉴证】 开展涉案物品价格认证工作。全年完成价格鉴定业务110件，标的额2500万元；完成车损、路损价格认证7500余件，标的额4500余万元；完成抵押贷款标的物价格认证5000件，标的额9亿元。在全省率先成立淄博市价格鉴证评估协会，建立淄博市价格鉴证网，研制开发了淄博市道路交通事故车物价格鉴证系统和淄博市道路交通事故损失认证价格处理系统。

【价格听证】 3月31日，召开调整公路客运票价和出租车运价听证会，对公路客运票价进行了合理上调。7月11日，召开制定征地地面附着物和青苗补偿标准听证会，广泛听取社会各界特别是乡镇、村民委员会和农民的意见，拟定征地地面附着物补偿标准的初步方案，报经市政府同意后报省审批。12月下旬，召开高青、沂源两县出租车降低起步价标准听证会，其中沂源县出租车起步价由现行的6元/3公里调整为3元/2公里。（齐晓　冯路平）

淄博市征地地面附着物和青苗补偿标准听证会
（市物价局　供稿）

统　计

【统计服务优质高效】 1. 抓好经济运行情况通报。认真做好市及各区县经济运行情况、区县域经济社会发展情况、经济强乡镇监测评价情况通报和高新技术发展情况、工业百强企业监测情况、全市及各区县单位GDP能耗、148家重点用能企业能耗等监测通报工作，对全市经济社会发展进行动态监测。2. 搞好专题调研分析。围绕领导和社会关注的焦点、热点，先后对服务业发展、社会主义新农村建设、固定资产投资、节能降耗、经济强乡镇等有关领域和行业进行统计调研，及时为领导和有关部门提供翔实的数据资料及统计分析。全年共撰写统计信息分析620多篇（条），80%以上被《中国信息报》《山东统计》《淄博日报》等媒体采用。在省系统第十四次优秀学术论文、优秀统计分析评选中，有16篇文章获奖。3. 开展全面小康实现程度监测。对市、区县、乡村全面小康实现程度进行监测，评选出12个小康示范村，并将监测结果通过新闻发布会予以公布。4. 强化优质特色服务。精心为“两会”代表编印“十五”期间淄博经济改革和发展专题资料；每月为市人大代表和政协委员提供《统计月报》资料，并聘请人大代表、政协委员为统计工作监督员。5. 为各级领导班子绩效考核做好相关准备工作。按照中央和省对市领导班子的绩效考核方案，全面搜集、整理了2004年以来的数据资料；完成对全市各区县79项换届考核指标的定量考评，并对每个区县进行实绩评价分析。6. 搞好统计信息发布和信息咨询服务工作。按季召开全市经济社会发展情况新闻发布会，及时为社会各界人士提供周到、细致的信息咨询服务。

【统计法制建设】 是年，加大统计执法和普法力度。围绕固定资产投资、服务业、节能降耗等重点工作，抓好统计执法检查，共检查单位192家，发现有问题的76家，立案查处55家，结案32家。12月8日(统计法制宣传日)，在张店区共青团路设立法制宣传一条街，悬挂横幅60余条、宣传展板50余块、散发传单2万余张，各区县统计局同时组织宣传车辆到乡镇和企业进行宣传。在《全国农业普查条例》宣传期间，在全市各区县公共场所举办大规模的统计法律法规宣传活动，成效明显。

【统计创新】 1. 实施"在地统计"(按照所在地原则，实行归属统计)改革。为满足区县经济社会核算的需要，减轻基层报表负担，在全市推行"在地统计"。2. 建立服务业统计调查制度。通过外出调研学习、开展部门统计巡查等一系列实践活动，率先在全省建立起一套较为系统、完善的服务业统计调查制度。3. 建立能源统计制度。成立能源统计科，开展能源统计培训，并逐步完善制度。在省统计局实行半年通报的情况下，淄博市实行季度通报。抓好全市148家重点耗能企业的统计监测，为全市节能降耗工作提供决策依据。4. 完善区县域监测。与有关部门研究制定符合全市实际情况的区县域经济社会发展综合评价指标体系，调整充实完善乡镇经济监测制度。5. 加强社会主义新农村统计监测。开展"全面建设小康社会"的统计监测研究，制定全市乡镇、村全面小康进程监测体系。与有关部门研究、制定全市社会主义新农村指标体系。6. 实施劳动统计改革。按照扩大范围的《劳动统计制度》的具体要求，实施劳动工资统计扩面改革，调查单位由3000家增至12000家。7. 建立固定资产投资新增项目统计申报核准制度。为确保投资统计数据质量，对固定资产投资项目进行清理，并实行了固定资产投资新增项目统计申报核准制度。

【统计调查工作】 全力搞好第二次农业普查。把农业普查作为年度工作重点，制定普查工作流程、工作职责分工、数据质量控制办法等一系列工作制度。组织农业普查宣传月活动，全面完成2万余名普查人员的选调、培训工作，做好农业普查试点及正式普查登记工作。按时、按质、按量地完成国家及省统计局布置的2005年年度报表及2006年各种定期报表。高质量地完成全市1%人口抽样调查工作、城市创新能力综合评价调查、农民工问题及棉花、住房、固定资产投资、节能降耗情况等17项专项调查。

【统计基层基础建设】 一是加快统计网络信息化建设步伐。搞好网上直报软件的开发，全面推行规模以上企业联网直报，加强乡镇统计信息化建设，临淄、桓台、张店等区县完成了乡镇一级的联网工作。二是规范部门统计工作。对涉及服务业的市直部门和单位开展统计工作巡查，从统计标准、统计调查项目和数据公布等方面，加大对部门统计的管理，部门统计工作逐步走向规范化、制度化和科学化。三是推进乡镇统计机构改革。积极探索乡镇统计机构改革的有效管理模式，基本完成乡镇统计机构派出制改革任务。四是夯实企业统计基础工作。实施"在地统计"后，做好企业的统计机构建立、人员素质提高、统计台账建设等基础工作，加强对企业统计工作的监督检查，保障源头数据质量。五是规范GDP核算。按照新《国民经济核算分类》核算各行业增加值，实行市、区县GDP联审制度，规范市、区县GDP核算方法，增强了核算的科学性和规范性。 (于亦芳)

【国家统计局淄博调查队组建】 根据国家关于统计调查体制改革的有关精神和要求，2006年7月，成立国家统计局淄博调查队筹备组，负责调查队的组建工作。12月23日，山东调查总队下发《关于设立国家统计局淄博调查队的通知》，决定撤销淄博市企业调查队，设立国家统计局淄博调查队，规格为正处级机构。

年内，按照边筹备、边工作的原则，原淄博市企业调查队完成全市重点企业集团调查、企业景气与采购经理景气调查、国内旅游抽样调查、规模以下工业抽样调查、服务业重点行业调查等定期调查任务。开展社区保障与救助情况、农民工生活质量、交通运输业发展情况等专项调查。编写企业调查信息50余条，撰写统计分析报告15篇，综合采用率达到100%。一些重要信息被新闻媒体采用，为党委和政府决策提供了重要参考依据。是年，在全省调查队系统工作考核评比中，淄博调查队被评为全省先进单位。 (郭江东)

审　计

【概况】 2006年，共审计75个单位，完成审计调查14项。审计查出主要问题金额25.3亿元，应上缴财政金额4.12亿元，已上缴财政金额2.91亿元，向纪检部门移送审计事项2件。继第六次获得全国审计机关先进集体之后，8月，市审计局又被市政府记集体二等功。4月7日，国家审计署副审计长余效明到淄博考察，对淄博审计工作给予充分肯定。

【预算执行审计】 组织对16个部门及其所属单位财政、财务收支情况的审计。查出违规违纪金额8.75亿元，应上缴财政1.95亿元。是年，审计力度大、涉及面广，查出一些深层次的问题。审计揭示的财政资金没纳入预算管理、部门单位挤占挪用专项资金、政府投资建设项目管理监督存在薄弱环节等问题，引起市领导的高度关注。市委书记张建国、市长刘慧晏、副市长周清利听取了情况汇报，对审计工作给予充分肯定。市政府全文转发并在政府网站公开了审计结果报告，对审计查处的违规问题全面曝光，并将整改情况列入政府督办事项。市人大常委会对工作报告给予高度评价，认为报告很务实，重点突出，关注国计民生，关注老百姓切身利益。年末，市人大常委会主任会议专题听取审计查出问题整改情况的报告，对市政府积极采取措施，加大审计整改力度，确保审计查处问题得到全面彻底整改的做法，给予积极评价。

【经济责任审计】 是年，经济责任审计覆盖面进一步扩大，层次进一步提高。10～12月，组织8个科室45名审计人员先后对3名区县长和4名区县法院院长、检察院检察长进行审计。截至年底，完成5名区县长的经济责任审计工作。审计在促进区域经济健康发展、加强对权力运行的监督制约方面迈出新的步伐。完成了对其他28名领导干部的任期经济责任审计任务，查出违规违纪金额16749.73万元，应上缴财政391.1万元，已上缴财政391.1万元。市委、市政府领导专题听取情况汇报并作出重要批示，特别是对区县长和法院、检察院“两长”的经济责任审计工作，在审计展开前，市领导专门指出审计应关注的重点，促进审计工作的顺利进行。经济责任审计的做法得到省审计厅的充分肯定，经验在全省推广。

【政府重点投资建设项目审计】 2006年是政府投资审计专业局正式运行和《淄博市政府投资建设项目审计办法》实施的第一年。按照“开好局、起好步、打基础、树形象”的思路，专业局积极开展政府重点建设项目审计工作。组织对淄博新城区6条道路建设、征地拆迁、孝妇河综合治理及农村水利资金、市动物园搬迁、市中心医院门诊楼工程竣工决算使用效益等情况进行审计，审计揭示和反映的建设项目中存在的配套资金未到位、挤占挪用专项资金、项目管理未实行项目法人制、设计和监理不按规定进行招投标、部分工程项目无合同以及征地拆迁中存在的虚报冒领补偿资金、违反征地政策多预留发展用地等问题，引起市人大常委会和市政府的高度重视。

年内，区县政府相继成立投资审计专业机构，全市形成上下联动、协作配合的工作体制。全市各级政府投资审计机关共审计项目单位62个，查出违规金额和管理不规范金额10.92亿元，审核工程提报值10.56亿元，核减工程结算值1.69亿元，平均审减率达16%。政府投资审计作用日益彰显。

【上级审计机关授权和统一组织的项目审计】 在省审计厅统一组织的18个项目审计中，查出主要问题金额1.19亿元，应上缴财政453万元，已上缴财政453万元。在对地税系统的审计中，突出组织实施方式、数据库应用技术和宏观情况分析等方面的创新，考核结果名列全省第一。面对淄博供电公司审计中遇到的新情况、新问题，审计人员积极调整工作思路，改进工作方法，加强内查外调和延伸审计，保质、保量地完成任务。在对邮政系统的审计中，审计人员着眼邮政系统特点，加大抽样审计和采用计算机审计力度，省审计厅推广了淄博市的经验做法。

【政府交办事项审计】 特事特办，急事快办，全力做好大型审计项目。年底，对全市6项社保基金管理使用情况进行审计调查。组成由60余名审计骨干参加的15个审计组，集中时间、集中力量打“歼灭战”，仅用11天时间，即圆满完成任务。市政府常务会议专题听取审计情况汇报，给予充分肯定和高度评价。年内，还完成了对淄博热力公司、淄博热电股份有限公司、淄博第十一中学的审计调查任务，为政府决策提供了决策参考。

【审计项目质量】 认真贯彻新的《审计法》和审计署6号令，严格以审计准则为依据，以抓关键环节、规范审计行为、防范审计风险为目标，坚持高标准、严要求，强化工作措施，促进审计质量的进一步提高。在省审计厅统一组织的18个项目审计中，有15个审计和审计调查项目受到通报表扬。7月，在省审计厅统一组织的审计项目质量全面检查中，市审计局继续保持整体优势，成绩在全省名列前茅。

【队伍建设】 把廉政建设作为队伍建设的“生命线”来抓。大小审计项目都实行一箱、一卡和审计回访等制度，积极参加省审计厅、淄博人民广播电台组织的行风热线活动，扎实搞好审计回访，自觉接受社会监督。以不记名的方式发函150余封调查执行审计纪律情况，没发现任何问题，在社会上树立了良好的审计形象。围绕提高审计队伍的整体素质，积极开展业务培训。首次把计算机考试列入竞争上岗的范围和内容。根据审计署关于加强审计机关自身建设和省审计厅关于建设规范型、学习型、效率型、节约型和廉洁型“五型”机关的要求，修订和完善财务、固定资产等方面的8项制度和规定，初步形成有章可循、有法可依和用制度管人、按程序办事的局面。11月，省审计厅加强审计机关自身建设座谈会在淄博市召开，淄博市审计局的经验做法受到一致好评。

加强审计机关自身建设座谈会

（市审计局　供稿）

【为中心工作服务】 坚持把服务寓于监督之中，积极主动地从宏观和大局的角度规划审计重点，办好政府交办的应急事项，使审计工作积极服务于经济工作中心、服务于党委政府宏观决策、服务于区域经济发展。在对山东金岭铁矿等大型企业的审计中，从宏观上提出建设性建议，促进省属企业与地方企业之间的联合。组织对新型农村合作医疗基金管理使用情况的专项审计调查，通过对全市6项社保基金管理使用情况的审计调查，促成《淄博市社保基金管理暂行办法》的出台，使老百姓的“保命钱”有了法规保障。年内，还围绕税收征管、新城区征地拆迁和资金管理、孝妇河综合治理、村村通自来水工程等党委政府和人民群众关注的热点、焦点问题，加大审计调查力度，加强综合分析，积极建言献策。审计建议引起市委、市人大常委会和市政府的高度重视，提交的审计和审计调查报告，被批示、采用的有46篇（次）。

结合审计实践，坚持边审计、边服务，把查处问题、建章立制与督促整改有机地结合起来，把“审帮促”贯穿于审计工作的始终。年内，全局共建立帮促联系点41个，帮助被审单位建立规章制度55项，开展财会知识讲座、咨询达300余次。

按照市委、市政府领导的要求，结合审计整改工作，注重正面典型引导，全面反映审计成果。在《淄博日报》开辟专栏，集中宣传典型经验，增加审计的透明度，在社会上引起良好反响。

（关华林）

质量技术监督

【质量监督管理】 进一步健全、完善全市5000余家企业的质量档案，对辖区内规模以上企业产品质量状况进行调查摸底。通过实施名牌带动和以质取胜战略，全市产品质量整体水平有明显提高，质量竞争力呈现提高趋势。“质量兴市”活动继续向纵深发展，名牌产品对经济的拉动作用持续增强。各区县政府都把质量工作纳入区县政府的决策目标。是年，质量工作的好坏与否已成为各级调整产业结构，转变经济增长方式，促进经济又好又快发展的重要参考依据。继续完善标准、计量、质量、行政执法等"多位一体"的综合监管模式，利用现代科学技术，对监管模式进行有效创新。淄博市作为省质量技术监督局推广电子监管模式的试点城市，多次受到省局领导的好评。

【计量监督管理】 一是加强全市计量技术机构建设。认真做好计量标准、计量授权、量值传递、制造计量器具许可证等管理工作。年内，考核计量标准178项，授权开展专项检定计量标准58项，检定计量器具247858台(件)次，培训计量检定人员230人次；对全市58家计量器具生产企业进行了年度检查考核。二是高度重视涉及民生的计量监管工作，维护计量秩序。组织实施了对民用"四表"、液化气充装站、加油站、医疗卫生、定量包装商品、涉农物资经销、集贸市场、眼镜制配等领域的计量监督检查，及时纠正查处各类计量违法行为。三是扎实推进工业计量，提高企业综合管理素质。指导帮助18家企业通过AAA级"ISO10012测量管理体系"认证、32家企业通过AA级"ISO10012测量管理体系"认证、4家企业通过"定量包装商品生产企业计量保证能力"认证，有150个定量包装商品获得"C"标志。四是深入开展能源计量工作。在全市质监系统开展节能降耗计量服务活动，抓好工业企业能源计量监测管理体系建设，突出做好能源计量器具配备管理工作。

【标准化工作】 是年，有20个企业被新认定采用国际标准，60家企业通过企业标准化良好行为确认，其中AAAA级1家、AAA级2家。农业标准化示范区建设取得新突破，在建和已建的国家级农业标准化示范区达到13个。年内，采取主动上门服务方式，共受理代码业务13812家。代码数据质量完整准确率达99.5%，年检率达73%。全年为企业提供标准2700余个，标准登记1015家，年检1173家。为7家中国名牌产品生产企业和27家山东名牌产品生产企业提供标准化良好行为咨询服务。

【名牌争创工作】 结合《淄博市名牌发展培育计划(2005～2010年)》，对培育企业进行重点扶持，组织企业申报，努力做好推荐工作。2006年，全市又有11个产品获得中国名牌产品称号，新增数量位居全省第一位，中国名牌产品累计达到22个，跃居全省第二位。有56个产品获得国家免检产品称号，75个产品获得山东名牌；1家企业荣获省政府质量奖。国家免检产品、山东名牌产品数量累计分别达到77个、137个，分别居全省第一和第二位。名牌战略的实施，产生出巨大的社会效益和经济效益，推动了全市产业结构的调整和经济增长方式的转变，促进了"质量兴市"活动的开展。淄博名牌所聚集的城市品牌效应初步显现，名牌产品的市场占有率不断提高，一些日用消费名牌产品成为家喻户晓的品牌，并逐渐被全省、全国的消费者知晓和认可，名牌战略已成为拉动淄博经济发展的重要引擎。是年，淄博市被省政府表彰为实施名牌战略暨"质量兴市"先进市。市委、市政府也对名牌产品生产企业进行了隆重表彰和奖励，并对市质量技术监督局进行通报表彰。

国家名牌推进委员会领导、淄博市领导出席在淄博市举行的中国名牌战略论坛　　(宋立忠　摄)

【食品质量安全监管】 以市场准入和食品添加剂整治为重点，依法严格实施食品生产加工监管。全年共受理食品生产许可证申请92家，发放食品生产许可证105张，注销33张。对获证后的企业强化后续监管，年审企业235家，对年审不合格以及注销许可证的63家企业，由监管机构做出处理，并实施严格监控。组织实施食品添加剂的使用备案工作，把企业食品添加剂的来源、用途、用量等信息全部录入添加剂管理数据库，共备案食品添加剂259条。强化监管区域、监管人员、监管内容、监管责任、监管考核"五落实"，全市设立48个监管区，对小作坊和区域性产品进行集中整治。组织开展乳品(复原乳、甘氨酸)、腌制品、蛋制品(苏丹红)等专项监督检查，先后出动执法人员1300余人次，检查食品生产加工企业630余家，下达责令停产通知书50余份，查处无证生产企业36家，端掉制假窝点11个，依法查处食品生产违法案件35起。结合实际，开展食品质量安全风险研究和评估，努力做到"早预警、早发现、早控制、早查处"，提高了监管工作的有效性。是年，全市未发生大的食品质量安全问题。

技术人员正在检测食品理化指标 (宋立忠　摄)

【特种设备安全监管】 依法严格落实企业、检验机构、区域监管机构和安全监察机构四方责任，尤其加大对特种设备企业的法律法规宣传和行政执法力度。提高企业的主体责任意识，在特种设备使用单位中开展安全承诺活动；在电梯维修保修单位中开展24小时服务承诺活动，提高了报检率。在全系统组织开展扫盲点工作，利用区域监管力量清查未注册设备，对停用设备进行清查核对，新注册特种设备近4000台，监管网络信息准确率达到98%以上。组织专门力量，对全市1240台重要危险设备进行多次检查，检查到位率100%。对气瓶充装站、特种设备制造企业和煤气发生炉进行专项整治，发现并消除了大量隐患。全年完成各类设备检验10581台，登记、检验压力管道2650公里，压力管道基本实现凭证使用，特种设备定检率达到97.8%。

安检人员深入一线检查特种设备安全

（宋立忠　摄）

【重点实验室建设】 立足于淄博市产业优势，加快重点实验室和国家、省级检验中心建设。全年全系统用于能力建设的投入达1000余万元。年内，国家耐火材料检验中心建设完毕，并通过省级验收；山东省陶瓷产品质量监督检验中心、山东省泵阀电机产品质量监督检验中心经过建设和完善，检验能力达到省内一流、国内先进水平，并通过国家实验室认可和省质监局验收；山东省危化品容器检验中心等3个中心建设的一期工程已基本竣工，危化品罐车和气瓶检验设施水平达到国内一流；市纤维纺织产品监督检验所国家棉花公证检验淄博实验室已投入建设。市计量所与省计量院合作，建立了山东省计量院淄博流量检定站。全局有3项科技成果通过省、市科委组织的成果鉴定。市锅炉检验所被国家质检总局授予全国质检系统“科技兴检”先进单位称号。

【规范行政执法】 是年，严格规范执法办案程序，落实质量监督法定职能。突出整治一批特种设备、食品、农资、建材、黑心棉以及涉及人体健康安全的3C认证产品，开展强制性标准实施情况和贸易计量方面的执法检查。年内，共查办各类违法案件520余起，为企业和消费者挽回经济损失1200万元。对全市桶装饮用水生产企业、水泥行业进行了专项治理。积极开展文明执法、和谐执法活动，实施执法与服务“闭环”管理模式，在一些领域实行执法检查预先通告制度。“12365”投诉举报中心认真落实工作职能，得到消费者和社会各界的好评。全年共接听投诉举报电话19121个，接通率为100%；受理质量投诉举报案件1728起，处结率达到98%以上。全年全系统没有发生一起行政复议和诉讼案件。在全省规范行政执法工作现场会上，淄博市质量技术监督局作经验介绍。是年，市纤维纺织产品监督检验所被国家质检总局授予全国质检系统行政执法先进单位称号，市质监局荣获全市依法行政先进单位称号。

【“三位一体”电子监管】 根据国家质检总局和省质监局的要求，按照“成立机构、明确职责、分工协作、确保落实”的工作方针，成立由局领导及多个部门组成的电子监管工作领导小组。从有关单位抽调协调能力强、专业技术过硬的人员，组成专门的技术支持和办事机构，定期召开联席会议，全力抓好“三位一体”（中国产品质量电子监管网、山东金质区域监管信息系统、企业质量安全管理信息系统）电子监管工作。年内，中国产品质量电子监管网前期准备和企业发动工作进展顺利，有50余家企业准备入网；山东金质区域监管信息系统建设取得突破性进展，在全省先行完成各分县局和48个区域监管站的软件安装，完成区域监管操作人员的培训；企业质量安全管理信息系统开始起步，进行企业基础数据信息的录入，对视频监管系统进行前期调研，研究有关技术方案，确定了53家拟加入的特种设备和食品企业名单。经市政府协调，争取安全监督等部门已有视频监控资源的共享与支持。年内，市安全生产监督管理局监控的近100家企业的图像陆续接入市质量技术监督局，实现了对近30家企业特种设备的实时视频监控。

【行风廉政建设】 采取举行廉政教育报告会、收看警示教育电教片等方式，组织广大干部职工结合工作实际认真学习上级有关精神，认清商业贿赂的性质、特点和危害，在思想上筑牢反腐败的防线。以党风廉政建设责任制为抓手，实行行风廉政建设“一票否决”制度和廉政保证金制度。建立并实行重点岗位人员跟踪监督制度，重新优化生产许可证审批工作流程，实现了许可证受理、审查、审批、监督等4个环节的分离；建立并启动食品生产许可工作流程电子监控程序，纪检监察部门可随时对工作人员、工作时限和工作流程进行监督和跟踪。进一步强化明察暗访的工作力度，对投诉举报线索进行件件落实，时刻保持行风建设的高压态势。通过电台“行风热线”和邀请人大、政协、纪委领导视察等方式，广泛宣传质监工作职能，争取社会理解和支持。市质监局驻市行政服务中心窗口累计26次被评为优秀窗口。市质监局先后被市委、市政府授予落实党风廉政建设责任制先进单位、行风和行政效能建设先进单位及服务民营经济发展先进单位称号。

（宋立忠）

工商行政管理

【内资企业登记管理】 是年，全市新登记内资企业625户，注册资本59171万元，分别比2005年增长27.29%和－21.82%。注销企业1089户，吊销企业502户。截至年底，全市共有内资企业8169户，比2005年下降11.02%。其中，法人企业4031户，拥有注册资本3232792万元，分别比2005年下降12.31%和8.98%。内资企业中，国有企业1307户，集体企业3545户，公司2476户，其他企业32户，分别比2005年下降20.98%、20.18%、1.08%和17.95%；股份合作企业809户，比2005年增长48.71%。

【外资企业登记管理】 年内，新登记外商投资企业97户，比2005年下降33.10%。投资总额67946万美元，注册资本42513万美元，其中外方认缴出资额32813万美元。注销14户，因未参加年检被吊销89户。截至年底，全市累计实有外商投资企业1200户，比2005年下降1.15%；投资总额395446万美元，比2005年增长4.16%；注册资本260705万美元，比2005年增长1.31%；外方认缴出资额154995万美元，比2005年增长0.37%，占注册资本的59.45%。外商投资企业中，中外合资企业459户，中外合作企业32户，中外股份公司3户，比2005年分别下降3.16%、5.88%、25%；外商独资企业196户，比2005年增长5.38%。

【个体私营企业登记管理】 全市新登记个体工商户13387户，同比减少93.83%。至年底，全市实有个体工商业户75464户，同比增长1.72%；个体工商户资金总额为17.89亿元，同比增长7.45%；户均资金为2.37万元，同比增加1300元。新登记私营企业4365户，同比增长2%；新登记私营企业注册资本51.88亿元，同比增长8.67%；户均注册资本118.85万元，同比增加7.16万元。至年底，全市实有私营企业23916户，从业人员32.13万人，注册资本359.51亿元，同比分别增长11.65%、9.6%和23.86%。至年底，全市实有私营企业注册资本净增69.25亿元，私营企业户均注册资本达到150.32万元，同比增加14.82万元。

深入贯彻落实《中华人民共和国公司法》和《公司登记管理条例》，全面实施"小老板创业工程"，促进市场主体快速发展。年内，登记注册资本3万元的公司223户，1人有限公司1226户。

【企业登记与监管】 本着"规范、优质、高效"的原则，积极探索和实施新形势下的登记监管方式改革。加强队伍和制度建设，改革企业登记受理方式，简化审批环节，提高工作效能，探索网上审批新机制，推行个体工商户网上远程登记。企业注册局被授予山东省"青年文明号"、山东省"用户满意服务明星班组"和"全国用户满意服务明星班组"荣誉称号。成功承办全国工商系统贯彻《中华人民共和国公司法》暨推行个体工商户分层分类登记改革工作现场会，国家工商总局、省政府和省工商局以及其他省市的有关领导对淄博市工商行政管理局推行分层分类登记管理改革工作成果给予高度评价。年内，全市国有集体企业应年检8185户，实际年检6836户，年检率83.52%；私营企业应年检22842户，实际年检18864户，年检率82.59%；外商投资企业应年检1178户，实际年检1061户，年检率90.07%。加大查处虚假出资、虚报注册和抽逃资金案件。全年出动执法人员3920人次，清理企业1341户，责令整改企业1007户，吊销营业执照360户。

荣获"2006年度全国用户满意服务明星班组"荣誉称号的淄博市工商局企业注册局代表在会场合影留念

（市工商局 供稿）

【市场监督管理】 加强农村集贸市场监管。根据农村食品市场特点，强化上市食品质量的监督检查，规范食品经营主体资格，严格食品经营主体的市场准入行为，建立健全基层工商所食品经营主体资格登记台账。引导农村食品经营者建立"一户多档"等自律制度，坚持日常巡查和专项整治相结合，强化农村流通领域食品监管，建立和完善农产品抽检制度。是年，全市范围内初步形成以市场开办单位自检为基础、工商部门抽检为保障、社会检测机构复检为补充的三级农产品质量检测体系。

开展创建规范化文明诚信市场活动，营造"创文明市场，做诚信业户"的良好氛围，将"主体明确、责任落实、管理规范、诚信自律、文明有序"作为创建规范化文明市场的目标，促进了各类市场的规范化、文明化建设。至年底，全市有省级规范化文明诚信市场22家，市级规范化文明诚信市场35家。通过创建规范化文明诚信市场，进一步夯实规范经营基础，增强文明经营观念，提高了全市商品交易市场的规范化、文明化和诚信程度。是年，工商部门在集贸市场内查处的各类违法违章案件比2005年减少35.8%。

【商标管理】 全面实施商标战略，加大商标知识宣传力度，建立全市"百强企业"驰名、著名商标培育计划，帮助、指导企业争创中国驰名商标和山东省著名商标。是年，"扳倒井及图""周村及图""幸运风及图""得益及图"和"金晶及图"等5件商标分别被国家工商总局(法院)认定(裁定)为中国驰名商标。全市中国驰名商标总量达到14件，在全省排名第二。30件商标被认定为山东省著名商标，全市山东省著名商标总量达到161件，在全省排名第一。积极引导农产品商标注册，实施农产品商标战略，促进农民增收。年内，全市农产品商标达到401件，涉农商标1575件，农产品著名商标3件，涉农著名商标18件，涉农驰名商标3件。围绕注册商标专用权的"确权、用权和维权"工作，提升服务水平，加大执法力度，开展注册商标专用权保护行动。全年查处商标案件228件，没收商标标识2.8万件，没收制假工具280件(套)，没收侵权商品21万件。同时，为企业提出商标使用合理化建议，规范使用商标行为。

2006年全市商标战略情况通报会暨中国驰名商标颁牌仪式

（市工商局 供稿）

【广告管理】 是年，全面加强对媒体广告的整顿治理，广告市场秩序呈现出健康规范的发展趋势，广告专项整治工作走在全省前列。研究创新的"违规广告告诫"措施被全省各城市借鉴采用；"广告提示语"的经验做法被中国广告协会和国家工商总局充分肯定，并在全国推广；让违法广告主进行"公开更正"的做法，开创了全国先例，《中国工商报》《中国消费者报》给予连续报道。查处各类广告违法案件377件，同比增长89.45%。对新闻媒体广告、户外广告和印刷品广告进行监督检查，查处违法广告行为，净化广告市场经营秩序，提高了各类广告的公信度。年内，全市广告业平稳发展，广告企业做大做强意识明显增强，经营规模逐年增大。

【经济合同管理】 在充分调研和论证的基础上，不断加强企业信用评价体系建设。以临淄区为试点，初步建立起由政府领导、工商牵头、部门联动、社会共享的信用管理系统。以全市47家不同类型企业为试点，帮助建立企业信用内部管理、客户资信管理、应收账款管理等制度。深入开展"守合同重信用"企业创建活动，新评选出"守合同重信用"企业99家。其中，省级33家、市级66家。全市"守合同重信用"企业总数达719家。其中，国家级13家、省级257家、市级449家。以打击合同欺诈行为为重点，开展合同专项执法行动，查处合同违法案件268起。规范"订单农业"，促进地方经济发展，确立37家农业产业化龙头企业作为重点帮扶对象，发展"守合同重信用"农户48户。加强对拍卖活动的监管，建立拍卖企业台账及监管档案，对重点拍卖行为进行现场监拍。查办拍卖违法案件17起，处理各种合同纠纷23件。进一步做好抵押物登记工作，严格抵押物登记工作程序，不断提高登记工作质量。全年共办理抵押物登记621件，担保主债权额447218万元。

【保护消费者合法权益】 按照"食品安全无忧、日常消费无虑、重要农资无患"的目标，启动实施消费放心工程。在全市范围内开展"流通领域食品安全放心店"评选活动，评选出396个放心店。积极鼓励引导大型流通企业开展连锁经营，以食品、农资为重点商品设立连锁店876家，其中在农村设立810家。在食品批发市场、重点名优食品生产企业、城乡结合部设立340个食品安全监控点，聘请340名商品质量社会监督员、2862名"12315"联络员。对聘请的联络员进行消费维权专业知识培训，考核后持证上岗。全市形成覆盖范围广泛的食品安全社会监督网，为消费者安全、健康、放心消费提供了有力保障。

工商执法人员检查节日市场，确保市民安全放心消费

（市工商局　供稿）

围绕"消费与环境年"主题，市消费者协会、市精神文明办公室联合举办纪念3·15国际消费者权益日专题活动，现场受理消费者咨询、投诉。市五大班子领导及工商、质监、卫生、物价、药监等11个部门参加了宣传活动，淄博电视台、淄博电台进行了现场直播。认真处理消费者投诉，全年共受理消费者投诉3426件，处解率99.6%，为消费者挽回经济损失481.4万元。深入推进消协基层分会、消费者投诉站和"12315"申诉举报联络站建设。全市成立10个消费者协会，有77个基层工商所建立分会，在农村、市场、企业、学校等共设立1731个消费者协会投诉站和470个"12315"申诉举报联络站，形成三级联动的保护消费者合法权益组织网络，基本实现了消费者投诉"百元小案不出站、千元大案不出会"。

【"红盾护农行动"】 在2005年启动"红盾护农行动"后，2006年，以建立市、区县、所、片区四级农资监管体系为架构，以实现市场准入行为、交易行为、竞争行为和退出行为的全过程监管为目标，以"非法农资不上市、伪劣农资不下田、农民利益不受损"为出发点和归宿，深入开展农资打假行动，把农资市场监管工作纳入制度化、规范化、长期化的管理轨道。针对农资市场假冒伪劣产品屡打不绝的问题，发挥市场准入、监管和维权职能，把连锁经营的现代流通方式植入农资经营中，实行统一采购、统一配送、统一标识、统一经营方针、统一服务规范和统一销售价格的连锁（加盟）经营模式。发挥职能，强化行政指导，在发展和推广农资连锁经营工作中引入竞争机制，鼓励各种市场主体开展、加盟农资连锁。重点扶持和发展具有代表性的供销、涉农龙头企业、邮政三种模式。发展农资连锁经营企业11家，连锁网点达1191个，占全市农资经营企业总数的75%。其中，跨区域发展连锁经营网点近200个。开展"在每一个村设立一个红盾护农工作站、聘请一名红盾护农联络员、开办一块红盾护农宣传栏、悬挂一幅红盾护农服务牌"和"进农家院落、进田间地头"农资维权活动，以维权站为载体，在最基层的农民群众中普及和开展宣传教育，在农村初步建立了快捷、高效的消费维权机制。年内，市工商局被国家工商总局表彰为"红盾护农行动"先进集体。

【培育和发展农村经纪人】 确定三类农村经纪人为重点培养对象，聘请专家对经纪人进行培训。三类经纪人是：为当地优势农副产品开拓市场的农产品经纪人，为农业加工龙头企业和农户牵线搭桥、促进订单农业发展的农村经纪人，推广实用农业科学技术的农业科技经纪人和帮助农村剩余劳动力找出路的劳动力经纪人。开通"绿色通道"，放宽准入条件，对申请人仅收取注册工本费，提供异地经营证明，为从事临时性和季节性经营的农村经纪人办理登记注册，除国家明令禁止的行业、经营项目和经营方式外，经营范围不受限制。组织召开银行、企业、农村经纪人见面会，搭建融资桥梁，公示农村经纪从业人员信用资料，建立农村经纪人行为规则和诚信档案，进行信用分类管理。成立农村经纪人协会，进行自律管理，对虚假宣传、不正当竞争、经纪欺诈、恶意违约等不法行为进行严厉查处。农村经纪人遍布全市各个乡镇、村，主要在干鲜果品、蔬菜、禽蛋、小杂粮、畜牧产品和部分农业经济作物领域从事销售经纪、中介服务活动，其中以干鲜果品、蔬菜、经济农作物类的经纪规模较大。至年底，全市有各类专、兼职农村经纪人1万余人，农村专业合作组织45个，经纪人协会89个，年经纪业务金额达10多亿元。

【公平交易执法】 以整顿规范市场经济秩序为工作中心，查处不正当竞争案件791起，较2005年增长13.32%。以治理商业贿赂为重点，查办一批大案要案。集中力量组织开展治理商业贿赂专项工作，查结商业贿赂案件56起。查处有奖销售、产品质量、虚假出资、抽逃出资、无照经营、商标侵权、虚假广告等多种类型的经济违法案件735起。先后与盐业、烟草、文化、图书发行等主管部门开展一系列专项检查，组织开展垄断行业企业的专项整治。打击传销，规范直销。积极发挥牵头作用，使打击传销工作由部门行为转为政府行为，与公安加强联系配合，建立协作机制，形成打击传销的整体合力。同时，通过调查摸底，建立起直销企业监管档案，将直销企业列入日常监管，规范直销行为。加强车辆交易市场、客货运输市场、房地产市场和建筑市场的清理整顿工作，取缔非法客货营运点19处，无证经营业户122户，查扣非法拼装车2台，督促办理个体营业执照4300户。以房地产市场中无照经营、虚假广告、合同不规范等违法、违规经营行为为重点，检查房地产开发企业218家，中介机构179家，立案查处144起违法案件，维护房地产市场的交易环境，保护了消费者合法权益。创新执法办案机制，推行联合办案制度、先行告知制度、行政指导制度和信息通报制度，全面提高了执法效能。

【依法行政】 全面开展"千名工商干部联系万家企业"和"千名工商干部送法到万家企业"活动。编印《企业工商法律知识读本》，发放8500余册。制定下发全市工商系统"四五"依法行政和"五五"普法两个规划。对规范行政处罚自由裁量权各项制度贯彻落实情况进行专项检查。认真梳理行政执法依据，为推行行政执法责任制工作奠定基础。年内，共梳理法律、法规、规章142部，涉及处罚条款586项，行政许可项目15项，行政强制类条款13项。全年共查办行政处罚案件13934件，同比减少2538件。其中，一般程序案件12109件，简易程序案件1825件。行政复议案件3件，比2005年减少11件。行政应诉案件13件，比2005年增加10件。属听证范围案件9497件，比2005年减少3287件，同比减少25.71%。

【数字工商】 是年，对数字工商系统工作平台及相关应用系统进行全面升级。新开发增加"商标监管系统"，在经济户口检查系统中增加实地勘察模块，更好地适应了新形势下网上日常办公、行政执法、监管服务的需求。对"企业注册审查辅助系统""网络经营行为监管系统"和"网上受理应用程序"等系统进行了测试。加强企业登记档案的扫描工作，缩短登记档案扫描周期，方便社会各界的查询需要。个体工商户档案电子管理系统被省档案局评为开发利用档案信息资源三等奖，市工商局被评为全省工商系统信息化工作先进单位。

【政风行风和机关效能建设】 以打造"阳光工商"、创建"信用工商"、转变部门作风、促进经济社会和谐发展为目标，进一步加强政风行风和机关效能建设。一是强化内部监督监察，确保各项制度落实到位。对落实禁令、工作纪律、机关效能等政风行风建设方面进行明察暗访120余次。二是强化社会监督作用，全力构筑社会监督网络。走访各级党委、政府、人大、政协、纪委和纠风办、投诉中心、行风监督员、企业、个体工商户以及各分县局、工商所等，全面接受社会各界的监督。加大社会宣传力度，通过新闻媒体向社会发布公告，通过监督电话、受理群众投诉、召开企业座谈会、上街进行宣传咨询服务、发放调查问卷等方式广泛宣传工商政策法规。三是认真抓好系统内外行评活动，以内促外、以评促建，进一步提升社会形象。组织开展全市工商系统内部民主评议政风行风活动，采取系统内上级、本级、下级三级互评和向市五大班子、区县长、乡镇长、行风监督员、部分企业和个体工商户等发放调查问卷的方式，广泛征集意见和建议。市纪委对市工商局的经验做法进行了宣传推广。是年，市工商局在全市所有参加机关效能考核的63个单位中取得第一名，在所有参评民主评议行风活动的38个被评议单位中名列第一，被市委、市政府评为全市机关效能和行风建设先进集体。

【个体私营企业协会工作】 市个体私营企业协会邀请知名律师，免费为全市会员组织了以新《中华人民共和国公司法》为重点的法律维权讲座，加强法律维权服务。组织企业参加"西洽会"经贸活动，加强与西部地区的经济交流和联系。组织80余家会员单位参加山东省第五届民营企业人才招聘周活动，拓宽了企业用人渠道。组织15家民营企业参加山东省民营企业领袖与企业发展高峰论坛，帮助企业走可持续发展之路。组织召开银企洽谈会，为中小私营企业授信总额度2亿元，帮助企业解决资金困难。协调茶商成立淄博市茶叶学会，规范了茶叶市场经营。在全市继续开展"双百佳"(100家文明诚信个体经营业户，100家文明诚信私营企业)文明诚信创建活动，使"双百佳"文明诚信创建活动成为优化市场环境、投资环境和信用环境的品牌。年内，争创国家级青年文明号1家，省级文明诚信单位40余家。 (陈传虎)

食品药品监督管理

【农村药品"两网"建设】 对全市农村用药情况进行深入细致的调研，调研报告三次在市政府《参阅件》刊发，市委、市政府主要领导、分管领导分别作出批示，要求加快推进"两网"建设步伐。在药品供应网络建设方面，按照改革医药管理体制、促进医药分开的工作理念，全市已发展农村药店535家，农村服务性药品供应点1982个，药品专柜267个，药品供应总量已占农村药品市场份额的65%，农村药品价格比建网初期下降30%，并为农村提供5000多个就业岗位。全市药品批发企业由2001年的9家发展到37家，药品零售连锁公司发展到12家。为推动监管网络建设，市政府专门下发文件，并在临淄召开了现场会。全市所有乡镇(街道)全部建立食品药品监管所，配备137名专职食品药品监管助理员。全面建立起以区县食品药品监管部门为主体，乡镇监管所、食品药品监管助理员、村信息员为辅助的农村食品药品监管网络，覆盖率达100%。为探索农村药品"两网"建设长效机制、尊重农民购药自主权，将农村药店和服务性药品供应点(专柜)纳入新型农村合作医疗报销范围，丰富新型农村合作医疗的内涵。高青县在5个试点乡镇全部取消定点限制，使农民购药更加方便、实惠，市政府召开专题会议推广高青县的经验。周村、临淄等区县也出台专门意见，推进"两网"与新型农村合作医疗的结合。年内，全市已有600多家农村药店和服务性药品供应点成为新型农村合作医疗定点单位。淄博市农村药品"两网"建设工作在全省、全国引起强烈反响。市委书记张建国赴高青县进行专题调研，对"两网"与新型农村合作医疗结合工作给予充分肯定。省政府《决策参阅》以《淄博市以便农惠农为本构建农村药品供应网和监管网》为题刊发淄博市"两网"建设经验。《中国医药报》头版头条刊发淄博市"两网"建设经验。临淄区被确定为全省唯一一家全国"两网"建设示范县(区)，高青县被确定为全省“两网”建设示范县(区)。

【食品安全综合监管】 认真组织开展食品安全信用体系建设和专项整治,食品安全综合监管水平明显提高,全市未出现重大食品安全事故。一是抓政府负总责环节,建立起政府对食品安全工作的领导平台。市、区县、乡镇政府层层签订食品安全责任书。二是抓执法部门分段管理环节,建立起政府统一领导、各部门分段负责的管理平台。三是抓企业自律,建立起信用体系建设平台。市政府把食品安全信用体系建设列入为人民群众办的12件实事之一,并将试点范围扩大到全市各区县及高新区。召开全市食品安全信用体系建设工作会议,对65家食品安全信用体系建设示范单位进行表彰,全市食品安全信用体系建设的框架初步形成。四是抓社会监督环节,建立起社会共同参与的监督平台。组织有关部门认真开展各环节和节假日食品安全专项整治,动员全社会广泛参与食品安全监管。在省政府食品放心工程综合评价中,消费者满意度列全省第一。五是抓技术检测环节,建立起质量评价平台。加强和规范全市食品安全监管信息的收集、报送、分析、评估及发布。年内,食品安全信息网、与各区县及各有关部门互联的食品安全信息系统投入使用。12月2日,山东省首次重大食品安全事故应急演习演练活动在淄川区举行,提高了各级政府应对突发事件的能力。

山东省首次重大食品安全事故应急演习演练在淄博市成功举办,副省长张昭福宣布山东省重大食品安全事故应急演习演练启动 (张 旗 摄)

【医药市场秩序建设】 发挥全市药品稽查快速联动体系的优势,认真组织开展药品、医疗器械市场整治,重点对农村药品市场、避孕药具市场和制售假劣药品、无证经营行为进行集中整治。“齐二药”和安徽华源“欣弗”事件发生后,在第一时间启动药品突发事件应急预案,对全市药品生产、经营、使用单位进行拉网式检查,迅速控制假劣药品。年内,全市共出动执法人员13069人次,立案863起,上缴罚没款386.51万元。首次举办全市药品稽查办案大比武活动。在全省稽查办案大比武活动中,淄博市代表队取得理论考试第一、综合成绩第二的好成绩。加强药品检验工作。全市共完成药品检验3750批。其中,日常监督抽验3090批,不合格率16.86%;评价性抽验660批,不合格率4.24%。在做好药品检验工作的同时,承担并完成中国药品生物制品检定所授权的两项科研任务。连续3年为全省150个基层单位生产、供应快检试剂150余万支。

【医药科学管理】 加强药品监管。组织开展注射剂生产企业专项检查和药品注册现场核查,全年未发生药品质量事故。有5家企业13个剂型、3家医用氧生产企业通过GMP认证。加强药品不良反应监测,区县局和三级医院实现不良反应电子直报,4家单位被评为全省不良反应监测先进集体。全年共上报不良反应监测报告4940例,同比增长56.2%。全市新发展药品批发企业6家,对52家新开办药品零售企业进行了GSP认证,对87家药品经营企业进行认证后的跟踪检查。加强药品、医疗器械广告审查,全年共监测违法药品、医疗器械广告135起,及时移送工商部门进行处理。市食品药品监管局服务中心窗口连续4年荣获市级优秀服务窗口称号,在49个进驻部门年度评比中名列第一。

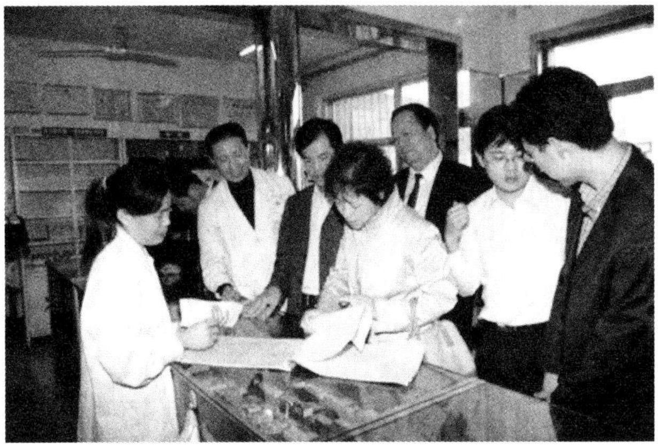

10月31日至11月1日,国家医药卫生体制改革调研组对淄博市药品市场监管情况进行调研 (张 旗 摄)

加强医疗器械监管。对157家医疗器械生产、经营企业的开办、变更和换证进行现场审查。新审批医疗器械生产企业12家,经营企业76家,注册一类医疗器械30个。加强对《淄博市医疗机构医疗器械管理办法》的宣传,对有关人员进行培训,并完成备案管理。

监管工作促进了医药经济的又好又快发展。是年,全市医药产业总量和生产规模位居全省前列。淄博市被商务部评定为国家医药产品出口基地,被科技部认定为国家火炬计划淄博生物医药产业基地。医药经济成为全市发展速度最快、最具潜力的支柱产业之一。

【加强基础建设】 6月23日,建筑面积7200平方米、总造价2200万元的市食品药品检验中心正式启用。市委、市政府和高新区在征地和配套费方面共减免资金1000万元,市政府同时拨付资金400万元用于设施配套建设,为建设国家级区域性检验中心奠定了坚实基础。年内,市政府还拨付食品安全信用体系建设及“两网”建设资金145万元,周村、临淄区政府分别拨付食品安全监管和“两网”建设专项资金30万元和17万元。

【《淄博市医疗机构医疗器械管理办法》正式实施】 发挥“较大的市”优势,在市人大常委会、市政府的重视支持下,《淄博市医疗机构医疗器械管理办法》于3月1日起正式实施,成为全省唯一规范医疗器械使用环节的行政规章。

【政风行风】 是年,进行社会主义荣辱观教育,认真开展“十

淄博市食品药品检验中心落成启用典礼
（张 旗 摄）

佳”争创活动，队伍素质不断提高。与基层单位签订党风廉政建设责任书，定期开展检查督导。在全系统开展警示教育，全面提高干部队伍的廉洁勤政意识。开展政风行风和精神文明创建活动，召开社会监督员座谈会、新闻宣传座谈会，发放执法监督卡，自觉接受社会监督，积极参与“政风行风热线”直播节目，先后组织开展了“用药知识进农村、进社区”、3·15集中销毁假劣药品等活动。市食品药品监管局连续4年被市委、市政府表彰为全市行风和行政效能建设先进单位，连续3年被省纠风办表彰为全省政风行风建设先进单位，受到省食品药品监督局的通报奖励。

【文明规范建设】 加强系统规范化建设，对各项管理制度进行修订完善，进一步规范行政执法自由裁量权，对区县局行政执法规范化建设全面进行检查。市食品药品监管局和临淄、周村分局被省政府法制办、省食品药品监督局联合表彰为全省规范执法先进单位。市食品药品监管局被市委、市人大常委会、市政府联合表彰为全市2001～2005年普法依法治理工作先进单位，被市政府表彰为全市“三五”依法行政工作先进单位。市食品药品监管局药品稽查大队大队长常立照被授予全市首届十大优秀行政执法人员荣誉称号，市食品药品监管局被表彰为全省食品药品监管系统先进集体和规范化建设先进单位。认真开展药品、医疗器械商业贿赂治理工作，成立领导小组和办事机构，向有关企业发出拒绝商业贿赂倡议书，深入企业督察，实行月调度制度，全市药品、医疗器械生产、经营环境明显改善。进一步加强药品、医疗器械生产经营企业诚信体系建设，组织开展“文明诚信规范化建设”创建活动，有79家药品生产经营企业和医疗机构入选全市首批“文明诚信规范化建设百佳”单位。市食品药品监管局顺利通过省级文明机关、文明单位复查，临淄、博山分局创建为省级文明机关。
（张 旗）

安全生产监督管理

【概况】 2006年，全市安全生产形势稳定好转，为全市经济社会发展提供了良好的安全生产环境。全年共发生各类事故4518起，死亡503人，与2005年相比，分别下降7.06%和10.02%，杜绝了特大事故。市安全生产监督管理局分别获省、市安全生产监管工作先进单位称号。

全市安全生产先进单位获奖 （刘广胜 摄）

【安全生产责任制落实】 年初，市政府与各区县、市直有关部门及企事业共计92个单位签订了安全生产目标责任书。市安全生产监督管理局始终坚持把落实安全生产责任制作为抓好安全生产工作的主要环节，严格落实“一岗双责”和“谁主管、谁负责”制度，督促各级、各部门和企事业单位建立责任明确、一级抓一级、层层抓落实的执行责任体系。将安全责任目标完成情况纳入年度目标考核，严格落实安全风险抵押奖惩和“一票否决”制度，确保安全目标任务的完成。在市政府组织的年度安全生产目标考核中，全市8个区县和高新区全部实现事故起数和死亡人数的“双下降”。其中，道路交通死亡人数同比下降10.1%，非煤工矿、商贸行业死亡人数同比下降12%。森林、消防和农机等行业实现了全行业的“零死亡”。对突破事故控制指标的8个单位实施了“一票否决”。

附：

2006年淄博市伤亡事故综合统计表

类别		事故起数	死亡人数	受伤人数	经济损失(万元)
合计	2006年累计	4518	503	2397	2043.8
	2005年累计	4861	559	2539	1998.61
	2006年与2005年相比(%)	－7.06	－10.02	－5.59	＋2.26
道路交通事故	2006年	3202	454	2391	1074.89
	2005年累计	3409	505	2529	1169.68
	2006年与2005年相比(%)	－6.1	－10.1	－5.5	－8.1

续表

类别		事故起数	死亡人数	受伤人数	经济损失(万元)
火灾事故	2006 年累计	1273	0	1	151.85
	2005 年累计	1407	2	1	185.5
	2006 年与 2005 年相比(%)	-9.52	-200	持平	-18.14
森林火灾	2006 年累计	0	0	0	0
	2005 年累计	3	0	0	0.73
	2006 年与 2005 年相比(%)	-100			-100
农机事故	2006 年累计	0	0	0	0
	2005 年累计	0	0	0	0
	2006 年与 2005 年相比(%)				
非煤工矿企业事故	2006 年累计	39	44	4	627.1
	2005 年累计	40	50	9	612.7
	2006 年与 2005 年相比(%)	-2.5	-12	-55.6	+2.35
煤炭企业事故	2006 年累计	4	5	1	190
	2005 年累计	2	2	0	30
	2006 年与 2005 年相比(%)	+100	+150		+533.3

【整体推进安全标准化建设】 2006 年,在国家、省已颁布安全质量标准和考核办法的煤矿、非煤矿山、烟花爆竹、危化品、机械、电力、建材、冶金、造纸等行业,实施"政府规划、行业指导、专家帮扶、中介培训、企业落实"的工作机制。市安监局加强检查指导,督促抓好工作落实,整体推动安全标准化工作的深入开展,一批企业达到安全标准化。年内,有 2 个单位被评为国家一级企业,22 个单位被评为省二级企业,122 个单位被评为市三级企业,72 个单位通过了考核验收。

【安全培训】 年初,市政府下发《关于进一步加强安全生产培训工作的意见》,对安全生产培训工作提出总体目标要求和工作措施。各区县、各部门都把教育培训作为治本之策,加大了教育培训力度。各级安监部门从实际出发,把安全培训教育的主课堂搬到企业,得到生产经营单位的好评。全市安监部门共培训企业各类管理人员 1.2 万人、特种作业人员 1.6 万人、从业人员 25 万人次,对安监系统 400 余名管理和执法监察人员全面进行了轮训。探索教育培训的新路子,市安监局与山东理工大学联合开办非煤矿山矿长培训班,计划用两年时间,使全市非煤矿山主要负责人达到中等学历以上的矿山管理水平。年内,已培训矿长 73 人。

【安全生产执法监察】 围绕全市安全生产中心工作,制定科学周密的执法监察计划,并严格组织实施。进一步规范执法监察行为,制定实施《淄博市安全生产监察标准》《淄博市安全生产行政处罚自由裁量权实施办法及行政处罚自由裁量权参照执行标准(试行)》。积极开展专项安全执法监察,加大执法监察覆盖面和监察频率,严厉查处各类安全生产违法行为和事故隐患,为全市安全生产形势稳定好转发挥了重要作用。年内,市、区县、乡镇三级安全生产执法队伍执法检查企业 1.57 万家,复查企业 1.52 万家,查出安全生产违法行为和事故隐患 5.9 万余条,并实现了无错案的工作目标。以创建执法监察示范机构为契机,大力推进市、区县、乡镇三级执法机构建设,执法人员业务素质、执法装备水平、制度建设等方面都得到全面加强,安全执法监察工作走在全省前列。市执法监察支队被山东省人事厅和省安全生产监督局评为 2006 年全省安全生产执法监察先进单位。

市领导深入企业检查安全生产　(刘广胜　摄)

【重点领域和重要时段的安全生产】 年内,充分发挥全市安全生产委员会综合协调职责,督促各部门突出重点,强化措施,狠抓落实,取得明显成效。对全市 9 大高危行业,责成 9 个牵头部门持续不断地查隐患、抓整改。煤矿、非煤矿山、化工、公众聚集场所、烟花爆竹和民爆器材、压力容器、城市燃气等危险领域都连续 3 年以上杜绝了重大事故。为督促区县加强对安全生产的组织领导,市政府派出督查组深入基层,认真履行督查职责,查出一大批事故隐患,提出许多建设性意见。在重大节日、政治敏感期、易发事故期,都督促各级、各部门加强安全生产监管工作,确保了重要时期的安全生产。

【危险源普查工作】 是年，按照国家和省统一部署，在全市范围内广泛开展危险源普查、申报、分析和登记工作。截至年底，全市已申报登记各类危险源3782处，经过辨识、评价和分级，其中293处被确定为重大危险源。对重大危险源采取重点监控措施，并列入执法检查重点。各级政府和危险源所在单位都制定应急救援预案，开展应急救援演练。充分依托淄矿集团矿山应急救援中心和山东省危险化学品鲁中应急救援中心，整合应急救援资源，建立专业化的应急救援队伍，形成统一指挥、反应灵敏、协调有序、运转高效的应急管理机制，提高了应急救援能力。

【全市安全工作质量提高】 在全市形成主要领导亲自抓，分管领导靠上抓，一级抓一级、层层抓落实的安全生产工作机制。市安全委员会坚持每月召开一次安全生产调度会，分析形势，查摆问题，强化措施，抓好工作落实。各级、各部门加大工作落实力度。市政府10个包区县督查组深入区县和重点企业开展安全督查，把政府的监管责任落实到基层。市政府与92个区县、市属以上企事业单位签订安全生产目标责任书，并严密组织了年度安全生产目标管理考核。经考核，工作目标质量考核在90分以上的单位(区县、部门)有78个，占总数的84.78%，同比提高16.4个百分点；80分至89分的6个，占总数的6.52%；突破控制指标的8个，占总数的8.7%。

（张广金）

城市管理行政执法

【相对集中行政处罚权工作】 2006年，逐步推进相对集中行政处罚权工作，综合执法优势明显。按照“两级政府、三级管理、四级网络”的要求，市城市管理行政执法局推进城管执法向基层延伸，在完善市、区县城管执法体系的基础上，在17个重点镇开展相对集中行政处罚权试点工作，取得经验后，在沂源县召开全市镇、办(街道办事处)相对集中行政处罚权工作现场会进行推广。截至年底，全市有70%符合条件的镇开展了相对集中行政处罚权试点工作。该项工作走在全省的前列，为全省城管执法向基层延伸提供了经验，受到省政府法制办的高度评价。年内，全市城管执法部门共办理群众投诉1.5万件、人大代表和政协委员的议案及提案62件，受理简易处罚程序案件2.2万件、一般处罚程序案件1500余件。全年行政处罚总额1046万元。

【户外广告资源运营工作初步展开】 按照“三统一”(统一位置、统一尺寸、统一风格)和“减量、规范、美观”的要求，市城市管理执法局连续3年对户外广告进行大规模整治。2006年，对城区道路按照主要道路、次要道路和背街小巷分类，制定不同的设置管理标准。以全市城市道路标准化管理工作为契机，组织实施户外广告“样板路”工程。取缔、拆除广告牌匾1.5万块，规范广告牌匾3175块，查处大型立柱式户外广告95块，中心城区新村路等处形成了户外广告整治的精品亮点地段。为解决乱贴乱画问题，组织社会各界参与乱贴乱画的集中整治行动，协调移动、网通、联通等通讯经营单位对涉嫌乱贴乱画的通讯工具予以停机，累计清理乱贴乱画24万余处，停机1400余部。一些区县还组织专门的夜查队伍，进行夜间巡逻。与有关部门组织开展“查源头、端窝点”活动，公安

执法人员在广告拆除现场对广告进行测量

（刘永辉 摄）

机关对乱贴乱画人员予以行政拘留，全年拘留13人。

根据市政府修订颁布的《淄博市中心城区户外广告管理办法》，进一步加大对户外广告的监管，对中心城区大型广告设置业户、设置期限等情况进行了为期两个月的调查登记。按照管理办法，制发《关于对中心城区户外广告进行安全检测和备案的通知》，要求现有户外广告设置人到城管执法部门就广告设置情况进行备案。通过备案，进一步摸清了中心城区户外广告的底数，对不按要求进行备案和安全检测的，加大处罚力度；对设置到期的及时通知设置人进行拆除，不自行拆除的依法强制拆除；对无手续设置且拒不接受调查处理的，在新闻媒体发布限期拆除公告，不自行拆除的依法强制拆除。

为解决户外广告管理无序的问题，经多方调研，市财政局、市监察局、市规划局、市物价局、市城管执法局五部门研究出台《关于对中心城区部分空间资源使用权实施运营的意见》及配套文件《淄博市户外广告设置技术规定》，对中心城区户外广告划分资源运营的范围、种类和标准，修订户外广告整治方案。以户外广告运营促进综合治理，既增加政府收益，也从源头上规范了城市空间资源管理，改变了广告业无序竞争的状况。年内，按照上述文件要求，市执法局首先对大型立柱式广告进行综合治理，符合条件的纳入资源运营，不符合条件的予以拆除。

【加大规划执法力度】 积极探索新的规划执法手段，加大规划执法力度。2月，先期组织区县对全市建成区建设工程项目进行拉网式普查，对部分严重影响城市规划和市容、市貌的违规建设进行强制拆除。9月开始，与市规划局、市监察局在全市规划区内进行联合执法大检查。检查历时70余天，检查建设工程项目478个，查处违法建设工程项目61个。全年累计检查建设工程面积1866万平方米，查处违规建设1514处、405万平方米，拆除违规建设3.24万平方米。对全市开发区和各类园区、村镇规划执法现状、城中村开发建设等存在的突出问题进行调研分析，提出解决思路。按照执法到边、到位的思路，市城市管理行政执法局组织开展全市环保专项执法检查、市政设施执法检查、园林绿化执法检查等专项执法活动。全市共查处油烟粉尘污染案件146起，生活、建筑噪音污染案件1208起，建筑施工扬尘、抛撒建筑垃圾案件127起，擅自饲养家禽家畜案件28起，市政建设、园林绿化案件459起。

【城乡环境综合整治】 2006年，重点开展城市道路标准化管

理工作。有43条道路达到标准化管理标准，形成城市管理的亮点工程。执法力量、重心向居民社区、背街小巷倾斜，综合整治背街小巷74条。与相关街道办事处和公安部门，对背街小巷占道经营、马路摊点、流动商贩、乱停乱放、露天烧烤等问

督察人员在现场检查执法登记记录

（刘永辉　摄）

题进行联合执法120余次。针对群众反映强烈的违规问题，组织专项整治。全市共取缔占道集贸市场64个，店外摆摊经营4.2万个，规范非机动车乱停乱放1.67万处，清理马路摊点7.4万处，共签订三包责任书2.2万份，查处乱堆乱放垃圾2350余处，清理规范洗车站点2670余个，查处擅自破墙开店340余处，强制拆除城区乱搭乱建1809处、3.8万平方米。12处群众反响强烈的历史遗留问题得到解决。

【队伍管理】 按照“半军事化管理”要求，制定军事训练计划和个人达标标准。全体人员参加军训并逐人进行达标考核。

指挥人员在进行执法动员　　（刘永辉　摄）

通过经常化的军事训练活动和组织班队列会操的方式，培养队伍的作风。制定干部轮岗交流制度，提高干部的综合素质。强化一线执法骨干培训，分期分批组织执法中队长、镇办执法人员等班次培训学习，提高执法人员现场处置和掌控局势的能力，杜绝社会负面影响事件发生。加强党建工作，制定出台《市执法局关于加强党组自身建设的意见》《市执法局局党组议事规则》等，落实党员教育管理工作有关规定，明确党建工作的主要责任人、直接责任人及其各自的任务职责。积极开展各项创建活动，在市直部门中率先开展争创人民群众满意的服务机关、服务岗位和争做人民群众满意的公务员活动。以各项活动为载体，强化队伍管理工作。成功组织召开首届全市城管执法系统运动会，积极开展结对帮扶活动。筹资20余万元为沂源县中庄镇桐峪村整修水泥路1.5公里，组织机关干部与贫困生结对帮扶，共捐款8000余元。是年，市城市行政执法管理局获全省建设系统规范化管理先进单位、全省建设系统法制工作先进单位等多项荣誉称号，1人被评为全国城市管理十佳标兵先进个人。

【公安保障机制初步建立】 2006年，市城市管理警察支队人员到位10人。城管警察支队边组建边开展工作，认真履行职能。依法侦查、查处综合执法中发生的刑事犯罪案件和治安案件，调处执法中的治安纠纷，积极参与行政执法专项行动。

（刘永辉　贾立丰）

油区工作

【油田开发建设】 是年，协调中石化中原油田、中石化胜利油田在淄博市新铺设输油、输气管线5万米，新打油气井117口，征地41.8公顷，兑付青苗补偿款100余万元。

【油区社会治安综合治理】 按照市政府统一部署，在全市范围内组织开展大规模的油区治安秩序综合治理行动。成立油区专项治理整顿领导小组，负责对全市油区治理工作进行督促和指导；召开全市油区工作会议，对全市油区工作及“创建模范油区和建设平安油区、和谐油区”活动进行统一部署；制定油区秩序专项整治的具体方案和措施，对整治工作进行全面部署。坚决打击哄抢油田物资、破坏国家油气资源及生产设施等违法活动。全年共出动警力和巡查人员1300多人次，出动车辆300台（次）；召开有关会议64场（次），发放宣传单10000多份；查处土炼油厂点13处，没收原油11.5吨；整治盗用天然气涉案村庄11个，缴获作案工具3宗，焊堵窃气孔11个；清理占压管道500米，清理占压建筑物1000多平方米。

【油区稽查】 加大油区稽查、执法力度，有针对性地开展工作，为油区经济建设保驾护航。全年共出动1800人次，组织夜查500余次，查处非法运输原油案件8起，缴获原油20余吨，为油田挽回经济损失300余万元。

【工农关系协调】 是年，为油田、管道企业和省属大企业的生产、开发、建设做好超前服务、跟踪服务和善后服务工作，把苗头性、倾向性的工农纠纷化解在萌芽状态。继续开展“创建全国模范油区”和“共建文明油区”等各项共建活动，油田和地方联手，全力做好创建全国模范油区活动。按照“互惠互利、风险共担、利益共享、优势互补”的原则，积极推进多层次、多领域、全方位结合，油气资源的开发利用进程进一步加快，合作渠道进一步拓宽。连续6年实现了市属以上企业集团与地方无重大工农矛盾纠纷。

【石油天然气管道保护】 制定印发《关于进一步加强石油天然气管道安全保护工作的通知》和《关于进一步明确有关区县（高新区）石油天然气管道保护监管部门的通知》，确定了石油

天然气管道沿线的六区(含高新区)二县管道监管主管部门。召开管道保护工作座谈会,落实各有关区县监管部门对本行政区域内的石油天然气管道设施保护监督管理职责。组织有关部门会同管道企业,对行政区域内的管道违章占压物,开展管网勘查、普查工作,逐一登记造册,建立油气管网档案,并根据不同情况,采取措施,全面清理。对在 2001 年 8 月 2 日国务院《石油天然气管道保护条例》颁布前出现的占压物,综合运用行政、经济、法律手段进行清理;对《条例》颁布后出现的占压物,特别是公安部挂牌督办的违章建筑物,依法进行清理取缔。根据省油区办《关于开展石油天然气管道保护宣传月活动的通知》精神,组织有关管道企业共同举办淄博市石油天然气管道保护创意宣传大奖赛,累计发放材料 10 万份。

中石化鲁皖成品油管道工程是国家重点工程,是青岛大炼油工程配套项目。自下半年项目运作开始后,抽调专人配合项目工程部,在工程规划、设计、土地勘测、选线、交叉、占用等方面,积极协调建委、规划、道路、水利等部门,认真加以协商解决。年内,各项准备工作基本就绪。 (王新胜)

无线电管理

【概况】 截至年底,全市各类无线电台(站)合计 9767 个(座)。其中,广播电视台(站)44 座;短波固定电台 1 个;超短波固定电台 104 个,移动台 1409 个;集群移动通信基站 1 座,移动台 23 个;固定无线接入系统中心站 15 座,终端站 70 个;无线数据电台 172 个;卫星地球站 11 座,微波接力站 16 座,气象雷达站 1 座;业余电台 321 个;市内公众移动通信 GSM 系统基站 927 座(手机用户 156 万个);CDMA 系统基站 358 座(手机用户 21 万个);PHS 无线市话系统(小灵通)基站 6294 座(小灵通手机用户 24 万多个)。

【频率台站管理】 是年,精心组织,讲求实效,全面完成频率台站管理工作任务。1. 全市无线电台站清理登记工作。根据国家和省无线电管理机构统一部署,对辖区内各类无线电台站进行清理并按规定重新登记。4 月至 9 月底,对 88 个重点设台单位进行了现场监测核查。在清理工作中做到人机见面,按规定逐项核定台站的技术参数,填写新的台站资料表,及时完成台站资料网上录入。查处私自设置使用无线电发射设备的单位 4 家,共计 18 部设备。2. 各类无线电频率台站的日常审批工作。完成 155 座新建公众移动通信网基站的审批。新指配超短波双工频率 14 组(每组有 1 对以上,下同),单工频率 1 个;审批新增超短波中继台 14 部,无线电对讲机和车载台 108 部,数传电台 21 部;审批业余无线电台 30 部;核发无线电台执照 242 张。办理 11 个无线网的停用手续,封存各类报停报废无线电设备 184 部,收回超短波双工频率 2 组,单工频率 1 个,无线寻呼频率 3 个,微波频率 6 组,无线数传频率 1 个。3. 无线电频率占用费的收缴工作。结合频率台站清理登记工作,完成收费额占年度应收费额的 95%以上。所收频率占用费、检测费均按时全额解缴市财政国库。

【无线电监测】 是年,科学、规范地开展无线电监测工作,维护空中电波秩序。狠抓技术水平及快速反应能力的提高。做好新建台站和在用无线电发射设备的技术检验检测。完成了对联通公司 52 座新建基站和 18 座在用基站的设备检测、对移动公司 45 座基站的设备检测以及对网通公司 PHS 系统 189 个基站的设备检测。按照设台审批程序,检测超短波基地台、车载台和对讲机共计 15 台,分别出具设备检测报告。坚持监测值班制度。监测站全年共开机监听 226 个工作日,监听频率 108 个;针对干扰投诉,进行有针对性的监测 10 次,为频率协调指配和查处干扰提供了基础性保障。完善快速反应机制,有效处置各种干扰和突发事件。完善无线电干扰突发事件处置预案,在重大节日和国家重要会议期间,监测站坚持 24 小时监测值班。全年共查处无线电干扰投诉 23 次,其中移动、联通公众通信受干扰事故 19 次。

【依法行政】 加强依法行政基础工作。年内,制定无线电管理行政处罚工作规程,细化处罚自由裁量标准,印发无线电管理行政许可办事指南及有关无线电技术和管理法规等宣传品,向社会进行宣传。完成行政执法依据的梳理和行政许可事项的核定工作,修订完善行政许可事项工作流程并向社会公示。制定行政执法责任制,规范执法程序和执法文书等。组织行政执法人员参加法律知识培训并取得相应的执法资格。以创建全市第一行政服务文明窗口为目标,规范市行政服务中心无线电管理窗口工作。把行政许可事项全部纳入市行政服务中心,与窗口工作人员签订授权责任书,明确职责,实行"一站式、一条龙"服务。窗口全年受理审批 50 件,按时办结率 100%。认真处置群众投诉和信访事项。根据群众对无线电辐射安全方面投诉增多的情况,及时派技术人员到现场进行实地测试,用科学数据说话,耐心地做说明解释工作,化解了矛盾。

【"提高专业素质,推进服务创新"主题活动】 是年,扎实开展"提高专业素质,推进服务创新"主题实践活动,取得明显效果。加强思想政治工作,立足岗位练兵,切实提高技术素质。年内,派出 10 人次参加国家、省级新技术和业务培训,使专业技术人员不断适应新技术、新装备和新任务的要求。管理技术人员努力做到学法懂法,熟练掌握履行职能所必备的法律法规知识,全面提高依法执政能力。年内,执法责任制、行政处罚自由裁量权等制度得到很好的落实。 (荣 杰)

本部类编　辑:王　娟
副主编:徐　杰
校　对:郭延志
张爱云

财政　税务

财　政

【主要指标完成情况】 是年，全市财政经济保持了平稳、协调、较快发展的良好态势，呈现出总量跨越、增幅提高、结构优化的可喜局面，实现了“十一五”良好开局。

全市财政工作呈现出以下特点：一是财政收支总量规模跨上新台阶。全市境内财政总收入达到200.53亿元，比2005年增长24.87%；地方财政收入达到80.7亿元，比2005年增长25.84%；财政总支出达到101.05亿元，比2005年增长25.43%。连续第二十二年实现全市财政收支平衡。市级财政收支总量分别为20.13亿元、22.71亿元，增幅分别达到23.37%、23.95%。自2002年实施所得税、营业税分享体制改革以来，全市财政收支连续4年保持20%以上的增幅。二是相关比例关系更趋协调。境内财政总收入占地区生产总值的比重达到12.19%，比2005年提高0.97个百分点，是多年来提高幅度最大的一年；地方财政收入占地区生产总值的比重达到4.91%，比2005年提高0.43个百分点；税收占地方财政收入的比重为75.74%，其中增值税、营业税、企业所得税、个人所得税4项主体税种和契税合计，占税收总额的比重达到73%。三是区县域财政实力增强。区县级财政收入完成60.57亿元，比2005年增长26.68%，高于全市平均增幅0.84个百分点。区县级财政收入占全市的比重为75.1%，比2005年提高0.5个百分点。有2个区财政收入过10亿元，最高的达到12亿元。财政收入过1000万元的乡镇达到59个，比2005年增加7个。其中，过5000万元的9个，过亿元的2个，最高的达到1.51亿元。

【支持经济发展】 充分发挥财税杠杆作用，不断加大对“三个亮点”“三个一批”“双百工程”和区域经济、结构调整的奖励扶持力度。全市落实出口免抵退税、循环经济发展、产业升级改造等税收优惠政策40.9亿元，市级直接用于支持经济发展的投入达到5.11亿元。把增强企业自主创新能力作为调整经济结构、加强财源建设的核心环节，市级兑现品牌、专利、企业技术研究中心奖励补助资金3295万元，全市用于企业挖潜改造、技术研发与应用资金的投入达到6.61亿元。通过持续加大投入、扶优扶强，全市自主创新和品牌建设取得显著成效，当年新增中国名牌11个、中国驰名商标5件、省级企业技术中心和工程技术研究中心37家，新增数均居全省第一。积极推进企业改革改制，全面完成上市公司股权分置改革、中央和省属企业分离办社会职能工作任务，妥善解决上市公司历史遗留问题，周密实施企业联合重组，优化资产资源配置，增强企业发展活力。坚持上下联动，切实加强县域财源建设和县乡财政建设，全年市对下转移支付总额达到10.8亿元，其中市级安排补助资金3.66亿元，增强了县乡自我发展、加快发展的能力。

【收入组织工作】 围绕实现全年地方财政收入达到80亿元、收入质量进一步提高的工作目标，全市各级财政部门突出抓好“四个提高”。一是提高税收收入总量。积极协调税收征管部门，改进征管手段，提高征管水平，堵塞收入漏洞，确保税收的持续较快增长。全市税收总收入达到176.54亿元，比2005年增长20.87%。其中，地方税收收入达到61.12亿元，比2005年增长25.52%。二是提高非税收入总量。通过强化非税收入计划管理、健全监管制度、拓展管理范围、加强监督检查等措施，确保非税收入依法、完整、及时征缴，全市共完成政府非税性收入46.09亿元，其中市级17.08亿元。三是提高国有资产收益收缴总量。加强国有资产监管，强化收益收缴，维护所有者权益。市级完成国有资产收益收缴1.24亿元，比2005年增长33.8%。四是提高政府资源运营收益总量。突出抓好垄断性收益收缴、行政事业房产运营、空间广告资源运营等重点工作，实现了政府资源运营领域和收益总量的新突破。市级完成政府资源运营收益收缴5802万元，比2005年增长25%。

【增强财政保障能力】 是年，优化财政支出结构，财政保障能力和水平得到进一步提高。

立足财政职能，大力推进社会主义新农村建设。制定财政支持社会主义新农村建设的实施意见，围绕建立财政支农投入保障机制、发展现代农业、落实支农惠农政策、发展农村社会事业、加强基层组织建设、强化支农资金监管等六个方面，制定30条具体措施。全市用于“三农”的财政性资金投入达到19.05亿元，比2005年增长27.08%。其中，农、林、水等生产发展方面支出6.57亿元，支持农业综合开发、林业生态、农田水利、农业科技、扶贫开发等农业重点工程项目实施，提高了农业综合生产能力；扩大农民就业、改善农民生活、增加农民收入方面支出1.44亿元，全面落实对种粮农民和农业生产资料增支等直补政策，扶持农业产业化发展，实施农民转移培训“阳光工程”，加快推进村村通自来水、柏油路和沼气建设工程等，农民生产生活水平有了较大提高；农村社会事业和基层组织建设方面支出11.04亿元，对义务教育阶段贫困学生实行“两免一补”和中小学课桌、凳免费更新，扩大新型农村合作医疗试点范围，提高补助标准，实施乡镇卫生院、村卫生室和敬老院改造，推行农村低保和计划生育奖励扶助制度，支持“科普村村通”“强基工程”、村级组织活动场所建设等，农村基层组织建设得到加强，农村社会事业呈现出新的面貌。积极推动财政支农工作创新，按照农民自愿参保、政府政策性补贴推动、保险公司商业化运作的原则，在全省率先开展财政支持政策性农业保险试点。积极推行财政支持农民小额担保贷款，吸附和引导基层金融机构加大对农民特色种植养殖业及农村二、三产业的支持，促进了农民增收。

支持解决民生问题，促进和谐社会建设。解决破产和困难企业退休职工医疗保险问题，认真做好收入分配制度改革的相关准备工作，适当提高企业离退休人员基本养老金标准、优抚对象抚恤金标准、城市低保对象补助水平等，确保广大人民群众共享改革发展成果。强化社保基金扩面征缴和基金监管，进一步加大社保投入。全市用于社会保障方面的支出达到12.21亿元，比2005年增长40.34%，城乡低保、“两个确保”、就业再就业补助、社会弱势群体救助等工作扎实推进。

科学运筹资金，确保社会事业和城建环保支出需要。加大对公共管理、公检法司等政权建设的经费保障力度，全市行政管理费支出达到11.64亿元，比2005年增长21.08%。贯彻科教兴市战略，全市教育总支出21.72亿元，比2005年增长22.79%；科技总支出2.21亿元，比2005年增长24.01%。支持文化事业和文化产业发展，全市文体广播事业费支出2.74亿元，比2005年增长21.78%。加强医疗卫生基础设施和公共卫生体系建设，全市医疗卫生总支出4.37亿元，比2005年增长24.31%。加大城市现代化和绿色城市、“生态淄博”建设投入力度，优化提升城市整体功能，改善人居创业生态环境。大力支持昌国路立交桥拆迁建设、中心城区建设改造、碧水蓝天行动计划等重点工程项目实施，全市城市维护和环保总支出达到9.46亿元，比2005年增长22.97%。切实抓好新城区建设融资及资金使用管理，新城区建设步伐进一步加快。

【深化财政管理改革】 是年，积极推进财政“四项改革”。一是稳步实施政府收支分类改革。顺利完成2006年预算执行分月数据的新旧科目转换，按新旧两套科目启动了2007年预算编制工作。二是加快推进国库集中收付制度改革。在不断完善国库集中支付工作的基础上，进一步向收入领域拓展延伸，顺利完成财政、税务、国库、银行联网工作，财政资金的运行效率、综合效益和财政管理的信息化水平不断提高。三是加强综合预算管理改革。建立健全政府非税性收入集中统一管理的新模式，逐步拓展管理范围，不断完善征管系统，将非税收入收缴的全过程纳入财政监管之下。市级非税性收入中，纳入部门预算、政府投资计划和综合财力安排的资金达到7.72亿元，占到总量的45%以上，初步实现了对各类财政性资金收支的统一化管理。进一步完善政府采购预算编制制度，努力拓宽采购范围和领域，提高节支效果。全市共完成采购额13.9亿元，比2005年增长37%，节约资金2.27亿元，节支率达到14.05%。四是深化县乡财政管理体制改革。坚持把加强县乡财政建设与深化县乡财政管理体制改革同步推进，配套实施。积极开展“乡财乡用县管”和“村财村用乡管”改革试点，理顺县乡财政管理体制，逐步建立起了财权、事权相对应的财力保障机制。

【财政监督】 加强制度约束，认真查找管理中的薄弱环节，有针对性地建章立制，做到“先有制度、后拨资金”，内控制度和专项资金管理办法进一步完善，财政资金分配使用更加规范、安全、有效。加强财政投资评审工作，实行“关口前移”和提前介入，建立完善事前审查、事中评价、事后评审的工作机制。积极开展预算编制项目评审，市级完成工程预结算审查3.01亿元，节减财政支出6055万元，审减率达20.1%。强化财政监督，树立和强化“全覆盖”的财政监督理念，进一步建立健全收支并举、涵盖资金运行和财政管理全过程的财政监督体系，促进了精细化理财水平的不断提高。认真组织开展预算收入征管质量检查，维护税收征管秩序。加强对环保治理资金、“两免一补”资金、下岗职工生活保障金等专项资金管理使用情况的监督检查和“跟踪问效”，市级共查缴违规违纪资金2781万元。积极推进财政法制建设，制定实施了财政法制宣传教育规划。加强地方金融、政府债务监管，抓好财政周转金清理回收和债权保全，有效防范地方财政风险。继续抓好财会信用等级考评，充分发挥淄博会计网系统功能，促进会计诚信建设，为全市会计人员提供更加优质、高效、便捷的服务。加大新会计、审计准则的贯彻实施力度，夯实会计管理基础。不断强化住房公积金归集运营和安全管理，顺利完成管理体制调整及业务移交，为进一步提高住房公积金管理水平创造了条件。

【队伍建设】 是年，做好机关党建、文明创建和党风、政风、行风建设工作，推动财政整体工作水平的提高。全年有50余项工作、70多人次获得财政部、省财政厅和市委、市政府表彰奖励。积极构建教育、制度、监督并重的惩治和预防腐败体系。丰富和创新廉政教育方式，增强廉政教育的针对性和实效性。进一步完善述职述廉、廉政谈话、离任审计、廉政档案和社会监督员等制度。积极推进政务公开、服务承诺，自觉接受人民群众和服务对象的监督。加强制度约束，抓好反腐败源头治理工作和财经领域商业贿赂专项治理。加强行风和机关效能建设，积极开展示范窗口、优质服务标兵等评比活动，组织参加全市“政风行风热线”直播节目，收到良好效果。市财政局继续保持全国文明单位荣誉，并连续第三年被省政府评为全省政风行风建设先进单位。 （唐　亮）

国家税务

【概况】 2006年，全市国税系统共组织国税收入119.12亿元，同比增长18.70%，增收18.77亿元。其中，市、区级收入完成213986万元，同比增长28.90%，增收47973万元。市、区(县)两级收入在连续两年实现33%以上增幅的基础上，继续保持较高增幅。

【税负调查分析】 自3月开始，按照省国税局工作部署开展宏观税负分析工作。至年底，共调查分析28787户(次)，应补税款55870万元，入库51702万元，占应补税款的92.54%，拉动税收增长5.15个百分点。加强对纳税人的宣传解释工作，认真组织对被查纳税人的回访调查，及时发现和纠正税收执法中的偏差，确保调查分析工作合法规范。加大纳税辅导力度，引导纳税人从税负异常入手，主动自查自纠，积极整改。全市首批排查业户中，自查率达到70%以上，自查应补税款28523万元。制定完善《税收收入质量管理考核办法(试行)》、出口退(免)税核销单管理系统等管理办法和应用系统，建立了税收管理长效机制。

【推行税收执法责任制】 是年，在全市国税系统积极推行税收执法责任制。一是加强法制培训，增强法治意识。加大税收政策宣传力度，开展“五五”普法活动。组织参加各级法制培训班10期，累计参加学习120人次。二是做好系统上线工作，为推行税收执法责任制奠定基础。按照省国税局部署要求，按时完成综合征管软件 V2.0、税收执法管理信息系统的上线工作。三是用好税收执法管理信息系统，降低执法过错数量。制定《税收执法信息管理系统运行维护制度》，下发《税务登记和违章案件审查工作规范》，指导基层人员规范执法行为。12 月，执法正确率为 99.33%，比模拟运行时提高 14.23%；过错户次为 213 次，比模拟运行时下降 97.52%。四是完善各项制度，提高执法质量。制定《日常税务执法检查实施办法》，规范日常管理检查；制定《规范行政处罚自由裁量权实施办法及参照执行标准》，统一执法处罚幅度和标准。五是开展税收执法执纪检查，规范税收执法行为。全年共检查整改政策法规、税收政策执行等 9 大类 78 个问题。六是加大税务稽查力度，完善征、管、查联动机制。深入开展"利剑二号"专案检查和税收专项检查，加大区域税收整治力度，整顿和规范税收秩序。全年共稽查 1491 户，查补入库税款 8668 万元。

【提高征管质量】 一是夯实户籍基础。全面完成税务登记换证工作，换证户达到 52696 户，占应换证户的 100%。加强户籍管理，利用外部信息应用系统核实信息 10828 条，查出漏征、漏管户 1952 户。二是强化税源控管。加强普通发票管理，通过普通发票控管系统比对疑点纳税人 3157 户，检查有问题纳税人 408 户。规范欠税管理，对 356 户(次)欠税纳税人依法实施欠税公告，清理欠税 78 户，清理税款 4233 万元。加强个体集贸税收管理，对 3 万余户个体和 149 个集贸市场进行调查分析，调增定额业户 3645 户，调增税额 103.76 万元；从不足起征点调为起征点以上业户 483 户，核定税额 26.55 万元。三是加强流转税管理。专项开展滞留票治理工作，分析形成滞留票的原因，制定应对措施。开展农产品进项抵扣等核查工作，发现有问题企业 22 户，对年销售额超过小规模纳税人标准而未认定一般纳税人的 389 户企业责令整改。对建陶、水泵等重点行业进行调查分析，提出加强税收管理的意见和措施。认真落实新消费税政策，制定《成品油消费税管理办法》，强化消费税税源监控管理。全年入库消费税 104248 万元，同比增长 19.6%，增收 17085 万元。加强车购税管理，使用机动车辆经销企业开票管理系统的纳税人平均税负为 1.23%，比 2005 年提高近 2 倍，票票比对不符率由 20%下降为 3%。四是加强所得税管理。全面完成企业所得税汇算清缴和日常检查工作，检查企业 2162 户，查补税款 1627 万元，加收罚款、滞纳金 548 万元，调整应纳税所得额 11243 万元。做好新办企业所得税管理信息系统的推广应用工作，规范企业所得税管理。全年入库企业所得税 195137 万元。其中，新办企业所得税入库 39484 万元，同比增长 89.89%，增收 18691 万元。新办企业所得税连续 4 年实现了高幅增长。五是加强涉外税收管理。认真做好涉外企业所得税汇算清缴工作，外资企业亏损面同比降低 26.18%。制定《外商投资企业和外国企业所得税核定征收管理实施办法》，规范涉外企业所得税管理。全年入库涉外企业所得税 20873 万元，同比增长 31.37%，增收 4984 万元。六是严格出口退税管理。坚持加快退税和防范骗税并重，完善"静态审核、动态稽核、过程监控"管理模式，创新工作方法，优化工作流程，查堵薄弱环节，防范出口骗税案件发生。全年实现免抵退税 18.67 亿元，同比增长 45.72%，增加 5.86 亿元；办理调库 10.65 亿元，同比增长 79.90%，增加 4.73 亿元；办理退税 7.57 亿元，同比增长 20.79%，增加 1.3 亿元。

【信息化建设】 是年，加快信息化建设步伐。全面上线运行综合征管软件 V2.0，推广应用税收执法管理信息系统、网络版财务管理软件 V2.0、财税库银横向联网系统等应用系统。强化网络信息安全管理，做好增值税防伪税控系统、电子申报系统、普通发票控管系统等应用系统的维护工作。搭建综合

优化办税环境，提高电子化办税效率

（张海恒　摄）

分析数据平台，开发运行税负调查分析工作管理系统，为税负调查分析工作提供有力支撑。深入开展数据处理分析，围绕数据质量、征管质量、行业税收管理、专项检查等方面，加强涉税信息数据的分析应用，全年共出具数据分析报告 36 篇。坚持以科技创新推动管理创新，采取多种措施激励创新工作开展。确定的创新项目均取得突破，增值税专用发票和其他抵扣凭证核查监控管理系统已在全市运行并取得明显成效；税收管理员工作管理平台系统建立了集数据分析、发布、反馈和考核为一体的信息化平台，在张店、淄川试点的基础上，成功通过省国税局验收；开发运行外商投资企业采购国产设备退税管理软件和征退税衔接管理监控软件，提高进出口税收管理的准确性、实效性，降低了管理风险和成本；福利企业残疾人信息管理系统成功运行，实现了福利企业残疾人等资料的信息化管理。

【优化税收环境】 按照科学化、精细化管理的要求，规范日常行政管理工作。强化绩效考核，制定完善《系统绩效考核办法》《机关绩效考核办法》和《机关工作人员绩效考核办法》，考核指标由原来的 67 个增加到 130 个。把 2006 年全市国税工作细化为 18 项重点工作、5 个争创目标、7 个创新项目和 130 个具体工作目标，落实到机关科室、基层单位和具体责任人。加大绩效考核力度，强化对工作完成情况和工作质量的考核，定期发布督查督办通报。严格落实信访制度，加大重点信访问题督查和信访案件查办力度，及时化解矛盾。认真落实资源节约措施，深入推进节约型机关建设。继续加大向基层倾斜力度，为基层增拨经费 960 万元。做好国库集中支付改革前的准备工作，深入开展内部审计，加强基本建设项目和政府采购管理，全年采购金额达到 113.24 万元，资金节约率为 16.06%。注重发挥税收的职能作用，开展"送政策上门"活动，辅导纳税人用足、用好税收政策，支持企业做大做强。全年兑现税收政策优惠 37.88 亿元，比 2005 年增加 3.04 亿元。开展"擦亮窗口、优化服务"活动，对办税服务厅的工作内容、标准和流程进行统一规范，推行"首问责任制""限时工作制"等服务方式，赢得纳税人的广泛赞誉。积极开展第十五个税收宣传月活动，对纳税人及社会各界进行税法咨询辅导，通过

媒体大力宣传国税工作，增强全社会依法诚信纳税意识。

【队伍建设】 一是加强预防职务犯罪工作，认真开展“预防职务犯罪年”活动。在鲁中监狱建立警示教育基地，组织干部接受警示教育。集中开展渎职案件自查自纠，建立健全各项规章制度，堵塞执法和管理漏洞。落实税、检联席会议制度，加强与检察机关的协调配合，分析和把握税务干部渎职犯罪的特点和规律，预防职务犯罪。二是加强行风建设。通过“政风行风热线”与听众进行现场对话交流，宣传税收政策法规，倾听群众意见建议，及时解决纳税人反映的问题。针对纳税人和巡视组反映的问题，开展“行风建设月”和查、摆、改活动。与市投诉中心联合对全系统工作作风、廉洁自律以及执法服务等进行明察暗访，有针对性地加强行风建设。三是加强教育培训和文明创建。组织“八荣八耻”社会主义荣辱观、向模范人物学习等教育活动，广泛开展文明单位、青年文明号、“三八”红旗集体等精神文明创建活动。制定《创建学习型国税机关2006～2010年规划》，举办培训班5期，对市国税局机关干部和区县局中层以上干部及业务骨干进行封闭强化培训。四是加强班子建设。对区县局领导班子成员进行调整、交流、充实，初步实现市国税局机关与区县局领导干部的双向交流任职。对5个区县局班子及成员进行巡视考察。完善领导班子成员基层联系点制度。

积极开展创建学习型国税机关活动

（张海恒　摄）

【全市纳税百强企业排行榜】

单位：万元

序号	纳税人名称	缴纳税款
1	中国石化齐鲁股份有限公司	162953
2	中国石油化工股份有限公司齐鲁分公司	136596
3	山东铝业股份有限公司	107579
4	中国石化集团齐鲁石油化工公司	31005
5	淄博矿业集团有限责任公司	28297
6	淄博供电公司	27793
7	山东金诚石化集团有限公司	27634
8	山东中轩生物有限公司	26094
9	胜利油田高青石油开发有限责任公司	13675

续表

序号	纳税人名称	缴纳税款
10	淄博市华联矿业有限责任公司	13054
11	山东博汇纸业股份有限公司	12173
12	山东金岭铁矿	11266
13	山东淄博烟草有限公司	11213
14	华电淄博热电有限公司	10242
15	中国铝业股份有限公司山东分公司	9187
16	山东省药用玻璃股份有限公司	8849
17	山东铝业公司	8191
18	淄博市商业银行	8093
19	华能国际电力股份有限公司辛店电厂	7577
20	山东汇丰石化有限公司	7399
21	中国华能集团公司白杨河电厂	6981
22	淄博张钢制铁铸管有限公司	6633
23	山东鲁阳股份有限公司	6278
24	淄博宏达焦化有限公司	5646
25	山东桓台博汇社会福利化工厂	5430
26	淄博齐翔腾达化工有限公司	5335
27	淄博鲁中房地产开发股份有限公司	5243
28	中国石油化工股份有限公司催化剂齐鲁分公司	5229
29	山东隆盛钢铁有限公司	4778
30	淄博铁鹰钢铁有限公司	4694
31	桓台县供电公司	4655
32	淄博宏达钢铁有限公司	4557
33	淄博市傅山焦化有限责任公司	4399
34	南金兆集团有限公司	4387
35	鲁泰纺织股份有限公司	4296
36	山东金虹钛白化工有限公司	4261
37	淄博宏达热电有限公司	3991
38	山东新华制药股份有限公司	3962
39	淄博山水水泥有限公司	3647
40	山东联合化工股份有限公司	3504
41	信缔纳士机械有限公司	3424
42	山东海力化工有限公司	3380
43	淄博齐翔惠达化工有限公司	3319
44	山东山铝水泥有限公司	3280
45	高青县油区工作管理委员会	3175
46	山东齐鲁增塑剂股份有限公司	3085
47	山东东岳化工有限公司	3072
48	山东扳倒井股份有限公司	3062

续表

序号	纳税人名称	缴纳税款
49	淄博齐胜工贸股份有限公司	2892
50	山东瑞阳制药有限公司	2879
51	山东齐鲁石化工程有限公司	2869
52	淄博市临淄正华助剂有限公司	2815
53	淄博中轩热电有限公司	2766
54	山东省淄博蠕墨铸铁股份有限公司	2742
55	山东东岳氟硅材料有限公司	2704
56	山东张店农村合作银行	2658
57	淄博矿业集团康业投资有限公司	2618
58	山东新华医疗器械股份有限公司	2580
59	山东博汇集团有限公司	2509
60	淄博华川置业有限公司	2453
61	山东金晶科技股份有限公司	2453
62	山东中润集团淄博置业有限公司	2423
63	华能辛店发电有限公司	2366
64	淄博绿博燃气有限公司	2358
65	淄博鲁群纺织有限公司	2318
66	高青县供电公司	2279
67	山东东大化学工业有限公司	2266
68	山东华瑞道路材料技术有限公司	2239
69	山东北金集团有限公司	2232
70	淄博金家能源资产管理有限公司	2182
71	淄博欧木特种纸业有限公司	2157
72	中国移动通信集团山东有限公司淄博分公司	2145
73	淄博大华纸业有限公司	2120
74	山东润兴置业有限公司	2117
75	淄博齐林傅山钢铁有限公司	2114
76	山东天源热电有限公司	2104
77	淄博宏达矿业有限公司	2055
78	山东三金玻璃机械有限公司	2035
79	淄博诺奥化工有限公司	2035
80	淄博商厦股份有限公司	2016
81	山东滨岭矿业有限公司	2002
82	淄博民泰房地产开发有限公司	1998
83	淄博时代房地产开发有限公司	1980
84	沂源县鲁村煤矿有限公司	1899
85	淄博力久实业有限公司	1868
86	中国农业银行淄博市分行	1857
87	山东创业房地产开发有限公司	1719

续表

序号	纳税人名称	缴纳税款
88	山东东华水泥有限公司	1695
89	淄博顺泰冶金有限公司	1651
90	山东东岳高分子材料有限公司	1626
91	淄博银座商城有限责任公司	1608
92	山东齐都药业有限公司	1602
93	山东兴鲁化工股份有限公司	1597
94	沂源县供电公司	1590
95	山东众和热电有限公司	1578
96	沂源联合化肥有限公司	1567
97	山东天晟煤矿装备有限公司	1549
98	中国银行股份有限公司淄博分行	1546
99	兰雁集团股份有限公司	1516
100	中国联通有限公司淄博分公司	1470

（张海恒）

地方税务

【税收收入突破50亿元】 2006年，全市地税系统累计组织各项收入51.55亿元，比2005年增长26.86%。其中，中央级收入完成10.12亿元，比2005年增长35.99%；省级收入完成5.14亿元，比2005年增长30.56%；市级收入完成9.59亿元，比2005年增长20.96%；区县级收入完成26.70亿元，比2005年增长25.18%。

组织收入工作主要特点：一是税收总量大、收入增幅高。全市地税收入突破50亿元，达到51.55亿元，增幅26.86%，高于全省平均增幅3.75个百分点，是在2005年收入基数上的又一次高增幅。二是主体税种拉动作用明显、小税种增势强劲。三大主体税种营业税、企业所得税和个人所得税分别入库15.96亿元、9.10亿元和7.77亿元，分别增长25.9%、22.76%和55.63%，拉动总收入增长19.12个百分点；资源税、印花税、土地增值税和车船税等小税种增幅都在30%以上，呈现出强劲的增长势头。三是"两个比重"和宏观税负水平显著提高。全系统共完成市、县级税收收入32.52亿元，占地方财政收入的40.35%，比2005年度高出0.13个百分点；全系统累计完成税收收入47.73亿元，宏观税负达到2.98%，比2005年度提高0.36个百分点。

【税收管理】 一是完善"重点税源分析监控系统"。系统监控的重点税源大户由297户增加到2640户，监控税额占收入总额的80%以上，并建立起纳税人、基层分局、区县局和市局四级数据审核机制。二是研发运行"税收管理员工作平台"。该平台有效地解决了税收管理员"干什么""怎么干"和"干得怎么样"的问题，在全省地税局长会议暨税收管理员座谈会上，市地税局专门作了演示。三是改革税款征缴方式。大力推行网上报税、"双委托"报税和POS机刷卡方式缴税，现金缴税的比例由年初的4.94%降低到年底的0.1%。四是加强建筑业、房地产业、房屋租赁业和装饰装修业的税收管理。研发试运行“建设工程税收全程监控系统”，实现了建设工程项目从立项、开工、决算到房屋预售以及房屋交付装修、缴费的全程税收监控；在张店区集中开展房屋租赁业税收专项治理，研发“房屋租赁业税收监控管理软件”，建立起了房屋租赁业信息数据库，为加强房屋租赁业税收征管探出新路。五是强化对个人所得税和车船使用税的征管。研发运行“个人所得税信息比对管理系统”和“车船使用税信息比对系统”，通过与劳动保障部门和车辆管理部门获取的相关信息进行比对，发现998户有疑点的企业和3万多辆未缴税车辆，增收个人所得税、车船使用税近3000万元。“个人所得税信息比对管理系统”被省局在全省地税系统推广。

【执法管理】 是年，深化、完善执法责任制，实现了执法监控的专业化管理。按照省地税局执法管理与正常税收业务工作相结合的要求，将各项考核指标分解到科室，明确工作职责，由各业务科室按照所管辖的税种分别进行执法监控考核，健全和完善了执法监控考核体系。扩大执法监控考核范围。完善“待批事项按期办结率”等9项考核指标，对有税不收、不按规定加收滞纳金和收过头税等问题进行深入调研，新增3项考核指标，解决执法监控的盲点，充分发挥考核系统作用。统一、规范税务行政处罚自由裁量权。制定《税务行政处罚自由裁量权参照执行标准》，将税务行政处罚中的43项自由裁量标准细化为178项，对什么情况下应该实施什么行政处罚作出明确规定，并将部分处罚标准录入微机，由微机自动监控，有效地规范了税收执法。省政府法制办、省局在全省推广淄博市地税局的做法。5月，市地税局被中共中央宣传部、司法部授予全国法制宣传教育先进集体称号，淄博市和全省地税系统仅此一家。强化税务稽查。在配合省地税局搞好对煤炭行业税收专项检查的同时，对房地产、餐饮娱乐、金融保险等8个行业进行重点检查。全年共检查有问题纳税户602户，查补入库税款8247万元。

【纳税服务】 一是加强办税服务厅的规范化建设。按照“统一受理、内部流转、限时办结、窗口出件”的要求规范办税服务流程，明确、细化各项服务的内容和标准，并在全系统70家办税服务厅安装监控系统，实现在线监督。二是有效发挥“12366”纳税服务热线和网上地税局的作用。把“12366”和网

全省地税系统纳税服务课题研讨会在淄博市地税局召开　　　　（于 浩 摄）

上地税局作为联系征纳双方的重要桥梁和窗口，广泛、及时地宣传税收政策，耐心细致地解答纳税人的各类涉税咨询，拉近征纳双方距离。在省地税局组织的“纳税服务之星”评选中，市地税局有2人连续两次入选。三是创新纳税服务方式。通过落实“纳税导航”全程提醒与辅导，开展“服务经济建设建言献策”活动，举办纳税服务课题研讨班，利用纳税服务联系点回访和网上送税法等形式，拓宽服务渠道，丰富服务内容，提升服务质效，受到纳税人好评。四是探索建立纳税服务工作绩效综合考评机制。试行《纳税服务工作量化考核办法》和“纳税服务质量考核评价系统”，通过量化办税厅的服务业务及对纳税服务的满意度、工作效率、工作质量进行监控、记录和考评，激发办税厅人员的工作热情，工作效率和服务质量显著提高。在“全省优秀纳税服务中心”评选活动中，全市地税系统共有4个单位获得“全省优秀纳税服务中心”称号。

【信息化建设】 按照三级架构的模式，建立起“淄博地税综合信息平台”。对旧征管系统进行升级改造和移植，搭建起功能强大的信息化应用平台。在重点税源监控、税收管理员工作平台、执法监控、纳税评估、税务监察及个人所得税、车船使用税管理等方面，都借助信息化手段，研发应用了一系列监控管理软件，收到明显成效。强化软件应用培训，提升基层的信息化应用能力，为全面提高税源控管提供保障。

【党风廉政建设】 按照构建教育、制度、监督并重的惩治和预防腐败体系的要求，对28个基层征收分局开展执法监察和廉政检查。完善“税务监察监控管理信息系统”，6月，被省地税局在全省地税系统推广。对执法过程中容易出现问题的环节、部位进行深入调研，有针对性地制定防范措施。扎实开展

市地税局政风行风热线走进电台直播间
（于 浩 摄）

行风评议、巡视检查和“预防职务犯罪年”活动，特别对纳税人及社会各界反映比较集中的热点、难点问题进行认真整改。2006年，市地税局荣获全省政风行风建设先进单位称号，被市委、市政府授予全市行风和机关效能建设先进单位和全市落实党风廉政建设责任制先进单位称号。

【精神文明建设】 全市地税系统精神文明建设取得丰硕成果，市地税局及所有区县地税局全部通过“省级文明单位”的复查验收。市地税局及淄川地税分局获得“山东省富民兴鲁劳动奖状”。年内，有3个区县地税局顺利通过省级“六好基

市地税局举办迎新春联欢晚会　　（于　浩　摄）

层单位”检查验收，全市所有区县地税局实现了“六好”基层创建“满堂红”；桓台县地税局被省地税局授予“十佳六好基层单位”称号。在“2006 管理年”活动中，市地税局被省地税局评为工作目标展评优秀单位，在全省地税系统目标管理考核暨管理年活动检查评比中，市地税局连续 8 年被省局评为优秀单位。

【全市地方税收纳税前 50 名企业】

单位：万元

序号	纳税人名称	入库税款
1	淄博矿业集团有限责任公司	26429
2	山东中轩股份有限公司	23921
3	中国石油化工股份有限公司齐鲁分公司	17275
4	中国石化集团齐鲁石油化工公司	12943
5	淄博市华联矿业有限责任公司	9860
6	中国石化齐鲁股份有限公司	9833
7	山东铝业股份有限公司	6876
8	山东金诚重油化工有限公司	6305
9	淄博鲁中房地产开发股份有限公司	5243
10	山东省药用玻璃股份有限公司	5112
11	山东博汇纸业股份有限公司	4178
12	山东金岭铁矿	3998
13	山东金诚石化集团有限公司	3872
14	南金兆集团有限公司	3404
15	淄博汇丰石油化工有限公司	3373
16	山东鲁阳股份有限公司	3260
17	山东新华制药股份有限公司	3090
18	山东齐鲁石化工程有限公司	2869

续表

序号	纳税人名称	入库税款
19	淄博供电公司	2745
20	淄博矿业集团康业投资有限公司	2618
21	桓台县供电公司	2586
22	山东中润集团淄博置业有限公司	2423
23	淄博齐翔惠达化工有限公司	2387
24	山东移动通信有限责任公司淄博分公司	2145
25	山东润兴置业有限公司	2117
26	淄博民泰房地产开发有限公司	1998
27	中国铝业股份有限公司山东分公司	1857
28	中国农业银行淄博市分行	1857
29	淄博华川置业有限公司	1765
30	鲁泰纺织股份有限公司	1665
31	华电淄博热电有限公司	1628
32	山东联合化工股份有限公司	1617
33	山东创业房地产开发有限公司	1605
34	中国银行股份有限公司淄博分行	1546
35	中国联通有限公司淄博分公司	1470
36	中国石化胜利油田有限公司	1445
37	山东齐鲁增塑剂股份有限公司	1423
38	淄博山水水泥有限公司	1301
39	中国网通（集团）有限公司淄博市分公司	1300
40	淄博宏达矿业有限公司	1284
41	山东省淄博蠕墨铸铁股份有限公司	1281
42	高青县油区工作管理委员会	1248
43	淄博交通运输有限公司	1237
44	山东三金玻璃机械有限公司	1224
45	淄博市商业银行股份有限公司	1216
46	中国华能集团公司白杨河电厂	1197
47	山东滨岭矿业有限公司	1170
48	山东北金集团有限公司	1133
49	山东省沂源县鲁村煤矿有限公司	1082
50	淄博时代房地产开发有限公司	1073

（谭守华　陆　素）

本部类编　辑：王　娟
副主编：徐　杰
校　对：郭延志
张爱云

银行　保险　证券

银　　行

【概况】 2006年，全市金融生态环境逐步优化，金融服务水平和效率不断提高，金融对经济发展的支持力度不断增强。截至年末，全市金融机构本外币各项存款余额1245.96亿元，比年初增加137.09亿元，同比少增8.04亿元。本外币贷款余额为879.41亿元，比年初增加115.19亿元，同比多增33.06亿元。银行业效益保持稳定，全年各类银行机构结益为12.99亿元，比2005年微降0.07亿元。

【货币信贷管理】 一是加大调研力度，修订中心支行信息调研管理办法、重点课题管理办法、优秀调研成果奖励办法。以人民银行内联网为网络平台，组织开发决策分析系统，促进信息资源共享。制定并实施淄博金融信息快报制度，将金融业重要情况通过快报的形式发送至政府主要领导，充分发挥人民银行金融信息核心的作用。二是不断提高监测分析水平，加强金融宣传，提高“窗口指导”效果。结合全市经济金融运行的新特点，中心支行调整和完善了监测重点。加强对重点企业集团的监测力度。进一步完善房地产信贷监测制度，建立30家重点房地产企业监测制度；以法人金融机构为重点，选取部分法人机构为典型，系统开展利率水平监测；开展劳动力价格监测，在全省初步形成品牌优势。针对国家对产能过剩行业调控对全市的影响、银行业资金过剩及对策等热点问题进行调研，为各级党政领导决策提供第一线的信息来源。在认真分析“十五”期间淄博市经济金融运行情况的基础上，制定印发《做强做大淄博市金融业的意见》《淄博市市级银行业金融机构经营业绩考核奖励办法》，指导商业银行加大对企业自主创新、社会主义新农村建设和服务业发展的支持力度，促进货币信贷政策的落实和信贷结构的调整。10月，举办“2006淄博市金融支持企业自主创新论坛”。三是加强金融市场监测和管理，促进金融稳定。加强对全市货币市场成员业务的监测，建立金融市场联席会议制度。制定《金融稳定重大事项报告制度》《金融稳定联席会议制度》，对辖内9家法人金融机构2004～2005年的经营状况和风险状况进行评估，对法人金融机构的安全性、流动性、盈利性指标和生态环境指标进行动态监测、提前预警和有效控制。联合银监、财政、公安等部门制定了淄博市金融机构突发事件处置应急预案，针对可能引发的系统性金融风险，建立多部门协调互动的金融突发事件处置机构，明确工作机制和工作程序。在重组华光陶瓷股份有限公司过程中，走出一条“资产重组＋股改＋定向增发”三位一体的路子，既维护债权、债务双方的合法权益，又避免了企业担保链条危机。四是务求实效，完善政府、银行、企业交流平台。与市政府联合举办突破高青2006年银企合作洽谈会。组织召开全市民营经济推介会，签约资金33.8亿元。10月17日，组织召开2006年淄博市银企合作促进会，邀请省内23家金融机构参加，向各金融机构推荐153个重点项目，达成意向金额199.1亿元，涉及340个项目和324家企业，贷款满足率达到91.1%。五是加强农村信用社改革考核工作，促进票据顺利兑付。2006年是农村信用社改革的关键年，为规范考核程序，增强考核对农村信用社改革的促进效果，制定实施《农村信用社改革票据兑付考核定期通报制度》等5项制度。制定《农村信用社改革专项票据兑付后监测评估办法》，按季监测，半年评估，对农村信用社资本充足率、不良贷款比率及置换不良资产处置等情况进行后续监控，以巩固农村信用社改革成果。至年末，8家区县联社中有4家区县联社已通过考核，兑付资金1.35亿元。

2006淄博市银企合作促进会新闻发布会暨签约仪式
（人行淄博市中心支行　供稿）

【信用社区建设】 在2005年试点成功的基础上，以市政府文件下发信用社区建设指导意见，在全市开展市级信用社区评选活动。年内，评出市级信用社区27家，由市政府授牌。以信用社区建设为契机，加强对弱势群体的金融服务。协调财政、劳动保障等部门印发《关于改进和完善下岗失业职工小额担保贷款政策的通知》。全年全市累计发放助学贷款和下岗失业人员小额担保贷款8000余万元，直接救助近6000人。进一步完善淄博市金融生态建设评价办法、淄博市优化金融生态环境建设工作考核办法和银行业考核评价办法，对各区县金融生态建设情况进行综合测评，共评出1家A级金融生态区、7家B级金融生态区。

淄博市信用社区创建工作推进会
（人行淄博市中心支行　供稿）

淄博市金融系统现金收付业务知识竞赛暨人民币管理现场会　（人行淄博市中心支行　供稿）

【金融服务】　一是顺利完成各支付、核算系统的上线升级和安全运行。2006年，全市大额支付系统平均每天处理业务近4000笔，金额57亿元，占全市异地汇划总额的70%。年内，小额支付系统顺利上线，汇划渠道进一步畅通。依托小额支付系统，开展通存通兑业务，实现了不同银行营业网点的资源共享。二是做好系统开发和推广工作。参加济南分行"金融稳定系统"和"重点企业征信数据库系统（二期）"的开发，完成淄博市财税库行横向联网系统、账户转换软件、金融邮件服务系统的开发，完成中央银行会计集中核算、国库会计集中核算等15个系统的升级。三是加强监督管理，维护金融服务秩序。在全省率先建立以"签约率、违约率、复评率"为核心的监管机制。全年共对9家金融机构实施行政处罚20次，罚款金额81.14万元。四是加强企业和个人信用信息基础数据库的管理。组织企业信用管理系统推广应用培训，完善对金融机构数据上报情况的考核办法和指标体系，全市信贷数据入库率达到99.97%，比2005年提高1.6个百分点。全年累计发放新卡1773张，年审卡7850张，应年审企业年审率达92.3%，比2005年提高21.8个百分点。积极推动企业信用外部评级工作，在全省率先制定《对金融机构征信管理工作考核办法》，被济南分行在全辖区推广。全年完成中小企业信息征集1039家，向企业征信系统加载企业信息912家，对103家企业进行外部信用评级，数量居全省首位。

【外汇管理和服务】　疏通外汇管理政策传导机制，提高外汇管理和服务水平。调整经常项目外汇账户、服务贸易售付汇及境内居民个人购汇等三项政策，在全市范围内组织外汇政策法律法规宣传月活动。确立重点企业联系制度，及时将不断调整的外汇管理政策传送到企业，了解政策在企业的实施效果。简化境内境外投资和核销手续，促成中材金晶公司与世界500强之一的PPG公司的合作，解决了东岳化工集团对外合作中遇到的难题，帮助外资企业完成对中轩集团部分股份的收购。年内，外管局积极参与促成的外商投资项目金额达2亿美元，占全市招商引资项目总量的63%。

【支行建设】　根据济南分行关于加强辖内人民银行县支行建设的要求，做好支行内设机构优化及人员整合工作。在淄川、沂源两个支行试点基础上，开展其他4个支行的内设机构优化及人员编制整合工作，至9月中旬全部结束。支行机构得到精简，职责定位更加明晰，核心职能更加突出，资源进一步整合。
（胡振兵　冯　波）

【银行监管】　2006年，中国银行业监督管理委员会淄博监管分局按照"合规监管为基、资本监管为纲、风险监管为本"的思路，协调推进银行业改革创新，强化监管专业化建设。截至年末，全市共有银行业金融机构（含营业网点）991家，正式职工10465人。其中，政策性银行分支机构9家，职工186人；主要商业银行（包括辖内国有商业银行和股份制商业银行）分支机构359家，职工4866人；城市商业银行分支机构70家，职工1770人；农村信用社（含合作银行）分支机构423家，职工3282人；邮政储蓄机构130家，职工361人。全市银行业金融机构资产总额1380.04亿元，增长9.89%；负债总额1340.94亿元，增长9.56%。风险水平大幅降低，不良贷款余额同口径较年初下降4.22亿元，不良贷款率较年初下降1.84个百分点。资本充足水平明显提升，辖内所有地方法人机构资本充足率全部达到8%以上。

一、立足地方经济发展，积极贯彻落实国家宏观调控政策。淄博银监分局坚持有保有压、区别对待的原则，以高质量的信贷投放促进淄博市经济结构调整战略的实施。组织召开辖内银行和重点企业座谈会，督促各银行机构加强对宏观经济的监测分析，增强政策敏感度和应变能力。通过风险提示，引导各银行机构关注房地产假按揭、土地储备贷款、地方政府打捆贷款和跨境作业项目等带来的风险，督促银行对过度投资行业、清理整顿项目等方面贷款风险提前采取管控措施，要求银行加强信贷政策与产业政策的协调配合，对不符合国家产业政策的项目坚决不予信贷支持。

二、抓风险监管重点，努力构建风险管理长效机制。一是将实现不良信贷资产和不良非信贷资产"双双降"作为风险监管的主攻方向。利用不良贷款台账，对各行新发生单笔500万元以上和2000年以后新发放贷款单笔100万元以上所形成的不良贷款进行逐笔核查。加强对大额授信风险的防范，突出做好集团客户、关联企业等重点对象的风险监测与通报，建立对重点集团客户、单户大额授信的持续跟踪监控。建立非信贷资产监管台账制度，对各机构非信贷资产变化趋势进行密切跟踪监测。年内，各银行机构共处置不良资产20.65

亿元，其中核销1.92亿元。二是完善风险预警机制。启动《淄博银监分局个案风险处置预案》，通过对风险个案的研究、分析、识别、预警、提示和报告，加强风险预警和防控联动，促进个案风险得到及时化解和处置。三是完善监管运行机制。全年共对各类机构下达非现场监管意见书37份，提出有针对性的监管意见140余条，开展监管意见落实情况后续检查4次。通过非现场监管，提升现场检查的有效性。全年共开展各类现场检查28次，查出违规业务金额37.13亿元。

三、推进案件专项治理工作。突出对基层机构管控、加快内部机制转换和流程再造、强化案件责任追究等方面工作重点。开展对规章制度建设、安全保卫、票据业务、银企对账等案件易发环节的"精准式"检查，对违规问题进行责任追究。共处理责任人200余人次。按照"加强管理、严密监控、重在整纠"的原则，提出84条措施，督促各银行研究整改意见，落实整改措施。督促银行机构加强合规文化建设，在银行员工特别是高级管理人员中树立合规为荣、违规为耻的理念。

四、鼓励、推进金融创新。按照"鼓励与规范并重，培育和完善并举"的监管政策，指导辖内银行业加快金融创新步伐，不断提高各银行的核心竞争力。确立"落实政策、完善机制、突出试点、严控风险、多方合作、稳步推进"的原则，积极推动小企业金融服务工作。截至年末，全市银行业金融机构小企业客户4111户，比年初增加127户；小企业贷款余额178.33亿元，占全市贷款余额的20.28%，较年初增加16.03亿元，增长9.87%。中国银监会、山东银监局专门到淄博市进行专题调研，对淄博市推进小企业金融服务工作给予充分肯定。市商业银行被中国银监会评选为全国小企业贷款工作先进单位。充分发挥农村信用社在新农村建设的金融支持作用，督促农村信用社压缩大户大额贷款，增放小额农户贷款；压缩企业贷款，增放农业贷款。年内，实现了支农贷款投放总量和质量、小额农贷和农户联保贷款覆盖面的新突破。积极助推淄博市邮政局开展小额存单质押贷款业务，鼓励农发行开展商业性业务。围绕淄博市委、市政府"突破高青、支持沂源"的部署，不断加大对各银行的督导力度，批准工商银行高青分理处升格为支行。指导各银行机构在资产买卖、票据代理、外汇业务、信用卡业务、信息技术等方面加强业务合作，实现优势互补和资源共享。

五、全面提高监管专业化水平。是年，淄博银监分局引入ISO质量体系标准理念，重新设计业务流程，制定分业务尽职标准，以是否尽职作为员工考核的依据。创立现场检查后评价体系，设定3大类现场检查质量后评价指标。开展全员"爱读书，读好书"活动，创建学习型组织。定期组织召开各种研讨会、风险分析会，提高监管绩效。规范行政执法行为，提高监管人员依法监管能力。制定《淄博银监分局行政许可类事项处理工作规程》，严格按照规定时限、规定流程依法对市场准入事项进行审查。全年共核准高级管理人员任职资格118人，批准升格机构17个，终止机构38个，迁址机构49个。

（马建军　李思宝）

【中国农业发展银行淄博市分行】 2006年，中国农业发展银行淄博市分行突出信贷支农、支持新农村建设主题。年末，全行共实现利润3153万元，同比增加利润2813万元，全市7个支行全部实现盈利。共发放各类贷款8.6亿元，各项贷款余额173963万元（剔除政策性挂账贷款剥离等因素13180万元），较年初增长9892万元。各项存款余额22085万元，较年初增加8495万元。贷款利息收回率106.1%。市行顺利通过省级文明单位验收，高青县支行被总行评为文明建设先进单位。

支持"三农"。是年，全行共发放粮食收购贷款19775万元，支持企业购入粮食15026万公斤。对12个棉花购销企业发放棉花贷款40100万元，收购皮棉2450万公斤，棉籽12600万公斤。对兰雁集团等6家纺织企业投放贷款2.3亿元，贷款余额超过5亿元。发放产业化龙头企业、加工企业、农业小企业贷款2500万元，龙头、加工企业流转贷款3200万元，纺织龙头企业棉花收购贷款7000万元，仓储设施贷款150万元。沂源县支行贷款余额实现翻番，减亏增效170多万元，建行10年来首次实现盈利。

提升经营绩效。抓精细化管理，制定2006年利润计划测算分配办法和财务资源分配办法，使财务资源与经营效益挂钩。加强财务收支管理，促进经营绩效的提高，在全省综合评比中排名第一位。实现中间业务收入47.7万元，较2005年增加9.5万元，其中保险代理业务收入32.4万元，同比增长12.4万元，完成全年任务的128%。

企业文化建设。成立企业文化建设领导小组，制定市分行《推进企业文化建设的意见》。围绕总行"至诚服务，有效发展，以人为本，构建和谐"的核心理念，提出符合淄博市分行特色的服务理念、经营理念和生活理念，努力打造一流团队，构建和谐银行。按照整齐大方得体的要求，统一员工着装。按照总行形象识别系统要求，对市分行办公楼、会议室、荣誉室、文体活动室等进行总体标识改装。建立企业文化建设电子屏幕、巡视展板和"员工文化长廊"。组织体育比赛和书法、绘画、摄影展，展示职工的文化素养及才艺。录制企业文化建设纪实专题片，编辑出版《淄博农发行企业文化手册》。

（郑毅民　张灵芝）

【中国工商银行股份有限公司淄博分行】 2006年，中国工商银行股份有限公司淄博分行坚持以质量效益为中心，以结构调整为主线，稳步实施改革创新，积极转变增长方式，大力推动业务发展，全面强化经营管理。年末，全行资产总额达到216.97亿元，本外币各项贷款余额达到146.66亿元，各项存款余额达到208.23亿元。在全市国有商业银行中，上述指标均处于领先位置。

坚持"以市场为导向、以客户为中心"的经营理念，依法合规经营，各项业务实现持续快速发展。优质贷款投放力度进一步加大。重点支持全市能源、交通、城市设施建设等基础产业，房地产、传媒、高新技术等高成长行业，以及重点龙头企业、优质中小企业发展，实现了银团贷款、人民币进口押汇等业务的新突破。年末，剔除核销因素，人民币各项贷款较年初增加18亿元。其中，项目贷款增加2.26亿元，小企业贷款增加3.24亿元，住房开发贷款增加4.64亿元，个人贷款增加8.76亿元。累计办理票据融资109亿元。完善工作机制，理顺业务流程，提高服务质量和服务水平，促进存款业务的持续健康发展。年末，人民币各项存款较年初增加21.1亿元。其中，对公存款增加16.94亿元，储蓄存款增加4.16亿元。中间业务领域进一步拓宽。在巩固扩大结算、代理、银行卡等传统业务市场的同时，国际业务、投资银行、电子银行、现金管理等业务快速发展，促进了经营转型。全年国际业务结算量突破10亿美元，实现网上银行交易额1839亿元。

适应现代金融企业建设的要求，加大改革创新力度，用工制度、业务流程改革和组织架构整合工作顺利完成。全面强化风险管理，严格执行国家宏观调控政策。正确把握信贷投向，积极退出产能过剩行业、企业贷款，大力清收处置不良贷款，实现了不良贷款余额和占比的双下降，风险掌控能力不断增强,资产质量明显改善。深入开展案件专项治理、治理商业贿赂等活动,积极构建思想、机制、技术三道安全防线。坚持走科技兴行之路,依托先进的信息化技术平台,由自助银行、电话银行、手机银行和网上银行构成的电子银行立体服务体系日益成熟,全市已建成自助服务网点20处,安装自动取款设备95台。高度重视金融企业文化建设,深入开展社会主义荣辱观、"建设创新型银行、打造国际一流商业银行"主题教育等活动。　　　　　　　　　　　　　　　　　　　(于朝峰)

【中国农业银行淄博市分行】 截至年末,中国农业银行淄博市分行各项存款余额达2036236万元,较年初增加311710万元,同比多增43159万元;存款总量首次突破200亿元大关,增量创历史最高水平。各项贷款余额1449654万元,较年初增加136181万元;全年累计信用投放量321亿元,累计签发银行承兑汇票59亿元。年末,五级分类不良贷款占比较2005年下降1.37个百分点,信贷结构进一步优化。实现经营利润38000万元,同比增加6798万元,人均创利增长4.6万元,盈利能力显著增强。全行的业务经营实现新跨越,经营利润、存款增量、中间业务收入在全国农行系统320家二级分行中分别列第二十六位、第三十一位和第三十五位。全行综合考评列全省农行系统一类行。

农行淄博市分行积极引导客户使用自助设备
（农行淄博市分行　供稿）

转变业务增长方式,增强资金实力。实施零售业务优先发展战略,建立市行、支行、网点"三位一体"的零售业务营销体系和"网点＋网络"零售业务服务体系,积极推进个人优质客户分层次营销,零售业务实现长足发展。全行个人存款较2005年末增加172355万元,占全部存款增量的55.3%,其中个人优质客户存款增量90817万元,占个人存款增长额的52.7%。建立重点法人客户分层次营销体系。对年初确定的省、市、县重点客户实行首席客户经理制和联动营销方式,效果明显。年末,重点客户存款当年新增114761万元,占全行对公存款增量的82.35%。加大低成本存款组织力度,优化负债结构,提升负债业务质量。年末,全行对公存款余额787719万元,较年初增加139355万元,其中低成本存款较年初增长260337万元,占比60.23%,较年初提高4.21个百分点。

加快有效投放,调整信贷结构。对重点企业采取分层次支持战略。通过评级授信、贷款定价优惠、客户理财和产品组合等措施,提升对重点客户的支持层次和服务效率。全年对重点客户累计投放贷款41.79亿元,为180家进出口企业办理国际结售汇7亿美元,签发信用证2.4亿美元,办理打包贷款5.9亿元,进出口押汇1.2亿美元,支持了市重点企业和外向型企业的发展。加强对县域经济的金融服务。采取试点、面上推广、客户普查、延伸审查、加强培训等措施,拓展中小企业客户市场。年末,112家成长型中小企业贷款余额达到11.72亿元,较年初增加3.35亿元。加大对国家级、省级农业产业化龙头企业的重点支持力度,全年发放农业产业化龙头企业贷款1.4亿元。加快发展重点类贷款和低风险信贷业务,积极营销个人住房、质押贷款等资本节约性资产业务,全年共发放个人住房贷款5.4亿元,办理贴现132亿元。年末,个人住房贷款余额13亿元,较年初增加3.1亿元;优良法人客户贷款占比60.9%,较年初提高4.4个百分点。投放化工、房地产、医疗、电力等优势行业贷款14.66亿元,占比90.19%。在确保新增贷款投放质量不断提高的同时,加大对潜在风险客户的退出力度,全年退出潜在风险贷款1亿元。大力清收不良贷款,年末,全行不良贷款占比较年初下降1.37个百分点。当年累计新增优良法人客户贷款111735万元,占全行新增贷款的94%。年末,优良客户贷款余额62.3亿元,较年初增加11.2亿元。

加快业务创新,拓展中间业务。把中间业务作为全行经营战略转型的重点,做强银行卡、国际业务和代理保险业务,并积极开展业务咨询、财务顾问、代客理财等新业务,实现了规模和质量的同步提高。全行银行卡发卡量较2005年末增加38.6万张,同比多增13.4万张,银行卡存款较年初增加8亿元,银行卡消费额达到251亿元。国际业务发展迅猛,业务总量、同业市场份额进一步提升。全年完成国际结算业务量9.2亿美元,同比增加2.2亿美元,增长30.5%。代理保险业务发展较快。推出海运险、交强险等代理产品,开通"银保直通车"业务系统,全年实现代理保费收入2亿元。是年,全行中间业务收入同比多增2455万元,中间业务收入占比提高2.17个百分点,中间业务收入增幅在全省系统内居第一位。

农行淄博市分行员工进行技术练兵
（农行淄博市分行　供稿）

加强内控建设,增强发展活力。建立以经济资本管理为核心的综合考评体系,优化人力资源配置和网点布局,实行干部公开竞聘、员工竞争上岗。开展治理商业贿赂、案件专项治理"回头看"、合规文化教育等活动。完善风险控制机制,建立涵盖市行、支行、网点各层面管理人员的监督检查体系,确保管理链条紧密、集中,有效控制各类操作风险。通过推广会计监控和财务管理信息系统、实行风险经理派驻制、开展突击检查、组建集中对账中心、开展“交叉对账”等一系列管理办法，加强对风险点和关键部位及岗位的风险管理，提高规范操作水平，防范风险隐患。

加强企业文化建设。组织32期员工集中培训，举办巡回宣讲、“金钥匙”理财征文、外汇业务及电子银行业务知识竞赛等活动。通过走进电台“政风行风热线”直播栏目、设置户外广告、发放宣传画和组织重点业务、重点题材的大型宣传等方式，推介农行的业务和产品。推行网点规范化服务，开展争创文明单位活动。2006年，全行获得总行级青年文明号2个、省行级8个、市行级20个，有4个支行获省级文明单位称号。

（李 娟）

【中国建设银行股份有限公司淄博分行】 截至年底，全口径存款余额达146.6亿元，比2005年增加4.9亿元；各类贷款余额109.8亿元，比2005年增加14.9亿元。完成利润2.82亿元，实现中间业务收入4716万元，不良贷款率6.45%（扣除万杰集团不良贷款因素，不良率控制在2.1%以内）。

完善机制，加强营销。一是个人银行业务持续快速发展。个人存款余额达到81.8亿元，当年新增10.04亿元，在山东建行系统内新增额排名第二位。新增个人类贷款15973万元。二是非贴现公司类贷款稳定增长。截至年底，非贴现公司类贷款余额60.7亿元，比年初增加7.12亿元。重点支持了辛店电厂、山东东岳、大成农药、博汇纸业、开泰实业、凤阳集团等大中型企业。三是票据业务实现超常规快速、健康发展。至年底，全行累计办理贴现49.4亿元，同比新增18亿元；实现利息收入6937万元，同比新增2100万元；完成贴现余额19亿元，居山东省建行系统首位。四是信用卡及电子银行业务发展势头良好。全年新增贷记卡14813张，新增特约商户101户。电子银行业务快速发展，电子银行渠道占比逐步提高，全年达到16%，列省建行系统第二位，个人网银、Callcenter等指标增长幅度居省内系统前列。五是中小客户业务起步良好。全年累计准入106户，准入信贷金额102300万元。实际发放小型客户信贷6800万元，中型客户信贷16859万元。

持续强化会计管理，防范操作风险。上半年，对前台网点进行拉网式的会计检查，检查覆盖面90%，全面清理全市8000余户对公账户，实行由市行集中配送单证。认真组织完成小额支付系统上线工作。下半年，在全市推行网点顶岗互查活动。实施业务骨干顶岗检查制度，开展“集中突击查库日”活动，对集中查库发现的问题进行责任追究。出台基层经营管理人员例行工作规范，实施行长、总会计、会计部三级风险提示制度。

强化合规管理，确保稳健经营。开展专项治理活动，对违规代存、代用客户印章、单证行为实施突击检查，建立“问题库”，加强整改。认真开展责任认定工作。全年完成不良贷款责任认定35笔，涉及金额49713.67万元。其中，公司类贷款33笔，金额49703.67万元，涉及责任人52人；个人类贷款2笔，金额10万元，涉及责任人3人。加强安全保卫管理，确保平安运营。年初，成功处置发生在周村区周隆路分理处的“1·13”特大持枪抢劫运钞车案件，保护了国家财产安全。

推进流程整合，夯实业务发展基础。对公业务方面，探索整合中小客户信贷工作流程，将中小客户信贷项目材料撰写及部分贷前调查职能上移到市行，推进了中小客户信贷工作专业化分工和运作。建立健全中小客户业务机制，引入超基准利息收入概念，突出正激励。个人业务方面，成立市分行个贷中心，初步实现张店地区个贷后台集中管理。提高个贷审批效率，90%以上的个贷电子申报实现当日审批，审批一次通过率达96%。

淄博市见义勇为先进群体表彰奖励大会
（建行淄博市分行 供稿）

深化人事与激励约束机制改革，夯实发展的内在动力基础。出台业务考核管理办法，初步建立起针对支行副职人员的关键业绩考核体系。制定《提高员工核心竞争力培训办法》，初步构筑了针对不适岗员工的负激励机制和转岗通道。实施客户经理制，并按业绩对全市客户经理进行排名。

加快战略转型步伐。积极推进网点职能转型，网点营销服务客户的能力不断增强。借鉴广东中行网点管理做法，优化网点内部格局，设立自助交易区、VIP客户区（窗口）、一般交易区等。通过选拔考试，在全市所有网点配置大堂经理，并制定相应考核办法。结合网点业务实际，整合部分网点的会计、对公信贷功能。优化网点布局，加大网点硬件投入。全年撤销网点6个，迁址4个，按新标准装修网点13个，全年新增ATM机45台，BSM机15台，自助设备交易量由年初的台日均90笔提高到年末的120笔。加强柜面服务工作，积极推进星级网点创建活动。出台星级网点评定办法，建立柜面服务检查、考核、通报和整改的长效机制。通过拍摄柜面服务标准示范片、对柜面人员加强学习培训等方式，提高前台营业人员的服务质量。

（冯衍明）

【中国银行淄博分行】 2006年，中国银行淄博分行发展创历史最高水平。截至年末，人民币一般存款余额116.56亿元，较年初新增29.83亿元，同比多增15.76亿元，新增额在全省排名第二。一般存款新增市场份额为22.1%，在当地全部金融机构中排名第二。外汇一般存款余额9418万美元，较年初新增1377万美元，市场占有率在全市4家国有商业银行中占49.12%，较年初上升0.87个百分点。对淄博市重点企业和重点项目优先提供信贷资金支持，全年信贷投放始终保持稳健增长态势。截至年末，分行本外币各项贷款余额78.95亿元，较年初增加13.9亿元，同比多增13.06亿元。完成张店地区零售贷款营销体制改革，年末零售贷款余额为14.98亿元，较年初增加4.06亿元。信贷资产结构和授信客户结构得到优化，实现了信贷资源由小客户向大客户、高端客户的转移，优质客户、重点行业和低风险授信业务品种有所增加。

中间业务取得突破。分行营业部成立总行级理财中心，“中银理财”品牌更具社会影响力，推动了个人金融业务的跨越发展。全年完成进出口结算量15.08亿美元，同比增长

17.93%。国内商业发票贴现业务量占全省中行系统该项业务总量的80%以上。成立银行卡中心，实行专业化经营，发展壮大了银行卡优质客户群体。年内，贷记卡活动率提高到66.78%，高出全省中行系统平均水平9.42个百分点。对公网上银行业务实现突破，企业网银交易量和计划完成率均在全省中行系统排名第一。

完善运行机制。继续做好流程整合工作，使前台成为以客户为中心的销售和服务平台，中、后台实现集中、共享，提高了控制和化解风险的能力。从健全制度、理顺机制、提高效率入手，从根本上加强成本控制和费用管理。继续推进改革，提高网点收益水平，完善了以主要绩效指标为主的百分量化考核办法，团队考核、关键绩效指标考核与专项激励相结合，初步形成绩效考核体系。完善、落实机构成长机制，使其真正成为促进机构升级和业务进步的长效措施。

加强管理。认真落实"综合治理、标本兼治、长短结合、突出重点"的工作方针，抓基础、抓基层，全年未发生违规、违纪和经济案件、责任事故。开展合规教育，建立健全各项规章制度和操作流程，出台营业部主任异地岗位轮换交流制度等一系列新办法。完善各项内控制度、监控方案和操作规程。开展案件专项治理和治理商业贿赂活动。高度重视安全保卫和突发事件处置工作，严格落实安全目标管理责任制。年内，分行营业部被授予全国青年文明号、总行级"巾帼文明示范岗"、中国银行业协会文明规范示范单位称号。辖属淄川支行被省行评为文明优质服务红旗单位，2人被评为中国银行文明优质服务先进个人。（高　翔　肖　群）

【交通银行淄博分行】　2006年，交通银行淄博分行坚持改革与发展并进，规模扩展与规范经营并重，各项业务实现健康、稳步发展。严把贷款准入关口，加强业务执行进度监控，努力把握信贷投放总量和节奏，完成省分行下达的压缩银行承兑汇票任务。客户结构继续向好，整体客户结构调整基本达到省行下达的年度目标要求。行业结构不断优化，进一步向当地优势行业集中，减退类行业贷款占比较年初有所下降，客户结构调整速度较2005年明显加快。存款结构不断优化，至年末，各项人民币日均存款余额55.64亿元，同比增加9.48亿元。

加强内部控制建设，防范经营风险。一是突出重点检查。结合交行总行和银监局开展的案件专项治理工作，加大风险排查力度，重点加强对业务前台操作流程执行情况的监督。

交通银行点钞大赛现场　　　（韩　兵　摄）

在各经营网点全面开展风险自查的基础上，从市场风险、操作风险和人员道德风险等入手，突出对授信业务、会计业务和基层营业机构等重点部位及大额对公存款、大额贷款、结算账户管理、查库查账、银企对账等重点环节进行全面的深度排查。对所有营业网点的对公、对私会计核算事项和柜台业务等各个业务层面及主要风险环节进行全面的现场审计检查，并对其内部控制状况进行评价。对检查出来的问题，限期整改，有效地防范内部操作风险和违规经营行为的发生。二是突出细节管理。进一步完善案件查处工作机制，明确各网点主要负责人为查办违纪、违法案件的第一责任人。制定案件查处工作预案，完善案件分析例会制度，定期对金融领域发生的重大案件进行分析研讨，比照本行业务运行流程查找不足，提出有针对性的整改措施。加强对重要岗位人员的思想和行为情况的监督，开展道德风险排查，对重要岗位和重点人员，有针对性地进行重点排查。与员工签订《交通银行淄博分行干部员工八小时以外自律行为保证书》，增强管理监控的有效性。三是充分利用现有风险监控工具，有效识别风险，督促化解风险。风险经理每月对正常、关注类授信客户做到覆盖面达100%的风险过滤筛选。充分发挥风险提示的作用，发现问题及时通知整改，对重点业务操作流程、重点交易、重大事项、重大金额进行重点监督和风险预警。

业务转型取得初步成效。建立拓展中间业务的激励机制，明确目标市场和主推产品，完善产品功能和服务，中间业务收入明显增长。企业网银、个人网银和"报关一点通"业务进展良好。"报关一点通"网上税费支付业务量突破亿元大关，在山东辖内交行独占鳌头。大力发展优势产品，相继出台多项发展个贷业务的措施，实行个贷业务流程标准化管理，加强服务，个贷业务取得突破性发展。

细化内部管理。1. 定价管理精细化。将贷款风险定价管理有效地纳入贷款营销、审查审批、贷后管理的各个环节，在严格执行人民银行相关规定的前提下，对全行人民币贷款定价提出差异化的管理模式，充分利用贷款定价来调节行业投向。2. 授信管理精细化。实行授信项目预审管理办法，对不符合行业投向及授信管理要求的项目，可以提前否决，节约了调查成本，有效提高授信项目的审查、审批效率和效能。3. 效能管理精细化。制定出台《交通银行淄博分行首闻责任制暂行办法》，并将执行情况纳入规范化管理考核；在所有营业单位全面推行工作日志制度，为各类监督检查准备了重要、翔实的基础资料。4. 风险监控精细化。通过事后监督、业务录像检查等手段，对前台所有业务处理和核算事项的操作质量实施监督通报制度，促进前台柜员提高业务素质。

（于晓宁）

【淄博市商业银行】　2006年，淄博市商业银行大胆改革经营管理体制，继续优化业务和管理流程，不断夯实管理基础，整体素质和经营水平显著提高。截至年末，全行总资产187.62亿元，较年初增加31.93亿元，增幅为20.51%，整体实力迅速增强。全行本外币存款余额169.85亿元，较年初增加26.58亿元，增幅达18.55%；各项贷款余额128.19亿元，较年初增加33.25亿元，增幅为35.02%。存贷款市场占有份额稳中有升，分别占全市存贷款总量的12.79%和14.58%，存贷比例为64.93%。风险防范能力进一步提高，资本充足率为9.19%，核心资本充足率为9.08%。在提取贷款呆账准备金3.11亿元的基础上，实现利润22703万元，较2005年增加14290万元，增幅达169.86%。全年累计上缴各项税金17904万元，较2005年增加8334万元，增幅达87.08%。

淄博市商业银行总部大楼　　（王爱红　摄）

完善法人治理结构。完善董事会、监事会下设各专门委员会及其相关议事规则，制订各专门委员会工作计划。注重发挥各专门委员会的职能作用，股东大会、董事会、监事会、经营班子等机构独立运作、高效决策、分工合作、相互制衡的协作约束机制得到进一步加强。整合各项业务流程，运行效率明显提高。积极应对宏观经济形势和国家货币政策变化，调控及时，运营准确，有效化解流动性风险。

市场竞争力增强。货币市场业务继续保持领先优势。全年债券累计结算交易量5691亿元，居全国城市商业银行第九位，鲁、豫两省首位；承销、分销央行票据482亿元，记账式国债67亿元，均居鲁、豫两省首位。银行卡业务继续保持增长态势。截至年末，金达卡发卡量33万张，金达卡余额超过13亿元，完成全年计划的130％。ATM跨行交易笔数、POS交易消费笔数分居淄博银行卡市场第三位和第四位。全省第二家、淄博地区首家推出ATM运营业务，设备拥有量跃居淄博市第二位。国际业务稳步发展。外汇存款余额达到2674万美元，各项外汇融资余额6240万美元，累计发放打包贷款4.55亿元，贸易融资1.8亿美元，开出信用证3.22亿美元，实现外汇业务营业总收入8764万元，国际结算量7.73亿美元，在全省商业银行中排第二位。

加强内控制度建设。加强授权授信管理，全行各环节的权利、义务和责任更加明确。明确授信政策，加强对全员的风险警示教育，强化稽核审计部门对贷后管理的检查职能，贷后管理形式化、简单化倾向得到初步纠正。部署落实置换资产、不良资产清收计划，不良资产处置工作取得明显成效。

保障支持体系进一步完善。稳步推进电子化建设。小额支付系统顺利上线，进一步拓宽了银行间跨区域结算的渠道。建设金融统计信息平台，自主开发完成企业征信系统、财税银代收系统，成为省内唯一一家自主完成系统开发的商业银行。加强费用管理。实施集中审批制度、集中采购和大额采购制度，会计管理水平明显提高。全面落实安全目标责任制，实现了安全保卫无事故。

2006年，淄博市商业银行荣获山东省企业文化示范单位荣誉称号，被评为山东省“最具品牌与竞争力的银行”和“2006中国优秀企业（品牌）形象十佳单位”，连续两年入选“全国服务业500强”，因经营业绩突出被山东银监局评为“良好银行”。　　（谭　勇　张学民）

【中信银行淄博分行】　2006年，中信银行淄博分行提出“适度增规模，大力调结构，全面上质量”的经营方针，力求稳步增长业务规模，有效防范资产风险，努力提高资产质量。截至年底，全行各项存款余额折计人民币23.06亿元，各项贷款余额折计人民币15.08亿元。全行共实现进出口收付汇量13924万美元，实现拨备前税前利润3345万元。建行10年来累计实现利润总额2.97亿元。

支持地方经济。在资产管理方面，确立“严格贷款发放，优化贷款增量，努力盘活存量”的工作思路，严格贷款审批手续，促进各项贷款业务稳步发展。在贷款投向上，始终坚持重点向“双优、双主”方向倾斜，大力发展包括票据业务在内的低风险业务。充分研究国家有关产业政策和地方工业企业特点，加大对优质客户的开发及信贷投放力度。逐步调整信贷资产结构，对原有老客户逐步纳入授信流程，对市场萎缩、没有行业优势的部分贷款，采取维持、压缩、退出政策，集中资金满足基本客户和黄金客户。年内累计签发承兑汇票14.9亿元，新增优质客户12户，新增敞口授信2.93亿元。在进一步优化客户结构的同时，积极拓展低风险业务，信贷产品结构呈现多元化发展。累计办理银行承兑汇票贴现20391万元；汽车金融业务授信余额11226万元，较年初增加2046万元。

大力发展零售业务。年内，新产品开拓、服务创新和零售业务均有所突破。大力发展风险较低、收益稳定的消费信贷。以住房按揭、汽车消费贷款为重点，逐步扩大零售信贷占比，优化资产结构。不断推出各种理财产品。推出人民币理财6期，人民币结构性存款1期，外汇理财12期；人民币理财产品交易量共计15418万元，外汇理财产品交易量96.81万美元。

落实内部管理措施。不断加强内部管理，把建规范、立制度作为提高员工素质的主攻点。坚持民主治行，发动员工参与修改制定一系列规章制度，内容涵盖支行业务、思想、宣传、廉政、考勤、公文、财务、安全、保密等方面，做到“处处有规范，事事有章法”，并制定相应的奖惩措施。分行与各支行、部门签订安全责任书，组织安全检查10余次，有效防范和控制了各种不安全因素。　　（邸　楠）

保　　险

【概况】　全市累计实现保费总收入25.5亿元，比2005年增加1.6亿元，同比增长6.88％。支付赔款与保险金10.64亿元，比2005年增加3.39亿元，同比增幅46.82％。

全市财产险公司共实现保费收入8.05亿元，占保费总收入的31.57％，较2005年增加0.76亿元，同比增长10.36％。其中，财产保险中的机动车辆保险保费收入6.24亿元，占整个产险公司总保费收入的77.52％，机动车辆保险仍为产险公司第一大险种。财产险公司支付赔款5.29亿元，比2005年增加0.77亿元，同比增长17.04％，综合赔付率为65.72％，较2005年增长5.55个百分点。其中，机动车辆保险赔付率为65.75％。全市人身险公司实现保费收入17.45亿元，占全市保费总收入的68.43％，同比增长5.35％。其中，个人代理业务实现保费收入12.02亿元，占人身保险保费总收入的

“让消费者明明白白买保险”启动仪式
（市保险行业协会　供稿）

68.88%，个险业务仍是人身保险销售的主渠道。全市人身险赔款支出（给付）累计5.35亿元，赔付率为30.66%。

年内，认真贯彻落实《国务院关于保险业改革发展的若干意见》，努力开创保险业发展的新局面。7月1日，中国第一个强制保险制度交通事故强制责任保险正式实施后，全市具备从事“交强险”业务资格的保险公司积极准备、部署，培训员工和代理人，努力提高“交强险”售后服务。开展保险诚信宣传活动。针对少数保险公司和营销人员展业时误导客户，出险时拖延赔付的现象，全市保险和保险中介机构联合向社会作出承诺：诚信展业，杜绝误导，让消费者明明白白买保险。3月19日，在淄博市中心广场举行“让消费者明明白白买保险”大型主题宣传活动的启动仪式。全市16家保险机构和几家保险中介机构组成了声势浩大的宣传阵容，以现场解答咨询、投诉和发放承诺宣传单等方式推动了该项活动的深入进行。

【淄博保险仲裁调解中心成立】　1月12日，淄博仲裁委员会保险行业仲裁调解中心在淄博市保险行业协会成立。将仲裁法律制度引入保险行业，对于更好地发挥仲裁简便、快捷、高效、专家办案的优势，维护广大市场主体的合法效益，促进保险行业健康发展都将起到积极作用。

淄博保险仲裁调解中心成立
（市保险行业协会　供稿）

【全市保险业年报新闻发布会】　3月19日，淄博保险业2005年年报新闻发布会在丽景苑大酒店举行。全市17家保险公司总经理室成员、9家中介机构负责人和众多新闻媒体记者一起出席新闻发布会。市政府有关领导参加了新闻发布会。淄博市保险业协会公布了淄博保险2005年年报，通过年报，展示了全市保险业发展的全貌。

附：　**淄博市市级产险公司名单**

序号	公司名称
1	中国人民财产保险股份有限公司淄博分公司
2	中国太平洋财产保险股份有限公司淄博中心支公司
5	中国平安财产保险股份有限公司淄博中心支公司
4	天安保险股份有限公司淄博中心支公司
5	中国大地财产保险股份有限公司淄博中心支公司
6	永安财产保险股份有限公司淄博中心支公司
7	中华联合财产保险公司淄博中心支公司
8	太平保险有限公司淄博营销服务部
9	安邦财险保险股份有限公司淄博中心支公司
10	阳光财险保险股份有限公司淄博中心支公司
11	华安财险保险股份有限公司淄博中心支公司

淄博市市级寿险公司名单

序号	公司名称
1	中国人寿保险股份有限公司淄博分公司
2	中国太平洋人寿保险股份有限公司淄博中心支公司
3	中国平安人寿保险股份有限公司淄博中心支公司
4	泰康人寿保险股份有限公司淄博中心支公司
5	新华人寿保险股份有限公司淄博中心支公司
6	太平人寿保险有限公司淄博中心支公司
7	合众人寿保险股份有限公司淄博中心支公司
8	长城人寿保险股份有限公司淄博中心支公司

保险中介公司名单

序号	公司名称
1	山东华龙金泰保险代理有限公司
2	山东康诚保险代理有限公司
3	淄博金鼎诚保险代理有限公司
4	淄博中旗保险代理有限公司
5	淄博嘉成保险代理有限公司
6	淄博天祥保险代理有限公司
7	淄博圣亚保险代理有限责任公司
8	山东远方保险代理有限责任公司
9	淄博鑫润保险代理有限公司
10	淄博正诚保险代理有限公司
11	山东泛华鑫泰保险代理有限公司淄博分公司
12	青岛交运保险代理有限公司淄博分公司
13	山东光政公估公司淄博分公司

（索利芹）

【中国人民财产保险股份有限公司淄博分公司】 是年，人保财险淄博分公司开展以“成本、反应速度、竞争力”为关键要素的“管理效益年”活动，实现了较好的经营业绩。全年共实现保费收入31962万元。其中，车险保费收入23190.37万元，企财险保费收入5652.93万元，货运险保费收入1137.44万元，意外健康险保费收入619.06万元。累计处理各类赔案44690件，支付赔款28408万元，简单赔付率为95.87%。全公司先后有8个单位、23名个人被上级表彰为先进单位和优秀员工。

7月1日，人保财险淄博分公司张店支公司签出第一张交强险保单 （高倩 摄）

适应市场需要推出新险种。先后推出母婴安心保险、计划生育手术安心保险、林木种植保险、学幼安康保险、金娃投资保障型意外伤害保险、吊装责任保险、免疫接种责任保险、起重机械综合保险、电动自行车第三者责任保险、农村个人建房综合保险等10项新险种。

人保财险淄博分公司从理赔查勘入手，提高服务质量 （高倩 摄）

加快发展各项业务。与市交警支队联合开展“人保财险杯”交强险知识竞赛、车险集中宣传咨询日等活动，推动交强险业务发展，稳步提高车险业务规模和质量；大力发展以“金牛”三代和“金娃”为重点的投资保障型产品，全力拉动家财险和意外险业务的发展；积极拓展营销渠道，加大铁路货运险和危险货物运输承运人责任险的发展力度。

理顺代理关系，规范代理业务。统一专、兼业中介代理机构的手续费，推行保险营销员个人业绩积分制管理；继续与各大商业银行及邮政、城乡建设、教育、交通等部门建立代办关系，保证代理业务的质量；加强农网建设，扩大农村营销网络覆盖面，快速抢占农村保险市场。

依法合规经营。制定实施应收保费、应收及托收票据、未决赔案、保单批改、车险承保、理赔、查勘定损、集中拆检定损等多项管理制度，改善内部管理的薄弱环节。加大监督力度，开展合规性经营专项检查活动、治理商业贿赂专项工作和清理整顿、自查自纠活动，有效的规范了经营行为。

加强理赔工作管理。进一步规范管理程序、理赔标准、理赔服务和考核监督，实现全流程管控；健全和完善事故车辆推荐修理厂网络建设，平抑修理价格，控制超额赔付；建立理赔快速通道，提升理赔速度，改进服务质量。

（李启新 屈郁峰）

【中国人寿保险股份有限公司淄博分公司】 全年实现保费总收入7.23亿元，比2005年增长2.55%，占全市寿险市场份额的41.4%。各类赔款及满期给付4.62亿元。努力提高服务质量，参加由市纪委、市广播电视总台举办的“政风行风热线”直播节目，由总经理带领业管、客服、销售部门负责人现场听取并答复客户的咨询、投诉、意见和建议。加强保险知识宣传，组织员工参加全市保险系统“让消费者明明白白买保险”活动。采取激励措施，提高员工积极性。7月8日，组织全市500名销售精英在河南安阳分公司举行2006年二季度表彰暨三季度启动大会，对公司夺取三季度业务全面胜利起到重要作用。热心公益事业，向“2005感动淄博十佳人物”赠送每人30万元保额的保险。12月，市公司综合档案室被评为省特级档案室，是全市金融系统中唯一一家获得省特级档案室的单位。 （董凯先）

为“2005感动淄博十佳人物”赠送保险保障 （董凯先 摄）

【中国太平洋财产保险股份有限公司淄博中心支公司】 在保险市场竞争日趋激烈的情况下，太保产险淄博中心支公司不断调整经营策略，全年实现保费收入15576.71万元，同比增长720万元。

年内，以深化改革为动力，提出提高销售发展能力、成本控制能力、风险防范能力、专业协同能力的主题，加快改革步伐，全面提升综合经营发展水平。积极推进渠道业务和大客户业务，提升服务品牌。改进理赔流程，对理赔程序重新梳理，细化考核，实现在线核价，提高理赔工作效率。全年赔款支出 8786.87 万元。对客服工作进行升级改造，提升服务质量。加强保险经营成本控制，在内部管理上下工夫，增收节支，提高了经营效益。（刘 慧）

【中国太平洋人寿保险股份有限公司淄博中心支公司】 太平洋寿险淄博中心支公司围绕稳健经营、效益为中心的经营指导思想，深化管理改革，勇于开拓创新，确保各项业务的稳健持续发展，公司的各项工作呈现出良好的发展态势。全年实现保费收入 3.5 亿元，占淄博寿险市场份额的 21%。

围绕“开源与节流”工作主线，“多管齐下”谋发展。积极推动个险期缴、优质短险等具有效益的重点业务。大力提升专业化管理平台，控制开支。积极贯彻业务结构调整方针，发展效益好的险种，实现业务统筹、协调发展。采取差异化财务费用支持政策，确保各单位的平衡发展。强化业务管理和诚信体系建设，推动业务稳健发展和依法合规经营。

强化基础管理。建立健全各项管理制度，进一步加强公司的行政管理；严格实施财务标准操作流程，实施费用支出预算申报审批制度，处理好业务发展与费用支出的关系，进一步提升财务管理对业务的支持能力；有重点地开展常规稽核工作，同时加强后续稽核力度，对检查中发现的问题及整改情况进行追踪督促，管理日趋规范。

风险管控扎实有力。卓有成效地开展档案影像管理工作，推广综合柜员制度，积极稳妥地做好存量风险的化解工作，认真扎实地做好险种补录工作，公司的风险管控水平得到有效提升。

宣传企业品牌，丰富文化生活。积极宣传“诚信天下，稳健一生”的企业核心价值观和具有自身特色的公司团队精神，员工的整体素质和精神风貌得到了有效提升。自办《淄博太平洋寿险》等内部宣传刊物，举办“使命、互信、最好”演讲比赛、技术比武、营销高峰会和母亲节表彰会等丰富多彩的活动，既激励了员工，又活跃了职工文化生活。参与淄博人民广播电台举办的“政风行风热线”、淄博电视台的体育大观节目录播和“老年医疗保险杯”产业博览会、全市中小学生“我的荣辱观”新闻图片大赛等社会活动。丰富的企业文化活动对公司的全面发展起到积极的推动作用。（翟 刚）

【中国平安财产保险股份有限公司淄博中心支公司】 经过不懈努力，平安产险淄博中心支公司各项工作进入良性循环状态，实现恢复性增长。全年实现保费收入 5982 万元，支付赔款 4018.59 万元。车险、财产险、意健险三大险种均实现正增长。年内，对市区业务架构进行调整改革，梳理传统渠道，完成团队的裂变与重组，成立了意健险和责任险 2 个专业化团队。对相关人员进行调整，引进管理人才及业务骨干，充实干部员工队伍。调整部分管理人员，更换 5 个销售部门负责人，淘汰 14 名不合格低绩效人员，新增销售人员 21 人。加强对后线人员队伍建设及基础化、专业化管理，尤其加强对机构内勤的管理，将机构内勤人员收归市公司统一管理。在业务发展上着重抓好渠道业务，并着力开拓新的业务渠道。3 月 21 日，淄博市首家车险直赔服务中心——平安产险车险直赔服务中心在安泰、铸泰汽车销售服务有限公司设立。该直赔中心依托 4S 车行的服务资源，将车险的专业承保理赔与 4S 店的销售及售后服务紧密结合起来，实现了承保、查勘、定损、维修、赔案缮制、核赔结案、赔款支付、道路救援等诸多服务功能的集中，为客户提供了一站式的便捷服务。下半年，公司首批获准从事交强险业务后，依托先进的车险 IT 平台，启动服务门店、销售队伍、PA18 网站、“95512”客户服务热线、合作品牌 4S 车行和合作银行六大投保渠道，真正体现出“投保交强险、平安伴你行”的轻松和便捷。年内，平安产险客服热线“95512”荣获 2006 中国最佳呼叫中心、2006 中国呼叫中心产业杰出贡献奖、2006 中国最佳呼叫中心管理人三项大奖。（张宜华）

车险直赔中心开业

（平安产险淄博中心支公司 供稿）

【中国平安人寿保险股份有限公司淄博中心支公司】 中国平安人寿保险股份有限公司淄博中心支公司隶属于青岛分公司，成立 8 年来不断发展壮大。2006 年，共实现保费收入 3.9 亿元，市场占有率 22.1%，同比增长 7.1%，保费收入列全市寿险行业第二名。全年理赔近 3000 件，赔付金额 1400 多万元，10 日结案率达 96% 以上。理赔时效的不断提高，体现了客户至上的服务原则。为进一步提供便捷、周到的理赔服务，提高客户和业务员满意度，年内，平安人寿淄博中心支公司开展了系列温馨理赔服务活动，以“温馨理赔在平安”为主题，内容主要涉及开通 24 小时重大案件报案热线、理赔受理应备文件提示、理赔 10 日未结案件通知服务、提供标准化理赔报案慰问卡和重疾、残疾客户上门给付保险金等方面。至年底，温馨理赔服务活动取得实效。（田 蕾）

【泰康人寿保险股份有限公司淄博中心支公司】 泰康人寿淄博中心支公司调整经营策略，狠抓业务规模，全年实现规模保费 9668 万元，同比增长 117%；各项赔款累计支出 227 万元。公司进一步加强基础管理，依法合规经营，逐步建立了以经济资本与价值风险管理为基础、以合规体系建设与法律服务为主要内容、以独立内控评价和稽核检查为重要手段，各司其职、互相配合、统一协调的“三位一体”企业全面风险管理框架。企业风险管理框架将事前、事中、事后风险监控有机结合，实施全面的风险内控与合规管理，形成风险预警和风险管理体系，确保泰康人寿快速、健康、有序的发展。2006 年，在新浪财经“2006 网友最信赖的保险公司评选”活动中，泰康人寿位列最信赖的人寿保险公司前三甲，赢得广大客户的信赖和社会大众的支持。（杨小刚）

【天安保险股份有限公司淄博中心支公司】 天安保险淄博中心支公司以做强销售为主线，深入推进战略转型，强化分渠道管理和核算，加强激励考核机制，大力推进销售团队建设，全面提升公司执行力和核心竞争力，实现了持续稳定发展。全年实现保费收入6946万元，理赔给付4642万元，较好地发挥了保险的社会保障和经济补偿作用。

天安保险参加爱心送考生活动

（天安保险淄博中心支公司　供稿）

加强区县机构建设。继续开展优等达标活动，进一步健全客户服务网络，机构优势得以显现。沂源支公司成为天安系统山东省辖内首家获准开业的支公司，桓台、临淄营销服务部等单位蝉联省公司达标单位称号。

增强综合管控能力。公司强化条线垂直管理，理顺管理流程，基础管理水平明显提高。大力推进条线管理标准化建设，先后组织了10余次全市财务、业管、客服等培训活动。建立职能管理部门与区县公司定向联系制度，加强经营成本与效益的核算控制，提高经营效能和服务效率。强化风险管控，认真落实行业协会“自律公约”，深入开展治理商业贿赂活动，全方位提升管控能力。年内，公司被市国税局、市地税局授予A级纳税信用单位称号，被市劳动和社会保障局评为劳动保障诚信单位。

坚持服务创新。不断创新保险服务，在全市范围内开展“理赔直通车”活动，开辟“快捷理赔绿色通道”。充分发挥全国客户服务热线“95505”作用，提供24小时全天候服务。健全完善VIP客户服务系统，并为客户提供承保理赔、防灾防损咨询等超值服务，客服工作再上新台阶。

全面落实“人才先行”战略。推进一把手工程，努力提高管理者的综合素质。开展“做强销售，人才先行”活动和“星火燎原”增员活动，开拓增员思路，积极引进营销人才，壮大队伍。实施了培训支持、工资费用支持和转正政策支持三项重要措施，直销队伍特别是区县机构销售团队建设进一步加强。加强企业文化宣传，先后开展了“目标、责任、团队建设”经理主讲周、“做强战略大讨论”、诚信合规教育等多项主题活动。

（栾庆远）

【新华人寿保险股份有限公司淄博中心支公司】　2006年是新华人寿保险股份有限公司成立10周年。经过10年发展，新华保险成为总资产940多亿元、年度保费超过266亿元、在全国各地拥有1000多家分支机构和14万内外勤员工的大型保险公司。在总公司指导、支持下，新华人寿保险股份有限公司淄博中心支公司全年实现保费收入1.08亿元，市场份额达到6.2%，居淄博市寿险市场前列。总体实力持续提升，拥有7家营销服务部，内外勤员工1400人。

（冯治国）

【永安财产保险股份有限公司淄博中心支公司】　永安财产保险股份有限公司淄博中心支公司于2004年12月28日开业。按照总公司“坚定不移地以效益为中心，坚定不移地调整险种结构”的经营指导思想，开业之初，淄博中心支公司提出了“创业要有高起点，发展要有大空间，信誉要争第一流，服务要有新思路”的总体发展战略。在实际运转过程中，淄博中心支公司强化各项基础管理工作，向管理要效益，以服务求发展，坚持服从监管，严格自律，合法诚信经营，平等竞争，靠规范的经营赢得了良好的信誉。逐步建立健全各项规章制度，开拓创新，拼搏进取，全方位地为客户提供专业优质的服务。坚持以人为本，逐步组建起一支高水平、高素质、敢打硬仗、善于开拓创新的员工队伍。2006年，公司共完成实收保费3816万元，提前超额完成山东分公司下达的全年任务指标，在分公司组织的各项业务竞赛活动中都取得优异成绩。总公司对淄博中心支公司取得的成绩给予了充分肯定和高度赞扬。年内，淄博中心支公司总经理郑青被总公司授予“2005年度全国优秀中心支公司总经理”荣誉称号。

（陈心斌）

永安保险山东分公司在淄博召开区县营销服务部经验交流现场会

（陈心斌　摄）

证　券

【概况】　2006年是证券市场发生深刻变革的一年，中国证监会采取的包括积极稳妥地推进股权分置改革、提高上市公司质量、对证券公司实施综合治理、大力发展机构投资者、加快产品和制度创新、建立健全资本市场法制等一系列改革措施成效显著。中国股市在持续多年低迷之后开始上扬，股市成交量放量增加，各证券交易所网上、网下交投热烈，为证券公司的发展带来难得的机遇。驻淄博的5家证券营业部在各自公司总部的领导下，顺应证券市场的改革与发展，加强内部经营管理，积极拓展业务范围，5家营业部的营业额均实现大幅增长。全年新开股票、基金账户7070户，客户总数超过35万户；股票、基金交易额共计实现576.8亿元，比2005年增长229%。全市证券从业人员200余人，98%以上的人员取得证券从业资格。各证券营业部努力提高服务质量，进一步改进交易手段和交易设施，使交易手段科学、安全、快捷，资金流转方式灵活，为广大投资者提供了丰富的信息资讯及优质的咨询服务。

（孙　毅）

【中信万通证券淄博美食街营业部】　中信万通证券淄博美食

街营业部在规范经营的基础上，积极开发客户，节约各项费用支出，顺利完成客户经理的转型，取得较为可观的经营业绩。全年完成A股和基金交易额60亿元，比2005年增长297%，较好地完成了公司年初制定的各项计划指标。（马　军）

【中信万通证券淄博共青团西路营业部】　2006年，中信万通证券共青团西路营业部在公司统一安排部署下，进行内部机制和薪酬制度改革，大力发展经纪业务，努力拓展市场。年内，开户总数达到10703户，股票、基金交易额59亿元。

（许培明）

【海通证券淄博通济街营业部】　海通证券股份有限公司淄博通济街营业部位于淄川区通济街，下设桓台县服务部。2006年，海通证券公司作为具有创新业务资格的券商，成功发行“海通稳健增值型集合资产管理计划”。淄博通济街营业部作为基层直属营业部，积极参加营销代理工作，并取得500万元的营销业绩。按总公司的部署，完成经纪业务的全面转型改革。对营业部近3万个账户进行梳理，规范了账户管理工作。

（王晓红）

【中信建投证券淄博中心路营业部】　中信建投证券淄博中心路营业部坚持以优质的服务赢得客户，在激烈的市场竞争中树立了良好的社会形象。在认真贯彻执行公司规章制度的前提下，进一步建立健全各项内部管理制度，不断提高员工素质，积极营造进取、向上的良好氛围，增强了员工的凝聚力和向心力。营业部及时抓住开放式基金跨越式发展的机遇，以开放式基金销售为营销的突破口，取得显著成绩。全年共销售开放式基金5700万元，受到山东证监局的好评。营业部全年共实现股票、基金交易额77亿元，年末客户保证金余额较年初增长156%。（仇艳霞）

【齐鲁证券淄博中心营业部】　齐鲁证券有限责任公司淄博中心营业部由原天同证券淄博中心营业部更名而来，位于张店区新村西路，原齐鲁证券淄博中心营业部并为其下辖的一家营业部。中心营业部现管辖淄博地区5家营业部和2家服务部。营业部本着“诚实信用、优质高效、追求卓越”的经营理念，以优雅的投资环境、一流的技术手段、完善的服务措施为客户提供专业化的投资理财服务，市场占有率得到稳步提升。全年新开户数达到2473户，开户总数达到19万户，股票、基金交易额达269亿元。（李　秋）

本部类编　辑：王　娟
副主编：徐　杰
校　对：郭延志
张爱云

·集邮小常识·

影响邮票品相的原因

1. 破损。在撕邮票时，用力过猛，把邮票边缘撕破（在分撕邮票时，按照齿孔多折几次，用力要均匀，不宜过猛）。

2. 折痕。在用镊子夹取邮票时，用力不均，造成折痕。信销票的折痕大多数是因为贴票时或在信件传递过程中受折而出现的（一般的软折痕用水浸泡后重新压平，可以消除）。

3. 齿孔不全。齿孔短缺，有部分漏齿、缺齿、断齿。

4. 揭薄。在揭取邮票时，由于浸泡不透，造成票背纸质受伤变薄或揭成两层。

5. 擦伤。信件在邮递过程中，邮票画面被磨损。

6. 霉点。邮票受潮或背胶变质引起发霉，形成霉点或黑色斑点。

7. 墨渍。墨水或墨汁被弄到邮票上（把食盐放在热水里，将邮票浸泡一下，墨渍会褪去）。

8. 油墨过浓。盖戳时油墨过浓，使邮票图案弄得模糊不清。

9. 指纹。用手拿取邮票时，手指上的油渍或汗液弄脏了画面。

10. 褪色。邮票长时间受灯光或太阳光照射，使原刷色褪色或变色。

（市集邮协会　供稿）

科　　学

科　技

【概况】 2006年，淄博市科技投入实现大幅增长。市级科技投入超过1亿元，投资300多万元建成全国为数不多的多功能科技创新服务平台。自主创新能力显著增强，新增省级工程技术研究中心27家，省级以上工程技术研究中心和企业技术中心突破100家。高新技术产业迅猛发展，成为继青岛、烟台之后全省第三个产业产值过千亿元的城市。全年共承担省级以上各类科技计划99项，其中国家级49项，获得无偿扶持资金11248万元。专利申请量提升至全省第四位，万人发明专利授权量居全省第三位。新材料技术论坛系列活动再获成功。淄博生产力促进中心被科技部认定为2006年全省唯一一家国家级示范生产力促进中心。年内，市科技局荣获山东省科技系统先进集体等荣誉称号。

【高新技术产业】 年内，全市共完成高新技术产业产值1035.38亿元，同比增长31.45%，占全市规模以上工业总产值的比重达到29.1%，比2005年增长2.05个百分点，总量居全省第三位。

充分发挥“两区两基地”（高新区、齐鲁化工区和国家新材料成果转化及产业化基地、国家生物医药产业基地）的辐射带动作用，通过产业规划和政策引导，促进高新技术产业项目向园区、基地集中。高新区批准进区项目、固定资产投资等主要指标实现质与量的同步增长。齐鲁化工区坚持以项目带设施，以项目促决策，丰富完善园区规划，进区项目达到80个，年可实现销售收入105.2亿元，利税14.3亿元，已建成全省唯一一家完整具备化工企业配套设施的专业园区。截至年底，全市新材料基地骨干企业产值达到471.5亿元，生物医药基地企业产值达到72.5亿元，新材料和生物医药产业已成为淄博市高新技术产业的重要支柱。

组织实施重大科技专项成效显著。2006年，全市共承担省级以上各类科技计划99项，其中国家级49项，获得无偿扶持资金11248万元。山东东岳集团承担的“全氟离子交换膜工程技术研究”被列入国家“十一五”科技支撑计划重大项目，获得无偿扶持资金8500万元，打破全省申报国家科技重大项目的记录，改写了单一企业的单一项目在国家争取扶持资金额度的记录。山东科汇电气股份有限公司的“变速直驱开关磁阻风力发电系统开发”项目被科技部列为国际科技合作重点项目，实现淄博市国际科技合作的重大突破。

利用高新技术和先进适用技术改造提升传统产业，推动整体产业升级。加大信息技术推广应用力度，以信息化带动工业化。全市共拥有制造业信息化示范试点企业14家，其中省级8家，示范县1家。同时，以高技术、高附加值产品研制为重点，加快产品升级换代；以节能降耗和环境保护为重点，推广应用一批新工艺、新装备。

高新技术企业数量迅速膨胀，实力增强。年内，新增高新技术企业53家，总数达到353家，居全省第三位。其中，国家重点高新技术企业达到29家。

【创新型城市建设】 3月27日，淄博市委、市政府召开全市科学技术大会。制发《淄博市中长期科学和技术发展规划纲要（2006～2020年）》和《中共淄博市委、淄博市人民政府关于实施科技规划纲要建设创新型城市的决定》，对进一步加强科技自主创新、建设创新型城市作了全面规划和部署。2006年市级财政投入超过1亿元，实现历史性突破。一是不断加大应用技术研发资金（科技三项费用）的投入，支持企业重大应用技术的研发。全市应用技术研发资金达4200万元，占同级

全市科学技术大会在淄博人民会堂隆重召开
（陈　伟　摄）

财政预算支出的2%，共支持应用技术研发项目85项。二是加大重点培育力度，一次向山东东岳集团承担的国家“863”重大科技项目投入5000万元专项扶持资金。三是建立工程技术（研究）中心专项资金、科技型中小企业创新发展专项基金和专利发展专项资金，引导和支持企业建设工程技术研究中心和企业技术中心，开展技术创新活动以及创造和申请专利。年内，对新认定批准的省级以上工程技术研究中心和企业技术中心给予1140万元的奖励，对9家科技型中小企业拨付创新发展专项基金180万元，向69家企业发放专利奖励资金100万元。四是加大对科技成果奖励的额度。新修订的《淄博市科技进步奖励办法》将市级科技进步奖励一、二、三等奖

奖金额度分别提高到 3 万元、2 万元、1 万元。

【科技创新】 一是围绕增强企业核心竞争力，加快企业研发平台建设。在对全市重点领域、重点企业进行充分调研的基础上，制发《淄博市市级工程技术研究中心管理暂行办法》，审批市级工程技术研究中心 38 家。全市新增省级工程技术研究中心 27 家，省级以上工程技术研究中心和企业技术中心达到 100 家，其中国家级 5 家。截至年底，全市限额以上工业企业共建立企业科技创新研发机构 600 余家。二是整合区域科技资源，加快建设科技创新服务平台。年内，加大淄博市科技创新服务中心建设力度，初步建立起集专利、成果、科技文献信息资源和科技数据资源等科技信息与文献信息共享服务平台；依托北京、上海、天津三大技术产权交易机构，初步建立起重点科研院所的科技成果转化及技术转移公共服务平台。淄博生产力促进中心被国家科技部认定为国家级示范生产力促进中心，标志着淄博的生产力促进中心工作跨入全国前列。建立科技咨询、科技培训、专利申请等各类科技服务机构，全市技术创新服务机构达 26 家，科技服务网络体系初步形成。三是提升区域创新能力，加快建设科技创业孵化平台。高新区创业服务中心二期工程全面建成，拥有孵化面积 8.7 万平方米，在孵企业 203 家，销售收入达 6 亿元。拥有专利技术 246 项，转化“863”成果 6 项，博士、教授等高层次人才和留学归国人员前来领办、创办、参与投资、联合新创的企业 48 家，产值过千万元的企业 8 家。淄博民营科技创业园、齐鲁石化国际工业园、新华国际工业园和淄博高新区高科技产业园等产业园区的建设日臻完善。

【2006 中国(淄博)新材料技术论坛暨国际科技成果招商洽谈会】 2006 中国(淄博)新材料技术论坛暨国际科技成果招商洽谈会以构筑国际新材料领域科技成果交流转化机制和全市招商引智、科技创新平台为目标，突出新材料技术论坛、院士专家淄博科技行、国际科技成果招商洽谈会以及国家“863”计划新材料领域重点成果推介洽谈会等四大主体活动。中国工程院副院长邬贺铨作题为《新型工业化之路与自主创新》的主

2006 中国(淄博)新材料技术论坛暨国际科技成果招商洽谈会开幕式现场　　(张庆林　摄)

题报告。国家“863”计划新材料领域重点成果推介洽谈会就新材料领域的 210 项重点成果进行推介和洽谈。活动期间，共对接洽谈项目 1085 项，签订技术合作项目 502 项，可带动科技投入和高新技术产业投资 53.6 亿元。在签约项目中，院士项目 31 项，国际技术合作项目 55 项，“863”计划重点项目 84 项。所签项目涉及新材料、新药及生物技术、电子信息、光机电一体化、资源节约、节能降耗、环境保护、农业高新技术等十几个领域。

【知识产权保护】 年内，全市申请国内专利 2788 件，同比增长 49.49%；专利授权 1018 件，同比增长 50.59%。万人发明专利授权量达到 0.3047 件，专利申请和授权实现新突破。全年共完成重要科技成果 147 项，其中达到国际领先或国际先进水平的 26 项，填补国内空白、达到国内领先或国内先进水平的 121 项。全市科技工作的综合实力得到进一步提高。一是加快知识产权法规建设步伐，政策导向力度进一步增强。《淄博市专利管理条例》于 9 月 1 日正式实施。依法设立专利发展专项资金，出台新的《淄博市专利发展专项资金管理暂行办法》。二是知识产权试点工作全面展开。继 2005 年国家知识产权局批准淄博市为国家知识产权试点城市后，淄博信通电器有限公司被确定为省级试点企业，山东东岳氟硅材料产业园区为山东省专利园区，桓台县为省级试点区县。淄博市被列为山东省全方位知识产权试点工作城市。三是积极开展保护知识产权专项执法行动，营造自主知识产权创新的法治环境。

【服务“三农”】 一是抓好重点工程建设。对全市的农业科技现状，农业、农村、农民科技工作的需求，以及社会主义新农村建设的科技支撑体系的重点内容、主要任务等进行深入调研，重点抓好农业良种产业化开发、农产品加工产业群建设、农业科技创新平台建设、农业科技特派员技术推广、农业科技培训、农业科技园区建设等六大科技产业工程。二是继续深入开展文化科技卫生“三下乡”活动。引进和推广农业新技术、新品种，调整优化农业结构，提高农业综合生产能力。市、县两级开展各类活动 100 多项，接受各类咨询 27 万人次，发放技术资料、宣传品等 25 万份。组织开展了以“携手建设创新型国家”为主题的 2006 年科技活动周活动。结合农村劳动力转移培训工作，组织开展星火技术培训，加快建立人才保证体系。建成 3000 平方米的星火培训中心和 6 个培训学校，70% 的乡镇企业有星火培训场所，80% 的行政村有培训点。全市农业、蔬菜、林果等优良品种普及率达 98% 以上。三是农业科技项目立项和申报工作。在市级科技计划中，重点安排农作物良种推广、农业先进技术、生物农药等 29 个农业科技项目，扶持资金 405 万元。争取山东省自主创新农业重大科技专项计划 3 项，省农业良种产业化工程计划 4 项，省农业科技成果转化资金项目 1 项，省农业科技发展计划项目 5 项，共获得无偿扶持资金 404 万元。

附：　2006 年市科学技术进步奖获奖项目一等奖名单

1. 面向质量目标的统计公差技术、系统开发及应用
   完成单位：山东理工大学
   完成人员：张　宇　杨慕升　李晓沛
2. 真空半固态熔覆长寿命造纸打浆磨盘制造技术的研究开发
   完成单位：山东晨钟机械股份有限公司
   完成人员：田立忠　陈蕴博　褚作明　齐吉福　周善亮
3. 厚朴排气合剂
   完成单位：山东瑞阳制药有限公司
   完成人员：赵玉山　任正伟　李　广　王洛玉　王子伟
4. 超千米深井复杂地层硐室与巷道支护技术
   完成单位：淄博矿业集团有限责任公司唐口煤矿

完成人员:张寿利　林登阁　赵景忠　王明远　孙希奎

5. T－905 电力电缆故障测距仪

完成单位:淄博科汇电气有限公司

完成人员:宫士营　徐丙垠　丁　鹏　柯　敬　刘领校

6. FXBW－1000/210－～530(210～530z)棒形悬式复合绝缘子

完成单位:淄博泰光电力器材厂

完成人员:滕国利　张立华　魏　宁　郭元吉　滕　娜

7. 高温气体净化用多孔陶瓷过滤元件的研制

完成单位:山东理工大学

完成人员:田贵山　张新义　唐竹兴　孟凡涛　李家亮

8. 呋喃铵盐试制与开发

完成单位:山东金城医药化工有限公司

完成人员:郑庚修　侯乐伟　刘承平　周文峰　张学波

9. 超高抗冲聚丙烯树脂 SP179 的开发

完成单位:中国石化齐鲁股份有限公司

完成人员:石志俭　赵英奎　连业波　谭洪生　侯和珂

10. 超级免熨烫色织衬衫面料工艺研究及衬衫褶裥的定型技术

完成单位:鲁泰纺织股份有限公司

完成人员:(一)王方水　张建祥　吕文泉　李　磊　马鹏程

(二)秦　达　田晓丽　刘金宁　高　民　宋海燕

(臧金强　陈　伟)

科　协

【科普工作】 是年,认真组织实施"科普村村通"工程,完成省十大民心工程建设任务。截至 10 月底,全市共建科普宣传栏 3266 个,市及各区县科协均被评为全省科协先进单位。以周村区为全省试点区县,大力推进"一站、一栏、一员"(即科普活动站、科普宣传栏、科普宣传员)建设。全区共建成科普活动点 120 余处,覆盖面达 60%,为"三个一"(即一份报纸、一份杂志、一本好书)建设在全市的全面铺开奠定良好基础。以"携手建设创新型国家"为主题,全市 8 个区县科协,60 余个乡镇科协,20 余家学会、协会,120 余所中小学等同步开展科技周活动。通过科技下乡、校园科技、科普展览、科普影视放映等多种形式,组织各类宣传点近 200 余处,参与科技工作者 5000 余名,70 余万人接受科普教育。继续实施"农村科技带头人"培训带动工程,加强科普队伍建设。年内,全市建成科普示范基地 16 个,其中沂源县大张庄镇 333 公顷红提葡萄示范基地和张店区南定镇科普示范基地被评为省级科普示范基地项目。争取第一批科技惠农项目扶持资金 20 万元。先后组织农林、水利、农机、蔬菜、畜牧、卫生等农村实用技术专家、教授实地培训授课 160 场,下乡科技人员 2740 人次,发放宣传资料 80 万份。突出城区科普工作,抓住全国科普日活动的契机,围绕"预防疾病,科学生活及节约能源"的主题,全市各级科协共组织展览 5 次,召集科普志愿者举办社会公益科普活动 14 次,邀请教授、科学家举办知识讲座,6 万余人参加。

【青少年科普】 年内,组织 2006 年度全市青少年科技创新大赛、全国青少年信息学奥林匹克竞赛。市科协被评为省奥赛优秀组织奖,张店区实验中学被命名为省奥赛金牌学校。继续实施"大手拉小手"科技传播活动,邀请专家教授、青少年科普优秀工作者作巡回报告。大力加强创建科普示范学校工作,淄博实验中学等 4 所学校被省教育厅和省科协命名为山东省科普示范学校。举办中国古典数学益智玩具展、大型动漫科普展、声光电物理知识互动实物展、走进科学——古今动物总动员等大型展览 5 次,有近 6 万名青少年参加。市科协与市地震局、市教育局联合为博山一中、沂源县历山中学等 4 处学校举行了省级地震科普示范学校挂牌仪式。

【企业科协工作】 深入开展以技术创新工程为主题的"讲创新、比贡献"竞赛活动,共评审表彰技术创新项目一等奖 22 项、二等奖 21 项、三等奖 21 项,解决技术难题 1350 个,提合理化建议 14500 余条,创经济效益 1.35 亿元。继续开展好科普车间创建活动,山东东大化学工业有限公司环氧丙烷厂聚醚车间和山东铝业股份有限公司电解铝厂电解二车间被命名为山东省科普车间。制定下发《关于在非国有企业中加强科协组织建设的意见》,举办发展循环经济建设资源节约与环境友好型社会的大型科普展览,提高了企业科协的凝聚力。

【学会改革】 年内,成立市营养学会、市刮痧协会和消防协会咨询委员会,开通消防科技服务咨询热线电话,并成立淄博消防网站。大力开展学术交流活动,市医学会组织"医院管理高层论坛"报告会,邀请台湾著名医院管理专家陈俊贤作报告,全市医疗行业 260 人参加讨论。市土木建筑学会邀请中国建筑学会副理事长、中国建筑设计院副院长、总建筑师崔恺举办了城市建筑设计文化、审判、交流、使命等"以人为本"的设计理论讲座。全市共举办学术交流会、报告会、专家讲座 80 余场次,交流论文 3000 余篇;举办各种培训活动 20 余次,参加人数 5 万余人;编辑出版学术期刊和科普丛书资料 5 种,发行 1 万余册。

【市第九届青年科技奖评选】 12 月,市委组织部、市人事局、市科协联合组织开展全市第九届青年科技奖评选工作,42 名科技工作者获淄博市青年科技奖。

【食用菌协会获殊荣】 年内,淄博市食用菌协会以基地为依托,积极引导食用菌龙头企业和菇农走股份合作、自愿联合的食用菌专业合作之路,大幅度提高了食用菌生产的效益。市食用菌协会被中国食用菌协会授予全国食用菌工作先进集体荣誉称号,协会理事长于根亭被评为全国食用菌工作先进个人。

(王　鹏)

社 会 科 学

【理论研讨活动】 2 月,山东省民俗学会学术年会在淄博召开。1～7 月,市社科联与市委宣传部等部门联合开展"'十一五'淄博经济社会发展面临的突出问题及对策研讨"活动。期间,共收到全市 46 个单位、200 多个集体和个人提交的调研成果 127 个。经专家评审,评出一等奖 39 项、二等奖 65 项、三等奖 23 项。活动结束后,主办单位编辑出版《"十一五"淄博科学发展研究》一书。10～12 月,市社科联会同市委宣传部举办 2006 年度全市社会科学课题研究成果展示活动,共展示已通过鉴定或完稿的省部级、市级和各区县重点社科课题 52 项。年内,组织参加了省社科联举办的"科学发展观与中国现代化发展理论创新”“科学发展观与转变经济增长方式”“科学发展观与建设社会主义新农村”“科学发展观与积极推进自主创新”等学术年会。

【社会科学普及周活动】 6月24日至7月7日，市社科联与市委宣传部等11个单位联合举办2006年淄博市社会科学普及周活动。活动围绕树立和落实科学发展观、建设社会主义新农村主题，组织社科界和有关单位运用多种形式，宣传社会主义新农村建设的战略部署、重要意义、政策措施和先进典型。是年，市委宣传部、市社科联被省委宣传部和省社科联评为2006年山东省社会科学普及周活动先进集体。

市社科普及周开幕式现场　（市社科联　供稿）

【创办“齐鲁讲坛”淄博分坛】 是年，根据省委宣传部、省社科联的部署，整合全市社科类讲座、讲坛资源，规范讲座秩序，创办了“齐鲁讲坛”淄博分坛。成立“齐鲁讲坛”淄博分坛领导小组和管理办公室，制定下发《“齐鲁讲坛”淄博分坛实施方案》《“齐鲁讲坛”淄博分坛管理制度》和《“齐鲁讲坛”淄博分坛高端讲座计划》，建立了“齐鲁讲坛”淄博分坛讲师库和讲题库。在张店、临淄、桓台和山东理工大学、淄博职业学院试设5个分坛。6月8日，“齐鲁讲坛”淄博分坛正式开坛并举行首场报告会。年内，5个分坛共举办各类讲座21场。

“齐鲁讲坛”淄博分坛举办讲座

（市社科联　供稿）

【市第十九次社科优秀成果奖评选】 7～8月，市社科联组织开展淄博市第十九次社科优秀成果奖评选活动。全市共申报成果163项，经学科组评选推荐、市评选委员会审核，评出获奖成果124项，其中市决策咨询优秀成果奖2项、一等奖11项、二等奖43项、三等奖68项。

【创办《社科成果要报》】 9月，创办《社科成果要报》。精选社科界最新的优秀研究成果，摘其主要内容不定期推介给各级领导和有关部门，供决策参考。

【《淄博社会科学文库》理论丛书第二套出版】 《淄博社会科学文库》是反映全市哲学社会科学领域工作成果的社科理论丛书。内容包括马克思主义基本理论研究、淄博经济社会发展重大理论与实践问题研究、淄博地域文化研究等。年内完成了第二套13分册、300余万字理论丛书的编辑出版。

【《淄博社会科学》理论期刊】 《淄博社会科学》理论期刊是全市社会科学的重要宣传阵地。年内，编辑出版6期约80万字的双月刊，并增印了《“建设先进文化，构建和谐社会”调研报告专集》和《全市回顾“十五”辉煌成就，展望“十一五”美好前景征文专集》。通过开办“社会主义荣辱观教育”“深入学习《江泽民》文选”“学习十六届六中全会精神”“决策参考”“工作研究”“建设社会主义新农村”“社科工作”“稷下论坛”“教育园地”“文史哲”等栏目，宣传社科理论，指导各项工作。

【学会工作】 3月15日，市社科联召开四届三次全委扩大会议，部署2006年学会工作任务。6～8月，开展社科学会建设状况调研活动。重点调研学会业务和组织建设情况，准确掌握全市社科学会的现状、工作开展情况和存在的问题与困难。在调研的基础上，对所属学会、协会、研究会的会员进行重新登记，为会员新办、补办会员证。11月24日，召开“推广市工人运动研究会工作经验现场会”。11～12月，在所属社科学会开展2006年度先进学会、优秀学会工作者、先进学会挂靠单位评选活动，对27个先进学会、28个优秀学会工作者、19个先进学会挂靠单位进行了表彰。

市社科联四届三次全委(扩大)会议

（市社科联　供稿）

附：

市决策咨询优秀成果奖和一等奖获奖名单

奖　项	成　果　名　称	作　　者
市决策咨询优秀成果奖	关于规范机关补贴 加快"阳光财政"建设的调查	张承友　王修德　李　卫
	关于加快淄博旅游产业发展的建议案	市政协课题组
一等奖	创建文明城市中几个突出问题的调查分析	张道国　张云鼎　王洪云
	《邓小平社会主义政治文明思想导论》	张子礼　房晓军
	从培养接班人的高度加强和改进大学生思想政治教育工作	明子夫
	生物产业：国民经济新的增长极	颜景策　黄小蕙
	论农业国际化与农业现代化的互动机制	曹俊杰　王学真
	努力提高农民医疗保障水平——淄博市新型农村合作医疗制度建设的调查与思考	宋金萍
	《社会主义市场经济条件下职业教育研究》	杜吉泽　王呈璋　于京波
	如何科学评比我国学刊	尹玉吉　宫庆新
	山东省乡镇社区体育的调查研究	张永军
	《考工记》的工艺美学思想	张　越
	齐国兵学与先秦兵学文化中心	于孔宝

附：

山东省第二十次社科优秀成果奖淄博市获奖名单

奖　项	成　果　名　称	作　　者
二等奖	社会发展精神特性论	栾贻信　袁俊平
	东亚地区汇率波动的理论与实证研究	王学真
	G－3 汇率波动对发展中国家和地区的货币稳定的影响	李　平　范跃进
三等奖	山东省淄博地区中小学心理健康调查及对策研究报告	张子礼　张　朝　于宗富
	社会哲学新论	张洪兴
	远古的华夏族	周光华

（崔兴堂）

地震监测

【淄博市第一个防震减灾五年规划编制完成】《淄博市防震减灾"十一五"规划》是全市第一个防震减灾五年规划。规划在总结淄博市防震减灾工作经验的基础上，经过反复论证，广泛征求意见。11月6日，经市政府第56次常务会议审议通过，以淄政发〔2006〕125号文件印发。

（张义堂　张志毅）

【加强地震监测设施保护】　为贯彻落实《地震监测管理条例》，进一步加强地震监测保护工作，市政府办公厅印发《关于加强地震监测设施和地震观测环境保护的通知》。该通知作为部署地震监测专项保护文件出台，在全省尚属首次。

【淄博—青州交界小震活动调查研究课题通过验收】　根据8月至10月淄博与青州一带多次发生震动，淄博市地震局申报

副市长饶明忠在地震流动台演练现场视察工作

（市地震局　供稿）

并组织完成山东省地震局合同制项目《淄博—青州交界小震活动调查研究》。通过深入调查，排除该区域天然地震频繁发生的情况，对淄博市及邻区地震活动有了更加深入的认识。

（罗玉芹）

【执法检查】 为贯彻落实《中华人民共和国防震减灾法》和省、市《地震安全性评价管理办法》，市地震局组织了全市抗震设防要求执行情况执法检查。检查历时两个月，发出通知300余份，抽查40多家单位，查处违法行为9起，为30余家建设单位办理抗震设防要求管理手续。

【地震应急工作】 年内，购置用于地震流动监测和现场指挥的高性能越野车，配备相关辅助设备，进行多次流动应急演练并参加全省军地地震应急演练。完成淄博市地震应急预案和全市地震系统应急预案修订。对全市乡镇不同类型的现状房屋进行实景拍照，搜集照片1200余幅，为震害评估和震后救援提供了基础资料。

【《张店中心城区地震灾害疏散应急规划》】 《张店中心城区地震灾害疏散应急规划》被列为市政府2006年重点项目，并于年内启动。是年，全面完成数据搜集任务，编制工作取得阶段性成果。

（何　斌）

【市防震减灾科普教育基地进行学生避震演练】 年内，在市防震减灾科普教育基地对学生进行避震演练。演练分为室内避震、疏散撤离及伤员救护等项目，共有100多人参加演练。全市8所地震科普示范学校派员观摩，市、区各有关部门领导参加观摩。

【防震减灾宣传】 年内，市委宣传部与市地震局联合印发《关于加强防震减灾宣传工作的意见》，对防震减灾宣传工作进行部署。在《中华人民共和国防震减灾法》颁布实施8周年之际，《淄博日报》刊登分管市长纪念文章，并用半个版面刊登地震科普文章。市地震局与市教育局、市科协对新选定的张店南定中学等4所市级防震减灾科普示范学校进行授牌，发放地震科普知识手册4000册。各区县科技（地震）局进行了同步宣传。

（杨玉孝）

【2006年淄博及邻区地震目录】

序号	时间				地点			震级	备注
	月	日	时	分	北纬	东经	位置	ML	
1	01	03	03	04	37.25	117.40	惠民	2.1	
2	04	14	19	08	36.73	118.40	青州	2.4	
3	04	25	23	53	36.63	118.27	青州	2.8	
4	05	22	17	50	36.50	117.97	淄川	2.3	
5	06	27	07	06	35.95	118.30	沂源	3.4	有感
6	07	01	01	54	36.17	117.75	莱芜	2.4	
7	07	01	02	58	36.17	117.77	莱芜	2.4	
8	07	06	01	00	36.78	118.32	临淄	2.4	
9	07	10	17	23	37.38	118.57	东营	2.5	
10	07	16	23	40	36.77	118.30	临淄	2.3	
11	07	17	07	26	36.70	118.42	青州	2.3	
12	07	28	01	39	36.97	118.32	临淄	2.2	
13	09	23	00	44	36.28	117.67	莱芜	1.8	
14	09	23	00	44	36.28	117.67	莱芜	1.9	

（王洪水）

气　象

【气候特点】 2006年，全市总的气候特点是：气温偏高，降水、日照偏少，部分时段和地区气温、降水、日照等要素出现历史极值。四季的气候特点：冬季（2005年12月～2006年2月）温度起伏明显，降水、日照偏少；春季回暖快，降水前期偏少、后期偏多，光照比较充足；夏季气温偏高，盛夏出现高温酷热天气，汛期降水少且时空分布不均，光照不足；秋季气温异常偏高，初霜期偏晚，中期降水偏少，后期光照不足。年内，出现干旱、大风、暴雨、冰雹、大雾等气象灾害，其中干旱、冰雹、大风等灾害对农作物影响较大，但总体灾情较轻。从全年总的气候状况来看属正常年份。

气温：全市年平均气温14.5℃，较2005年偏高0.9℃，较常年偏高1.5℃。全市年平均气温在13.6℃～15.7℃之间，张店年平均气温全市最高，沂源最低，全市各地较常年偏高幅度在0.7℃～2.2℃之间。除周村气象记录年代较短外，张店、博山、沂源年平均气温创40年来最高记录，淄川平均气温与1998年并列为最高记录值，桓台平均气温仅次于2004年，临淄、高青平均气温分别居本地有记录以来的第三位和第七位。从全市平均来看，年平均气温与1998年、2002年平均气温并列为有记录以来的最高值。全市年极端最高气温39.0℃（出现在张店，6月19日），是自1980年以来与1988年并列的第三个高值年份；年极端最低气温－14.3℃（临淄，2月4日）。2006年属气温异常偏高年份。日最高气温≥35℃的日数全市平均9天。高温时段主要出现在6月中下旬和8月上旬末至中旬前期。夏季虽然出现酷热天气，但维持时间较2005年短，程度偏轻。日最低气温≤－10℃的日数全市平均4天，张店未出现日最低气温≤－10℃的日数，其他区县出现2～6天，阶段性的低温天气以2月上旬最为突出。从各月气温的变化情况来看,各月平均气温均较常年偏高,1月、3月、5~6月、10~11月气温较常年偏高幅度较大,其他各月偏高幅度相对较小,其中11月是正距平最大的月份,10月平均气温创40年来历史最高记录。

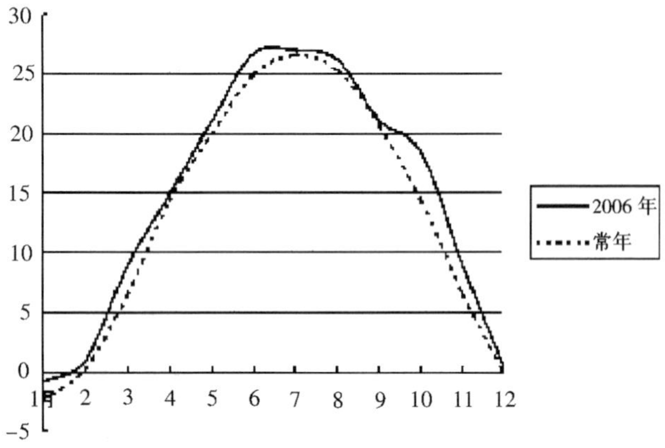

2006年全市各站月平均气温演变图(℃)

降水:全市年平均降水量442.6毫米,较2005年偏少381.2毫米,较常年偏少183.2毫米。沂源年平均降水量610.1毫米为全市最多,张店年平均降水量318.8毫米为全市最少,博山、高青年平均降水量分别为515.7毫米和527.7毫米,其他区县年平均降水量在334.5~453.8毫米之间,全市各地年降水量较常年偏少幅度在58.1~290.3毫米之间。其中,临淄年降水量334.5毫米,创本地最小记录;张店、淄川为历史次小值。2006年属降水偏少年份,综合考虑气温和降水2个因素,2006年属严重偏旱年份。从各月降水情况看,仅5月较常年偏多,其他各月均较常年偏少,其中7月偏少最多。全年日降水量≥0.1毫米的日数全市平均68天,较2005年少2天,博山最多74天,高青最少59天。8月下旬降水日数最多,全市平均6天,是全年降水最集中的时段。全年8个测站累计出现暴雨(日降水量≥50毫米)6站次,比2005年少22站次。其中,沂源出现3次、高青2次、桓台1次,其他区县没有出现暴雨。暴雨最早出现在6月14日,8月29日是最后一次暴雨过程。全年日最大降水量103.5毫米(高青,8月9日)。从全年降水情况看,农作物生长季节雨水偏少,部

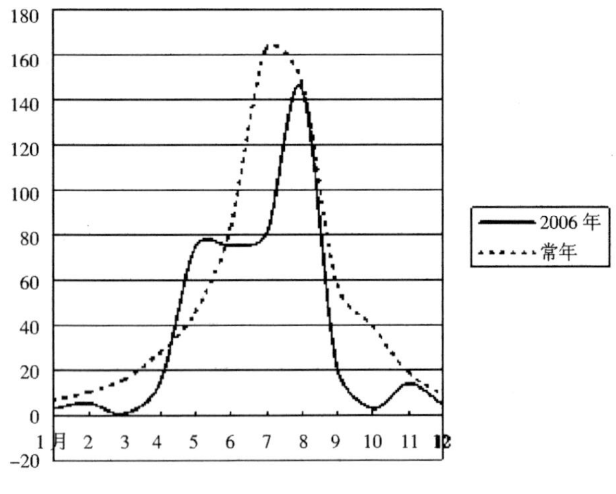

2006年全市各站平均月降水量演变图(毫米)

分时段出现干旱。

日照:2006年全市平均年日照时数2006小时,较2005年偏少310小时,较常年偏少495小时。沂源年日照时数最多为2193小时,博山最少1541小时,其他区县1917~2177小时。博山、高青、张店突破历史最小值。从各月日照分布看,3月接近常年略偏多,其他各月均偏少。偏少明显的时段主要集中在1月、7月、8月和11月,其中1月偏少最多,11月下旬为全年各时段最少。

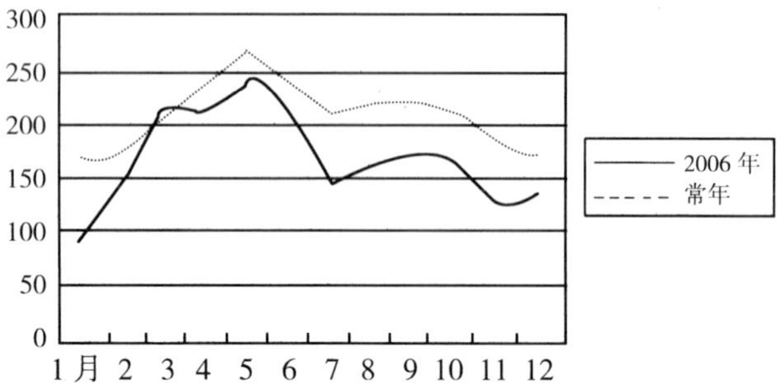

2006年全市各站平均月日照时数演变图(小时)

湿度:张店年平均相对湿度为56%,终霜日为3月2日,初霜日为11月29日,全年无霜期271天。

风向风速:张店年最多风向为西南风,极大风速16.7米/秒。

【气象灾害】 2006年,影响全市的气象灾害主要有干旱、冰雹、雷雨大风和暴雨天气等。

干旱:4月中下旬至5月下旬、7月和11月,全市出现不同程度的干旱,给农作物生长发育造成不利影响。3月、4月降水偏少,至4月中下旬旱情持续发展,全市约13300公顷小麦受到较大的不利影响,约13300公顷春田不能适期播种。春旱造成农田灌溉次数增加,消耗大量水资源,增加了生产成本。

7月,全市除沂源、博山降水量接近常年外,大部分地区降水明显偏少,加之气温偏高,土壤失墒快,至7月下旬初全市玉米等农作物轻旱面积达73000公顷,其中旱情较重的46700公顷。7月下旬末至8月上旬初全市出现较大降水,墒情得到改善。

进入秋季后,全市降水稀少,尤其是9月下旬至11月中旬,除博山10月中旬降水16.9毫米外,其他区县多为无效降水,桓台最长连续无降水日数长达59天(9月26日至11月23日)。由于长期少雨,加之10月份以来气温持续较常年偏高,土壤含水量不断下降。至11月中旬,全市小麦受旱面积23700公顷,其中旱情较重的5800公顷。

冰雹:6月5日16时左右,淄川区张庄乡10个自然村出现冰雹灾害,冰雹最大直径0.4厘米,最长持续时间8分钟,雨量27.7毫米。小麦受灾面积130公顷,减产10%~20%,经济损失15万元;林果受灾2公顷,估计损失20万公斤,经济损失20万元。此次灾害累计经济损失35万元。

6月16日21时30分至21时37分,高青县花沟镇榆林管区出现冰雹灾害,冰雹最大直径1厘米,最长持续时间7分钟。蔬菜、棉花等农作物受灾面积166.7公顷,桃树受灾面积26.7公顷,经济损失580万元。此外,高青县田镇镇6月16日21时45分至22时出现冰雹,冰雹最大直径1厘米,最长持续时间15分钟,基本未成灾。

6月17日18时左右，沂源县中庄镇西柳峪村、焦家上庄村水库附近、社庄村出现雹灾。冰雹最大直径1.5厘米，持续时间10到15分钟，无大风。此次灾害主要受灾作物为苹果，受灾面积70公顷，造成苹果少数落果，大部分为外部损伤，使果品外观质量受到较重影响，影响果品价格，从而造成较重的经济损失，估计损失约500万元。

6月27日19时左右，沂源县燕崖乡出现冰雹灾害。冰雹最大直径3厘米，最长持续时间10分钟左右。沂源县燕崖乡12个村受灾，受灾人口1万人。苹果受灾133.3公顷，葡萄86.7公顷，桃、李子53.3公顷，黄烟13.3公顷，减产20%～30%，经济损失640万元。

雷雨大风：6月7日17时18分，高青县出现雷雨大风天气，持续时间11分钟，极大风速为24.0米/秒，过程降水量为11.4毫米。高青县小麦倒伏面积1900公顷，桃园受灾面积3.53公顷，被毁大棚10个，损坏树木870棵，经济损失400万元。

8月3日16时17分至20时00分，周村区出现雷雨大风天气，大风出现时段为17时12分到17时25分，极大风速26.2米/秒，17时至18时1小时降水量达到30.3毫米。造成全区1870公顷玉米农田不同程度倒伏，直接经济损失235万元。

8月3日18点10分至12分，高青县遭受大风袭击，极大风速达24.0米/秒，降水量20.7毫米。造成部分玉米、棉花倒伏，受灾面积为2000公顷，造成直接损失8万元。

暴雨：7月31日下午至8月1日晨，博山区北博山镇、南博山镇、石马镇、源泉镇等乡镇出现暴雨、大风灾害。7月31日17时至8月1日6时，源泉降水量47.4毫米，极大风速15.5米/秒；南博山降水量54.6毫米，极大风速15.7米/秒；石马降水量50.3毫米，极大风速26.8米/秒；八陡降水量34.7毫米，极大风速31.5米/秒。北博山镇、南博山镇、石马镇、源泉镇等乡镇的34个村受灾较重。出现果树果实脱落、玉米等高秆作物倒伏、小面积黄烟受灾和房屋倒塌、损坏等灾情。全区农作物受灾面积853.3公顷，倒塌房屋213间，直接经济损失562.2万元。

8月14日16时至21时，临淄区边河乡降水140.8毫米，出现暴雨灾害。倒塌房屋10户28间，经济损失约10万元；玉米受灾31.2公顷，经济损失28.08万元。

【气象服务】 加强对暴雨、冰雹、雷雨、大风、高低温、寒潮、大雾等关键性、转折性、灾害性天气的预报预警服务工作。全年共向市委、市政府报送呈阅件8次、各类重要天气公报77份、气象信息84份，为政府抢险救灾、指挥生产提供了科学的决策依据。市委、市政府领导先后11次在市气象局报送的服务材料上作出批示，对气象工作给予高度评价。完善重要天气新闻发布会制度，及时向市内主要媒体通报灾害性天气预警信号和重要天气预报信息。全年共向媒体发布各类预警信号91次，召开新闻发布会5次。在元旦、春节、“五一”“十一”等节假日前制作发布节日天气公报，向社会各界提供节日期间天气趋势预报服务，为各行各业和广大市民节日出行提供可靠的气象保障。

深入校园开展科普宣传　　　　（董庆岳　摄）

【气象工作】 11月16日，市政府印发《淄博市人民政府关于加快气象事业发展的意见》，确定“十一五”期间全市气象事业发展的主要目标和任务，提出到2010年要基本建成结构布局合理、功能完善的综合气象观测系统、气象预报预测系统、公共气象服务系统和科技支撑保障系统，气象现代化建设水平、科技创新能力和气象保障服务能力达到省内先进水平。

新建成的博山石马自动气象站　（董庆岳　摄）

完成气象业务技术体制改革阶段性建设任务。根据省气象局的统一部署，对市及区县局组织机构进行调整，市局设办公室、业务科技科、人事教育科3个内设机构，设气象台、气象科技服务中心（专业气象台）、雷电防护技术服务中心、人工影响天气办公室和财务结算中心5个直属单位；县局下设办公室、气象台、防雷中心、气象科技服务中心4个单位。通过组织机构调整，为进一步推进气象业务技术体制改革，健全6条轨道业务（天气、气候、生态与农业气象、大气成分、人工影响天气和雷电）和6大保障体系（综合观测、预报预测、公共气象服务、信息与技术保障、气象科技创新、教育培训)建设奠定了基础。

完成全市53个四要素(气温、降水、风向、风速)区域气象观测站建设任务。3月至6月底,根据省气象局统一规划,在全市范围内建设53个区域自动气象观测站。为按期完成建设任务,市气象局多次部署、协调,先后制定了《淄博市区域天气观测站建设实施方案》《淄博市区域天气观测站选址指导意见》《关于加密站址选择需要注意的问题》等文件。全市53个区域气象观测站在6月底前全部完工,投入业务使用,并在汛期发挥积极作用。

基础业务质量稳中有升。年内,全市气象部门共创全国地面气象测报优质集体2个、优秀测报员6个、优质百班40个。测报、农气、酸雨三项错情率为0.0‰,市局连续10年业务目标考核达一级,被省气象局授予业务明星单位称号。在全省气象部门综合目标考核中淄博市局位居全省第三位,实现历史性突破。

全市气象部门台站综合改造取得新进展。周村区气象局新址投入业务使用,临淄区气象局新址开工建设,市气象局业务系统搬迁工程获得市政府批准立项。桓台、淄川、博山、沂源等区县气象局综合环境得到进一步改善。

认真贯彻各项气象法律法规,气象行政水平不断提高。从2月下旬至5月上旬,针对易燃易爆品、危化场所以及重要企事业单位,组织开展防雷检测,共检测335家。开展新建建筑物防雷工程的审核备案工作,从源头上抓好防雷减灾工作,年内在市行政服务中心气象窗口审核备案的新建建筑物防雷工程达235项。组织开展施放氢气球专项执法检查37起,查处封存违法物品20余件。在市行政服务中心组织的第二次“百家企业评窗口”活动中,气象局行政审批窗口满意率为100%。

【人工影响天气】 2006年,全市人工影响天气工作水平不断提高,在防雹减灾、增雨抗旱中发挥积极作用。加强人工影响天气培训和管理工作,3月29日至4月2日,在淄川举办全市人工影响天气炮手上岗证培训班。组织炮手参加全国人工影响天气高炮安全作业知识竞赛,有2人入围,其中沂源县的翟配波在全国竞赛中获一等奖,受到中国气象局和省人工影响天气办公室的表彰。5月4～5日和11月24～25日,抓住有利时机,在全市开展大规模人工增雨作业,有效缓解了严重旱情。全市共进行防雹作业62次,累计有效防护面积7127平方公里,减少损失5.5亿元。进行增雨作业28次,累计影响面积5300平方公里,增加降水2400万立方米。

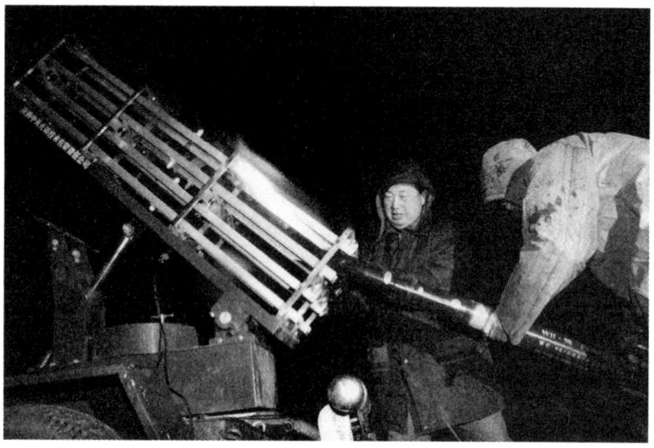

夜间实施火箭人工增雨作业　　(董庆岳　摄)

【全市各区县主要气象要素】

测站	气温(℃)			年降水总量(毫米)	年降水总日数(天)	年日照总时数(小时)
	年平均	极端最高	极端最低			
张店	15.7	39.0	−9.6	318.8	64	2122
淄川	15.0	38.0	−11.9	411.9	74	2021
博山	14.6	36.5	−11.2	515.7	74	1541
周村	14.4	38.8	−12.3	453.8	72	2031
临淄	14.4	38.4	−14.3	334.5	69	2177
桓台	14.5	38.9	−12.1	368.0	67	2049
高青	13.8	38.5	−13.6	527.7	59	1917
沂源	13.6	36.8	−13.7	610.1	66	2193

(董庆岳)

本部类编　辑:孟　明
副主编:王　娟
校　对:王　峰
赵建国

教　　育

综　　述

【概况】 2006年，全市共有各级各类学校（含幼儿园）1561所，在校生79.54万人，教职工62129人。学校占地总面积2736万平方米，校舍建筑总面积888万平方米。

省委书记张高丽视察沂源一中　（任昌乾　摄）

全市幼儿园841所，在园儿童10.2万人。小学413所，在校生25.68万人。初中177所，在校生18.17人。特殊教育学校10所，在校生1265人。普通高中50所，在校生8.88万人。中等职业学校（职业高中、普通中专、成人中专）41所，在校生5.73万人。技工学校17所，在校生1.97万人。高等教育机构12所，在校生8.79万人。全市高中阶段在校学生共有165768人（含技工学校），比2005年增加2726人。普通高中、中等职业学校和技工学校占高中阶段在校学生总数的比例分别为53.55%、34.59%和11.86%。

淄博考生夺得2006年山东省高考文理科状元
（淄博实验中学　供稿）

普通高考实现历史性突破，本科共录取12721人，比2005年增加2033人。全省文、理科高考状元均为淄博考生，有38人被北京大学、清华大学录取。艺体特长生本科录取4709人，对口高职本科录取263人。中小学信息技术、计算机等级考试、公共英语等级考试等各类证书考试工作全面展开，全年有71225人参加考试。开展的留学项目涉及40多个国家，全年共输送学生1077人。

【2006～2007学年度全市各级各类学校基本情况】

单位：人

主要指标 / 学校类别	学校处数（所）	班数（个）	毕业生数	招生数	在校学生数	毕业班学生数	教职工总人数 计	教职工总人数 其中：专任教师	专任教师师生比	专任教师学历合格率	学校占地面积（平方米）	校舍建筑面积（平方米）
总　　计	1559	15248	207244	228027	795404	176356	62129	49359			27527053	8948047
一、普通高校	9		14773	27552	72586	17502	6686	4330	1∶22		6517170	2847318
山东理工大学	1		7110	9718	31599	7221	2694	1754	1∶27		2400000	1074607
淄博师范高等专科学校	1			1450	3276	579	446	295	1∶17		458200	166686
淄博职业学院	1		1851	4482	10353	3158	943	519	1∶29		1167426	399883

续表

主要指标 / 学校类别	学校处数(所)	班数(个)	毕业生数	招生数	在校学生数	毕业班学生数	教职工总人数		专任教师师生比	专任教师学历合格率	学校占地面积(平方米)	校舍建筑面积(平方米)
							计	其中:专任教师				
山东丝绸纺织职业学院	1		146	793	949	156	293	217	1∶25		333510	73237
山东工业职业学院	1		1280	2805	7319	1738	486	343	1∶28		428790	196461
山东化工职业学院	1		753	905	2270	628	293	145	1∶16		306667	67978
山东铝业职业学院	1		310	2212	4510	460	546	335	1∶14		383200	178394
山东万杰医学高等专科学校	1		1652	2576	6687	1845	520	435	1∶16		482241	497721
淄博科技职业学院	1		1081	2255	4355	1079	465	287	1∶16		557136	192351
山东理工大学外事学院			590		641	638						
山东省水利职工大学				356	627				1∶04			
二、成人高校	1		285	6340	15401	4542	199	157			80667	53150
山东理工大学			223	6071	14550	4434						
淄博职业学院				151	462	51						
山东省水利职工大学	1						199	157			80667	53150
山东铝业职业学院			11		60	37						
山东万杰医学高等专科学校			51	38	196	20						
淄博科技职业学院				80	133							
三、中等职业学校	41		19601	21276	57331	19035	3993	2813			1677762	665601
普通中专	6		10334	9294	27643	9813	1418	918	1∶30	77.23	544689	202573
成人中专	16		2115	4303	8227	2641	727	529	1∶16	72.78	134538	77898
职业高中	19		7152	7679	21461	6581	1759	1285	1∶17	80.86	867795	331032
其他机构							89	81			130740	54098
四、技工学校	17		5507	8542	19662	4849	1663	1028	1∶19		1130466	318273
五、普通中学	227	5320	80454	81167	270434	74190	24332	19844	1∶14		9895145	3016856
高中	50	1613	30494	29660	88775	30080		5603	1∶16	92.58	3640514	1471188
初中	177	3707	49960	51507	181659	44110		14241	1∶13	96.84	6254631	1545668
六、小学	413	6214	50336	47045	256763	56101	17488	15996	1∶16	99.64	5873660	1262736
七、幼儿园	841	3612	36190	35965	101962		7385	4904	1∶21	96.72	2229552	754269
八、特殊教育学校	10	102	98	140	1265	137	383	287	1∶4		122631	29844

注:在计算高校师生比时,部分学校在校生数据包含本专科学生和中职学生。其中,师专、工业职业学院、淄博职业学院、丝绸纺织职业学院的中职学生数分别为1720、2127、3996、4420人。

【教育改革】 1.改革办学体制。逐步建立起以政府办学为主体、社会各界共同办学的格局。全市各级各类民办教育机构共260余所,民办学校占地面积320多万平方米,资产总额近14亿元,开设专业近百个,形成了从幼儿教育到成人教育,从非学历教育到学历教育,从职业技术培训到社会文化生活教育,涵盖教育各个领域、规模较大、门类层次比较齐全的民办教育体系。2.改革管理体制。农村义务教育实行由地方政府负责、分级管理、以县为主的管理体制,教师工资上划区县统筹管理;普通高中由市、区县两级统筹,分工管理;职业教育建立起分级管理、地方为主、政府统筹、社会参与的管理体制。3.改革学校内部管理体制。新教师上岗实行公开招考、择优录用。4.基础教育课程改革。成立课改领导小组,实行项目管理。5.课堂教学改革。以课堂教学方式创新为教研重点,建立和完善高中教学质量阶段性推进机制。6.改革招生和毕业生就业制度。小学、初中实行划片招生、就近入学。加大中考改革力度,在考试命题内容和形式方面更符合素质教育的要求。高中招生录取采取推荐录取、破格免试录取、综合录取、特长生录取等形式,逐步实现录取形式的多样化和录取标准的多元化。职业中专招生实行放开政策,毕业生就业实行学生和用人单位双向选择。7.加强县级教师培训机构改革。全面启动示范性县级教师培训机构建设，积极推进培训、教研、科研、电教、信息中心等部门的资源整合与合并。

【教师队伍】 全市共有专任教师49359人。其中，普通高校4330人，成人高校157人，普通中等专业学校918人，技工学校1028人，职业高中学校1285人，成人中专学校529人，特殊教育学校287人，高中5603人，初中14241人，小学15996人，幼儿园4904人。幼儿园、小学、初中、高中专任教师学历合格率分别达到96.72%、99.64%、96.84%和92.58%。初中教师中具有本科以上学历的达到58.89%，小学教师中具有专科以上学历的达到75.38%。全市在职教师中，有省特级教师44人、齐鲁名师5人、淄博名师43人。

【教育投入】 是年，全市地方教育总投入32.2亿元。全面完成农村中小学布局调整工作，全市共完成投资32950.33万元。全市共筹集危房改造资金4230万元，维修改造校舍15750平方米。落实家庭经济困难学生救助政策，全年共救

市长刘慧晏视察桓台教育　　　　（任昌乾　摄）

助贫困学生59231名。教育技术装备水平不断提高。至年底，全市共建成中小学实验室及功能用房4271间，总面积367236平方米；配备实验教师1997人，配备理科教学仪器设备3152万元；建成图书馆528个，图书管理员767人，图书1453万册；体艺室1230个，体艺器材设备2912万元。建成市级现代教育技术示范学校149所，43所学校被确定为山东省电化教育示范学校，2所学校被教育部确定为全国现代教育技术实验学校。率先在全省建成5个新课程装备高标准理、化、生探究实验室。

【教育教学质量】 推进素质教育，加强德育工作。市委、市政府分四批确定55处爱国主义教育基地，淄博市中小学生社会活动实践基地建成并挂牌运行。制定下发《关于调整全市义务教育段学校作息时间和学生课外作业量的通知》，接受社会监督，并对落实情况进行督查。

教育科研水平逐步提高。淄博市承担的国家级教育科学"十五"规划重点课题《新课程师资培训策略与有效模式研究》于6月顺利结题。组织参与中国教育学会"十一五"重点科研规划课题《学校科学与技术学习环境创新的实践与探索》项目的研究，淄博市成为该项目的研究实验区。

学校体育卫生、美育和劳动教育成效显著。全市中小学生体育达标率98.10%，中小学生体育标准合格率98.70%，

副市长段立武参观淄博市第八届百灵艺术节书画摄影作品展　　　　（任昌乾　摄）

91所学校被确定为市级体育传统项目学校，4所学校被确定为山东省培养体育后备人才试点学校，43所学校被命名为省级体育传统项目学校，2所学校被确定为全国体育传统项目学校。认真组织开展学生常见病防治工作，中小学健康教育开课率达98.50%以上。3个区县和16所学校被省教育厅命名为省级艺术教育示范单位。成功举办淄博市首届足球节。全市普通中小学全部开设劳动技术课，并建立劳动实践基地。

淄博市首届足球节开幕　　　　（李　杰　摄）

加强科技和信息技术教育。建立校园网的学校619所，占全市学校总数的81%；实现宽带上网的中小学635所，占学校总数的83%。所有中小学全部开设信息技术必修课。区县全部成立教育信息中心，与淄博教育网中心网站联网，淄博教育区域宽带网建设基本竣工。全市普通中小学计算机装机台数57027台，其中教师用机23307台，教师与用机比为1.6∶1，学生用机为33720台，生机比为13∶1。市政府投资600万元为高中学校班级配备600台教室用投影机。组织6所学校参加全国中小学计算机教育研究中心"十一五"课题《机器人教育》实验课题会，淄博市被确定为全国机器人教育实验区。

【教师教育】 年内，完成第一轮新课程教师培训工作，培训教师和教育行政干部188200人次。协调市人事局完成本年度教师继续教育培训考试、学分登记、审核工作。组织662名高中段新教师任职培训和市属学校新录用教师的岗前培训。年

内,研究生课程进修班招生516人。组织教师计算机高级培训以及小学几何画板骨干授课教师培训班,培训10332人。组织举办全市第三期中小学心理健康教育教师培训班,培训127人。组织部分中小学英语教师参加强化培训。组织中小学校长参加岗位培训、提高培训和高级研修班。开展第二批校本培训示范学校评选活动,36所学校被评为市级校本培训示范学校,张店潘南小学等3所学校被评为省级校本培训示范学校。开展名师送教下乡活动。在全市推广张店区教师进修学校创建国家级示范性县级教师培训机构的经验,临淄区教师进修学校被省教育厅评估认定为省级示范性县级教师培训机构。开展年度教育创新人物评选活动,评选出市级年度教育创新人物15人,沂源县南麻镇中学教师刘霄获全省年度教育创新人物奖。启动全市农村教师素质提高工程,从全市农村教师中筛选出2000名初中教师、3000名小学教师作为骨干培训对象,免费进行重点培养。承担的教育部"十五"规划重点课题《新课程师资培训有效模式研究》顺利结题,有46项研究成果、14个单位、12名教师受到课题组表彰,淄博市的研究报告被评为全国一等奖,市教育局被评为全国课题研究工作先进单位。承担的教育部重点课题《农村中小学教师队伍建设对策研究》取得阶段性成果。

【对外交流】 加强国际交流与合作,加大教育对外开放力度。全市申报具有聘请外国文教专家资质的单位6家,申报具有接收外国学生资格单位11家。全市教育系统聘请外国文教专家49人次,协调和指导安置30余名外国学生在淄博市中小学就读。承办领导干部、骨干教师、学生16次出访任务的协调、组织工作,接待和协调接待6次教育外事来访,承办美国印第安纳大学毕业生到淄博实习任务的协调、组织工作,参与组织外国文教专家聘请工作年检和对非法入境、非法居留、非法就业外国人的专项治理工作。

【李振华获"山东省人民教师"称号】 9月9日,沂源县实验中学原校长李振华被省政府授予"山东省人民教师"称号。"山东省人民教师"是全省教育系统最高荣誉,自2004年以来全省共有10人获此殊荣。

"山东省人民教师"李振华事迹图片展

(任昌乾 摄)

【档案工作受到中央组织部表彰】 年内,市教育局干部人事档案工作通过省委组织部验收,被中央组织部认定为干部人事档案工作目标管理一级单位,是市教育局历史上首次获得中央组织部表彰。

【农村中小学布局规划调整工作基本结束】 11月开始,利用一个月的时间,对全市农村中小学布局规划调整工作进行验收。全市共改扩建农村中小学112处,完全撤并268处(含教学点),新建11处,新增校舍面积37.4万平方米。全市初中校均规模达到1027人,小学(含九年一贯制学校)校均规模达到468人。全市在1000人以上的初中达到39所,在500人以上的小学达到91所。

【企业办学分离】 是年,按照国办发〔2005〕4号文件精神和属地管理原则,第二批中央驻淄企业山东铝业公司、淄博蓄电池厂、淄博柴油机厂、华能辛店电厂、山东机器厂等5所企业办中小学移交地方管理。5~6月,分别签订移交协议书。其中,山东铝业公司、淄博蓄电池厂、淄博柴油机厂所办中小学移交张店区政府管理,华能辛店电厂小学移交临淄区政府管理,山东机器厂所办中小学移交博山区政府管理。10月完成移交工作,共移交中小学10所,接收在职教职工505人、在校生6600余人。

基础教育

【概况】 至年底,全市省级规范化学校达到137处,占全市中小学的21%。全市小学学龄儿童入学率为99.98%,小学毕业生升学率100%,初中学生辍学率为0.99%,初中毕业生升入普通高中的比率为59.37%。

【学前教育】 在巩固学前三年普及率的基础上,以提高保教质量及园所信息化建设为重点,进一步完善学前教育机构审批注册制度,重新对全市学前教育机构审批注册。加强园长、教师队伍建设,强化教研科研工作。截至年底,共建成64所省级实验、示范幼儿园,2所省级十佳幼儿园,194所市级示范幼儿园,40所市级城乡十佳幼儿园,乡镇全部建起中心幼儿园。全市学前三年幼儿入园率达95.54%。

【九年义务教育】 年内,农村中小学布局调整顺利完成,实现全市义务教育均衡发展。全市义务教育初中段巩固率达到99.22%,小学段巩固率达到100%。举行全市小学新课程标准实验教材选用会议,确定全市小学一年级和三年级起始学科的教材使用意向。下发《关于切实做好布局调整后农村中小学管理工作的通知》,就加强布局调整后的农村中小学管理工作提出具体意见,对布局调整后的基本情况进行调查统计。

【普通高中教育】 年内,全市普通高中基本达到省级规范化学校和市级初步现代化学校标准。普通高中课程改革进一步推进,课程改革实验进展顺利。全市高中段教育普及率达到95%。

【德育工作】 年内,贯彻落实教育部《关于进一步加强中小学班主任工作的意见》。召开淄博市中小学心理健康研究会成立一周年年会暨心理健康教育实验学校工作会议。举行全市第二批心理健康教育实验学校授牌仪式,开展全市心理健康教育调研活动。关注教师心理健康,举办"正确面对压力,克服职业倦怠"大型专家报告会。召开全市中小学生社会实践基地建设研讨会，成立市中小学社会实践基地建设领导小组。临淄、淄川、桓台、周村4个区县教育局被省教育厅确定为全省家庭教育现代化实验试点单位。

【特殊教育】 是年，全市有特殊教育学校10所，其中省级规范化学校4所，市级规范化学校4所。结合淄博实际，进一步建立、完善特殊教育年度报告制度和结对扶残助学制度，积极推进特殊教育信息化建设和课程改革。残疾儿童入学率逐年提高，盲、聋、弱智儿童入学率分别达到91.58%、92.07%和93.3%。

【中考招生改革】 是年，对中考招生工作进行适度改革。考试时间、考试科目调整到6月10～12日。调整志愿填报办法，桓台、高青、沂源3个县可以根据各自实际在中考考试前组织考生填报志愿。增加部分照顾加分政策。全市初中毕业生50515人，升入高中段的比率达95%以上。

附：

中小学杂费标准表

单位：元/年·生

年　　级	城　　市	农　　村
小学一至二年级	200	160
小学三至六年级	260	210
初　　中	370	300

注：中小学杂费免除的地区和学校除外。

中小学课本费标准表

单位：元/年·生

年　　级	六三学制			五四学制		
	课程改革年级	非课程改革年级		课程改革年级	非课程改革年级	
		彩版	黑白（混合）版		彩版	黑白（混合）版
小学一年级	65	60	50	65	60	50
小学二年级	65	60	50	65	65	65
小学三年级	95	75	70	95	90	90
小学四年级	110	100	90	110	100	90
小学五年级		100	95		95	90
小学六年级		80	75			
初中一年级	205	175	170		155	150
初中二年级	180	160	155	205	165	160
初中三年级	135	115	115	180	135	135
初中四年级				135	100	100

2006年普通高中、职业学校收费项目、标准

<table>
<tr><th colspan="2" rowspan="2">收费项目</th><th rowspan="2">计费单位</th><th colspan="2">收费标准（元）</th><th rowspan="2">备　　注</th></tr>
<tr><th>城市</th><th>农村</th></tr>
<tr><td rowspan="4">学杂费</td><td>省重点高中</td><td>学期</td><td colspan="2">850</td><td>含省级规范化高中</td></tr>
<tr><td>其他高中</td><td>学期</td><td>550</td><td>350</td><td>含市级规范化高中</td></tr>
<tr><td>职业高中</td><td>学期</td><td colspan="2">550</td><td></td></tr>
<tr><td>职业中专</td><td>学期</td><td colspan="2">850</td><td></td></tr>
<tr><td rowspan="3">择校学费</td><td>部分省级规范化高中</td><td>三年</td><td colspan="2">15000</td><td>学校名单见注</td></tr>
<tr><td>城市市级以上规范化高中</td><td>三年</td><td colspan="2">12000</td><td></td></tr>
<tr><td>其他城市高中和农村高中</td><td>三年</td><td colspan="2">9000</td><td></td></tr>
<tr><td>住宿费</td><td>公寓化宿舍</td><td>学期</td><td colspan="2">200</td><td>带卫生间</td></tr>
<tr><td></td><td>其他宿舍</td><td>学期</td><td>70</td><td>50</td><td></td></tr>
<tr><td colspan="2">代收代管费项目</td><td></td><td colspan="2"></td><td></td></tr>
<tr><td colspan="2">课本费</td><td></td><td colspan="2">按定价收费</td><td>多退少补</td></tr>
</table>

续表

收费项目		计费单位	收费标准(元)		备　注
			城市	农村	
作业本费			按成本		多退少补
煤炉供暖取暖费		学年	15		不供暖的学校不得收费
暖气取暖费	走读生	学年	60		
	住校生	学年	120		
自行车看管费		学期	10		
电教教材代收费	高中	学期	16		非电化教育示范学校不得收费
普通高中学生学业水平考试报名费		生、科	5		
普通高中学生水平考试考籍管理、水平考试合格审定费		生、三年	10		
班费		生、学期	25		

注:部分省级规范化高中包括淄博一中、淄博四中、淄博实验中学、淄博五中、淄博六中、淄博七中、淄博十一中、淄博十七中、桓台一中、高青一中、沂源一中。

高等教育

【概况】 至年底,全市有高等院校12所,其中省属本科院校1处,省属企业办高等职业院校3处,市属高等职业院校2处,高等师范专科学校1处,民办高等职业院校2处,技术学院3处。开设制药、机械、电子等179个专业,其中21个专业被认定为山东省重点名牌专业。全市有高校实习实训基地230个。高等教育自学考试工作稳步发展,学历考试规模达40500人次。全市青年同龄人口(18～21周岁)高等教育毛入学率29.52%。

【高等职业教育】 是年,积极推进名校、名师、名专业、名实验基地建设,逐步改善办学条件,全市高等职业教育的质量和水平显著提高。淄博职业学院、淄博科技职业学院、淄博师专搬迁到新校,山东丝绸纺织职业学院校园扩建竣工,淄博市技术学院从博山迁至张店,山东省水利技术学院新校举行了奠基仪式。9月8日,淄博市委高校工委揭牌。10月,市委高校工委、市卫生局对全市12所高校的食堂卫生、学校公寓安全等进行专项检查,对发现的问题限期整改。

【大学生思想政治工作】 4月,举办首届大学生心理健康教育活动周,在大学生中普及心理健康知识,并进行心理健康测试、咨询。4月26日,市委宣传部、团市委等部门联合召开高等院校深入开展社会主义荣辱观教育座谈会。市委高校工委与市委宣传部、市广电局联合组织举办全市大学生"知荣明耻,成才报国"主题演讲大赛,全市11所高职院校参加了比赛。组织学生报告团,到市内各高校巡回演讲。

(周东海)

【山东理工大学】 2006年,山东理工大学有学院24个,直属教学部2个,专任教师1754人,在校学生32000人。设本科专业60个,专科专业52个,硕士学位授权点43个,省级重点学科7个,文化艺术科学省级重点学科3个。

教育教学工作。全面实施大学生研究创新训练计划。承办教育部精品课程建设工作高级研修班,《画法几何及工程制图》被评为国家级精品课程,《材料力学》《数控技术与数控机床》被评为省级精品课程。18部教材入选"十一五"国家级教材规划,实现学校国家级规划教材零的突破。本、专科学生就业率达94.31%,高出全国平均就业率15个百分点。学生首次组队参加第七届中国智能机器人大赛机器人足球比赛并夺冠。在全国大学生数学建模竞赛中,2个队获国家一等奖,2个队获省一等奖,成绩列山东省高校第二位。在全国大学生英语竞赛中,17人获全国一等奖,1人获特别奖。组织参加第12届山东省大学生运动会田径比赛,获得男子甲组、女子甲组和团体总分第一名。

学科建设和科研工作。全面落实《山东理工大学"十一五"学科建设规划》,省级重点学科和重点实验室数量由6个增加到10个,其中4个项目被评为山东省"十一五"省级强化建设重点项目。启动创新研究团队支持计划,16支创新研究团队入选。新增山东省光纤通信检测技术工程技术研究中心、山东省高压电网暂态保护工程技术研究中心、山东省矿山尾矿综合利用工程技术研究中心、山东省道路交通安全工程技术研究中心等4个研究中心,省级研究中心数达10个。获省部级及以上科研立项88项,获科研经费2285万元。其中,

学校与山东省经济贸易委员会签订服务制造业强省建设科教合作协议书　　(山东理工大学　供稿)

“863”计划项目 2 项，国家自然科学基金 3 项，国家社科基金项目 3 项，国家重点产品计划 1 项，教育部项目 1 项，参与国家科技计划课题 4 项。发表论文 1917 篇，其中核心期刊 1136 篇；出版著作 68 部；申请专利近 60 项；获得科研奖励成果 94 项，其中国家技术发明二等奖 1 项，为建校以来获得的国家级最高奖励。坚持产、学、研相结合，与山东省经济贸易委员会联合举办服务制造业强省建设校企技术合作洽谈会，建立科研基地 3 个，成立校企联办研究机构 6 所，获得横向课题 160 项，合同经费额达 1582 万元。

师资队伍建设。年内，引进博士、教授 40 人，硕士 149 人。入选国家“新世纪百千万人才工程”1 人，享受国务院特殊津贴专家 1 人，山东省有突出贡献的中青年专家 1 人；农业机械化工程学科获得“泰山学者”特聘教授岗位。在校教师考取定向博士研究生 24 人，17 名定向培养博士研究生回校工作。顺利完成专业技术职务聘任工作。全年共外聘教师 84 人、兼职教授 14 人。

举办“百名博士进临淄”活动

（山东理工大学　供稿）

学生教育管理。开展“忠心献给祖国、爱心献给社会、关心献给他人、孝心献给父母、信心留给自己”等主题教育活动。成为 e-class 的全国首批使用单位，《青春在线》网站负责建设的《三个代表》栏目荣获中国大学生在线 2005 年度频道共建杰出贡献奖，该网站成为全国首批中国大学生在线发展协会会员。新建“学士后流动站”“青春创业实践基地”等 30 余处，学校被评为全省暑期“三下乡”社会实践活动优秀组织单位，12 名教师、23 名同学、6 支服务团队受到省级以上表彰。26 名毕业生成为志愿服务西部计划第四批志愿者，居全省本科院校首位，校团委被评为山东省“五四红旗团委”。积极探索学分制条件下学生教育管理新模式。拓展大学生事务中心服务功能，设立 47 项服务项目，累计接待学生 5 万人次，发布信息 1300 余条。成立学生资助管理中心，资助经济困难学生政策体系更加完善，2581 名学生申请到国家助学贷款 1149.75 万元。建立毕业生就业实践基地 21 处，组织各类招聘会 100 余场，提供就业岗位 15000 个。

基本办学条件。校区扩建三期工程全面开工。教学科研仪器设备总值达 2.3 亿元。图书馆藏书新增 228769 册，中外文数据库 14 个，电子图书新增 45.1 万册。档案开发利用服务水平进一步提高，全年共入库近 3000 卷。校园网建设不断加强。深化后勤改革，学校被评为中国高校伙食工作先进集体。

对外交流与合作。与英国、美国、韩国 6 所高等院校签署交流协议，派出 11 名处级干部赴美国大学接受管理培训或考察学习，接待英国、美国、德国、俄罗斯、新西兰等国家的访问团体和个人 105 人次。顺利通过中英、中韩等 4 个专科项目评审，中外合作办学项目达到 7 个。55 名学生赴英国、德国、新西兰、奥地利、韩国的友好学校进修学习。成立国际教育学院，韩国暻园大学山东理工大学分校正式挂牌。

【山东理工大学建校 50 周年】 5 月 26 日，山东理工大学隆重举行建校 50 周年庆祝大会。省人大常委会副主任时立军，省政府副省长王军民，省政协副主席王志民，省里的老领导赵志浩、张瑞凤、李殿魁，淄博市委书记、市人大常委会主任张建国等出席庆祝大会。王军民、张建国分别发表讲话。围绕建校 50 周年，学校还组织开展了文化、学术、校友联谊等庆祝活动，成立了校友总会和 24 个校友联谊分会。　（郭万保）

附：

山东理工大学基本状况表

学校占地面积		240 公顷
校舍建筑面积		107 万平方米
学　　院		24 个
直属教学部		2 个
图书馆藏书		225.7 万册
教学科研仪器设备资产值		2.4 亿元
全日制在校学生		32000 人
专任教师	总数	1754 人
	教授	196 人
	副教授	491 人
	博士	195 人
	硕士	710 人
学科专业	本科专业	60 个
	专科专业	52 个
	硕士学位授权点	43 个
	省级重点学科	7 个
	文化艺术科学省级重点学科	3 个

续表

科研机构	国家级研究中心	1个
	省级工程技术研究院	1个
	省级工程技术研究中心	10个
	省级社科研究基地	2个
	省级重点实验室	3个
	中央与地方共建实验室	6个
2006年 主要荣誉称号	全国法制宣传教育先进单位 全国大学生心理健康教育工作先进单位 中国高等学校伙食工作先进集体 全省统战系统先进集体 山东省团建规范化学校	

【淄博职业学院】 学院有教职工943人。正高职称教师40人,副高职称教师188人,博士、在读博士6人,硕士、在读硕士316人,"双师型"教师266人,聘有25名博士、专家为客座教授。学院有12个系,大专专业46个,各类在校生15000余人。教学仪器设备总值6353万元。

学院加大实训设施投入,建设了具备国内先进水平的微机室、电气智能实验室、CBE化工仿真操作平台、物流管理实训室等实验实训设施。数控技术和电子电工专业被确定为国家级职业教育实训基地,市场营销课程被列为国家级精品课程,数控技术和计算机专业被列为省级示范专业,国际商务被列为省级特色专业,电工电子、市场营销、计算机文化基础、会计学和应用微生物基础5门课程被列为省级精品课程。获得省教学成果奖1项、省第七届"职教与市场"学术研讨会论文一等奖;49个省市级教科研项目获得立项,其中1项被列为山东省高等学校教学改革立项重点资助项目,1项被列为重点项目;有9门课程的教材被教育部评为国家"十一五"规划教材。在省内外企业建立实习就业基地110余个,国家部委、省、市等单位和机构在学院共设立技能鉴定基地26个,面向全市企业培训职业技术人员2万余人次。坚持走国际化办学之路,中法合作办学招生纳入省计划内招生目录,与法国雷恩高等商务管理学院举办两批赴法留学班。年内,学院通过省教育厅高职高专人才培养工作水平评估委员会专家组的评估,被评为优秀等次。

【淄博科技职业学院】 学院设有基础部、护理系、药学系、医学技术系、经济管理系,开设临床医学、护理等10余个专业。在职教职工465人,专任教师287人,其中具有高级职称的教师157人。全日制在校生8600余人。面向全国15个省、市、自治区招生,青岛卫校、济南卫校等11所中等卫生学校挂靠学院举办大专学历教育。

进一步完善ISO9000质量管理体系和院系两级管理,落实教育教学制度和工作人员考核办法,全面制定推行末位淘汰制。学院完成市级以上科研成果10余项,主编和参编全国通用教材、教学参考书30余部,发表论文350余篇,先后有5人获国家级表彰,7人次获市级专业技术拔尖人才称号。学校以专业建设为龙头,建立以临床医学、护理、药学为主要专业的技能型教学体系,着力打造品牌专业,培育可持续发展办学模式,新上临床医学专业。坚持以学生为中心,开展诚信教育,全面实施德育工程。制定、落实《高职生奖学金实施办法》《学生奖助学金条例》,缓解贫困生经济压力。建立绿色通道,及时解决贫困生入学问题,减缓贫困生学费21万余元。加强大学生的心理健康教育。做好学生就业指导工作,拓宽就业途径,定期举办毕业生双向见面会,2006年毕业生就业率达90%以上。

【淄博科技职业学院建校50周年】 12月26日,学院建校50周年庆典大会在淄博人民会堂隆重举行。山东省卫生厅和淄博市委、市政府等党政部门领导,各区县、省内各大院校的100多位嘉宾,学院师生和来自省内外的400余名校友代表参加了大会。

【山东万杰医学高等专科学校】 学校坚持面向企业和社会需求设置专业,开设临床医学、医学影像、高等护理等17个专业。有教职工520人,其中专任教师435人。在稳定办学规模的基础上,加强内涵建设。在《大众日报》《大众网》联合开展的首届山东省百行百业社会信誉评价大型调查活动中,被评为"百姓口碑最佳荣誉单位"。4月,聘请中国医学科学院院士刘玉清为学校名誉校长。12月16日,学校顺利通过ISO9000质量管理体系认证现场审核。

【淄博市技术学院】 学院现有专任教师254名,具有中、高级职称的教师186人,取得技师职业资格的教师82名。学院设有6个系,开设金属切削、机械装修、数控技术等32个高、中级专业,实验、实训、实习条件完善。

坚持全日制教育与社会培训双措并举,建有浙江大学淄博数控技术培训基地、未就业大学生培训基地和园林园艺种植培训基地等机构。加强学科建设,深化课题式模块化教学改革,形成学分制阶梯形培养方式,促进了学生操作技能与知识技能的同步提高。参加全市技术比武的数控技术、机械装修、维修电工比武,获得所有参赛组别、专业11个第一名。与省内外百余家大中型企业联合成立校企联合协作委员会,确立长期用人合作关系,毕业生连续多年供不应求。加强与国外学校、企业的联合办学。连续7年向日本企业输送研修生,毕业生就业和升学渠道进一步拓宽,与德国柏林国际经济学院等国外院校进行联合办学,与澳大利亚SKILL－FORCE公司联合在淄博科技工业园建立全国首家赴澳技工技能鉴定基地。7月,经山东省劳动和社会保障厅批准筹建淄博市技师学院。

【淄博机械工业学校建立】 5月9日,经淄博市教育局批复,同意淄博市技术学院挂牌淄博机械工业学校。淄博机械工业学校为普通中等专业学校，实行与学院一套班子、两块牌子、统一管理、分工负责的管理体制。学院毕业生在取得高等专科职业技术学历、相应职业技能证书的同时，可以获得全日制普通中等专业学历证书。

【淄博师范高等专科学校】 是年，顺利实现学校整体搬迁。新申报的7个专业通过省专业设置评审委员会评审，专业总数达到23个。投资1000万元推进数字化校园建设，一卡通工程、数字化广播工程、多媒体教学工程、通讯工程全部完成。引进汇文3.0图书管理软件，新增图书和电子图书5万多册。学校固定资产总值达到3亿多元。年内，顺利通过省教育厅对学校办学条件的核查。

加强教学过程管理和监督考核，校系两级管理体制运行效果良好。首批6个教学改革项目获得校级立项，《小学教育专业教育类综合课课程开发与研究》获得省级立项，《高等数学》被评为省级精品课程。建立和完善学生管理体制，20名毕业生获得省级和校级优秀毕业生称号。完善科研体制和机制，7项成果获省、市科研成果奖，5项省级课题和7项校级课题研究结题；省级社科规划项目"聊斋文化旅游研究"通过专家鉴定，获淄博市课题成果展示特等奖；4项新课题获得省社科规划管理办公室批准立项，15项课题获淄博市教育科学"十一五"规划课题立项。是年，学校教师发表文章300余篇，参编、出版著作10余部。学校《学报》被中国期刊全文数据库和中文科技期刊数据库全文收入。

开展国内、国际合作与交流，拓展办学空间。成功举办山东省小学与幼儿教师培养工作论坛，中央美院继续教育学院山东分院、山东师范大学继续教育学院淄博分院在淄博师专成立。与韩国京畿大学签订正式合作办学协议。年内，学校被中央教育科学研究所授予全国百所德育科研名校称号。

职业　成人教育

【职业教育】 年内，进一步完善发展职业教育的各项政策措施和现代职业教育体系。启动实训基地建设工程，积极推进校企合作。组建省、市两级职业教育集团，淄川二职专、淄博工业学校分别牵头筹建省级职业教育集团。开展职业院校"双证互通"试点工作。有7个专业被省教育厅确立为省级中等职业学校第三批教学改革试点专业。深化教育教学改革，在职业院校中进一步推广学分制。至年底，全市共有中等职业学校41所，开设专业160余个，在校生近6万人。其中，10所被教育部认定为国家级重点职业学校，4所被省政府认定为省级重点中等职业学校。淄博商贸学校、高青县职业中专被评为省级重点职业中专，淄川二职专被省教育厅确定为全省10大实训基地之一，淄博工业学校等6所学校被省教育厅确定为全省骨干示范性学校。全市职业院校21个专业被省教育厅确定为省级示范专业，22个专业被省教育厅确定为省级教学改革试点专业，10个专业被省教育厅确定为"三二连读"高等职业教育专业，36个课题入选山东省职业教育与成人教育科研"十一五"规划课题名单。年内，全市中等职业教育招生23000人。全市职业技术培训学校结业生数133323人，注册学生59350人，职业教育毕业生就业率达97%以上。

【职业教育教研】 年内，组织全市职教系统学科带头人和教学能手评选活动，近900名教师参加了21项比训活动。开展技能比赛，促进学生技能提高。高职对口升学本科上线人数达325人，专科上线人数3742人。

【中职招生】 年内，多次召开招生工作会议，认真研究招生措施，制定招生工作意见，将全市招生指标层层分解，实行招生定期通报制度。推广淄博工业学校、淄川第二职业中专异地办学经验。淄川二职专免费为陕西延安革命老区培养104名紧缺专业中职生，在全国引起较大反响。

【职业教育实训基地建设】 年内，组织人员对全市职业院校实训基地建设情况进行调研，组织部分职业院校校长赴青岛、烟台等地考察学习。7月，在淄博市技术学院和淄川二职专组织召开全市职业教育实训基地现场会，加强对立项学校的指导。开展争创省级以上实训基地建设活动，评选出全市有特色的实训基地13处。落实市和区县两级关于实训基地建设的财政政策。全市职业教育实训基地建设初具规模。

【校企合作】 年内，对全市职业院校与企业合作情况进行调研。组织学校到淄川二职专、淄博职业学院等学校进行考察。联合市经贸委、市劳动和社会保障局制定《关于加强职业院校与企业合作办学的若干意见》，为加强职业院校与企业合作提供政策保障。

【山东丝绸纺织职业学院正式成立】 3月2日，经省政府下文批复，山东丝绸纺织职业学院正式成立。该学院是在原山东省丝绸工业学校基础上成立的一所专科层次的全日制高等职业学院，实行省教育厅和淄博市共管、以市为主的管理体制。设有丝绸工程、轻化工程等7个系，染整技术、服装设计等10余个专业。

10月22日，山东丝绸纺织职业学院成立揭牌
（任昌乾　摄）

【8所中等职业学校被确定为省级科研示范校】 年内，经市教育局复评，省教育厅验收，淄博工业学校、山东丝绸工业学校、沂源县职业教育中心学校、桓台县职业中专、淄博信息工程学校、淄博市女子职业中专学校、淄川区第二职业中专、博山第一职业中专等8所学校被确定为省级科研示范校。

【4所学校被确定为山东省"双证互通"试点学校】 年内，经市教育局推荐，省劳动保障厅、省教育厅审核，淄博工业学校、

淄川第二职业中专、淄博信息工程学校、淄博市交通技工学校被确定为省“双证互通”试点学校。

【成人教育】 年内，成人中等专业教育学校共开设专业60个，在校生8227人。各区县均建立成人中专学校，其中6所被命名为省级规范化成人中专。所有乡镇均建成乡镇成教中心学校，98%以上的行政村建起农民文化技术学校，30%以上的学校达到省级规范化学校标准。17所学校被市政府确定为“阳光工程”培训点。充分利用县、乡、村三级培训基地，开展对青壮年农民文化技术培训、进城务工转岗人员培训和对脱盲人员继续教育等一系列培训活动。成人培训突破150万人次。对全市农村成人教育工作情况及在职职工教育状况进行调研，并撰写了调研报告上报省教育厅。根据市委农村工作领导小组的统一部署，大力宣传农村成人教育在社会主义新农村建设中的重要作用。

【职工教育培训】 年内，受市经济贸易委员会委托，承办全市进网作业电工培训及淄博电网运行人员持证上岗培训。继续与青岛理工大学联合举办建筑管理专业地方学历班，共招生350余人。与山东师范大学联合举办学前教育专业成人高才班。与华东师范大学联合举办软件工程硕士研究生班。

民办教育

【概况】 至年底，全市各类民办教育机构共有260余所。其中，民办普通高校1所，民办高等职业技术学院1所，非学历民办高校5所，民办高中段学校21所，民办初中小学30所，民办幼儿园66所，培训类民办教育机构140余所。民办教育“名牌推进计划”顺利实施。在全市范围内共评选认定32所名牌学校、3所名牌幼儿园和36个名牌专业。

【首届民办学校文艺展演】 年内，举办以“感恩社会、奉献爱心”为主题的全市首届民办学校文艺展演，156所民办学校踊跃参加。9月29日，18个优秀节目在淄博剧院作汇报演出。

【民办学校年检工作】 年内，重新修订《淄博市民办教育机构年检标准(试行)》，制定下发年检通知。从办学方向、办学条件、教学管理、财务管理、办学效益等5个方面，对全市中等以下民办学校进行全面检查，对教学条件改善、校园安全管理、财务管理、师生权益保障等直接影响教育教学和民办教育声誉的重点内容进行重点检查，按合格、基本合格、不合格三类学校标准向社会公告。对七大类重大违规办学行为加大处罚力度，对不符合办学条件的学校撤销办学资格，对无证违法办学行为进行治理整顿。

【民办学校校长培训】 11月13～14日，举办第二期全市民办学校校长高级培训班，全市50余名民办学校校长和民办教育管理人员参加培训。 (周东海)

本部类编　辑：孟　明
副主编：王　娟
校　对：安永善
范立学

·集邮小常识·

邮票品相

1. 邮票的品相一般分为七级，即极优品、最上品、上品、次上品、中品、下品和劣品。

2. 邮票品相的完好情况叫做邮票完整程度。按惯例邮票完整程度分为五级，分别用字母表示：即“VF”表示十分完整；“F”表示完整；“VG”表示很好；“G”表示好，“P”表示差。

3. 属于上品品相的邮票，在票面、票背、齿孔、背胶四方面都应该既无印刷中的瑕疵，也无保存上的损坏。

4. 凡邮票票面有污染、折痕、破损、或背面揭薄，以至少齿孔的邮票均属次品，集邮者对此一般不收集(珍品除外)。

5. 邮票的品相好，是指票面图案清晰邮戳少而轻，无缺损的邮票。

6. 台湾省集邮界称邮票的品相好为票相，用它来反映邮票的外观质量。

7. 集邮家所称的“品相端正”是指一枚有齿孔的邮票，其图案恰好位于邮票四个边的正中间。

8. 鉴别邮票品相着眼点有以下几个重要方面：票面整洁程度；齿孔完好程度；色彩光洁度；图像(包括图位)准确度；背胶是否原胶(新票)；有无斑点污痕(旧票)；邮戳清晰度；有无针眼；有无揭薄、揭破；有无破损；有无折破。

(市集邮协会　供稿)

文　　化

综　述

2006年，全市艺术创作和生产保持强劲势头。年初，市五音戏剧院排演五音聊斋剧《云翠仙》，该剧公演后受到普遍好评。市歌剧舞剧院排演的《齐韶乐舞》片段《凤凰来仪》被首届省文博会筹委会选中。市属3个专业剧团全年累计演出千余场，社会效益和经济效益取得双丰收。市艺术创作研究所创作和加工修改剧本3部。反映地域文化的一批影视剧投入拍摄并陆续播出。

群众文化活动丰富多彩。春节、元宵节期间，各区县相继举办灯会、扮玩、文艺演出等系列群众文化活动，全市百万人(次)参加。组织举办全市民间剧团调演活动。组织社区文化活动，参与组织淄博市邻居节各项活动。配合新农村建设，组织开展基层文化建设调研活动，落实农村电影“2131工程”(即21世纪每个行政村每月放一场电影)，正式出台有关扶持政策。积极开展文化下乡活动，市、区(县)形成互动态势。

文化设施建设取得重要突破。市图书馆新馆筹建工作进展顺利。文化信息资源共享工程与党员远程教育网络共建共享迈出坚实一步，建成张店区潘庄社区、房镇镇房东村、傅家镇河崖头村3个省级远程教育共建共享示范点。沂源文化苑、张店文化中心相继建成并投入使用，桓台县文化中心已部分投入使用。博山区的颜文姜祠、赵执信纪念馆扩建工程进展顺利。张店区把农村文化大院建设工程列入2006年区委、区政府为全区人民所办实事之一。

文化遗产保护工作取得重要成果。全面完成第一个“文化遗产日”的相关工作。市政府公布淄博市第三批市级重点文物保护单位，蒲松龄故居等6处文物保护单位被国务院列入第六批全国重点文物保护单位名单。文物考古工作取得新成果，共出土文物、标本260余件。非物质文化遗产保护工作取得重要成果，五音戏等4项非物质文化遗产被国务院公布为首批国家级非物质文化遗产保护名录，博山区、临淄区被确定为省非物质文化遗产保护工作试点区(县)。有17项非物质文化遗产被市政府列入首批市级非物质文化遗产保护名录，12项进入省级非物质文化遗产名录公示。

文化市场繁荣有序。继续加强网吧市场管理，加大对网吧接纳未成年人等违法经营行为的打击处罚力度。举办两次全市违法音像制品统一销毁活动，开展以“阳光行动”为重点的音像市场整治工作和音像法制宣传周活动。查处违规演出活动3起。市行政服务中心市文化局窗口全年共受理办件452起，并全部办结。

电影发行放映取得好成绩。市电影发行放映单位继续加大市场运作力度，大片运作取得可观的经济效益，提升了电影公司和淄博剧院等放映单位的票房收入。淄博全球通电影城运营良好。

五音戏入选全国首批非物质文化遗产保护名录

(陈文国　摄)

大力发展文化产业。6月，山东省首届文化产业博览会在济南举办，淄博市共有261平方米的公共展示面积和室内15个标准展位、室外5个展位，签约项目26个，总招商金额达44亿元，占全省融资总额的20.3%。　　(陈　皓)

山东省首届文博会淄博市重点项目签约仪式现场

(陈文国　摄)

专业文化

【全球通电影城开业】 1月10日，淄博市全球通电影城隆重开业。市委副书记、市长刘慧晏，国家广电总局电影局副局长张宏森等出席开业庆典。淄博市全球通电影城投资2000余万元，建筑面积7100平方米，观众坐席594个，设7个风格各异的电影厅。其中位于六楼的数字电影厅安装有全市唯一一套美国进口数字放映机，可直接接收卫星传输数字信号，硬件设施达到国际先进水平。

【纪念毛泽东《在延安文艺座谈会上的讲话》发表64周年文艺演出】 为纪念毛泽东《在延安文艺座谈会上的讲话》发表64周年，市委宣传部、市文化局联合组织纪念演出活动，演出京剧现代戏《智取威虎山》选场、传统京剧《乾坤福寿镜》《野猪林》和新编历史剧《谢瑶环》等。主要演员全部由市京剧院优秀中青年演员担纲。

【文化艺术科研】 年内，全市有4项文化艺术科研成果获得山东省文化艺术科学优秀成果奖，其中淄博市博物馆安立华、樊萍、张爱玲的专著《乡野之风——近代淄博民间陶瓷艺术》获二等奖。淄博市五音戏剧院与山东理工大学音乐学院联合申报的《五音戏美学特征与艺术价值》课题列入山东社会科学规划研究重点项目，市艺术创作研究所巩武威申报的课题《从沂源、高青两县生态文化发展看社会主义新农村的文化建设》获省艺术科学重点立项。

【五音戏《云翠仙》入选上海国际艺术节】 应第八届上海国际艺术节组委会邀请，淄博市五音戏剧院排演的通俗轻喜聊斋剧《云翠仙》剧组于10月31日在上海逸夫舞台演出。《云翠仙》作为唯一入选上海国际艺术节演出的地方戏，受到国内乃至国际演艺界的广泛关注。

【业务技能比赛】 12月21日，市属专业艺术表演团体中青年演员（演奏员）业务技能比赛在淄博人民会堂举行。共有130名演员（演奏员）报名，60余人进入决赛。该比赛每两年举办一次，旨在促进全市专业艺术表演团体业务建设，加强剧团间的业务交流，提高广大中青年演员的表演艺术水平。

中青年演员（演奏员）业务技能比赛

（吕佳 摄）

【全国政协委员考察团考察淄博】 11月2～4日，全国政协委员考察团以“不同类型戏曲院团改革发展运作模式”为题，到淄博市进行调研。先后考察市京剧院、市五音戏剧院、蒲松龄纪念馆，听取了淄博市国有艺术表演团体改革情况汇报并提出意见和建议。（吕 佳）

社会文化

【全市民间剧团调演】 年内，组织举办全市民间剧团调演活动，有100多个民间剧团参加。其中，张店区张辛业余吕剧团、淄博泉龙聊斋俚曲戏剧团、博山业余京剧团、周村区和平业余五音剧团、沂源东安文艺演出队、桓台县锦凤吕剧团等6个民间剧团被省文化厅评为山东省优秀庄户剧团。

【先进文化社区评选】 年内，张店区杏园路办事处良乡社区被评为全国文化先进社区，淄川区杏花社区等4个社区被评为山东省先进文化社区。《和谐家园美》等5个节目分获山东省广场优秀文艺节目展演金、银、铜奖。

【文化下乡】 年内，市及各区县送戏800多场，送书画1000多幅，送电影4000多场，送图书1.1万册。市文化局被省委宣传部评为全省“三下乡”工作先进集体。

【淄博、金华举办书画交流展】 此次文化交流活动由两地书画院发起，分别在淄博书画院和浙江金华吴茀之艺术中心举行，共展出100件作品，代表了两地书画艺术最高水平。省人大常委会副主任莫振奎、市领导张建国等出席淄博开展仪式。

【非物质文化遗产保护】 6月，淄博市五音戏、聊斋俚曲、孟姜女传说、蹴鞠等4项非物质文化遗产被国务院列入首批国家级非物质文化遗产保护名录；五音戏、聊斋俚曲、孟姜女传说、蹴鞠、牛郎织女传说、颜文姜传说、炉姑传说、高柴女传说、磁村花鼓、商家大鼓、博山八角鼓、踩寸子、周村芯子、鹧鸪戏、淄博花灯、博山琉璃、周村烧饼等17项非物质文化遗产，被市政府列入首批市级非物质文化遗产保护名录。

【2005年度淄博市十件文化大事件】 1月，由市委宣传部、市文化局、市电视台联合举办的2005年度淄博市十件文化大事件评选活动结果揭晓，下列10件大事最终入选：淄博书画院新院落成，大型话剧《草原之子》在全市巡回演出，五音戏等4个项目被列入第一批国家非物质文化遗产名录推荐项目，淄博市保障农民工文化权益系列文化活动，淄博市首届邻居节社区文化活动，淄博市举行大型文艺演出——《2005继往开来》庆祝建市五十周年，淄博荣宝斋大厦落成，纪念蒲松龄诞辰365周年全国中国画提名展，淄川区聊斋国际文化旅游节等4个社会文化活动项目被评为山东省首届社会文化活动知名品牌，淄博全球通影城竣工开业。

【参加山东省首届文博会】 6月，市文化局参加山东省首届文博会，淄博展区获得好评。有26个项目现场签约，签约资金44亿元。其中，4个项目参加省签约，签约资金24亿元，在全省名列前茅。参展文博会对于宣传淄博文化投资环境、促进淄博文化产业发展起到积极的推动作用。至年底，签约项目落实率达到50%。（于纪新　丁德翠）

文　博

【第三批市级重点文物保护单位】 6月5日，市政府下发《关于公布第三批市级重点文物保护单位的通知》，公布彭家遗址等83处文物点为淄博市第三批市级重点文物保护单位。

【文物考古】 年内，淄博市文物局在淄川、博山、周村、桓台等地配合工程建设进行20余项文物勘探工作，勘探面积约18万平方米。在王渔洋家族墓地勘探出墓葬43座。在淄川寨里古瓷窑址东北部发现两座古窑炉。在博莱高速博山下路口引桥下的一座汉代墓葬清理中，出土了大量陶制双耳杯、陶盘、陶罐等器物。在淄川区林业局苗圃内晚清墓葬的清理发掘中，出土乾隆通宝、嘉庆通宝、光绪通宝钱币8枚、黄褐色瓷罐1个。

【举办首届“文化遗产日”庆祝系列活动】 2月8日，国务院发出《关于加强文化遗产保护的通知》，决定自2006年起，每年6月的第二个星期六为“文化遗产日”。淄博市成立文化遗产保护领导小组。6月6日，第一届全市文化遗产保护工作会议在鲁中宾馆召开。6月10日，市博物馆免费向公众开放，文物局专家在博物馆广场免费鉴宝，非物质文化遗产成果展对外开放等一系列活动隆重开展。

【临淄齐国故都与齐王陵申遗项目】 12月15日，临淄齐国故都与齐王陵进入《中国世界文化遗产预备名单重设目录》。目录中共有35个单体项目和扩张项目，该项目是山东省唯一单设项目，列全国第17位。

【刘忠进获国家文物局表彰】 年内，国家文物局授予淄博市文物局局长刘忠进全国文物保护工作先进个人荣誉称号。全国受表彰的共有70人，其中山东省2人。

【淄博市6处文物单位被公布为第六批全国重点文物保护单位】 6月7日，国务院公布第六批全国重点文物保护单位名单，淄博市的沂源猿人遗址、后李遗址、寨里窑址、蒲松龄故宅、颜文姜祠、西天寺石佛造像6处文物点榜上有名。

（宋杰　李胄）

【沂源扁扁洞遗址发掘】 11月26日至12月13日，山东省文物考古研究所、淄博市文物事业管理局、沂源县文物管理所联合对沂源张家坡镇北桃花坪村扁扁洞遗址进行考古发掘，获得重大成果。该遗址的发现填补了淄博市原始文化发展序列中的缺环，将淄博市陶瓷生产的历史提前到1万年以前，为山东乃至北方新石器时代早期文化类型找到源头，并进而确定它与后李文化（距今约8000年）的渊源关系。

【沂源县博物馆落成】 4月29日，沂源县博物馆落成并向社会开放。博物馆位于占地8公顷的县文化苑内，展览面积1800平方米，分4个展厅、5个功能区，总投资2000余万元。按照“小而精”的总体要求进行设计陈列布展，并配有一流的办公设施和现代化的技术防范设备。该馆规模大、档次高、设施全，是沂源文化事业发展的标志之一。年内接待各类参观团体200余次，观众达4万人。

沂源张家坡镇北桃花坪村扁扁洞遗址

（徐学琳　摄）

【开元文化大世界落成开放】 9月27日，开元文化大世界开业。在原开元文化市场基础上建成，总投资5300万元，地上5层、地下1层，总建筑面积2.1万平方米。开元文化大世界有商铺300余套，周边摊位600余个，包含古玩地摊市场、花鸟鱼虫市场、宠物市场，主要经营字画、古玩、玉器、钱币、邮票、陶瓷、琉璃、红木、文石、雕刻等文化产品，其人文脉络畅通，是集旅游、购物、展览、拍卖、休闲、娱乐于一体的文化市场，也是鲁中地区最大的艺术品投资市场。

【全国县级博物馆展示服务水平提升现场工作会议在临淄召开】 9月21日，全国县级博物馆展示服务水平提升现场工作座谈会在临淄齐国历史博物馆召开，国家文物局副局长张柏、省文化厅副厅长谢治秀、市政府副市长饶明忠出席会议。来自全国11个省的县级博物馆展示服务水平提升项目试点单位负责人参加会议，齐国历史博物馆馆长韩伟东作典型发言，齐国历史博物馆被列为国家重点博物馆。

【《淄川考古》出版发行】 9月，《淄川考古—北沈马遗址发掘报告暨淄川考古研究》出版发行。该书由山东大学考古系教授任相宏、淄博市文物事业管理局副局长张光明、淄川区文物保护所所长刘德宝主编，是近百年来第一部全面介绍淄川考古发掘研究成果和区域历史研究的专著，也是全市率先出版反映全区历史研究和考古发掘成果的精品图书。《淄川考古》的编著以淄川北沈马遗址的发掘资料为基础，同时结合历年来在淄川地区的考古调查勘探发掘实践，全面反映淄川区考古研究现状和学术成果，具有较高学术水平。

（郎爱武　徐学琳）

文化市场

【网吧市场管理】 年内，进一步加强网吧技术管理措施。在充分发挥网络监控中心实施监控屏蔽作用的同时，加大对网吧违法接纳未成年人等违法行为的查处力度。按照文化部、省文化厅的统一部署，印发《关于加强网吧市场管理工作的紧急通知》《关于进一步加强暑期网络文化市场管理的通知》等文件，针对暑期中小学生放假期间网吧市场可能成为学生家长和社会关注的热点问题，统一组织开展3个月的暑期网吧集中专项整治行动。截至年底，全市共出动稽查人员进行检查9694余人(次)，检查网吧经营场所3606家(次)。全市共立案调查154起，结案150起。其中，警告102家(次)，罚款67家，停业整顿34家，罚款25万余元。

【全市违法音像制品统一销毁活动】 为贯彻文化部、全国整规办《关于举行违法音像制品统一销毁活动的通知》精神，根据省文化厅的统一部署，于1月12日、12月8日上午分别组织全市违法音像制品统一销毁活动，共销毁22万余张(盒)违

全市违法音像制品统一销毁活动现场

(马吉忠　摄)

法音像制品。淄博电视台、《淄博晚报》《鲁中晨报》《音体美报》等进行现场采访并及时宣传报道。全年共检查音像制品经营单位2063余家，查缴非法音像制品11万余张(盒)，取缔游商地摊109个，取缔非法经营窝点18个，进一步营造了"尊重知识，拒绝盗版"的良好社会氛围。

【音像市场整治】 按照文化部要求，制定2006年全市音像市场整治方案，积极开展以"阳光行动"为重点的音像市场整治工作。年内，组织了三次大规模的集中整治行动。一是净化"两会"期间、"五一"前后音像市场，积极营造良好市场环境的"阳光1号"行动；二是暑假期间以清理合法批发、零售、出租店铺经营侵权盗版音像制品为重点，维护著作权人和未成年人的合法权益的"阳光2号"行动；三是国庆节、新年期间开展以重点保护重要国产影片发行放映的"阳光3号"行动。

【举报案件查处】 是年，"12318"举报电话共接到群众举报63起，受理其他举报112起，均得到及时查处。举报一起查处一起，件件有落实。

【网络监控】 年内，网络监控中心继续实施其监控屏蔽功能，共禁止游戏19179次、屏蔽游戏站点474493次、超时经营报警6040次，有效净化了网络内容。全年受理网吧经营单位技术咨询627次，解答疑难问题1081件(次)，进一步完善了监控平台功能。

(马吉忠)

文艺创作

【概况】 2006年，淄博市文联积极引导广大文艺工作者为建设和谐文化，构建和谐社会创造良好的文化氛围。4月，召开市文联四届三次全委会，部署年度工作。市摄影家协会组织的"走近齐长城"大型摄影展，受到省、市领导及社会各界群众的好评。9月，市戏剧家协会举办全市首届戏迷票友大赛，有近千名戏曲爱好者参加。市音乐家协会创演的《和谐祖国甜美的家》在社区、农村上演20余场，获得省文明办、省文化厅"四进社区"创作演出金奖。市文联主办庆祝建党85周年和红军长征胜利70周年美术、书法、刻瓷作品展览，共展出各类作品180余件(幅)。

培养人才，创作精品。王金铃创作的《奥运赋》被《新华每日电讯》《光明日报》《文艺报》等报刊全文刊载。6月，作为唯一的当代人文奥运代表作在北京举行的"奥林匹克与中国"大型展览中展出。《枫叶谷》《黑河与红河》《回望》等著作受到读者好评。创作歌曲《心中太阳是祖国》《星星火炬代代相传》、曲艺作品《巧点子》、舞蹈作品《足球回家了》均获省级以上奖项。年内，各艺术门类共荣获国家级奖项18项、省级奖项40余项。11月，淄博文学艺术奖评奖活动共评出获奖作品64件；"淄博市德艺双馨中青年文艺家"评选活动启动。

广泛交流，扩大影响。年内，共举办较有影响的展演活动100余场次。5月，唐秀玲、樊萍的作品被特邀参加第六届中国工笔画大展。9月，市文联邀请《诗刊》《中国作家》《人民文学》的编辑、学者和著名作家到淄博举办专题文学讲座。淄博市著名画家齐辛民在山东美术馆举办个人画展。

抓好队伍建设和阵地建设。年内共发展会员278名，成功地组织摄影家协会等进行换届工作。由市文联主办的文学刊物《齐风》的出版质量和稿件水平有新的提高。由淄博市文联牵头，市美术家协会、市书法家协会、市刻瓷艺术家协会协办的淄博名家书画城，共设40多个书画工作室，面积6000余平方米。继续抓好"淄博市书画艺术交流中心"和"聊斋文学编辑部"工作。

【市文联被评为全省文联系统先进单位】 3月23日，在全省文联工作会议上，淄博市文联被评为2005年度全省文联系统先进单位。至此，淄博市文联已连续5年被评为全省文联系统先进单位。

【5人获山东省德艺双馨中青年艺术家称号】 在3月召开的全省文联工作会议上，淄博市的赵长刚、唐秀玲、曹培菊、王建新、金辉等5人，被授予山东省文联系统第二届德艺双馨中青年艺术家荣誉称号。

【市作协举办石马桃花笔会】 4月16日，由市作家协会主

办，文学现场（http：∥wx.wxxc.net）、博山区委宣传部、博山石马镇协办的“2006’淄博市作家协会石马桃花笔会暨海岱杯征文颁奖仪式”在博山区石马镇举办，有百余名作家参加。

【东方艺术会馆·淄博书画城开展】 9月1日上午，由市文联牵头组织的东方艺术会馆·淄博书画城开展。省、市领导为淄博名家书画城揭牌。东方艺术会馆·淄博书画城占有面积6000余平方米，首批进驻书法、美术和刻瓷等各类艺术家160余位，包括部分全国书画名家。

【市文联举办2006金秋笔会】 9月16日，市文联主办2006年金秋笔会，邀请《诗刊》杂志社常务副主编李小雨，《中国作家》杂志社编辑部副主任方文、编辑翟民，《人民文学》杂志社编辑徐则臣举办文学讲座，全市近200名作者参加了交流。

【参加山东省曲艺大赛成绩斐然】 9月15日，市曲艺家协会组队参加省文联、省文化厅主办的“趵突泉”杯山东省曲艺大赛决赛。共获演员二等奖2个、优秀演员奖2个、新苗奖2个，大赛组委会授予淄博市曲协优秀组织奖。

【张建国接见全国第七次作代会代表王金铃】 11月24日上午，市委书记、市人大委员会主任张建国在鲁中宾馆接见出席全国第七次作代会的淄博作家王金铃。

【第五届淄博文学艺术奖获奖名单】

艺术类别	作　者	作品名称
文学类	聂建军 董洪昌	田横传(小说)
	张洪兴	心境如灯(散文)
	王金铃	齐赋(诗歌)
	吕鸿钧	艺林漫步(文学评论)
	盛范修 孙丰深	我与长山岛(报告文学)
	宗利华	越位(小说)
	刘培国	酥锅(散文)
	张安杰	大铁像(小说)
书法类	王杰昌	隶书
	李远见	行书
	杨守华	行楷
	王　禾	行书
	邹方臣	行书
	孙希民	行书
	吴贵玉	行书
美术类	申会军	君子清风图(国画)
	刘　静	休闲时光(国画)
	张建国	中国美术家·梦白(邮册)
	吴荣杰	初雪凝秋水(国画)
	韩家平	清风棋韵(国画)
	杨德玉	英雄连长何万祥(国画)
	郑公甫	山水(国画)

续表

艺术类别	作　者	作品名称
摄影类	王建新	岁月留痕
	赵健民	淄博民居
	许长青	感悟自然
	景广平	我的眼睛在手上
	间　楠	CDMA 创意
	王恩元	百姓过大年
盆景类	苏　勇	聊斋惊梦(赏石)
	马立珍	大漠魂(赏石)
	文学军	五子登科(盆景)
	郑贵云 李化斓	淄博古树名木(图书)
	班锡镜	观音赐福(赏石)
刻瓷类	罗　媛	和平之声
	孙兆武	静水
	王卫红	松鼠
	张彩霞	熏风
	石志泉	大展宏图
舞蹈类	王福银	探究古代齐国乐舞《韶》与《万》
	张晓雪 司志国	画中女
	王振雷	足球回家了
	李婉婷	童乐金秋
	翟春秀	锦秋的旋律
曲艺类	马　震 齐宗强	炊事员的故事(相声)
	王长安	窗口之恋(山东快书)
	李琦胜	李琦胜曲艺小品选(图书)
	石铜铃	养牛(小品)
戏剧类	巩武威 丁　波 尹　露	草原之子
	刘宗吉 李琦胜 刘承杰	颜文姜
	集　体	山铝人家
	史庆沪	红色罚款单
	常小飞	孔雀东南飞
	高　翔 罗　燕 邢春燕 柴平平	补天
音乐类	丁修茂	华夏陶瓷
	丁恩昌 韩乃舜	警徽之恋
	蒋　新 吴建勋	矿工的眷恋
	商维成	你让党旗更灿烂
	陈玉琛	聊斋俚曲
	左向东	和谐中国甜美的家
	崔建华	足球的源头
民间文艺类	张锡光	锡光藏灯(画册)
	郝萱林	幸福(剪纸)
	池红卫	老鼠嫁女(剪纸)
	韩成山	松藤图(剪纸)

（曹家萱）

本部类编　辑：孟　明
副主编：王　娟
校　对：张耀江
吴建利

新闻出版　广播电视

综　述

【新闻宣传】 2006年，新闻宣传工作牢牢把握正确的舆论导向，加强舆论管理制度建设，制定《关于建立健全和规范完善新闻宣传工作有关制度的意见》，进一步建立健全新闻宣传通报协调制度、舆情报告制度、重大宣传任务协调调度制度、新闻发布会审核管理制度、新闻热点报告制度和新闻宣传奖励制度，为加强对新闻舆论的宏观调控和管理提供了制度保证。紧密配合全市工作大局和市委、市政府中心工作，成功组织了树立和落实科学发展观、构建和谐社会、建设社会主义新农村、提高自主创新能力、建设创新型城市、倡导社会主义荣辱观、纪念红军长征胜利70周年等事关全局、意义重大的主题宣传报道。圆满完成全市区县域经济现场会、国际新材料技术论坛、齐文化旅游艺术节、"陶博会"、十六届六中全会、迎接创建国家卫生城市复审等一系列重要会议、活动的新闻宣传任务。制定并由市委办公厅、市政府办公厅转发了市委宣传部设立"宣传淄博突出贡献奖"的有关文件，每季度统计并公布重点对外发稿及得分排名情况。规范、完善对上重点发稿通报办法，制定对上发稿、发片考核记分办法和奖励规定。全市累计对外发稿12000多篇(条)。其中，《大众日报》发稿近200篇，刊发头版头条稿9篇；淄博电视台在中央电视台发稿259条，在《新闻联播》节目发稿73条，在山东卫视《山东新闻联播》发稿325条。广播电视对上发稿继续保持全省先进水平，报纸发稿实现数量和质量的新突破。

【记协工作】 2006年，市新闻工作者协会继续在全市新闻战线深入开展"三项学习教育"活动，制定《关于继续在全市新闻界广泛开展"三项学习教育"活动的意见》，组织市属各新闻单位参加全省培训，开展向"胡同记者"张刚学习的活动。淄博市的做法得到省新闻战线"三项学习教育"活动领导小组的充分肯定。评选表彰2005年度淄博新闻奖和年度全市十大新闻。牵头组织完成首届淄博市人才工作好新闻奖，人大好新闻奖、宣传人民政协好新闻奖、环保好新闻奖、质监好新闻奖和宣传残疾人好新闻奖的评选工作。联合市妇联设立淄博市宣传妇女儿童事业好新闻奖。与市总工会联合组织评选表彰第五届淄博市十佳编辑(记者)。组织第七个中国记者节庆祝大会，举办庆祝记者节全市新闻工作者乒乓球比赛。

（宋　博）

报　刊

【营造舆论宣传强势】 2006年，淄博日报社新闻宣传工作融入市委、市政府中心工作，服从、服务于全市工作大局，导向正确，措施有力，为推动全市经济社会又好又快发展创造良好的舆论氛围。突出中共十六届五中、六中全会和市委九届十次、十一次全会精神的宣传报道。开辟"深入贯彻六中全会精神、建设社会主义和谐社会""落实科学发展观、建设社会主义和谐社会""和谐建设在淄博"等专栏，并对"十一五"规划进行大张旗鼓地宣传报道。紧紧围绕自主创新、区县域经济发展、社会主义新农村建设、环境建设、构建和谐社会等方面开展宣传报道，先后开辟"新经济·新亮点——百家成长型企业巡礼""淄博边缘行""创新淄博、科技故事""辉煌十五""推动区县域经济更快更好发展"等专栏。先后对全国、省、市"两会"，全省县域经济、科学技术会议、山东省文博会，淄博市新材料技术论坛、"陶博会"等重要会议和创建国家卫生城市、争创国家双拥模范城市等重大活动及突发事件进行了重点宣传报道。

【拓宽报业发展领域】 是年，淄博日报社坚持改革创新，在拓宽报业发展领域方面迈出坚实步伐。推出"主流决定高度，资讯改变生活"的办报理念。7月1日，《淄博日报》版式由宽报改为瘦报。大力加强淄博新闻网建设，增强了网络影响力。创办《淄博手机报》，开辟传媒新平台。实现淄博日报社产业链从"第一媒体"经"第四媒体"向"第五媒体"延伸的跨越式发展。以党报为龙头的淄博日报社已形成"四报一刊一网"的规模，拥有淄博地区最丰富的新闻资源，成为淄博最有影响力的主流强势媒体。

【多元化经营】 年内，淄博日报社的多元化经营取得新进展。报达印务有限公司努力开拓经营，印刷客户稳定增加，经营业绩稳中有升，全面完成经营创收、成本控制和印刷质量指标，所承印的《淄博日报》《淄博晚报》获山东省报纸印刷优质奖，公司被评为全省报业印刷先进集体。淄博博闻汽车服务公司与中华保险、中国人民保险、太平洋保险等单位签订长期合作协议，签约客户数量不断增加，服务机制不断完善，公司初步实现盈利。淄博新闻旅行社经营逐步走上正轨，实现营业收入130多万元。中诚报业公司通过不断探索，找到了新的经营点。

【队伍建设】 淄博日报社把2006年定为队伍建设年，把职工队伍建设作为报社发展的根本大计抓在手上，取得明显效果。每月进行一次业务交流会，开展网上业务研讨和评报活动，邀请专家学者举办专题讲座。在全社广泛开展钻研业务、撰写论文活动，组织论文评选，并出版论文集《新闻纵横谈》。分期分批安排年轻编辑记者到时事新闻部轮岗锻炼，并实施“一带一”工程，以老带新。继续深化干部人事制度改革，为人才提供发展平台。

【《淄博晚报》策划再上新台阶】 年内，《淄博晚报》成功策划“百天探访齐长城”大型活动。历时百天，行程1.5万公里，发稿50余个版面，20多万字，同时组织大型图片展览，提升了淄博的文化品位和对外影响。策划“时空变幻青藏线”，全方位展现青藏铁路首发列车的盛况。在全市募集资金50余万元，为西藏昂仁县建起“淄博晚报希望小学”。策划“寻访百岁老人”大型公益活动，先后对全市五区三县和高新区的26位百岁老人进行采访，评选出“淄博市百岁老人十佳健康之星”，其中高青县106岁的史博田被评为山东省的“齐鲁十大健康寿星”。

【网络影响力增强】 年内，淄博日报社对淄博新闻网进行设备更新和网络升级。成立新闻部并充实工作人员，对新闻网进行全新改版，与人民网、新华网、山东新闻网、新浪网等国内知名网站建立了良好合作关系。10月11日，市委副书记、宣传部部长岳长志点击开通淄博新闻网新版。11月1日，市委书记张建国为淄博新闻网改版发来贺信。全年共制作新闻专题10余个，发布各类新闻4万余条(篇)，其中宣传淄博的新闻稿件24000余条，发表图文报道30多组。淄博新闻网发布的新闻和稿件，有多条(篇)被人民网、新华网、大众网、山东新闻网、新浪网等网站转载，提高了淄博市在国际互联网上的知名度，淄博新闻网络影响力显著增强。　（王　傈）

【无锡千里寻亲活动圆满结束】 1月，《鲁中晨报》无锡千里寻亲活动圆满结束。《鲁中晨报》自组织“梦回无锡，千里寻亲”活动后，有寻亲意愿者增至近300人。中央电视台派新闻频道《共同关注》栏目组记者赶赴鲁中晨报社，对寻亲活动展开全程跟踪报道。此次活动还吸引了《南方周末》等众多媒体的关注。新华社及新华网、新浪网对活动进行了报道。

【鲁中晨报社“温馨手术室”】 9月，鲁中晨报社利用媒体影响力，融合社会医疗资源，成立“温馨手术室”，成功为3名家庭困难的重病患者进行了手术。

【淄博印点获奖】 2月，《齐鲁晚报》《生活日报》印点监督管理小组组织专家、读者、办报人，对2005年1～12月全省17个印点印刷的《齐鲁晚报》样报、大路报进行评比，《鲁中晨报》印务有限公司承担的淄博印点(使用再生纸印点)在2005年度印刷质量评比中获得第一名。

【《哥俩》走进央视《新闻会客厅》】 7月，《鲁中晨报》以《哥俩》为题报道了淄博高新区石桥办事处闫高村黄亭、黄猛哥俩之间的感人故事，在社会上引起轰动。7月17日，黄亭、黄猛及鲁中晨报社记者赵文晶做客中央电视台《新闻会客厅》栏目，共同讲述弟弟黄猛5年来捡垃圾供哥哥黄亭上学的坎坷经历。

【《鲁中手机报》推出下午版】 8月7日，《鲁中手机报》正式推出下午版。主要设立《新闻焦点》《体坛快报》《花花世界》《生活博导》《科技来风》《军事前沿》等栏目，栏目风格轻松活泼，内容全面、精要、快速，与上午版互为补充。

【鲁中网成功改版】 年内，鲁中网改版工作顺利完成。改版后的鲁中网把打造鲁中地区最有影响力的新闻网站作为目标，坚持“平民化新闻网站”的办站思想，以12～45岁的各阶层市民为主要目标群体，强调新闻性、互动性和服务性。把新闻当作核心产品，增加本网原创新闻，并对新闻栏目进行细分，内容定位更准、信息含量更大、更新速度更快，特别增设《政务信息》《服务资讯》等服务性较强的栏目。对《论坛》进行全面调整，注重了网友的参与，《鲁中之声》《网闻热评》《正方反方》等板块充分赋予网友话语权。　（众　志）

出版发行

【编辑出版工作】 2006年，市新闻出版局共审读内部资料性图书80种，批准印刷75种；审看内部资料性电子出版物7种，批准复制5种。市图书批发市场组织开展了庆“六一”青少年百种优秀图书展销活动。11月，市新闻出版局与市委宣传部、市社科联、市文联在东方艺术会馆淄博书画城举办淄博市优秀图书展，参展图书1100余种，内部资料性图书2000种。

附：

2006年批印的主要内部资料图书

书　　名	编(作)者
追寻连天烽火的抗日岁月	淄博市教学研究室
淄博发展战略回顾	中共淄博市党史资料征集研究委员会
辉煌55周年	淄博市劳动和社会保障局
淄博公路年鉴	淄博市公路局
魅力淄博	淄博市建设委员会
科学参政议政理论与实践	中共淄博市委统战部
企业思想政治工作研究成果选编	淄博市职工思想政治工作研究会
山东理工大学年鉴	山东理工大学
主体班次学员调研报告汇编	中共淄博市委党校

续表

书　　名	编(作)者
领导干部谈历史经验	中共淄博市党史资料征集研究委员会
执政后的探索	中共淄博市党史资料征集研究委员会
农村党建与建设社会主义新农村研究	中共淄博市委组织部
社区奏响文明和谐的乐章	淄博市精神文明建设委员会办公室

【新闻出版产业】 是年，结合全市新闻出版实际，制定“十一五”发展规划。新闻出版业投资近3亿元，新增印刷企业30余家，印刷水平和印刷设备档次明显提高，各种印刷企业达700余家，总产值达20多亿元。出版物现代流通体系、现代印刷复制业等重点项目的建设取得新进展。6月，山东世纪天鸿书业有限公司与北京印刷学院等6所高校共同签署建设文化产业人才培养基地的协议，与康轩文教集团(美国)有限公司签订增资扩股、建设现代物流印刷基地的合同，董事长任志鸿获选2006年度山东十大财经风云人物。山东鸿杰印务有限公司引进两条日本八色轮转印刷生产线后，印务能力和水平进入全国先进行列，在全省印刷百强企业排行榜中位列第五名。12月，市内各新闻媒体对全市书刊批发市场、山东世纪天鸿有限公司等印刷、发行企业进行了集中采访报道。

附：

淄博市进入全省印刷发行百强行业名单

省百强发行企业名称	全省百强排名位次	省百强印刷企业名称	全省百强排名位次
山东世纪天鸿书业有限公司	1	山东鸿杰印务有限公司	5
淄博市新华书店	23	淄博鲁中晨报印务有限公司	20
淄川区新华书店	25	淄博华越彩印包装有限公司	59
淄博风雅颂书业有限公司	50	淄博三玉包装印刷有限公司	60
临淄区新华书店	61	山东齐旺达集团有限公司	67
淄博德润经贸有限公司	62	山东省沂源县教育印刷厂	68
沂源县新华书店	65	淄博华瑞铝塑包装材料有限公司	69
桓台县新华书店	74	淄博精工凹印制版有限公司	70
博山区新华书店	90	淄博泰宝防伪制品有限公司	71
		淄博恒业印务有限公司	75
		淄博新嘉包装有限公司	98

【“反盗版百日行动”】 根据全国和全省的统一部署，从7月25日开始，集中3个月时间在全市组织开展“反盗版百日行动”。行动期间，在市内各新闻媒体集中发布“反盗版百日行动”公告，统一印制、张贴公告3000余份，对全市音像制品复制企业、经营单位和计算机软件制品经营单位进行法规培训，参训人员200人次。各区县与各音像制品和计算机软件制品经营负责部门、各经营业户签订责任书，层层落实责任。经过宣传动员、集中治理、检查督导、总结验收等阶段的工作，达到了预期目标。

【“扫黄打非”工作】 年内，全市“扫黄打非”工作以突出“封堵查缴”政治性和淫秽色情非法出版物、严厉打击制售盗版出版物活动、抓好重点地区部位、整治教材教辅读物市场、查处取缔非法报刊为重点，在搞好日常监管的同时，有重点、有步骤地在全市组织开展集中整治行动，有针对性地解决出版物市场存在的突出问题。一是召开全市“扫黄打非”工作电视电话会议部署全年工作，修订下发《全市“扫黄打非”工作量化考核评分办法(试行)》；二是在“两节”“两会”“五一”和文博会期间，组织开展以查缴政治性非法出版物等为重点的“扫黄打非”集中行动，严厉打击制售非法出版物活动；三是组织开展查处、打击非法报刊专项治理，进一步规范报刊市场秩序，查处1起图书侵权案和1起非法出版活动。全年共出动检查人员1200人次，出动检查车辆410台次，检查音像制品经营业户和计算机软件经营业户450余家，检查图书报刊经营业户300余家，检查印刷企业700余家，查缴各类非法出版物14.9万册(盘)。

【版权保护】 年内，与财政局联合下发《关于政府购置使用正版软件的通知》，督促41个政府工作部门到市政府采购中心办理交费手续，3月15日完成统一采购任务。开展版权保护工作，全年共进行7份著作权登记。开展打击非法预装计算机软件专项治理行动，对16家较大的非法预装计算机软件经销商下发限期整改通知书，同时有针对性地与比较大的计算机商场管理方和计算机软件经销商签订打击非法预装计算机软件管理责任书。11月，开展打击网络侵权盗版专项行动，在市内各新闻媒体全方位宣传打击网络侵权盗版专项行动的工作重点，对市内淄博信息港、淄博新闻网、齐鲁石化信息港、浪淘沙教育网等近百家网站进行摸底、排查，查处1起较大的网络侵权案。

【行政执法】 继续做好委托管理工作，批办印刷企业35家、打字复印社51家、出版物零售单位45家。制定《淄博市新闻出版局行政执法责任制》《新闻出版（版权）管理行政处罚程序》《新闻出版（版权）管理重大行政处罚听证程序》《新闻出版（版权）管理过错责任追究制度》《行政许可事项审批、审核、转报流程图》《新闻出版（版权）行政处罚工作程序示意图》和《淄博市新闻出版局规范行政处罚自由裁量权工作手册》，并向社会公布。积极推行电子政务，强化网上审批功能，全局审批服务事项全部纳入行政服务中心窗口集中办理。4月，市包装工业办公室由市经委整体划转市新闻出版局。7月，市新闻出版局被山东省人事厅、省新闻出版局授予全省新闻出版系统先进集体。　　（吕学勤）

新落成的高新区新华书店　　（张玲玲　摄）

【图书发行】 2006年，淄博市新华书店经济效益和社会效益取得显著成效。全市实现图书销售收入2.55亿元，实现利税1004万元，人均劳效58万元。其中，市店实现销售额1.3亿元、利税252万元，获山东省出版集团文明单位、山东省出版集团先进单位、山东省新华书店系统先进集体等称号。

狠抓主业。加大教学用书发行力度，确保"课前到书、人手一册"。成立书香校园流动售书小组，建设图书超市、学校书屋，开展"知荣辱、树新风"青少年主题实践活动，举办假日特价书市，开展世界读书日、文博会优惠展销、送书下乡、优秀书目推荐等活动，确保市场占有份额。重点发行《江泽民文选》6100余套、《领导干部读本》1460套、《科学发展观》3192本、《情感读本》3800本、《社会主义荣辱观宣传教育读本》10万余册。

抓多元经营。年内，新华书店高新区店、临淄店图书物流中心、淄川区店营业楼竣工。全市共有网点28处，固定资产7800万元。各店在资源利用上做文章，规范物业管理，提高资产利润率。市店加大对储运站的市场开发及业务管理，积极改善物流条件，开拓代发业务，提高服务质量，降低成本费用。全年实现毛利340.65万元，比2005年增加103.43万元，创历史最高水平。

抓企业管理。全面通过税务、工商、检察、审计等部门的各项检查，进一步规范财务、业务管理。加强费用管理，规范连锁经营。年内，全市各店全部完成与省新华书店总部的连锁经营。

扎实推进全市系统治理商业贿赂专项工作。开展行业自查，建立健全防治商业贿赂长效机制，加强对关键环节、关键岗位的教育管理和对区县新华书店工作的监督检查。

附：

2006年淄博市新华书店十大畅销电子音像读物一览表

电子音像读物	著作者	版　别	定价（元）
易中天品三国DVD	主讲　易中天	国际电视总公司	100.00
于丹论语心得DVD	主讲　于　丹	国际电视总公司	72.00
依然范特西CD	主唱　周杰伦	上海音像公司	38.00
李阳疯狂英语VCD+CD	主编　李　阳	广东海燕电子音像	300.00
刘心武揭秘红楼梦DVD	主讲　刘心武	国际电视总公司	80.00
虹猫蓝兔七侠传VCD	导演　王　宏	湖南电子音像出版社	12.00/盒
疯狂的石头VCD	导演　宁　浩	北京中录同方音像	15.00
东京审判VCD	导演　高群书	半岛音像出版社	15.00
哈利·波特VCD	制片人 mick audsley	北京中录同方音像	20.00/盒
乔家大院VCD	主演　陈建斌	广州音像出版社	270.00

2006年淄博市新华书店十大畅销图书一览表

图　书	著作者	版　别	定价（元）
江泽民文选（平装）	江泽民	人民出版社	95.00
品三国	易中天	上海文艺出版社	25.00
于丹《论语心得》	于 丹	中华书局	20.00
狼图腾	姜 戎	长江文艺出版社	32.00

续表

图　书	著作者	版　别	定价(元)
细节决定成败	汪中求	新华出版社	24.80
淘气包马小跳之《跳跳市长》	杨红缨	接力出版社	13.00
现代汉语词典	吕叔湘	商务印书馆	68.00
窗边的小豆豆	黑柳彻子	南海出版社	20.00
人体使用手册	吴清忠	花城出版社	29.00
达芬奇密码	丹·布朗	上海人民出版社	28.00

（张玲玲）

广播电视

【把握正确舆论导向】 2006年，淄博市广电总台(局)以构建社会主义和谐社会为总宣传目标，牢牢把握正确的舆论导向，在全市营造出良好的舆论环境。淄博人民广播电台先后开办“牢记八荣八耻、建设文明淄博”“落实科学发展观”等20多个专栏，播发各类新闻稿件2000多条(篇)。淄博电视台在新闻节目中开设“深入贯彻六中全会精神、建设社会主义和谐社会”等10多个专栏，精心策划一系列主题性宣传活动。精心策划百余次大型公益社会活动。组织了“2006幸福之旅——千里寻亲”“广播之夜——电台庆祝调频广播覆盖沂源、高青暨广播车正式启用文艺晚会”“时代先锋——保持共产党员先进性颁奖晚会”“2006中国(淄博)陶瓷博览会·世界瓷砖采购大会文艺晚会”“重走长征路——走进西藏大型采访活动”等活动，扩大了淄博广电的社会影响。

【对上对外宣传】 年内，淄博人民广播电台、淄博电视台、淄博声屏报社全部成立重点报道部，加大对上对外发稿力度。电台对山东人民广播电台发稿得分达3250分，首次列全省第一位。重稿和头条取得新突破，在中央人民广播电台主要新闻栏目《新闻与报纸摘要》栏目发稿8条。其中，记者汪强和中央人民广播电台记者合作的稿件《淄博农村实行配方施肥，土地吃上营养餐》在《新闻与报纸摘要》栏目头条播发，《淄博市政府每年拿出1400多万元，落实“两免一补”政策、保证困难中小学生上学》在综合头条播发。淄博电视台继续保持全省17城市级台对中央台、省台发片“双第一”，且发稿数量比2005年明显增加。在中央电视台发新闻片252条，比2005年增加64条；在山东卫视发新闻片1749条，比2005年增加206条。其中，在《中央新闻联播》发新闻片72条，比2005年增加31条；在《山东新闻联播》发片310条，比2005年增加38条。淄博电视台在《中央新闻联播》播发的72条中有3条上头条提要。《种粮大户刘世用先忧后喜的五年》在中央电视台《新闻联播》(《经典中国、辉煌十五》栏目头条)播发长达3分多钟；与中央电视台联合直播的2006张店区元宵节焰火晚会，在中央电视台新闻频道元宵节特别节目——《闹元宵》节目中现场直播6分钟。周村广电中心在中央台发稿28条，在省台发稿203条，居全市各区县台对上发稿前列。

【打造名牌节(栏)目】 淄博人民广播电台对节目实行全面改版，在保留《市民声音》《政风行风热线》等优秀节目基础上，进一步突出各频率的专业特色。增强新闻频率的自采新闻力度，规范读报新闻和社会新闻，增加播报内容与次数；突出经济频率的本地特色，为听众投资理财、消费购物提供有效指导和帮助；交通文艺频道新设《失物招领热线》和《第一现场路况报道》节目；都市之声频率新设录播类系列高雅音乐节目。淄博电视台对新闻综合、影视、生活法治、都市、科教等5个频道进一步明确定位，有效地改变了各频道节目的同质化现象。对各频道部分栏目进行改版和调整，增加与观众的交流与互动。《淄博声屏报》按照“深度＋服务＋言论”的思路，增加报纸版面，从36个版扩为52个版，并创刊《金周末》。加大版面创新和深度报道力度，成立特稿部，开设《明星故事》《新闻联动》《特别关注》等栏目，增强报纸的可读性。

加大对节目的抽查和考核力度。每季度组织一次对“两台一报”节目或版面的考核评议，邀请系统内专家、资深编辑记者对节目或版面的形式、内容进行评议打分，并张榜公布。实行电台节目定期听评制度，专门成立以台领导、频率总监、业务骨干为主的听评小组，每月对自办节目进行听评考核，将听评结果直接与编辑记者、主持人的收入挂钩。引进电台“慢录站”信号，以便于随时审听电台节目。引入电视台收视率考核机制，与央视索福瑞媒介调查公司合作，将电视台5个频道的收视率、收视排名和市场份额占有情况等指标正式纳入《淄博广播电视节目质量综合考评方案》中，每周张榜公布一次。

全年共有136件作品获全国、省级奖项，获奖层次和数量均超过2005年，实现历史性突破。淄博人民广播电台获奖68件，经济专题《买股权海外上市，投资良机还是海市蜃楼》等获中国广播电视协会专家奖，《1143早新闻》等播音作品获得山东广播电视大奖一等奖，《市民声音》和《模拟法庭》分获省广播新闻十佳栏目奖和省广播社教十佳栏目奖。年内，全市有56个部门和单位走进与市纪委纠风办合办的大型谈话栏目“政风行风热线”演播室，共接听市民热线电话、接收短信6000多个(条)，现场解答问题3000多个，帮助群众解决和解答实际问题3000多个，该栏目被省纪委授予山东省反腐倡廉优秀栏目称号。淄博电视台获奖61件，其中《现在直播》《市民周刊》分获省电视新闻十佳栏目奖和省电视社教十佳栏目奖，《我们的城市》获山东新闻名专栏奖，《蒙山牛》《蒲长春和他的20、30、40》《“春约梨园、欢聚淄博”十九城市春节戏曲晚会》等获山东省电视类节目一等奖。淄博声屏报社有7件作品获省级以上政府奖，《特别的爱给特别的你》获山东省新闻奖一等奖。

【社会管理】 成立五区三县广播电视稽查大队，与市社会治安综合治理办公室、市公安局等6部门联合开展集中整治卫星电视接收设施的“春雷行动”，出动车辆106台(次)，查获

"小耳朵"(即非法安装的小型卫星电视地面接收设施)1123套。查处超范围发展有线电视用户、开展视频点播业务等违规行为,完成境外卫星接收单位平台置换工作。与各区县广电局等17个单位签订安全播出目标责任书,层层落实安全责任,对信号源采取卫星、光缆、微波三种传输手段互为备份的措施,加强线路巡视检查和天线场地的安全保卫工作,严格执行重要播出保障期零报告制度,保证了播出安全,有效防范了有害信息的传播。电视发射5个频道实现安全播出24883小时,广播中波和调频发射分别实现安全播出27983小时和22922小时。

【县级广播电视播出机构职能转变】 按照上级部署,制定《淄博市县级广播电视播出机构职能转变工作的实施意见》,认真做好区县播出机构职能转变工作,关闭各区县违规开办的电视频道,规范播出秩序。加强对企事业单位有线电视站的管理,依法关闭14个乡镇广播电视站违规开办的电视节目。

【技术保障】 在2005年更新摄、录、编设备的基础上,投资1200多万元购置国内一流的大型数字电视转播车,投资150万元购置移动广播转播车,投资500万元建起功能齐备的高标清兼容新闻直播演播室,投资150万元建设覆盖高青、沂源两县的三台精密同步调频广播发射网络,投资130万元购置固态化、智能化电视发射机,投资280万元建设电视新闻非线性制作播出网络。全年累计基础设施投入约2100万元。

【数字电视】 淄博天网视讯公司转变运营思路,积极发展双向互动电视,投资4亿多元,以赠送机顶盒的方式,实施有线数字电视整体平移。1月,正式启动数字电视整体转换。6月,召开新闻发布会,启动"新视源"互动电视整体转换,在全国率先实现互动电视整体转换。8月参加第十五届北京国际广播电影电视设备展览会,得到党和国家领导人李长春、刘云山、陈至立的赞赏。承办互动整体转换全国合作工程论证会,向全国推广淄博的经验。12月,有线数字电视顺利通过国家广电总局验收组的验收,淄博市成为全国首家通过双向数字电视整体转换验收的城市。全年发展有线电视用户达到32万户,发展双向数字电视用户2.5万户,城区整体转换率超过95%。

【农网改造】 按照市委、市政府的工作部署,加快"村村通"工程建设。针对农村广阔的用户市场,在网络老化、用户逐年减少的情况下,加大农村网改造的投入,投资5000万元搭建起双向数据业务骨干网,投入网络改造资金1.8亿元,顺利完成全市直管乡镇的农网改造,使一个光节点能带50～80个用户,实现了城乡一体化的网络结构,提升了农村网络的质量。完成所有城区和部分乡镇数字电视的开通,完成14个乡镇广播站的整合工作,农村直管用户新增52763户。淄博天网视讯公司严格执行工程建设标准、施工规范和质量验收管理制度,全年共完成主干网、分配网、接入网及管线工程验收2267项,铺设光缆4200公里,建设光节点4513个。

【完善首席制】 进一步完善首席制,对首席人员实行动态管理、任期一年、一年一评制度。因工作需要离开一线业务岗位的,同时退出首席岗位。对违反新闻宣传纪律、违背职业道德、违法乱纪、在首席评选过程中弄虚作假的,规定两年内不得再申报首席岗位。全年共选出首席编辑记者、首席播音员主持人14人。

【公开招聘】 年内,市电视台、技术中心等单位面向社会公开招聘,择优聘用1名研究生、23名大学毕业生。其中,电视台从近600名应聘者中招聘了15名编辑记者、主持人和后期制作人员。

【体制改革】 是年,对宣传性资产和经营性资产实施分离,将总台机关等11个单位作为宣传性资产,由总台直接经营管理;将淄博广电天网视讯公司等6家单位作为经营性资产,授权网络中心经营管理。为整合电视广告资源,成立淄博电视台广告中心;为组织大型社会活动,扩大电视台社会影响,成立淄博电视台文艺中心;为探索制播分离之路,成立淄博电视台"小语工作室"。

【经营创收】 是年,总台实现创收2.6亿多元(不含三产)。其中,电台完成广告收入2356万元,电视台完成广告收入6132万元,声屏报社完成创收723万元,天网视讯公司经营总收入完成1.58亿元,周村广电中心完成创收230万元。

(刘上恭　崔国祥)

本部类编　辑:孟　明
副主编:王　娟
校　对:王　峰
赵建国

卫生　体育

卫　生

【概况】　2006年，全市共有卫生医疗机构1277处；病床15482张，千人占有3.7张；卫生技术人员21439人，千人占有5.12人。

扎实推进农村新型合作医疗试点工作。制定《淄博市人民政府关于进一步加强农村卫生工作的意见》，完善新型农村合作医疗工作体系，落实基金监管措施，农村卫生工作进展顺利。全市有5个区县被列为省级"新农合"试点单位，25个镇被列为市级"新农合"试点乡镇，桓台县被表彰为全省"新农合"试点工作先进县。

加强城市基层医疗保障体系建设，发展社区卫生服务。市政府成立城市社区卫生服务工作领导小组，制定《关于发展城市社区卫生服务的实施意见》和《社区卫生服务发展规划》，明确财政补助政策和医保等扶持措施，投资100万元，重点投入中心城区社区卫生服务工作，巩固省级社区卫生服务示范区成果。至年底，全市社区卫生服务机构112处，覆盖城区人口103.36万人，基本形成城市社区卫生服务网络和"六位一体"的服务体系。年内，淄博市代表山东省接受国务院对社区卫生工作的督导检查。

深化疾病预防控制和卫生监督体制改革，促进疾病控制、卫生执法监督工作和卫生应急能力的提高。在市级疾病控制和卫生监督体制改革基础上，全面推进区县级体制改革。年内，艾滋病、结核病、人禽流感等重大传染病和地方病防治工作规范运行，无重大疫病暴发流行。市疾病控制中心被国家卫生部评为全国结核病防治先进集体。加强卫生监督执法，针对社会关注的食品卫生、学校卫生、医疗市场、公共场所、化妆品、生活饮用水等热点、难点问题进行专项整治，发现违法行为及时查处，淄博市卫生局卫生监督所获全省卫生监督工作考核第一名。职业病防治和精神卫生工作取得突破性进展。成立卫生应急工作领导小组和专家咨询委员会，组建市卫生应急办公室。加强全市急救指挥网络建设，提高重大事故抢救成功率。

国务院考察队考察淄博市城市社区卫生工作
（市卫生局　供稿）

省卫生检查团检查淄博市医院工作
（市卫生局　供稿）

加强医院管理，规范医疗服务行为。深入开展"医院管理年"和"医疗质量管理效益年"活动，在区县以上公立医院和城市社区卫生服务机构中开展惠民医疗服务。严格医疗服务要素准入，完成全市医疗机构校验及执业注册，组织医师和护士执业资格考试，对8841名护士和832名医师进行执业注册和变更注册，在全省率先建立医疗机构、医师执业注册档案管理暨移交工作制度。加强护理工作管理，提高护理质量和技术水平。加强麻醉药品管理和药品不良反应监测，成立淄博市医院药学质控委员会，统一全市麻醉药品增补计划审批程序，确保群众用药安全，市卫生局被省食品药品监督管理局、省卫生厅授予全省药品不良反应监测工作先进集体。

顺利通过国家卫生城市复审，巩固发展国家卫生城市、国家爱婴市、国家无偿献血先进城市创建成果。大力开展爱国卫生运动，实行市政府分管市长包区、包部门责任制和市直有关部门集中办公制度。加大投入，强化管治，综合整治，城市卫生整体水平得到提高。

继续加强妇幼保健机构和队伍建设，完善孕产妇、儿童死亡和出生缺陷监测报告制度，有效降低孕产妇死亡率和婴儿死亡率。加强无偿献血工作，强化以"血液安全"为主题的采供血和临床用血管理和督导，淄博市第五次被评为全国无偿献血先进城市。

坚持中西医并重，大力实施“三名（名院、名科、名医）战略”。建成省级重点中医专科2个、市级16个。加强基层中医药工作，在全省率先启动中医药特色乡镇卫生院、村卫生室和社区卫生机构创建活动，全市区县以上中医院全部列入“新农合”定点医疗服务机构。加强动态管理，对全市首批名医、培养对象及名科进行年度考核。开展重大科技创新研究，获得省、市科技进步奖26项，推广科技成果14项。圆满完成第20批援助坦桑尼亚医疗队员的选审工作。

附：

2006年淄博市卫生事业基本情况一览表

项　目	机构(个)	床位(张)	人员(人)	
			合　计	其中:卫生技术人员
综合医院	48	8251	10786	9046
中医院	10	1421	1935	1587
专科医院	14	1536	1508	1177
乡镇卫生院	94	2873	4117	3696
综合门诊部	2	22	25	24
妇幼保健院(所、站)	9	1221	1431	1132
疾病控制中心、卫生监督所	12		873	705
专科疾病防治院(所、站)	5	158	316	246
采供血机构	1		110	61
急救中心	1		31	21
其他卫生事业机构	4		434	4
社区卫生服务中心	88		785	785
诊所、卫生所、门诊部、医务室	989		2955	2955
合计	1277	15482	25306	21439

注：1. 床位数指编制床位数。2. 急救中心和社区卫生服务数不包括医疗卫生单位派出机构。3. 表中数字不包括乡村卫生室和乡村医生。

【农村卫生工作】 年初，召开全市卫生工作会议，把农村卫生工作列为全市卫生工作的重点，在全省率先以政府名义出台《关于进一步加强农村卫生工作的意见》《关于进一步做好新型农村合作医疗卫生的指导意见》，明确规定新型农村合作医疗的资金筹集、财政补助、报销比例、报销程序、机构建设及基金监管等。召开区县长座谈会和卫生局长、分管局长、新型合作医疗办公室主任工作会议，对有关人员进行相关政策和卫生知识培训。临淄、桓台、张店（含高新区）、周村、博山5个区县被列为省级新型农村合作医疗试点单位，淄川、高青、沂源3个区县的25个乡镇被列为市级新型农村合作医疗试点乡镇，覆盖人口210.24万人，全市参合农民188.81万人，参合率89.81%。筹集“新农合”资金8199.27万元，支出5148.53万元，182万人次享受合作医疗补助，参加农村合作医疗的农民受益率达96.24%。其中，获得5000～10000元补助的758人，10000元以上的421人，最高补偿金额20000元。

市人大常委会领导视察新型农村合作医疗工作

（市卫生局　供稿）

完成列入全省“360”工程建设任务。投资280万元，重点建设16处卫生院业务用房项目2个，总建筑面积3560平方米，项目通过省财政评估中心的评估。投资632万元，为16处乡镇卫生院购置X光机等设备47台（件）。确定淄博市中心医院等4家单位为“360”工程技术骨干培训基地，首批培训44人。市、区县、乡镇三级投资1922万元，完成400处规范村卫生室的改造。

【开展医院管理和医疗质量管理效益年活动】 是年，淄博市卫生局在全市各级各类医疗机构内开展“医院管理年”和“医疗质量管理效益年”活动。6月，制定下发《2006年全市医院管理和质量管理效益年活动方案》。以“倡导优良医德医风，构建和谐医患关系”为主题，以加强医院“质量、安全、服务、费用”管理为重点，建立综合医院社会效益、技术效益、经济效益、人才效益相统一的评价体系。落实医疗卫生法律法规、规章制度及诊疗、护理操作规程，规范执业行为，加强行业自律与管理。全面改进医疗服务，提高医疗质量和服务水平，保障医疗安全，减少医疗差错事故，及时化解医疗纠纷，改善医患关系。坚持合理用药，合理检查，合理收费，有效控制医药费

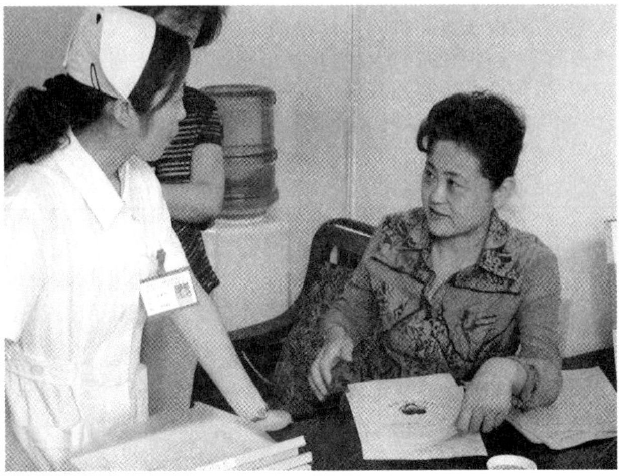

副市长段立武视察社区卫生服务工作
（市卫生局　供稿）

用增长，切实方便群众就医。7月18日至8月9日，抽调市属医院医疗、护理、感染、药剂、检验、管理等63名专家和6名卫生监督员，由业务院长任组长，分7个专业组，采取听汇报、实地查看和现场反馈等方式，对市属医院、市管医院及各区县医院、中医医院、妇幼保健院和民营医院等85处医疗单位进行检查。对检查中发现的突出问题，随即印发督办单63份，限期整改，区县以上医疗机构督导率100%。

【全市“5·12国际护士节”庆祝大会】 5月10日，市卫生局、市人事局在市第一医院召开全市卫生系统“5·12国际护士节”庆祝大会，对全市28个护理工作先进集体、79名优秀护士和42名三星级护士进行表彰，并邀请第40届南丁格尔奖获得者、济南市皮肤病防治院刘振华作事迹报告。

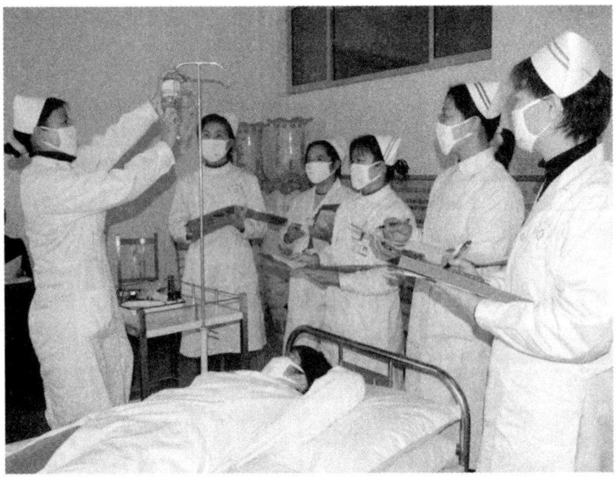

开展护理技术比武活动　（市卫生局　供稿）

【中医药传统技术比武】 9月19日，市卫生局在市中医院举办全市“鼎立杯”中医药传统技能比武大赛。以“弘扬传统医学，惠及城乡百姓”为主题，设针灸、推拿、中药三个专业，分理论测试及技能操作两个阶段进行，共有10支代表队、30名选手参赛。淄川区代表队获得集体一等奖，沂源县中医院王慧获得针灸专业组冠军，淄川区中医院张涛获得中药专业组冠军。

【疾病预防控制】 开展霍乱、人禽流感、艾滋病、结核病、流行性出血热等重点疾病防控工作。1．霍乱监测：5～10月，对肠道门诊就诊的13742例病人进行监测，霍乱快诊检验6390例，外环境水源监测386份，均未检出阳性。2．流感、人禽流感监测：共监测门诊病例17588人，流感样病412例。对沂源县连续发生不明原因发热病人情况进行流行病学调查。3．鼠密度及带毒率监测：放置鼠夹2531个，捕鼠45只，监测出带毒鼠4只，带毒率8.89%。4．布鲁氏菌病监测：对3处奶牛场布鲁氏菌病重点人群进行血清学监测，采血131份，试管凝集试验阳性18人，提出防治措施和建议。5．艾滋病防治：对羁押人群、外来妇女、性病门诊病人、结核病患者、吸毒等人群开展常规检测和哨点检测，共监测9637人。拓展重点娱乐场所从业人员干预，干预覆盖率达60%以上。建成艾滋病初筛实验室22处、艾滋病筛查中心1处。

开展免疫预防工作，“五苗”接种率和儿童免疫保偿率保持在95%以上，相关传染病得到有效控制，全市连续32年无白喉、15年无脊髓灰质炎病例发生。

公共卫生监测。1～11月，对食品生产经营企业及学校进行各类食品卫生监测，出具监测报告500余份；开展职业病危害因素检测，共检测企业30家、有害作业点1350个；对47家重点经营性公共场所和449家（次）城市集中式供水企业进行监测，合计监测9000余次；开展消毒效果监测，共监测单位92家，其中医疗卫生单位37家、托幼机构11家、一次性卫生用品生产企业38家、医疗卫生单位食堂6家，共采集样品1089份；对职业危害因素建设项目进行了预评价和控制效果评价。

开展“亿万农民健康促进行动——健康面对面·乡村行”活动。印发健康教育张贴画8400份，健康教育处方2种、34000份。举办健康教育讲座12场次。深入淄川、博山、沂源等区县对活动控制情况进行督导，对农村和城镇进行健康教育知识需求和行为干预方式进行调研。《全国亿万农民健康促进行动工作简讯》对淄博市活动开展情况进行了报道。

投资170余万元，购置气—质联用仪、可吸入颗粒物仪、公共场所检测系统等仪器设备，提高检验检测能力。完善质量管理体系和实验室运行机制，实验室总面积达到3000平方米，9月，实验室顺利通过省质量技术监督局的计量认证评审。

市疾控中心被确定为山东大学公共卫生学院教学实践基地　（市卫生局　供稿）

【卫生监督执法】 推行卫生监督体制改革，完成市级卫生监督机构组建任务，7个区县级卫生监督所相继挂牌成立。实施卫生行政许可制度，推行卫生许可、卫生监督执法和卫生监督稽查“三权分离”改革，即卫生许可和卫生监督分离，调查和处罚分离，罚款和交款分离。制定市级卫生行政许可程序16项。简化审批手续和审办程序，实行受理、审办、出证一个窗口对外的一站式服务，全年共办理各类行政许可事项3389件。

在全市启动卫生监督执法1至8号行动。1号行动共检查食品添加剂生产企业8家，检查食品添加剂使用单位19家，对3家违法生产使用单位给予警告处罚。2号行动共检查生活饮用水单位410家，对385家单位责令限期整改，对13家单位给予警告、罚款处罚。3号行动共检查供血机构、二级以上临床用血机构46家，对12家单位责令限期整改。4号行动共检查企业452家和职业卫生技术服务机构9家，对25家企业责令限期整改，对9家企业给予警告、罚款处罚。5号行动完成了全市164个存在职业病危害建设项目的调查摸底工作，检查市管企业及建设项目24个，对16个建设项目给予警告处罚。6号行动共检查各级各类学校（幼托机构）食堂、建筑工地食堂3000家（次），责令限期整改650家（次），立案查处30家，停业整顿100家。7号行动共检查中小餐饮单位2765家（次），责令限期整改742家（次），立案查处130家，停业整顿57家，对7起典型案例给予曝光。8号行动共检查医疗及生活美容单位1527家，发现违法经营268家，对254家做出警告处罚，罚款14家。

对社会关注的食品卫生、学校卫生、医疗市场、化妆品等热点和难点问题进行专项整治。开展流通领域、保健品市场、食品加工经营单位的执法检查。对淄博天山健龙植物油有限公司、淄博锦绣大酒店有限公司等138家食品卫生违法企业予以警告、罚款处罚。查收过期卫生许可证72个，公告取缔33家；检查保健食品68种类，对10种保健食品责令撤柜停销。加强学校食品卫生监督管理，与市教育局联合下发《关于加强学校卫生工作的通知》，在全市学校、托幼机构食堂开展食品量化分级管理，分别与市高教工委、市教育局联合对55家各级各类学校的食品卫生、饮用水卫生、传染病防治、卫生室建设等进行督导检查，下达整改意见书15份，对11家违法单位进行了行政处罚。监督检查医疗机构2600余家（次），下达监督文书1249份，受理非法行医案件73件，取缔非法义诊80余家（次），没收药品、器械价值25.6万元。监测医疗广告2426条（次），对发布违法广告的24家医疗机构及时移交工商部门处理。对192家公共场所经营单位进行两次以上日常性监督，抽查公共场所集中空调通风系统46家（次）；检查化妆品生产经营单位128家，检查化妆品13864次；对公共场所、化妆品生产经营违法单位予以警告、罚款处罚。检查产生职业病危害企业1709家，完成11个建设项目的职业病危害预评价、设计审查和竣工验收。1家企业被评为国家职业卫生示范企业，4家企业被评为山东省职业卫生示范企业。检查消毒产品生产企业23家、经营单位30家，对3家非法生产消毒产品企业给予罚款处罚。

【巩固发展国家爱婴市、无偿献血先进城市成果】 年内，制定全市围产保健管理、高危妊娠管理、出生医学证明管理、高危新生儿转诊网络、新生儿保健、妇幼卫生信息、托幼机构管理等管理制度，规范妇幼管理行为。开展助产技术服务机构级别认定，首批确定一级助产机构11个、二级24个、三级3个，取消31家达不到标准的助产机构的助产技术服务资格。全年共筛查新生儿41420例，筛查率与血片合格率达99%，筛查出113名先天缺陷患儿（PKU42、CH73），并进行系统管理和免费治疗。妇科查体23542人，查出的疾病得到有效医治。实行孕产妇、儿童死亡和出生缺陷报告制度，全年全市孕产妇死亡率13.17/10万，婴儿死亡率5.69‰，5岁以下儿童死亡率6.88‰，在全省均处较低水平。

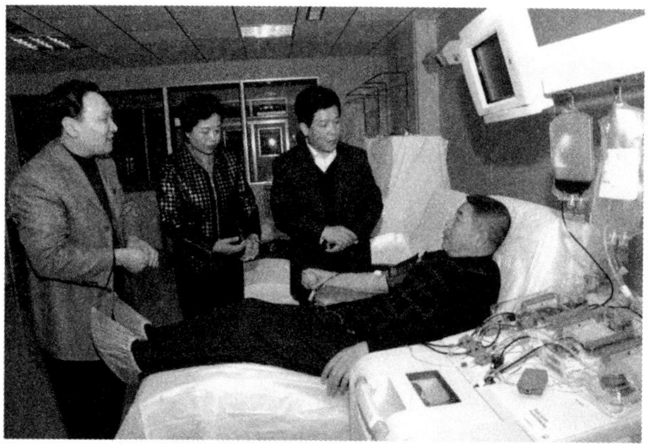

市委副书记岳长志到市中心血站看望义务献血者
（市卫生局　供稿）

在全省率先实现无偿献血工作“四个转移、一个延伸”（由随机、自愿献血向固定、预约自愿献血转移，由一次、偶然自愿献血向多次、重复自愿献血转移，由献全血向献成分血转移，由一次献血量200毫升向一次献血量400毫升转移，无偿献血由城市向农村延伸）。利用“电话招募”“网络招募”“短信群呼血源信息”方式，开辟招募血源途径。为救助患白血病台胞采集造血干细胞血样2853份，保质保量地完成省红十字会布置的紧急任务。为无偿献血者查体26116人次，采供血总量14860205毫升，其中Rh（一）稀有血型供给除保证全市临床需要外，还多次支援其他省、市。血液供应及时、安全、有效。年内，投资120余万元，用于基础设施建设和设备更新。10月，市中心血站顺利通过全省采供血机构执业验收评审，在全省17个城市血站质量管理检查中，成绩名列第一。

【顺利通过国家卫生城市复审】 5月31日，淄博市召开全市迎接国家卫生城市复审工作会议，按照国家新制定的《国家卫生城市标准》，对全市巩固发展国家卫生城市成果，迎接全国和全省爱卫会的复审检查作出部署和安排。市委办公厅、市政府办公厅印发巩固发展国家卫生城市成果目标任务的通知，成立由市委、市政府主要负责同志任组长的淄博市迎接国家卫生城市复审工作领导小组。实行市政府领导挂包责任制，由各分管市长挂包各负责区，加强指挥调动。市卫生局领导成员分工挂靠区县，各区县各部门各司其职、分工负责。6月7日，市爱卫会举办国家卫生城市新标准培训班，对卫生城市新标准涉及的市容环境卫生、环境保护、健康教育、公共场所和食品卫生、传染病防治、病媒生物防治等项目进行技术指导和培训。各专业组深入现场，集中开展对旧城区、城中村、城乡结合部、背街小巷、居民小区、集贸市场、五小行业、建筑工地、过境河道的综合整治。对乱贴乱画、乱搭乱建、乱停乱放、占道经营、马路市场、店外经营等实行整治。全市共清理各类垃圾10万余吨，清除乱搭乱建合计16870平方米、乱堆乱放25700余处、乱贴乱画74000余处，清理占道经营摊点116700余处、店外经营32600余处，全面治理背街小巷156

条,拆除、整新广告牌匾12000多块。制定迎审工作宣传报道方案。在《淄博日报》刊发《巩固发展国家卫生城市成果》专刊30期、《卫生城市大家谈》6期,在淄博电视台、电台编发《巩固国家卫生城市》专栏70余期。印发《国家卫生城市标准解析》手册500余份、致全体市民的公开信11.5万封。编发《工作简报》36期,悬挂标语、横幅1000余条,利用出租车张贴标语7300张。加大城市卫生重点工程建设投入,投资2.5亿元,开工建设中心城区垃圾焚烧发电厂工程,年底已完成主体建设。投资约1588万元,启动辛曹生活垃圾场封场绿化工程。投资1亿多元对猪龙河进行综合整治,铺设污水管线1.1万米,对800多个排污口进行规范化改造,清淤河道4.6万立方米,实现清污分流。投资1.7亿元用于高新区污水处理厂建设,解决高新区工业污水和生活污水处理问题。6月25～27日,淄博市顺利通过省级复查,之后顺利通过国家专家组的明察暗访。

【商业贿赂治理】 按照《山东省卫生厅治理商业贿赂专项工作实施方案》和《淄博市开展商业贿赂专项工作实施方案》的要求,5月,制定《淄博市卫生系统开展治理商业贿赂专项工作的实施方案》和《自查自纠阶段工作指导意见》,成立治理商业贿赂领导小组,设立举报电话、电子邮箱和治理商业贿赂非法所得上缴资金银行专户。对2001年以来卫生系统基本建设、设备购置、药品采购等9个方面进行重点查处,共收到信访投诉案件19件,其中投诉信15封、举报电话2个、电子邮件2件,主动说清问题人数24人,上缴非法所得360152元。

【解决群众反映突出问题】 年初,市卫生局与市属医疗卫生单位签订党风廉政建设和反腐纠风工作责任书。2～3月,市直卫生系统党员干部集中开展党章教育和"八荣八耻"教育活动,在全市卫生系统纪检监察干部中开展"做党的忠诚卫士、

市卫生局领导督察社区卫生服务

（市卫生局 供稿）

当群众的贴心人"主题实践活动,增强党员干部廉洁自律意识。继续深入开展创建医德医风示范医院活动,落实"四个规范"(规范行为、规范检查、规范用药、规范收费)和"四个一服务"(一声问候、一个微笑、一杯茶水、一个医患联系卡),规范完善住院病人费用"一日清单"和住院费用查询制度。继续推行药品集中招标采购制度。9月,市卫生局联合市纠风办、市工商局、市物价局、市药检局等部门对全市35个县级以上医院采购和使用中标药品情况进行全面检查,及时整改问题。全年采购中标药品4亿多元,药品价格平均降幅20%,让利患者4000多万元。卫生局领导及有关人员两次走进"政风行风热线"直播间,解答群众咨询投诉电话36个、短信投诉1条。年内,市第一医院被省卫生厅和省纠风办授予全省卫生系统医德医风示范医院称号,全市20家医院被评为全市卫生系统医德医风示范医院。

【淄博卫生信息网开通】 5月,淄博卫生信息网站开通运行。网站在因特网上的注册域名:http://www.zbws.gov.cn,中文域名:淄博卫生。网站开设"机构职能""政策法规""政务公开"等15个栏目。至年底,累计发布各类信息900余条,点击率25000余次。

【医学科研与教育】 继续实施"三名(名院、名科、名医)战略",对名科、名医实行动态管理,发挥名牌效益和名牌带动作用。卫生科技工作以科技创新为主线,以严重危害居民健康重大疾病及常见病、突发病为重点,坚持科学研究与学科建设相结合。年内,全市卫生行业有26项科技成果获省、市级科技奖。淄博市精神病院《轻度认知功能障碍老年人认识电位标志研究》获得省科技进步三等奖,淄博市中心医院《淄博市近十年在院死亡病人死亡相关因素分析研究》获山东省医学科技三等奖,淄博市第八医院《男性健康首次研究》获山东软科学优秀成果三等奖;9项医学科研成果获市科技进步二等奖,14项获三等奖。16项医学科研课题列入市科学技术发展计划,市拨科研经费12万元。《产前超声诊断胎儿先天缺陷》被列入省卫生厅"五年百项"推广项目,14项获奖医学科技成果在全市推广。继续医学教育工作以制度和体系建设为重点,建立组织管理、培训实施、政策保障"三位一体"的教育体系,开展40余项省、市级继续医学教育项目,培训人员4000余人次。年内,全市9所医院被列为省级培训基地,涵盖12个学科。

（马剑庭 赵佳芝）

体 育

【竞训工作】 2006年是山东省第二十一届运动会决赛年,全市派出1200余人参加21个大项的比赛,淄博体育代表团共获得金牌193.75枚、银牌92.5枚、铜牌109.5枚,奖牌总数334.75枚,团体总分4200.75分,金牌总数、团体总分均列全

凯旋归来 （市体育局 供稿）

省第四位。有3人1次破1项山东省最高纪录,1人1次平1项省最高纪录。

【群众体育】 年内,重点抓好健身气功活动在农村的普及推广工作,农民健身工程全面启动。张店区、淄川区、周村区分别荣获省级健身秧歌、健身球、健身气功特色区县称号。群众体育基础性工作扎实推进,农村体育调研工作进展顺利。

【体育中心建设】 淄博市体育中心坐落于淄博市新城区核心区内,东邻山东理工大学,规模为4.5万座体育场及标准田径练习场,占地面积19.47公顷,建筑面积61000平方米。作为2009年全国第十一届运动会分赛场之一,可满足国内大型竞技比赛、承接单项国际性比赛和综合性社会活动的需要。5月29日,体育中心体育场建设举行奠基仪式。

体育场奠基仪式 (市体育局 供稿)

【成功申办第二十二届省运会】 9月22日,第二十二届省运会申办工作会议在济南召开。经过投票计票,在65票有效票中,淄博以37票名列第一。9月30日,经省长办公会研究决定,正式确定由淄博市承办2010年山东省第二十二届运动会。

省运会会旗移交 (市体育局 供稿)

【杜丽在第十五届亚运会上夺金】 在多哈举行的第十五届亚洲运动会上,淄博籍运动员杜丽与队友赵颖慧、武柳希以1192环的成绩夺得女子十米气步枪团体冠军,随后杜丽又以决赛103.4环、总成绩501.4环的优异成绩获得女子十米气步枪个人金牌,成为本届亚运会上中国体育代表团的第三位"双冠王",淄博籍运动员已连续三届在亚运会上收获金牌。

【参加第八届全国救生锦标赛】 11月6~10日,由国家体育总局游泳运动管理中心主办、中国人民解放军军事体育进修学院承办的第八届全国救生锦标赛在广东省广州市和深圳市举行,37个代表队参加比赛。淄博市作为第七批全国"游泳之乡"派出10人参加比赛,以团体总分21分的成绩跻身16强。

【参加省首届老年运动会】 9月19日,山东省首届老年人运动会在省体育中心体育馆举行开幕式。淄博市参加运动会所设的13个大项、84个小项比赛,参赛老年人135名。淄博市获得优秀组织奖。

【第六届全民健身节】 5月17日,第六届全民健身节在市中心广场开幕。以各单项协会、各健身活动站点健身人群为主体,同时展开毽球、柔力球、抖空竹、健美操、体育舞蹈、太极系列、大秧歌系列、健身操舞系列、健身气功、象棋、风筝放飞、武术、跆拳道等各类健身项目的展演。健身节期间,全市组织了丰富多彩的全民健身活动。

【健身气功推广】 按照上级统一部署,市委宣传部、市体育局等部门联合在全市开展新一轮四种健身气功推广普及活动,在继续培训骨干、建立活动站点的同时,重点在农村进行推广普及工作。至年底,全市建立健身气功活动站点324个,居全省和全国地级市首位,登记在册练功群众达6万余人。

【农民健身工程全面启动】 是年,全市23个街道办事处全民健身工程全部完成,工程覆盖率100%。继续实施农村体育"五个一工程",投资200万元,先后建成100个典型村。淄博市作为省发改委和省体育局的试点建设单位之一,争取到临淄区40个村为建设单位,农民体育健身工程争取到62个村的建设任务。用争取到的省体育彩票公益金援建了141个村。年内,周村区胜利社区被命名为国家级社区体育健身俱乐部。

【体育产业】 2006年,完成体育彩票发行1.32亿元,市场占有率为34.06%,比2005年增长5.23%,市场占有率全省排名第二。全年筹集公益金924万元,兑付奖金近5000万元,发放佣金1000多万元。 (王雪蛮 田敬尧)

本部类编 辑:孟 明
副主编:王 娟
校 对:张耀江
吴建利

社　　会

人口和计划生育

【概况】 至年底，全市总人口4181260人，已婚育龄妇女886093人。出生人口35754人，人口出生率为8.6‰，同比下降0.7个千分点，人口自然增长率为2.6‰，同比下降0.6个千分点；合法生育率99.4%，同比提高0.3个百分点；女性初婚26091人，同比增加2361人，女性初婚晚婚率87.7%，同比下降0.7个百分点；节育手术总量为49176例，同比减少5816例；长效避孕措施比重85.6%，同比增加0.5个百分点；综合节育率为89%，计划生育统计合格率在95%以上。

年初，召开全市人口和计划生育工作会议，表彰2005年度完成目标责任的先进单位。市长刘慧晏与各区县、高新区以及27个市直部门主要负责人签订2006年度《人口与计划生育目标管理责任书》。10月，在省人口和计划生育工作党政线、基层线考核中，淄博市取得全省党政线考核第一名、基层线考核第二名。沂源县、高青县被省委、省政府授予山东省计划生育优质服务先进县。至此，全市五区三县全部创成省级优质服务先进区县。山东省人口和计划生育委员会在淄博市召开全省计生系统反腐倡廉暨纠风工作现场会。年内，市人口和计划生育委员会被市委、市政府评为落实党风廉政建设责任制先进单位。

【依法行政】 是年，组织力量对现行行政执法依据、行政处罚规定进行梳理。制定《淄博市计生委行政处罚自由裁量权参照执行标准(试行)》，对现行法律、法规和规章中不同程度的违法行为处罚相关条款逐条进行研究细化。制定《关于在深化户籍管理制度改革中做好人口和计划生育工作的意见》，市政府办公厅予以转发。制定《关于开展计划生育便民维权活动的实施意见》，在全市开展计划生育便民维权活动。完善持证上岗制、服务准入制、执法责任制和过错追究制。建立健全执收执罚监察机制，全面杜绝乱收费、乱罚款现象。推行政务公开，全市所有行政村全部设置计划生育公开栏，对群众关心的敏感问题，及时向社会公布，做到公开、公正、透明。市、区(县)聘请社会监督员，积极参加"阳光政务热线"，加强对工作落实情况的监督，行业作风明显好转，群众满意率达98%以上。加强与法院的配合，社会抚养费征收到位率达85%。

【科技工作】 是年，临淄区开展的计划生育优质服务工程项目顺利通过省终期评估验收。组织第四批计划生育优质服务乡镇、优秀服务站考核评估验收工作，博山区城东办事处等23个乡镇、办事处被评为全市计划生育优质服务乡镇、办事处，淄川区峨庄乡等4个乡镇服务站被评为全市计划生育优秀服务站。开展计划生育科技执法检查，清理清查药具市场。对免费避孕药具进行专项整顿治理。年内，全市共鉴定病残儿212人，符合标准人数为181人，鉴定符合率85.38%。对全市330多对已婚未生育的育龄夫妇进行了不孕不育症鉴定。与市卫生局联合下发《关于开展对使用B超和其他有关性别鉴定技术设备监督管理情况进行专项检查的通知》，各区县计生、卫生部门联合进行检查。对桓台县出生人口性别比偏高情况进行专项督查。加强各级服务站配套建设，为15个乡镇服务站配备便携式B超。推广新型节育器新技术，举办宫颈癌DNA筛查和新型节育器推广培训班、新型宫内节育器推介会。加强计划生育技术人员教育，印发《计划生育技术服务人员学习资料》，先后举办两期计划生育技术服务人员培训班。科技工作不断创新，在全省人口和计划生育科学技术大会上作典型经验介绍。制定下发《关于加强计划生育技术服务体系和标准化建设的通知》，推进全市服务站的形象规范化建设。

【考核制度建设】 严格落实人口目标管理责任制，继续加大对各区县人口和计划生育工作的考核力度。对完成人口目标责任的8个区县、高新区及25个市直部门进行表彰奖励。对26个乡镇、办事处，45个村、社区和单位进行两轮督察，针对存在的薄弱环节，向区县主要负责人进行反馈，对重点问题下发督办通知，限期整改。进一步完善"督察－督办－通报－反馈"制度。采取多种形式，严格落实"一票否决"制度。年内，市人口和计划生育领导小组对出现重大问题的3个乡镇、63个村、社区和单位实行"一票否决"。

【城市及流动人口计划生育】 年内，按照省人口和计划生育委员会《春节期间开展流动人口管理服务工作实施方案》的通知要求，对全市流动人口计划生育工作进行了清理清查。对全市22个计划生育"十佳"社区进行通报表彰。按照省直9部门《关于在全省开展流动人口计划生育管理服务年活动》通知要求，成立领导小组和相关机构，细化工作措施，部门间建立联络员、联席会议、督查和评估验收四项工作制度。召开全市城市社区人口和计划生育工作会议，对社区管理员制度做出全面部署，各区县出台社区管理员机构、队伍及待遇等文件，其中张店区、临淄区、桓台县、沂源县财政拨专款足额落实待遇。全市共配备社区管理员3584名。至年底，全市流动人口已婚育龄妇女信息已提交到新版信息管理平台，并全部进行了数据修正和审核。全市624个住宅小区、16000多个法人单位、10447栋楼房、196543名已婚育龄妇女，按照属地化的原则统一纳入管理，并为9297名解除劳动关系的人员办理了移交手续。625家企业落实独生子女父母奖励费，240家企业落实独生子女父母退休后一次性加发30%养老补助。

【利益导向机制和社会保障机制建设】 年内,在全面落实国家、省有关奖励政策的同时,继续抓好市政府出台的《关于设立人口与计划生育公益金的意见》《关于淄博市单位法定代表人计划生育责任制暂行规定》等一系列政策规定的落实。全市农村独生子女父母奖励费在高青县、沂源县、淄川区、张店区实行财政统筹,由金融机构以“直通车”方式发放。全市每年700多万元的农村育龄妇女和流动人口育龄妇女基本项目的技术服务费,全部由市、区(县)两级财政负担。城市困难企业及下岗、失业、无业、自谋职业人员的独生子女父母奖励费,全部列入区县财政预算。全市建立职工生育保险制度,对实行晚婚晚育的企业女工在休产假、生育津贴、报销生育费等方面给予奖励优惠。237名农村独女享受升高中、中专加10分录取的待遇。346户农村独女家庭以高出当地最低生活保障线20%的标准享受到低保。全市退出二孩生育指标的妇女及子女分别享受免费健康查体和计划免疫,1300对退出二孩生育指标的夫妇全部领到1000元以上的奖励。全面实施农村部分计划生育家庭奖励扶助制度,有6362人享受到每人每年600元的奖励扶助金。开展计划生育公益金救助活动,346户特困家庭得到及时救助,领取救助金34.6万元。各涉农部门与计划生育协会积极开展计划生育“三结合”工作,为计划生育家庭提供致富信息5000多条,安排帮扶资金200多万元,落实致富项目319个。

【计划生育协会工作】 年内,制定下发《关于加强基层计生协会员之家建设的意见》,90%以上的合格村协会建成符合标准的会员之家。组织开展“协会服务拓展年”活动,明确以抓组织创新和队伍建设、开展“生育关怀”行动、搞好村(居)民自治工作及开展经常性、群众性的宣传服务活动为重点的活动内容。在“5·29”计生协会会员活动日、社会科学普及周活动、“7·11”世界人口日、“10·28”男性健康日、“12·1”预防艾滋病日期间,组织各级协会开展宣传活动。各区县计划生育协会落实机构、编制、人员和经费,村级协会建会率达100%;企业、市场流动人口协会建会率达78%,会员人数达418267人;协会知晓率达90%以上。

【宣传教育】 是年,成立人口早期教育领导小组,制定《关于在全市开展人口早期教育工作的意见》,举行人口早期教育大型报告会,编辑出版《婴幼儿早期教育必读》,启动“全市百名儿童健康成长跟踪工程”。与市委宣传部等13个部门联合开展冬春季人口和计划生育集中宣传服务活动,为群众进行健康查体、提供咨询服务70余万人次,帮扶计划生育困难户4000余户,赠送药品、现金、衣物、食品等达40余万元,发放各类计划生育宣传品20余万份。以“关爱女孩与社会性别平等”为主题,开展“关爱女孩行动在淄博”大型新闻采访宣传活动。组织“广州眼镜直通车杯”全市关爱女孩知识竞赛,参加竞赛活动的干部群众达37.2万人次。组织成立“婚育新风”演出队86支,组织群众自编自演以计划生育为题材、反映时代风貌的节目295个,下乡进村演出467场次。结合新农村建设,对人口文化大院(俱乐部)实行星级动态管理,首批评估验收106个基层人口文化大院(俱乐部),有100个单位分别达到一、二、三星级标准。广泛开展教育培训活动。各级培训育龄妇女70万、计生干部3000人次,培养中专毕业(函授)村计生主任423人。编写基层人口学校培训教材——《育龄夫妇培训手册》,与省计生宣教中心联合拍摄制作《生殖道感染防治》VCD科教片和专题片《“连心桥”——“上门告知”在淄博》,向育龄群众发放计划生育知识VCD光盘和婚育新风知识袋。

(高 伟)

民 政

【社会救助】 经市政府批准,自1月1日起将城市低保标准由原来的月人均190元提高到220元。及时做好提标后资金的筹集、发放工作,各区县全部按新标准发放。是年,全市共保障城市低保对象17187户、35839人,累计发放保障金5933.29万元,月人均补差138元。全市共为2887户低保对象发放供暖补贴76.12万余元。农村低保工作逐步走上规范化管理轨道。全市享受农村低保人数达2.9万人,低保标准为600～700元/户/年,全年累计发放保障金807.4万元,人均补差278元。农村“五保”供养工作取得新突破,全市已初步形成分级负担和适当补助相结合的“五保”资金财政供养机制。年内,全市共保障农村“五保”对象7966人,支出供养经费1729.27万元,其中市级300万元、区县278.91万元、乡镇696.78万元、村级453.58万元,基本实现应保尽保。切实做好敬老院改造工作,不断提高“五保”集中供养率。按照全市敬老院建设三年规划,继续开展乡镇敬老院改造工作,全年市级共拨出敬老院补助资金360万元。至年底,第二期35处敬老院改造工作基本结束。全市各级共投入资金3178万元,新增床位1427个。全力做好提高“五保”集中供养率工作。全市集中供养人数达4875人,集中供养率达61.2%。组织开展走访慰问活动。年初,在全市范围内组织开展走访慰问贫困户、五保户和优抚对象活动,全市共发放慰问金和慰问品折款227.54万元,走访慰问农村困难群众1.39万户、4.48万人。探索开展城乡医疗救助工作。配合新型农村合作医疗的实施,在完成试点工作基础上,全面展开城乡医疗救助建制工作。年内,有6个区县建立并实施城乡医疗救助制度。全市共支出城乡医疗救助金236.5万元(其中省拨资金116万元),救助19220人。其中,城市医疗救助金109.8万元,救助1479人;农村医疗救助金126.7万元,救助17741人。积极探索慈善门诊建设工作,依托市社会福利按摩诊所设立市慈善门诊,首批对张店区1000名城市低保对象中的特困人员实施医疗救助,救助标准为260元/人/年。做好城市生活无着流浪乞讨人员救助管理工作,接待申请救助人员1516人,实际救助1419人。

【救灾救济】 是年,各区县不同程度的遭受干旱、风雹等自然灾害的侵袭,各级民政部门积极做好救灾和灾民生活安排工作。全年共拨发救灾救济资金838万元,确保了灾区稳定和灾民生活不出问题。市及各区县政府制定自然灾害应急预案,全市自然灾害综合应处能力进一步提升。加强慈善机构网络建设,召开市慈善总会换届暨新一届理事会成立大会,修订完善《慈善总会章程》《资产管理办法》等规章制度,各区县均成立(换届)新一届慈善总会,慈善工作运行管理机制进一步规范。成立市慈善捐助物资接收管理中心和市慈善超市,全市已建起慈善超市14处,其中市级1处、区县级8处、乡镇级5处。市、区县慈善救助网络日趋健全并逐步向乡镇、村居社区扩展,社会捐助活动日益制度化、经常化和规范化。大型慈善话剧《好人丛飞》在淄博市成功上演。举行慈善书画义卖活动,在新闻媒体刊发致社会各界的公告信、播出公益宣传片、播发慈善募捐短信、设立爱心捐款热线电话。5月和10月,在全市范围内组织开展以“扶贫济困”为主题的“慈心一日捐”活动和“送温暖、献爱心”社会捐助活动。“慈心一日捐”活动共募集善款2485万余元，其中市慈善总会接收捐款501万余元，各区县接收捐款1984万余元，捐款数额居全省第五位。“送温暖、献爱心”活动共接收社会捐款142.41万元，捐助棉衣被25715件。有203个单位、39296人参加捐助活动。积极开展慈善救助活动。全年共投入善款547.63万余元，先后开展了“情暖万家”“朝阳助学”“夕阳扶老”“康复助医”“爱心助残”“烛光工程”“爱心复明”、资助贫困老党员、救助企业特困职工及救助进城务工特困人员等救助活动，受益群众近万人。在北京举行的中华慈善事业突出贡献奖暨第二届中华慈善人物颁奖大会上，山东铝业公司、鲁泰纺织股份有限公司荣获中华慈善事业突出贡献奖，1人被授予“中华慈善人物”称号。

【基层民主政治建设】 组织外籍迁入村(居)民情况、“村改居”社区存在问题和全市村务公开民主管理情况等专项调研，为领导决策和优化工作提供依据。制定《淄博市村级事务公开办法(试行)》《淄博市村级民主决策办法(试行)》等六项制度，绘制下发《淄博市农村工作流程图》。在全市组织开展争创村务公开民主管理示范单位和先进个人活动。与市司法局联合开展民主法治示范村评选活动。在周村区进行“村民代表会议表决方式改革”项目试点工作。开展农村图书室援建工作，首批出资20万元购置的6万册援建图书已发至各区县。

【城市社区建设】 年内，完成第三批30处社区办公、服务用房的援建工作。至年底，全市49处无房和109处面积不足50平方米的社区办公、服务用房的新建和改建任务基本完成。全市共投入资金3863万元，社区办公、服务用房面积由援建前4226平方米增加到37414平方米，平均每个社区237平方米。与市委党校联合开办社区管理专业函授本科班，对全市社区工作者进行全面系统的培训；与市委组织部共同举办全市社区党组织书记、居委会主任培训班，培养社区管理骨干。协调有关部门分别组织全市社区居委会、社区情况普查和社区办公经费及社区工作者工资、保险等情况专题调研，提报解决办法和建议。年内，淄博村民自治和社区建设网正式开通运行。在张店区、临淄区开展“淄博市社区管理信息化工程”试点工作。部署开展社区建设示范单位创建活动。向市政府提报《关于和谐社区建设的实施意见》《关于扶持福利性公益性社区服务业发展的意见(试行)》等一系列推进和谐社区建设的政策指导性文件。与市文明办等单位联合举办第二届“淄博邻居节”。

【双拥和优抚工作】 围绕争创全国双拥模范城“六连冠”目标，召开全市双拥工作会议，对创城工作进行部署要求。对照省双拥检查反馈意见，及时提出落实意见。加大双拥宣传力度，注重发挥典型示范教育作用。深入开展系列化拥军活动。1.实施政策拥军。加大拥军资金投入和政策倾斜，建立军地领导联系点制度。市委、市政府领导多次看望慰问演习部队官兵，送去价值50万元的慰问金及慰问物品。协调启动军地共建社会主义新农村活动，确保双拥共建向纵深和更高层次发展。2.实施科技文化拥军。投入367万元，开展以“援建军营图书室、共建学习型军营”为主题的科技文化拥军“四个一”活动(即为驻军每个连队各扩建一个图书室，更新一台电脑，新建一个电化教室，聘请一名编外教员)。3.实施法律拥军。市和区县组成“拥军讲师团”，为官兵宣讲法律政策。4.实施社区拥军。面向基层连队，夯实双拥基础。实施社会“两新组织”(即新社会组织、新经济组织)和公民拥军。5.实施解决热点难点问题拥军。协调各级把应由地方承担的部队基本建设经费、优抚经费和其他经费纳入财政预算。妥善解决100余名随军家属的安置问题。为3处驻军协调解决宿舍用地问题。狠抓优抚安置政策落实，将全市城镇义务兵家庭优待金列入区县级财政预算，全年共发放优待款2492万元。落实重点优抚对象抚恤定补标准的提标工作，全年发放抚恤定补款6128万元。探索抚恤定补优抚对象医疗保障办法，完成抗战伤残人员统计、复退军人精神病评残及部队退役人员评残工作。开展“烈士陵园建设年”活动，进一步加大陵园改扩建和新建投入力度。编辑出版《淄博市革命烈士英名录(修订本)》，协同有关部门开展革命烈士遗物搜集整理工作。安置城镇退役士兵1112人，其中城镇义务兵891人、转业士官221人。提高退役士兵自谋职业一次性经济补助金标准。由政府出资对200多名城镇退役士兵进行免费职业技能培训。

【社会福利彩票发行】 年内，全市有近200家投注站点完成规范化改造。积极培育彩票销售新增长点，启用市展览馆“中福在线”即开型销售厅。全市共发行福利彩票2.68亿元，福彩销量居全省第七位，人均购彩额居全省第四位，为国家募集福彩公益金9380万元，为淄博市募集福彩公益金3216万元。市福彩中心被省民政厅授予2006年度福利彩票销售总量奖、发行组织工作奖一等奖，15人被评为全省福利彩票发行先进工作者。加大福彩公益金对社会福利设施资助力度，投入公益金2926.9万元(含省级450.4万元)，用于资助乡镇敬老院改建、社区服务、救助和烈士陵园建设等项目。全年投放福彩公益金71万元，救助贫困群众近千人。

【社会行政事务管理】 坚持培育与监管并重，进一步加大民间组织的扶持发展力度。至年底，全市社会团体达1226家，民办非企业单位近3200家。开展民间组织规范化建设和市管民间组织党建情况统计、非营利组织会计制度培训和民办非企业单位诚信建设工作。37家民间组织受到省民政厅表彰，沂源县鲁山学校被评为全国诚信建设先进单位。全市有近90%的社会团体达到规范化建设标准。实施民间组织上网工程，全市参加上网工程的民间组织达120家。组织民间组织年检和执法检查，共查处非法民间组织56个，查处民间组织的非法活动90余起。以加强婚姻登记处正规化建设为抓手，着重提高婚姻登记处硬件建设、业务培训和管理服务水平，登记合格率100%，有2个区县婚姻登记处被省民政厅命名为全省婚姻登记规范化建设达标单位。实行人性化婚姻服务，举办全市首届福彩杯集体婚礼，在全市推行免费婚检查体。加强殡葬管理，巩固火化率，倡导文明祭祀，实行殡葬行业微机化管理。组织全市公墓年检，全市6家经营性公墓均年检合格。严格依法办理收养登记，全年办理收养登记209起，收养登记合格率100%。加强区划地名管理，在全省率先完成7条边界线联检任务，完善管理模式和信息化管理系统，开展地名规划工作，安装地名信息触摸屏11台，市民政局及各区县民政局被省民政厅评为2006年全省地名公共服务体系建设先进单位。

【社会福利企业】 至年底，全市有福利企业205家，安置残疾职工6000人。全市福利企业实现销售收入40亿元，利税2.4亿元。

(市民政局)

侨 务

【概况】 年初，召开全市侨务工作会议，确立“12217”的工作思路，即实施一项工程、打造两个品牌、搭建两个平台、实施一项战略、开展七大活动。提出并实施以“借海、借鲁、借企”为主要内容的“三借”战略，进一步拓展侨务工作领域。在进一步巩固与海南琼海，广东潮州、汕头等地侨办联谊合作关系的同时，与广州、深圳、东莞、珠海等重点侨乡就引荐外省籍侨胞到淄博进行投资考察，进行实质性接洽，开辟全市对外联络和侨务引资引智的新渠道。12 月，省侨务工作研讨会在淄博召开，省侨办领导对淄博侨办实施“三借”战略，实现侨务资源共享的思路和做法给予充分肯定。年内，市侨办被《山东侨报》和市外宣工作领导小组分别评为外宣工作先进单位。

深化服务。3 月，陪同市人大常委会领导视察山东（香港）五金家居城、山东日升环保科技有限公司和中润华侨城等侨资企业，调研侨资企业在全市的经营状况和发展环境。开展“海外侨胞和留学人员为促进淄博发展献计献策”活动，对外寄发征求意见信函 400 余份，征集到建议 40 余条。

对外宣传。加强与各级侨务外宣媒体的协作，借助华声龙脉网、中国新闻社、《山东侨报》《齐鲁乡情》《山东侨务》等外宣平台，大力宣传淄博的人文地理、风土人情、投资环境、投资项目、侨界精英、优势企业。年内，全市侨务部门共在各级各类新闻媒体发稿 83 篇（幅）。在全市侨务系统推行侨务信息工作考核制度，强化信息交流。向省侨办、省侨联报送信息 203 条，编发《淄博侨务简报》24 期，完成《山东省侨务志（淄博篇）》的撰稿任务。

加强对外联络。年内，共向海外侨胞寄发联谊交流和推介全市合作项目的信函、电子邮件 400 余封，为进一步开展交流与合作奠定了基础。9 月，接待美国华校教师访华团一行 20 人。

接待美国华校教师访华团　　　（方树帅　摄）

【涉侨经贸活动】 6 月 15～17 日和 10 月 23 日，分别举办“淄博市第二届华侨华人企业家暨专业人士高新技术合作项目经贸洽谈会”和“2006 海外华商・博士创业与投资淄博行”两项活动，共邀请到来自美国、加拿大、德国等 13 个国家和地区，获得硕士以上学位、有回国创业意愿并携带 200 多项拥有自主知识产权的 120 余名华商、专业人士参加。两次活动共促签对外经贸合作协议 129 个，涉及医药、纺织、机械、金融、环保、电子、教育、房地产等专业领域。邀请 13 名海外华商参加“淄博国际博览会”。年内，市侨办、侨联机关共完成招商引资额 2050 余万元。全年侨务系统共推介和促签对外经济合作协议 150 多个，协议利用外资 1.05 亿美元，其中合同利用外资 8200 万美元。全年接待海外侨胞 320 多人次。

2006 海外华商博士创业与投资（山东）淄博行项目推介洽谈会在淄博召开　　　（方树帅　摄）

【侨政工作】 3 月，省人大常委会领导到淄博检查《中华人民共和国归侨侨眷权益保护法》贯彻实施情况，副市长韩家华就全市贯彻侨法及山东省实施办法情况作详细汇报。10 月，组织开展全市贯彻执行侨法情况调研，并针对山东省实施办法的修订提出 13 条意见和建议，得到省、市人大常委会领导的肯定。年内，对全市符合发放生活困难补贴条件的归国华侨进行调查摸底。开展“访侨户，送温暖”活动，走访慰问贫困归侨侨眷家庭 40 余户，走访重点侨户 30 余户，发放慰问品和救济金累计 3.5 万余元。做好侨务信访工作，全年共受理侨务信访 23 件，依法处结 22 件。认真开展捐资助学工作，对海外侨胞捐资助学情况和贫困地区乡镇学校、卫生院危房情况进行调查；对沂源县恩美希望小学在学校撤并过程中存在的问题，依法督促、限期整改，维护了捐赠人的意愿。充实国内侨情资料库，将全市已办理归侨侨眷身份认定的 1545 名归侨侨眷的信息资料录入数据库，建档立卷，储备国内侨力资源。组织开展“爱心助侨”活动，一期向博山区半亩园希望小学捐助煤炭、电脑软件、学习用品等，共计折款 5000 余元。

（王小波　赵旭东）

民族　宗教

【概况】 是年，民族宗教工作纳入全市综合考核指标体系。建立健全帮扶机制，落实各类扶持资金 301 万元，帮促少数民族经济和社会事业实现长足发展，并帮助部分非民族村改善生产生活条件。民族村（居）基础设施建设全面提升，人均收入稳步增长，3 个民族村（居）跨入全市经济强村行列。宗教事务管理迈向法制化、规范化。深入落实民族宗教政策，加强民族宗教领域普法宣传教育，积极推进依法行政工作，妥善处理涉及民族、宗教的矛盾纠纷。年底，市民族宗教事务局被市委、市人大常委会、市政府评为普法依法治理工作先进集体。

【扶持少数民族经济和社会事业】 是年,争取香港慈辉佛教慈善基金会扶持资金170万元,改善民族村基础设施。抓住民族经济发展重点项目列入全市计划的机遇,提报养殖基地建设项目,落实建设资金30万元,并开始建设。集中力量抓少数民族特需用品定点生产企业工作,做好现有民品企业贷款贴息的相关工作。推荐齐旺达集团为省开发银行重点贷款扶持的民族企业,努力为少数民族争取国家优惠政策,带动和促进少数民族区域经济发展。落实省、市财政扶持少数民族发展资金56万元,协调市民协委成员单位落实第三个帮扶计划。继续抓好对少数民族社会事业的扶持。对3处民族学校的发展现状进行调研,落实省、市民族教育扶持资金25万元,民族学校的硬件设施显著改善。组织开展少数民族书画展等活动,对全市回族古籍进行抢救、搜集、整理。帮促民族村新修水泥山路7公里,3个村进行自来水管网维修改造,建成引水上山林果灌溉项目1个。争取落实省财政资金20万元,为金岭回族镇政府改善了办公条件。帮助柳枝峪回族小学进行校舍改造。周村区永安办事处灯塔居委会、临淄区金岭镇金南居委会和沂源县东里镇东村跻身全市经济强村行列。此外,民族宗教工作部门争取的慈善资金还为其他贫困村完成灌溉、饮水项目6个,帮助山东理工大学开展了慈善资金助学项目。

【宗教事务管理】 淄博市有天主教、基督教、伊斯兰教、佛教、道教5种宗教。信教群众122750人,信教人数占全市总人口的2.94%。其中,天主教信众8620人,基督教信众56451人,伊斯兰教信众18580人,佛教信众28199人,道教信众10900人。全市经民政部门登记的宗教团体28个,其中市级宗教团体4个,区县宗教团体24个。全市宗教活动场所205处,其中天主教31处,基督教145处,伊斯兰教9处,佛教11处,道教9处。全市有宗教教职人员172人,其中天主教9人,基督教98人,伊斯兰教26人,佛教28人,道教11人。

深化对《宗教事务条例》的宣传贯彻落实,集中开展清理基督教私设聚会点"回头看"活动。为全市宗教活动场所换发登记证,对宗教活动场所制度建设等情况进行全面检查,推进了场所管理的规范化。10月,首次指导宗教团体对教职人员进行评议,强化了爱国宗教团体的管理。对全市宗教团体建设等9个方面的情况进行调查研究。6月,指导淄川区普照寺承办由省佛教协会主办的首届世界佛教论坛征文山东作者研讨会。8月,举办全市宗教界弘扬社会主义荣辱观理论研讨会。10月,指导市伊斯兰教协会举办第三届卧尔兹演讲比赛。11月,组织宗教界人士开展爱国主义教育,引导宗教界为构建和谐社会服务。

【维护民族宗教领域和谐稳定】 贯彻落实民族宗教政策,维护民族宗教界合法权益。落实对少数民族考生加分录取的政策,为57名少数民族考生审核民族成分,办理有关手续;为32名少数民族群众子女办理、更改民族成分的审批手续。积极筹建穆斯林殡葬服务中心,经市政府批准,落实了土地和扶持资金,年内已开始建设。做好落实宗教房地产政策的后期协调工作,确保全市宗教房地产政策全部落到实处。加强法制宣传教育,构建和谐民族关系。在全市第六个民族团结进步宣传月中,以"加强法制建设、促进和谐发展"为主题开展7项活动。活动期间,市领导到基层调研;新闻媒体进行宣传报道;编印《法律法规常识问答宣传册》4300册发放到民族村(居)家家户户;开展法制宣传教育电影周活动,制作幻灯片,放映影片3部;设法制教育宣传栏、壁报栏、广播站、组织展板、横幅、标语500多件;加强新农村建设培训学习;开展科技下乡活动;组织民族镇、村(居)、民族学校和各级少数民族干部观看弘扬民族团结的大型演出;以卧尔兹演讲的形式教育穆斯林群众促进民族团结。及时稳妥处理涉及民族、宗教的矛盾纠纷5起。

【依法行政工作】 年内,开展"依法行政建设年"活动,以推进全市民族宗教行政执法工作的开展。市民族宗教事务局成立推进依法行政工作领导小组和行政案件审理委员会、行政案件投诉督查室、行政复议办公室。11人参加执法人员培训考试,全部获执法资格。增添执法设备,将执法主体建设列入对区县民族宗教工作考核内容,督促健全执法机构,落实执法人员。桓台县单设民族宗教局,临淄、张店民族宗教局得到加强,各区县在乡镇配备民族宗教助理,大部分区县按照规定配齐执法人员并组织参加了全市执法资格考试。对现行的民族宗教法规、规章进行梳理细化,制定7项配套制度,连同行政许可、行政执法项目和投诉电话等通过门户网站和政务公开栏向社会公布,接受群众监督。组织全市民族宗教干部进行行政执法培训。在全系统推行行政执法责任制,定期进行执法评议,执法结果年终列入全市民族宗教工作考核内容。全市民族宗教部门共查处违法案件12起。省宗教局在淄博召开现场会,介绍推广市民族宗教部门依法行政的具体做法。

(胡艳霞)

残　　联

【残疾人康复工作】 全年完成白内障手术近4000例(其中免费白内障复明手术500余例),安装普及型大小腿假肢7例,语训聋儿80名,培训聋儿家长80余名,为8名残疾人免费佩戴助听器,为77名聋儿发放人均600元训练补助,为40名低视力残疾人配发助视器,为100名贫困精神病患者提供人均360元药物,为733名残疾人提供各类用器用具。对20名脑瘫儿童、50名弱智儿童进行持卡康复训练,并为每名脑瘫儿童提供每年2400元、每名弱智儿童提供每年1200元资金补助,为30名低视力残疾儿童每人配发价值230元的助视器。

【残疾人培训就业】 不断加大残疾人职业技能培训和就业服务工作力度。举办残疾人培训班,培训3000余人次。举办就业招聘会12次,为800余名残疾人解决工作问题。对残疾人个体经营者进行扶持,全年注入扶持资金12万元,扶持60余名残疾人从事个体经营。资助30余名贫困残疾学生考入大中专院校学习。全面抓好残疾人就业保障金征收工作。全年征收残疾人就业保障金1866万元。

【残疾人扶贫】 实施"安居工程",全面完成500余户农村贫困残疾人危房改造。采取有力措施,促进新建扶贫基地工作的顺利开展,全市建成残疾人扶贫基地19处。年内,以淄博四季青绿色食品开发有限公司为依托建立的淄博市百杏残疾人扶贫基地,被确定为全省唯一一家省级残疾人扶贫基地。

【残疾人维权】 积极贯彻落实国务院新《信访条例》,努力为残疾人解决实际困难。聘任专职律师,进一步促进维权工作的有效开展。全年共接待残疾人及家属来信来访267件次,处结率98.5%。

【残疾人文体活动】 参加省七届残运会,淄博市获得9金、10银、11铜。在第九届远南残疾人运动会上,夺得标枪、铁饼、铅球3枚金牌。举办全市首届特殊奥林匹克运动会,共有8支代表队、168名残疾人运动员参加比赛。 (郝长平)

老龄工作

【概况】 2006年,全市老年人口61.6万,占全市总人口的14.7%,增长速度达3.7%。年内,调整充实市老龄工作委员会。进一步加大老龄宣传工作力度。在淄博人民广播电台开设《漫步晨曦》《夕阳正红》专栏,继续与媒体联办《夕阳红》《老年生活》等老年专栏、专版。开展以"老龄化形势""社会化养老""敬老月活动""庆祝老人节"等为主题的宣传,分别与《淄博日报》《淄博声屏报》《淄博晚报》《鲁中晨报》策划了老年节特刊和百岁老人系列报道。争取社会支持,策划制作180余块老龄公益宣传牌;设计"淄博市老龄工作成就展板",参加山东省老年产业博览会的展览。组织参加"政风行风热线"直播活动,现场答复问题43个,协调有关单位落实解决问题6个。10月30日,市政府领导在《淄博日报》刊发题为《发展老龄事业,构建和谐淄博》的署名文章。编辑出刊《淄博老龄工作》。全年在市级以上报刊发稿142篇,并拍摄了反映老年人精神风貌和老龄工作面貌的专题片。

贯彻落实老年法规政策,维护老年人合法权益。开展《中华人民共和国老年人权益保障法》颁布实施10周年庆祝活动。在淄博人民广播电台《夕阳正红》栏目中开设老年法律知识课堂。深入张店、博山、周村、桓台4个区县和部分社区、单位全面检查老年法规政策贯彻落实情况,对发现的问题,督促制定整改方案,限期整改。加强执法和法律援助工作,与市司法局、《鲁中晨报》联合启动"老年人维权直通车"活动,为老年人提供免费法律咨询服务。加强老年人信访工作,及时协调解决涉老纠纷,全年受理老年来信、来电、来访近2000人次。加强老龄事业调研,开展农村老年人活动基地建设工作。年内,新建农村老年人活动场所410处,全市农村老年人活动场所达到1945处。继续推进农村《家庭赡养协议书》签订工作。截至年底,全市89%符合条件的农村老年人签订了《家庭赡养协议书》。

老年文体娱乐活动丰富多彩。年内,组织开展第二届老年人才艺大赛、纪念红军长征胜利70周年文艺汇演等活动,并积极引导基层老年文化体育团体开展健康有益的文体活动。10月18～31日,市老龄办和淄博电视台联合举办全市中老年人文艺汇演活动,在5个区专场演出8场,观众达1万余人。10月26日,在淄博广电大剧院举办庆祝淄博市第20个老人节文艺晚会,表彰"淄博市百岁老人十佳健康之星"。

队伍建设进一步加强。市老龄办密切与区县老龄工作部门的联系,指导、监督区县在机构改革中加强乡镇、村居老龄工作机构建设,全市四级老龄工作组织网络进一步健全。完善区县老龄工作考核办法,突出老年法规政策落实、农村老年人活动基地建设、文体活动开展、工作规划等内容。加大区县考核力度,在市直部门、企事业单位中开展年度全市老龄工作先进单位评选活动。组织开展全国敬老模范村居评选申报工作,张店区体育场街道办事处金乔社区等8个村居被全国老龄办授予全国敬老模范村居称号。

【《淄博市老龄事业"十一五"发展规划》】 6月14日,市政府第52次常务会审议通过《淄博市老龄事业"十一五"发展规划》,明确了"十一五"期间全市老龄工作的目标任务。

【第二届敬老爱老助老主题教育活动】 由市老龄办、市委宣传部等联合开展的第二届敬老爱老助老主题教育活动评选工作从5月底开始,8月底结束。经过严格评审,评选出张店区妇联等25个优秀组织奖、于会兰等50名孝亲敬老之星、《婆婆与我》等118篇敬老好文章。郭训友等8人被全国敬老爱老助老主题教育活动组委会授予全国孝亲敬老之星,《母爱是一种精神》被评为全国敬老好文章。

【百岁老人调研采访活动】 从9月底开始,市老龄办联合新闻媒体对全市部分百岁老人的生活、饮食习惯和健康状况等进行调研采访,被采访者年龄最大的106周岁。活动评选出"淄博市百岁老人十佳健康之星",其中1人获得山东省2006健康寿星称号。《淄博晚报》连续刊发30个版的百岁老人系列报道,并制作30块展板在广场、社区巡回展出。《鲁中晨报》采访40多名百岁老人,刊发"百岁老人、百年故事"33期。

【第二届老年人才艺大赛】 由市老龄办和淄博人民广播电台主办的第二届老年人才艺大赛从9月初开始,历时1个半月。共有198名老人报名参赛,年龄最大的82岁。参赛形式包括唱歌、舞蹈、声乐、戏曲、快板、快书、书法、绘画、魔术、剪纸、乐器演奏等10余类。杜金陵等10位老人获得最佳才艺奖,王延芳等11位老人获得优秀才艺奖,周玉荣等11位老人获得才艺奖,孙洪滨、周先知获得老有所为奖。

【老年人维权直通车活动】 9月下旬,市老龄办与市司法局、鲁中晨报社联合启动"老年人维权直通车"活动。期间,在全市选定淄博市法律援助中心等12家律师事务所作为受理服务单位,需要法律咨询、法律服务的老年人凭《山东省老年人优待证》免费领取"老年人维权直通卡"后,可在指定服务单位享受免费法律咨询服务。法律咨询服务主要涉及家庭纠纷、老年婚姻、工资、养老金、医保等方面的问题。截至年底,共发放"老年人维权直通卡"61份。

【敬老月活动】 9月30日～10月31日,在全市开展以"庆祝《中华人民共和国老年人权益保障法》颁布实施10周年暨淄博市第20个老人节,倡导健康、快乐、文明生活方式"为主题的敬老月活动。活动以开展敬老宣传教育、庆祝老人节、助老服务活动、加强老年人维权、搞好文体活动为重点,采取措施,统筹安排。市老龄办和淄博金盾医院联合开展"夕阳红"义诊活动,为张店区800余名老年人免费查体。启动敬老助老惠老活动,向全市百岁老人及部分特困老人赠送近千桶食用油,价值3.1万元。市老龄事业服务中心与张店区医院开展助老义诊活动,为200余名老人义务查体。开展"夕阳红婚介"工作,组织老年人联谊活动,使12对老人重建家庭。活动期间,全市共举办座谈会、联欢会、庆祝会1521个,举办文体活动559次,12万余名老年人参加。各级党政领导走访慰问敬老院、老年公寓152个,为老年人发放慰问金900余万元。

(张毅玮)

本部类编 辑:孟 明
副主编:王 娟
校 对:杨建明
孟 明

人　　物

中国共产党淄博市第十届委员会书记、副书记、常委

刘慧晏　中共淄博市委书记、市人大常委会主任兼市委党校校长。汉族，1964年6月生，山东招远市人，1987年4月加入中国共产党，1987年7月参加工作，研究生学历。1980年9月～1984年7月山东农业大学植物保护系学生；1984年7月～1987年7月华东师范大学哲学系硕士研究生；1987年7月～1994年12月青岛大学文学院社会学系教师、讲师、副教授；1994年12月～1996年6月青岛大学团委副书记（主持工作）；1996年6月～1998年4月青岛大学团委书记；1998年4月～2001年1月青岛团市委书记、党组书记（期间：1995年9月～1998年6月山东大学中文系古典文学专业博士研究生，1999年2月山东团省委常委）；2001年1月～2002年6月团省委书记、党组书记（2001年12月团中央常委）；2002年6月～2007年2月淄博市委副书记、市长；2007年2月中共淄博市委书记、市长兼市委党校校长。2007年3月中共淄博市委书记、市人大常委会主任兼市委党校校长。

八届省委委员，八、九届市委委员。中共十六大代表，十届全国人大代表，省第八次党代会代表，省九届、十届人大代表，市十二届人大代表。

周清利　中共淄博市委副书记、市政府市长。汉族，1954年10月生，山东惠民县人，1975年1月加入中国共产党，1976年1月参加工作，大专学历。1975年10月～1976年1月惠民县委驻周翟农业学大寨工作组组员；1976年1月～1980年4月惠民县李庄公社党委委员、常委、团委书记，管区副书记、书记；1980年4月～1982年11月惠民县联伍公社党委副书记；1982年11月～1984年3月惠民县姜楼公社党委书记；1984年3月～1989年6月惠民县委常委、副县长兼县农委主任；1989年6月～1993年1月无棣县委副书记、代县长、县长；1993年1月～1996年6月无棣县委书记；1996年6月～2000年11月滨州地区行署副专员、地委委员；2000年11月～2001年1月滨州市委常委、地区行署副专员；2001年1月～2002年12月滨州市委常委、副市长、市委企业工作委员会书记；2002年12月～2007年3月中共淄博市委副书记、副市长。2007年3月淄博市委副书记、市长。

八、九届市委委员。省九届人大代表，市十二届人大代表。

侯法生　中共淄博市委副书记。汉族，1952年5月生，淄博市淄川区人，1972年6月加入中国共产党，1967年5月参加工作，中央党校研究生学历。1967年5月～1975年9月淄博市淄川区峨庄乡东石村小学、西石联中民办教师、学校负责人；1975年9月～1977年8月泰安师专数学系学生；1977年8月～1984年3月淄博市政府办公室综合科干事、秘书；1984年3月～1985年10月淄博市政府办公室综合科副科级秘书、综合科副科长；1985年10月～1987年6月淄博市政府办公室综合一科科长；1987年6月～1988年10月淄博市政府办公室副主任；1988年10月～1991年4月淄博市委办公室副主任；1991年4月～1995年3月淄博市委组织部副部长、市委组织员办公室主任；1995年3月～2001年1月淄博市委组织部常务副部长（正县级）；2001年1月～2002年12月潍坊市委常委、组织部部长；2002年12月～2007年3月淄博市委常委、秘书长。2007年3月淄博市委副书记。

市第七次党代会当选为市纪委委员。八、九届市委委员，市十、十一届人大常委会常委，七届市政协常委，省第八次党代会代表，市十二届人大代表。

陈家金　中共淄博市委常委、政法委书记。汉族，1955年5月生，淄博市淄川区人，1975年2月加入中国共产党，1976年3月参加工作，大专学历。1976年3月～1979年3月淄川区东坪公社党委常委、副书记、革委副主任；1979年3月～1980年10月淄川区团委副书记；1980年10月～1982年6月山东农学院干部专修科学员；

1982 年 6 月～1983 年 11 月淄川区西河公社工作组副组长、党委副书记、管委会主任；1983 年 11 月～1984 年 3 月淄川区团委书记；1984 年 3 月～1985 年 10 月淄川区委常委、区农委书记；1985 年 10 月～1988 年 12 月淄川区委常委、副区长兼区委政法委书记；1988 年 12 月～1995 年 3 月淄川区委副书记、代区长、区长(1994 年 8 月享受副市级待遇)；1995 年 3 月～1997 年 12 月淄川区委书记、区人武部党委第一书记、区委党校校长；1997 年 12 月～1998 年 2 月淄博市政府党组成员、市长助理；1998 年 2 月～2003 年 2 月淄博市副市长。2003 年 2 月中共淄博市委常委、政法委书记。

八、九届市委委员。市十二届人大代表。

韩世幸　中共淄博市委常委、淄博军分区政治委员。汉族，1955 年 2 月生，山东龙口市人，1974 年 7 月加入中国共产党，1972 年 12 月参加工作，在职大学学历。1972 年 12 月～1975 年 3 月三六三工地勤务连战士；1975 年 3 月～1976 年 7 月三六三工地勤务连副排长；1976 年 7 月～1979 年 12 月八三五仓库勤务连排长、政治处干事；1979 年 12 月～1985 年 5 月济南军区后勤部政治部直工处干事、军区政治部干部部预干处干事；1985 年 5 月～1988 年 5 月济南军区政治部干部部预干处副营职干事；1988 年 5 月～1991 年 6 月济南军区政治部干部部预干处正营职干事；1991 年 6 月～1992 年 12 月济南军区政治部干部部预干处、任免处副团职干事；1992 年 12 月～1994 年 6 月济南军区政治部干部部任免处副处长；1994 年 6 月～1997 年 7 月济南军区政治部干部部任免处处长；1997 年 7 月～2000 年 8 月济南军区干部转业工作办公室主任(副师职)；2000 年 8 月～2000 年 10 月淄博军分区政治委员。2000 年 10 月中共淄博市委常委、淄博军分区政治委员。

八、九届市委委员。市十二届人大代表。

王顶岐　中共淄博市委常委、副市长。汉族，1958 年 2 月生，山东临沭县人，1986 年 2 月加入中国共产党，1975 年 9 月参加工作，省委党校研究生学历。1975 年 9 月～1978 年 3 月临沂化工机械厂工人；1978 年 3 月～1982 年 1 月北京钢铁学院材料系轧钢专业学生；1982 年 1 月～1984 年 10 月济南第二钢铁厂技术员，临沂地区冶金工业公司生产科技术员、助理工程师；1984 年 10 月～1990 年 4 月临沂地区经委生产科办事员、副科长；1990 年 4 月～1992 年 12 月临沂地区工业总调度室副总调度长；1992 年 12 月～1996 年 8 月莒南县副县长、县委常委；1996 年 8 月～1997 年 12 月临沂市机械工业公司(机械总会)经理(会长)、党委书记；1997 年 12 月～1999 年 2 月临沂市河东区委副书记、代区长、区长；1999 年 2 月～1999 年 12 月临沂市河东区委副书记、区长、区政协主席；1999 年 12 月～2002 年 12 月汶上县委书记、县人大常委会主任；2002 年 12 月～2003 年 4 月济宁市委组织部副部长(正县级)；2003 年 4 月～2004 年 12 月济宁市委常委、组织部部长；2004 年 12 月～2006 年 12 月淄博市委常委、组织部部长。2006 年 12 月中共淄博市委常委、副市长。

九届市委委员。省第八次党代会代表，市十二届人大代表。

周连华　中共淄博市委常委、副市长。汉族，1961 年 10 月生，山东东营市人，1985 年 10 月加入中国共产党，1981 年 7 月参加工作，中央党校研究生学历。1981 年 7 月～1984 年 7 月黄河农场总场学校教师；1984 年 7 月～1987 年 6 月东营团市委干事、学少部副部长；1987 年 6 月～1990 年 6 月东营团市委常委、学少部部长；1990 年 6 月～1993 年 4 月东营团市委副书记；1993 年 4 月～1996 年 10 月东营市委政策研究室副主任(期间：1992 年 7 月～1993 年 8 月挂职任省政府办公厅秘书处副处长、综合二室副主任、综合一室副主任)；1996 年 10 月～1997 年 8 月东营市委政策研究室主任；1997 年 8 月～1999 年 5 月东营市委副秘书长、政策研究室主任；1999 年 5 月～2002 年 12 月垦利县委书记、县人武部党委第一书记；2002 年 12 月～2003 年 2 月东营市政府党组成员、市长助理；2003 年 2 月～2006 年 12 月东营市副市长。2006 年 12 月中共淄博市委常委、副市长。

九届市委委员。省第八次党代会代表，市十二届人大代表。

宋军继　中共淄博市委常委、秘书长。汉族，1965 年 8 月生，山东招远市人，1990 年 7 月加入中国共产党，1987 年 7 月参加工作，研究生学历。1987 年 7 月～1992 年 11 月烟台大学团委干事，电子系团总支副书记、书记；1992 年 11 月～1993 年 7 月烟台市黄金研究所办公室主任；1993 年 7 月～1995 年 4 月烟台市黄金研究所办公室主任兼烟台市黄金广场筹建处主任(期间：1991 年 9 月～1994 年 6 月复旦大学政治经济学专业硕士研究生)；1995 年 4 月～1997 年 3 月挂职任海阳市副市长；1997 年 3 月～2000 年 1 月海阳市副市长；2000 年 1 月～2004 年 11 月蓬莱市委副书记、市长(期间：2000 年 5 月～2004 年 8 月美国纽黑文大学公共管理专业硕士研究生)；2004 年 11 月～2007 年 2 月省民政厅副厅长、党组成员(期间：2001 年 9 月～2005 年 7 月北京大学环境学院区域经济专业博士研究生)。2007 年 2 月中共淄博市委常委、秘书长。

九届市委委员。省十届人大代表，市十二届人大代表。

赵启全　中共淄博市委常委、市纪委书记。汉族，1959 年 11 月生，山东苍山县人，1984 年 3 月加入中国共产党，1982 年 7 月参加工作，省委党校研究生学历。1978 年 10 月～1982 年 7 月山东农学院农学系农学专业学生；1982 年 7 月～1986 年

6月苍山县农业局技术员、县委组织部干事；1986年6月～1987年9月苍山县农牧渔业局副局长；1987年9月～1989年6月省委党校党政干部研究生班党政管理专业学习；1989年6月～1992年2月苍山县委宣传部副部长；1992年2月～1993年3月苍山县向城镇党委书记；1993年3月～1998年1月苍山县副县长；1998年1月～2001年1月郯城县副县长；2001年1月～2003年1月临沭县委副书记、代县长、县长；2003年1月～2006年12月临沭县委书记、县人武部党委第一书记、县委党校校长(期间：2004年8月～2005年1月中央党校学习)。2006年12月中共淄博市委常委、市纪委书记。

九届市委委员。市十二届人大代表。

刘星泰 中共淄博市委常委、组织部部长。汉族，1963年1月生，山东利津县人，1986年9月加入中国共产党，1983年7月参加工作，省委党校研究生学历。1980年9月～1983年7月山东省机械工业学校机械制造专业学生；1983年7月～1989年4月沾化县农业机械厂技术员、县人大常委会办公室秘书、调研科科员；1989年4月～1992年10月沾化县永丰乡副乡长；1992年10月～1995年5月沾化县下洼镇党委副书记、镇长；1995年5月～1997年12月沾化县下洼镇党委书记；1997年12月～1999年4月沾化县委常委、下洼镇党委书记；1999年4月～2000年1月滨州地委办公室副主任；2000年1月～2002年12月无棣县委副书记、副县长；2002年12月～2004年12月无棣县委副书记、代县长、县长；2004年12月～2006年12月无棣县委书记、县人大常委会主任兼县委党校校长。2006年12月中共淄博市委常委、组织部部长。

九届市委委员。省十届人大代表，市十二届人大代表。

郭利民 中共淄博市委常委、宣传部部长。汉族，1957年3月生，山东莱芜市人，1985年8月加入中国共产党，1975年5月参加工作，中央党校研究生学历。1975年5月～1976年12月淄博市淄川区杨寨公社牛家村下乡知青；1976年12月～1986年9月淄博市财政局企财处办事员、副主任、主任(期间：1985年10月～1986年8月挂职任淄博市张店区财政局副局长)；1986年9月～1988年7月山东大学干部专修科财税专业学员；1988年7月～1988年11月淄博市财政局行财科科长；1988年11月～1990年2月淄博市财政局预算科科长；1990年2月～1995年5月淄博市财政局副局长、党组成员；1995年5月～1997年6月淄博市财政局副局长、党组副书记；1997年6月～1998年9月淄博市财政局局长、党组书记兼市地税局党组书记；1998年9月～2003年4月淄博市财政局局长、党组书记；2003年4月～2007年3月淄博市市长助理，市财政局局长、党组书记。2007年3月中共淄博市委常委、宣传部部长。

市第七次党代会当选为市纪委委员。九届市委委员。省第八次党代会代表。市十二届人大代表。

陈　勇 中共淄博市委常委，桓台县委书记兼县人大常委会主任、县委党校校长。汉族，1960年1月生，淄博市张店区人，1986年4月加入中国共产党，1980年1月参加工作，中央党校大学学历。1978年1月～1980年1月淄博师范学生；1980年1月～1985年9月淄博矿务局双沟煤矿学校教师、团支部书记、局团委干事；1985年9月～1987年6月山东师范大学学生；1987年6月～1988年6月淄博矿务局团委常委、宣传部副部长(主持工作)；1988年6月～1989年7月淄博团市委办公室副主任；1989年7月～1993年4月淄博市委办公室副科级秘书、科级秘书；1993年4月～1993年7月淄博市委办公室副主任；1993年7月～1995年2月淄博市委办公厅副主任；1995年2月～1997年6月淄博市委副秘书长、办公厅副主任；1997年6月～2001年4月淄博市委副秘书长兼党史委主任；2001年4月～2002年12月淄博市委副秘书长、办公厅主任；2002年12月～2006年12月淄博市周村区委书记、区人大常委会主任兼区委党校校长；2006年12月～2007年3月桓台县委书记、县人大常委会主任兼县委党校校长。2007年3月中共淄博市委常委，桓台县委书记、县人大常委会主任兼县委党校校长。

九届市委委员。市十二届人大代表。

魏艳菊 中共淄博市委常委，共青团淄博市委书记、党组书记。女，汉族，1970年10月生，淄博市淄川区人，1992年4月加入中国共产党，1992年7月参加工作，大学学历。1988年9月～1992年7月曲阜师范大学学校教育专业学生；1992年7月～1999年4月淄博第二师范学校教师、团委副书记兼教务处副主任；1999年4月～2000年8月淄博第二师范学校团委书记兼教务处副主任；2000年8月～2001年7月淄博师范团委书记；2001年7月～2003年1月淄博市教育局副局长、党委委员；2003年1月～2006年5月淄博市教育局副局长、党委委员、调研员；2006年5月～2007年1月淄博市红十字会常务副会长、党组书记；2007年1月～2007年3月共青团淄博市委书记、党组书记。2007年3月中共淄博市委常委，团市委书记、党组书记。

市十二届人大代表。 (市委办公厅)

新当选淄博市人大常委会副主任

刘池水 淄博市人大常委会副主任、党组副书记。汉族，淄博市博山区人，1951年9月生，大学普通班学历。1969年11月加入中国共产党，1968年2月参加工作。1968年2月～1969年12月，北京部队炮兵206团战士、班长；1969年12月～1973年2月，北京部队炮兵212团班长、团直属党委委员；1973年2月～1973年9月，蒙阴县化肥厂工人、宣传干事；1973年9月～1976年9月，山东师范学院数学系学生、院学生会主席、系党总支副书记；1976年9月～1977年10月，山东省委高唐学大寨工作团赵庄工作队副队长；1977年10月～1985年1月，山东师范学院（后改山东师范大学）数学系党总支副书记（期间：1983年8月～1984年1月，山东大学高校青年干部进修班学习；1984年4月～1985年1月，省委组织部帮助工作）；1985年1月～1985年12月，山东师范大学教育科技开发处副处长（主持工作）、党支部书记；1985年12月～1991年1月，省委组织部组织处帮助工作、组织处一级巡视员；1991年1月～1994年1月，省委组织部农村组织处副处长；1994年1月～1997年12月，省委组织部农村组织处处长、组织二处处长；1997年12月～2002年12月，中共淄博市委常委、组织部部长；2002年12月～2003年3月，中共淄博市委常委；2003年3月～2006年12月，中共淄博市委副书记、市纪委书记；2006年12月～2007年3月，淄博市委副书记；2007年3月淄博市人大常委会副主任、党组副书记。

省第八次党代会当选为省纪委委员。七、八、九、十届市委委员。省第八次党代会代表，市第八、九次党代会代表。市十二届人大代表。

王世庆 淄博市人大常委会副主任、党组成员。汉族，1954年1月生，淄博市博山区人，大学普通班学历。1974年8月加入中国共产党，1972年3月参加工作。1974年9月～1976年7月曲阜师范学院中文系学生；1976年7月～1977年7月曲阜师范学院中文系政治辅导员；1977年7月～1984年7月博山区委宣传部办公室副主任；1984年7月～1990年5月博山区委办公室副主任兼区党史委主任；1990年5月～1995年2月博山区委常委、办公室主任；1995年2月～1997年12月博山区委副书记、宣传部部长；1997年12月～1998年1月沂源县委副书记、代县长；1998年1月～2002年12沂源县委副书记、县长；2002年12月～2003年1月沂源县委书记、县长；2003年1月～2006年12月沂源县委书记兼县人大常委会主任、县委党校校长；2006年12月～2007年1月沂源县人大常委会主任；2007年1月～2007年3月淄博市人大常委会党组成员；2007年3月淄博市人大常委会副主任、党组成员。

九届市委委员。省九届人大代表。市第九次党代会代表。市第十二届人大代表。

林春明 淄博市人大常委会副主任、党组成员。汉族，1952年10月生，山东省高密市人，省委党校大学学历。1976年7月加入中国共产党，1972年2月参加工作。1972年2月～1974年9月高密县林家庙子小学、草泊联中教师；1974年9月～1976年7月胶县师范学生；1976年7月～1976年10月高密县文教局干事；1976年10月～1978年6月共青团高密县委干事；1978年6月～1982年1月共青团昌潍地委干事；1982年1月～1984年2月共青团昌潍地委办公室副主任；1984年2月～1989年12月共青团潍坊市委副书记（期间：1985年9月～1987年6月省委党校学习）；1989年12月～1993年2月五莲县委副书记兼政法委书记；1993年2月～1993年3月日照市教委副主任、党委副书记；1993年3月～1993年8月日照市教委主任、党委书记；1993年8月～1996年1月日照市教委主任、党委书记兼日照市经济学校校长、党委书记；1996年1月～1998年6月日照市委秘书长（期间：1994年9月～1997年6月省委党校业余本科班经济管理专业在职学习）；1998年6月～2001年1月日照市委党校党委书记、常务副校长；2001年1月～2001年2月淄博市中级人民法院党组书记；2001年2月～2006年12月淄博市中级人民法院院长、党组书记；2006年12月～2007年3月淄博市人大常委会党组成员；2007年3月淄博市人大常委会副主任、党组成员。

九届日照市委委员。九届淄博市委委员。七届潍坊市政协常委。五届日照市政协常委。淄博市第九届党代会代表。淄博市第十二届人大代表。 （市人大常委会办公厅）

新当选淄博市政协副主席

岳长志 淄博市政协副主席、党组副书记。汉族，1952年6月生，淄博市博山区人，大专学历。1976年12月加入中国共产党，1970年2月参加工作。1970年2月～1981年8月淄博红卫电机厂工人、团委干事、团委副书记、车间副主任、党支部副书记、宣传科副科长；1981年8月～1983年6月山东师范大学中文系干部专修科学生；1983年6月淄博红卫电机厂宣传科副科长；1984年9月～1985年8月市委企业政治工作部宣传科干事、副科长；1985年8月～1987年5月市委办公室科级秘书、科长；1987年5月市委办公室副主任；1988年5月市委副秘书长；1990年5月市委副秘书长兼市委研究室主任；1993年4月市委秘

书长兼市委研究室主任;1996年3月市委常委、宣传部部长;2002年12月市委常委;2003年3月市委副书记;2005年12月市委副书记、宣传部部长;2007年3月淄博市政协党组副书记、副主席。

尚秋云 淄博市政协副主席、党组成员。女,汉族,1956年10月生,淄博市博山区人,中央党校研究生学历。1976年1月加入中国共产党,1974年9月参加工作。1974年9月～1976年10月临淄区朱台乡枣园村下乡知青、村党支部副书记;1976年10月临淄区委常委、团区委书记;1980年8月共青团淄博市委常委、青农部负责人;1981年8月～1983年6月山东师范大学中文系学生;1983年7月后共青团淄博市委干部;1984年3月～1988年5月市妇联常委、组宣部部长、党组成员、办公室主任;1988年5月市妇联副主席、党组成员;1998年3月市妇联主席、党组书记;2007年1月市政协党组成员;2007年3月市政协党组成员、副主席。 (市政协办公厅)

全国五一劳动奖章获得者

张方佑 男 1952年出生,汉族,初中文化,中共党员,张店钢铁总厂运输部维修工段工段长,1968年参加工作。三十多年来,他勤奋学习,刻苦钻研,扎实工作,革新创新,为张钢的生产建设做出了突出贡献。他研制的轴箱防护板,杜绝了铁水罐车溅出铁水烧坏轴瓦及轴头的事故隐患;研制的防水板,消除了车钩开关被腐蚀后严重不灵活的弊端;他建议并参与改造机车上煤机放料口,解决了冬季机车上煤的难题;他提出用铝合金套代替抓斗吊铜轴套,年可节约资金8000元;他提出利用高炉冷却水进行二次供暖的方案,解决了职工冬季取暖问题,一年可节煤180吨,节支3.6万元;他研制的10吨吊车,解决了电机车入库检修时无起重设备的实际困难。曾先后获得张店钢铁总厂劳动模范、振兴淄博劳动奖章、淄博市劳动模范、山东省富民兴鲁劳动奖章、山东省劳动模范等荣誉称号。2006年获得全国五一劳动奖章。

耿玉金 男,1949年出生,汉族,大学文化,中共党员,山东新城建工股份有限公司董事长,高级工程师。他大胆改革,强化管理机制,加大企业双向投入,扩大生产能力,使新城建工逐步形成了多元化、多层次、大规模、超常规、跨越式的产业模式,年施工任务60多项,施工面积近50万平方米,工程造价3.5亿元以上,完成建安产值2.5亿多元,实现利税1800多万元。新城公司先后承建了齐鲁石化公司24层住宅楼等重点工程;施工的最大体量工程达6.5万平方米,最高工程达34层。赢得中国建筑工程鲁班奖、国家优质工程银质奖、全国全面质量管理金屋奖、全国质量管理成果优秀奖、山东省首届建筑工程质量最高奖——泰山杯奖、山东省建工系统综合实力五十强企业、淄博市建工系统综合实力十强企业、淄博市文明单位等荣誉。通过了ISO9002国际质量认证,晋升国家一级资质,被评为AAA特级资信企业,连续十五年被评为重合同、守信用企业,2001年被评为全国优秀施工企业。2002年被国家农业部评为全国诚信守法企业。他先后荣获市明星乡镇企业家、全国第六届建筑企业优秀经理、山东省乡镇企业优秀经理、淄博市劳动模范、山东省劳动模范等荣誉称号。2006年获得全国五一劳动奖章。

孙建博 男,1959年出生,汉族,中共党员,原山林场场长,高级工程师。他先后主持编制《山东省原山国家森林公园总体规划》、封山育林工程"十五"规划、森林资源连续清查等,与山东农业大学等大专院校科研机构合作开展山东省侧柏种源试验研究工作。原山林场先后5次获得市级以上林业科技成果奖,林木蓄积量9年净增35520立方米;林地面积9年净增158.67公顷;森林覆盖率91.99%,成为淄博市重要的植物资源库、水和氧气的储存库。他带领林业科技人员实施创新造林、创新管护,造林成活率由过去的30%提高到现在的85%。他重视人才,坚持科技兴场,加大林业科技人员的引进,9年来原山林场先后引进大中专毕业生120人。在充分依托资源优势,发展生态旅游业,开发和建设森林旅游景点100多处的同时,大力发展工副业,现已拥有工、商、房地产等子公司28个。涉及印刷、机械、陶瓷、园林绿化等行业,经济效益显著,走出了国有林场改革发展的成功之路。原山林场科技兴林、创新造林、创新管护的经验做法得到中央和省、市领导的充分肯定和高度评价。他的自传体纪实文学《追寻太阳》被评为山东省"五个一"精品工程奖,第三届"全国奋发文明进步奖"。国家林业局、省林业局、省残联、中共淄博市委分别作出决定,开展向孙建博学习活动。他先后荣获山东省劳动模范、全国林业系统先进工作者、全国自强模范等荣誉称号。2006年获得全国五一劳动奖章。

于爱勤 女,汉族,1955年出生,大学文化,中共党员,主任医师,淄川区医院院长。她热爱本职工作,刻苦钻研业务知识,对技术精益求精,处处以身作则,严格遵守职业道德规范。2002年为一位呼吸停止、昏迷、心室颤动的急性心肌梗死病人进行口对口呼吸、气管插管等抢救措施,使病人心律转为窦性心律,24小时后清醒,经40多天的治疗后出院;科研项目"铁镀镍金刚石安炮切割器具的研制与临床应用"获市科技成果二等奖,"经皮腔内冠状动脉成形术后再狭窄防治及分子生物学研究"获省科技进步三等奖。她自担任院长以来,不断探索改革发展之路,坚持科学的发展观,坚持"以病人为中心、以质量为核心"的服务宗旨,强化医院管理,加强人才培养,不断提高医院医疗技术水平和服务质量,使医院各项工作都迈上新台阶。她先后获得淄川区学雷锋标兵三八红旗手、淄博市优秀共产党员、山东省富民兴鲁劳动奖章、山东省先进工作者等荣誉称号。2006年获得全国五一劳动奖章。

富民兴鲁劳动奖章获得者

（2006年）

序号	姓名	性别	出生年月	民族	文化程度	政治面貌	工作单位	职务	职称
1	邹大武	男	1957.1	汉	高中	中共党员	淄博市张店区杏园街道办事处良乡社区居委会	经联社主任	经济师
2	袁　峰	男	1959.9	汉	大专	中共党员	张店矿业集团		政工师
3	吴新文	男	1969.11	汉	中专	中共党员	鲁泰纺织股份有限公司	动力处副主任	技术员
4	柳先进	男	1971.2	汉	中技	中共党员	博山电机厂集团股份有限公司	工人	市首席技师
5	孙家财	男	1949.1	汉	大专	中共党员	山东东佳集团		经济师
6	张卫东	男	1968.7	汉	初中	中共党员	淄博齐鲁焊业有限公司	班长	
7	李逢春	男	1972.3	汉	大专	中共党员	山东齐鲁增塑剂股份有限公司	车间技术主管	助理工程师
8	王发利	男	1964.11	汉	大专	中共党员	山东药用玻璃股份有限公司	车间主任·	助理工程师
9	孙广新	男	1961.8	汉	大专	中共党员	高青流云纺织有限责任公司	工人	技术员
10	孟　杰	男	1960.9	汉	高中	中共党员	山东金岭铁矿	采矿队长	
11	杨小勇	男	1975.5	汉	大专	中共党员	淄博矿业集团公司许厂煤矿综采二队	副队长	工程师
12	傅建新	男	1963.1	汉	大学	中共党员	山东铝业股份有限公司	车间主任	政工师
13	石　滨	男	1968.5	汉	大学	中共党员	山东东大化学工业有限公司环氧丙烷车间	车间主任	工程师
14	李依庆	男	1967.12	汉	中技		华能辛店电厂	工人	技师
15	苏晓华	男	1958.1	汉	大学	中共党员	中国联通淄博分公司	营销主管	高级工程师
16	赵　峰	男	1967.9	汉	研究生	中共党员	淄博供电公司		经济师
17	朱怀忠	男	1960.8	汉	硕士	中共党员	山东工业职业学院	院长	副教授
18	杨　林	男	1960.8	汉	研究生	中共党员	淄博市国税局	总经济师	
19	李全用	男	1964.1	汉	大学		山东信通电器有限公司	总工程师	工程师
20	郑贵云	男	1951.2	汉	大学	中共党员	淄博市园林管理局	局长	
21	邹光平	男	1954.12	汉	研究生	中共党员	山东省淄博市环境保护局	局长	
22	张连海	男	1964.5	汉	大专	中共党员	中国农业银行桓台县支行	行长	经济师
23	陈新魁	男	1953.8	汉	研究生	中共党员	淄博市公用事业管理局	副局长	
24	刘　鹏	男	1965.12	汉	大学	中共党员	山东移动通信有限责任公司淄博分公司	工会主席	会计师
25	李　学	男	1962.11	汉	大专	中共党员	淄博鲁中水泥有限公司	董事长	工程师
26	马立东	男	1948.12	汉	大专	中共党员	金堆城钼业光明（山东）股份有限公司	总经理	高级工程师
27	王德洋	男	1961.1	汉	大专	中共党员	山东北金集团有限公司	董事长	经济师
28	徐书栋	男	1963.1	汉	硕士	中共党员	山东贵和纸业集团有限公司	董事长	高级政工师
29	王宜明	男	1965.9	汉	大学	中共党员	山东联合化工股份有限公司	董事长	高级工程师
30	付青山	男	1954.1	汉	研究生	中共党员	山东大成集团淄博合力化工有限公司	董事长	高级政工师

振兴淄博劳动奖章获得者

（2006年）

序号	姓名	性别	出生年月	民族	文化程度	政治面貌	工作单位	职务	职称
1	荣绍旗	男	1957.2	汉	大专		淄博美达集团有限公司	车间主任	工程师
2	尹尊明	男	1954.1	汉	大学	中共党员	张店区沣水镇张一村	经联社主任	助理经济师
3	张永洲	男	1963.4	汉	大专	中共党员	淄博商厦股份有限公司	空调部主任	助理经济师
4	王　秀	女	1977.11	汉	大专	中共党员	山东新星集团有限公司	楼层经理	
5	梁文祥	男	1949.3	汉	中专	中共党员	淄博益泰电瓷有限公司	工会主席	高级政工师
6	杜忠涛	男	1967.3	汉	大专	中共党员	淄川地税局城区一分局	科员	
7	马宗祥	男	1954.1	汉	大专	中共党员	淄博贝尼托金属制品有限公司	车间副主任	经济师
8	李海涛	男	1972.12	汉	中技		淄博真空设备厂有限公司	车间副主任	
9	张海平	女	1966.12	汉	大学	中共党员	山东电泵股份有限公司	研究所所长	高级工程师
10	宋述刚	男	1958.1	汉	大专	中共党员	淄博市农业银行周村区支行	工会干事	助理政工师
11	牛建华	男	1960.7	汉	大专	中共党员	淄博市周村区永盛聚鑫工贸有限公司	班长	
12	匡永增	男	1955.5	汉	大专	中共党员	山东齐鲁塑编集团股份有限公司	业务员	经济师
13	边玉强	男	1973.12	汉	中专		山东金顺达集团	调度员	
14	王光亮	男	1968.3	汉	大专		淄博中轩热电有限公司	车间主任	
15	胡正禄	男	1963.1	汉	大专	中共党员	山东新城建工股份有限公司	工长	工程师
16	郑　仁	男	1971.9	汉	大专	中共党员	山东桓台博汇社会福利化工厂	车间副主任	技师
17	陈　美	女	1968.1	汉	中专	中共党员	桓台县联华超市有限公司	工人	
18	江东波	男	1967.12	汉	大专	中共党员	山东瑞阳制药有限公司	业务员	
19	孙彦庆	男	1971.8	汉	大专	中共党员	淄博市华联矿业有限责任公司	工会主席	
20	魏列法	男	1970.2	汉	高中		沂源县鲁村煤矿有限公司	队长	
21	刘启仁	男	1963.12	汉	高中		高青县永兴装饰有限责任公司	工人	
22	范维树	男	1963.10	汉	大学	中共党员	淄博宏业纺织服装有限公司	工人	
23	吴兆旭	男	1956.3	汉	大专	中共党员	高青县总工会	工人	
24	孙明华	男	1970.10	汉	中专		山东兰骏集团	技术员	
25	彭平均	男	1963.9	汉	高中	中共党员	淄博傅山矿业有限公司	工人	
26	于昌华	男	1958.4	汉	中专	中共党员	淄博金马化工厂	工人	
27	孔令永	男	1969.9	汉	大专	中共党员	淄博汇南包装厂	工人	
28	崔宝德	男	1962.8	汉	大专	中共党员	淄博市接待处服务车队	驾驶员	高级工
29	张　明	男	1965.11	汉	大学	中共党员	淄博市公安局交警支队周村区大队	中队长	
30	杨　林	男	1967.11	汉	大学	中共党员	淄博新城区建设指挥部	绿化组长	
31	梁衍喜	男	1957.6	汉	中专		淄博市鲁山林场	工人	
32	李　霞	女	1974.5	汉	大学	中共党员	淄博市河道管理处	科员	会计师
33	杜宝成	男	1966.5	汉	中技		淄博宾馆	维修工	
34	石光明	男	1963.2	汉	大学	中共党员	淄博市邮政局速递局	局长	助理经济师
35	张永青	男	1966.1	汉	大专	中共党员	淄博市邮政局南定支局	支局长	

续表

序号	姓名	性别	出生年月	民族	文化程度	政治面貌	工作单位	职务	职称
36	梁道兵	男	1965.5	汉	初中	中共党员	淄博矿业集团岭子煤矿	采煤一队队长	
37	韩祥财	男	1966.6	汉	中专		淄博矿业集团岱庄煤矿	采煤二队副队长	
38	张方波	男	1971.2	汉	高中	中共党员	山东铝业工程有限公司	电焊工	
39	刘春利	女	1970.9	汉	大学	中共党员	中国铝业山东分公司	车间主任	工程师
40	付修宝	男	1970.80	汉	中专	中共党员	淄博交通运输有限公司淄川分公司	工人	
41	王先泽	男	1951.8	汉	初中	中共党员	山东省淄博糖酒站股份有限公司	保安	
42	崔秀玲	女	1961.11	汉	大学	中共党员	淄博市军粮供应中心	会计	高级会计师
43	李振强	男	1974.4	汉	中专	中共党员	山东玻璃集团	技术员	工程师
44	王海东	男	1970.9	汉	大专		桓台县药材公司	药店主任	药师
45	钟士卷	男	1954.2	汉	大专	中共党员	淄博大成热电有限公司	车间主任	工程师
46	王家伟	男	1966.8	汉	大专	中共党员	山东东大化学工业有限公司	车间主任	工程师
47	王　兵	男	1972.3	汉	大学		山东新华制药股份有限公司	班组长	工程师
48	张金妹	女	1982.4	汉	初中		兰雁集团服装二分厂	指导工	
49	桑国庆	男	1963.9	汉	高中	中共党员	淄博锦宏水泥有限公司	车间主任	
50	许　斌	男	1956.1	汉	中专	中共党员	淄博百盛集团有限公司	业务员	
51	荆向刚	男	1966.11	汉	大学	中共党员	中国人寿保险股份有限公司桓台县支公司	副经理	政工师
52	魏宝祥	男	1971	汉	大专	中共党员	山东汽车齿轮总厂	班组长	
53	李连升	男	1970.8	汉	大学	中共党员	淄博牵引电机集团股份有限公司	调度	
54	段光太	男	1969.1	汉	初中	中共党员	淄博柴油机厂	班组长	
55	张全德	男	1963.8	汉	大学	中共党员	山东第二耐火材料厂特耐分厂	分厂厂长	高级工程师
56	康成录	男	1955.6	汉	大专	中共党员	齐鲁医药商场连锁有限公司	营业员	药师
57	孙启俊	男	1953.9	汉	中专	中共党员	中天仕名(淄博)重型机械有限公司	分厂厂长	助工
58	张传训	男	1974.3	汉	大专	中共党员	山东鲁信高新技术产业股份有限公司	业务员	
59	李希永	男	1960.5	汉	大学	中共党员	山东金岭铁矿铁山分矿	工段长	高级工程师
60	孙即涛	男	1964.3	汉	大学	中共党员	华能白杨河电厂	生产部主任	工程师
61	刘宣胜	男	1974.9	汉	高中	中共党员	山东第二机械厂	分厂厂长	助理工程师
62	孟祥水	男	1969.8	汉	中专	中共党员	张店钢铁总厂	班长	技师
63	刁国庆	男	1970.9	汉	中专	中共党员	华电淄博热电有限公司	班长	
64	杨　勇	男	1954.50	汉	大专	中共党员	山东移动通信有限责任公司周村分公司	工人	
65	郭卫莅	女	1971.10	汉	初中	中共党员	山东天力丝绸有限公司剑杆事业部	工人	
66	徐　博	男	1970.6	汉	大专	中共党员	山东新华医疗器械股份有限公司	班长	技师
67	王　宁	女	1972.11	汉	大专	中共党员	太平洋财产保险股份有限公司淄博中心支公司	业务员	经济师
68	黄永浩	男	1967.3	汉	大专	中共党员	山东汽车弹簧厂	制造部副经理	工程师
69	高　军	男	1967.9	汉	大学	中共党员	淄博市商业银行淄川支行	信贷员	经济师
70	武怀强	男	1976.12	汉	大专	中共党员	淄博蓄电池厂火炬公司铸板工段	班组长	
71	彭素芳	男	1955.9	汉	大专	中共党员	中国人民财产保险股份有限公司淄博市分公司	业务主管	政工师
72	夏侯爱国	男	1955	汉	高中	中共党员	山东王村铝土矿机械工程公司	调度员	技师
73	牛希军	男	1964.1	汉	研究生	中共党员	交通银行淄博分行开发区支行	行长	经济师
74	许孝忠	男	1964.1	汉	大学	中共党员	周村区农业银行	行长	

续表

序号	姓名	性别	出生年月	民族	文化程度	政治面貌	工作单位	职务	职称
75	董　查	男	1972.11	汉	大专	中共党员	淄博市网通公司张店分公司	公园电话局局长	
76	任明亮	男	1970.7	汉	中专	中共党员	山东红卫电机股份有限公司	试验站站长	
77	李元福	男	1958.11	汉	大专	中共党员	淄博汽车制造厂	工人	技师
78	聂忠文	男	1956.4	汉	高中	中共党员	淄博工陶耐火材料有限公司	班长	
79	张梅芳	女	1968.1	汉	大学	中共党员	中国银行淄博分行	结算部主任	经济师
80	梅立新	男	1955.4	汉	大学	中共党员	临淄区烟草专卖局	营销部主任	政工师
81	黄　磊	男	1978.4	汉	中专	中共党员	华光陶瓷骨质瓷分公司	车间劳工员	
82	苏同玲	女	1956.9	汉	高中	中共党员	山东硅苑新材料科技股份有限公司	会计	会计师
83	杨德智	男	1957.9	汉	高中		山东三金玻璃机械有限公司	工人	
84	周长灵	男	1978.9	汉	大学	中共党员	中材高新材料股份有限公司	项目组长	助理工程师
85	马良义	男	1968.8	汉	大学	预备党员	淄博热电股份有限公司	技术员	高级工程师
86	杨庆岭	男	1961.11	汉	大专	中共党员	中国农业发展银行高青县支行	信贷员	经济师
87	徐宪军	男	1962.10	汉	大专	中共党员	中国建设银行淄博分行周村支行周隆路分理处	主任	政工师
88	翟　扬	男	1968.12	汉	大学	中共党员	中国联通淄博分公司	营销员	经济师
89	吕宜水	男	1959.2	汉	中专	中共党员	淄博供电公司	工人	
90	吴立远	男	1958.3	汉	初中	中共党员	淄博市人大常委会办公厅	驾驶员	
91	宁治坤	男	1963.4	汉	大学	中共党员	淄博市公安局淄川分局	局长	
92	牛少健	男	1965.12	汉	大专	中共党员	淄川区教育体育局	副局长	中教高级
93	闫盛霆	男	1964.2	汉	大学	中共党员	淄川区委宣传部	副部长	
94	白　岳	男	1959.2	汉	大学	中共党员	淄川区建设局	总工程师	工程师
95	韩立新	男	1968.7	汉	大学	中共党员	淄川区国税局	副科长	
96	李效荣	男	1955.6	汉	大专	中共党员	博山区第六中学	校长	中教高级
97	薛玉静	男	1962.10	汉	大专	中共党员	博山区卫生防疫站	站长	主管医师
98	刘　薇	女	1962.7	汉	大学	中共党员	周村区实验中学	教师	中教高级
99	刘林德	男	1964.3	汉	大学	中共党员	淄博市地方税务局周村分局	局长	会计师
100	梁景慧	女	1957.5	汉	中专	中共党员	周村区商业集团总公司	工委主任	政工师
101	付鲁山	男	1955.1	汉	大专	中共党员	淄博市地方税务局临淄分局	局长	
102	冯伟杰	男	1970.11	汉	大学	中共党员	临淄区人民法院梧台法庭	庭长	二级法官
103	李立新	男	1961.7	汉	大学	中共党员	桓台县人民医院	院长	高级会计师
104	苏同安	男	1964.1	汉	大学		山东省桓台第一中学	教师	中教高级
105	高永宝	男	1970.7	汉	研究生	中共党员	山东省沂源一中	教师	中教高级
106	孙立国	男	1956.10	汉	大学	中共党员	中共高青县委	企业工委书记	
107	张文俊	女	1966.4	维吾尔	大学		淄博世纪英才外语学校	教师	
108	曹永刚	男	1965.12	汉	大专	中共党员	淄博高新区四宝山办事处曹三村	主任	
109	曹丕祯	男	1969.6	汉	大学	中共党员	中共淄博市委办公厅	综合室主任	
110	袁　博	男	1964.1	汉	大学	中共党员	淄博市国税局	科长	
111	梁延华	女	1957.4	汉	大学	中共党员	淄博海关	支部副书记	
112	王慧真	女	1963.2	汉	大学	中共党员	淄博市林业局	科长	会计师
113	赵作成	男	1964.12	汉	大学	中共党员	淄博市看守所	所长	

续表

序号	姓名	性别	出生年月	民族	文化程度	政治面貌	工作单位	职务	职称
114	王冬梅	女	1963.10	汉	大学	中共党员	淄博市园林管理局	科长	工程师
115	王绪建	男	1953.70	汉	大学	中共党员	淄博市医疗保险事业处	处长	副主任医师
116	姜国群	男	1960.5	汉	大学	中共党员	淄博市土地交易中心	副主任	高级经济师
117	曹海玖	男	1965.8	汉	大学	中共党员	淄博十七中	教导主任	高级教师
118	邢　兵	男	1968.8	汉	大学	中共党员	淄博市公路管理局	科长	高级工程师
119	高秀兰	女	1956.3	汉	大专	中共党员	淄博市审计局	科长	
120	赵吉辉	男	1965.6	汉	大学	中共党员	淄博市农业机械研究所	副所长	高级工程师
121	张志祥	男	1962.5	汉	研究生	中共党员	淄博市畜牧局	总畜牧师	研究员
122	向兆敏	男	1956.2	汉	大学	中共党员	淄博市环境监察支队	总工程师	
123	林鲜萌	女	1952.9	汉	大专	中共党员	淄博市电影发行放映公司	党总支书记	会计师
124	李　明	男	1971.5	汉	大学	中共党员	淄博市殡仪馆	馆长	
125	朱锦章	男	1970.1	汉	大学	中共党员	淄博市规划局周村分局	副局长	
126	刘爱吉	男	1967.9	汉	研究生	中共党员	淄博市房屋建设综合开发公司		工程师
127	陈继奎	男	1962.6	汉	大学	中共党员	淄博市水资源管理办公室	科长	助理工程师
128	阎向永	男	1962.12	汉	大学	中共党员	淄博市焦化煤气公司	高级经济师	
129	郑　文	女	1967.9	汉	大学	中共党员	淄博电视台	国际部主任	
130	王殿玉	男	1964.1	汉	研究生	中共党员	桓台县地方税务局	局长	注册税务师
131	王　征	女	1963.7	汉	大学	中共党员	淄博市地税局	监察室主任	注册税务师
132	高庆旗	男	1966.10	汉	大学	中共党员	中国人民银行淄博市中心支行	科长	高级经济师
133	宋少飞	男	1961.10	汉	大学	中共党员	淄博市供销社	监事会主任	高级经济师
134	孙法江	男	1962.11	汉	大学	中共党员	淄博师范高等专科学校	副处长	高级讲师
135	于先进	男	1962.1	汉	博士	中共党员	山东理工大学	化院院长	教授
136	唐秀红	女	1962.1	汉	大学	中共党员	淄博矿业集团公司中心医院	科主任	副主任医师
137	向　柠	男	1970.9	汉	硕士	中共党员	淄博矿业集团技术中心	课题组长	工程师
138	王建方	男	1970.9	汉	研究生	中共党员	淄博万成工贸有限公司		高级工程师
139	吴振坤	男	1963.4	汉	大学	中共党员	山东金岭铁矿侯庄分矿	组长	高级工程师
140	张保安	男	1951.7	汉	中专	中共党员	张店钢铁总厂	部长	助理工程师
141	李克勇	男	1962.7	汉	硕士	中共党员	山东工业职业学院	教师	副教授
142	翟永利	男	1968.4	汉	大学		山东新华制药股份有限公司	室主任	高级工程师
143	欧林芳	女	1957.3	汉	大学	中共党员	山东省轻工美术学校	高级讲师	
144	王开光	男	1958.6	汉	大学	中共党员	中央储备粮淄博直属库	主任	高级政工师
145	巩方波	男	1963.8	汉	大学	中共党员	山东省农村信用联社淄博办事处	主任	高级经济师
146	徐　磊	男	1966	汉	大学	中共党员	华电淄博热电有限公司	工会主席	政工师
147	曹迎雪	女	1971.12	汉	大学	中共党员	淄博市人大常委会办公厅	科长	
148	张永明	男	1960.4	汉	博士		山东东岳集团研究院	首席科学家	教授
149	衣建军	男	1961.12	汉	大学	中共党员	淄博市地税局	副局长	
150	李　丽	女	1961.1	汉	大学	中共党员	淄博市地税局	分局局长	
151	訾玉祥	男	1953.9	汉	大学	中共党员	淄博市中心医院	副院长主任医师	
152	徐立壮	男	1963.7	汉	大专	中共党员	淄博市张店煤矿	工程师	工程师

续表

序号	姓名	性别	出生年月	民族	文化程度	政治面貌	工作单位	职务	职称
153	李　安	男	1956.9	汉	大学	中共党员	淄博美林电子有限公司	董事长	高级工程师
154	郭训友	男	1956.1	汉	大专	中共党员	淄博黉阳水泥厂有限公司	总经理	工程师
155	高庆辉	男	1955.2	汉	大专	中共党员	淄博兴辉化工有限公司	董事长	经济师
156	贾保华	男	1964.9	汉	大专	中共党员	淄博旺达股份有限公司	董事长	经济师
157	崔佃江	男	1963.3	汉	大学	中共党员	山东移动通信有限责任公司博山分公司	总经理	
158	孙向坤	男	1954.11	汉	大专	中共党员	淄博众晶巾被有限公司	董事长	高级经济师
159	侯长胜	男	1963.5	汉	大专	中共党员	山东华王酿造有限公司	董事长	助理经济师
160	巩端洲	男	1964.8	汉	大学	中共党员	淄博泰宝集团公司	董事长	高级工程师
161	张跃成	男	1955.3	汉	大学	中共党员	山东省蠕墨铸铁股份有限公司	董事长	高级政工师
162	刘　杰	男	1959.4	汉	大学	中共党员	山东鸿杰印务有限公司	董事长	经济师
163	王　义	男	1964.5	汉	大专	中共党员	淄博枭龙工贸有限公司	总经理	
164	王清海	男	1954.5	汉	大学	中共党员	高青县供电公司	经理	高级工程师
165	伊　春	男	1964.12	汉	大学	中共党员	中国网通高青县分公司	总经理	高级工程师
166	王克慧	男	1958.3	汉	大学	中共党员	淄博高新区惠源实业总公司	董事长	助理工程师
167	刘友文	男	1956.1	汉	大学	中共党员	淄博黄河河务局	局长	高级工程师
168	苏明光	男	1956.3	汉	大学	中共党员	淄博市教学研究室	主任	高级教师
169	程德权	男	1957.8	汉	大学	中共党员	淄博实验中学	校长	高级教师
170	李安盈	男	1968.11	汉	研究生	中共党员	淄博市教育服务中心	主任	中学高级
171	李忠泰	男	1957.12	汉	研究生	中共党员	山东淄博卫生学校	校长	主任医师
172	胡立贵	男	1952.6	汉	大学	中共党员	山东侨联医院	院长	主任医师
173	李秀花	女	1951.12	汉	大学	中共党员	淄博市第一医院	党委书记	主任医师
174	朱　均	男	1962.2	汉	大学	中共党员	淄博市公共汽车公司	经理	政工师
175	颜昌海	男	1951.1	汉	大学	中共党员	中天仕名(淄博)重型机械有限公司	党委书记	
176	司书堂	男	1952.6	汉	大专	中共党员	山东环中医药集团有限责任公司	工会主席纪委书记	高级政工师
177	辛　杰	男	1953.1	汉	大学	中共党员	交通银行淄博分行	行长	高级经济师
178	刘炳俊	男	1960.9	汉	大学	中共党员	山东创业房地产开发有限公司	董事长	经济师
179	张维洲	男	1955.7	汉	研究生	中共党员	山东药品食品职业学院	副校长	高级讲师
180	孙晓燕	女	1971.7	汉	研究生	中共党员	山东移动通信有限责任公司淄博分公司	副总经理	经济师
181	于　川	男	1955	汉	大学	中共党员	淄博市技术学院	副院长	高级讲师
182	刘文宝	男	1960.9	汉	大学	中共党员	淄博矿业集团唐口煤矿	矿长	高级工程师
183	阎百平	男	1950.7	汉	大专	中共党员	山东省陶瓷公司	经理	高级政工师
184	高　扬	男	1960.2	汉	大学	中共党员	淄博热电股份有限公司	副总经理	高级工程师
185	刘秀芹	女	1958.12	汉	研究生	中共党员	张店区教育局	科长	中学高级
186	王延强	男	1971.7	汉	研究生	中共党员	淄博和平学校	副校长	中教一级
187	刘维厚	男	1950.5	汉	研究生	中共党员	淄博第五中学	党委书记	中学高级
188	王爱玲	女	1962.1	汉	大专	中共党员	中共淄博市委政法委员会	办公室主任	
189	许方忠	男	1962.11	汉	大学	中共党员	淄博市人民政府办公厅	科长	高级会计师
190	信龙涛	男	1954.1	汉	大学	中共党员	周村区园林管理局	局长	高级政工师
191	孙　戈	男	1976.8	汉	大学	中共党员	淄博市人事局	副局长	

续表

序号	姓名	性别	出生年月	民族	文化程度	政治面貌	工作单位	职务	职称
192	时立宏	女	1955.4	汉	大学	中共党员	淄博市财政局	科长	高级经济师
193	刘　伟	男	1968.10	汉	大学	中共党员	中共淄博市委组织部	科长	
194	卢　琳	男	1976.8	汉	大学	中共党员	中国人民政治协商会议淄博市委员会	副科长	

（市总工会）

逝世人物

赵传鼎　(1926.2～2006.10)　原淄博市人大常委会副主任。山东省安丘县景芝乡人。1945年在淮安县景芝区参加工作，历任办事员、工作队队员。1947年加入中国共产党。1948年调安丘县七区工作，历任区民政助理、县委工作队队长、二区人武部长、县武装部干事、军事股长。1952年调昌邑县八区工作，历任区人武部长、县人武部军事股长、兵役局科长。1960年调昌潍军分区教导队任队长。1965年调临淄县工作，历任县武装部长、县委书记。1977年调淄博市委任市委副书记、市革委会副主任。1979年当选为市人大常委会副主任。1986年离职休养。2006年10月14日在张店因病逝世。

王锡庶　(1931.10～2006.12.25)　原淄博市政协副主席。山东省淄博市张店区人。1953年7月天津大学毕业后分配到上海交通大学任动力机械系助教。1957年10月调西安交通大学数理力学系，1964年4月晋升为数理系讲师。1980年任华东石油学院副教授。1981年12月任山东农业机械化学院副教授。1982年3月当选为淄博市副市长。1983年3月当选为第六届全国人大代表。1983年4月任市政协副主席。2006年12月25日在张店因病逝世。　(市委老干局)

本部类编　辑：徐先法
副主编：徐　杰
校　对：安永善
范立学

·集邮小常识·

邮票保存十忌

一忌曝晒。邮票要保持长期艳丽如新，不能在太阳下曝晒。强烈的阳光辐射能使邮票褪色变旧。有些集邮者，将邮票置于镜框或写字台玻璃下，实不可取。

二忌受潮。邮票受潮容易生斑霉变，邮票邮册要置于通风干燥的地方，每年梅雨季节过后应该让邮票册吹吹风。

三忌手摸。整理邮票、制作展品都要养成用镊子夹票的习惯。用手摸过的邮票，尤其是刷金、银色的邮票，容易留下指纹，影响邮票的美观。大张邮票分撕时，应该先洗手，后撕票。

四忌污染。放置邮票应离厨房较远，防止油烟污染，被墨水、印泥、尘迹污染过的邮票不要和干净邮票混杂在一起。含有胶水、浆糊的信销票应及时清洗，翻阅、观赏邮票不要吸烟和说话。

五忌酸碱。酸碱物质能使邮票变质，所以邮票不能和酸碱物质放置在一起，更不能用酸碱物质清洗邮票。

六忌闭藏。邮票收藏要注意通风透气。不能用不透气的玻璃纸、薄膜包装邮票。护邮袋应开口，而且只宜在邮展期间短期使用。长期闭藏容易使邮票受潮霉变。

七忌叠放。邮册应该竖直放置在书柜或书架上，不宜重叠压放，否则邮票和邮册容易粘连，邮册重叠易造成邮票磨擦破损，影响品相。

八忌撕揭。取下信封上的邮票应连同信皮纸一道剪下，分开互相粘连的邮票只能用干燥或潮湿的方法慢慢分开，不能硬撕蛮揭。

九忌杂乱。邮票、邮品、邮册应整理有序，不可杂乱无章。新购置或交换到的邮票应及时清整入册，妥善保藏，避免邮票丢失、污损。

十忌虫害。一年之内应选择干燥适宜的天气检查藏品一至二次，箱内或柜内放置几粒卫生丸，邮册中夹放几片香草酚纸片，防止虫蛀鼠害。

（市集邮协会　供稿）

区 县 概 况

张 店 区

【概况】 区名由来　张店古称黄桑店。因地处交通要冲，过往商旅多在此栖身。宋代，黄桑店中有一张氏店客房多，生意兴隆，遐迩闻名。后来黄桑店之名渐被张家店取代。至元代，称之为张店。

政区　人口　全区总面积244.2平方公里。辖7个镇、6个街道办事处，114个行政村、72个社区居委会。年末全区总人口61.09万人，其中城镇人口47.56万人。人口出生率8.16‰，死亡率3.35‰，自然增长率4.81‰。

经济概况　实现生产总值370.82亿元(含淄博高新技术产业开发区)。按可比价格计算，比2005年增长16.1%。其中：第一产业增加值1.62亿元，增长－4.9%；第二产业增加值213.44亿元，增长14.4%；第三产业增加值155.76亿元，增长18.9%。三次产业比重为0.4∶57.6∶42。全社会完成固定资产投资105.7亿元，增长14.1%。实现地方财政收入10.24亿元，按可比口径增长27.85%。税收总收入37.87亿元，增长25.3%。年末金融机构本外币各项存款余额449.6亿元，比年初增长14.87%。年末金融机构本外币各项贷款余额362.81亿元，比年初增长16.11%。

农业　全年农林牧渔业实现总产值17794万元，比2005年增长－16.4%。粮食总产6.10万吨，比2005年增长0.4%；油料总产390吨，增长4.3%；水果总产1347吨，增长－30.8%；蔬菜总产1.27万吨，增长－42.3%。肉类总产3735吨，禽蛋总产1647吨，奶类总产4540吨。全年人工造林面积282.33公顷。全区农机总动力15.49万千瓦，增长－2.5%。

工业　全年实现工业增加值197.62亿元(含市属企业、淄博高新技术产业开发区)，比2005年增长17.2%。有规模以上工业企业255家，实现增加值79.93亿元，增长28.4%；实现产品销售收入359.74亿元，增长29.5%；实现利税44.2亿元，增长34.9%；实现利润24.08亿元，增长35.9%。

建设　环保　年末人口城镇化率达到77.85%，比2005年提高0.27个百分点。垃圾无害化处理能力600吨/日，城市园林绿地1769.1万平方米，城市建成区绿化覆盖率达到38.9%。资质三级及以上建筑企业93家，完成建筑业总产值23亿元。建成污水处理厂1座，城市污水集中处理率达到100%。完成环境污染治理工程项目20个，完成投资额7亿元。城市空气质量二级标准天数达310天。

交通　邮电　公路通车里程287公里(不含村路)，其中高速公路通车里程32.5公里。公路旅客运输量470万人次，比2005年增长3.5%。公路货物运输量648万吨、周转量51916万吨公里，分别增长10.2%和15.2%。完成邮电业务总量5.97亿元，增长12.4%。其中，电信业务总量5.32亿元，增长13.2%；邮政业务总量0.65亿元，增长6.6%。年末固定电话(含小灵通)用户达到33.8万户，电话普及率达到152部/百人，互联网用户7.5万户。

贸易　旅游　全年共实现社会消费品零售总额145亿元，比2005年增长18.4%。其中，城市市场实现零售额136亿元，农村市场实现零售额9亿元。实现进出口总值26662万美元，增长26.8%，其中出口总值22182万美元，增长30.8%。新签利用外资项目268项，合同外资额4077万美元；实际利用外商直接投资3950万美元，同比增长20%。主要旅游景点：中国陶瓷馆、淄博玉黛湖生态乡村庄园、天乐园等。全年接待国内外游客160万人次，增长13.33%；实现旅游总收入9.8亿元，增长12.02%。

教科文卫　普通中学35所，在校生37447人；小学42所，在校生39133人。特殊教育学校2所，在校生348人。共取得市(地)级以上各类重要科技成果15项，其中获得省级科技奖励1项。专利申请量1017件，授权专利513件。拥有公共图书馆1个，文化馆1个，档案馆1个，体育馆1座。广播和电视人口覆盖率均达到100%。医院、卫生院47所，卫生防疫防治机构1所，妇幼保健机构1所。各类卫生机构拥有床位745张，卫生技术人员3964人，其中执业医师2363人，注册护士1343人。

社会生活　城镇居民人均可支配收入14504元，增长9.6%；人均消费性支出为10257元，增长20.16%；人均住房使用面积32平方米；城镇在岗职工平均工资21786元。农民人均纯收入7003元，人均居住面积50.33平方米。全年职工养老、医疗、工伤、生育保险参保人数分别达到57213人、61221人、27012人和25787人。农村养老保险参保人数达到5万人。全市最低生活保障救助6141人。其中，城镇4917人，农村1224人。收养性社会福利单位7个，床位356张，收养337人。社会福利企业16个，安置残疾人员526人。

(张店区档案局)

【经济结构调整优化】 服务业保持领先增长势头。商贸业规模档次同步提高，中国陶瓷科技城、山东香港五金家居城、鲁中五金机电城、贝亿装饰材料博览城等大型商贸设施开业运营，淄博义乌小商品城以及汽车、家居、装饰材料、果蔬等专业批发市场群辐射带动作用明显增强。淄博璀璨中华文化影视园、快乐王国主题公园等大型文化旅游项目落户张店区，开元文化大世界、神话歌剧院等文化娱乐项目竣工开业，培植天乐园、大润发等首批10家服务企业为夜间经济发展示范单位。中心城区商业区改造加快，新世界商业街实现满铺经营。城乡社区服务网络日益完善。新建改建6处农村社区综合服务中心。工业经济竞争力进一步增强。高新技术产业发展加快，新增省级高新技术企业12家，省级企业工程技术研发中心4家，6项科技成果获市政府科技进步奖，科汇开关磁阻电机、万丰煤气激光表面材料改性等产品和技术达到国内领先水平，高新技术产业产值占规模以上工业总产值比重达到22.1%。传统支柱产业呈现新的活力，实施技术改造项目164个，完成投资37.43亿元，胜利钢管公司的钢管技改、淄博工业搪瓷厂的扩产改造等122个项目竣工投产。实施名牌战略，新增中国驰名商标1个、中国名牌2个、山东著名商标8个、山东名牌6个。民营经济继续保持快速发展势头，新增民营企业1235家，营业收入、增加值分别完成780.51亿元、240.07亿元，同比增长68.7%、56.87%。

【招商引资】 全区在建外来投资项目268个，实际到位区外资金72.5亿元，实际利用外商直接投资3950万美元，同比增长20%。外贸出口保持良好势头，新增自营进出口权企业71家，出口总额2.2亿美元，同比增长30.8%。张店经济开发区基础设施实现"七通一平"，淄博科技工业园机电一体化产业初具规模，淄博商贸物流园区"两纵一横"道路框架初步形成，3个园区新增入园项目61个。区内销售收入过亿元的企业、村(居)达到100家，过5亿元的企业、村(居)达到15家，全区7个镇全部进入全市乡镇30强，南定镇、沣水镇进入全国千强镇。

【城建工程】 完成东四路铁路立交桥段改造、杏园东路取直、东二路北延、西二路升级等主干道路建设改造工程，对市府东一街等15条城市支路进行综合整治，西二路铁路立交桥建成通车，有效缓解了城区道路交通拥堵状况。实施碧水蓝天行动计划，完成南定片区、洪沟片区、东部化工区等区域的雨污分流改造，对猪龙河、涝淄河、玉龙河进行环保综合整治，完成了孝妇河综合治理三期工程、漫泗河生态示范工程，主要流域水污染状况明显改善，猪龙河由污变清。全面启动国家生态园林城市创建工作，城区新增绿地110.1公顷，引植大树2228株。全力做好省市重点工程建设的协调服务工作，淄博新城区道路、国道309张店立交、省道102张店段等工程建设进展顺利。

【新农村建设】 村级经济实力进一步增强，20个村(居)集体收入过亿元，农村生产生活条件明显改善，完成了张边路、河庄中桥等镇村路桥建设和第8期农业综合开发工程，19个村基本完成旧村改造，在全市率先实现村村通自来水，建立了"户集、村收、镇管、区运"的农村垃圾收运新模式。加强农村民主管理，全面实现村级集体财务"双代管"。

【在全市率先整建制实现村村通自来水】 5月底，张店区村村通自来水工程全部完成，自来水入村率达到100%，入户率达到95%，惠及7个镇、72个村，受益人口9万人。累计建设各类供水工程66处，其中接城市自来水38处，联村集中供水工程3处，单村深井供水工程25处。完成主要工程量：打深井21眼，建蓄水池、水塔29个，配套变频设备43套，配套净水设备7套，铺设主管道178公里，入户管道433公里，累计完成投资2272万元。

【社会保障】 建立新城区失地农民基本养老保险制度，提高城市低保标准。农村五保户全部实现财政集中供养，城市低保人口取暖补助、农村低保人口全部纳入新型农村合作医疗、家庭经济困难学生"两免一补"、困难大学生救助等政策得到全面落实，全部免除了农村学生义务教育学杂费，共支出低保金、救助金1280.3万元。区老年福利服务中心投入使用，建立3处区残疾人康复中心，对30户农村贫困残疾人的危房进行了改造。

【中国十佳小康村——潘庄】 2月，全国建设社会主义新农村展示报告会暨2005中国十佳小康村揭晓仪式在北京人民大会堂举行，潘庄社区获2005中国十佳小康村称号。

【山东十大名村——城东村】 4月，沣水镇城东村被大众日报社、农村大众报、山东农村改革与发展研究会、山东农业大学"三农"问题研究中心、山东乡村发展论坛组委会联合授予山东十大名村称号。

【全省社区卫生服务示范区】 12月，张店区被山东省卫生厅、省民政厅确定为全省社区卫生服务示范区，是全市8个区县中唯一的省级示范区。

【全省和谐社区建设示范区】 7月，张店区被山东省社区工作领导小组命名为全省和谐社区建设示范区。

(张店区政府办)

淄　川　区

【概况】 区名由来　因淄河流经境内而得名，1956年始称淄川区。

政区　人口　全区总面积999平方公里。辖14个镇、3个乡、4个街道办事处，403个村，82个社区居委会。年底全区总人口67.29万人。男女性别比100∶100.1。人口出生率9.00‰，人口自然增长率2.25‰。

经济概况　实现地区生产总值219.64亿元，比2005年增长16.1%。第一、二、三产业比重1.9∶64.7∶33.4。完成全社会固定资产投资总额83.41亿元。实现社会消费品零售总额79.13亿元。地方财政收入7.27亿元。年末全社会金融机构各项存款余额161.12亿元，其中居民储蓄存款余额107.65亿元，贷款余额70.88亿元。

农业　实现总产值6.96亿元，比2005年增长－10.2%。年末实有耕地面积1.64万公顷，农作物播种面积3.10万公顷，其中粮食作物播种面积2.70万公顷，经济作物播种面积0.4万公顷。粮食总产9.90万吨，平均亩产244公斤。粮经产值比1∶1.38。肉猪、牛、羊年出栏8.73万头(只)。肉、蛋、奶产量1.55万吨。水产品总产量0.10万吨。

工业　全年实现工业总产值560.57亿元，规模以上工业企业490家，销售收入475.66亿元，增加值138.09亿元，实现利税54.79亿元，利润34.19亿元。

建设　环保　基本建设投资62.29亿元。完成更新改造投资15.69亿元。建筑业总产值19.39亿元。房屋建筑竣工面积176.33万平方米。全年污染防治总投资4.52亿元，比2005年增长0.36亿元。

交通　公路通车里程996公里，年货运量1837万吨，客运量1365万人。

贸易　旅游　城乡集贸市场65个。出口总值70439万美元。合同利用外资2492万美元，实际利用外资1563万美元，新批准外商投资企业12家。主要旅游景点：蒲松龄故居、聊斋园、淄川游乐园、奎盛园、梓童山、马鞍山、文峰山、黉山、留仙湖、峨庄瀑布群风景区、鲁中驾考中心、青云寺、孟子山、三台山、梦泉生态旅游区。旅游业年内接待国内外客人175万人次，实现旅游总收入8.2亿元。

教科文卫　各级各类学校232所，在校生11.18万人，其中义务教育学段在校生71407人；教职工8805人，其中专任教师7567人。科研机构40余家，区域内获市级科技进步奖18项。文化体育场所1处。卫生机构33处，床位1335张，卫生技术人员1701人。

社会生活　农村参加社会养老保险32353人，农民人均纯收入5951元，人均居住面积30.54平方米。城镇居民人均可支配收入12391元，人均居住面积35.35平方米。

【工业结构调整】　年内，全区投资过千万元的工业项目完成固定资产投资54.91亿元，144个项目竣工或投产，其中过5000万元的项目30个。11项区级重点工程完成投资14.87亿元，双凤核苷酸和酰氯项目、东华水泥余热电厂等8个项目竣工投产，鲁泰、山川、淄汽等跨年度工程有序建设。与淄矿集团的联合协作实现共赢，晟地机械、先河机电等企业健康成长。主营业务收入过亿元的企业108家，其中过10亿元企业4家，过5亿元企业5家。规模以上工业企业490家。新认定省级工程技术研究中心2家、省级企业技术中心1家。全区拥有6个省级技术研发中心，1个博士后科研工作站和7个企业分站。5家企业争创为山东省高新技术企业，省级以上高新技术企业达到30家。高新技术产值占规模以上产值比重达到24.1%，同比提高1.47个百分点。品牌战略实施取得新成效："鲁泰·格蕾芬"高支高密纯棉坯布、"山川"一次性输注医疗器械被评为中国名牌，15个产品被命名为国家免检产品，8个产品被命名为山东名牌，5个品牌被命名为山东省著名商标。拥有国家级品牌6个，国家免检产品16个，省级品牌48个。环保和节能降耗工作取得新进展，万元GDP能耗下降5.06%。推进碧水蓝天行动计划，依法关停取缔各类污染企业326家，关停取缔燃煤锅炉42台。

【新农村建设】　编制新农村建设总体规划和一系列专项规划，涌现出查王、南韩、金马、小马陵等一批先进村。粮食生产稳步发展，经济林、畜牧业、黄烟、中药材、食用菌规模不断壮大，农业产业结构不断优化。新增市级农业龙头企业3家，注册成立农村经济合作组织19家。推进农业标准化生产，认证标准化生产基地3333公顷，有机食品13个，绿色食品4个，无公害农产品6个。荒山绿化进程加快，大中型水库移民后期扶持工作进展顺利，村村通自来水、万户沼气等重点工程全面铺开。峨庄、东坪农业综合开发项目被评为山东省"精品工程"和"样板工程"。实施新型农民科技培训工程，培训转移各类农村劳动力1.1万人。

【城市建设】　编制完成新区中心区修建性详规以及张博路、张博路附线、胶王路等干线公路的控制性详规。17项城建重点工程累计完成投资12.8亿元，拆迁面积12.5万平方米，开工建设88.6万平方米，竣工51.6万平方米。孝妇河东岸留仙湖大坝至松龄西路桥段、西岸六龙桥至松龄西路桥段土建部分基本完工，张博路桥地下通道改建工程竣工。柳泉广场投入使用，鸿泰大厦A座工程竣工。淄川经济开发区配套设施日趋完善，基本实现"八通一平"。对松龄西路、商城西街、华齐街、西关大街、公义大街进行升级改造，有效改善了西城区城市环境。完成张博路淄川段路面以及59条、120公里乡村道路改造工程。开工建设220千伏崇山变电站、110千伏公孙、耿家、磁村变电站，电力基础设施更加完善。生态环境得到优化。推进张博路、胶王路、聊斋路绿色通道建设，张博路附线绿化全面完成，全区绿化覆盖率达到38.53%。

【农村中小学布局调整】　全区累计完成投资4480万元，完成异地新建学校5处，撤并农村中小学及教学点67处，改造及新建校舍面积6.3万平方米。

【调整行政区划】　9月25日，省政府鲁政函民字(2006)13号文件批准，全区调整部分行政区划。9月28日，宣布撤销杨寨镇、双沟镇，以原杨寨镇和双沟镇的行政区域设立双杨镇，镇人民政府驻原杨寨镇人民政府驻地。撤销黄家铺镇，设立钟楼街道办事处，将原黄家铺镇的钟楼居委会和前孟、后孟、上五、下五、招村、贾村、灵沼、苗家窝、黄家铺、店子、周家、井家河、望娘沟、东谭、西谭、夏庄、辛庄、高家18个村，城南镇的东山、西山、南苏、北苏、白庙、双泉、山张7个村，商家镇的长远、冯家、东商、东岔、王家、大那、郝家7个村，共33个村(居)划归钟楼街道办事处管辖。

【获全国"平安家庭"创建活动优秀示范区称号】　是年，在全区开展"千家万户学法律，千家万户创平安"活动。印发实施五个千家万户工程，助建平安和谐文明新淄川倡议书1万份，20586户家庭典型受到表彰。淄川区被全国"平安家庭"创建活动领导小组评为"平安家庭"创建活动优秀示范区。

【王代臣获世界残疾人友好运动会标枪冠军】　5月20日，淄川区残疾人运动员王代臣在德国杜德城举行的世界残疾人友好运动会上以57.09米的成绩取得F46级标枪第一名。

【省运会上创佳绩】　在省第二十一届运动会上，淄川区代表队获得金牌44.25枚，位居全市各区县首位，被市政府授予"振兴淄博体育突出贡献奖"。

【学校竞技体育】　淄川区竞技体校输送的运动员黄晓彤在东亚运会上获得200米蝶泳铜牌，实现了该区体育运动的历史性突破。淄川一中学生贾倩倩在远南残疾人运动会上勇夺女子F37级铁饼、铅球、标枪3枚金牌，创造了淄博市运动员在远南运动会上的最好成绩。跆拳道运动员田学光代表国家队参加第六届世界青年跆拳道锦标赛，获78公斤级冠军。

【文化遗产与文物保护】　5月，聊斋俚曲和孟姜女哭长城传说被国务院批准列入第一批国家非物质文化遗产名录；寨里古窑址和蒲松龄故居被国务院公布为第六批全国重点文物保护单位。

【《天南地北淄川人》出版】　2月，《天南地北淄川人》出版发行，该书收录淄川籍在外优秀人才363人。

【山东银座购物广场淄川店开业】　1月17日，山东银座商城股份有限公司投资经营的大型综合购物中心——银座购物广场淄川店正式营业。经营面积2.5万平方米，商品10万余种，以高档商品为主。　(淄川区史志办)

博 山 区

【概况】 区名由来 其一，博山全境皆山，几无平坦之地。博山之名具有多山之意；其二，因境东南有“博山”，故以山名为区名。

政区人口 全区总面积682平方公里，辖1个开发区，11个镇，2个街道办事处，209个行政村，120个社区居委会。年底全区总人口46.46万人，男女性别比100∶99.2。人口自然增长率0.12‰，人口自然出生率7.35‰，少数民族807人。

经济概况 全年实现地区生产总值168.17亿元，比2005年增长14.6%。其中，第一、二、三产业分别完成4.8亿元、110.35亿元、53亿元，分别增长6.3%、13.6%、17.7%。完成全社会固定资产投资总额60.29亿元，增长4.45%。地方财政收入5.13亿元，增长22.1%。年末金融机构各项存款余额101.66亿元，其中居民储蓄余额71.35亿元，贷款余额83.32亿元。

农业 总产值9.04亿元，年末实有耕地面积7433公顷，农作物播种面积13320公顷，粮食总产量3.48万吨，平均亩产247公斤。肉猪、牛、羊出栏23.18万头(只)，肉、蛋、奶产量1.71万吨。

工业 全年实现工业总产值316.8亿元，增加值70.58亿元。规模以上工业企业完成销售收入192.8亿元，增加值64.54亿元，实现利税17.21亿元，利润7.08亿元，企业总数335个。规模以上企业职工7.04万人。

建设 环保 城市建设投资3.4亿元，建筑业总产值9.81亿元，房地产开发施工总面积55.03万平方米。全年防污染治理总投资6035万元，增长208.7%。

交通 邮电 邮政业务总量3772.77万元，电话装机总容量24.32万部，实际装机17.11万部。公路通车里程428.56公里，年货运量1001万吨，年客运量3543万人次。

贸易 旅游 城乡市场39个，进出口总值3.36亿美元，其中出口总值2.62亿美元，实际利用外资1062万美元，批准外商投资企业5家。主要旅游景区：原山国家森林公园、樵岭前、源泉、鲁山、五阳山、白石洞、石门、金牛山景区，共200余个旅游景点，年内接待游客365万人次，实现旅游综合收入4.5亿元。

教科文卫 各级各类学校165所，在校生5.99万人。其中义务教育学段在校生4.1万人，教职工5379人，专任教师4433人，科研机构69个，专业科研人员2518人。6项科研成果获市以上奖励。文化体育场21处，医院23处，床位1100张，卫生技术人员1804人。

社会生活 全年支出救济金1318.8万元。农村参加社会养老保险1.2万人，农民人均纯收入5669.4元，人均居住面积31平方米。城镇居民人均可支配收入12407.74元，人均居住面积33平方米。

【陶琉工业窑炉改造】 年内，对全区陶瓷、琉璃工业窑炉进行改造，燃料由煤炭改为天然气。区内重点陶瓷、琉璃企业全部用上节能、环保、清洁的天然气。

【中国琉璃之乡】 博山区琉璃产业历史悠久，是中国主要的琉璃生产基地和产品集散地。拥有以山玻集团、精美琉璃、爱美琉璃、日川琉璃、黑玻集团、焦氏玻璃、业盛玻璃等为骨干龙头的各类琉璃生产企业108家，琉璃制作工作室350个，配套企业125家，从业人员达5.7万人，各类技术人员2900人，其中中国工艺美术大师4人，山东省工艺美术大师18人，中级职称300人，民间艺人2000人，营销和配套生产人员2.5万人。主要产品分为美术琉璃工艺品、玻璃器皿、日用玻璃、平板玻璃四大类。美术琉璃工艺品包括工艺花瓶、花球、香水瓶、镇纸、首饰、琉璃雕刻、内画鼻烟壶、竹帘、铺丝等十几大类，近千个品种，有30件作品获国际大奖，160件作品获国家大奖，300件作品获山东省大奖，上千件作品被国内外40个博物馆及欧美、日本收藏家珍藏。山玻集团的浮法玻璃产品获“中国名牌”称号。10月，中国轻工业联合会、中国日用玻璃协会授予博山中国琉璃之乡称号。

【中国鲁菜名城】 博山饮食文化底蕴深厚，是鲁菜的重要发源地，博山菜是鲁菜的重要组成部分。年内，博山凯泰大酒店、博山懋隆大酒店、石蛤蟆餐饮有限公司、万杰国际大酒店被评为中国餐饮名店。凯泰大酒店的“相府圣宴”、懋隆大酒店的“冬瓜宴”、石蛤蟆餐饮有限公司的“鲍参宴”、齐山饭店的“齐山翅参宴”、回民饭店的“清真宴”、博山宾馆的“豆腐宴”、随园食府的“六六顺宴”、渤海人家大酒店的“八仙宴”、博山海梦园的“全鱼宴”、万杰国际大酒店的“鱼翅宴”等10个宴席被评为中国名宴，29道名菜和11道名点被评为中国名菜、名点。“石蛤蟆”“聚乐村”“清梅居”3家餐饮品牌被商务部认定为首批中华老字号，17种地方小吃被评为中华名小吃，25种地方小吃被评为山东名小吃。以20余家大中型鲁菜风味餐饮名店为龙头，以融汇博山菜特色的千余家特色餐饮店为主导，以五岭路美食园、原山美食文化广场、姚家峪风情美食村等六大休闲美食园区为框架，以2名中国烹饪大师、6名中国鲁菜大师和一大批烹饪技术人才为技术支撑的“鲁菜名城”在博山逐步形成。9月26日，中国饭店协会授予博山区中国鲁菜名城金字牌匾。博山区成为全国3家区县级美食名城之一。

【中国泵业名城】 博山泵业历史悠久，是全国重要的泵业制造基地，拥有以山东博泵科技股份有限公司、淄博真空设备厂有限公司、山东颜山泵业有限公司、山东华成集团有限公司为龙头的一大批知名骨干企业。由德国西门子公司和美国纳氏公司在博山建立的外商独资企业佶缔纳士机械有限公司，是国内规模最大、技术最先进的液环真空泵压缩机专业生产商，也是世界上生产液环泵及压缩机的两大巨头之一。全区中型以上泵业骨干企业均建有技术研发机构，普遍采用CAD/CAPP技术，每年开发新产品120余项，先后有9种产品达到国际先进水平，70多种产品填补国内空白。泵业产品有水泵、真空泵、潜水泵、渣浆泵、油泵等十几大类、120个系列、1000个品种、5000个规格，成为国内产量最大、企业数量最多、种类最全、发展潜力最大的地区之一。已获得国家、省部级质量金奖、银奖70多个，规模以上企业均获得ISO9000国际质量体系认证。1月4日，博山区被中国机械工业联合会命名为中国泵业名城。

【新农村建设】 全区实现农业总产值9.04亿元。白塔、八陡、山头3个市级经济强镇位次前移，银龙、增福等经济强村主要经济指标增幅在35%以上。农业结构调整成效明显，调整面积604公顷，完成退耕还林667公顷，荒山造林734公顷；实施农田增产工程，总投资102.82万元的200公顷土地综合治理工程项目顺利通过上级验收；对46个村实施旧村改造，开工建设面积35万平方米；完善农村基础设施，新建改造农村公路57.9公里，实现村村通柏油路、通客车；完成小流域治理面积14平方公里，对6座小型水库进行除险加固，完成孝妇河簸箕掌段综合治理。继续实施农村劳动力培训转移工程，完成转移5000余人。健全农村畜禽重大疫病防控网络建设，出台20余个指导性文件，选拔招聘252名村级防疫员，全年畜禽免疫密度达100%。投资234万元，建成农村社区综合服务中心6处，改造及新增营业面积5243平方米。实施“千村百乡农村市场工程”计划，设立日用品超市及农资超市，规划、新建、改造加盟连锁农家店127家，配送中心1家，以城区店为龙头、乡镇店为骨干、村级店为基础的农村市场流通网络初步形成。全区共有150879人参加新型农村合作医疗制度，59670人享受了住院医药费补助，金额达723.4万元。实施农村特困生教育救济，资助贫困生1300余人；发放最低生活保障金2920户，4314人，共91万元；实施村村通自来水工程建设，投资647.5万元，受益村31个，受益人口3.2万人，农村自来水普及率达90%。争取省农村户用小沼气项目扶持资金，建成农村沼气池320个。

【工业经济】 是年，全区规模以上工业企业销售收入、利润、利税分别增长14.2%、24.8%、26%，实现外贸出口2.62亿美元，增长25.6%；28个科技含量高，关联度强，投资2000万元以上的重点项目开工建设，旭硝子新型电熔砖等16个项目实现当年开工，当年投产，新增规模以上工业企业26家；采取重组、并购、联合等方式，盘活闲置低效资产1.3亿元。全面启动机械电子工业园和陶琉新材料工业园建设，完成首期主干道路及水电等配套设施建设，项目征地取得突破，承接项目建设和快速发展的条件已基本形成。实施名牌带动战略，先后荣获中国泵业名城、中国鲁菜名城、中国琉璃之乡3个国家级品牌称号，争创中国名牌产品1个，省名牌产品4个，省著名商标3件，全区中国名牌产品和驰名商标达到5个，省级著名商标、名牌产品达到39个。

【第三产业】 完成投资26.5亿元，服务业增加值达到56.1亿元，增长20.8%，增幅创近年来最高水平。旅游业稳步发展，原山、鲁山、源泉、池上等景区一批旅游项目建成投入使用，全年接待游客365万人次，旅游综合收入达4.5亿元，分别增长21%和39%。福门购物中心、盛世购物广场、白虎山商业街、福门大集、博山农贸市场建成营业，新增营业面积18.6万平方米，财富大厦、天隆广场、盛尔达商厦、万吨粮食储备库主体竣工。成功引进新一佳、银座、淄博商厦等品牌店。

【陶琉工业园】 年内，加大陶琉工业园基础设施建设投入，完成新博东路、大观园北路、河南东路、河南西路、执信路南延段的硬化及新园中心土路基工程，硬化路面3.5万平方米，挖运土方15万立方米；完成搬迁居民90户，完成拆迁45000平方米，完成大观园3700平方米农贸市场主体工程建设，完成窑广小区住宅楼、沿街营业房等总建筑面积9000平方米，初步形成以陶琉生产为主，机械、能源、物流、包装等行业协调发展，配套设施不断完善，产业布局日趋合理，特色更加鲜明，集陶琉生产、销售、旅游、休闲于一体的综合性现代化工业园区。

【市政建设】 是年，滨新高速公路博山出入口立交桥竣工通车，并配套建设北山路。对张博路博山段进行大修，仲临路源泉至池上段竣工通车，全区“半小时交通经济圈”初步形成。开工建设琉璃园一期、博山公园二期、峨嵋山公园、迎宾广场、张博附线、高速路口立交桥等道路和园林绿化工程，新增城市绿化面积30万平方米。对人民路等重点路段进行集中治理，完成小街巷改造面积3万平方米。博山水泥厂实现关停转产，集中开展工业炉专项整治行动，对61家企业依法关停。新增供热面积54万平方米，完成天然气入户1000户，城区“冒黑烟”问题得到较好解决。长期困扰博山地区的大气污染问题得到缓解。

【社会事业】 是年，实现就业再就业1.5万人，农村劳动力输出2630人，失业率控制在3.5%以内。完善保障体系，足额发放企业离退休人员养老保险金及增资待遇，为企业发放养老保险金2.83亿元，开展被征地农民生活保障制度试点工作，企业医疗保险全面推开。实施科教兴区战略，组织实施市级以上科技计划24项，申报专利285件，建成省级工程技术研究中心3个，新增高新技术企业8家，完成产值33.3亿元，增长50.7%；投资7850万元，建成开发区、白塔、山头、南博山、中小学社会实践基地等5个教育园区，新建校舍5.2万平方米，高考重点本科录取万人比位居全市第2名，完成3处省部属企业学校移交工作。搞好新型农村合作医疗省级试点，参合率达90%以上。完善疾病防控及公共卫生体系，禽流感等传染病得到了有效防控。孟姜女哭长城传说被公布为全国首批非物质文化遗产。（博山区史志办）

周村区

【概况】 区名由来　原为村名，据传因系水中村，故名洲村，后改为周村。

政区　人口　全区总面积263平方公里。辖9个镇(办事处)，230个行政村(居委会)。年末全区总人口31.89万人，其中非农业人口19.15万人。人口出生率8.27‰，死亡率4.69‰，自然增长率3.58‰。

经济概况　全年实现地区生产总值141.67亿元，按可比价格计算，比2005年增长16.2%。其中，第一产业增加值4.6亿元，增长0.2%；第二产业增加值78.64亿元，增长18.3%；第三产业增加值58.4亿元，增长14.8%。三次产业比例为3.2∶55.5∶41.3。全社会完成固定资产投资68.83亿元，增长11.28%。地方财政收入5亿元，按可比口径增长31%。年末金融机构各项存款余额97.6亿元，比年初增加13.18亿元。其中，居民储蓄存款余额64.41亿元，比年初增加8.02亿元。年末金融机构各项贷款余额66.61亿元，比年初增加9.41亿元。

农业　全年农林牧渔业实现总产值8.71亿元，比2005年增长0.4%。粮食总产7.09万吨，增长4.3%；油料总产0.059万吨，水果总产0.86万吨，蔬菜总产4.1万吨，肉类总产0.68万吨，禽蛋总产0.12万吨，奶类总产0.47万吨。全年造林补植面积53.6公顷。全区农机总动力17.82万千瓦。

工业　全年实现工业增加值73.72亿元，比2005年增长21.3%。规模以上工业企业338家，实现增加值57.22亿元，增长27.03%；实现产品销售收入222.34亿元，增长32.07%；实现利税21.86亿元，增长47.8%；实现利润13.03亿元，增长50.61%。高新技术产业产值完成59.38亿元，比2005年增长36.14%。

建设　环保　完成基本建设投资38.36亿元，更新改造投资20.38亿元;资质三级以上建筑企业41家,完成建筑业总产值16.89亿元,增长71.7%;完成北外环路、姜萌路等7条东部新区道路建设,改建整治背街小巷17条。公交营运车辆达到222辆。建成区园林绿地面积660公顷,全区绿化覆盖率达到38.9%。全区空气质量好于国家二级空气标准天数达到320天,工业废水排放达标率100%。

交通 邮电 公路通车里程865.4公里,公路旅客运输量为1100万人,客运周转量26890万人公里。公路货物运输量为425万吨,货运周转量19945万吨公里。电信业务总量20454.77万元,增长16.68%;邮政业务总量2715.71万元,增长13.6%。年末固定电话用户11.56万户,移动电话用户22.6万户,互联网用户1.6万户。

贸易 旅游 全年共实现社会消费品零售总额47.39亿元,比2005年增长15.09%。有各类市场48处,其中生产资料市场8处,消费品市场40处。全年累计引进各类外来投资项目272个,实际引进外来投资41.22亿元(美元与人民币汇率按1∶8折算),增长15.1%。实际利用外资完成0.24亿美元,绝对额列全市各区县第4位。外贸出口完成3亿美元,增长13.1%。主要旅游景点:大街古商城、蒲松龄书馆、萌山风景旅游开发区等,全年接待国内外游客50万人次,实现旅游总收入7000万元。

教科文卫体 有普通高等院校1所,在校生5369人。中等专业学校3所,在校生5699人。普通高中4所,在校生6995人。普通初中12所,在校生12904人。小学32所,在校生19996人。特殊教育学校1所,在校生75人。有体育馆1座。共取得市(地)级以上各类重要科技成果9项。专利申请量275件,授权专利81件。有各种业余文艺团体60个,公共图书馆1处,群众艺术馆、文化馆3处,档案馆1处。有文化广场79处。周村芯子、周村烧饼被列入淄博市第一批非物质文化遗产名录。全区有线电视用户61197户,其中数字电视用户41417户。有区属卫生机构12所,其中医院、卫生院10所,卫生防疫防治机构1所,妇幼保健机构1所。各类卫生机构共有床位1495张,卫生技术人员1699人,其中执业医师669人,注册护士577人。在21届省运会上夺得金牌12.5枚。

社会生活 城镇居民人均可支配收入12418元,增长18.1%;人均消费性支出为8360元,增长23.2%;人均住房面积36平方米。城镇在岗职工年平均工资15360元,增长20%。农民人均纯收入6265元,增长12.7%;人均生活消费支出3901元,增长15.02%;人均居住面积38.2平方米。全年职工养老、医疗、失业、工伤、生育保险参保人数分别达到3.9万人、3.4万人、2.3万人、2.1万人和2.11万人,比2005年分别增加0.4万人、1.7万人、0.4万人、0.5万人和2万人。农村养老保险参保人数达到1.9万人。全市最低生活保障救助13041人。其中,城镇低保10249人,农村低保2792人。全市福利彩票销售1519万元。有社会福利企业15个,安置残疾人员340人。 (刘远忠 甘爱华 柳桂云)

【党员"亲情式"管理】 年初,区委制定下发《关于建立以"亲情式"管理为主要内容的"关爱党员"工作机制的意见》,围绕党员所思、所需、所困,把对党员"亲情式"管理定位为对党员政治上关心、工作上扶持、生活上照顾,推动全区保持共产党员先进性长效机制建设迈上新台阶。11月9日、12月24日,全市党员"亲情式"管理工作现场会和全省村级组织办公场所建设工作现场会分别在周村区召开。(李墩柱 柳桂云)

【电视连续剧《旱码头》在周村封镜】 8月10日,由中央电视台、山东电影电视制作中心投资,中共周村区委、区政府协助拍摄的38集(暂定)电视连续剧《旱码头》在周村古商城封镜。该剧以周村历史文化为主题,反映了清末民初中国民族资本的创业史,大部分场景选在周村古商城内。

(甘爱华 袁志华 葛思绪)

电视连续剧《旱码头》开机仪式

(周村区史志办 供稿)

【毕四海文学藏馆建成开放】 12月23日,毕四海文学藏馆揭牌仪式在王村镇西铺村蒲松龄书馆举行。毕四海现任山东省作家协会副主席、《山东文学》社社长兼主编,系蒲松龄设馆执教的东家毕际有的第十三代嫡孙。代表作品有长篇小说《东方商人》《黑白命运》等。馆内珍藏了毕四海近30年来积累的图书、文学创作手稿、工作生活照片、名人书画等。

(甘爱华 杭永)

【第三届中国(周村)旱码头旅游文化节暨周村国际牛仔服装节】 2月11日至9月9日,举办第三届中国(周村)旱码头旅游文化节暨周村国际牛仔服装节。主要活动有:元宵节群众扮玩活动、第五届中国(周村)"嘉周杯"全国象棋特级大师冠军赛、"寻访祥字号、探源鲁商文化""永恒的牛仔文化、永远的时尚先锋"牛仔服饰文化展览会、"兰雁杯"牛仔服装设计大赛、经贸洽谈会、旅游推荐会、广场文化和戏曲展演等。与国内外客商共达成合作项目23个,项目总投资4111万美元,其中外资项目11个,利用外资1596万美元。与来自北京、河北、济南、青岛等城市的旅行社签约旅游合作协议52份。

(甘爱华 韩建新 袁志华)

【村村通自来水工程通过市验收】 全区村村通自来水工程为省重点扶持项目,累计投资1190余万元,新打深井30眼,新建水塔6个,水池4个,铺设供水主管路96公里,受益群众2.34万人,全区自来水入村率达100%。12月通过市级验收。 (韩其永 肖震)

【东部新区路网工程竣工】 11月6日,东部新区路网工程竣工。该工程主要包括北外环道路改造工程(正阳路—姜萌路)、姜萌路改造工程(张周路—北外环)、东过境路、闽商工业园路、广电西路道路工程、北外环道路改造工程(郑沈路—正阳路)、姜萌路改造工程(济青高速—北外环)等项目。总长26.6公里,概算投资3.36亿元,拆迁面积28万余平方米,道路面积40.7万平方米,排水管道铺设25公里,安装路沿石70公里,是历年来全区实施的线路最长、工程量最大、资金投入最多的道路建设工程。 (韩其永 蔡建明 朱 峰)

【张博路附线周村段景观林带绿化工程】 该工程3月4日开工,至4月4日完工,全长6公里,面积29公顷,共植树10.5万株,在全市率先完成景观带植树任务。

(韩其永 韩志河)

【第七期农业综合开发项目】 第七期农业综合开发项目总投资607万元,建设任务是改造南郊镇566.67公顷、萌水镇166.67公顷中低产田。自2003年3月开工,2006年5月通过市级验收。通过农业综合开发,项目区生态环境得到明显改善,新增种植业产值225万元,利润190万元,农民人均纯收入增加310元左右。该项目被评为全市农业综合开发先进项目。 (韩其永 矫永红)

【周村区被列为省财政支农整合试点区(县)】 是年,周村区被列为省财政支农整合试点区(县),争取落实省级财政专项资金1503万元,市级财政专项资金498万元,重点投向农业基础设施建设、产业化经营、科技成果转化和推广、生态农业、增强农民增收能力等领域,包括凤凰山生态综合治理、范阳河流域水土保持综合治理、淄博萌山湖荷花生态园等32个重点项目。 (韩其永 韩 伟)

【启动生态示范区建设】 2006年是《周村生态区建设规划》全面落实的第一年。年内,按照省、市统一部署,在全区开展创建环境优美乡镇、生态文明村、循环经济示范园区、循环经济示范企业工作,启动了“三山一河”生态农业示范区、小流域生态治理、生态沼气示范村等重点项目建设。

(韩克勇 路建红)

【加大投入促进工业发展】 周村区加大资金投入促进工业发展,新上扩建项目23个,竣工投产13个,促进全区工业强势发展。其中:淄博凤阳彩钢板有限公司20万吨彩板镀锌项目,计划总投资12000万元。淄博鑫韩纺织服装有限公司计划总投资10960万元,一期工程已竣工投产,形成年产服装600万件生产能力。淄博嘉周化工有限公司年产2万吨顺酐项目总投资5200万元,新增年产2万吨顺酐装置一套。兰雁股份有限公司年产6000吨环锭纺纱项目已全部竣工,总投资4500万元。位于萌水镇的淄博大亚金属制品公司年产1万吨合金钢铸件项目计划总投资10800万元,一期工程已竣工投产,累计完成投资2600万元。 (韩克勇 郑家成)

【实施名牌带动战略】 是年,周村区围绕“工业强区、环境立区、商贸兴区”的指导思想,大力实施名牌带动战略,助推全区经济发展。山东周村烧饼有限公司的“周村”商标被认定为中国驰名商标。山东宏信化工有限公司的“宏信”商标、淄博大亚金属制品有限公司的“大亚”商标、山东周村烧饼有限公司的“旱码头”商标、山东淄博嘉丰玻璃机械有限公司的“嘉丰”商标被评为山东省著名商标。山东维尔纺织集团股份有限公司“维尔牌”拉舍尔毛毯、山东玉兔食品有限责任公司“玉兔牌”食醋被评为中国名牌。山东多星电器有限公司“多星牌”电热水壶被评为国家免检产品。山东三金玻璃机械有限公司“三金牌”制瓶机、金堆城钼业光明(山东)股份有限公司“光明牌”钼丝系列产品、山东八三炭素厂“八三”牌石墨电极、淄博森德焊接材料有限公司“华鲁牌”“森德牌”电焊条、山东同森木业有限公司“同森牌”细木工板被评为山东名牌,另有7家企业10个产品通过复评。淄博市周村嘉周宾馆有限公司“情满嘉周品牌”的餐饮、客房服务2个项目被评为山东服务名牌。全区共拥有中国名牌4个、国家免检产品7个、山东名牌21个、山东服务名牌1个,其数量位居全市第一。

(韩克勇 苏桂玉 盛秦岭)

【市场建设】 是年,确定商贸流通市场建设重点项目共19项,累计投资7.7亿元。其中,总投资7500万元的周村银座商城天乐园欢乐新街广场5月竣工,正式营业。计划总投资13000万元的淄博博美汽车销售市场项目一期工程广汽丰田博美新区店于9月4日正式开业。长安汽车4S店和奇瑞汽车4S店分别于9月28日正式开业,累计完成投资5200万元。总投资15000万元的国际家居文化广场一期工程明珠·国际家居文化广场已完成投资5000万元,建成营业面积22000平方米,新增摊位200余个。 (韩克勇 朱 军)

【旅游业】 2006年周村区强化旅游管理职能,促进旅游事业发展。全年实现旅游收入7000万元,比2005年增长40%。5月,成立周村区旅游业发展协调促进委员会;将旅游管理部门与景点管理机构合并,实行旅游局与古商城管委会办公室合署办公;将原来由房管局管理的古商城内的公房划归古商城管委会办公室管理使用。吸引周村烧饼有限公司、玉兔食品有限公司、嘉周宾馆等项目落户周村古商城景区。新建状元府景点及游客中心。引进斗鸡等民俗表演项目。举办“寻访祥字号,探源鲁商文化”活动,行程万余公里,穿越13个省市,连续在《淄博日报》刊登了41篇介绍“祥字号”和齐鲁商业文化的专稿。周村古商城景区与北京巅峰智业机构正式签署合作协议,由北京景区管理专家对古商城景区进行托管,逐步实行全面的市场化运作,成功地申报了国家3A级旅游景区。

(吕承功 孟 凯)

【创建全国科普示范区】 2005年11月,周村区被中国科协确定为第三批全国科普示范创建单位。区委、区政府制定下发《关于创建全国科普示范区工作的实施意见》,召开动员大会,将科普经费由人均0.20元提高到0.50元。调整完善4个镇、5个街道办事处的科协组织,配齐、配强基层专职科协主任,科普志愿者队伍发展到310名。组织了全区14处区级学会、协会和10家区属大中型企业科协换届工作。利用政务中心广场的LED屏幕和新闻媒体,以及人民公园的大型科普画廊,各村、社区的科普宣传栏等形式,宣传创建全国科普示范区的重大意义。发放宣传手册、技术资料2000余份,科普挂图1000余套,共计8000多张,举办各类技术培训班8场,现场技术指导30余次,开展项目咨询论证8个。各级科协积极引导、挂靠、帮扶农户创建了秸秆养藕种植基地、花卉苗木现代示范基地、奶牛养殖示范基地、蔬菜无土栽培基地、沼气池建设基地等规模大、带动作用强的科普示范基地18处。引进北海道黄杨、玉湖生菜、奥兰多西红柿、水果玉米等16个新品种。以党员活动室、农技推广站、科普文化大院为阵地,在全区各重点村或居民生活区建科普活动站126处。

(吕承功 李 杰)

【招商引资和外经贸工作】 全区共引进市外资金13.7亿元,

完成计划的103%。其中,实际利用外资2349万美元;外贸出口完成29617万美元,完成市计划的100.1%。主要措施:一是调整充实力量,壮大招商队伍。积极创新招商方式,开展网上招商、登门招商、委托招商和自主招商。对重点项目分别由区领导挂包推进,对制冷剂、年产7000吨气流纺等10个重点外资项目建立联系人制度,促进项目落地、资金到位。二是破解政策瓶颈,开辟招商新途径。针对土地政策的制约,加强驻周外资企业增资扩股和股权、资产并购的工作力度,先后有威尔斯通钨业、友诚毛绒制品等6家外资企业增资;鲁泉服装、鲁洲汽车配件公司转让、并购股权。邀请太平洋顶峰(中国)投资有限公司、新加坡祥峰创业投资有限公司、美国霍尼维尔公司、台湾旺旺集团等公司来区考察,并就周北电厂等项目进行对接和洽谈。帮助企业解决融资难问题,邀请德富泰等外资银行对周村区玉兔调味品公司等企业进行考察,拓宽企业融资渠道。针对国家进出口政策较大调整,纺织品退税的影响,确定30家帮扶企业,在申请配额、对上争取政策等方面给予重点扶持。年内,淄博百家服装有限公司、淄博天浩织染有限公司、淄博华城碳素有限公司等30家企业出口额达7717万美元,同比增长94.1%,拉动全区出口增长15.5%,弥补了退税下调对出口的部分影响。三是广泛联络,扎扎实实做招商。筛选确定了10大类33个项目,编制成中英、中韩和中日三种文本对外推介。分3个组赴北京、上海、青岛进行登门拜访,沟通信息,建立联络。组织参加中日韩产业交流会、台湾经贸考察活动、意大利招商活动等20多个经贸招商活动。

(吕承功　陈慧仑)

【《大染坊》作者陈杰去世】 7月6日,著名作家陈杰因病医治无效,在济南去世,享年50岁。其两部最重要的作品《大染坊》《旱码头》都以周村为背景,并拍成电视连续剧,在国内外产生广泛影响,推动了周村地区文化旅游事业的发展。

(韩克勇　吕海波)

临　淄　区

【概况】 区名由来　原名营丘,因东临淄河,被齐献公更名为临淄。1970年改称临淄区。

政区　人口　全区总面积668平方公里。辖14个乡(镇、街道办事处),414个村委会、55个居委会。年末,全区总人口599397人。年内迁入11799人,迁出11303人。全年出生5522人,人口出生率为9.23‰。全年死亡3416人,死亡率5.71‰。人口自然增长率为3.52‰。全区有22个民族,其中汉族588162人,占全区总人口的98.13%。少数民族11235人,占1.87%。

经济概况　全年实现地方财政收入12.00亿元,比2005年增长29%。财政支出14.02亿元,比2005年增长23%。全年实现地区生产总值405.53亿元,同比增长16%。其中,第一产业增加值15.97亿元,比2005年增长7.80%;第二产业增加值311.74亿元,比2005年增长16.90%;第三产业增加值77.82亿元,比2005年增长14.30%。三次产业结构比例为3.94∶76.87∶19.19。完成全社会固定资产投资89.31亿元,比2005年增长18%。其中,50万元以上项目完成投资85.72亿元,比2005年增长18.4%。金融机构各项存款余额232.02亿元,比2005年增长11.7%。其中,企业存款43.57亿元,比2005年增长3.5%;居民储蓄存款150.83亿元,比2005年增长13%。金融机构各项贷款余额为115.85亿元,比2005年增长24.3%。

农业　全年实现农林牧渔业总产值28.87亿元,比2005年增长4.5%。农作物总播种面积5.75万公顷,比2005年下降9.6%。粮食作物全年播种面积4.70万公顷,比2005年增加2600公顷,增长5.9%;瓜菜播种面积1.05万公顷,比2005年下降45.1%。全年粮食总产33.58万吨,比2005年增长7.3%,其中夏粮14.63万吨,比2005年增长7.49%,秋粮18.95万吨,比2005年增长7.12%;瓜菜总产104.44万吨,比2005年下降42.6%;果品总产7969吨,比2005年增长48.8%。完成成片造林266.73公顷,比2005年增长90.5%,零星植树27万株,森林覆盖率达21%。大牲畜存栏1.17万头,其中牛存栏1.11万头,生猪存栏12.73万头,羊存栏1.45万只。家禽存栏270.57万只。全年生猪出栏22.03万头,比2005年减少17.6%;羊出栏0.97万只,比2005年减少22.4%;家禽出栏709.15万只,比2005年减少18%。全年肉类总产量27504吨,比2005年下降15%,其中猪、牛、羊肉产量为18894吨,比2005年下降13.2%。禽蛋产量34300吨,比2005年下降9.2%。奶类产量为12525吨,比2005年下降17.4%。水产品总产量达到1000吨。

工业　全年规模以上工业完成工业总产值478.04亿元,比2005年增长53.7%;实现工业增加值122.92亿元,比2005年增长46.3%,产销率达97.13%,比2005年提高0.43个百分点。全区规模以上工业实现产品销售收入480.61亿元,比2005年增长55%;实现利税44.21亿元,比2005年增长36.8%;实现利润30.97亿元,比2005年增长45%;亏损企业亏损额为11290万元,比2005年增长49.1%;亏损面为5.94%,比2005年减少5.10个百分点。

贸易　旅游　实现社会消费品零售总额71.01亿元,比2005年增长14.5%。完成进出口总额67358万美元,比2005年增长26.6%,其中出口总额38160万美元,比2005年增长15.2%。合同利用外资23014万美元;实际利用外资5836万美元,比2005年增长88.6%;新批外资项目13个。年内接待游人240万人次,比2005年增长20%,其中国外游人4.9万人次,比2005年增长40%;实现旅游收入7.4亿元,比2005年增长18.7%。

交通　邮电　全年完成公路客运量633万人、客运周转量3.96亿人公里,分别比2005年增长4.98%和26.52%;公路货运量742万吨、货运周转量5.65亿吨公里,分别比2005年增长3.34%和3.29%。完成邮电业务量4.44亿元,比2005年增长10.8%。年末全区程控交换机总容量达43.07万门,比2005年增长107.8%;固定电话用户达14.80万户,小灵通用户达34888户,移动电话用户数达36.29万户,比2005年增加10.80万户,增长42.4%。年末互联网用户达36071户,比2005年增长44.9%。

教科文卫　全区共有各类学校102个,其中小学62个,普通中学35个,中等职业学校4个,特殊教育学校1个。小学在校学生数37111人;初中在校学生数27129人;高中在校学生数14637人;中等职业学校在校学生数6886人;高考本科上线3398人。各种业余剧团70个,全年共演出426场次;演出场所3个,全年演出190场次;公共图书馆1个,文化馆1个,档案馆1个,馆藏书总量13万卷(册);博物馆1个,古车馆1个,馆藏文物1850件。广播电台1座、电视台1座。自办广播节目2套、电视节目3套。广播电台日播出时间为18小时,电视台日播出时间为22小时。向全区传输模拟电视节目40套,数字电视节目168套。年末有线电视用户达10.72

万户,其中数字电视用户达4.02万户。拥有各类卫生机构16个,病床床位1276张。专业卫生技术人员1223人,其中执业医师592人,比2005年增加58人,执业助理医师78人,注册护士375人。

社会生活　全年城镇居民人均可支配收入达14271元,比2005年增长10.6%。城镇居民人均消费性支出为9502元,比2005年增长9.9%,其中食品支出2635元,比2005年增长6.9%。农民人均纯收入为6371元,比2005年增长11.5%;农民人均生活消费支出3859元,比2005年增长14.9%,其中食品支出1424元,比2005年增长15.2%。年末城镇居民人均居住面积34.20平方米,农村居民人均居住面积达41.02平方米。在岗职工年平均工资21253元,比2005年增长17.5%。

【农业标准化生产】　按照区建中心、乡镇建站、龙头企业和专业批发市场设立速测点的原则,建成区级农产品质量检测中心和测土配方施肥中心化验室,建起无公害蔬菜检测站4处和速测点2处。依托"出口农产品绿卡行动计划"和"20万亩绿色蔬菜基地建设"项目,进一步完善以国际标准为主的质量标准体系。组织实施品牌带动战略,"康浪河牌"玉米被中国绿色食品发展中心认定为绿色食品,"齐寿牌"小麦粉(特一粉、特精粉)被中国绿色食品发展中心认定为绿色食品A级产品,"巧媳妇牌"酱油荣获"中国名牌"产品称号。全区有绿色食品13个,"中国名牌"产品1个。

【农业综合开发】　年内,组织实施生态家园富民工程,以户用沼气池国债项目建设作为切入点和突破口,制定出台户用沼气池补助奖励扶持政策,争取中央投资236.80万元,支持24个村2960户进行沼气"一池三改"。全区新建10立方米的户用沼气池860个;启动实施总投资3750万元、为期3年的支持新农村示范区建设;投资636万元,完成了2005年度1000公顷土地治理项目;完成投资300万元,动工建设2006年度土地治理项目,完成总工程量的80%以上。认真贯彻落实《淄博市农业综合开发管护办法》,指导农业开发项目区建立项目运行管护长效机制,2003～2005年度农业综合开发项目以全市第一名的好成绩顺利通过了市级及省级验收。

【完成整建制村村通自来水工程】　年内,在临淄区南部和沿河地区建成自来水工程18处,其中建成集中供水厂4处,新打配套深井13眼,维修配套深井9眼;新建蓄水池9座,维修7座,铺设主管道6.3万米,完成66个村的村内管网铺设和整修改造,使山区37个村3.15万人、沿河29个村2.4万人用上了符合国家饮用水标准的自来水。在水井老化和井水被污染的北部32个村打深井32眼,为群众提供了符合国家饮用水标准的自来水。12月上旬,临淄区整建制实现村村通自来水工程分别通过省、市考核验收。

【大项目建设】　年内计划投资1000万元以上项目有201个,总投资116.3亿元。实际开工项目178个,累计完成投资79.3亿元。其中,有120个项目完工或基本完工,完成投资54.5亿元,同比增长13.5%。全部项目投产后,年可新增销售收入373.3亿元、利税48.7亿元,将成为全区新的经济增长点。对计划总投资50.4亿元的全区30个工业重点项目实行现场办公和靠前服务,其中28个工业重点项目开工建设,全年完成投资23亿元,同比增长18.8%。PVC手套、齐都医药科技园一期、轻烃重整装置、三羟甲基丙烷、脂肪胺及季胺盐、三聚氢胺免漆纸等16个项目已完工。项目全部投产后,年新增销售收入206.7亿元、利税21.5亿元。

【淄博世纪名都生态园建成开业】　年内,总投资2600万元、建筑面积1万余平方米的淄博世纪名都生态园建成开业,该园被省旅游局确定为山东省农业旅游示范点,被中国烹饪协会认定为中国餐饮名店。

淄博世纪名都生态园　(临淄区史志办　供稿)

【提升企业自主创新能力】　年内,全区规模以上企业都建有研发机构并有效地开展工作。山东齐峰集团有限公司组建的山东省高档装饰原纸工程技术研究中心,山东天野塑化有限公司组建的山东省煤矿非金属复合材料工程技术研究中心,山东美陵化工设备股份有限公司组建的山东省高效节能换热器工程技术研究中心,齐都药业有限公司组建的山东省血浆代用品工程技术研究中心等7家研发中心被认定为省级技术研究中心和技术中心。银河高新技术开发公司组建的电力电子集成模块工程技术研究中心等5家工程技术研究中心被认定为市级工程技术研究中心。经认定的省级以上高新技术企业达到59家,其中国家火炬计划重点高新技术企业12家,开发高新技术产品132种。全区完成高新技术产值159.15亿元,同比增长55.07%,总量居全市首位。科技成果研发能力不断提高。企业承担省级以上重大科技计划项目10项,完成科技成果鉴定11项,其中达到国际先进水平的3项,国内领先水平的6项,国内先进水平的2项,有3项成果填补国内空白。

【首届中国国际蹴鞠表演赛暨蹴鞠申报世界人类口述和非物质文化遗产代表作启动仪式】　9月13日,首届中国国际蹴鞠表演赛暨蹴鞠申报世界人类口述和非物质文化遗产代表作启动仪式在临淄齐都文化体育城隆重举行。韩国蹴球队、山东鲁能蹴鞠队和临淄区蹴鞠代表队进行了精彩的蹴鞠表演和比赛,两万多人参加活动。

【第三届国际齐文化旅游节】　9月12～16日,临淄区成功举办第三届国际齐文化旅游节。主要活动有:姜太公诞辰3145周年祭礼仪式、山东省化工人才大型交流会、千人太极功夫扇表演暨"齐都风韵"优秀文化遗产保护成果展、"故都巡礼"暨"走近齐长城"摄影精品展剪彩仪式、"齐文化与和谐社会建设"学术研讨会等。旅游节期间举行的山东临淄投资环境说明会暨项目签约仪式上，集中签约项目46个，总投资40亿元，其中外来资金28.40亿元，境外资金1.23亿美元。由《齐都风情》《齐都文物》《齐都之最》《齐都事件》《当代齐都》5部书组成的《走进齐都》系列丛书第二辑出版发行。

【建立镇级便民服务中心】 2005年区委区政府制定下发《关于建立和规范镇级便民服务中心运行机制的意见》，并在凤凰、稷下、南王等3处乡镇（街道）进行试点。是年，全区各乡镇（街道）便民服务中心建设全面铺开。除金岭镇便民服务中心尚在建设中，其余13处乡镇（街道）均已建成并投入运营。

【税收总量创历史之最】 是年，临淄区完成全口径国税收入40.61亿元，同比增收2.12亿元。税收收入规模和质量实现持续稳定增长，税收总量创历史之最。

【凤凰路跨济青高速公路立交桥建成】 是年，凤凰路跨济青高速公路立交桥建成通车。该桥全长140米，主跨60米，两侧引桥长710米，桥宽及引桥断面宽22米，工程总投资2400万元。4月开工，仅用7个月就完成施工。

凤凰路跨济青高速公路立交桥

（临淄区史志办 供稿）

【高考成绩再创辉煌】 是年，临淄区高考再创辉煌：本科录取2499人，连续7年保持全市第一；本科录取总人数、万人比均列全市第一；考生李明夺得全省理科第一名。临淄区获淄博市高中教学先进区县第一名和职业教育先进区县称号。

（临淄区史志办）

桓 台 县

【概况】 县名由来 因境内齐桓公戏马台而得名。

政区 人口 全县总面积499平方公里，辖11个镇、14个居民委员会、335个行政村。年末全县总人口49.47万人，其中非农业人口9.14万人。人口出生率8.67‰，死亡率6.87‰，自然增长率1.81‰。有少数民族20个，500余人。

经济概况 全年实现地区生产总值175.4亿元，按可比价格计算，比2005年增长16.3%。其中，第一产业增加值10.39亿元，增长3.4%；第二产业增加值121.7亿元，增长17.4%；第三产业增加值43.32亿元，增长16.8%。三次产业比例为5.9∶69.4∶24.7。规模以上固定资产投资75.46亿元，增长23%。实现地方财政收入7.11亿元，增长30.8%。税收总收入148515万元，增长31.9%。年末金融机构存款余额达到104.28亿元，比年初增加14.38亿元，其中城乡居民储蓄余额达到59.82亿元，比年初增加4.97亿元。年末金融机构各项贷款余额105.89亿元，比年初增加19.17亿元。

农业 全年农林牧渔业实现总产值19.13亿元，比2005年增长2.9%。粮食总产39.74万吨，增长7%；棉花总产0.10万吨，减少40.9%；油料总产0.035万吨，减少30.7%；水果总产0.2万吨，减少66.9%；蔬菜总产31.89万吨，减少9.3%；肉类总产1.65万吨，减少19.6%；禽蛋总产1.57万吨，减少39%；奶类产量0.81万吨、水产品总产量0.32万吨，均与2005年持平。全年造林267公顷。全县农机总动力56.8万千瓦，增长1.43%。

工业 全年实现工业增加值121.7亿元，比2005年增长17.4%。规模以上工业企业271家，实现产品销售收入395.47亿元，增长41.45%；实现利税38.28亿元，增长28.98%；实现利润23.74亿元，增长23.01%；经济效益综合指数达到257.51%，比2005年提高8.21个百分点。

建设 环保 总投资12.6亿元的城市重点工程建设进展顺利。桓台大道、兴桓路北延等道路建成通车；县实验学校一期工程建成投用。资质三级及以上建筑企业102家，完成建筑业总产值110亿元，增长30%。投资6600余万元建成污水处理厂1座，日处理污水3万吨；对东猪龙河及崔家暗涵进行治理改造。全县COD、二氧化硫排放量分别减少16.8%和5.7%。

交通 邮电 公路通车里程1769.56公里，其中高速路通车里程23.51公里。公路旅客运输量842万人次，比2005年增长122.8%。货物运输量426万吨，增长19%。拥有营业性载客汽车292辆、载货汽车3210辆、挂车321辆、出租汽车176辆。完成邮政业务总量3392万元，增长23.7%。每百户居民家庭拥有固定电话102部，移动电话119部。

贸易 旅游 全年共实现社会消费品零售总额50.45亿元，比2005年增长15.3%。城乡消费品市场67处，其中专业市场4处。实现进出口总额57687万美元，增长28.9%，其中出口30938万美元，增长34.9%，进口26749万美元，增长22.5%。新批外商投资企业12家，增资项目5个，股权转让项目6个；实际引进县外资金26.6亿元，比2005年增长11.8%，实际利用外资4533万美元，增长2.7%。主要旅游景点：马踏湖旅游风景区、王渔洋纪念馆、桓台博物馆等。全年接待国内外游客83万人次，旅游综合收入2亿元，分别增长20.29%、66.67%。

教科文卫 有职业中学1处，在校生3241人。普通中学19处，在校生20577人，其中高中3处，在校生10431人。小学49处，在校生30161人。6个项目获市科技进步奖，专利申请量164件，授权专利40件。有公共图书馆1个、文化馆1个，档案馆1个。有卫生机构23个，共有床位1758张，卫生技术人员2000人。

社会生活 城镇居民人均可支配收入13980元，比2005年增长16.3%，人均生活消费支出9317元，增长16.8%；农民人均纯收入6202元，比2005年增长14.1%，农民人均生活消费支出3577元，增长21.4%。全县养老保险企业参保人数达到3.55万人，新增4944人；医疗、失业、工伤、生育保险分别达到3.83万人、2.65万人、2.33万人和2.32万人。全年社会保险费征缴总额2.99亿元，支出1.51亿元。为2181

户城乡低保对象发放低保金132万元。

【工业经济】 按照科学发展观的要求，着力优化产业结构，加快转变经济增长方式，走新型工业化道路。全年完成工业生产性固定资产投资65.7亿元，增长13.3%。规模以上企业新增69家，达到271家，实现销售收入395亿元、利税38.3亿元、利润23.7亿元，分别增长41.4%、29%和23%；"亿元企业"新增8家，达到48家，其中金诚、博汇、东岳、汇丰分别实现销售收入63.7亿元、61.3亿元、34.7亿元和31.3亿元，分别增长66.3%、17.8%、37.4%和75.6%。品牌战略实现历史性突破，"东岳联邦"制冷剂和"云涛"毛巾荣获"中国名牌"称号，"强恕堂"商标被认定为首批"中华老字号"。新增山东名牌8个、山东省著名商标2个，全县省级以上名牌和著名商标总数达到41个。

【提升建筑业实力】 年内，以优化调整结构、转变增长方式为主线，实施骨干企业膨胀计划，加快建筑业由数量型、劳动密集型、速度型和粗放型向质量型、科技型、效益型和集约型转变步伐。全年累计承接施工面积1438万平方米，完成建安产值110亿元，同比增长30%，首次突破百亿大关。29家企业建安产值过亿元，其中过10亿元的5家。天齐、万鑫集团在全市率先晋升为国家房屋建筑工程总承包特级资质。天齐集团承建的淄博国贸大厦荣获国优工程奖，万鑫集团承建的滨州行政审批中心荣获全国建筑工程装饰奖。创山东省建筑工程质量最高奖"泰山杯"11项、省科技示范工程8项、省安全文明示范工地13项。房地产、建材等多元化经营实现产值28亿元，同比增长22.2%。

【招商引资】 县外经局、招商局积极组织参加山东—大阪进出口商品展览会、中东国际家具博览会、淄博(深圳)塑胶专业招商会等招商活动。在2006中国(淄博)国际陶瓷博览会上，全县签约项目19个，利用外来投资总额11.97亿元。实际到位县外资金26.6亿元，增长11.9%，其中境外资金4533万美元。新批外商投资企业12家，增资项目5个，股权转让项目6个。出口创汇3亿美元，增长31.6%。投资过千万元的项目共有110个，其中外来独资、合资项目70余个。以德国雷法耐火材料、香港建华管桩为代表的17个外来投资过亿元的大项目共计到位资金13.5亿元，占全县外来投资的51.9%。县外独资、合资企业可实现销售收入105亿元，利润5亿元，税收3.5亿元，安置职工10000余人，对经济的贡献率达到40%，成为推动经济发展的重要力量。

【城市建设】 按照"突出中心、南接西拓、组团发展、辐射镇村"的思路，完成《桓台县城市总体规划》及相关专项规划的编制和修订。总投资12.6亿元的城市重点工程建设进展顺利。桓台大道、兴桓路北延等道路建成通车；县实验学校一期工程建成投用；县医院新院、县文体中心主体工程完成；城区热力管线改造工程竣工启用；投资3000余万元的寿济路吴磨、东辛立交桥开工建设；总面积80万平方米的居民小区建设顺利，宝龙大厦、中富大厦、少海花园、恒星花园二期主体工程完工，兰香园二期、海圣春天等居民小区加紧建设。完成了文体公园、少海公园二期工程及城区新建道路绿化，城市绿化美化水平进一步提升。同时，强化城市执法管理，对环境脏乱差问题进行综合整治，规范城区秩序。城市化步伐明显加快，城市在经济社会发展中的载体作用和集聚效应进一步显现。

【农村劳动力转移培训阳光工程】 年内，以县劳动就业办公室、县农业广播学校、县成人中专、县职业中专、县农机化学校、县青年农民培训中心等6个单位为农村劳动力转移培训基地，开设商业营销、操作工、包装工、热电、电焊工、驾驶员等易学易懂的特色专业，培训农村劳动力2531人，实现转移2438人，转移率达到96.3%。

【桓台一中"开门办学"】 桓台一中加强与国内外名校的联系，清华大学美术生培养基地、华中科技大学优秀生源基地、山东大学优秀人才输送基地、华东交通大学体育教学训练基地、山东师范大学音乐学院优秀生源基地、山东经济学院优秀生源培养基地、山东理工大学英语实践基地等先后落户该校，为学生成长成才提供了广阔的发展空间。与韩国广州中央高中学校正式建立友好学校关系，与韩国建国大学等知名院校在联合办学等方面达成合作意向，开辟了与国外名校交流文化、合作共赢的联合办学渠道。2005年和2006年连续两年高考本科上线人数位居全市第一，2327人被本科院校录取，15人考入清华和北京大学。先后有31人赴韩国、澳大利亚等国留学深造。

【连续6年进入中国最发达100县行列】 是年，国家统计局公布2006年全国县域社会经济综合发展指数前100位测评结果，桓台县连续第6次进入"中国最发达100县"行列，位居第74位。

【东岳入围全国"创新十强"】 是年，国家统计局首次发布2005年度全国50个工业行业创新能力的统计信息。在淄博市入围的9家企业中，东岳化工股份有限公司入围基础化学原料制造业10强，位居第四位。

【桓台荣获省级"双拥模范县"称号】 年内，桓台县被省委、省政府和省军区联合命名为省级"双拥模范县"。(王松亭)

高 青 县

【概况】 *县名由来* 1948年由高苑县和青城县合并，取两县首字得名。

政区 人口 全县总面积830平方公里，辖9个镇、11个居委会、759个行政村。年底总人口36.3万人，其中非农业人口5.5万人。男女性别比为101∶100。人口出生率为9.71‰。人口自然增长率为3.07‰。

经济概况 全县实现地区生产总值52.9亿元，同比增长16.4%；第一、二、三产业增加值分别达到10.6亿元、26.6亿元、15.7亿元，三次产业比例调整到20∶50∶30；境内财政总收入5.4亿元，其中地方财政收入达到2.8亿元，增长22%；社会消费品零售总额达到12.9亿元，增长16.8%；年末金融机构各项存款余额37亿元，同比增长18%；全社会固定资产投资完成28.1亿元。

农业 完成农业总产值19.9亿元，比2005年增长12.9%。年末实有耕地面积4.22万公顷。粮食总产34.52万吨，比2005年增长19.4%，平均亩产455公斤。其中，夏粮16.26万吨，秋粮18.26万吨。棉花总产1.61万吨，瓜菜总产33.93万吨。全年造林面积633公顷，新建农田林网2667公顷，四旁(即村旁、宅旁、路旁、水旁)植树105万株。大牲畜

存栏量7.75万头;肉类产量3.33万吨;禽蛋产量2.01万吨,增长8.6%;水产养殖面积3390公顷,水产品总量1.72万吨,增长4.9%。年末农业机械总动力55.38万千瓦;联合收割机2057台,农村用电量5355万千瓦小时。

工业　全县工业实现增加值22.33亿元,比2005年增长25.8%。全县有规模以上工业企业97家,完成总产值70亿元,比2005年增长17.2%;实现销售收入71.7亿元,同比增长22.1%;利税5.8亿元,同比增长59.9%;实现利润2.2亿元,同比增长56.9%。销售收入过亿元的企业20家,利税超千万的企业10家。

贸易　旅游　全县社会消费品零售总额实现12.7亿元,比2005年增长15.02%。其中,批发零售贸易完成10.1亿元,同比增长14.9%;餐饮业完成2.57亿元,同比增长33.1%。县以上商品零售额6.66亿元,同比增长15.6%,县以下商品零售额6.098亿元,同比增长14.37%。全年完成进出口商品总值11513万美元,同比增长40.4%,其中直接出口7221万美元,同比增长34.2%。合同利用县外资金43.9亿元,实际到位资金13.56亿元。实际利用外资865万美元。批准外商投资项目1个,获自主进出口权企业12家。主要旅游景点:文昌阁、大芦湖、天鹅湖、黄河风情、扳倒井、衮龙桥等。

建设　环保　全年固定资产投资完成28.1亿元,同比增长9.45%。全县资质以上等级建筑企业17家,完成产值14.1亿元。年末建筑业从业人员1.19万人。城建投资1.16亿元,完成县城芦湖路、清河路等城市重点基础设施建设;县城开工建设商品房21万平方米;投资1800万元完成污水主管工程,实现经济园区雨污分流,县污水处理厂全面运营。

交通　邮电　公路通车里程1433.7公里。公路旅客运输量和周转量分别为203万人、6062万人公里,分别比2005年增长1%和17%。公路货物运输量和周转量为189万吨和12116万吨公里,分别增长9.9%和4.5%。邮政业务总量1163万元。年末固定电话用户达到9.25万户;手机用户10.9万户,比2005年增长18.5%;互联网用户4637户。

教科文卫　全县有普通中学13所,在校生1.72万人,其中初中1.13万人,高中5912人;职业中学2所,在校生2467人;小学44所,在校生2.2万人;幼儿园71所,在园幼儿9272人。全年申请专利量110件,同比增长189.5%,其中发明专利95件。各类医疗机构18处,其中医院3处,卫生院8处,实有病床565张,卫生技术人员671人,其中执业医师241人。

社会生活　城镇居民人均可支配收入9330元,比2005年增长16.3%。农民人均纯收入4303元,比2005年增长12%。年末城镇在岗职工19003人;在岗职工平均工资13845元,增长17.9%。

【工业经济】 1.骨干企业规模进一步膨胀,22家重点企业销售收入、利润、利税均占全县规模以上工业企业总量的70%以上。7家企业进入全市工业百强行列。销售收入过亿元、利税过千万元的企业分别达到20家和10家。2.培植壮大主导产业。高青县被命名为"山东省纺织服装产业基地",成为全省首批两家纺织服装产业基地之一。8家企业获市棉花产业龙头企业称号,占全市棉花产业龙头企业总数的42%。3.企业发展后劲不断增强。7个项目被列为全市百项重点工业项目。全力帮助企业融资,2006银企洽谈会签约金额18.3亿元,到位资金9.98亿元。4.品牌战略取得重大突破。"扳倒井"荣获中国驰名商标称号,4家企业产品获山东名牌称号,7个商标获省著名商标称号。山东青苑纸业公司产品获国家免检产品称号。扳倒井酒荣膺山东白酒十大品牌第一名。5.企业管理水平显著提高。淄博兰骏集团、山东扳倒井集团等13家企业通过20余项认证。其中,淄博兰骏集团通过ISO9001:2000质量管理体系、ISO14000环境管理体系、OHSAS18000职业健康安全管理体系和CQC生态纺织品质量环保认证。

【招商引资】 全年引进各类项目91个,合同利用县外资金43.9亿元,实际到位资金13.56亿元。投资3000万美元的大鸿制釉、投资3.1亿元的扳倒井粮食酒、投资3.2亿元的高青流云纺织扩建、投资8000万元的玉博琳织布、投资5000万元的聚祥发木业5个项目及淄博钜创纺织二期、安旺纺织等15个在建项目进展顺利;淄博鲁群纺织二期、淄博富欣新材料、德元制革等9个项目一期工程顺利投产运营。"陶博会"期间签约项目7个,协议引资额达6000万美元、8.45亿元人民币。秸秆发电、汽车制造、医药中间体、无浆文化纸、无浆静电复印纸5个项目落户高青经济开发区。

高青县经济开发区　　（高青县史志办　供稿）

【城市基础设施建设】 投资1.16亿元,高标准完成了芦湖路、清河路等城市重点基础设施建设,芦湖公园如期建成。进一步修订县城总体规划,完成了城区7平方公里重要区块控制性详细规划、城区商业网点规划和黄河生态旅游区旅游开发规划。全面启动东部居住新区建设,县城商住房开工面积21万平方米。全县房地产开发完成总投资4.5亿元,同比增长469.60%。其中:商品住宅完成总投资4.2亿元(土地投资3亿元,土建工程投资1.2亿元),工程在建面积20万平方米,同比增长533.30%。住房供给状况得到较大改善。严格执行经营性用地出让制度,拍卖、挂牌出让土地23宗、74.73公顷。投资1800万元完成污水主干管工程,实现经济园区雨污分流。污水处理厂全面运营。惠青黄河公路大桥实现试通车。唐北路改造、自来水水质改造等年初确定的为人民群众所办8件实事全面完成。

【农业和农村经济】 1.奶、肉牛产业化工程推进行动成效显著。大地肉牛食品有限公司委托农户饲养合同牛;小黑牛牧业有限公司成功移植高档优质奶、肉牛胚胎,利用优质精管杂交改良肉牛900头、奶牛1700头。2.加快发展农业龙头企业,年销售收入50万元以上的农业龙头企业新增12家,达到47家,年销售收入达到18亿元,带动新增农户1.7万户,达到7万户。靠龙头企业带动,奶牛、肉牛、肉鸭、棉花、木材、瓜菜、水产、蚕茧、粮食等9大主导产业规模档次显著提高。3.提高农业科技含量，动植物良种、农业新技术得到大面积推广应用，动植物疫病得到有效防控。3333.33公顷棉花标准化示范区建设项目顺利通过国家标准化管理委员会考核验收。完成了2666.67公顷蔬菜产业升级工程，西葫芦、黄瓜、番茄获得绿色食品认证，认证面积1866.67公顷。4.夯实农业基础，高标准、高质量完成了农业综合开发1333.33公顷中低产田改造任务，并顺利通过省市验收。完成北支新河拦蓄工程。5.成功组织了农机跨区作业，推广保护性耕作666.67公顷，实施人工影响天气工程，避免了多次冰雹袭击。6.进一步发展农村二、三产业，非农收入特别是劳务收入成为农民收入的新兴增长点。农民人均纯收入达到4303元。其中，工资性收入达到1450元，同比增长46.5%。

【新农村建设】 全县首批试点的30个村普遍确立各自的主导产业，进行"三清"（清理柴草堆、粪堆、垃圾堆）治理和道路"四化"（硬化、净化、绿化、亮化）建设。组织"一池三改"（沼气池、改厨、改厕、改圈）建设，县政府拨付启动资金150万元，带动社会投资1000万元，共建沼气池1400余个，农民生产生活条件得到改善，村容村貌有了显著改观。通过试点带动和积极协调，推进县乡财政体制改革、教育体制改革、农村医疗制度改革和村村通柏油路、村村通自来水工程的实施，农村基础设施建设和各项社会事业得到较快发展。

【惠青黄河公路大桥建成】 10月21日，惠青黄河公路大桥合拢，年底通过各项测试实现试通车。大桥位于高青县木李镇和惠民县李庄镇之间，是鲁中地区经省道庆（云）淄（川）路北上京津的重要通道，由高青县和滨州市惠民县共同出资兴建。桥型为矮塔斜拉式，是目前国内跨度最长的矮塔斜拉桥。总长1740米，其中主桥长486米，宽20米，引桥长1254米，宽18米，双向四车道。整个工程投资3.1亿元。

惠青黄河公路大桥建成（高青县史志办　供稿）

【抗疯牛病转基因体细胞克隆牛在高青降生】 4月25日，国内第一例抗疯牛病转基因体细胞克隆牛"青云"在高青县黑里寨镇淄博小黑牛畜牧科技有限公司降生，成为该公司继4月7日国内第一例三代胚胎移植的克隆牛"黑妞"降生后的又一重要成果。该研究课题由莱阳农学院教授董雅娟、柏学进负责，是莱阳农学院与日本山口大学等单位的国际合作项目和山东省博士基金资助项目。通过对"青云"的克隆研究，获取一系列转基因技术体系和对抗疯牛病的有关数据，可以为抗疯牛病研究提供技术帮助。

【芦湖公园建成开放】 9月28日，芦湖公园举行开园仪式。公园位于县城东部，黄河路以南，青城路以北，芦湖路以东，占地面积13.1万平方米，园内建有中央水面、音乐喷泉、露天广场、儿童乐园、生态岛、步行道以及扳倒井、衮龙桥等景观工程，功能定位为开放性生态文化休憩公园。

芦湖公园建成开放　　（高青县史志办　供稿）

【《天南地北高青人》出版】 12月，《天南地北高青人》全面完成编纂出版工作。全书共收录高青籍在外地人员以及曾经在高青工作过的非高青籍有关人员1321人。

（孟繁国　王秀领）

沂　源　县

【概况】 县名由来　因沂河发源地而得名。

政区　人口　全县总面积1637平方公里。辖13个乡（镇、办事处），14个居委会，626个行政村。年底全县总人口55.7万人，其中非农业人口12.40万人。男女性别比100∶103。人口出生率8.99‰。有少数民族21个，3210人。

经济概况　全县实现地区生产总值90.03亿元，按可比价格计算，比2005年增长16.4%。第一产业实现增加值10.66亿元，增长4.5%；第二产业实现增加值48.74亿元，增长17.5%；第三产业实现增加值30.63亿元，增长19.2%。三次产业比重为12.6∶53.9∶33.5。全社会完成固定资产投资31.48亿元，比2005年增长28.61%。实现财政总收入8.698亿元，按可比口径增长25.41%。年末金融机构各项存款余额53.00亿元，比年初增加6.81亿元。年末金融机构各项贷款余额35.8亿元，比年初增加4.44亿元。

工业　全县规模以上工业企业完成总产值114亿元，比2005年增长39.83%。实现产品销售收入105亿元，完成工业增加值33.10亿元，完成利税16.55亿元，实现利润10.51亿元。截至年底，全县限额以上工业企业90家；亏损企业亏损额0.1亿元，比2005年减少0.2亿元；亏损面8.51%，比2005年减少2个百分点；全员劳动生产率达68283万元/人。

农业　全县农业完成总产值20.04亿元，比2005年增长1.9%；完成农业增加值10.66亿元。全县农民人均纯收入4281元；年末实有耕地面积1.42万公顷，农作物播种面积2.43万公顷，其中粮食作物播种面积1.14万公顷，经济作物播种面积1.29万公顷。粮食总产5.53万吨，平均亩产297.28公斤。夏粮播种面积0.41万公顷，总产1.52万吨；秋粮播种面积0.73万公顷，总产4.01万吨。全年棉花总产0.0278万吨，油料总产0.92万吨，蔬菜总产27.83万吨。

建设　环保　完成基本建设投资18.65亿元，更新改造投资5.55亿元。资质五级及以上建筑企业31家，实现增加值20488万元。完成环境污染治理项目16个，完成投资额6779万元。

交通　邮电　公路通车里程681.4公里。公路旅客运输量和周转量292万人、8083万人公里，分别比2005年增长1.74%和23.82%。公路货物运输量501万吨、周转量24256万吨公里。完成邮电业务总量17256万元，比2005年增长29.99%。年末固定电话用户达到13.73万户，移动电话用户15.4万户，电话普及率达到25部/百人，互联网用户0.82万户。

贸易　旅游　全年共实现社会消费品零售总额37.31亿元，比2005年增长15.41%。城乡商品交易市场63处。实现进出口总额16727万美元，比2005年增长75.44%，其中出口10524万美元，增长69.9%。新签利用外资项目3项，合同外资额912万美元，实际利用外资110万美元。主要旅游景点有以九天洞和千人洞为代表的鲁山溶洞群、沂源猿人遗址、鲁山省级森林公园、织女洞、神清宫、荆山公园、历山公园、圣佛山、石佛院、凤凰山风景区、唐山自然风景区、田庄水库和沂河源水景公园。全年接待国内外游客42.8万人次，比2005年增长157%；实现旅游总收入8300万元，增长91.4%。

教科文卫　有普通中学25所，在校生8.37万人，其中义务教育学段在校生6.68万人；小学71所，在校生3.65万人。拥有各类科技人员20783人，共取得市级以上各类重要科技成果4项，专利申请量123件。拥有各类艺术表演团体9个，公共图书馆1个，文化馆1个，档案馆1个。拥有卫生机构18所，其中，医院、卫生院15所，卫生防疫防治机构1所，妇幼保健机构1所。各类卫生机构拥有床位790张，卫生技术人员1327人。全年参加省级以上体育比赛共获奖牌37枚，其中金牌16枚。

社会生活　城镇居民人均可支配收入达10104元，按可比口径计算，比2005年增长13.41%；人均消费性支出为6519元，增长18.87%；人均住房使用面积27.71平方米。在岗职工平均工资13363元，增长8.1%。农民人均纯收入达4281元，比2005年增长12.2%；生活消费支出2924元，增长20.3%；人均居住面积26.98平方米。全县城镇最低生活保障救助人数为5937人，农村定期定量救助1499人。社会福利性收养单位(含敬老院)14个，床位700张，收养550人。社会福利性企业19个，安置残疾人员260人。(尹洪强)

【企业上市融资】　年内，沂源县把培育上市资源作为加快区域经济跨越发展的战略措施，对科技含量高、市场前景好的企业，采取资产重组、企业并购、股权转让等形式培植上市资源。12月，排名亚洲第一、世界第三的陶瓷纤维生产企业鲁阳公司2600万股A股流通股在深圳证券交易所挂牌上市，募集资金2.86亿元。山东药玻公司申报增发1亿A股。瑞阳制药公司作为淄博首家国外上市的民营企业，2006年跃居全国医药工业企业50强和山东省医药行业前6名，成为全国规模最大的头孢类原料药生产基地。至年底，全县有3家上市公司，山东联合化工股份有限公司、沂源瑞丰高分子材料有限公司、山东海达食品有限公司、淄博华联矿业有限责任公司等4家为上市准备资源企业，其中山东联合化工股份有限公司已进入辅导期。

【经济开发区】　年内，沂源经济开发区在基础设施、土地集约利用、重点项目建设、园区膨胀发展等方面，又有较大进展。投资3100万元建成开发大道、东岭路、儒林路等骨干道路，改造供电线路，铺设生活生产用水管线。投资1200万元完成污水处理厂续建工程。全年基础设施累计投入3.4亿元。为保证县工业重点项目的用地需要，依法新批征地14.43公顷，农用地转集体建设用地46.67公顷，办结征地手续、预留土地73.33公顷。对15个入区项目实行一企一组责任制，全程为项目服务。引进山东唯科得复合金属、淄博世拓高分子等一批有发展潜力的项目。

【支农惠农】　实施畜禽良种和农机具购置等补贴、加大财政支农等多种措施，增加农民收入。共落实粮食和生资综合补贴资金199.9万元、畜禽良种补贴资金20万元，采取以物代资形式扶持养殖纯种波尔山羊120只。全年出栏各类畜禽2900万头(只)，畜牧业总产值占农业总产值的42%，养殖户人均增收300元以上。发放农机具购置补贴69.2万元。先后投入6030万元，用于“村村通”自来水工程、土地整理、农业综合开发等项目和生态家园建设等基础设施建设。投入财政资金92万元，培训农村劳动力并促其向非农产业转移，转移劳动力2.35万人，增加收入2000多万元。全县常年在外务工劳动力达到7.1万人。发展刺绣、马扎和食品加工、果品营销等个体工商业户1500多户。农民人均纯收入中，家庭经营性收入占65.5%，工资性收入占26.2%。

【治理污染保护生态环境】　2003～2006年，沂源县共投资1亿多元综合治理沂河源头小流域污染。筹集4000多万元建成日处理能力4万吨的污水处理厂，使县城95%以上的生活污水和工业废水得到有效处理；投资1200多万元，建成污水处理厂深度处理和除磷脱氮项目并投入运行。组织实施四门地小流域、红水河等小流域治理项目，共完成小流域综合治理123.8平方公里，重点流域治理工程64处，重点项目治理面积超过500平方公里。在将城区污水纳入县污水处理厂管网处理基础上，投资近300万元，完成联合化工公司至污水处理厂污水收集管网建设，彻底解决了联合化工公司工业废水污染田庄水库问题。县污水处理厂出水各项指标达到国家二级排放标准。建成全省第一家高级氧化工艺净水厂，日处理能力3万立方米，城区居民饮用水质显著提高。投资120万元，完成徐家庄乡10个村的氟改水工程，解决5000多人的饮水不达标问题；建成沂源一中新校中水回用工程并投入运行。建设城区雨污分流工程，建成直径1200毫米的截污主管道5.6公里、城区污水收集管网28.96公里，污水排放企业入网率达到95%以上，基本实现城区雨污分流；投资7500万元，对20家企业实施了污染治理再提高工程，全面完成恒盛纸业公司、制革总厂等6家水污染企业的污染治理再提高工程，城区生活污水和工业废水集中处理率达到100%。编制完成《沂河源头重要生态功能保护区建设规划》，展开《沂源县水资源综合规划》的编制和田庄水库污染控制研究工作。据市环保部门监测，自2005年起，沂河韩旺断面水质中的COD指标已连续20个月稳定在30毫克/升以下，COD平均值为20毫克/升，提前完成省、市政府要求2007年达到30毫克/升的目标，在全省率先完成淮河流域“十五”计划的各项污染治理任务。

【大项目建设】　是年，沂源县建成或开工城市设施、工业重点项目、交通等13个大项目。建成的项目是：沂河源民乐园、沂源大酒店、胜利山水上乐园、鲁阳公司1050型陶瓷纤维针刺毯项目、沃源公司新型功能性仿毛面料项目、鲁山铸造公司精密铸造项目、华联公司三复选厂扩产技改项目、鲁村煤矿矸石多孔砖生产项目、淄博国泰能源公司项目，南织路、开发大道、城区道路畅通工程、城区路平工程、土朱路等交通工程竣工通车。新开工的2个项目是安居工程和华成精细化公司纳米级活性碳酸钙项目。

【旅游业】 投资3500万元，启动沂源猿人溶洞群鲁山森林公园综合开发项目。沂源猿人遗址被批准为国家重点文物保护单位。九天洞创建为国家3A级旅游区。投资4500万元，加快牛郎织女爱情文化民俗旅游园建设，启动牛郎织女国家非物质文化遗产申报工作，在互联网上申请注册牛郎织女故乡、中国七夕情人节、情侣节3个网络域名，注册“牛郎织女”“七夕情侣节”“生命源”的旅游商标。投资1000万元实施圣佛山怪石峪休闲乐园开发项目。投资2000万元，建设唐山佛雕文化园。鲁山森林公园、织女洞、圣佛山和唐山四大景区与山东鲁信集团、大众报业集团等共签定总投资额6亿元的开发协议。全年完成旅游总投入1.2亿元，接待游客42.8万人次，同比增长157%；实现旅游综合收入8280万元，同比增长91%。

【博沂路沂源段改建工程竣工】 10月，博沂路沂源段改建工程实现全面贯通。该工程按山区二级路标准分两期实施，沂源县境内段长27.8公里，总投资1.97亿元。关键性工程鲁山西峰松仙岭隧道的凿通，结束了长期以来通行不畅尤其是雪天封路的历史，打破了沂源通往市政府驻地的瓶颈。

【农民生活保障】 年内，继续实施新型农村合作医疗制度，门诊报销比例由原来的25%提高到40%，大病封顶标准由原来的5000元提高到8000元。财政补助标准，县级每人每年补助由5元提高到8元。在全市率先实施贫困农民大病医疗救助工程，筹集大病救助金150万元，救助贫困农民6488人，发放救助金和支付手术费96万元。全县有8个乡镇、30万农民参加新型农村医疗，参合率达到65%以上，筹集合作医疗资金508万元，报销农民医疗费用184万元，享受合作医疗补助人数达到10.23万人，缓解了农民的医疗难问题。制定《沂源县农村最低生活保障实施细则》，把人均年收入不足600元的家庭纳入“低保”范围。全县共有农村“低保”对象1449人，发放保障金70万元。同时，加大对弱势群体的帮扶力度。先后投入15万元，解决116名孤儿、特困生的生活和上学问题。拨付专项资金360多万元，用于残疾人康复中心筹建、白内障复明工程、危房改造等残疾人救助事业。按照“政府推动、群众自愿”原则，广泛动员农民参加养老保险。全县参保人数累计达到4.3万人，基金总额达到2600万元，发放养老保险金26.2万元。

【沂源果品走俏中国国际农交会】 10月16～21日，组团赴北京参加第四届中国国际农产品交易会，展出的“沂蒙山”牌中庄红富士苹果、大张庄红提葡萄和西里中华寿桃等深受客商欢迎。沂源县金阳果蔬贸易有限公司与全国各地客商共签订果品购销意向协议5份，合同购销果品2100吨。

【鲁村畜养协会跻身全省百强】 年内，鲁村镇畜牧养殖协会基础会员发展到120个，其中个体会员99个，团体会员21个。年营销畜产品500余万头（只），畜牧养殖业产值达到2.78亿元，占农业总产值比重达63%。该协会被评为全省百强农村经济协会。

【实施有线电视“通万户”工程】 10月10日，总投资469万元的偏远山村有线电视“通万户”工程全面完成。共发展有线电视用户1.51万户，其中地处偏远山村1.05万户，乡镇驻地村4600户。至年底，全县有线电视用户总数达到8.4万个，其中农村用户6.4万个，农村有线电视入户率达到43%。

【为人民群众所办9件实事】 县委、县政府确定的为人民群众所办9件实事基本完成。1. 农村困难群众大病医疗救助，共为280名贫困农民发放医疗救助金51.15万元。2. 投资2000多万元建成胜利山水上乐园。3. 投资4326万元完成自来水“村村通”工程。解决了139个自然村、9万多人吃水问题。4. 实施食品药品放心工程，取缔无证经营户19家。5. 举办果树管理、畜牧养殖、蔬菜栽培、食用菌栽培等各类培训班600期，培训农民4.8万人次。6. 为企业引进100名经营型、管理型、外贸型人才。7. 投资469万元实施有线电视“通万户”工程。8. 投资680余万元扩大城区集中供热面积50万平方米。9. 投资1200余万元建设县中医院病房楼，年内已完成主体工程。（尹雪原）

【沂源县革命历史纪念馆建成】 4月5日，建筑面积600平方米的沂源县革命历史纪念馆正式开馆。当日观众近万人。

【沂源猿人遗址被批准为全国重点文物保护单位】 5月25日，沂源猿人遗址被国务院批准公布为全国重点文物保护单位。该遗址是山东省境内第一处、也是唯一一处以旧石器时代文化遗存为载体的全国重点文物保护单位。（袁艳玲）

本部类编　辑：徐先法
副主编：徐　杰
校　对：王　峰
赵建国

业 绩 采 风

【淄博市工商行政管理局】 淄博市工商行政管理局辖张店、淄川、博山、周村、临淄、高新区、齐鲁石化 7 个分局和桓台、沂源、高青 3 个县局，93 个工商所，在职干部职工 1585 人。淄博市工商局作为国家主管市场监督管理的行政执法部门，承担着 30 多部法律法规和 70 多部规章的贯彻执行工作，在监管社会主义大市场，维护市场经济秩序中肩负着重要职责，主要负责市场主体的登记注册，对市场、合同、广告、商标等的监督管理，维护消费者合法权益等。

淄博市工商行政管理局在市委、市政府和省工商局领导下，以科学发展观为统领，以建设"法治工商、信用工商、数字工商、服务工商和廉洁工商"为目标，服务经济发展、执法办案、队伍建设和作风建设等都取得了明显成效。一是强化帮扶措施，促强扶弱，服务经济发展有了新作为。实施商标战略和小老板创业工程，开展千名工商干部联系（送法）到万家企业活动，大力支持社会主义新农村建设。全市各类市场主体发展到 108239 户，注册资本（金）906.6 亿元。中国驰名商标达 14 件，列全省第二；省著名商标达 161 件，列全省第一。二是整合执法资源，实施科学执法、和谐监管，整顿和规范市场经济秩序取得新成效。以营造安全放心的消费环境、公平竞争的市场环境和诚信守法的信用环境为目标，抓热点、攻重点、破难点，组织开展了治理商业贿赂、维护食品安全、打击假冒伪劣、查禁传销、取缔无照经营、保护注册商标专用权等专项行动，实现了执法领域、执法力度上的新突破。整合内部执法资源，建立了规范、权威、高效的集中执法办案体制，有效提升了办案能力和水平。三是巩固创新成果，市场监管执法体系不断完善。深化监管改革，健全完善以分类型监管为基础、以区域监管责任制为保障、以"数字工商"为支撑的监管机制。大力实施"经济户口"三级互查制度，建立完善市场监管应急

淄博市消费者协会第三届理事大会

机制，建立以网上受理为核心的登记新模式和以信用信息为基础的分类监管新机制，开展个体工商户电子档案查询，实现了登记信息与监管信息的互联。四是规范管理，改进作风，提高素质，队伍履行职责能力明显增强。以深入推进"执法能力建设年"活动为总抓手，以建立职业化的工商行政管理队伍为目标，积极开展练兵比武活动，组织年轻干部上挂下派，坚持管理与教育同步、执法与服务并举、监督与自律互补，完善制度体系和监控体系，抓好重点岗位源头治理，切实做到履行职责与党风政风两手抓、两促进、两发展，为建设勤政、廉洁、高效的工商队伍，全面促进工商事业发展提供有力保障。

团结奋进的领导班子

经过不断努力，市工商局连续三次被国家工商总局和人事部表彰为全国工商行政管理系统先进单位，被评为全国工商系统公平交易执法办案先进集体，连续六年被评为省级文明单位，连续六年被评为全省工商系统标兵单位，连年被表彰为全省工商系统行风建设先进集体，连续四年在全市民主评议政风行风活动和机关效能考核中取得第一名，被市政府表彰为全市行风和机关效能建设先进单位。企业注册局被评为全国用户满意服务明星班组。

【淄博市农业综合开发办公室】 2006 年，《淄博市农业综合开发项目管护办法》正式颁布实施，项目管护工作取得重大突破。经山东省人民代表大会常务委员会批准，《淄博市农业综合开发项目管护办法》自 2006 年 5 月 1 日起正式颁布实施，开创了全国地市级农业综合开发项目运行管护立法的先河，使淄博市的农业综合开发项目运行管护做到了有法可依。为做好《管护办法》的贯彻落实，通过宣传发动，制定相关配套政策，全市投入管护资金 389.9 万元，管护面积（2002～2005 年建成土地治理项目区）达到 1.76 万公顷，建立农民用水户、道路林网管护协会 115 个，成立了 315 人的管护队伍。项目运

行管护效果突出，整修道路273公里，其中高标准硬化路面62公里，整修沟渠224公里，维修桥涵239座，井房120座，维修防渗渠124公里，补植农田林网21.5万株，项目设施得到了有效管护，效益得到了更好地发挥。

项目区田成方、林成网、路路相同、晴雨通车

DFID项目全面完成并通过上级部门验收。DFID项目是英国国际发展部赠款的面向贫困人口的农村水利改革项目，安排在沂源县。根据计划安排，用两年半的时间扶持建设6个"农民用水户协会"(WUA)，总投资115.75万元人民币，其中英国国际发展部赠款58.65万元，省财政扶持33.53万元，全部为无偿投入。截至2006年年底已按计划全部高标准建设完成，并通过了英国国际发展部和国家、省级检查验收。从运行情况看，项目建设有效地改革了项目区农田水利设施的管理模式，从根本上解决了竣工水利工程的运行管护问题，效益得到长期有效发挥，成为全市项目运行管护的示范样板。

全市2003～2005年农业综合开发项目通过省三年总验收，项目建设和管理居全省领先水平。全市2003～2005年共改造治理中低产田1.49万公顷，建设农业产业化经营项目10个，总投资23094万元，其中中央财政资金4762万元，地方财政配套资金4926万元。通过3年的开发建设，所有项目均按计划全面完成，顺利通过省级三年总验收，项目建设被省评为"样板工程""精品工程"，项目建设和管理被省认定为全省领先水平。

名、特、优苗木繁育基地一角

兴修水利　造福农民

"国家农业综合开发支持新农村建设示范区"项目落户淄博。由于近年来淄博市农业综合开发工作成绩特别突出，通过积极争取，"国家农业综合开发支持新农村建设示范区"项目落户淄博市临淄区(全省仅安排3个)。示范区面积4.3万亩，建设期限为3年(2007～2009年)，农业综合开发总投资3750万元，其中中央和省财政扶持资金2550万元，全部为无偿投入，目前项目建设规划已经国家农发办批准。示范区将通过加强农业基础设施和农村生态环境建设，推进产业化经营，推动科技进步等措施，将其打造成为粮食生产的核心示范区，优势特色产业的核心示范区，公共财政支持新农村建设的核心示范区，农业综合开发改革创新的试验区，乡风文明、管理民主、生态优美的和谐农村示范区。

【淄博市市直机关房管所】 淄博市市直机关房管所主要职能是代表市政府对市级行政事业单位国有房产进行监管运营，收缴运营收益；对市直党政机关、群众团体、事业单位使用的办公用房、职工住宅等行使管理权，并提供维修服务。现有在职职工187人，其中事业149人，企业职工38人；中共党员105人；专业技术人员91人(其中高级职称8人，中级职称32人，初级职称51人)，技术工人83人。市直机关房管所内设三科一室(办公室、财务科、房管科、工程科)，下辖五个房管站、金宅物业管理有限公司、安康房地产开发公司；下设淄博恒越房地产价格评估有限公司、淄博继顺房屋维修公司、淄博中良房地产开发咨询有限公司、疏通公司、淄博恒源饮料有限公司等经济实体。

2006年是市直机关房管所上台阶、大发展，取得显著成效的一年。在市局党委的正确领导下，总支班子带领所职工团结实干、奋力拼搏，圆满地完成了年初确立的各项工作目标，全所上下呈现出"事业兴旺、人心向上、后劲十足"的良好发展态势。

国有房产监管运营工作成绩突出。全年共实现国有房产运营收益660万元，超额完成了市财政局下达的年度目标。市财政局将国有房产收益列入部门年度财政预算管理，为今后运营工作的顺利开展奠定了基础。直管公房管理上了新的台阶。加大对直管公房的管理力度，协调市财政局拨付200万元，完成大中修项目104项，工程合格率100%，确保了直管公房的住用安全，全年共收缴租金500万元。房地产开发呈现良好势头。安康开发公司与中德开发公司合作开发的全

市房管局党委委员、房管所所长　孙志杰

中德奥林新城开盘

市最大的经济适用房——中德·奥林新城，规划用地30.82公顷，总建筑面积34.68万平方米。一期工程于10月份竣工，共计76235平方米；二期工程28栋住宅楼，169270平方米，于10月中旬开工建设。截至2006年底，已预售近200套。物业管理有了很大改观。打破保守经营的思路，不断扩大经营规模。新接管金信花园、创业花园、芳草地3个小区12万平方米的物业管理。目前，物业管理面积达到25.80万平方米，物业管理处发展到8个，全年实现经营收入60多万元。经济实体稳步发展。今年对经济实体在经营规模、经营资质、创造利润上狠下功夫，各实体均得到稳步发展，实现扭亏为盈。

【淄博科技职业学院】 淄博科技职业学院（淄博卫校）是2002年经山东省人民政府批准、教育部备案的一所全日制普通高等学校，省级文明单位。

教学楼

图书信息中心

2006年，学院在软硬件建设上取得了跨越式发展。全院设有基础部、护理系、药学系、医学技术系、经济管理系及中专部；开设临床医学、康复治疗、护理、助产、药学、会计等10余个专业。在职教职工465人，专任教师287人，其中具有高级职称的教师157人；教学仪器设备价值2290万元；图书28万册，电子图书9万册；教学用计算机742台，多媒体教室座位数2640个，语音室座位数360个。学院面向黑龙江、内蒙、甘肃、海南、重庆、青海等16个省市、自治区招生，现有全日制在校生8600余人。全省有青岛卫校、济南卫校等11所中等卫生学校挂靠该院举办大专学历教育。

2006年，学院完成市级以上科研成果6项，主编和参编全国通用教材、教学参考书3部，发表较高水平论文50余篇，有7人次获省市级荣誉表彰，一批中青年教师已成为拔尖人才或学科带头人。

学院有两个教学区、一处校医院。位于淄博新区的新校

校园全景

园占地600亩，规划建筑总面积21万平方米，于2005年9月初动工建设。一期工程11万平方米，包括教学楼4栋、实验楼5栋、学生宿舍6栋、图书信息楼1栋、餐厅1栋等共计17个单体建筑，于2006年8月底竣工，9月3日全部搬迁入住，迎接了来自全国16个省市的近2100名新生。在校园设计与建设中，学院坚持高标准、高水平、高质量的原则，委托国内一流的上海同济建筑规划设计院进行总体规划设计，在功能布局合理、视角效果良好的基础上，强调绿色生态环境与人文的和谐。校园内，山、湖、石、树、连廊及特色建筑融为一体，突出了“绿水庭堂、智圆行方”设计理念，更是科学理性精神与浪漫人文情怀的具体展现。

学院投资1000余万元建立了图书信息中心，数字网络内有多媒体系统、一卡通系统、微机室及电子阅览系统、语音室系统、校园网络系统、闭路电视系统等，实现了信号集中控制、同步传输、远程操作、安全防盗等一系列功能，为数字化校园建设提供了一个高端平台。

办学条件的改善，管理水平的提高，为学院的进一步发展提供了更加广阔的空间。学院在“十一五”期间，将以促进发展为主题，全面完成新校园、教工宿舍楼及配套设施的建设；实行多样化和灵活开放的人才培养模式，在专业建设方面加强重点学科建设，临床医学、护理、药学等学科整体达到省内一流职业学院水平，使护理、药学等专业具有品牌优势；力争在校生数量稳定增长，到“十一五”末在校生人数保持1万人左右。

【山东药品食品职业学院】 山东药品食品职业学院是2005年4月27日经山东省人民政府批准、由国家教育部备案的一所专科层次的全日制公办普通高等学校，是在国家级重点中专——山东省医药学校的基础上升格建立的，是山东省惟一一所专门培养从事药品、食品类高级应用型人才的学院。学院受山东省食品药品监督管理局和山东省教育厅双重管理，以专科层次教育为主，同时承担中专教育任务。

学院淄博校区

有教职工296人，专任教师183人，均为本科以上学历，其中博、硕士28人；教授3人，副教授53人；中级专业技术职务的80人，其中“双师型”教师56人。另外学院还聘任中国药科大学等医药类高等院校和医药企业学科带头人、专家及“双师型”兼职教师18人。近三年来，学院专任教师在省级以上学术刊物上发表论文50余篇，主编、参编教材30余部，完成科研课题20余项，一批中青年教师已成为具有一定学术水平的拔尖人才和学科带头人，学院目前主、参研的国家级、省级教育科研课题达到6项。学院拥有威海、淄博两个校区，总占地60.47公顷，校舍建筑面积7.9172万平方米，拥有50余个实验室、微机室、多媒体教室、语音室、演播室、电子阅览室，教学仪器设备总值2165余万元，图书17万册。学院电教中心有计算机600余台，设有宽带网、闭路电视教学系统。学院主要为药品生产、经营企业培养药物制剂、化学制药、生物制药、药品经营管理、药物分析检验、制药机械制造维修等方面的高技能人才，为食品生产经营企业培养食品生产加工、食品营养与检测等方面的高技能人才。学院紧紧围绕社会需求设置专业，目前全日制专科层次教育主要开设药物制剂技术、药物分析技术、化学制药技术、生物制药技术、中药、药品经营与管理、化工设备维修技术(制药方向)、食品营养与检测、食品加工技术等9个专业；中专部开设药物制剂工艺、化学制药工艺、生物制药、药物分析与检验、中药、医药商品经营、制药机械制造与维修、药品管理与信息、食品营养与检测等专业，其中药物制剂专业为省级重点示范专业。学院专科层次成人教育开设药物制剂技术、中药学、食品营养与检测3个专业，另外沈阳药科大学和中国药科大学在学院设有本科函授站。学院是山东省执业药师培训中心基地之一，并设有山东省医药行业第二职业技能鉴定所、全国计算机等级考试考点、全国公共英语等级考试考点。全院现有各类在校生7032人，其中全日制专科生1671人。建校以来，学院共为国家输送毕业生和培训各类人员30000余人，为医药事业的发展做出了积极贡献。

学院一号教学实验楼

近年来，该院坚持“为药品食品事业服务、为人民群众健康服务”的办学宗旨及“以育人为中心、从严治校”原则，培养的学生深受用人单位的好评。多年来，各届毕业生均能提前半年落实就业单位，就业率均保持在98%以上。学院多次被评为全国医药教育先进集体、山东省医药教育先进单位、淄博市精神文明先进单位。面对新的机遇，山东药品食品职业学院大力推进观念创新和机制创新，全面实施质量立校、科研强校和人才兴校战略，努力实现教育教学质量、科研水平和学科建设的新突破，按照“上水平、创品牌”的工作思路，走内涵发展、重点发展、创新发展、跨越式发展之路，坚定不移地向着一流院校的目标迈进。

【桓台县渔洋中学】 桓台县渔洋中学始建于1964年，与桓台县教师进修学校、桓台县成人中等专业学校一校三牌。经省教育厅批准、省政府备案，隶属于桓台县政府。学校以桓台县历史文化名人、清初一代诗宗王渔洋先生命名，是省级规范化高中、省首批示范性成人中专、省师资培训先进单位、市文明单位、市花园式单位、市教育工作先进单位、市艺术特色学校、市体育传统项目学校、市高考工作先进学校。

学校以“三个代表”重要思想为指导，积极探索“普高教

省级
规范化学校

山东省教育厅

学校外景

育、艺体教育、高职教育”的最佳结合点，形成了“三线齐抓、多点开花”的办学特色，赢得了上级领导和社会各界的广泛赞誉，成为中国西部教育顾问单位，中国石油大学高水平运动员招生定点学校，江苏大学、山东师范大学、山东理工大学、济南大学教学实习基地及美术培训基地，既沉淀着深厚的文化底蕴，又充盈着崭新的生命活力。

渔洋中学占地59776平方米，建筑面积25600平方米，有办公楼1幢、教学楼2幢、图书实验综合楼1幢、学生宿舍楼3幢、高标准学生餐厅1个并拥有全塑胶环保运动场地，所有功能教室齐备，内配均为国家一类标准，已建成高档次千兆校园网。学校现有36个高中教学班，3个中专班，学生2132名；专科、本科、研究生学历班32个，学员1500余名。有教职工170名，其中高级教师48名，省市县优秀教师、教育工作者、学科带头人、师德标兵、教学能手60余名，任课教师大学学历达100%。是一所高标准、高档次、高质量、现代化的寄宿制普通高级中学。

近年来，学校始终以“办好人民满意的教育”为宗旨，以“内抓管理、外树形象、全面提高教育教学质量”为方针，以“不求人人升学、但求个个成才”为目标，以“让每一个学生都得到全面发展”为办学理念，走“发展性教育”之路，认真落实“追求发展、追求卓越”的校训，牢固树立忧患意识、争先意识、精品意识，抓精细化管理、人性化管理，形成了“团结勤奋、笃学创新”的校风，全力打造“层层有职责、人人有专职、事事有标准、处处有人管”的精品学校。

目前，全校教职员工正在团结务实、开拓创新的领导班子带领下，发扬“与时俱进、只争朝夕”的精神，以更高的热情、更大的胆识、更顽强的毅力，去实现学校新的提高、新的发展和新的跨越，向齐鲁名校、全国千所示范性高中的目标迈进。

中国西部教育顾问、校长、党总支书记刘刚偕全体教职员工愿与社会各界共谋学校发展大计！

校址：桓台县城标东行80米路南（渔洋街1819号）

电话：0533—8212733

传真：0533—8216420

邮编：256400

网址：http://www.htyyzx.cn

【淄博市疾病预防控制中心】 淄博市疾病预防控制中心为正县级事业单位，现有在职职工207人，其中各类专业技术人员179人，正高级职称4人、副高级职称78人、中级职称49人；设有传染病防制所、免疫预防所、性病艾滋病防制所、结核病防制所、地方病慢性病防制所、消毒媒介生物防制所、健康教育所、食品营养与学生保健所、环境卫生监测所、职业卫生与中毒控制所、卫生检验中心等13个业务科室和7个职能科室。主要承担全市疾病预防与控制、突发公共卫生事件应急处置、疫情报告及健康相关因素信息管理、健康危害因素监测与干预、实验室检测分析与评价、健康教育与健康促进、技术管理与应用研究指导等职责。配备气一质联用仪、气相色谱仪、液相色谱仪、离子色谱仪、原子吸收分光光度计、原子荧光分光光度计、紫外可见分光光度计、可见分光光度计、低本底α/β测量系统、微波消解仪、微生物鉴定系统等大型精密仪器40余台。目前，中心具备建设项目职业病（放射性职业病）危害评价乙级资质、消毒产品检验机构资质和公共场所卫生技术服务资质，是山东大学公共卫生学院、济宁医学院等院校的教学实践基地。2006年，中心分别被卫生部、市政府授予全国结核病防治工作先进集体、巩固发展国家卫生城市成果工作先进集体荣誉称号。

疾控中心领导班子

中心坚持“预防为主”的卫生工作方针，认真履行政府赋予疾病预防控制机构的各项公共职能，进一步强化能力建设，切实加大疾病预防控制和公共卫生监测工作力度，提高突发公共卫生事件应急处置能力，各项工作均得到长足发展。全市艾滋病、结核病、霍乱、病毒性肝炎、流行性出血热、碘缺乏病等重点疾病防控工作得到进一步加强，疫情报告质量不断提高，免疫预防成果得以继续巩固，相关传染病得到有效控制，食品、职业、公共场所、放射、学校、饮用水和消毒等公共卫生领域健康相关危害因素监测工作稳步开展，建设项目职业病危害评价工作继续深化，室内环境监测以及空调通风系统和学校饮水工程卫生学评价等工作成效显著。

淄博市疾病预防控制中心将继续认真贯彻落实科学发展

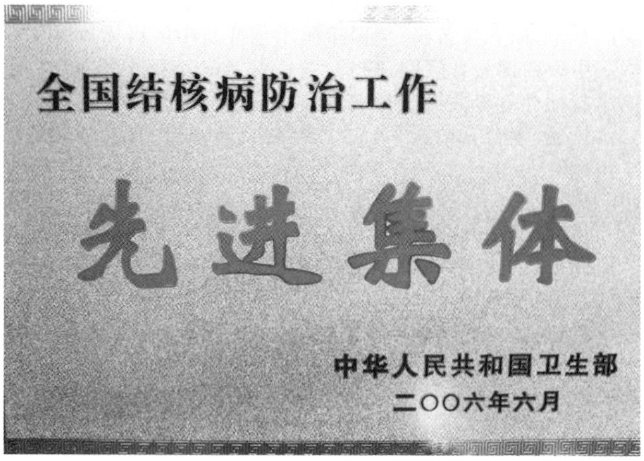

观，紧密结合疾病预防控制工作实际，切实履行好政府职能，努力为保障全市人民的身体健康、建设殷实小康做出应尽的贡献。

【淄博市第八人民医院】 淄博市第八人民医院(淄博铁路医院)始建于1916年，是一所集医疗、教学、科研和预防保健于一体的综合性市级医院，为正县级差额预算事业单位。现有在编职工459人，其中专业技术人才380多名，床位300张。医院有职能科室12个，有内、外、妇、儿、中医、体检中心等20多个临床医技科室，其中以神经内科、骨外科、心内科为院内3个重点科室，在淄博市同级医院中享有较高声誉。

团结奋进的医院领导班子

医院占地面积1.6万平方米，建筑面积1.9万平方米。有先进的美国产双螺旋CT、06专家版高档彩超、法国产DR、数字化X光机、全自动生化分析仪等医疗设备上百台。全年在省级以上刊物发表论文55篇，著作5部，获国家级专利1项，省级科研项目1项，市级科研成果2项，市级立项科研3项。

2006年9月，组建了新的医院领导班子，段明福为院长，许阶为党委书记。针对医院面临的严峻形势，新班子到位后，首先确定了“以改革为动力，以稳定为大局，以发展为目标”的基本思路，大胆开展工作，使医院在较短的时间内迅速驶入良性发展的快车道。一是深入基层，调查研究，广泛听取各方意见，全面了解医院情况，为谋求医院发展掌握了第一手资料。二是正面引导，鼓舞士气。在全院举办多期培训班，提高了广

2006年11月16日，段明福院长在建院九十周年庆典大会上讲话

大职工的工作热情。三是加强了与地方、铁路等的联系，利用优势，发掘资源，为医院进一步发展优化了外部环境。四是加强医院成本核算，完善财务制度及审计制度，对较大项目的投资做到了投资前论证及投资后效益跟踪。五是坚持药品、医疗器械、基建的公开招标、集中采购。六是积极采取措施，清理医疗欠费，共追回欠款180余万元。七是积极争取资金、采取多种措施，为全院职工补交了近三年的养老保险和失业保险，稳定了职工队伍。

立足医院现状，积极采取措施。成功举办了建院90周年庆典活动，以“百年八院，慈爱奉献”为主题，开展了“百年八院，百万优惠”、超声疑难病会诊、向特困病人捐献等活动；实现了公交车在八院停车、站牌更名；争取国际贷款，引进了目前世界上最先进、国内首台GE—06专家版智能数字化全身彩超、法国产太空第五代影像系统(DR)；配置了集影像检查、化验、心电、抢救于一体的流动查体车。医院坚持以病人为中心，以质量为核心，以全程优质服务为内容，以“一切为了人民健康”为服务宗旨，在全院建立起较严密的质量网络，依法行医、执业，确保了医疗安全，全面完成了各项医疗任务。

2006年，医院荣获了张店区医保先进单位；神经内科被淄博市总工会等单位评为全市青年文明科室；内二科护理组被共青团淄博市委评为全市青年文明号；是最早被山东省命名的国家二级甲等医院、爱婴医院，淄博市首批星级医院、医德医风示范医院；是东南大学、潍坊医学院、淄博科技职业学院等院校的教学医院；是淄博市医疗保险、张店区医疗保险、市商业医疗保险、下岗失业人员、新型农村合作医疗、个体劳动者协会、助老扶残定点医院；是美国通用(GE)公司培训、会诊中心，山东省手足外科医院淄博分院；是120联网医院。

法定代表人：段明福

单位地址：淄博市张店区中心路8号

联系电话：0533—2582207

邮政编码：255026

【山东机器(集团)有限公司】 山东机器(集团)有限公司是中国兵器工业集团公司的直属企业，创建于1949年1月，2002年9月由原山东机器厂改制为国有独资公司。现有员工近3000人，各类技术人员800余人，占地面积257万平方米，总资产4.3亿元，拥有数控加工中心等各类设备2700余台(套)。具有机加、锻造、冲压、铆焊、铸造、热处理、表面处理、工模具、精密压注药等工艺技术较完备的综合设计和制造能

力。具有自营进出口权。

2006年,山东机器(集团)有限公司以科学发展观为指导,突出抓好军品科研、民品发展、项目建设、工艺技术进步、改革改制、管理创新和人才队伍建设,实现了军民品协调快速发展,销售收入同比增长40.9%,创历史新高。

高度重视军品的科研开发工作,开发的军品项目有1项获国防科工委国防科学技术二等奖、1项获中国兵器工业集团公司科学技术一等奖、1项获中国兵器工业集团公司科学技术二等奖。按照军民品协调发展、实现民品规模化经营的要求,积极实施扶优扶强策略,民品销售收入同比增长37.8%;公司被山东省科技厅确定为山东省高新技术企业;依托公司和山东理工大学、南京理工大学组建的“山东省汽车轴类零部件工程技术研究中心”和“山东省石油射孔、震源工程技术研究中心”,为公司产品自主研发能力和自主创新能力的提高发挥了积极作用。

高质量完成安改项目、03国债项目建设,公司的科研生产条件、基础设施和安全生产环境得到根本改善,工艺装备水平显著提高,本质安全度得到提升。

注重工艺技术进步。开展的自动注药技术、发射药自动称量装药技术、弹体注药、弹丸装配、药筒装配、发射药称量、全弹装配工艺技术研究,提高了生产线的柔性化、自动化及产品的一致性;全面废止了汽油清洗工艺,消除了安全隐患和职业危害。

重视人才队伍建设。实施考评制度、用人制度、激励制度“新三项制度”改革,组织开展了13个职业(工种)技能大赛,其中弹药安全员获中国兵器工业集团公司第二名;举办各类内部培训班79期,有22名高级技能人员取得“金蓝领”技师资格,41人取得技师资格,47人取得高级工资格。

重视基础管理工作。通过了总装备部组织的武器装备承制单位资格审查;通过了军品质量体系的监督检查和总装备部工程兵军代局组织的第二方审核;通过了淄博市“创建节水型企业”验收。开展了以“查隐患、学规范、达要求、保安全”为主题的安全管理整顿工作;持续开展了以生产现场为中心、以标准化制度化建设为主体的生产现场管理工作。公司领导班子被中国兵器工业集团公司党组授予“四好”领导班子称号;公司继续保持了山东省省直系统“文明单位”称号;被中国兵器工业集团公司、淄博市政府授予安全生产先进单位称号;获中国兵器工业集团公司档案工作先进集体称号;被评为山东省省直管企业养老保险工作先进单位;获淄博市劳动保障诚信单位称号。

【山东卓创资讯有限公司】 山东卓创资讯有限公司是一家大型网络资讯服务机构。公司专注于行业大宗产品的市场资讯与电子商务服务,在行业内具有较大影响,为国内屈指可数的知名资讯企业品牌。

卓创资讯(Chem99.com)是一家大型行业信息垂直门户

卓创资讯CEO 姜虎林

网站,成立于2004年5月,秉承“感恩、敢做、赶超”的企业精神,公司得到飞速发展。在短短3年时间里,由创业伊始的7人发展到目前的200多人;资讯平台由1个发展为12个;网站全球排名由27万名升至3500名,列同行网站之首;专注领域涵盖石油、化工、塑料、橡胶、煤化工、聚氨酯、陶瓷、有色金属等多个行业的上千种产品。服务形式由网站成立之初的单一网上信息浏览服务,发展到以网上信息浏览和手机短信为主,以VIP定制、市场调研、研究报告、会议会展、软件开发、网络广告等为辅的全方位、多层次的服务体系;目前拥有注册用户50万家,日均流量近70万次。

卓创公司全景

卓创资讯首页

卓创资讯旗下的各大站点正式推出以来，一直恪守中立、客观的立场，积极挖掘和分析客户群体的商业需求、困惑、立场、压力、顾忌、操盘心得、制胜之道。凭借专业的市场分析人士、富有朝气的专业团队，通过网站（chem99. com; b2b. chem99. com）、手机短信、广告服务和电话咨询等形式为国内外相关企业提供及时准确的市场资讯、最新的市场供求，旨在为行业内企业的经营运作提供资讯与商机，辅助企业决策和决策的执行，得到了业内人士的肯定和好评。

卓创资讯服务理念是：我的资讯，您的财富。卓创人希望通过自己的资讯与平台让客户有效地把握商机和规避经营风险，让"我的资讯"变成客户实实在在的财富。

2004年，姜虎林带领7位平均年龄不到26岁的年轻人白手起家创办山东卓创资讯有限公司，即卓创资讯网（chem99. com），并担任该公司董事长兼首席执行官。曾获得2006淄博十大新闻人物、2006齐鲁十大新锐鲁商、2007临淄区十大青年企业家、2007淄博市十大创业精英等荣誉称号。

旗下站点：

卓创资讯中文（http://www. chem99. com）；

卓创资讯英文（http://english. chem99. com）；

卓创资讯石油网（http://oil. chem99. com）；

卓创资讯化工网（http://chem. chem99. com）；

卓创资讯塑料网（http://plas. chem99. com）；

卓创资讯橡胶网（http://rubb. chem99. com）；

卓创资讯煤化工网（http://coalchem. chem99. com）；

卓创资讯聚氨酯网（http://pu. chem99. com）；

卓创资讯陶瓷网（http://tc. chem99. com）；

卓创资讯有色金属网（http://nm. chem99. com）；

中国化工电子商务网（http://www. ccecn. com）；

卓创一阿里巴巴橡胶频道（http://vip. rubb. china. alibaba. com）

卓创一阿里巴巴塑料频道（http://vip. plas. china. alibaba. com）

本部类编辑：张耀江
吴建利
副主编：郭能勇
校对：张耀江
吴建利

·集邮小常识·

邮票的保存

邮票注重品相，有其专门的保存方法。用透明高分子材料生产的护邮袋保护邮票，既不会污染邮票，损坏背胶，又便于存取欣赏，现在已被各国集邮者广泛采用。护邮袋只是邮票的"衣裳"，它还要安家落户，这个"家"就是保存邮票常用的邮册，主要分插票册和贴票册两种。

1. 插票册。把用护邮袋装好的邮票，插入插册内一行行透明纸槽保存，优点是存取方便，便于使用。有人不用护袋，而把邮票直接插入，这样做会损坏齿孔，一旦受潮，就有粘连的危险，质量不好的插册容易翘曲，邮票插不牢，容易失落或折损插册内面不平整。邮票久压会出现一道道印痕，插册既不利于对邮票的保存，也不利于对邮票的进一步加工整理，因此这种插册只能暂时地保存邮票。

2. 贴票册。现代的贴票册由一页一页的贴片组成，把用护邮袋装好的邮票贴在贴片上，然后在贴片上注明邮票内容及研究成果和相关知识性资料。一页接一页的贴片在内容上是连贯的，连接起来就可以表现一个主题和研究成果。

使用贴票册既适于个人观赏和向公众展示，也利于对邮票的充实和提高。贴片的页面较大的伸缩余地，能贴下邮票封片、戳记等大小不等的集邮品，便于统一保存；贴片还可以随意分散与集中，又能变换贴片的顺序，既利于邮票的保存也利于邮集的展出。

（市集邮协会　供稿）

附　　录

文件选目

【中国共产党淄博市委员会】

淄发〔2006〕2 号

中共淄博市委、淄博市人民政府关于进一步做好 2006 年度招商引资工作的意见

淄发〔2006〕3 号

中共淄博市委、淄博市人民政府关于 2006 年全市党风廉政建设和反腐败工作的实施意见

淄发〔2006〕6 号

中共淄博市委、淄博市人民政府关于统筹城乡发展加快推进社会主义新农村建设的意见

淄发〔2006〕7 号

中共淄博市委、淄博市人民政府关于加快"十一五"旅游业发展的意见

淄发〔2006〕8 号

中共淄博市委、淄博市人民政府关于实施科技规划纲要建设创新型城市的决定

淄发〔2006〕9 号

中共淄博市委关于认真学习贯彻胡锦涛总书记在庆祝中国共产党成立 85 周年暨总结保持共产党员先进性教育活动大会上的重要讲话的通知

淄发〔2006〕10 号

中共淄博市委关于深入学习实践社会主义荣辱观进一步推进思想道德建设的实施意见

淄发〔2006〕11 号

中共淄博市委关于认真学习《江泽民文选》的决定

淄发〔2006〕12 号

中共淄博市委关于深化农村党的建设"三级联创"活动推进社会主义新农村建设的实施意见

淄发〔2006〕13 号

中共淄博市委关于建立健全市委直属党委（党组、工委）抓基层党建工作责任制的意见

淄发〔2006〕19 号

中共淄博市委、淄博市人民政府关于大力发展职业教育的决定

淄发〔2006〕20 号

中共淄博市委关于印发《淄博市"十一五"期间社会主义精神文明建设规划》的通知

淄发〔2006〕21 号

中共淄博市委关于认真学习贯彻十六届六中全会精神的通知

淄发〔2006〕22 号

中共淄博市委关于深入贯彻落实党的十六届六中全会精神加快社会主义和谐社会建设的意见

淄发〔2006〕23 号

中共淄博市委、淄博市人民政府转发《市委宣传部、市司法局关于在全市公民中开展法制宣传教育的第五个五年规划》的通知

淄发〔2006〕25 号

中共淄博市委印发《关于实行党员"亲情式"管理的意见》的通知

淄发〔2006〕26 号

中共淄博市委、淄博市人民政府关于进一步加快开发区建设和发展的意见

淄发〔2006〕27 号

中共淄博市委、淄博市人民政府关于进一步促进服务业加快发展的若干政策意见

淄发〔2006〕28 号

中共淄博市委、淄博市人民政府关于印发《淄博市建设社会主义新农村"十一五"总体发展规划》的通知

淄发〔2006〕29 号

中共淄博市委、淄博市人民政府关于印发《淄博市区县域经济社会发展年度综合评价及考核奖励办法（试行）》的通知

（田　锴）

【淄博市人民代表大会常务委员会】

淄人发〔2006〕3 号

关于淄博市第十二届人大四次会议列席人员范围的决定

淄人发〔2006〕5 号

关于印发《2006 年地方立法计划》的通知

淄人发〔2006〕8 号

关于报请批准《国土绿化条例》的报告

淄人发〔2006〕9 号

关于印发《农业综合开发项目管护办法》的通知

淄人发〔2006〕11 号

关于表彰全市人大代表建议、政协提案办理工作先进单位、先进个人的通报

淄人发〔2006〕14 号

关于"社区卫生服务"议案原案处理意见的决定

淄人发〔2006〕15 号

关于报请批准《淄博市专利管理条例》的报告

淄人发〔2006〕19 号

关于批准《2005 年市级财政决算》的决议

淄人发〔2006〕25 号

关于批准《淄博市依法治市第四个五年规划》的决定

淄人发〔2006〕26 号

关于增补山东省第十届人民代表大会代表的请求

淄人发〔2006〕29号

关于补选常志钧省人大代表的报告

淄人发〔2006〕30号

关于表彰优秀市人大代表的通报

淄人发〔2006〕31号

关于建议调整市及区县人大常委会组成人员名额的报告

淄人发〔2006〕33号

关于接受林春明辞去淄博市中级人民法院院长职务的决定

淄人发〔2006〕35号

关于任命刘亚宁为淄博市中级人民法院代理院长职务的决定

淄人发〔2006〕36号

关于召开淄博市第十二届人民代表大会第五次会议的决定

淄人发〔2006〕37号

关于报请批准《医疗机构药品管理办法》的报告

淄人发〔2006〕38号

关于与意大利贝加莫省建立友好关系的决定

淄人发〔2006〕39号

关于与巴西圣约瑟市建立友好关系的决定

淄人发〔2006〕40号

关于授予姜显松、姜锡星荣誉市民的决定

（傅　樱）

【淄博市人民政府】

淄政发〔2006〕1号

关于印发《淄博市2006年度安全生产工作要点》的通知

淄政发〔2006〕3号

关于2005年度淄博市科学技术奖励的决定

淄政发〔2006〕4号

关于进一步加强就业再就业工作的通知

淄政发〔2006〕6号

关于印发《淄博市国民经济和社会发展第十一个五年规划纲要》的通知

淄政发〔2006〕7号

关于进一步加强农村卫生工作的意见

淄政发〔2006〕8号

关于印发《淄博市2006年度鼓励外经贸发展有关政策》的通知

淄政发〔2006〕9号

关于印发《淄博市2006年国民经济和社会发展计划》的通知

淄政发〔2006〕10号

关于印发《淄博市中心城区户外广告管理办法》的通知

淄政发〔2006〕11号

关于印发《2006年全市旅游业发展重点工作安排》的通知

淄政发〔2006〕12号

关于印发《2006年重点工作安排》的通知

淄政发〔2006〕13号

关于印发《淄博市行政机关规范性文件制定办法》的通知

淄政发〔2006〕16号

关于印发《淄博市中长期科学和技术发展规划纲要（2006～2020年）》的通知

淄政发〔2006〕33号

关于公布第一批市级非物质文化遗产名录的通知

淄政发〔2006〕34号

关于公布第三批市级重点文物保护单位的通知

淄政发〔2006〕37号

关于实施在地统计的通知

淄政发〔2006〕38号

关于做好建设节约型社会近期重点工作的通知

淄政发〔2006〕42号

关于印发《2006年淄博市黄河防汛预案》的通知

淄政发〔2006〕49号

关于印发《淄博市老龄事业“十一五”发展规划》的通知

淄政发〔2006〕50号

关于开展创建国家生态园林城市工作的意见

淄政发〔2006〕82号

关于进一步加强节能降耗工作的意见

淄政发〔2006〕93号

关于印发《淄博市完善企业职工基本养老保险制度实施意见》的通知

淄政发〔2006〕95号

关于印发《淄博市住房公积金管理机构调整工作实施方案》的通知

淄政发〔2006〕105号

关于进一步做好退役士兵接收安置工作的通知

淄政发〔2006〕110号

关于加强土地节约集约利用工作的通知

淄政发〔2006〕121号

关于加快气象事业发展的意见

淄政发〔2006〕122号

关于解决农民工问题的实施意见

淄政发〔2006〕123号

关于实施农村义务教育经费保障机制改革的通知

淄政发〔2006〕125号

关于印发《淄博市防震减灾“十一五”规划》的通知

淄政发〔2006〕142号

关于发展城市社区卫生服务的实施意见

淄政发〔2006〕152号

关于印发《淄博市依法行政第四个五年规划（2006～2010年）》的通知

淄政发〔2006〕155号

关于印发《淄博市环境保护“十一五”规划》的通知

淄政发〔2006〕165号

关于2006年度淄博市科学技术奖励的决定

淄政发〔2006〕168号

关于印发《淄博市残疾人事业“十一五”发展规划》的通知

淄政发〔2006〕169号

关于印发《淄博市“十一五”服务业发展规划纲要》的通知

淄政发〔2006〕170号

关于进一步加强消防工作的意见

（李同凤）

【中国人民政治协商会议淄博市委员会】

淄政协字〔2006〕1号

政协淄博委员会关于表彰优秀市政协委员的决定

淄政协字〔2006〕2号

政协淄博委员会关于表彰优秀提案的决定

淄政协字〔2006〕4 号

关于市政协成立五十周年庆祝活动的总结报告

淄政协字〔2006〕5 号

关于报送《关于对孝妇河综合治理的建议案》的报告

（赵秀秀）

【中共淄博市纪律检查委员会】

淄纪〔2006〕27 号

关于在全市党员领导干部中开展“勤政廉政、科学发展”教育活动的意见

淄纪〔2006〕35 号

关于印发《建立领导干部廉政档案管理信息系统的实施意见》的通知

淄纪〔2006〕49 号

关于建立市农村基层党风廉政建设工作联席会议的通知

淄纪办〔2006〕4 号

关于印发《全市纪检监察系统决策目标、执行责任、考核监督体系建设目标管理考核办法》的通知

淄纪办〔2006〕19 号

关于市纪委常委同下级党政主要领导干部谈话的通知

（白念博）

著名商标

中国驰名商标（2006 年）

序号	商标	核定商品或服务	企业名称
1	扳倒井及图	酒	山东扳倒井股份有限公司
2	周村及图	糖酥烧饼	山东周村烧饼有限公司
3	幸运风及图	运动服	淄博幸运风体育用品有限公司
4	得益及图	牛奶	山东得益乳业有限公司
5	金晶及图	建筑玻璃、安全玻璃	山东金晶科技股份有限公司

山东省著名商标（2006 年）

序号	商标	核定商品或服务	企业名称
1	锦岳及图	瓷砖	淄博嵩岳建筑陶瓷有限公司
2	胜冠及图	钢管	胜利钢管有限公司
3	华字及图	化工设备	淄博工业搪瓷厂
4	金老杨	加工过的瓜子、花生、糖炒栗子	淄博老杨家食品有限公司
5	斯格米及图	瓷砖	淄博东岳实业总公司建材厂
6	庄园及图	农田塑料薄膜	淄博庄园塑料制品公司
7	KEHUI 及图	测试仪器	淄博科汇电器有限公司
8	齐隆及图	合成树脂塑料	山东齐隆化工股份有限公司
9	福泰及图	日用瓷器	博山福泰日用陶瓷有限公司
10	博机及图	减速机	山东省淄博减速机厂有限公司
11	八耐及图	耐火砖瓦	博山八陡耐火材料有限公司
12	永流及图	新戊二醇、甲酸钠	淄博市临淄永流化工股份有限公司
13	图形	金属管道弯头、接头	淄博鑫利金属制品有限公司
14	松山及图	石料粘合剂、涂层	淄博松山新技术开发有限公司
15	米开朗	瓷砖	山东米开朗陶瓷有限公司
16	重山及图	水泥	淄博鲁中水泥有限公司
17	亚川及图	氧化亚砜	山东双风股份公司
18	聂字	耐火砖	淄博鲁中耐火材料有限公司
19	器宇及图	磁性材料和器件、变压器	淄博宇星电子有限公司
20	宏信及图	未加工合成树脂、苯二甲酸酐	山东宏信华工股份有限公司

续表

序号	商标	核定商品或服务	企业名称
21	大亚及图	钢砂、钢丸	淄博大亚金属制品有限公司
22	旱码头及图	薄烤饼	山东周村烧饼有限公司
23	嘉丰及图	玻璃工业用机器设备	山东淄博嘉丰玻璃机械有限公司
24	鲁源及图	酒	山东鲁源酒业有限公司
25	雪丹及图	人造丝织品、纺织纤维织物	淄博沃源纺织有限公司
26	新华及图	医疗器械和仪器	山东新华医疗器械股份有限公司
27	桓桥及图	塑料管材管件	淄博瑞泰塑胶有限公司
28	万家园及图	非金属门、非金属窗	淄博万家园木质防火制品有限公司
29	齐鲁及图	酱油	齐鲁石化商业公司副食品加工厂
30	雪城及图	过硫酸盐	高青天成化工有限公司

（陈传虎）

名牌产品

中国名牌(2004年)

序号	品牌	产品名称	企业名称
1	鲁泰格蕾芬牌	衬衫	鲁泰纺织股份有限公司
2	清田牌	农用聚乙烯大棚膜	山东清源集团有限公司

中国名牌(2005年)

序号	品牌	产品名称	企业名称
1	齐鲁牌	烧碱	齐鲁石化公司
2	鲁泰格蕾芬牌	色织布	鲁泰纺织股份有限公司
3	金晶牌	浮法玻璃	山东玻璃集团
4	兰雁牌	牛仔布	兰雁集团股份有限公司
5	凤阳牌	弹簧软床垫	山东凤阳集团
6	硅苑牌	日用陶瓷	山东硅苑新材料科技股份有限公司
7	祥和牌	电动跑步机	山东祥和集团股份有限公司
8	得益牌	液体奶	山东得益乳业有限公司
9	华光牌	日用陶瓷	华光陶瓷集团有限公司

中国名牌(2006年)

序号	品牌	产品名称	企业名称
1	新华医疗牌	医用消毒灭菌设备	山东新华医疗器械股份有限公司
2	山川牌	一次性使用无菌输注医疗器械	山东淄博山川医用器材有限公司
3	东岳联邦牌	制冷剂	山东东岳化工股份有限公司
4	大成牌	杀虫剂	山东大成农药股份有限公司
5	玉兔牌	食醋	山东玉兔食品有限责任公司
6	巧媳妇牌	酱油	山东淄博巧媳妇食品有限公司

续表

序号	品牌	产品名称	企业名称
7	维尔牌	毛毯	山东维尔纺织集团股份有限公司
8	鲁泰格蕾芬牌	高支高密纯棉坯布	鲁泰纺织股份有限公司
9	银仕来牌	高支高密纯棉坯布	山东银仕来集团有限公司
10	YUNTAO 牌	毛巾系列	淄博云涛纺织品有限公司
11	山铝牌	铸造铝合金锭	山东铝业股份有限公司

山东名牌(2006 年)

序号	产品名称	企业名称	区县
1	齐赛牌纱、布	山东齐赛纺织有限责任公司	张店
2	山铝牌普通硅酸盐水泥 52.5R、42.5R、32.5R	山东山铝水泥有限公司	张店
3	山铝牌铝合金建筑型材	山东铝业股份有限公司	张店
4	福惠牌建筑陶瓷(瓷质砖)	淄博城东企业集团有限公司	张店
5	雪燕牌 T 恤衫	淄博鲁燕纺织有限公司	张店
6	绿赛尔牌液体乳	淄博绿赛尔乳业有限公司	张店
7	云海牌小麦粉	淄博面粉厂	张店
8	火炬牌铅酸蓄电池	淄博蓄电池厂	张店
9	铁鹰牌 WJ(D)地下铲运机	山东金岭铁矿	张店
10	茂源牌日用精炻器	山东淄博茂隆陶瓷有限公司	张店
11	胜冠牌石油天然气输送用焊接钢管	胜利钢管有限公司	张店
12	薄斯美牌纤维陶瓷板	淄博城东企业集团有限公司	张店
13	雅格布牌建筑陶瓷(干压陶质砖)	淄博娜塞提陶瓷有限公司	张店
14	皇冠牌建筑陶瓷	山东皇冠陶瓷股份有限公司	淄川
15	川鹰牌调味品(食醋、酱油、甜面酱)	淄博川鹰酿造有限责任公司	淄川
16	鲁方牌塑料管材	山东方大工程有限责任公司	淄川
17	牌 AE—活性酯	山东金城医药化工有限公司	淄川
18	米开朗牌建筑陶瓷	山东米开朗陶瓷有限公司	淄川
19	天晟牌综采液压支架、单体液压支柱	山东天晟煤矿装备有限公司	淄川
20	创越牌建筑陶瓷	淄博春天陶瓷有限公司	淄川
21	牌带式输送机	山东省淄博生建机械厂	淄川
22	泰山牌、TSC 牌日用陶瓷	淄博泰山瓷业有限公司	淄川
23	金晶牌平板玻璃	金晶(集团)有限公司	博山
24	博山牌离心泵	山东博泵科技股份有限公司	博山
25	山牌电机	山东山博电机集团有限公司	博山
26	鲁博牌、工陶牌新型骨质日用陶瓷	淄博工陶耐火材料有限公司	博山
27	双山牌真空泵	淄博真空设备厂有限公司	博山
28	山光牌金红石型、锐钛型钛白粉	山东东佳集团	博山
29	八耐牌玻璃窑用硅砖	淄博八陡耐火材料有限公司	博山

续表

序号	产品名称	企业名称	区县
30	益达牌电动滚筒	淄博博山益杰机械有限公司	博山
31	兰雁牌牛仔服装、纱	兰雁集团股份有限公司	周村
32	凤阳牌沙发	山东凤阳集团股份有限公司	周村
33	玉兔牌酱油	山东玉兔食品有限责任公司	周村
34	多星牌电压力锅、多功能电热锅	淄博多星电器集团有限责任公司	周村
35	飞狮牌巾被	淄博飞狮巾被有限公司	周村
36	齐鲁牌电焊条	淄博齐鲁焊业有限公司	周村
37	光明牌钼丝	金堆城钼业光明(山东)股份有限公司	周村
38	八三牌石墨电极	山东八三炭素厂	周村
39	三金牌行列式制瓶机	山东三金玻璃机械有限公司	周村
40	同森牌细木工板	山东同森木业有限公司	周村
41	森德牌电焊条	淄博森德焊接材料有限公司	周村
42	齐鲁牌丁苯橡胶	中国石化齐鲁股份有限公司	临淄
43	美力达牌离心通风机(空调用)	山东美陵化工设备股份有限公司	临淄
44	辛风牌空调风机	山东新风股份有限公司	临淄
45	双峰牌装饰用抗磨损纸	淄博欧木特种纸业有限公司	临淄
46	齐鲁牌齐鲁酱油	淄博齐鲁商业有限公司酿造分公司	临淄
47	齐美斯牌低温肉制品	淄博齐美斯食品有限公司	临淄
48	齐大牌农用系列塑料薄膜	淄博天鹤塑胶有限公司	临淄
49	万昌牌换热器	淄博万昌集团有限公司	临淄
50	HT 牌滚动轴承	山东华天滚动轴承有限公司	桓台
51	黄河龙牌白酒	山东黄河龙集团有限公司	桓台
52	鲁丰牌 HDPE、PVC－U 双壁波纹管	淄博汇丰塑料有限公司	桓台
53	北斗星牌棉本色纱线	山东北斗星纺织有限公司	桓台
54	博汇牌聚氯乙烯树脂	山东博汇集团有限公司	桓台
55	太极牌搪玻璃设备	淄博太极工业搪瓷有限公司	桓台
56	华伟牌高效减水剂	山东华伟银凯建材有限公司	桓台
57	巨明牌联合收割机	山东巨明机械有限公司	桓台
58	梨花牌小麦粉	山东梨花面业有限公司	桓台
59	迎风牌蠕墨铸铁件	山东省淄博蠕墨铸铁股份有限公司	桓台
60	宝恩(POLYGRACE)牌高档牛皮家具革	淄博大桓九宝恩制革有限公司	桓台
61	绿兰莎牌 8°P 啤酒	山东华狮啤酒有限公司	沂源
62	沂蒙牌钠钙玻璃模制注射剂瓶	山东省药用玻璃股份有限公司	沂源
63	益母牌卫生巾(含卫生护垫)	山东益母妇女用品有限公司	沂源
64	东风牌工业硝酸	山东联合化工股份有限公司	沂源
65	昕力牌集装袋	淄博新力塑编有限公司	沂源
66	扳倒井牌白酒	山东扳倒井股份有限公司	高青
67	侨牌一次性使用无菌医疗输注器械	山东侨牌集团有限公司	高青

续表

序号	产品名称	企业名称	区县
68	流云牌精梳纯棉纱线	高青流云纺织有限责任公司	高青
69	牌瓦楞原纸	山东贵和纸业集团有限公司	桓台
70	得益牌乳饮料	山东得益乳业有限公司	高新区
71	美伦牌冷冻饮品	山东美伦食品有限公司	高新区
72	泰山牌磨料磨具	山东鲁信高新技术产业股份有限公司	高新区
73	新华医疗牌放射诊断及治疗设备	山东新华医疗器械股份有限公司	高新区
74	仕名牌水平涡流选粉机	中天仕名(淄博)重型机械有限公司	高新区
75	来跑牌电动跑步机	淄博汇康运动器材有限公司	高新区

山东农(林、水)产品名牌(2006年)

序号	产品	品牌	单位
1	红富士苹果	沂蒙山	沂源县果树技术服务部
2	红提葡萄	沂蒙山	沂源县果树技术服务部

(宋立忠)

免检产品

国家免检产品(2006年)

序号	产品名称	企业名称	区县
1	陶瓷墙地砖(9个)	山东耿瓷集团有限公司	淄川
2		山东国润陶瓷有限公司	淄川
3		淄博春天陶瓷有限公司	淄川
4		淄博东岳实业总公司建材厂	淄川
5		淄博金卡陶瓷有限公司	淄川
6		淄博强赛特陶瓷有限公司	淄川
7		淄博统一陶瓷有限公司	淄川
8		淄博新博陶瓷有限公司	淄川
9		山东皇冠陶瓷股份有限公司(复评)	淄川
10	日用陶瓷(5个)	博山福泰日用瓷器有限公司	博山
11		山东硅苑新材料科技股份有限公司	高新区
12		山东淄博华光陶瓷股份有限公司(复评)	张店
13		山东省淄博华洋陶瓷有限责任公司	淄川
14		淄博泰山瓷业有限公司	淄川
15	纸张(3个)	山东博汇纸业股份有限公司(复评)	博山
16		山东青苑纸业有限责任公司	高青
17		山东贵和纸业集团有限公司(复评)	桓台

续表

序号	产品名称	企业名称	区县
18	水泵(3个)	山东颜山泵业有限公司	博山
19		山东博泵科技股份有限公司(复评)	博山
20		山东长治泵业有限公司	博山
21	烧碱(3个)	山东博汇集团有限公司	桓台
22		山东大成农药股份有限公司	张店
23		中国石化齐鲁股份有限公司	临淄
24	铝合金建筑型材(2个)	山东铝业股份有限公司	张店
25		淄博松竹铝材有限公司(复评)	淄川
26	农地膜(2个)	淄博天鹤塑胶有限公司	临淄
27		山东清源集团有限公司(复评)	临淄
28	保温材料(2个)	山东鲁阳股份有限公司	沂源
29		山东鲁耐窑业有限责任有限公司	淄川
30	钢制标准件(2个)	山东美陵化工设备股份有限公司	临淄
31		淄博强大集团有限公司	博山
32	健身器材(2个)	山东祥和集团股份有限公司	博山
33		淄博汇康运动器材有限公司	高新区
34	灭菌奶(2个)	淄博绿赛尔乳业有限公司	张店
35		山东得益乳业有限公司(复评)	高新区
36	牛羊皮革	淄博大桓九宝恩制革有限公司	桓台
37	家用纺织品一毛巾	淄博云涛纺织品有限公司	桓台
38	衬衫	鲁泰纺织股份有限公司	淄川
39	汽车齿轮	山东汽车齿轮总厂锻造二分厂	博山
40	电动自行车	淄博安琪儿电动车厂有限公司	高新区
41	有色金属及稀土(钛白粉)	山东东佳集团有限公司	博山
42	水泥	山东崇正水泥集团股份有限公司	淄川
43	沥青	山东清源沥青科技有限公司	临淄
44	环氧树脂	淄博市临淄永流精细化工厂	临淄
45	高铝制隔热砖	淄博市鲁中耐火材料有限公司	淄川
46	采暖散热器	淄博汇德暖通设备有限公司	桓台
47	收割机	山东巨明机械有限公司	桓台
48	电动机	淄博牵引电机集团股份有限公司	张店
49	开关柜(2个)	山东锦华电力设备有限公司	桓台
50		淄博齐林电气设备有限公司	高新区
51	绝缘子	山东鲁能齐林电力设备有限公司	高新区
52	电饭煲	淄博多星电器集团有限公司	周村
53	PVC 建筑型材	山东方大工程有限责任公司	淄川
54	塑料管材	淄博汇丰塑料有限公司	桓台
55	木地板	山东格瑞木业有限公司	桓台
56	液体洗涤剂	淄博华润科贸有限责任公司(复评)	桓台

(宋立忠)

国内媒体对淄博的报道（选登）

【“三个一”扮靓淄博农村（2006年4月11日《人民日报》）**】**

山东淄博市扎实推进农村“三个一”工程，即建设一条文明街、一个垃圾处理系统、一座小康书屋，取得明显成效。截至目前，该市有5个村被命名为全国文明村镇，18个村被命名为全省文明村镇。此外，建成文明一条街2700条，新建村镇垃圾池6238个，50%以上的村建成初具规模的小康书屋。

2004年初，淄博市文明委提出以创建“三个一”活动，作为农村精神文明建设的主题工程。为此，该市成立了专门的领导机构，制定创建计划和具体实施方案，明确到各乡镇、村，并纳入区县年度政绩考核。在经费投入上，淄博采取两级财政投一点、村集体出一点、社会捐一点、共建单位援助一点等措施，拓宽筹资渠道。目前，已陆续投入资金1600万余元。同时，淄博在全市范围内建立了“三个一”村级档案，详细登记建成时间、投资情况等信息，并突出抓好重点村镇，努力打造“亮点”，形成示范效应。仅淄川区圈子村，就投资200万余元建成500米长的“文明一条街”和1.8万平方米的文化广场，成为村民休闲、娱乐和健身的好去处。

创建活动中，淄博市文明办、建委、卫生、文化、农业、交通等部门齐抓共建，密切配合，形成了合力。着眼于为农民办实事、办好事，根据村庄规模因地制宜，努力解决突出问题，使农村面貌在短时间内有了较大改善。张店区郭辛村是一个经济较富裕村，该村根据实际情况新建了10多个由专人管理的垃圾点，还投入30万元对村民住宅外墙进行粉刷，村容村貌有了较大改观。

环境改善了，文化生活也不可忽视。为了提高农民文化水平，丰富农民业余生活，淄博本着“实际、实用、实效”的原则，推广小康书屋建设。书屋面积都在20平方米以上，配备了书橱及阅读用的桌椅，并且按全村人均至少一册的标准配备了内容健康向上、具有实用价值的图书，每年新增图书占总量的15%，自觉学习的良好氛围正在淄博农村逐渐形成。

（仝志强）

【淄博的三个“着眼”（2006年4月11日《人民日报》）**】**

要说起农村合作医疗制度，山东淄博市桓台县荆家镇东孙村78岁的农民周可亭赞不绝口。3月初，他因肺部感染住院，花去1005.70元，按政策规定报销了医疗费301.71元。他说：“有了新型合作医疗制度，我的病及时得到医治。要不然，还不是小病拖、大病挨！”在淄博市，像周可亭这样参加了农村新型合作医疗的，有133.55万人。其中，81.4万人报销药费1934.74万元。这是淄博市结合保持共产党员先进性教育活动、下大力气解决农民看病难所取得的成效。

从工作方法的角度，淄博市委书记张建国深有感触地说，一是吃透上级精神，二是吃透群众需要，用“三只眼睛”抓工作，才能真正营造出和谐发展之局。

着眼全局

——5万条整改措施，解决10万个困难

什么是“全局”？人民普遍关心的问题就是。概括地说，就是要践行“三个代表”重要思想，牢固树立和落实科学发展观。

作为老工业城市，污染问题一直是淄博群众关心的重要话题。该市实施“碧水、蓝天”行动，开工建设了28项污染治理重点工程，对113处污染点源实施治理。

针对部分群众的实际生活困难，淄博市出台了关于失地农民、职工社保等方面的一系列文件；连续3年来，市直机关办公经费中每年节支1000万元，用于义务教育阶段贫困家庭学生的救助。

在市委、市政府的带动下，全市各级累计落实整改措施近5万条，帮助基层落实发展项目2650个，解决群众生产、生活中的困难近10万个。全市公益性岗位安置下岗失业人员6422人，举办各类农民工招聘会13次。开展解决拖欠工资专项治理，并实施拨付工程款和农民工工资月报告、季检查制度，建筑业农民工今后可按月领到工资。

山东老工业城市淄博，困难不比别人少，但和谐发展之局日益凸显。他们的体会是，着眼“全局”“基层”和“百姓”抓工作，就能够抓出人民群众满意的成效。（仝志强）

【淄博移山（2006年5月18日《人民日报》）**】**

“煤矸石又自燃了。”

去山东淄博采访那天，气温陡升。记者还没踏进鲁王新型建材有限责任公司的大门，就见到了颇为奇特的一幕：不远处直直凸起两座圆锥形小山，顶端渐渐蒸腾起缕缕白烟。

对于不知情者，这算得一幅美丽的风景：虽然没有植被，但煤矸石山形状规则、色泽青黛，加上烟雾袅袅，颇有诗情画意。

淄博是一座老工业城市，煤矿、铁矿、铝矿等矿产资源十分丰富。但伴随着资源密集型经济的发展，煤矸石、粉煤灰、赤泥等工业废物也逐年增多。目前，仅煤矸石一项存量就达1.3亿吨，或大或小堆积成28座大山，占据着近万亩良田。

指着远处飘烟的煤矸石山，同行的淄博市建委工作人员说：“别看白烟漂亮，煤渣里含有硫、磷、汞等有害物质，自燃会污染空气，刮风会黑尘飞扬，雨天更会污染地下水源。所以，我们才要愚公移山。”

边听边走，已经来到鲁王新型建材的生产车间。这是淄博市内的一家砖厂。说其“新型”，就是因为它制砖原料用的是煤矸石，且在当地有一定规模。

从上世纪90年代初开始，淄博市委、市政府就开始考虑到煤矿资源越来越少，城市发展面临资源枯竭的瓶颈。到1998年，该市着重攻坚工业经济如何转型的命题，鲁王新型建材也就是在此阶段成立的。

当时，经过仔细研究，淄博人大胆提出了一个设想，堆积如山的工业废渣能不能和本市制砖业结合，变废为宝，也变害为利？

和煤炭业一样，制砖在淄博也是一个传统产业。但以前一律使用粘土烧砖法，占用了大量耕地。统计显示，淄博全市曾有粘土砖瓦厂560余家，平均每年吃掉3440亩耕地，相当于每6年吃掉一个乡镇的耕地面积。而淄博本身人均耕地才0.7亩，低于联合国土地警戒线。“鲁王”的附近，遗留有一家已停产的粘土炼砖厂旧址，一个深达5米、约有三四亩地大小的洼地，如同一块巨大而突兀的伤疤，提醒着过往行人这里曾经的“兴旺”。

利用煤矸石制砖，设想很美好，技术难度也很大。淄博市建委主任张可君回忆，当时遇上的难题不仅仅是如何把煤矸石炼成砖，连模具及传输带等生产设备都要重新设计。

“我们当时仅研发就花了1年零8个月。”站在轰鸣的机器旁边，鲁王建材的总经理沈远刚十分自豪。记者看到，和普通粘土砖不同，煤矸石砖体型略大且内有8个孔。据悉，这些多孔砖强度比普通砖高2～3倍，具有隔音、隔热及保温等特点。再加上政府对建筑企业使用新型节能砖给予一定政策支持，如今，淄博已有2/3的砖厂改用新技术炼砖，每年可节约20万吨煤，节约土地2000亩，直接经济效益达4亿～5亿元。更可喜的是，伴随着煤矸石制砖技术的成熟，粉煤灰制砖技术也迅速成型。

“28座大山什么时候才能全部铲平?”离开这家煤矸石制砖厂的时候，记者忍不住希望能知道一下“移山时间表”。

答案似乎有些答非所问：“每年防汛，淄博从淤积河道中清理出的泥沙有480万立方米，泥沙淤积物堆放在引黄渠两侧，占用大片良田，也是堆积成山。”

据了解，由于担心煤矸石资源将来也有一天会枯竭，从2001年开始，淄博又瞄准黄河泥沙这项资源，到2005年，终于又研制成功以黄河泥沙掺入煤矸石后制成多孔节能砖的新技术。

看来，淄博人移山的劲头和黄河水一样，滔滔不绝，永无止境。

点评：淄博正在上演的现代版“愚公移山”，折射着一个地区经济转型的艰辛历程，他们挑战资源瓶颈的宝贵实践值得借鉴。

淄博是在上世纪末大力调整工业产业结构的，而那个时候资源紧缺的矛盾还不突出。但是，群众口口相传的一首民谣让决策者警觉——“矸石堆成山，耕地挖成洼。断了子孙路，吃了祖宗饭”。也是从那个时候起，淄博市强化了在资源方面的危机意识，寻求发展的突破口。

最精彩的是转型过程。一个地区，一座城市，每天都在产生大量的生活垃圾和工业废物。而在转变经济增长方式过程中，很少有人去关注这些废弃物，重新审视并判断这些废弃物的价值。淄博不仅关注了，还依据当地实际，把这些废弃物纳入了地方产业发展的大框架，发展的路子一下开阔了许多。

从研发利用煤矸石、粉煤灰到利用黄河淤泥沙制砖，都经历了不短的研发期。善于化害为利、变废为宝，是淄博转型成功的一大特色，坚韧不拔的技术创新则是获得成功的坚实基础。

（仝志强）

【环境为本谋跨越——看淄博找回“碧水蓝天”（2006年12月6日《人民日报》）**】**

●一座老工业城市，环保欠账不少，但淄博人追回“碧水蓝天”的决心很大

●淄博市委书记说：“提出‘环境立市’的目标，就是要突出环保这一发展的要义”

流经山东淄博中心城区张店的主要河流猪龙河，是小清河的支流，过去又黑又臭、污染严重，而今，终于清澈见底了。据环保部门抽样化验，猪龙河入小清河处出境断面COD（化学需氧量）指标，已由2000年的377毫克/升下降到2005年的251毫克/升，今年7月以来，稳定在150毫克/升左右，最小值达到100毫克/升以下。

近日，山东省省长韩寓群带领省政府有关部门负责人视察小清河流域沿途各市的水污染治理情况。在淄博市的东猪龙河入小清河出境断面、贵和纸业集团、桓台县荆家镇波扎店村等地取水化验后，韩寓群对淄博今年以来的环保工作给予了充分肯定。

不仅如此，从2003年起，在全市GDP超千亿元的同时，淄博环境空气质量好于二级的天数连续3年超过300天，主要水体基本变清，实现了人民群众30年的愿望。

由工业立市到环境立市
发展理念提升

淄博是依托资源开发而兴起的老工业城市，上百年来形成的以煤炭、石化、医药、建材为主的产业体系，造成了严重的结构性污染。多年来治污投入不少，但欠账太多，效果并不明显。

近年来，淄博市委、市政府对环保工作的认识不断深化。2002年底，出台“环境立市、经济强市”的决策。2003年初，这8个字后面加上了“文化大市、绿色城市”。“环境”成为淄博建设与发展的关键词。

市委书记张建国多次强调，环保工作要坚持“一把手”亲自抓，负总责，对环保工作要确保认识到位、责任到位、投入到位。他在谈到“环境立市”这一决策出台的背景时说：“我们提出环境立市，就是针对过去长期形成的工业立市这一理念。环境保护事关广大人民群众的生活质量，发展再也不能以牺牲环境为代价，我们要坚持环保先行，又好又快地发展。”

用行动换回碧水蓝天
治理力度加大

淄博从2005年起开始实施“碧水蓝天行动计划”。这一计划可以用“一二三四五”来概括：抓住创建国家环保模范城一条主线，突出水污染治理和大气污染防治两大目标，实现化工废气治理、生活垃圾无害化处理、小区中水回用三个突破，抓好水污染防治、大气污染防治、固体废物污染防治、生态恢复四项工程，综合整治猪龙河、孝妇河、淄河、沂河、支脉河五个重点流域。

“碧水蓝天”计划为期3年，总投资36亿元，是淄博近年来投资最大、最严格的环保专项资金。目前，已开工建设158项污染治理工程，共对380处污染点源实施污染治理再提高或限期治理。截至10月，已完成投资19亿元，占投资总量的53%。

在加大投入的同时，淄博突出抓好污水处理厂和配套管网建设。通过市场化运作，新建和扩建了14座污水处理厂，其中8座已完工并投入使用，新增日污水处理能力29万吨，全市城市污水处理能力达到每天58万吨。

重点企业、区域和流域污染，是一块顽症。为此，淄博下决心调整产业结构布局。2005年，完成张店近郊16家水泥企业、44条生产线的搬迁改造，年减少粉尘排放5000多吨。今年，关停了博山区6条水泥生产线，搬迁、治理一批重点企业，取缔、淘汰一批小化工、小炉窑企业，加快天然气推广应用步伐。此外，张店东部化工区的废气废水污染治理、齐鲁排海管线的达标排放、猪龙河道综合治理等，都得到了妥善解决。

环保委员会协调“老大难”
探索长效管理

污染防治，重在长效。

过去，淄博有个市级环保委员会。2005年5月，这一委员会的“环保”头衔后加上了“工作”二字。

淄博市环保局局长邹光平说，别小看加上的这两个字。这不仅是一个名称、形式的变化，重要的是为促进环保工作由部门化向综合化的转变提供了组织保障。委员会由市长任主任，30多个市直部门的主要负责人任委员，分管副市长任办公室主任，市环保局局长任常务副主任。一年多来，委员会协调了不少过去难办的环保难题：水处理纠纷中环保和水利部门的管辖协调，一些污染大企业的搬迁，都是委员会一力办

成。

环保工作初显成效，但淄博市决策者们的头脑始终清醒。张建国说，党的十六届六中全会将"资源利用效率显著提高，生态环境明显好转"列为构建社会主义和谐社会九大目标和任务之一，为淄博进一步做好环保工作指明了方向。目前，淄博已确定"3年实施碧水蓝天行动计划，5年创成国家环保模范城，15年建成生态市"的环保目标。　　（仝志强）

【经济转型的强大支撑　山东省桓台县采访记（2006年5月14日《经济日报》）**】**

5月13日上午8时，记者在山东桓台县的东岳集团门口看到，一批新日本制铁株式会社的技术管理人员三五成群地走进公司，和当地的工人们一起做班前准备，开始了一天的工作。

就在12日下午，新日本制铁株式会社、三菱重工和东岳集团在这里签订了清洁发展机制（CDM）的合作项目。这是目前全球最大的CDM项目，建成后可年产生"减排权"1000吨，大幅减缓温室效应。

东岳集团位于山东省桓台县小小的唐山镇，但它却受到了几乎所有国际化工巨头的关注。

几年前可不是这样。2001年，东岳准备上马被称为"塑料之王"的聚四氟乙烯项目，此前曾30多次和国际化工巨头们接洽，进行技术合作，但都没有结果。东岳集团董事长张建宏，不止一次地被世界500强企业拒之门外。

"没有核心技术，就没有平等对话权。"张建宏说，"人家觉得东岳的技术太落后，不配与他们合作。"

痛定思痛，东岳走上了自主创新的道路。他们整合国内100多名有机氟行业的顶尖专家，仅用了11个月，就成功上马了3000吨聚四氟乙烯装置，并迅速扩大到2.2万吨。目前在这一领域，东岳的国内市场占有率达到40%，产品60%出口。

聚四氟乙烯项目取得突破后，东岳人又把目光盯向了含氟材料行业的顶级产品氟树脂、氟橡胶，一次次打破国外的技术垄断。他们和清华大学联合开发的绿色环保制冷剂产品，荣获国家技术发明奖，规模、技术和市场占有率均是全球第一。

如此高端的新材料新技术，竟然多次在桓台县唐山镇的一个民营企业实现了突破，原因何在？

由于地处乡村，无论是人才的引进，还是信息的获取，东岳都不占先机。"原来写信的时候，写上'山东省淄博市桓台县唐山镇'还收不到，必须加上'巴王村'才行。"张建宏说，"这就迫使我们必须超常规引进人才，自主创新。"

以东岳集团为代表，桓台县正崛起一批自主创新型企业。

目前桓台的高新技术企业已经发展到33家，高新技术产业产值占工业总产值的比重达到33%，3家企业跻身于国家级重点高新技术企业行列。

不少人知道桓台，因为桓台是江北第一个"吨粮县"。在从农业大县向工业强县的转变中，桓台把自主创新作为突破口。"这个转变过程，是产业结构调整的过程，是人才、科技投入的过程，是企业家培育和成长的过程。"县委书记王树武对记者说："科技兴县，正成为广大干部群众的共识。"

"我们很多企业在人才方面的政策，就是'无政策'，只要能对企业技术创新有利的，工资、住房、技术入股等都可以。"桓台县科技局局长巩向劝说："到今年底，将会有近10位院士的项目在桓台开工，常驻这里的博士已有40多人。此外还有100多位国内外技术专家和50多位博士长期为企业出力。"

采访中，记者遇到了2005年刚到东岳工作的"博士夫妻"，分别来自中科院和北京大学。妻子高自宏说："毕业后我们主动找到了东岳集团，感觉在这里能够实现自己的价值。"丈夫秦胜在一旁补充道："东岳为我们搭建了很好的研发平台，可随时提供实验所需的各种条件。"

当记者问到他们在这里的待遇时，高自宏说："我们刚来就分到了125平方米的住房，集团还奖励我们一辆轿车。"

越来越多的桓台企业认识到创新对于发展的重要性。蠕墨是一种新型材料，以"蠕墨"为公司名称，蠕墨铸铁有限公司突出了自己的创新特质，公司董事长张跃承说："我们就是要学习东岳的创新精神，让科技成为企业的当家人。"

蠕墨制铁在机械、汽车等领域有着广泛的应用前景，但是其产业化进程还比较落后。张跃承成立了山东省特种铸铁工程技术研究中心，加大这一新型材料的产业化开发，并承担了制定该行业国家标准的重任。"虽然研究中心每年需要投入500万元，占我们企业利润的近1/4"，张跃承说，"但从长远来看是值得的，今后我们不卖具体的产品，而专注于技术开发，只卖专利了"。

创新的人才、创新的环境、创新的企业，促成了桓台县从农业大县向工业强县的转变。2005年，桓台县规模以上工业企业实现销售收入279亿元、利税30亿元；规模以上工业企业达到202家，亿元企业达到40家。在桓台人看来，正是因为坚持自主创新，桓台的工业经济才得到了长足发展。

有了工业发展做支撑，桓台县2005年完成国内生产总值150亿元，同比增长20.5%；地方财政收入5.44亿元，同比增长35.3%，在全国百强县中位居第71位，较2005年大幅提升了20名。

"没有科技进步和创新，就不可能走上科学发展的道路。"县委书记王树武认为，"尽管自主创新之路并不平坦，但这是桓台经济实现转型的关键。"国内很多地方都面临着从农业县向工业县的转变，桓台的实践可以为我们提供有益的启示和借鉴。

在东岳采访时，记者遇到了正准备下班的质检工人周玉凤。

她高兴地说："我们两口子都是公司刚成立时的工人，干了近20年了，眼看着公司靠创新在壮大，我们的收入也不断增加，现在每月能拿1500元。自主创新会让公司发展得越来越好，我们的生活也会越来越富足！"

（薛志伟　秦海波　单保江）

【镕铸城市文化之魂——山东淄博文化建设纪实（2006年9月17日《光明日报》）**】**

秋天，丰收的季节

记者在山东淄博市采访，看到了农业丰收，工业发展，也感受到文化产业生机勃勃，精神产品丰富多彩。记者探其究竟，淄博市委书记张建国深有感触地说："文化是城市的灵魂。我们的指导思路是，将文化要素注入经济发展、社会进步、城市建设等各个方面，把淄博市建成名副其实的历史文化名城。"

根与花

淄博历史悠久，文化灿烂。淄博作为"春秋五霸之首，战国七雄之冠"的齐国都城，长达八百年。淄博是内容丰富、博大精深的齐文化发源地。淄博市的决策者详细调查、深刻研究这座城市，决定依据其个性特征管理与经营这座城市，于是，确立了“发展文化产业，建设文化大市”的宏伟目标。淄博市委、市政府从战略和全局的高度，谋划全市文化发展战略；以更新的思维，提升城市文化品位；以开放的姿态和非凡的魄力，推动城市文化建设高潮到来。2003年3月，淄博颁布实施了《2003～2010年淄博市建设文化大市规划纲要》和《关于加快发展文化产业的意见》，明确了加快发展文化产业的指导思想、目标和基本原则。按照这些决策规划，全市上下抓住文化产业发展难得的战略机遇期，以科技进步、人才支撑为动力，实现了淄博文化产业跨越式发展，涌现出一大批具有地方文化特色的文化产业品牌。

伴随改革开放的春风，淄博人围绕“书”字大做文章，成长起一批批文化企业。淄博世纪天鸿书业集团，奋力探索适合中国国情的图书发行模式，业务快速增长，图书发行净额达到12亿元。2004年，该集团同时获得国家新闻出版总署授予的“出版物国内总发行权”和“出版物全国连锁经营权”。目前，该集团已成为中国最大的民营图书发行企业和中国最大的数字教学资源提供商，成为山东乃至全国文化产业发展的典型代表。

淄博市全面调整文化产业结构，大力整合文化资源，按照发展地域性、个性化文化的要求，保护、挖掘、开发利用好独特而丰富的历史文化资源，提升城市文化形象，展示城市文化魅力。他们以齐文化为中心，建立起比较完善的现代化文化设施网络，塑造并打响了齐文化、现代文化、工艺文化、旅游文化四张文化王牌。形成了传媒、文化旅游、文博会展、出版发行、休闲娱乐、教育、体育等七大产业为主导的文化产业体系。目前，淄博市以临淄故都为代表的齐文化，以聊斋志异为代表的人文文化，以陶瓷琉璃为代表的工艺美术文化，以山泉洞为代表的现代旅游文化，以荣宝斋淄博分公司为代表的书画、古玩产业，都得到长足发展。近几年来，淄博市文化产业的增长速度，超过GDP增长速度一倍以上，达到34%；2005年，全市文化产业增加值达61.24亿元，比2004年增长21.31%。

旧与新

“纵观世界，凡是文化产业成绩斐然的国家，无一不是鼎力保护和弘扬本国的民族文化。”淄博市委副书记岳长志这样对记者说。淄博市坚持弘扬中华民族文化、发展文化产业的科学发展观，令“泱泱大风”的古老齐文化，焕发出青春。《史记》载：“临淄甚富而实，其民无不吹竽、鼓瑟、弹琴、击筑、斗鸡、走犬、六博、踏鞠者。”简洁的描述，将两千年前淄博人的文化生活，呈现在我们眼前。经过考证，国际足联于2004年确认淄博是世界足球的起源地。前不久的德国世界杯期间，淄博市临淄区作为世界足球起源地，应邀参加在汉堡举行的“魅力足球展览”。淄博抓住契机，成立了足球产业开发领导小组，开通蹴鞠网站、成立蹴鞠队、建起足球博物馆，国内表演，国际参展，淄博的对外影响越来越大。如果说足球文化是淄博文化产业的一颗新星，那么，它身后则是一片星海。淄博市充分利用“坐落在齐国故土上”这一独特优势，集中人力、物力，打造“文化旅游之都”。

他们在齐国故城遗址上，建起我国十大异型博物馆之一——齐国历史博物馆。通过大量珍贵文物和文献资料、模型、雕塑等手段，形象地展示了齐国的产生、发展、兴盛和衰亡的历史。同时，建成了临淄中国古车博物馆、龙山文化博物馆、姜太公祠、管仲纪念馆等一大批特色景观。淄博人善于宣扬古与旧，更善于创造新与奇。他们千方百计筹集资金1.6亿元，将“世界短篇小说之王”蒲松龄的故居建成了著名的“聊斋文化园”。蒲翁的后人与时俱进，观念更新，为适应旅游市场的需求，组建了淄博聊斋旅游发展有限公司，不断加大聊斋文化旅游资源的开发力度，将聊斋园管理得规范有序，兴旺发达。

形与神

淄博陶瓷文化之一绝——世界上最大的陶瓷花瓶“中华龙世纪瓶”，高达5米，直径2.2米，重5.2吨；花瓶周身两条巨龙盘环，龙头跃跃对视。瓶体饰以宋代流传的名贵“钡青釉”，龙身采用先进的空心雕塑技术。花瓶在1300度高温下烧制7天7夜而成。其实，淄博陶瓷的绝品精品还有许多。譬如气势恢弘的“中华龙提梁壶”，工艺精湛、图案典雅的“中华龙陶瓷大盘”，均为世界之最。从新石器时代后李文化的“红陶釜”，到21世纪的“中华龙世纪瓶”，8000年的陶瓷发展，铸就了淄博璀璨的陶瓷文化。淄博市将继承和弘扬古老的陶瓷文化，作为建设文化大市的重要内容。淄博陶瓷在研制开发新材质方面，一直走在全国各陶瓷产区的前列，研制出了六大新瓷种，形成了淄博陶瓷文化的独特风格。其中，合成骨瓷获国家创造发明二等奖。

目前，淄博市有陶瓷生产企业332家，从业人员近10万人，日用陶瓷出口率达到了60%以上，销往世界70多个国家和地区。在美国，平均每三个人就有一人在用淄博陶瓷。淄博陶瓷的陶瓷文化，正攀向一个新的高峰。

（赵秋丽　李玉兰）

【淄博强势迈向名牌大市（2006年3月4日《大众日报》）**】**

●本报淄博讯　春节过后，记者从淄博市名推委了解到，2005年，淄博市三个名牌主要指标新增数均居全省前列，显现了当地经济强劲的后发优势。

2005年12月，在国家质检总局公布的免检产品中，淄博有15个产品上榜，新增数居全省第三。而在此前不久，淄博的45个产品和9个产品还分别获得“山东名牌”和“中国名牌”，新增数量分别位居全省第一和第二。至此，该市已拥有11个中国名牌，118个山东名牌，32个国家免检产品。

淄博市委、市政府把实施名牌战略作为落实科学发展观、转变经济增长方式、提高区域竞争力的重要手段，在全社会形成了政府推动引导，企业主动争取，社会联动助推的氛围。他们不仅重点推动支柱产业、优势产业的发展，还着力提高传统产业的质量档次，培育具备发展潜力的新兴产业，确定了机械、建材、轻工、纺织服装、化工、食品等传统工业，以及电子信息、生物工程、新材料、新资源综合利用、环境保护等高新技术产业作为培育发展名牌的重点产业，重点扶持、培育。不仅在贷款、税收方面提供政策支持，还制定了奖励政策，获得中国名牌产品称号的企业，由市财政一次性奖励100万元，获得山东名牌产品称号的企业奖励5万至20万元，激励了企业创名牌的积极性。目前，在全市9800多家工业企业的12000多种产品中，按国家标准组织生产的占65%。为了给名牌产品生产企业创造良好的外部环境，淄博市注重通过打假治劣保护名牌，对假冒名牌给予严厉打击。执法部门在了解到山东名牌淄博铝型材公司的产品遭假冒后，立即联合打假，两个月时间查处5家违法企业，为企业挽回经济损失50万元。

名牌产品的增加使淄博由老牌工业强市向名牌大市转变，对调整淄博的产业结构和实现又快又好发展产生了积极影响。2005年前8个月，淄博市名牌产品实现利税总额75.59亿元，占规模以上工业企业的46.04%，拉动15.56个百分点，对全市经济贡献率达46.84%。

【和谐淄博辩证法（2006年4月27日《大众日报》）**】**

●“十五”期间，淄博市保持了国内生产总值年均增长15.04%、地方财政收入年均增长20.1%的喜人速度，而与此同时，在平安建设年度综合考核中，淄博也跃居全省第四，群众满意度96.8%。

●软与硬、标与本、近与远，和谐淄博辩证法给人启迪。

软与硬

平安建设往往被认为是个很难用硬指标衡量的弹性工作，既千头万绪又不易取得显眼的政绩。但淄博的决策者认为，没有安全稳定的社会环境，不仅千家万户安居乐业难以保障，优化投资发展环境、带动老工业基地脱胎换骨也将大受影响。立足这一高度，2003年10月，该市就在全省率先作出建设“平安淄博”的决定，并将“七不发生一满意”作为衡量各级干部执政能力和构建和谐社会的硬性指标。

硬指标离不开硬措施。围绕决策目标、执行责任、监督考核三大体系，该市实施平安建设责任追究和发生问题一票否决制，明确提出“舍得拿人、舍得拿钱、舍得拿时间”，先后32次召开市委常委会和市长办公会专题研究平安建设，总计投入7亿多元用于平安建设。为把矛盾化解在基层，建起市、区县、部门、基层单位四级矛盾纠纷排查调处机构和定期排查制度，完善工作报告、协调例会、督查督办、领导包案等制度措施，仅2005年就调处各类矛盾纠纷17515件，调处成功率98%，其中避免群体上访事件386起，避免“民转刑”案件177起，全市刑事案件下降16.3%。

标与本

今年春节前夕，淄博市委书记张建国一大早赶到周村，走访慰问了一上午困难家庭，草草吃罢午饭，又匆匆赶到南郊镇接待群众来访，面对面解决群众反映的热点难点问题，一直忙到夜幕降临。记者了解到，在淄博，像这样党政领导雷打不动的定期下访公开接访，仅2005年就有3107人次。

事关老百姓切身利益的琐事难事在淄博决策者心中的分量到底有多重？以下这组数字可见一斑：2005年全市为此召开专题常委会或扩大会议8次；2005年初确定要为群众办的12件实事和保持共产党员先进性教育确定的16个方面、155件实事，件件落到实处，包括从市直机关办公经费中挤出1000万元，救助贫困中小学生19260名。

理顺上下通达渠道、筑牢平安网络，说到底只是缓解暂时矛盾的治标之策，只有建立解决群众关心的热点难点特别是维护困难弱势群体利益的长效机制，才能从源头上化解各种矛盾、问题和隐患，打牢维护社会稳定、构建和谐社会的坚实基础。这是淄博广大党员干部的共识。

该市2005年出台针对弱势困难群体的相关文件、意见10多个；启动“春风行动”“阳光培训”，免费培训下岗失业人员1.3万人，农村劳动力10万人，培训后就业再就业率超过60%；通过开展“扶贫济困万人行”和“结穷亲、解民忧、受教育、促发展”活动，1.25万名干部职工帮扶困难家庭7324户，帮扶款物2057万元，90%以上的帮扶对象生活、就医、子女上学有了保障；在全省率先成立困难职工援助中心和建立小额担保贷款制度，2005年实施生活救助5980人次，帮助5978名下岗失业人员实现自谋职业；推进农村新型合作医疗保险，全市参合率87%，参合农民受益率85.3%。

近与远

建立社会保障机制，维护弱势群体利益，从源头上消除各种矛盾、问题和隐患，打造维护社会稳定和构建和谐社会的根基，哪一件都离不开财力支撑。

不求急功近利，痛下决心改变资源型、初加工型为主的产业格局，发展循环经济，全市仅提前三年半完成的42条水泥生产线搬迁改造就累计向企业兑现各类资金7492万元；该市投资近5亿元，对1356条燃煤工业炉窑实施清洁燃烧技术改造，47家企业改烧天然气；关停取缔燃煤工业炉窑1080条，年减少烟尘排放量4.6万吨。

以区域综合经济实力和核心竞争力提升为目标，淄博市培植壮大龙头企业，全力强化新材料、精细化工、生物医药等比较优势产业，放手、放权壮大县域经济，以城带乡、以工补农推进城乡协调发展。“十五”期间，新增中国名牌11个，中国驰名商标9件，有40家企业年销售收入超10亿元；农民人均纯收入年均增长9.5%，不仅4个全省县域30强区县实力显著增强，沂源等经济欠发达县也实现财政收入等“三个翻番”；2005年全市高新技术产值跃居全省第三，占规模以上工业总产值比重比“九五”末提高13.5个百分点，成为国家级新材料成果及产业化基地和国家火炬计划生物医药产业基地。

在骨干企业、高新技术产业、县域经济等强力带动下，2005年该市实现国内生产总值1430.95亿元，是2000年的2.3倍；境内财政收入和地方财政收入分别达到160.59亿元和64.13亿元，分别是2000年的2.53倍和2.5倍；淄博跃居全国综合实力百强城市第47位，荣膺中国投资环境50优城市。

（贠瑞虎　杜辉升　李贡平）

（郭　昱　整理）

本部类编　辑：王　娟

副主编：徐　杰

校　对：杨建明

孟　明

索　　引

说　　明

1. 本索引采用主题分析索引方法，按标引词第一字的汉语拼音字母顺序排列（阿拉伯数字在汉语拼音字母前）。同音字按声调，首字相同者按第二音序排列，依次类推。
2. 标引词后的阿拉伯数字表示内容所在页码，数字后的拉丁字母 a、b 分别表示该页自左向右的版面区域。
3. 部类、分目、次分目用黑体字标明。“附见”缩后两格放在相关分目或条目的标引词下面。
4. 特载、市情调研、要论、人物、业绩采风、社会经济统计资料等部类均未做索引。

D

E

F

G

H

J

K

L

M

N

R

S

T

W

X

Y

Z

本部类制　作：王　娟
副主编：徐　杰
校　对：赵建国
孟　明

图书在版编目(CIP)数据

淄博年鉴·2007 / 淄博市地方史志办公室编．—济南：齐鲁书社，2007.8

ISBN 978-7-5333-1860-4

Ⅰ．淄… Ⅱ．淄… Ⅲ．淄博市—2007—年鉴 Ⅳ．Z525.23

中国版本图书馆 CIP 数据核字（2007）第 135166 号

淄博年鉴（2007）

淄博市地方史志办公室 编

出版发行	齊魯書社
社　　址	济南经九路胜利大街 39 号
邮　　编	250001
网　　址	www.qlss.com.cn
电子邮箱	qlss@sdpress.com.cn
印　　刷	山东新华印刷厂德州厂
开　　本	889×1194mm　1/16
印　　张	21.5
插　　页	50
字　　数	1022 千
版　　次	2007 年 8 月第 1 版
印　　次	2007 年 8 月第 1 次印刷
印　　数	1—5000
标准书号	ISBN 978—7—5333—1860—4
定　　价	120.00 元

周村古商城

省委书记李建国在市委书记刘慧晏、市长周清利等领导的陪同下视察周村古商城

原省委书记张高丽视察周村古商城

建设部部长汪光焘到周村古商城视察

省委副书记姜大明视察周村古商城

2001年，周村古商城作为山东省"文化历史与民俗"旅游区的开发重点被列入山东省旅游发展总体规划，周村区委、区政府专门成立大街开发保护办公室；2005年8月更名为周村古商城管委会办公室；2006年4月，实行周村区旅游局与古商城管委会办公室合署办公，6月，成立周村区旅游业发展协调促进委员会， 12月，与北京巅峰智业机构签署合作协议，成立专业旅游营销管理公司。

周村古商城现有保存完好的明清古建筑5万余平方米，景区内古迹众多、店铺林立、街区纵横，建筑风格迥异，中西文化合璧，为山东仅有、江北罕见，且至今仍在发挥其商业功能。现有千佛寺古庙群、三益堂印刷展馆、谦祥益、民俗展馆、演艺广场、今日无税牌、票号展馆、大染坊、魁星阁庙群、丝绸博物馆、状元府等10余处景点。通过大量古建筑、实物、展品来展示齐鲁商业文化、建筑文化、丝绸文化、民俗文化、宗教文化，让游客亲身融入到底蕴深厚的文化氛围中。2006年被列为国家级3A景区、山东省重点历史文物保护单位，被省旅游局评为"游客满意度排行榜第一名""最有发展潜力的景区"，被评为全市旅游工作先进单位、市十佳旅游景区（点）、淄博市"百城万店无假货"活动示范街、 周村区'十五'文明单位，连续四次评为"春节元宵文化活动先进单位"。

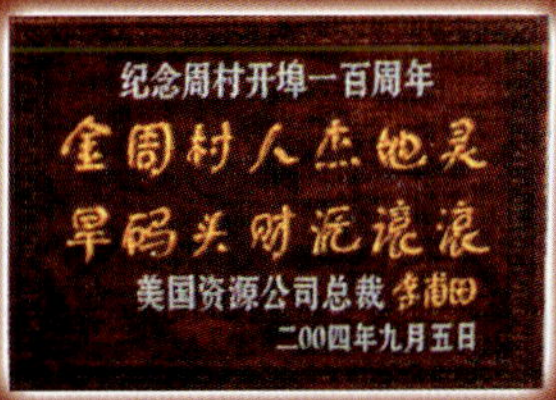

山东煤炭

学院班子成员：党委书记、院长范洪春（中）；党委副书记、纪检员赵增磊（左二）；党委委员、副院长王风贤（右二）；党委委员、工会主席孙红（右一）；党委委员、劳人科科长杨晓艳（左一）

山东煤炭技术学院前身为淄博矿业集团高级技工学校，建于1954年，占地173亩，建筑面积43145平方米。现有教职工207人，其中"双师型"教师占教师总数的70%。学院编写了9种全国技工学校统编教材，开设24个专业，其中煤矿电器设备维修和煤矿机械设备维修为山东省名牌专业和重点专业，现设59个教学班，在校生3900人。

办学条件优越，学院拥有固定资产2640万元，各种教学设备1028台件，有实习厂和校外实习基地，能充分满足教学需要。坚持开放办学，按照适应市场，突出特色，提高质量，服务煤炭企业和社会的办学指导思想和"攀高""嫁接""联姻"的办学思路，与省内外院校联合办学，提高了办学层次；强化短期培训工作，成为国家二级安全技术培训机构，每年培训"金蓝领""预备技师"等专业工种学员6000人以上；采取全员招生、订单式招生、多季招生等措施，每年招生1000人以上。积极与省内大中型企业合作，学生安置率保持在97%以上，形成了多层次、多渠道、多形式办学的新局面。注重提高教学质量，推行一体化教学、模块式教学，

外国友人参观学院煤矿安全技术实训基地

教师在煤矿安全技术实训基地讲解设备操作安全规程

技术学院

培养学生的动手能力，毕业后能顶岗操作，深受用人单位欢迎。构建和谐校园，推行精细化管理，完善全面管理制度，大力加强精神文明建设，推进校园文化向高品位、深层次发展，形成了良好的学风、教风和校风。50多年来，学院为国家煤炭生产建设和地方经济建设培养专业技术人才3万余名，培训在职职工4万余名。

学院先后荣获山东省“花园式”单位、淄博市“绿色文明家园”等称号。多次被评为职业教育先进单位、职业技术培训先进单位、双文明先进单位、中国煤炭建设协会小康住宅先进单位、全国煤炭教育先进单位。

山东煤矿安全监察局党组书记、局长王子奇（左二），淄矿集团公司党委书记、董事长马厚亮（左一），在学院党委书记、院长范洪春（右二）陪同下视察学院煤矿安全技术实训基地

开展丰富多彩的文体活动

校园风光

淄博市工业学校

校长　朱建华

整齐有序的课间操

淄博市工业学校是一所集普通中专、职业中专、成人中专、本专科函授及各类社会培训为一体的职业学校。学校现有5个校区，占地380亩，建筑面积9万余平方米，在职教职工430人、全日制在校生5600余人，实验实习设备总值3000余万元。主要专业有化工类、机电类、计算机类、商贸类、旅游类五大类36个专业。学校有完善的学历教育、建筑培训、安全教育、驾驶员培训、职业资格认证、农村劳动力转移等培训体系，每年培训各类人员2万余人（其中农村劳动力转移2000余人），组织各类考试5万人次以上。

学校连续14年保持了省级文明单位称号，先后获得国家级重点职业中专、全国职业教育先进单位、省部级重点普通中专、省职业院校教学示范学校、省教学工作先进单位、省职业教育师资建设先进单位、省首批中等职业教育科研示范学校、省电化教育示范学校、省中职毕业生就业培训先进单位等多项荣誉称号，是省内外闻名的人文化、生态化、数字化、现代化的综合性职业名校。

学校不断拓展中外联合办学的新空间和新领域，与韩国全南大学、又石大学、建阳大学、庆熙大学等多所大学结成友好学校，与韩国的忠清大学签订联合办学协议，开办赴韩留学预科班；与北大青鸟APTECH公司联合办学，招收IT班4个；在威海创建韩资企业实习基地，毕业生供不应求。

近日，学校牵头组建了淄博市首家职业教育集团——创业职业教育集团，集团拥有87个成员单位，以职业院校为主体，以企业和行业为依托，是一个跨行业、多元化的教育集团。

2006年5月18日，学校与北大青鸟APTECH公司签定联合办学协议并举行揭牌仪式

学校与韩国忠清大学签订联合办学协议，目前赴韩留学预科班已开学

学校投资500多万元建设了27个大型实训车间，总面积8000平方米，拥有全国一流的电拖、电气焊、数控车床、汽车维修等实习设备

多功能厅前小广场

山东省淄博人民警察训练基地

团结奋进的领导班子

2006年3月，原山东省淄博人民警察学校改建为山东省淄博人民警察训练基地，主要承担淄博市和全省在职民警的初任、晋升和专业训练任务。

基地占地面积150余亩，建有教学楼、办公楼、图书实验楼、学员公寓楼、餐厅、综合训练馆、警务技能战术训练场、靶场和400米跑道标准体育运动场，具备可同时容纳800人的训练规模。

基地拥有一支政治合格、业务精通的优秀教官队伍。自建校以来，共培养了1万余名合格毕业生，培训在职民警2万余人次。先后5次荣立集体三等功，连续19年荣获市级文明单位称号。在公安部、省教委组织的教学评估中被评为全省同行业惟一一所B级学校；先后两次被省政府命名为省部级重点中等专业学校；2001年被省政府表彰为职业教育先进集体。

基地转轨民警训练工作以来，发扬“忠诚、严谨、求实、创新”的训练精神，以“建设一流队伍，培训一流学员，创建一流基地”为目标，坚持“贴近一线，贴近实战，贴近业务，贴近队伍”的工作理念，创新训练模式，加快正规化建设步伐，为公安队伍建设做出了积极贡献。

校园一角

实训现场

民警抓获被网枪网住的歹徒

山东省轻工美术学校

国家级重点中专

www.sdqgmx.com.cn

毕业生获得的“世界之星”奖

毕业生获得的“亚洲之星”奖

毕业生获得的“中国之星” 奖

山东省轻工美术学校建于1973年，为山东省惟一一所纯艺术设计类国家级重点中专，系山东省职业教育协会书法绘画及艺术设计委员会主席单位，淄博工艺美术协会副理事长单位。2006年被山东省包装技术协会、包装装潢设计委员会评为“突出贡献院校”。

学校办学经验丰富，师资力量雄厚，现任教师中有中国美术家协会会员、包装设计协会会员、工业设计协会会员、工艺美术大师等20余人。学校设施完备，专业设置合理，开设装潢艺术设计、广告制作与装潢、电脑美术设计、动漫动画艺术设计、影像与影视艺术、室内艺术设计、产品造型设计、陶瓷琉璃艺术设计、工艺绘画、少儿美术教育、高考美术等专业，各专业均建有专业工作室，为人才培养提供保障。学校坚持“以教学为中心，以学生为主体，以服务为宗旨，以能力为本位”的教育理念，实行封闭化管理，促进学生的全面发展，毕业生在社会上广受欢迎，学生就业率达100%。美校与淄博一中、博兴一中、周村实验中学等多所学校合作，对高三学生进行美术考前集训，专业考试合格率达99%。自2006年开始，与山东兵器工业职工大学联合招收艺术设计成教高职学生。2007年开设动漫动画艺术设计专业，与深圳九鼎动画艺术设计有限公司联合培养动漫艺术设计人才，填补了全市此项人才培养的空白。

学校毕业生中人才辈出，既有郗海飞、童慧明、吴东魁、曾宪国、宋昌华、张良、梁文道等大家，又有刘永杰、王斌、张驰、尹宝亭、周胜楠等在艺术设计界崭露头角新秀，更有众多的美校学子在发展创意经济的大潮中充当中流砥柱。

地址：博山区颜山公园路43号　　电话：0533—7914087　7911133

网址：www.sdqgmx.com.cn

教学楼

山东省淄博第七中学

山东省淄博第七中学创建于1952年，是新中国成立后在淄博地区创建的首批高级中学之一，是首批省级规范化学校、淄博市“十五”普通高中名校和高考十强学校。

学校坐落在齐国故都临淄，位于临淄火车站、汽车站南侧。占地200亩，建筑面积8.5万平方米。“英才书院”“稷下学府”雄伟壮观，高标准塑胶体育场、篮球场、体操场地，音乐教学中心、美术教学中心、体育教学中心、网络教学中心、卫生健康中心均按照国内最新、最高的标准配置，学校6个食堂竞争经营、所有学生住宿全部套房，硬件设施均具省市最好水平。

淄博七中现有66个教学班，在校学生近4000名。全体教职工以“特别能吃苦、特别能负责、特别能爱生、特别能实干、特别能创新”而倍受学生、家长和社会的信赖。学校坚持“让每一个学生成才发展”的办学理念，形成了“激情燃烧，追求卓越”的淄博七中精神和“强理、强文、强音体美”的办学特色，先后诞生了山东省高考状元李明，淄博市高考状元齐湘东、王振峰、张冠男、李冠升，共有23名优秀毕业生考入北京大学和清华大学，学校连续十年被表彰为高考先进单位。

校　址：淄博市临淄城区南二路80号
网　址：http/www.zbqz.com
电　话：0533—7110154　7113134
邮　编：255400

团结有为，执着追求的学校领导班子

市委副书记岳长志视察该校

全国及省、市人大代表到该校视察

市教育局党委书记、局长张洪亮到该校看望2006年山东省理科高考状元李明同学

英才书院——教学办公科技综合楼

读书林

临淄区第四中学

校长　杜希铭

临淄四中建于1958年，是区属定点普通高中，省体育传统项目学校，省级花园式单位，省级规范化学校，全国教育科学“十五”规划国家重点课题“整体构建学校德育体系的深化研究与推广实验”的实验学校和全国“教育现代化区域发展模式与实验研究”的实验学校。学校占地103亩，建筑面积29000平方米。现有26个教学班，110余名教职工，1400余名在校学生。

近年来，有400余篇师生论文在国家省市级报刊上发表或在比赛中获奖，近90名老师受到区委区政府、区教育局的表彰奖励，30余位老师在市区优质课评选中获奖。

2006年，有70余学生在国家省市区艺术大赛和文化课比赛、竞赛中获奖；王信在省单招考试中获蓝球第一名，王超在高水平考试中达国家一级运动员水平。在2005年暑假全国子午门少林民间武术争霸赛上，该校代表队以1金4银3铜的成绩列全省团体总分第三名。在区中学生田径运动会中，校代表队取得高中组团体总分第四名；2005年教师节期间，黄克老师作为临淄区教师唯一代表参加全市教育系统文艺汇演，获得一致好评，并被邀请参加山东教育电视台春节校园晚会，获得一等奖；4月，中央电视台走遍中国栏目组两次走进临淄四中，对该校的古代蹴鞠和现代足球进行了深度采访报道。高考成绩逐年攀升，2006年文化课本科上线156人，实际录取99人，本专科录取率达到90%以上，在体育高考中，有14名体育学生被高等院校录取，实现新的突破。学校先后荣获省校园环境第三名、省招飞工作先进单位、市花园式单位、市文明单位、市区教育教学工作先进单位、素质教育先进学校、区高考工作先进单位、振兴临淄体育先进单位等荣誉称号及单项表彰100余项。

校园景色

学校地址：淄博临淄朱台桐林
邮政编码：255432
联系电话：0533—7780121
网址：http://10.1.171.3

金阶园

淄博市淄川第一中学

校长　丁昌国

淄川第一中学位于淄川将军路中段，学校占地300亩，建筑面积7.5万平方米，现有106个教学班，在校生5300人，教职工430人。

学校坚持正确的办学方向，教育教学质量稳步提高，荣膺2006年淄博市高考“十强学校”称号，连续十二年被评为淄博市高中教学工作先进学校。2007年高考再创佳绩，本科资格线以上学生超过1200人，本科三批出口率列全市第一名，1名学生被清华大学提前录取，连续四年实现了清华、北大名牌高校战略突破。

学校先后选派队员参加远南运动会、全国第七届残运会、山东省第二十一届运动会、山东省第七届残运会，荣获国家级以上金牌5枚，银牌2枚，省级以上金牌7.25枚，两次被市委、市政府荣记二等功。

2007年8月26日，淄川一中喜迎三十周年华诞。30年来，1.5万余名学生从一中毕业走上祖国建设的各行各业，5000余名学生升入各类高等院校；学校田径队多次代表国家、省、市、区参加各级比赛，共夺得世界级金牌6枚、银牌6枚、铜牌3枚，省级以上金牌42.25枚，市级金牌400余枚。

国家竞技体育局竞技体育司副司长郭建军（左三）视察淄川一中

赵明鉴　全国生物联赛一等奖获得者，2007年考入清华大学

市教育局局长张洪亮到校看望慰问远南运动会勇夺3枚金牌的贾倩倩同学

美丽的校园

淄川第二职业中专

校长　李少鹏

教育部部长周济亲切接见李少鹏校长

淄川第二职业中专系首批国家级重点职业学校，全国百所“半工半读试点学校”之一，山东省职业教育骨干示范学校。

学校坚持以“为学生创业做准备”为办学宗旨，积极探索工学结合、半工半读的教育新模式，学校各项事业稳步快速发展。学校设有中专部、大专部，在校生6300余人，共开设服装、纺织、机电、计算机、音乐、美术等共28个专业。

为帮助贫困生顺利完成学业，学校建立学费减免制度，设立校园助学岗，成立了“贫困生救助基金会”，设立了“鲁泰纺织助学基金”和“鲁泰纺织奖学金”。学校积极支援西部教育事业发展，分别与陕西省柞水县职教中心、延安市宝塔区职业教育中心、咸阳市武功县职业教育中心签订了联合办学协议，并于2006年9月从延安革命老区招收100名贫困学生免费来校就读并负责安置就业。

学校先后被授予中国西部教育顾问单位、山东省教学工作先进单位、山东省教书育人先进单位、山东省艺术教育特色学校、山东省职业教育先进单位、山东省中职毕业生就业服务工作先进单位、山东省服装纺织教研中心、山东省农村劳动力转移“阳光工程”培训先进培训基地等多种荣誉称号。该校校长李少鹏被评为全国首届职业教育百名杰出校长，分别受到国务委员陈至立、教育部部长周济的接见。《中国教育报》在头版头条介绍该校办学经验，学校办学经验在全国交流，作为全省十五条经验之一被推广。

第三届“鲁泰纺织助学金”签字发放仪式会场

学校喜迎来自延安的100名免费贫困学生

校园全景

张店区湖田镇

农村新貌

党委书记　滕春生

镇　长　李三红

张店区湖田镇地处张店东郊，与临淄区毗邻，面积26.8平方公里，总人口3.1万人，其中农村人口1.7万，辖7村3居，齐鲁石化烯烃厂、淄博柴油机总公司、大成农药、东大化工等10余家大型企事业单位集聚于此，309国道、102省道、张店东外环路及胶济铁路交错相通。近年来，湖田镇党委、政府积极贯彻落实科学发展观，实施工业强镇、商贸兴镇、环境立镇三大战略，园区经济活力彰显，经济结构逐步优化，形成了以机械制造、石油树脂、精细化工、新型建材为主的工业结构，规模以上工业企业超过40家，其中经省认定的高新技术企业6家，产值过亿元的企业10家。工业销售收入、利润、利税等经济指标年增长30%以上，2006年财政收入达到3100万元。以完善“七纵三横”的镇域路网建设为重点，陆续完成张辛路、102省道、烯田路、冯北路升级改造。发挥近郊优势，以汽车销售、货运仓储、商贸物流为主的三产服务业不断发展。以玉黛湖生态乡村庄园和淄博动物园为中心，实施景区、道路、荒山绿化为主三大生态建设工程，大力促进以近郊休闲旅游为主的农业综合开发，逐步形成了玉皇山生态旅游名胜区。

该镇先后获得省级“卫生镇”、省公民道德建设示范点、省残疾人维权示范岗和全市平安建设先进镇、信访工作“三无”乡镇、创建双拥模范城先进单位、小城镇建设十强镇等荣誉称号，2004年、2006年被市委、市政府表彰为全市经济强镇，先后被市委表彰为“五个好”党委 、全市村“两委”换届工作先进集体、先进基层党组织、基层党建工作示范点。

三产服务业欣欣向荣

创新发展的现代高科技企业

淄博玉黛湖生态乡村庄园往返过山车

推进农村城市化

淄博高新区地方事业局副局长、办事处党委书记　王修镇

党委副书记、主任　吕厥强

市长助理、高新区工委书记、管委会主任庄鸣视察石桥

石桥街道办事处地处国家级开发区——淄博高新技术产业开发区行政中心，辖16个村、18个居委会，总面积48平方公里，人口36000人。2006年完成GDP24.35亿元，工业产值52亿元，营业收入48亿元，利税4.35亿元，上缴税金3.04亿元，出口海关数1.77亿美元，完成固定资产投资22.2亿元，地方财政收入4910万元，农民人均纯收入6958元，主要经济指标连续三年增速保持在40%以上，连续四年跻身淄博市经济20强乡镇行列，2006年位列全市经济20强乡镇前10名。先后荣获淄博市文明单位、淄博市发展民营经济先进乡镇、淄博市出口创汇先进单位、淄博市经济强乡镇、淄博市新农村建设首批示范乡镇等荣誉称号。

近年来，石桥办事处党委以"落实科学发展观，建设现代化魅力新石桥"为目标，大力实施"大招商推动、大企业带动、大投入拉动、高科技助动"四大战略，努力打造"强村强企业、新村建设、工业园区暨标准厂房建设、现代服务业"四大亮点，

石桥工业欣欣向荣

建设魅力新石桥

优美居住环境

省委书记、省人大常委会主任张高丽视察王北社区

省委副书记、省长韩寓群视察王东社区

扎实推进经济工业化、农村城市化，逐步走出了一条工业化富裕农民、城市化带动农村、产业化提升农业的科学发展之路。发展新型工业经济，累计引进企业200余家，吸引外来投资150亿元，中材高新、中博先材、中非集团、中天仕名、新华医疗、山玻集团、西门子电器、韩国SK、阿莫泰克等中外企业先后落户石桥，全市上市公司中8家在石桥扎根。发展镇村规模企业64家，9家企业跻身全市百强民营企业。亮点带动，1个村居进入全省百强，7个村居进入全市50经济强村（居）。推进城市化，8个村居整村完成改造、9个村居正在进行改造、10个村居完成规划编制，建设住宅楼120万平方米，21000名群众乔迁新居。发展园区经济，建设村级工业园17个、标准厂房46万平方米，群众人均增收1000元以上。做强现代服务业，建设沿街房36万平方米，建设物流中心3处，阿波罗大酒店、宝龙广场等一批市区重点现代服务业项目迅速崛起，成为优化经济结构、提升城市综合竞争力、促进农民增收的新亮点。

新农村建设日新月异

北营老年公寓

刘西乾瑞花园小区

王北祥瑞园生活区

优美人居环境

张店区马尚镇

党委书记　徐俊杰

镇　长　侯诗宏

马尚镇隶属淄博市张店区，位于淄博新城区开发建设的前沿，现辖21个村（居），人口4.2万人，面积26.2平方公里，2006年农村居民人均纯收入6280元。辖区内座落有张店区政务中心和山东理工大学、淄博职业学院、淄博市实验中学等10余所学校。

2007年上半年，全镇财政收入完成1190万元，固定资产投资完成 44465万元，实际利用外资完成201万美元；规模以上工业销售收入完成 72796万元，利润完成6363万元，利税完成14352万元；外贸出口额完成421万美元，万元工业产值综合能耗降低5%。招商引资项目21个，其中投资过亿元项目2个。义乌小商品城玉龙商街、龙御现代城、玉龙大厦等在建项目和山东向农机械有限公司新厂址等续建项目进展顺利；佳世客淄博新城购物中心已列入省外经贸厅和市区重点项目。市体育中心体育场工程、胶济铁路客运专线建设工程、钱家村整体搬迁等重点工程得以顺利实施，为新区提供良好建设环境。

加快推进新村建设。截止目前，共建成还迁安置楼174幢，6800余户居民入住新居，在建还迁安置楼51幢，可安置村民2000余户。

马尚镇先后被市委、市政府表彰为全市信访工作先进单位、“平安建设”先进集体。2006年，该镇被国家环保总局表彰为“全国环境优美镇”；被市委、市政府表彰为“全市文明镇”。九级村和家子坡社区分获全省文明村和全市文明社区荣誉称号。上半年，该镇成功承办了山东省“福彩心连心，助困送温暖”文艺晚会、淄博市第三届“邻居节”和淄博市“九级村杯”锣鼓大赛。

义乌小商品城

山东理工大学

淄川建材城全景

淄川区双杨镇

党委书记　宗学兆

镇长　王鉴

淄川区双杨镇由杨寨、双沟两镇合并而成。镇域面积52.02平方公里，下辖36个村、2个居委会，常住人口5.5万人。近年来，先后被评为全国亿万农民健身活动先进乡镇、山东省思想政治工作先进单位、山东省重点镇等20多个市级以上荣誉称号，2002年11月被国务院体改办确定为国家级小城镇综合改革试点镇。在国家统计局近期公布的全国综合实力千强镇中列第136位。

工业经济发展迅速，综合实力明显增强。双杨镇被誉为“江北建陶第一镇”。全镇现有企业300余家，其中建陶企业143家，拥有大型建陶生产线273条，年产各类建陶产品4亿平方米。同时，开发建设双凤科技工业园，先后建设了核苷酸深加工、氯化亚砜扩产等一批科技含量高、产品附加值高的大项目、好项目。全镇拥有2个中国驰名商标、7个山东省著名商标、7个山东名牌、9个全国免检产品。拥有国家级高新技术企业1家，省级高新技术企业5家。

建陶城广场

市场建设取得突破，第三产业繁荣发展。双杨镇投资6.5亿元开发建设全国最大的建陶专业批发市场——淄川建材城。目前，淄川建材城共拥有经营业户2700户，从业人员2万余人，经营面积达48万平方米，经营产品涉及建筑陶瓷、日用陶瓷、卫生洁具等30多个系列、3000多个品种，辐射全国20多个省市，年市场交易额达88亿元。成功承办首届中国（淄川）瓷砖卫浴商品交易会，实现交易额5.2亿元。

城镇建设日新月异，生活环境逐渐改善。加快以双凤小区、宝塔小区为核心的中心镇建设，共投入资金19.7亿元，建成区面积11平方公里，居民住宅楼面积达102万平方米，并且配套建设了学校、医院、金融等公共设施。全面实施“生态立镇”战略，集中取缔22家对大气和水源存在污染的土小企业，全镇环境质量明显提升。

山东亚细亚陶瓷有限公司展厅

临淄区金岭回族镇

金岭回族中学

金岭回族镇位于临淄区西部，是山东省4处少数民族乡镇之一，淄博市惟一的民族镇。面积18.7平方公里，耕地532.8公顷，其中有效灌溉面积399.6公顷。辖4个自然村，设1个居民委员会，9个村民委员会。有居民5546户，15375人。

2006年，该镇工业发展增势强劲，运行质量显著提高。通过实施重点突破、典型带动，新农村建设全面推进，加快发展各项社会事业，三个文明建设成效明显。全镇规模以上工业实现总产值17.4亿元、销售收入17.1亿元、利税9864万元、利润7087万元，固定资产投资完成5.94亿元，同比增长分别为49.2%、48.8%、86.9%、75.8%、35%。财政收入实现1388万元，同比增长56%。农业经济总收入3.55亿元，同比增长10%。农民人均纯收入6300元，同比增长9%。全年粮食作物播种面积452.3公顷，总产5500吨，与上年持平。全年造林86.67公顷，新植林网道路4条，全长8公里，林果总产30吨，林业总产值51万元。

是年，金岭回族镇先后获得全国亿万农民健身活动先进乡镇、山东省残疾人工作先进乡镇，全市文明镇、文明单位，全市信访工作“三无”乡镇、全市减轻农民负担先进集体、全市民族团结进步模范集体等国家、省、市、区荣誉称号共49项。

金南伊顺生活小区

镇骨干企业——山东齐旺达海仲石油化工公司

金岭镇环保生态林

临淄区梧台镇

党委书记　刘洪志

镇长　宋爱国

重点项目竣工庆典

国家绿色食品生产基地——山东康浪河面业有限公司

梧台镇位于临淄城区北郊，总面积38.8平方公里，辖33个自然村，人口2.4万。2006年，全镇完成地区生产总值11.5亿元，比上年增长26%。其中一、二、三产业增加值分别达到1亿元、8.7亿元、1.8亿元，分别增长5%、27%和41%。完成地方财政收入1243.7万元，比上年增长22.8%。农民人均纯收入6758元，比上年增加723元，增长11.8%。居民储蓄存款余额达2.9亿元，户均4.3万元。该镇曾先后获得山东省“乡镇之星”、省花园式乡镇、省百强工程试点镇、省小城镇开发建设试点镇、淄博市信访工作先进单位、平安淄博建设先进单位、临淄区综合治理先进单位等荣誉称号。

实施“工业强镇”战略，工业经济健康发展。2006年全镇完成工业总产值32亿元，比上年增长45%；工业产品销售收入31亿元，比上年增长44%。工业利税总额1.8亿元，比上年增长24%；工业利润总额1.05亿元，比上年增长48%。调整农业产业结构，农业经济实现稳步增长。农业总产值完成17146万元，比上年增长5%；粮食总产量2.66万吨，比上年增长3%；瓜菜种植总产21万吨，比上年增长2%；产果品610吨，比上年增长2%；新增规模养殖小区2处，畜牧养殖业年产值3086万元；“康浪河”牌玉米成功申报为国家绿色产品。大力实施环境综合治理。总投资100余万元进行镇、村重点绿化，改造村路10公里；投资50万元，建设启动了镇垃圾中转站，建设垃圾池81个；成立城镇管理办公室、城管中队，建立、完善了管理制度，镇村道路卫生状况明显改善。

梧台镇政府

改造后的中心路

临淄区朱台镇

副省长贾万志在朱台镇视察，并与农户亲切交谈

市委书记张建国到朱台镇视察小麦生长情况

山东齐峰集团20万吨装饰原纸项目启动庆祝大会剪彩

朱台镇位于临淄区西北部，辖57个行政村，面积77.18平方米，是全国重点镇、省级中心镇、淄博市经济强乡镇。2006年，全镇生产总值实现26.4亿元，同比增长36.4%；完成固定资产投资8.2亿元，同比增长34.5%；完成财政收入3088万元，同比增长38.5%。

工业经济实现又好又快发展。全镇工业销售收入完成55亿元，同比增长48.7%；实现利税5亿元，同比增长58.3%；实现利润3.9亿元，同比增长54.4%；实现增加值16.2亿元，同比增长47.1%。2006年全镇32个工业建设项目，大部分已建成投产。这些项目总投资9.5亿元，新增产值29.3亿元，利税3.5亿元。

农业生产效益进一步提高。5000亩农业综合开发项目已全部完工，该镇已成为全省第一个整建制完成农业综合开发项目的乡镇。大力发展以奶牛、合同鸭为主的畜牧业生产，发挥龙头企业的示范带动作用。进一步加强了农田水利建设，全镇农灌井基本实现地埋线和地下防渗节水灌溉，提高了节水抗旱能力。投资162万元实施村村通自来水工程，方便了群众的生产生活。

小城镇建设步伐加快，社会各项事业健康发展。投资1980万元对全镇23.65公里的镇村道路进行了硬化。加大对全镇公路两侧卫生综合治理力度，规范了车辆出租市场，集中对省道两侧的路域环境进行清理规范，小城镇面貌得到进一步改善。教育和卫生事业取得新成绩。镇中心校教学质量总评名列全区乡镇第一，朱台中学中考成绩名列全区乡镇中学第一。新型农村合作医疗实现了家庭账户管理，为农民报销合作医疗款188万元。50多万字的《朱台镇志》正式出版发行，民间稀有剧种鹁鸪戏被列入山东省第一批省级非物质文化遗产名录。

农业综合开发项目区

镇政府办公大楼外景

周村区王村镇

党委书记　刘长青

镇长　国卫兵

周村区王村镇位于济南、滨州、淄博三市交界处，素有“淄博西大门”之称。先后被列为全国第一、二批小城镇综合改革试点镇、小城镇建设试点镇、全国重点镇，山东省“百新工程”试点镇、首批中心镇、历史文化名镇、全国首批118家发展改革试点小城镇、全国小城镇综合发展水平千强镇，经济综合实力连续五年列全市乡镇十强行列。

全镇总面积57．49平方公里，总人口5.06万人，辖41个村、1个居委会。309国道、102省道、胶王路、泉王路等公路干线和胶济铁路线贯穿境内，是山东省重要的交通枢纽。铝矾土、焦宝石、紫砂石等矿产资源储量在全省占有重要位置，是全国重要耐火材料产销基地。

2006年，王村镇党委、政府认真贯彻科学发展观，立足实际，突出工业、城建和新农村建设三大重点，全镇经济和各项社会事业保持了持续、快速、协调发展的良好势头。全镇累计实现工业总产值83.8亿元、工业增加值21.5亿元，同比分别增长44%和43%。实现销售收入81.9亿元、利税8.1亿元，同比分别增长41%和35%。地方财政收入完成5406万元，同比增长30%。农民人均纯收入达到6260元。

王村镇中学

蒲松龄书馆

王村镇李家疃村文体广场

王村镇中心文化广场

桓台县

党委书记　何向东

镇长　刘俊

市委书记刘慧晏到金诚石化集团视察

县委书记陈勇为马桥镇颁发“纳税第一镇”匾牌

政务中心大楼

马桥镇

博汇生活小区

马桥镇位于桓台、高青、邹平三县交界处，镇域总面积44.96平方公里，现有27个行政村，总人口30341人。近年来，该镇坚持以经济建设为中心，以加快发展为第一要务，以建设工业强镇、生态示范镇、现代化小城镇为目标，全力推动镇域经济的快速发展。2006年，全镇GDP实现50亿元，完成工业生产性固定资产投资21.9亿元，实现销售收入151亿元，上缴税金5.6亿元，完成地方财政收入1.61亿元，完成出口创汇3500万美元，完成建安产值1.75亿元，农民人均纯收入达6318元。2005年先后被省政府确定为省级中心镇，被建设部等六部委确定为全国重点镇，被国家统计局表彰为全国高水平综合发展镇，被中央文明委表彰为全国文明村镇，2006年4月被评选为山东十大名镇，10月被国家统计局表彰为全国小城镇综合发展水平1000镇。

全镇经济在科学和谐发展的前提下，保持了强劲的发展势头。形成了博汇、金诚石化两大企业集团。目前，全镇工业固定资产总值超80亿元，职工就业人数达1.3万人。近年来，全镇固定资产投入每年都在20亿元以上，销售收入，利税增幅都在50%以上。

城镇建设步伐不断加快，新农村建设得到扎实稳步推进。2006年共投资4830万元用于基础设施建设。目前，全镇柏油路通车里程达150公里，镇区铺设排水管道6000米，安装路灯700盏，全镇共安装有线电视6500户，安装程控电话7300门。投资1000万元实施了集中供暖。通过旧村改造进行合村并点，集中建设四个精品住宅小区。全镇住宅楼面积已达40余万平方米，入住居民达3500余户。城镇绿化卓有成效，主干道路均已绿化配套，共建成3处游园景观，面积10余万平方米，全镇绿地率达46%。

全镇社会事业发展迅猛。中小学整合为两处市级规范化学校，投资800多万元的北营小学已建成使用，投资1000余万元进行扩建的中心学校力争2007年建成并投入使用；投资1500万元兴建的桓台县第二人民医院已成为经济和社会效益最好的乡镇医院之一。

全镇民主政治建设进程不断加快。设立了全市首家镇级便民服务中心，塑造了服务型政府机关形象。坚持“两高两强”标准，配齐配强村班子，基层组织建设不断加强；强化了村级规范化管理工作，实施“阳光工程”和民主议事制度；积极开展各类文明创建活动，巩固了全国文明村镇创建成果。

金诚石化150万吨重油深加工装置

博汇集团30万吨高档白卡纸生产线

金诚石化50万吨重油催化装置侧景

魅力邢家　经济强镇

邢家镇紧邻桓台县城，全镇辖18个行政村，总面积29.2平方公里，总人口2.1万。近年来，镇党委、政府坚持以经济建设为中心，以构建文明、富裕、和谐邢家为目标，带领全镇人民艰苦奋斗，拼搏进取，经济和社会各项事业得到全面发展，荣获山东省模范自治乡镇、山东省最具有发展潜力的乡镇、淄博市“五个好”乡镇党委、淄博市社会治安综合治理先进单位等荣誉称号。

经济发展迅猛。镇内工业园区基础设施优良，有年供电量3亿千瓦时、供汽量150万吨的热电厂，日处理污水10万立方米的污水处理厂2家。全镇形成了以山东贵和纸业集团、山东国源电缆电器公司、山东锦华电力设备公司、淄博贵和齐林众亿热电公司、山东齐泰集团、中韩合资淄博江辰时装公司等亿元企业为支柱企业的良好工业发展格局。

新农村建设成效显著，全镇村村建有社区综合服务中心、文化大院及文明一条街，镇、村分别成立城管中队和环卫所，镇村容貌干净整洁；投资300万元的高标准敬老院将于年底竣工；特色、高效、生态农业已初具规模，形成无公害大棚黄瓜基地、胡萝卜、圆葱生产基地、奶牛养殖基地、园林绿化苗木及花卉种植基地等“四大基地”。

2007年，全镇预计实现税收5000万元，出口创汇完成300万美元，招商引资实现2亿元，规模以上工业企业达到25家，力争跨入全市经济前三十强。

山东国源电缆电器有限公司

山东锦华电力设备有限公司

东营村文体活动中心

山东齐泰集团

山东贵和显星纸业股份有限公司

沂源县东里镇

服务业发展——现代化招待所

丰富多彩的群众文化生活

特色种植（巨峰葡萄）

特色奶牛养殖

沂源县东里镇总面积130平方公里，辖64个行政村，5.3万口人。2000年被命名为省级中心镇。2006年，全镇生产总值达到11.9亿元，社会固定资产投资完成6.1亿元，财政总收入1.3亿元，其中地方财政总收入近5000万元，列全市乡镇第六位。农民人均纯收入达到4017元。

在发展工业化方面，实施“工业立镇”计划，立足资源优势和产业优势，建立了华联工业小区、汇源绿色园区和民营经济小区三个特色鲜明的工业板块，培育了华联矿业公司、汇源食品饮料公司等一批规模企业，使东里镇逐步成为新兴工业强镇。2006年，全镇实现工业产值、销售收入、利税和利润分别为17.5亿元、17.4亿元、3.6亿元和2.8亿元。

在农业产业化方面，该镇建立了红富士苹果、葡萄、中华寿桃等六大绿色果品生产基地，先后被评为淄博市“林果生产专业镇”、山东省“无公害葡萄生产基地”、国家级“绿色食品生产基地”和“中国果菜百强乡镇”；建立了汇源优质奶牛繁育中心和王坪、康太等现代化奶牛养殖场；全镇发展规模以上农产品加工营销企业4家，年实现产值2.4亿元，利税2800万元；着力实施市场带动战略，该镇已成为覆盖周边县镇的果品贮存中心和集散中心。

在农村城镇化方面，建立完善政府引导、市场融资、农户投入“三位一体”的投资机制，重点实施了城镇开发、农村“八通”和生态家园建设三大工程。加快中心镇驻地建设，加快农村基础设施建设，加快实施生态家园富民工程。

在现代服务业方面，一是放宽激活发展政策。建立个体民营经济园区，制定实施税收减免政策、纳税人奖励办法，5年发展民营经济1000余户。二是加快旅游业发展。筹资5000万元铺开唐山佛雕文化园建设；开发了4处“农家乐”休闲旅游娱乐项目，2006年全镇实现旅游综合收入300万元。三是搭建商贸流通平台。筹资360万元建成了占地4万平方米、建筑面积2.5万平方米的小商品批发城，年交易额达到6000万元。

汇源工厂

唐山寺

淄博华联矿业有限公司

张店区潘庄

省委书记李建国视察潘庄社区

张店区科苑街道办事处潘庄社区居委会，地处淄博市中心城区繁华地段，华光路、中心路、联通路、柳泉路四面环绕。2006年，实现经济收入45.2亿元，利税3.65亿元。全居固定资产总值达21.5亿元，人均收入13500元，位列全市居委会综合经济实力第一。

潘庄社区先后荣获全国文化先进社区，全国、省计划生育协会先进单位，全国学习型家庭示范社区，全国商业示范社区，中国十佳小康村等50多项国家、省、市、区级荣誉称号。潘庄社区党委书记、居委会

团结务实奋进的两委一班人

中国十佳小康村——潘庄

社区居委会

潘庄社区一角（健身广场）

主任耿佃成先后荣获振兴淄博劳动奖章、淄博市劳动模范、山东省“富民兴鲁”劳动奖章、山东省杰出爱心慈善家、新世纪第三届中国百名改革人物、全国十大杰出复转军人、全国诚信经营企业家等荣誉，连续八届当选为市、区人大代表。连续三届当选为省、市、区党代表。

展望未来，潘庄社区将以科学发展观总揽全局，以人为本，服务社会，构建和谐的绿色社区，努力实践文明言行，齐心协力，建设殷实小康。潘庄的明天更加美好！

党委书记、居委会主任、潘成集团董事长耿佃成在人民大会堂接受领导颁奖

华光路欧式商业街

优美的居住环境

周村区胜利社区居委会

社区党委书记、居委会主任　吴学迅

胜利社区位于周村城区东南部，现有居民3000户，9800人。2006年，社区各业经济总收入达到6.5亿元，集体固定资产总额超过3亿元，实现利税3500万元，受到了省、市、区各级领导的高度评价，社区先后被授予全国群众体育先进单位、全国敬老模范单位、省级先进基层党校、省级文明社区、淄博市文明单位、淄博市经济强村、周村区经济十强村（居）第一名等荣誉称号。

该社区以市场建设为切入点，大力发展第三产业，逐步形成以沙发家具市场为主导，各业俱兴，工、商、贸共同发展的格局。经过多年发展，先后投资3亿元建成“四场两园”，即：胜利沙发家具市场、胜利沙发家具广场、小商品市场、胜利文体广场、胜利私营工业园和胜利沙发家具工业园，形成沙发家具产、销一条龙格局，市场功能进一步得到完善。为了提升市场档次和规模，增强市场发展后劲，2006年完成了对原有市场的一、二期提升改造后，2007年3月，开始对沙发市场进行三、四期工程改造，年底前将全部投入使用。

社区大力兴建住宅楼，建成3处居民文明小区，总面积23万平方米，全部实行封闭式管理；投资400万元配套建设胜利文体广场，为居民提供了文体活动的平台。改造建设老年公寓1处，为社区老年人发放老年福利费、有线电视补助费、粮食补偿费并为全体居民办理新型农村合作医疗。

在加强社区经济、文化建设的同时，不断加强社区组织建设，改进工作方案，坚持以人为本，服务居民的原则，社区上下政通人和，一派文明、和谐的社会主义新农村景象。

省委书记张高丽在胜利社区居民家中

胜利沙发家具市场

省委书记张高丽在市、区领导陪同下视察胜利社区

团结奋进的领导集体

周村区和平社区居委会

社区党委书记、居委会主任　张敬军

淄博市周村区大街街道和平社区，位于周村城区西部，交通便利，环境优美。现有2786户，8720人（其中农业人口3015人）。社区居民主要从事二、三产业。2005年以来，社区先后被评为省、市、区先进基层党组织，周村区十强村居、文明社区、尊师重教先进单位、淄博市经济强村、淄博市敬老模范单位、淄博市十佳文化社区、市级人口文化俱乐部、山东省民主化管理示范村、全省文化先进社区、山东省2004～2006年度未成年人零犯罪社区。社区党委书记、居委会主任张敬军被授予全国劳动模范。和平社区是淄博市、周村区的建设社会主义新农村示范村。

近年来，和平社区大力招商引资，建成近700余亩的和平工业园区。2006年，和平工业园产值突破6亿元，利税达3000万元。全社区（村民）人均收入7800元，全部为村民免费加入了新型农村合作医疗，定期享受粮食补贴，为60岁以上老人加入了保险，并享受多方面的福利待遇。坚持提高居民素质教育，发展文化教育事业。投资120万元，建成6000余平方米的和平文体广场；投资3500万元，建成高标准、高起点、现代化的淄博和平学校；投资800万元，建成淄博市一流的和平幼儿园。加强旧村改造和环境建设。现已建成33栋计16.5万平方米的和平花园生活区，安排了1200余户居民入住；建成230亩地的和平公园；投资600万元，建成了3000平方米的和平购物超市，800平方米的和平社区医院和1200平方米的和平农贸市场。和平社区的经济发展和社会各项事业的发展进入了快车道。

和平工业园区一角

和平幼儿园正面外景

和平文体广场及和平花园生活区一角

周村区西马村

党支部书记、主任　李祥

西马村地处周村经济开发区南临，北靠恒星路，东依周村景观大道正阳路，丝绸路、电厂路横贯东西，交通便利，地理位置优越，环境优美，是开发建设、经贸流通的黄金宝地，也是全市纺织丝绸产品生产基地，具有良好的发展基础。

该村1997年被划入城区，现有总人口1460人，其中党员40人。村集体经济总资产1500万元，人均纯收入超6000元。近年来，西马村两委班子充分发挥地域优势，围绕构建“和谐、富裕、民主、文明”的新农村，全村经济发展，生活富裕，政治安定，社会和谐。现已建成水电暖配套齐全环境优美的住宅楼十几万平方米，绿化率达43%，大大改善了村民的居住环境。新建了面积1380平方米的村委办公大楼，改善了办公条件，扩建了村卫生室，方便了村民就医，村民已全部加入新型农村合作医疗。村内道路全面进行了硬化、绿化，并建有篮球场、乒乓球室，各种建设器材齐全，村民生活在温馨、和谐、优美的环境中，村容村貌及村民的精神面貌发生了巨大变化，呈现出一派欣欣向荣的社会主义新农村景象。

自1999年以来，该村先后被评为山东省科普先进村、安全淄博建设先进单位、淄博市工会示范村、周村区明星村，基层先进党支部、“五好党支部”等荣誉称号，被市委评为淄博市建设先进单位。2006年荣获首批省级新农村建设示范村、市廉政建设示范村。

团结务实奋进的领导班子

环境优美的村民住宅小区

万杰集团

董事局主席　孙启玉

万杰集团是以化纤、纺织、医疗、教育等为主导产业的现代企业集团，下辖山东万杰高科技股份有限公司、淄博万杰医院等60多家子公司和分公司，员工10000多人。其中淄博万杰医院拥有当今世界最先进的伽玛刀、高智能伽玛刀、X刀、光子刀、诺利刀、派特、心脏激光治疗机，以及全球华人世界第一台质子治疗系统等高科技诊疗设备，填补11项国内空白。淄博万杰医院博拉格质子治疗中心于2004年12月投用。由山东省人民政府和中华医学会主办，淄博市人民政府和中华医学会肿瘤放射分会承办，万杰集团淄博万杰医院协办的第46届国际粒子（质子）肿瘤放射治疗大会于2007年5月18 ～23日在万杰集团淄博万杰医院召开。此次会议是在亚洲第二次、在中国首次召开，共有来自世界26个国家和地区的800多名专家参加会议，其中国外专家320余人，国内专家学者500余人。公司化纤织造产业拥有意大利、德国、瑞士、日本进口的先进设备。公司注重发展教育事业，现拥有万杰医学高等专科学校、万杰朝阳学校等4所院校，在校生9000多人。公司基础服务设施配套完善，各项事业取得科学协调发展，被列入全国500强企业、全国120家试点企业集团之一。董事长孙启玉被评为全国劳动模范，全国优秀创业企业家，系第八、九、十届全国人大代表。

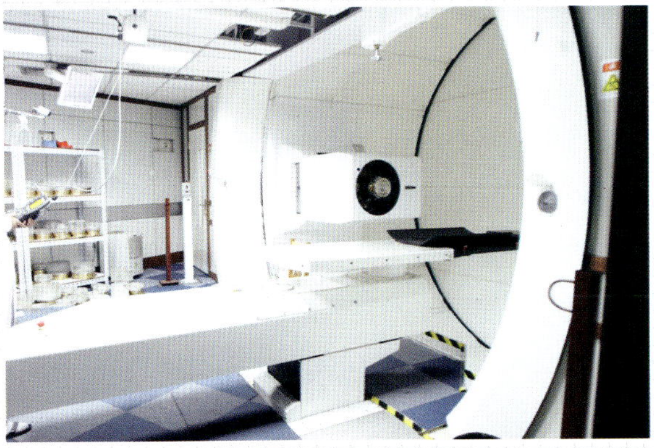

万杰医院4维派特

万杰医院质子治疗中心

质子设备

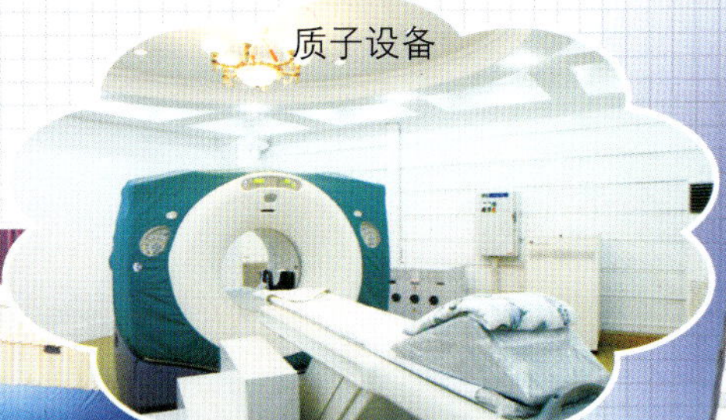

第46届国际质子大会

淄博齐翔石油化

董事长、总经理、党委书记　车成聚

淄博齐翔石油化工集团有限公司成立于1998年7月2日，前身为齐鲁石化公司直属集体企业，于2004年7月2日整体改制成为民营企业。公司现有从业人员729人，拥有8个全资（控股）子公司、1个分公司和1个工厂制企业，总资产5亿元，年销售收入12亿元。

公司的主导产品有甲乙酮、MTBE、异丁烯、叔丁醇、羧基丁苯胶乳、各种化工助剂等共20余种，产品总量超过20万吨。其中3.6万吨/年甲乙酮项目荣获中石化集团公司科技进步一等奖，产品质量达到国际先进水平，远销美国、加拿大、韩国、沙特、印尼、伊朗、新加坡等国家，2万吨/年异丁烯、3万吨/年MTBE（甲基叔丁基醚）、1.2万吨/年叔丁醇装置技术先进，产品质量达到国内先进水平。公司先后通过ISO9001质量体系认证和HSE体系认证，先后获得山东省重合同守信用企业、山东省设备管理先进单位、“AAA级”信用企业、山东省明星劳服企业、中国石化集团改制分流先进单位、淄博市优秀企业等一系列荣誉称号。

齐翔公司将继续贯彻落实科学发展观，紧紧围绕“以化工生产为主导，把品牌产品做大、做精、做强”的发展思路，力争将公司打造成可持续发展、抗风险能力较强的现代化民营化工企业，为地方经济发展做出新的更大的贡献。

1.2万吨/年
叔丁醇装置雄姿

总经理车成聚走访慰问困难职工

工集团有限公司

锅炉装置建设现场

市委书记刘慧晏在齐翔公司检查指导工作

开展消防演习，确保安全生产

齐翔公司仓储中心建设现场

山东创业房地产开发有限公司

董事长、总经理　刘炳俊

北苑居住区效果图

山东创业房地产开发有限公司成立于1992年，具有二级开发资质。经过十几年的发展，公司已成为资产总额4亿多元、年开发能力30多万平方米的淄博市房地产开发界的强势企业之一。

公司始终坚持“质量为本、客户至上”的核心理念，按照“以市场为导向、以效益为中心、以营销为重点、以质量为保障”的总体工作思路，扎扎实实开展工作，先后开发建设了丽景苑、瑞景苑、丽景翠苑、瑞丰苑、世纪花园、淄博建行营业楼、学府花园、热电小区、聚贤苑、东城华府、北苑居住区等项目。公司是建设部“销售放心房履行承诺企业”，先后被评为山东省服务业先进单位、山东省消费者满意单位、山东省房地产综合实力50强企业，连续3年获淄博市房地产开发企业综合考核第一名。公司开发建设的世纪花园·帝景苑小区于2006年5月顺利通过建设部A级住宅性能认定中期检查；东城华府小区建筑节能达到65%的标准要求，是淄博市墙改与建筑节能示范小区。

“让政府放心、让用户满意”一直是公司追求的工作目标。在今后的工作中，公司将继续以满足客户需求为己任，努力为社会提供高品质、高质量的商品房，诚信经营，为构建和谐社会而努力。

东城华府鸟瞰

山东金岭铁矿

生活区一角

矿长　张相军

党委书记　贾立兴

山东金岭铁矿隶属于山东省冶金工业总公司，是地下开采、选冶联合的大型国有独立矿山企业，拥有中国第一家铁矿石资源类上市公司——山东金岭矿业股份有限公司，是山东省重要的铁矿石原料基地和地下矿山采掘机械制造基地。占地面积260万平方米，资产总值29亿元，员工5000余人，有3个生产矿井和选矿厂、机械制造厂、铁鹰钢铁有限公司、煤气发电厂等主要生产单位，拥有1家合资公司——金鼎矿业有限公司。主导产品为：铁精粉、铜精粉、钴精粉、生铁、地下采掘机械。年销售收入20多亿元，利税2亿多元。主要产品“铁鹰”牌铁精粉荣获国家金质奖章；“铁鹰”牌地下铲运机2006年被评为山东名牌。该矿是“质量、服务、信誉”AAA级品牌企业，先后获得全国、全省“安康杯”竞赛优胜企业和设备管理优秀企业、山东省“富民兴鲁”劳动奖状、省级优秀政工企业、淄博市明星企业、淄博市文明单位等荣誉称号。

文艺演出

办公大楼

山东省著名商标

山东齐鲁塑编集

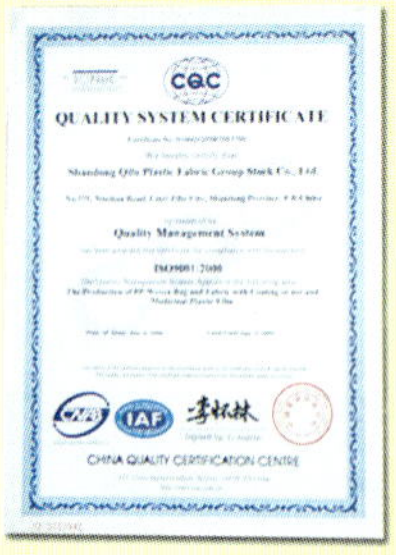

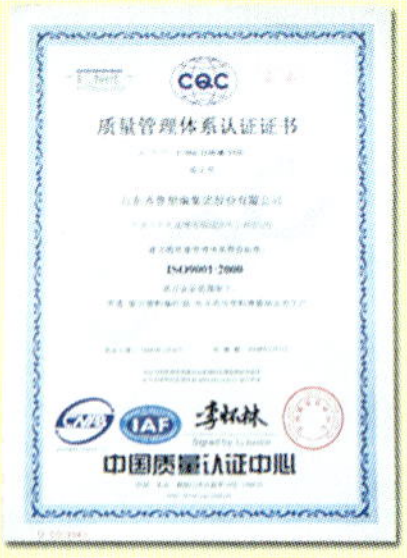

山东齐鲁塑编集团股份有限公司坐落于临淄区齐鲁化学工业区，占地168亩，建筑面积4.9万平方米，是中国规模最大的塑料编织袋生产企业。生产设备全部从日本、德国、奥地利等国引进，年生产各种塑料编织袋2万吨，产值2亿元，年出口创汇1000多万美元。主要产品有纸塑复合水泥袋、内涂（外涂）复合塑编袋、方底阀口袋、集装袋、吊装袋、药用塑料薄膜袋、普通编织袋和各种规格的编织布等。有2种产品填补国内空白，4种产品填补山东省空白。

公司积极推行和实施ISO9000质量管理，并于1996年获得了由中国进出口商品质量体系认证中心颁发的ISO9002国际质量体系注册证书，成为全国同行业首家获此殊荣的企业。2002年进行了ISO9001–2000版的转换工作。

近年来，公司始终遵循“突出优势，整合资源，消除风险，做强企业”的经营理念和“学习、创新、实干，超越”的企业精神，以人为本，以市场为导向，内抓质量，严细管理，外树形象，拓宽市场，经济效益和社会效益不断提高，先后获得中国轻工业优秀企业、中国十佳包装制品企业、中国最佳企业形象AAA级、山东省行业经济效益排头兵企业、省级绿化先进单位、省级文明单位、省级重合同守信用单位、出口产品质量信得过企业等20余项省级以上荣誉。2004年“齐鲁”商标被评为山东省著名商标。

公司地址：山东省淄博市临淄区齐鲁化学工业区纬三路166号
电话：(0533) 7489991　7489588　传真：(0533) 7488877
邮编：255410　网站：http：// www.qilupack.com

团股份有限公司

厂区一角

产品展示

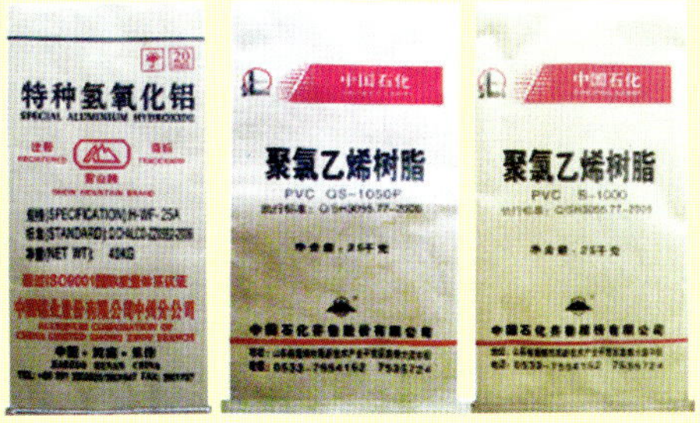

各种规格的纸塑复合袋

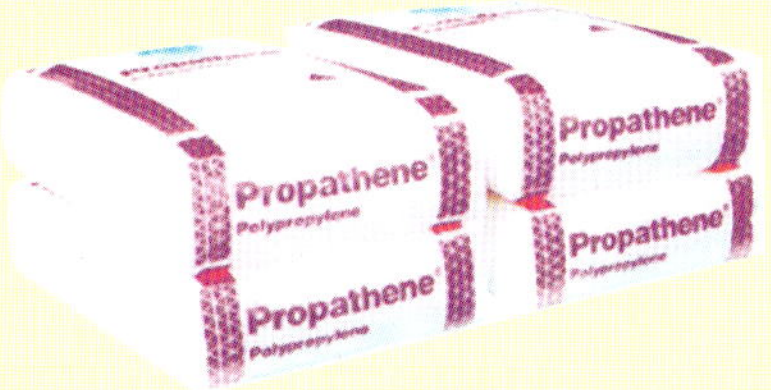

各种规格方底阀口袋

各种规格的吊装袋

各种规格的彩印袋

圆织车间

新厂区俯瞰图

淄博真空设备厂有限公司

淄博真空设备厂有限公司是国家生产真空获得和真空应用设备的重点骨干企业之一，中国真空工业创始企业之一，机械部确定的首批科技进步示范试点企业；全国CAD应用工程示范企业；中国真空学会常务理事，中国通用机械协会常务理事，中国通用机械协会泵业分会副理事长，中国通用机械协会真空分会副理事长，中国通用机械协会干燥分会副理事长；山东省高新技术企业，山东省真空工程技术研究中心。

主要产品：SK、2SK、SKA、SKB、SZ、SZB、SY、2SY、LY、2LY系列水环真空泵及压缩机；X、2X、XD、2XZ系列旋片式真空泵；W、WL、WLW系列往复式真空泵；ZJ、ZBK系列罗茨真空泵；JZJ2S系列罗茨水环真空机组、JZJ2X系列罗茨旋片真空机组；GZP、GZS系列真空干燥机及真空输送等。

董事长、总经理　黄毅

电话：0533-4181008　4159140
传真：0533-4180391　4183391
地址：山东省淄博市博山区双山街160号
邮编：255200
网址：www.czssv.com
邮箱：czssv@czssv.com

2LG高压液环压缩机

JSKA水环真空机组

SKA系列水环真空泵及压缩机

厂区一角

临淄高阳铁矿

矿长　李庆倩

党总支书记　段太瑞

高阳铁矿位于山东省淄博市临淄区朱台镇，隶属于中国五矿集团邯邢冶金矿山管理局。1998年6月开工建设， 2006年9月28日实现基建工程竣工投产，形成年产优质铁矿石15万吨的设计规模。

该矿以“高起点、高定位、快节奏、求实效”为工作准则，在机构设置和人员配备方面坚持精炼高效的原则，做到一科多能、一人多岗，生产经营中兼顾地方，努力实现地企双赢的目标。全矿现有职工129人，其中高级工程师3人，工程师17人，助工7人，工程技术人员占职工总数的20.9%。

高阳铁矿属接触交代矽卡岩型磁铁矿床，采用分段空场嗣后充填采矿法和浅孔房柱嗣后充填采矿法采矿。主井提升设备采用国内先进的自动化控制系统，并安装了CCT监控系统，该矿的《复杂水体矿床开采关键技术开发与研究》已被列为国家科委“十一五”攻关课题。2007年启动选矿厂建设，即将形成采、选、尾矿空区处理一体化的清洁矿山企业。

高阳铁矿主井

高阳铁矿办公楼

山东新风股份有限公司

公司成立五十周年庆典

山东新风股份有限公司位于齐国故都临淄。是目前国内最大的空调风机、微电机、压敏电阻的生产基地。

公司建有国内一流的研发中心，吸纳了一大批行业精英，他们先后开发出新风牌外转子、皮带传动、双联、单进气、轴流、防爆、消防排烟、风机箱、无壳、高压等十大系列700多个规格的风机，是空调机组、冷暖风机、新风机组、空气净化、建筑及矿山通风、厨房排烟等设备的理想配套产品。风机实验室采用5m*5m出气实验装置，大型多喷嘴，自动采集数据，处理图表，确保了风机各项参数的准确可靠。

公司通过ISO2000质量体系认证和“CCC”安全认证，新风产品先后获得28项国家专利，被中国制冷协会和消费者协会列为推荐产品。产品畅销国内、远销国外。

公司董事长兼总经理韩荣杰携全体员工恭候国内外新老朋友光临惠顾。

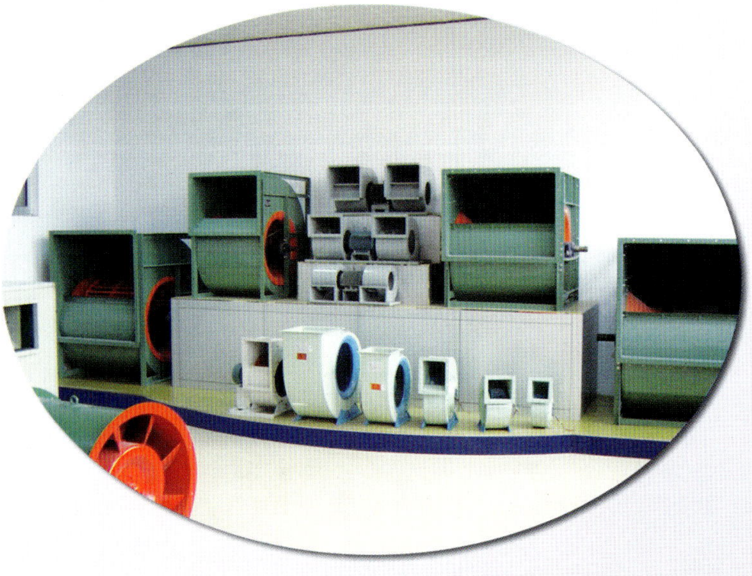

样品室一角

山东淄博傅山企业集团有限公司

党委书记、董事长、总经理　彭荣均

山东淄博傅山企业集团有限公司位于淄博高新区东北部，总占地面积约6平方公里，交通便利，地理位置优越，具有得天独厚的发展优势。

傅山企业集团公司在发展过程中，始终坚持扬长避短，发挥优势，提高产业综合利用能力，发展循环经济。无论是自己投资还是引资办企业，首先考虑的是能否发挥自己的产业优势。遵循这个原则，最近几年所有独资、合资建成的企业之间、与原有企业之间形成了良性循环链条，企业集团内部形成了冶金、能源、钢铁、化纤、物流、食品加工、机械制造、建筑建材、餐饮服务和房地产开发等多个特色产业板块。各板块内部企业之间、板块与板块之间产品互相依存，互相关联，形成了纵横交错的能源共享，综合利用产业链。

2006年，傅山企业集团公司经营性固定资产增加到50多亿元，销售收入完成80亿元，向国家纳税1.5亿元。经济总量连续三年保持全市前十位。连续多年保持了山东省先进基层党组织、文明单位、文明村、小康先进村等多项荣誉，被授予全国先进基层党组织、全国模范村民委员会、全国模范人民调解委员会等荣誉称号。

董事长、总经理彭荣均系山东省第八届党代表，淄博市第九、十、十一届人大代表，张店区第七、八、九、十、十一、十二、十三届人大代表，张店区第十二、十三、十四届人大常委委员。先后荣获山东省劳动模范、优秀共产党员、思想政治先进工作者、优秀乡镇企业家称号，多次被授予市区优秀共产党员等多项荣誉，2000年荣获全国优秀乡镇企业经理、全国劳动模范等荣誉称号。2006年被市政府授予淄博市“十大时代先锋”荣誉称号。

小城镇建设初具规模

集餐饮、住宿、拓展培训、会议为一体的傅山度假村

酒厂酿造车间一角

傅山翼板制造有限公司投产庆典

丰富多彩的文化生活

傅山热电厂

山东齐隆化工

车间职工精心操作

冷聚车间装置

山东齐隆化工股份有限公司成立于1998年1月8日，是由齐鲁石化公司烯烃厂劳动服务公司等单位组合衍变而来。现拥有固定资产7000万元，员工450余人，其中具有高、中级职称的技术人员80余人。拥有万吨级碳九分离、碳十分离、热聚石油树脂、冷聚石油树脂、石油萘、及千吨级富马酸、天门冬氨酸、焦油等8套生产装置。主要产品有石油树脂、富马酸、石油萘、L－天门冬氨酸、树脂料、高沸点芳烃系列等20多个品种。2006年，齐隆公司实现销售额51668万元，实现利税5356万元，工业成本费用利润率5.1%、总资产贡献率23.54%，均居国内同行业前列。公司目前已是中国国内最大的石油树脂、石油萘生产厂家，其中石油树脂出口到美国、欧洲、东南亚等多个国家和地区。公司于2006年被认定为高新技术企业并荣获中国AAA质量信誉称号，主要产品石油树脂荣获中国化工企业卓越品牌，企业为山东省免检企业，淄博市守合同重信用企业。

公司秉承“诚信为本、持续改进、追求卓越”的质量方针，先后通过ISO9002：1994质量体系认证和ISO9001：2000质量管理体系认证，企业的质量管理水平获得质的提升。公司重视技术进步与科技创新。多年来，与浙江大学、天津大学、北京化工大学等高校及北京石化研究院、上海石化研究院、齐鲁石化公司研究院等科研院所进行技术合作。2003年至2005年底投入研发费用3125万元，通过与高校进行技术“联姻”，“借鸡生蛋”，取得了良好的经济效益和社会效益。公司积极发挥“资源、装置、人才、市场、地域”五大方面优势，通过节能降耗和技术改造、技术创新增效显著。随着两家子公司（广东佛山公司、淄博富聚公司）的相继成立，公司向集团化综合性化工企业目标迈出新步伐。

公司办公楼

股份有限公司

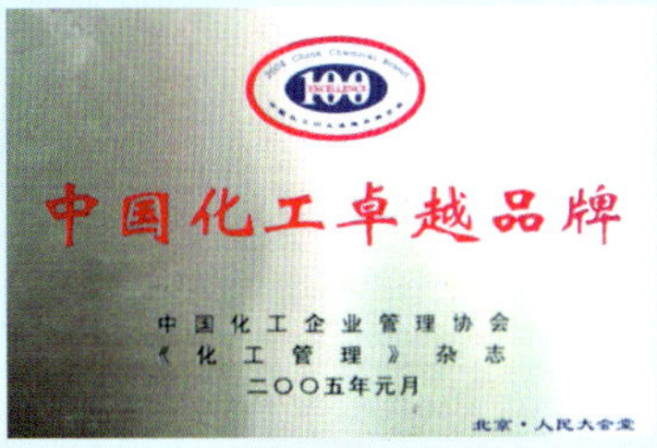

产品装车

液体装车台

制萘车间装置

碳十车间装置

焦油装置

热聚车间装置

淄博世纪

名都生态园一角

原省委副书记高新亭在董事长刘延喜陪同下到生态园视察指导工作

淄博世纪名都生态园有限公司坐落于齐国故都临淄，一期工程生态餐厅由清华美院设计、淄博宏宣置业有限公司建造。生态餐厅总投资2600万元，餐厅面积1万余平方米，内设90多个餐台，有37个豪华单间，可同时容纳1000余人就餐，室外停车场有400多个停车位，是集繁茂植物、小桥流水为一体的生态酒店。

园内江南植物10000余株，其中榕树、大王椰子、棕榈等江南珍奇植物百余种。全园水系长达600多米，建有形态各异的小桥18座，日本金鱼、南国飞鱼、江北鲤鱼穿梭其中。正厅凤凰山山体呈红色，由365块巨石组成，总重量达3000余吨。

开园以来，在上级领导和社会各界朋友的关心支持下，在全体员工的积极努力下，名都生态园被山东省旅游局评为四星级餐饮单位，被授予山东省农业旅游示范点、中国餐饮名店等荣誉称号。

淄博世纪名都生态园欢迎各界朋友光临！

地址：临淄区临淄大道（309国道）西首清田路路口

订餐热线： 7778888　　7366666　　网址：www.mdsty.cn

名都生态园

名都生态园正厅

豪华高雅的餐厅

园内百年榕树

园内芒果树

散台

优质的服务

园内景观

山东崇正水泥集团股份有限公司

集团水泥生产线

山东省优秀企业家、全国建材系统劳动模范、山东崇正集团董事长 马乃孝

全国优秀企业管理奖——金马奖

2006年末，山东崇正水泥集团股份有限公司（原淄博华辰集团有限责任公司，以下简称崇正集团）资产总额达69700万元，职工2305人。是年，崇正集团完成现价工业总产值60462万元，实现销售收入56438万元，工业增加值7900万元，利税2230万元。

2006年，崇正集团通过内部整合，形成以水泥产业为核心，集房地产开发、建筑陶瓷、建材机械、玻璃深加工、音像制品、压力容器、家具制造等多种产业并存，主业突出、多元并进的企业集团。集团各主要产品产量实现较快增长，其中全年生产水泥220万吨、建材机械2.52万吨、光盘1832万张、玻璃深加工100万平方米、实木复合门8万件套。集团所属原山东建设锦宏水泥有限公司关停后，进行了大量在原厂址实施房地产项目改造的前期准备工作，已具备在2007年开工建设的条件。2006年9月11日，崇正集团鲁蒙特种水泥项目竣工投产，每年新增产能40万吨。12月13日，崇正集团第一批赴尼日利亚工作人员启程，为尼日利亚水泥生产线一期工程开工建设进行前期准备工作。10月26日，淄博盛达创业玻璃有限公司实木复合门二期工程竣工，形成年产实木复合门12万件套的能力，并于2007年3月份荣获中国实木门行业30强荣誉称号。12月21日，集团在北京参加了由国家质检总局举行的国家免检产品颁证大会，该集团“柳泉”牌、“建设”牌、“崇正” 牌水泥荣获全国产品质量免检称号。

全国产品质量免检奖牌

全国产品质量免检证书

集团总部

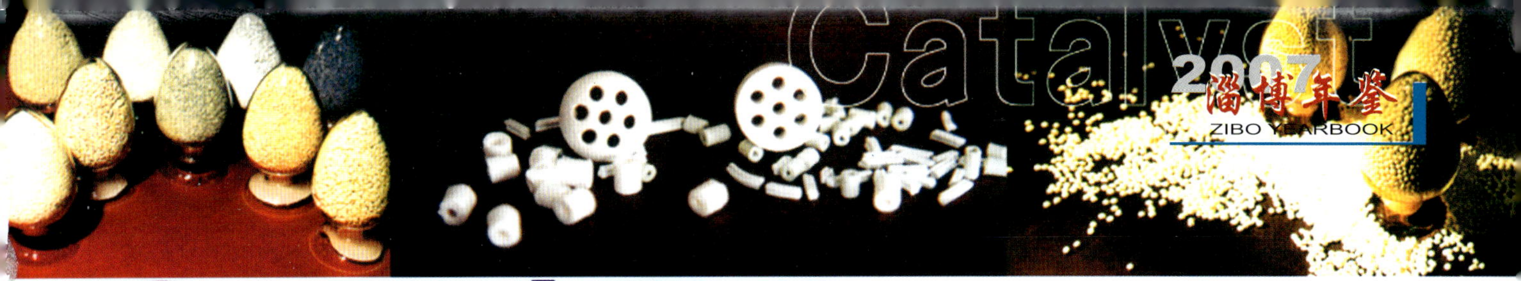

Catalyst 催化剂

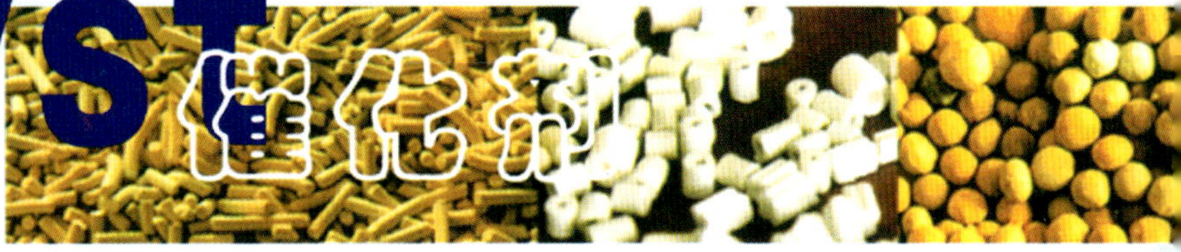

- 渣油加氢处理催化剂系列产品

  用于渣油等重油加氢处理，脱除其中氮、硫及残碳等杂质，并将部分重油转化为轻质油。

- 制氢系列催化剂产品

  适用于以轻油、天然气、油田气以及炼厂气为原料蒸汽转化制氢气或合成气。

- 加氢精制催化剂系列产品。

  用于重馏分油、重整拔头油、石脑油、裂解汽油、柴油等油品的加氢精制预处理。

- 加氢裂化催化剂系列产品

  用于蜡油和减压馏分油的加氢裂化过程，以生产中间馏分油为主，兼产部分石脑油，提供优质蒸汽裂解制乙烯或催化裂化等原料。

- 国家级高新技术企业
- 34年底蕴的催化剂专业企业
- 中国石化集团指定的加氢催化剂生产基地
- 国家科技部“火炬计划”项目承担单位
- 中国石化集团“十条龙”攻关首龙项目完成单位
- 所有催化剂产品均获国家科技进步奖或国家级新产品称号

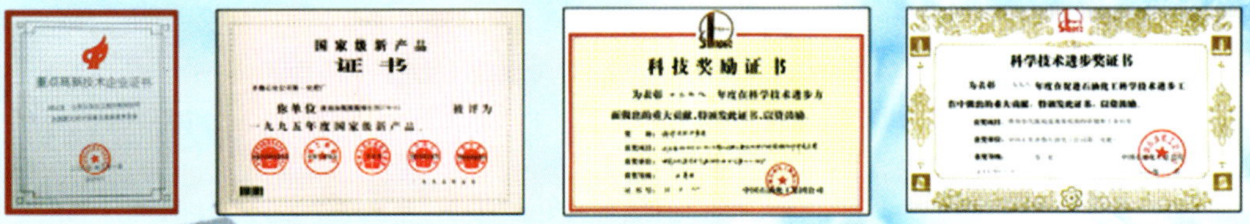

山东公泉化工股份有限公司

GONGQUAN

SHANDONG GONGQUAN CHEMICAL STOCK CO.,LTD.

公司地址：中国山东省淄博市临淄区胜利路34号 Add:No.34.Shengli Road,Linzi,Zibo Shandong China
邮编：255436 P.C. 255436 Http://www.gqcat.com.cn
联系人：安春良（技术开发部） 电话：0533-7547199 传真：0533-7542541 电子邮箱：sgcsc@oilchem.net
孙凤学（国际市场部） 电话：0532-8893100 传真：0532-8893100 电子邮箱：Sunfx46@163.net
Contact:Chunliang An(Technique developmet deparurent) Tel:0533-7547199 Fax:0533-7542541 E-mail:sgcsc@oilchem.net
Fengxue Sun(International market department) Tel:0532-8893100 Fax:0532-8893100 E-mail:Sunfx46@163.net

淄博市红十字会

许新升院长（左）与全国人大常委会副委员长何鲁丽（中）合影

院长　许新升

淄博市红十字会昌国医院前身是淄博市红十字会癫痫病医院，始建于1986年。现已发展成为集医疗、科研、制剂、康复、教学为一体的非营利性大专科小综合的医疗机构。建筑面积1万多平方米，病床200张，卫生专业技术人员147名，其中获中高级职称的46名。设有层流净化手术室、标准化制剂室、中心供氧、吸引、呼叫、空调等现代装备。病房温馨舒适，配有移动升降床、厨房、卫生间、24小时全天热浴等生活设施。医院设备先进齐全，拥有德国螺旋CT、500MA遥控X光机、彩色B超、日本脑电监护仪、全自动生化分析仪、血药浓度分析仪等大型医疗设备。

医院由全国著名癫痫病专家许新升创办，以“兴医为民、信誉第一”为办院宗旨。癫痫病专科是龙头科室，具有20多年的癫痫病诊治经验，独创了“穴位割治术”，研制发明了治疗癫痫病系列药物并获国家发明专利、军队科技进步奖、医疗成果奖、中华医药发展贡献奖等诸多科研荣誉。迄今已为20多万患者解除了病痛，被国内外医学界誉为“创造癫痫病治疗领域的奇迹”，《人民日报》《解放军报》《健康报》《台湾民生报》及中央电视台等各大新闻媒体先后进行相关报道。该院被授予“全国消费信得过医院”“全国十佳诚信医院”“全国十佳民营医院”和“山东省诚信医院”等荣誉称号。由于治疗癫痫病方法独特、疗效显著，来自全国各地、港、澳、台及韩国、新加坡、日本等国家地区的就医者慕名前来医院就诊。

除癫痫病的研究与治疗作为主体科室外，医院另设脑病康复中心、中医骨伤科、手足外科、肛肠科等专科，内、外、妇、儿、中医、保健等临床科室，并有来自全国各地，具有丰富临床经验的医学专家坐诊，同时与北京、天津、济南等医学高等院校和科研机构长期保持技术合作。

地址：淄博市张店区昌国西路38号
乘车：淄博火车站或长途汽车站乘45路昌国医院下车
电话：0533-2710005
　　　2710299
网址：www.zgdxbw.com

医院综合大楼外景